目 录

甲帙　先秦

扫码分享电子版

（一）盘古考

今世俗无不知有盘古氏者，叩以盘古事迹，则不能言，盖其说甚旧，故传之甚广，而又甚荒矣。

盘古故事，见于《五运历年记》者曰："元气濛鸿，萌芽兹始，遂分天地，肇立乾坤。启阴感阳，分布元气，乃孕中和，是为人也。首生盘古，垂死化身，气成风云，声为雷霆，左眼为日，右眼为月，四肢五体为四极五岳，血液为江河，筋脉为地里，肌肉为田土，发髭为星辰，皮毛为草木，齿骨为金石，精髓为珠玉，汗流为雨泽，身之诸虫，因风所感，化为黎甿。"据《绎史》卷一引。见于《述异记》者曰："昔盘古氏之死也：头为四岳，目为日月，脂膏为江海，毛发为草木。秦汉间俗说：盘古氏头为东岳，腹为中岳，左臂为南岳，右臂为北岳，足为西岳。先儒说：盘古氏泣为江河，气为风，声为雷，目瞳为电。古说：盘古氏喜为晴，怒为阴。吴楚间说：盘古氏夫妻，阴阳之始也。今南海有盘古氏墓，亘三百余里，俗云：后人追葬盘古之魂也。桂林有盘古氏庙，今人祝祀。"据《汉魏丛书》本。《绎史》无末十一字。见于《三五历记》者曰："天地混沌如鸡子，盘古生其中。万八千岁，天地开辟，阳清为天，阴浊为地。盘古在其中，一日九变。神于天，圣于地。天日高一丈，地日厚一丈，盘古日长一丈。如此万八千岁，天数极高，地数极深，盘古极长。后乃有三皇。"据《绎史》卷一引。案《厄泰梨雅优婆尼沙昙》（Aitareya Upanishad）云太古有阿德摩（Atman），先造世界。世界既成，后造人。此人有口，始有言；有言，乃有火。此人有鼻，始有息；有息，乃有风。此人有目，始有视；有视，乃有日。此人有耳，始有听；有听，乃有空。此人有肤，始有毛发；有毛发，乃有植物。此人有心，始有念；有念，乃有月。此人有脐，始有出气；有出气，乃有死。此人有阴阳，始有精；有精，乃有水。"《外道小乘涅槃论》云："本无日月星辰，虚空及地，惟有大水。时大安荼生。形如鸡子，周匝金色。时熟破为二段：一段在上作天，一段在下作地。”《摩登伽经》云：“自在以头为天，足为地，目为日月，腹为虚空，发为草木，流泪为河，众骨为山，大小便利为海。”《五运历年记》《三五历记》之说，盖皆象教东来之后，杂彼外道之说而成。《述异记》首数语，即《五运历年记》之说。秦汉间俗说亦同。此说疑不出秦汉间，任氏误也。至其所谓先儒说、古说、吴楚间说者，则皆各自为说，与上诸说不同。

《山海经·海外北经》云：“钟山之神，名曰烛阴。视为昼，瞑为夜。吹为冬，呼为夏。不饮，不食，不息；息为风。身长千里。在无䏿之东。其为物，人面，蛇身，赤色，居钟山下。”《大荒北经》云：“西北海之外，赤水之北，有章尾山。有神，人面蛇身而赤。直目正乘，其瞑乃晦，其视乃明。不食，不寝，不息。风雨是谒。是烛九阴。是谓烛龙。”此二者即一事，皆谓其身生存，不谓已死，《述异记》所谓先儒说及古说者盖如此。《路史》谓：“荆湖南北，今以十月十六日为盘古氏生日，以候月之阴晴。”《初三皇纪》。可见《述异记》所谓古说者流传之久矣。至其所谓吴楚间说者，则盘古氏明有夫妻二人，与一身化为万有之说，尤厘然各别。

盘古即盘瓠之说，始于夏穗卿。见所作《古代史》。予昔亦信之，今乃知其非也。盘瓠事迹，见于《后汉书·南蛮传》，其说云：“昔高辛氏有犬戎之寇，帝患其侵暴，而征伐不克，乃访募天下：有能得犬戎之将吴将军头者，购黄金千镒，邑万家，又妻以少女。时帝有畜狗，其毛五采，名曰槃瓠。下令之后，槃瓠遂衔人头造阙下。群臣怪而诊之，乃吴将军首也。帝大喜。而计槃瓠不可妻之以女，又无封爵之道，议欲有报，而未知所宜。女闻之，以为帝皇下令，不可违信，因请行。帝不得已，乃以女配槃瓠。槃瓠得女，负而走。入南山，止石室中。所处险绝，人迹不至。于是女解去衣裳，为仆鉴之结，着独力之衣。帝悲思之，遣使寻求，辄遇风雨震晦，使者不得进。经三年，生子一十二人，六男六女。槃瓠死后，因自相夫妻。织绩木皮，染以草实。好五色衣服，制裁皆有尾形。其母后归，以状白帝。于是使迎致诸子。衣裳班兰，语言侏离；好入山壑，不乐平旷。帝顺其意，赐以名山广泽。其后滋蔓，号曰蛮夷。外痴内黠，安土重旧。以先父有功，母帝之女，田作贾贩，无关梁符传租税之赋；有邑君长，皆赐印绶，冠用獭皮。名渠帅曰精夫，相呼为姎徒。今长沙武陵蛮是也。”《水经·沅水注》与此说同而辞较略，云：“今武陵郡夷，即槃瓠之种落也。其狗皮毛，适孙世宝录之。”夏氏谓汉族古帝，踪迹多在北方，独盘古祠在桂林，墓在南海，疑本苗族神话，而汉族误袭为己有。案干宝《晋纪》，范成大《桂海虞衡志》，皆谓“岁首祭盘瓠，杂糅鱼肉酒饭于木槽，叩槽群号为礼”。《文献通考·四裔考》引。而今粤西岩峒中，犹有盘古庙，以旧历六月二日为盘古生日，远近聚集，致祭极虔；此予昔所以信夏氏之说也。由今思之，殊不其然。凡神话传说，虽今古不同，必有沿袭转移之迹，未有若盘古、槃瓠之说，绝不相蒙者。《后汉书注》云：“今辰州卢溪县西有武山。黄闵《武陵记》曰：山高可万仞。山半有槃瓠石室，可容数万人。中有石床，槃瓠行迹。《水经注》云：“武水源出武山。水源石上，有槃瓠迹犹存矣。”今案山窟前有石羊石兽，古迹奇异尤多。望石窟，大如三间屋。遥见一石，仍似狗形，蛮俗相传，云是槃瓠像也。”《路史·发挥》云：“有自辰、沅来者，云卢溪县之西百八十里，有武山焉。其崇千仞。遥望山半，石洞罅启。一石貌狗，人立乎其旁，是所谓槃瓠者。今县之西南三十，有槃瓠祠，栋宇宏壮，信天下之有奇迹也。”《注》云：“黄闵《武陵记》云：山半石室，可容数万人，中有石床，槃瓠行迹。今山窟前石兽，石羊，奇迹尤多。《辰州图经》云：隍石窟如三间屋。一石狗形，蛮俗云槃瓠之像。今其中种有四：一曰七村归明户，起居饮食类省民，但左衽。二曰施溪武源归明蛮人。三曰山獠。四曰犵獠。虽自为区别，而衣服趋向，大略相似。土俗以岁七月二十五日，种类四集，扶老携幼，宿于庙下。五日，祠以牛彘酒鲊，椎鼓踏歌，谓之样。样，蛮语祭也。云容万人，循俗之妄。”自唐迄宋，遗迹依然，足见《后汉书》所谓槃瓠者，实仅指武山一种落。《后汉书》说虽荒唐，中实隐藏实事。如衣服，居处，语言，俗尚，及中国待之之宽典等。独力、仆鉴，盖其衣结之名。精夫之精，义虽难解，夫固汉族称长上之辞，如大夫、千夫是也。姎徒尤确为汉语。其事托之高辛者，楚之先，为高辛火正。楚与吴世仇。吴将军，盖本谓吴之将军。复以槃瓠狗种，称其人为犬戎，以冠吴将军上，遂若吴为其人之氏族矣。《公羊》言“楚王妻娟”，同姓为昏，楚盖自有此俗。《广韵》獛字注引《山海经》云：“獛铅，南极之夷。尾长数寸。巢居山林。”今经无。《后汉书》述哀牢夷，亦云“衣皆着尾”。濮之先，固亦在荆、豫之域，《左氏》：“王使詹桓伯辞于晋曰：巴、濮、楚、邓，吾南土也。”昭公九年。又云“楚子为舟师以伐濮”，是也。昭公十九年。将军，战国后语。金以镒计，封以户数，亦皆秦汉时制。然则槃瓠传说，盖起于楚，而经秦汉后人之改易，所指固不甚广，其原亦非甚古也。孰与夫盘古之说，东渐吴会，南逾岭表，且视为凡生民之始者哉？《路史》又谓会昌有盘古山；湘乡有盘古堡；雩都有盘古祠；成都、淮安、京兆，皆有庙祀；又引《元豐九域志》，谓广陵有盘古冢庙；与所谓荆湖南北，以盘古生日候月阴晴者，固与槃瓠渺不相涉。《述异记》谓："南海中有盘古国，今人皆以盘古为姓。"则盘古亦自有种落，此当与南海之盘古墓、桂林之盘古祠有关。吴楚间盘古之说，盖亦同出一原。惟本夫妻二人，故有墓；若一身既化为万有矣，又何墓之有焉？岂闻创造天地万物之神，乃待以衣冠为冢者哉？然其与槃瓠之说，不可绲而为一，则又无待再计矣。

《路史》又引《玄中记》云："高辛时，犬戎为乱。帝曰：有讨之者，妻以美女，封三百户。帝之狗曰槃瓠，去三月，而杀犬戎，以其首来。帝以女妻之，不可教训，浮之会稽，东有海，中得地三百里封之。生男为狗，女为美人，是为犬封氏。《玄中》之书，《崇文总目》曰不知撰人名氏，然书传所引，皆云郭氏《玄中记》，而《山海经注》狗封氏事，与《记》所言一同，知为景纯。"罗氏因谓槃瓠之说，乃因《山海经》而讹。今案《海内北经》云："在昆仑墟北有人曰大行伯，把戈。其东有犬封国。"郭《注》云："昔槃瓠杀戎王，高辛以美女妻之，不可以训，乃浮之会稽东南海中，得三百里地封之。生男为狗，女为美人。是为狗封之民也。"又曰："犬封国曰犬戎国。状如犬。有一女子，方跪进杯食。有文马，缟身朱鬣，目若黄金，名曰吉量。乘之寿千岁。"《注》云："黄帝之后卞明，生白犬二头，自相牝牡，遂为此国，言狗国也。"郭《注》又云："《周书》曰：犬戎文马，赤鬣白身，目若黄金，名曰吉黄之乘。成王时献之。《六韬》曰：文身朱鬣，眼若黄金，项若鸡尾，名曰鸡斯之乘。《大传》曰：驳身朱鬣鸡目。《山海经》亦有吉黄之乘寿千岁者。惟名有不同，说有小错，其实一物耳。今博举之，以广异闻也。"《大荒北经》云："大荒之中，有山名曰融父山，顺水入焉。有人，名曰犬戎。黄帝生苗龙，苗龙生融吾，融吾生弄明，弄明生白犬，白犬有牝牡，是为犬戎。"《注》云："言自相配合也。"案郭注《海内北经》之犬戎，即本《大荒经》为说。《书大传》所云犬戎文马，即散宜生取之以献纣者，其为西北之国可知。《海内北经》"犬封国曰犬戎国"，曰上当有夺字。《经》本不以犬封、犬戎为一，《注》意尤皎然可明，谓其由一说传讹，似近武断。会稽海中，不知果有槃瓠传说否？即使有之，亦武山种落，播越在东，或则东野之言，辗转传布；要不容与盘古之说并为一谈也。

《路史》又引《地理坤鉴》云："盘古龙首人身。"《地理坤鉴》，非必可信之书，然小道可観，其言亦时有所本。《鲁灵光殿赋》曰："图画天地，品类群生。杂物奇怪，山神海灵，写载其状，托之丹青。千变万化，事各缪形。随色象类，曲得其情。上纪开辟，遂古之初。五龙比翼，人皇九头。伏牺鳞身，女娲蛇躯。"李善注："《列子》曰：伏羲、女娲，蛇身而人面。"又云："《玄中记》曰：伏羲龙身，女娲蛇躯。"画壁之技，必自古相传，匪由新创。古帝形貌，皆象龙蛇，则以文明肇启，实在江海之会也。会稽、南海，皆尊盘古，固其宜矣。是其年代，必远在高辛之前，安得与槃瓠之说并为一谈邪？

（二）古史时地略说上

古史者，史之阙误最甚者也，得史前史以相证补，为益可谓弘多。然史前史之年代，远较古史为长；其地域，亦远较古史为广；不审所欲补证者，略在何时何地，而贸然引古迹以相明，则谬矣。如今人或以周口店之遗迹与伏羲氏事相傅会是也。然则欲治古史，不可不先审其所述者略为何时何地之事明矣。然一言及此，人必以为甚难，以古史所述，二者皆极茫昧也。

试论其时。最使人遑惑者，为其所说年代之长。《广雅·释天》曰："天地辟设，人皇以来，至鲁哀公十有四年，积二百七十六万岁，分为十纪。"司马贞《补三皇本纪》曰："《春秋纬》称自开辟至于获麟，凡三百二十七万六千岁，分为十纪。"岂不使人惊怖其言，若河汉而无极？今案将古史年代说至极长者，其说皆出纬候；而其所借资者，则为历法。《续汉书·律历志》载灵帝熹平四年蔡邕议历法：谓《元命苞》《乾凿度》皆以为开辟至获麟二百七十六万岁。三统历以十九年为章，四章七十六年为蔀，二十蔀千五百二十年为纪，三纪四千五百六十年为元。二百七十五万九千二百八十者，一元与六百十三相因之数。《路史·余论》引《命历序》，谓自开辟至获麟三百二十七万六千岁。《汉书·王莽传》：莽改元地皇，从三万六千岁历号也。三百二十七万六千者，三万六千与九十一相因之数也。盖是时之人，以一切演进之迹，皆为两间自然之运，而古书述诸演进之迹者，悉傅诸帝王一人之身，纬说好为侈大，乃借资历法，假设一天地辟设之年。而以古书中诸帝王分隶其后，则其历时不得不极长。如《礼记》大题《正义》引《易纬通卦验》云："遂皇始出握机矩。"注云："遂人在伏羲前，始王天下也。”又引《六艺论》云：“遂皇之后，历六纪九十一代至伏羲。”谯周《古史考》：“遂人，次有三姓至伏羲。”《曲礼正义》引谯周云：“伏羲以次，有三姓始至女娲，女娲之后五十姓至神农，神农至炎帝一百三十三姓。”《祭法正义》又引《命历序》云：炎帝传八世，合五百二十岁；黄帝传十世，二千五百二十岁；《校勘记》云：“监、毛本同，闽本二千作一千，惠栋校宋本同。”少昊传八世，五百岁；颛顼传二十世，三百五十岁；帝喾传十世，四百岁；则是物也。知其所由来，则知此说原属假设，本不能据为典要，亦无人据为典要，可以置诸不论也。此说虽荒唐，亦有一用处，树立古史纪年之法是也。史有确实之纪年甚迟，而治古史者所欲求则甚远，不必史前史，即昔人之所著，其去确实之纪年亦远矣。以确实之纪年为元，自此以前，不得不逆计，究极不便。假设一较远之年为元，则此弊免矣。

古史所言古人年寿，亦不足据。《大戴记·五帝德》：“宰我问于孔子曰：昔者予闻诸荣伊言：黄帝三百年，请问黄帝者人邪？抑非人邪？何以至于三百年乎？孔子曰：生而民得其利百年，死而民畏其神百年，亡而民用其教百年。”荣伊之言，固不近情；孔子之言，亦岂中理？今案古人述人事迹，大抵先定其寿为百年，乃以其事分隶之。《史记·五帝本纪》言：“尧立七十年得舜，辟位凡二十八年而崩。”“舜年二十以孝闻。年三十，尧举之。年五十八，尧崩。年六十一，代尧践帝位。践帝位三十九年，南巡狩，崩于苍梧之野。”古四十而仕，过三十即可言四十，故舜以三十登庸。相尧历一世，中苞居丧二年，则践帝位必六十一。自其翼年起计，在位三十九年，适百岁也。然如此，则尧只得九十八，故又有为之弥缝者。《诗·生民疏》引《中候握河纪》云“尧即政七十年受河图。《注》云或云七十二年”是也。此举其立说最密者，余类此者尚多。《书·无逸》言殷高宗享国五十有九年，《石经》残碑作百年。《吕刑》言穆王享国百年，《史记·周本纪》云：“穆王即位春秋已五十矣。”又云：“穆王立五十五年崩。”言百年者皆旧说也。《礼记·文王世子》：文王谓武王曰：“我百，尔九十，吾与尔三焉。”亦以文王之年为百岁也。此盖古人好举成数之习？《汉书·律历志》讥张寿王言舜、禹年岁不合人年，此亦不免焉。然较诸纬说之弘大不经，相去已不可以道里计矣。

史事不能臆说，亦不能凭记忆以约略言之，故前二说皆不足用。求可信者，必资记载。记载为史官之职。古代史籍传诸后世，可为考校年代之资者，“谱谍独记世谥"，《史记·十二诸侯年表》语。为用最微。记言之史，或具一事之年月，而前后不能贯串。惟记事之史，多用编年之体，有历时甚久者，传之于后。古史之年代，固可大详，即或不然，亦可以诸国之史，互相校补，其为用诚甚大也。《汉书·律历志》曰："《春秋》《殷历》，皆以殷、鲁自周昭王以下无年数，故据周公、伯禽为纪。"即以各国之史互相校补也。《史记·六国表》曰："秦既得意，烧天下《诗》《书》，诸侯史记尤甚，为其有所刺讥也；《诗》《书》所以复见者，多藏人家，而史记独藏周室，以故灭。惜哉！惜哉！"此周室二字，当苞诸侯之国言，乃古人言语以偏概全之例；非谓周室能遍藏各国之史也。秦人焚书，于凡《诗》《书》，关系实浅。自汉以降，更无祖龙，而诸史《艺文》《经籍志》所载之书，皆佚多存少，果何往哉？惟史记在秦时为官书，使无祖龙之焚，汉代所存，决不止此。考证之方，愈后愈密，史籍之存者多，古史年代之详明，亦必不止如今日矣，诚可惜也。《史记·三代世表》曰："自殷以前诸侯不可得而谱，周以来乃颇可著。"此所据者为谱谍。又曰："孔子因史文次《春秋》，纪元年，正时日月，盖其详哉。"此所据者，为编年之史。又曰："至于序《尚书》则略，无年月；或颇有，然多阙，不可录。故疑则传疑，盖其慎也。"此所据者，则记事之史也。《史记》纪年起于共和，早于《春秋》所托始者百十有九年。《韩非子·说难》曰："《记》曰：周宣王以来，亡国数十，其臣弑君而取国者众矣。"《记》谓史记，云周宣王以来，盖所见者止此。宣王元年，后于共和者十有四年。足见诸家所考得之年代，大略相近，然非此之外遂无可考也。《三代世表》又曰："余读谍记，黄帝以来皆有年数。稽其历谱谍终始五德之传，古文咸不同，乖异。夫子之弗论次其年月，岂虚哉？"此即《十二诸侯年表》所谓"历人取其年月，数家隆于神运，谱谍独记世谥"者。谱谍即《世表》所著。数家隆于神运，《表》言"汉相张苍，历谱五德"，是其一事。历人取其年月，若张寿王者即其一人。其所言者固未必可信，然合多种记载，以天象人事互相校勘而求其年，其法固不可谓误。不能因用之者之不善，并其法而抹杀之。安得谓夫子所弗论次者，遂终于不可论次哉？刘歆所作《世经》，盖用此法之较善者，观其所言与古人所传之都数略相符合可知。《孟子·公孙丑》下篇曰："五百年必有王者兴。""由周而来七百有余岁矣。"《尽心》下篇曰："由尧、舜至于汤，五百有余岁；由汤至于文王，五百有余岁；由文王至于孔子，五百有余岁；由孔子而来，至于今，百有余岁。"《韩非子·显学》篇曰："殷、周七百余岁，虞、夏二千余岁。"乐毅报燕惠王书称昭王之功曰："收八百岁之畜积。"其说皆略相符合。古人言数，固不审谛，然于其大致，则众相传，必不致大谬也。然则其所推得唐七十、虞五十、夏四百三十、殷六百二十九、周八百六十七，合二千有四十六年者，与实际相去，必不能甚远也。《续汉书·律历志》：安帝时，尚书令忠，訾歆横断年数，损夏益周，考之表纪，差缪数百。此不必非歆之误，然论无纪年之古史，而所差不过数百，已不为大误矣。

然即谱谍亦非绝不足用。何者？人寿长短，自有定限，苟能知其世次之相承，自可推见其年岁之大略，此《世表》所由作也。古代列国谱谍已多无存，故《世表》所次，仅在共主。以后世之事况之，自夏以后，犹元自仁宗以后也；五帝之世，则自成吉思汗至武宗之比也；自此以前诸帝王，则如哈不勒、忽都剌之偶一出现矣。但知哈不勒、忽都剌，诚无从推测其年代；自成吉思汗至武宗，则虽纪年之史料尽亡，仍可据人寿之定限，以为推测之资也。亿定人寿为百年，诚不可信。然所假定为百年者，其寿及其执政之时，均不能甚短，则理无可疑。然则黄帝、高阳、高辛三世，假定其在位之年各为古人所谓一世，似不嫌多，然则三帝合为九十年，以与二千又四十八年相加，凡得二千一百三十八。自此以上，帝王之名，多出谶纬既兴之后，有无殊不可知。即谓可信其有，亦或同时并立，而非前后相承，古各地方演进之深浅不同，故其人之见解新旧亦互异。如许行见解即甚陈旧。盖其所为之神农之言，流行于僻陋之区也。使非见于孟子书，著于孟子与其弟子辩论之语，人将疑其不出战国时矣。然则儒家所言三代之法，夏不必不出于杞，商不必不出于宋，周不必不出于鲁，亦或同时并立，非必前后相承也。诚以阙疑为是。然其事迹符合于社会演进之序者，其人亦决非子虚。儒家以遂人、伏羲、神农为三皇，而韩非子以有巢氏与遂人氏并举，《五蠹》。《庄子·盗跖篇》以知生之民与有巢氏之民并举，"知生"亦即遂人氏也。于行事当有所见，则亦哈不勒、忽都剌之比矣。其人不必同部，然究非如五帝之身相接，则更延长其所占之年，谓其各历百年，亦不为过，则合二千一百三十八年，当得二千五百三十八年矣。自周之亡至于今，又历二千二百有余岁。然则谓中国古史，始于距今四千五百年至五千年之间，虽不中，当不远也。

论地域亦有大略可言。东西洋之文明，缘起与传播皆异。西洋开化，起于欧、亚、非三洲之交，幅员较广，地形亦较错杂，故其文化亦多端。希腊、希伯来之异辙，即其显而易见者也。东洋则中国，盖其缘起于江河下流，幅员较小，地形亦较画一。故论中国文明肇基何地乎，溯诸邃古殊难质言，若求诸四五千年之前，则初不难断。人事可以亟更，法俗不能骤变。古代风俗：食以鱼与植物为主；衣以麻、丝，裁制宽博；居则以上栋下宇，革陶复陶穴之风；钱币以贝为主；宗教敬畏龙蛇；皆足证其起于巨川下流与海交会之地，此固世界各国之所同也。古帝王都邑之可考者，始于黄帝邑于涿鹿之阿。以史称其与炎帝战于阪泉，又与蚩尤战于涿鹿，有战事相证，非如泛言丘邑、陵墓者，可以信口开河也。涿鹿、阪泉，实即一役；蚩尤、炎帝，亦即一人；予别有考。论其地，则服虔谓在涿郡，张晏、皇甫谧谓在上谷，《史记·五帝本纪集解》引。皆以汉世郡县名相附会，不足据。纣都朝歌，其游乐之地在于沙丘，盖即武王克殷后狩禽之所。见《周书·世俘》。尔时尚为兽蹄鸟迹所萃，安得黄帝时乃为名都？《太平御览·州郡部》引《帝王世纪》曰："《世本》云：涿鹿在彭城南。"《世本》古书，较可信据，则涿鹿实在今铜山附近也。《史记·五帝本纪》言："嫘祖为黄帝正妃，生二子，其后皆有天下：其一曰玄嚣，是为青阳，青阳降居江水；其二曰昌意，降居若水。昌意娶蜀山氏女曰昌仆，生高阳。"古南方之水皆称江。《殷本纪》载《汤诰》曰："东为江，北为济，西为河，南为淮。四渎已修，万民乃有居。"可见古所谓四渎者，特就所居附近之水言之，如宋代之有四河耳。若水，《水经》谓出旄牛徼外，至朱提为泸江，乃以蜀山之蜀为后世巴蜀之蜀，致有此误。《吕览·古乐》曰："帝颛顼生自若水，实处空桑，乃登为帝。"《山海经·海内经》曰："南海之内，黑水、青水之间，有木曰若木，若水出焉。"《楚辞·离骚》曰："饮余马于咸池兮，总余辔乎扶桑。折若木以拂日兮，聊逍遥以相羊。"《说文·叒部》："叒，日初出东方汤谷。所登榑桑。叒木也。"王菉友曰："《石鼓文》有[illegible]字，盖叒本作[illegible]。……若字盖亦作[illegible]，即[illegible]之重文。加口者，如嵒字之象根形。是以《说文》之叒木，他书作若木。盖汉人犹多作[illegible]。是以八分桑字作桒，《集韵》《类篇》：桑古作[illegible]。《说文》收若字于艸部，从艸右声，亦似误。"此说甚精，若水实当作桑水。《东山经》曰："《东次二经》之首曰空桑之山，北临食水。"又曰："《东山经》之首曰樕螽之山，北临乾昧，食水出焉，而东北流注于海。"空桑即穷桑，其地当近东海也。《周书·史记》曰："昔阪泉氏用兵无已，诛战不休，并兼无亲，文无所立，智士寒心，徙居至于独鹿。诸侯叛之，阪泉以亡。"独从蜀声，蜀山即独鹿之山，亦即涿鹿之山也。《御览·州郡部》又引《帝王世纪》，谓尧之都后迁涿鹿，《世本》谓在彭城，而孟子以舜为东夷之人，则五帝实迄未易地也。然汉族之肇基，尚不在是。《尔雅·释言》曰：

"齐，中也。"《释地》曰：自齐州以南戴日为丹穴，北戴北极为空桐，东至日所出为太平，西至日所入为大蒙。可见华族古代自称其地曰齐州。济水盖亦以此得名。《汉书·郊祀志》曰："昔三代之居，皆在河洛之间，故嵩高为中岳，而四岳各如其方。"不居河洛之间，嵩高自非中岳。《释地》又曰："中有岱岳。"其初盖以泰岱为中，故封禅告成功者必于是也。古称异族曰夷、蛮、戎、狄，特以方位言之，若论民族，则东与南，西与北其实是一。故《礼记·王制》："东方曰夷，被发文身。"此被发之被，为髪之借字。下西戎被发之被，为辫或作编之借字。"南方曰蛮，雕题交趾。"同不火食。"西方曰戎，被发衣皮。""北方曰狄，衣羽毛穴居。"同不粒食。法俗不能骤变，前已言之。古于发饰甚严。北人辫发，南人断发，中原束发，恰成三派。南方之民，古称曰越，即后世之马来人。盖在江淮之域，居汉族之南。河济之间，直北为海，向西北则地较荒寒，故其开拓南向，至彭城附近，而与越人遇。三苗实居前行。俘其文身之人，则以为奴隶。其后本族之有罪者，以为奴，侪诸异族，即以异族之饰加之，黥刑于是乎兴。抑古之刑施诸本族者，本不亏体。至于亏体者，非降敌即间谍。其人既以异族自居，则亦以遇异族之道遇之，此五刑之所由作。中国奴隶社会究起讫于何时，今日尚无定论。三苗其奴隶社会欤？古书传其事迹多侈而虐，其以是欤？然三苗在当日，实未因俘翦越人而获利，而转以其侈而虐，为姬姓所败焉。然姬姓亦未能据姜姓之地，终乃并其故居之地而弃之。何哉？古书所言禹治水之事，若《禹贡》等，什九皆出傅会，此在今日，事极易见。禹自道之辞曰："予决九川，距四海，濬畎、浍，距川。"《书·皋陶谟》，今本《益稷》。海为夷蛮戎狄谓之四海之海，川为自然水道，畎、浍则人力所成也。孔子之称禹曰："卑宫室而尽力乎沟洫。"《论语·泰伯》。真实史迹之可考者，如此而已。然自禹以降，遂不闻更有水灾，而使后之人兴微禹其鱼之叹者，何哉？自黄帝至舜，皆居彭城，而《周书·度邑》曰："自洛汭延于伊汭，居易无固，其有夏之居。"《史记·周本纪》：伯阳父谓"伊洛竭而夏亡"，《左氏》言羿"因夏民以代夏政"。襄公四年。而《楚辞·天问》曰："帝降夷羿，革孽夏民。胡射夫河伯而妻彼洛嫔？"皆以夏在河洛之域，何哉？累世沉灾，实非一时所克澹。自禹以降，盖稍西迁以避之。旧居之地，水灾深，水利亦饶，水利饶则耕作不待加功，而流于怠惰；水灾深，人力又无所施。而新迁之地，则适与相反，故其孟晋，反出旧居之上。西迁以后，故居之地，虽有水患，载籍无传，历久亦遂忘之，此后之人所以有微禹其鱼之叹也。晋之先为唐国，周公灭之，以封叔虞。《史记·吴世家》曰："自太伯作吴，五世而武王克殷，封其后为二：其一虞，在中国；其一吴，在夷蛮。十二世而晋灭中国之虞。中国之虞灭二世，而夷蛮之吴兴。"此中虞、吴，当本同字，故以中国、夷蛮别之。北方之虞，初盖舜后所居也。《国语·晋语》曰："昔少典娶于有蟜氏，生黄帝、炎帝。黄帝以姬水成，炎帝以姜水成，成而异德，故黄帝为姬，炎帝为姜，二帝用师以相济也。"《水经·渭水注》："岐水东径姜氏城南为姜水。"阪泉、涿鹿，皆在东方，炎帝所长之姜水，决不能在岐下，盖其西迁后尝居于是耳。然则迁三苗于三危，亦非必尽出迫逐，盖亦因其自迁。后世申、吕、齐、许之祖，皆在西方，亦由是也。《易·系辞传》言神农氏"日中为市"，而《吕览·勿躬》云"祝融作市"，盖即一事，传者异辞。祝融盖即遂人氏之族，其大者如大彭、偪阳、邹、莒皆在东方，而西迁之芈姓尤大。芈姓初与鬼方为昏，鬼方盖即纣时之九侯，《文王世子》"西方有九国焉"之九国，《诗》"我征自西，至于艽野"之艽野。宋于庭说，见《过庭录》。然则古代自东徂西之族多矣。要之自黄河下流，上溯至泾渭之间，南薄江、汉、淮水，则中国古史所及之区域。其远于此者，纵有传闻，必不审谛。睹《红崖刻石》而以为殷高宗伐鬼方纪功之辞，则不必审其文字之为真为伪，举其地而已知其非古人远迹所至矣。

（三）古史时地略说下

予作《古史时地略说》，述古事止于夏初，以自此以降，史事稍已明白，不待辞费也。然古代西迁之一支，与留居旧地者，彼此之间，似颇有隔碍，久之而后消释净尽，则治古史之家，能留意及此者甚鲜。今故不惮辞费，更陈其略焉。

夏室自启一传，即有五观之乱。《周书·尝麦》曰："其在殷之五子，此即后来盘庚所居。《书·盘庚疏》引郑玄曰："商家自徙而号曰殷。"盖其地本名殷也。忘伯禹之命，假国无正，用胥兴作乱，遂凶厥国。皇天哀禹，赐以彭寿，思正夏略。"彭寿盖即舜时之彭祖，以其寿考而称之。夏室西迁，彭城之地，盖为彭祖所据，其后遂为大彭，东方之名国也。然虽有此相扶翼，仍无救于羿、浞之乱。羿、浞之事，见于《左氏》襄公四年、哀公元年。杜《注》释其地多在今山东，其说殊不足信。古事传诸后世者，多出春秋、战国时人，必以其时之地名述古事。后羿自鉏迁于穷石，《路史·国名纪》作粗，谓粗即《左氏》襄公十一年城租之租。案《左氏》襄公十一年无城租者，于十年有会吴于租，《路史》引盖有误。又谓安丰有穷谷、穷水，即《左氏》昭公二十七年楚师救潜与吴师遇处，为羿之故国。其说殊较杜《注》为胜。又云羿偃姓，《世纪》云："不闻其姓，失之。"《路史后纪》卷十四《夷羿传》。案《水经·河水注》：大河故渎，"西流径平原鬲县故城西"。《地理志》曰："鬲津也。故有穷后羿国也。"应劭曰："鬲，偃姓，皋陶后。"罗说盖本诸此。谓穷在平原不足信，以鬲为偃姓，当有所受之。羿亡而靡奔有鬲氏，盖欲藉其同姓之力，为之复仇。其后顾立少康者，盖以羿身死世殄，无可扶翼。靡固有穷氏之忠臣，非夏后氏之遗老也。《史记·夏本纪》曰："帝禹立而举皋陶荐之，且授政焉，而皋陶卒，封皋陶之后于英、六，或在许。而后举益任之政。"然则因夏民以代夏政者，正是次当代为共主之族，与夏相干。东方诸族之声势，犹可想见。少康光复旧物后，夏室仍寂寂无闻。安知东方不有名族，为诸侯所归往，特因其事无传，而夏室谱谍，未尽亡佚，遂若其王位相承勿替邪？

契封商，郑玄云："国在大华之阳。"《书·帝告序疏》引。与《史记·六国表》以汤起于亳，与禹兴于西羌，周以丰镐伐殷，秦用雍州兴，汉之兴自蜀汉并举者，颇相符合。《中候洛予命》谓天乙在亳，东观于洛，《诗·玄鸟疏》引。其说亦同。然古人言古事，信口开河者甚多，正未可据为典要。《史记·封禅书》载公孙卿言黄帝事，最使人读之发笑。其实古人之言，如此者甚多。汤所居，《管子·地数》《轻重甲》《荀子·议兵》《吕览·具备》《墨子·非攻下篇》皆作薄，惟其《非命上篇》及《孟子》书作亳。薄、亳盖古今字。释为汉之薄县者自是。《具备》篇曰："汤尝约于郼、薄矣。"《慎大览》曰："汤立为天子，夏民大说。亲郼如夏。"则郼亦汤所尝居。此即《诗》"韦顾既伐"之"韦"，释以《续汉志》东郡白马县之韦乡，亦当不误。汤始征自葛载，其地自在东方。《慎大览》又曰："末嬉言曰：今昔天子梦西方有日，东方有日，两日相与斗，西方日胜，东方日不胜。故令师从东方出于国西以进。"则汤在伐桀时，兵力已轶夏都而西。而克桀之后，"作宫邑于下洛之阳"，《春秋繁露·三代改制质文》篇语。则正夏所居河洛之域也。后世都邑屡迁，迄在今河南北境大河西岸。故居之势力，可谓深人新迁之地之中心矣。然新迁之前茅，则初不止此。洛阳，"其中小，不过数百里，田地薄"，张良语，见《史记·留侯世家》。实非移殖最佳之境。新迁者既至此，必更渡河西北上。则自至河汾下游，更西渡津浦，则入渭水流域矣。此周人西迁之所届也。渭水流域，地广而腴，此周之所以强，能还灭殷也。

然牧野之战，周虽胜殷，初未能据有其地，故仍以之畀武庚，特命管叔居东监之，又据洛邑，使声援连接耳。武王崩，管叔以殷叛，果与周公不协，而认敌为友邪？抑为武庚所胁邪？事不可知。设使其事有成，必不能以管叔代周公，而将为武庚之光复旧物，则殆无可疑。何则？东方诸国皆助殷，莫助周也。然周人当日兵锋盖甚锐，而东方诸国皆小，《孟子·滕文公》下篇言周公灭国者五十。《周书·作洛解》言凡所征熊、盈族十有七国。惟国小，故国数多也。盈即嬴。故不能终与之抗。周既得志，营洛邑以临东诸侯。又封鲁于奄，太公于爽鸠氏故居，以控制未西迁时之旧地。新国之声威，至斯可谓极盛。然东方之地，不久仍有起与之抗者，徐偃王是也。偃王之抗周，《史记·秦本纪》《赵世家》皆云在穆王时，惟《古史考》谓与楚文王同时，见《史记正义》。其说盖不足据。《后汉书·东夷传》云："徐夷僭号，乃率九夷以伐宗周，西至河上。穆王畏其方炽，乃分东方诸侯，命徐偃王主之。偃王处潢池东，地方五百里，行仁义，陆地而朝者三十有六国。穆王后得骥騄之乘，乃使造父御以告楚，令伐徐，一日而至。于是楚文王大举兵而灭之。偃王仁而无权，不忍斗其人，故致于败。乃北走彭城武原县东山下。百姓随之者以万数，因名其山为徐山。"此说与《史记》所本颇同，其说自难尽信。然与《礼记·檀弓》徐容居谓"昔我先君驹王西讨济于河"者相合。其人其事，必非子虚，盖周公虽灭奄，据《书·费誓》，鲁公亦尝大征淮夷、徐戎，然于奄则鲁据之，于徐则初未能据有其地，故阅时而复盛也，然是时东方之文明，已稍落西方之后，非复夏殷间比。故留处之徐，卒为迁居之楚所败，然东西相争之形势仍存，故徐甫败而齐又继之而起焉。敌尽而我所资以防敌者，即起而与我争，亦犹汉世异姓诸侯尽而所患者即在吴楚也。世岂有能以一手把持天下者哉？

春秋之世，争霸者为何方之国乎？曰：南方与北方之国也。南北之名国谁乎？曰南为楚，北为晋，此人人所能言，且以为无疑义者也。非也，南北之争实不如东西之争之烈。何也？案春秋之世，首创霸业者为齐桓公。齐桓公之得国，在入春秋后三十七年。是时秦尚未盛，晋初兴，旋困于内乱，与齐争霸者，惟楚而已。入春秋后六十七年，齐桓公合诸侯于召陵以摈楚，楚服。后十三年入春秋后八十年。而卒，诸子争立，霸业遽隳，宋襄公欲继之，而为楚所败。此犹楚之与徐，固纯然东西之争也。入春秋后九十一年，晋文公起，败楚于城濮。

自此西方之国，复分为南北，历邲之战、入春秋后百二十六年。鄢陵之战、入春秋后百四十八年。萧鱼之会，入春秋后百六十二年。至入春秋后百七十七年，宋向戌为弭兵之会，而其争始稍澹焉，前后几九十年，似烈矣。然齐自桓公死后，阅三十七年，顷公立，即复欲图霸。以徒勇故，有鞌之败。入春秋后百三十四年。顷公归国后，七年不饮酒，不食肉，国亦复安，入春秋后百四十一年卒，子灵公立，继父之志，与晋争。入春秋后百六十八年，晋合诸侯围之。就《左氏》所载观之，晋兵势似甚盛，然《公羊》谓其实未围齐，则《左氏》之言，不足信也。灵公亦好勇，明年见弑。子庄公立，性质复与父祖同。然入春秋后百七十三年，乘晋有栾氏之乱，出兵伐之，上太行，入孟门，张武军于荧庭，其兵威或转有胜于晋围齐之役也。后二年，入春秋后百七十五年。又见弑，弟景公立。景公之为人，盖多欲而侈，故不克大成霸业，然非如顷、灵、庄三世之徒勇，故其国势反较强。其季年，郑、卫景从，援范、中行氏以敌赵氏。虽竟未有成，然晋之为所苦亦甚矣。齐晋之争，始顷公之立，至获麟之岁，田常执齐政，惧诸侯讨之，修四境之好，乃西约韩、魏、赵氏，前后几百三十年，实较晋楚之争为久也。

抑不仅此也。晋楚之争至弭兵之会而澹，而其因此而挑起之吴越，则转代齐而为东海之表焉。东方名国，奄灭之后惟徐。然自此以南，诸小邦盖甚众。徐偃王败后，楚之声势，盖益东渐。齐桓公盖欲收率之以翦楚之羽翼，故召陵会后，滨海而东，陷于沛泽之中，受创颇巨，然其志殊未已，故频年仍有事于东。徐固大国，盖亦思倚齐以与楚抗，是以有娄林之役。入春秋后七十八年。经略未竟，齐桓遽逝。尔后齐与楚无争，而晋代之。晋盖鉴于徐距中原较远，齐桓公欲援之而无成，故不复援徐以敌楚，惟思通吴以犄楚后而已。然其收效，反远较援徐为大，则世运日进，东南方之开化为之也。通吴之役，据《左氏》在入春秋后百四十七年。至二百十七年而有柏举之役，吴自此转锋北向。至二百三十七年而有艾陵之役，其兵锋复转而西。至二百四十一年而有黄池之会，吴为东方之大长，以屈西方之霸主矣。而睦于楚之越复犄吴后。至入战国后八年，吴遂为越所灭。越既灭吴，迁居琅邪，与齐晋会于徐州，而自齐顷公以来，东方与西方争霸之局，至此而告成。

吴、越晚起，国力不如齐楚之坚凝，故越自句践而后，不闻其与大局有关。《越绝书·外传·记地传》称句践为大霸，以下诸君但皆称霸。大霸盖能号令中原；

但称霸者，则如秦霸西戎，但为一方之长而已。战国时之形势，仍为齐、秦、楚及三晋所左右。新兴之北燕，关系亦较微焉。齐、秦、楚、三晋中，首起称霸者为楚悼王。尝伐周、围郑、伐韩、取负黍。后三晋败之大梁、榆关，乃厚赂以与秦平。春秋时，晋、楚构兵，皆因争与国而起，径相攻击之事甚少，至楚悼王乃异是。虽竟丧败，固犹远在敌境也。楚悼王之立，在入战国后七十九年，其卒适在其百年，楚自此衰，而三晋中之魏崛起。然其兵锋非向齐、燕、秦、楚，乃为同出自晋之赵。入战国后百二十八年，魏惠王攻拔邯郸。齐威王救赵，败魏于桂陵。明年，秦乘机取魏安邑。又明年，魏乃不得已而归赵邯郸。入战国后百三十八年，齐威王卒，子宣王立。明年，魏为逢泽之会。《战国策·魏策》言其乘夏车，称夏王，朝天子，天子皆从。《齐策》言魏拔邯郸，又从十二诸侯朝天子，其声势仍极赫奕。魏盖因此以为齐、秦皆服，又明年，复起兵以伐赵。韩救之，不克，与赵皆委国于齐。齐出兵援韩、赵，魏亦大起兵以逆之，然大败于马陵，长子死焉。三晋中韩本较弱小，赵所图亦在北，胡地中山。魏既败，不复能问鼎中原，三晋遂微，而齐、秦、楚并盛。入战国后百五十七年，齐宣王卒，子滑王立。百六十三年，东方诸国合从以攻秦，楚怀王为从长。此役未知缘何而起，要是东方诸国轻视秦国之旧习;非如后人所傅会，秦有独雄之势，故合从以摈之也。楚怀王之为人，盖极昏乱，故有张仪欺楚绝齐之举，终至与秦构衅，再战皆北，天下之重乃归于齐、秦。入战国后百八十二年，怀王为秦所劫，齐归其太子顷襄王。明年，齐、韩、魏击秦，败其军于函谷关。越二年，入战国后百八十五年。怀王卒于秦。齐与韩、魏、赵、宋、中山共攻秦，盖亦借口于抑强扶弱。然后四年，入战国后百八十九年。楚卒迎妇于秦，则可见秦虽欺而齐弥不易与也。入战国后百九十三年，齐称东帝，秦称西帝。虽旋去之，然是时七国已分二等，齐、秦为上，余五国次之，则形势可见矣。齐长东方，古来所称为文物之地，其声威自更出秦上。然齐结怨太多，后四年，入战国后百九十七年，为燕所破，自此秦遂独强，无能与之竞者矣。战国起获麟之明岁，讫秦灭齐，凡二百六十年。其初百年，除楚崛起于其末年外，犹是春秋时之旧形势。中百年初为齐魏争霸，次则齐秦争霸;至末六十年，乃成秦人独雄之局，固犹是东西之争也。观其结局，西卒成而东卒败，似诚有如《史记·六国年表》所云“作事者必于东南，收功实者常于西北”者。然其后项籍用江东之众，则吴越之民也。刘邦起于丰沛，则淮徐之地，亦可云东卒成西卒败也。从古东西相争之局，固当至秦亡而后结，不当于秦灭六国时。何也？一统之局始于秦，实定于汉也。

东西相争，历如是之久者何欤？岂其民族固有异同乎？曰：否。考民族之异同者，莫切于语言。古称语言之异者，必曰楚夏。然孟子斥许行为南蛮鴃舌之人，讥陈相为用夷变夏，而陈相一见许行，即能尽弃其学而学，不闻其有待译人。又孟子谓戴不胜："有楚大夫于此，欲其子之齐语也，一齐人傅之，众楚人咻之，虽日挞而求其齐，不可得矣。引而置之庄、岳之间数年，虽日挞而求其楚，亦不可得矣。"知当日齐、楚语言，本无大异。《左氏》卫侯见获于吴，归效夷言。能暂闻而即效之者，吴谓善伊，谓稻缓，不过如今日南北音读之殊。凡楚、夏之异，皆如此也。当日东西所异，盖在文化。殷弟兄相及，而周传祚嫡长之法甚严。《礼记·大传》曰："六世亲属竭矣。其庶姓别于上，而戚单于下。昏姻可以通乎？系之以姓而弗别，缀之以食而弗殊，虽百世而昏姻不通者，周道然也。"可见男系同姓昏姻之禁，实至周而始严。此皆社会组织之异。所以然者，殷居东方，为汉族肇基之地，其人特重农业。农业本女子所发明，庐舍土田，皆女子所有，而男子依附焉。故内昏之戒，主女系而不主男系。兄弟为一家人，父子则否，传祚者遂主相及。周迁西北，盖与戎狄杂处，戎狄事射猎畜牧，高气力，男权斯张，周人化之，宗法立焉。而昏姻承袭之制，皆异于故居东方时矣。然春秋时，晋嫁女于吴。《左氏》襄公二十年。鲁亦娶于吴。《左氏》哀公十二年。又鲁自庄公以前，实一生一及。见《史记·鲁世家》。吴诸樊、余昧弟兄相及。余昧死，弟季札让位，诸樊子光曰：国宜之季子者也。季子不受，则已当立，卒杀僚而代之。亦与殷弟兄相及、既尽还立长兄之子者同。此皆姬姓之国，而还从东方之法者，以少数人厕居多数之中，终不得不为所化。观姬姓东还者后如此，而知其初西迁时之不得不变矣。此等同异，盖亦甚微。故东西方之争战，初不甚烈。特其风同道一，亦非旦暮间事耳。

（四）纬书之三皇说

纬书三皇之说，原本非一。予既着之《古史纪年》条矣，今更引《御览》《路史》之文以明之。《御览》引项峻《始学篇》曰："天地立，有天皇，十二头，号曰天灵，治万八千岁．以木德王。""地皇十二头，治万八千岁。""人皇九头，兄弟各三分，人各百岁。依山川土地之势，财度为九州，各居其一。乃因是而区别。”此句上疑有夺文。《洞冥记》曰：“天皇十二头，一姓十二人也。”“地皇十二头。”于人皇则无说。《三五历记》曰：“溟涬始牙，濛鸿滋萌，岁起摄提，元气肇起。有神灵人，十三头，号曰天皇。”又曰：“有神圣人，十二头，号地皇。”"有神圣人，九头，号人皇。”《始学篇》及《洞冥记》，天皇、地皇，皆十二头，《三五历记》天皇独十三头，似误。然《路史》言地皇十一君。又引《真源赋》曰：“盘古氏后，有天皇君，一十三人。时遭劫火。乃有地皇君，一十一人，各万八千余年。乃有人皇君，兄弟九人。结绳刻木。四万五千六百年。”《补三皇本纪》亦曰“地皇十一头”，又曰“姓十一人”。姓上当有夺字。则又有以天皇为十二头，地皇为十一头者，说颇难通。疑天皇既讹为十三，后人乃减地皇之数以合之。罗氏引《通卦验》“君有五期，辅有三名”，谓“三辅九翌，并皇是十三人”，则鉴矣。九翌，见下引《河图括地象》。《通卦验》之说，《礼记》标题下《正义》引之，《御览》引《遁甲开山图》荣氏《注》：“天皇兄弟十二人。”“地皇兄弟十人。”“人皇兄弟九人。”十人，疑亦十二人之夺。《御览》又引《帝系谱》曰：“天地初起，即生天皇，治万八千岁，以木德王。”地皇治一万八千岁，以火德王。”于人皇亦无说。又引《春秋纬》曰：“天皇，地皇，人皇，兄弟九人，分为九州，长天下也。”《河图括地象》曰：“天皇九翼，题名旋复。”《春秋命历序》曰：“人皇氏，九头。驾六羽，乘云车，出谷口，分九州。”凡此诸文，显分两说。《洞冥记》《帝系谱》，所本者同；《始学篇》《三五历记》，言天皇、地皇亦本之，言人皇则别本《春秋纬》及《括地象》。此说言三皇皆分长九州，而其年亦仅百岁。今其说仅见于《始学篇》人皇下者，以项峻于天皇、地皇，亦采如《洞冥记》《帝系谱》之说。其实此语依《春秋纬》及《括地象》，不仅指人皇也。《御览》又引马总言人皇云：“一百六十五代，合四万五千六百年。”《路史》云：“《三五历》云：人皇百五十六代，合四万五千六百年，小司马氏取之。”今《补三皇本纪》作百五十世，未知其有异同与？抑传写讹误也？

《遁甲开山图》，专言三皇地理。《御览》引云：“天皇被迹在柱州昆仑山下。”“地皇兴于熊耳、龙门山。”“人皇起于形马。”《路史》云：“《遁甲开山图》云：天皇出于柱州，即无外山也。郑康成云：无外之山，在昆仑东南万二千里。《水经注》云：或言即昆仑。荣氏云：五龙及天皇，皆出其中。”案《水经·渭水注》：“故虢县有杜阳山，山北有杜阳谷，有地穴北入，亦不知所极，在天柱山南。”

赵《释》云:"《寰宇记》凤翔府岐山县下云:岐山，亦名天柱山。《河图括地象》曰：岐山，在昆仑山东南，为地乳，上多白金。周之兴也，鸑鷟鸣于山上，时人亦谓此山为凤凰堆。注《水经》云：天柱山有凤凰祠。或云其峰高峻，迥出诸山，状若柱，因以为名。一清按《御览》及程克斋《春秋分记》并引之，今缺失矣。"然则柱州即岐山也。熊耳、龙门，人所共知，无烦赘说。人皇,《路史》正文云："出刑马山提地之国。"《注》云："《遁甲开山图》云：人皇出于刑马山提地之国。山今在秦州，伯阳谷水出之。老子之所至。"正文又云："相厥山川，形成势集。才为九州，谓之九囿。"《注》云："见《洛书》。《春秋命历序》云：人皇出旸谷，分九河。"正文又云："别居一方，因是区理，是以后世谓之居方氏。"《注》云："见《三坟》。又《洛书》云：人皇出于提地之国，兄弟别长九州，己居中州，以制八辅。"则提地之国，语出《洛书》。前《注》引《遁甲开山图》,当仅云出于刑马山。提地之国四字,乃涉正文而误衍也。《水经·渭水注》云："伯阳谷水出刑马山之伯阳谷。北注渭水。渭水又东，历大利，又东南流，苗谷水注之。水南出刑马山，北历平作。西北径苗谷。屈而东，径伯阳城南，谓之伯阳川。盖李耳西入，往径所由，故山原畎谷，往往播其名焉。"即罗氏隐括其语，谓老子所至者也。此说与《洛书》非一，不可混同。《路史》正文又云:"驾六提羽，乘云祇车。制其八土，为人立命。""迪出谷口，还乘青冥。"《注》云："谷口，古塞门。或云上旸谷。《蜀·秦宓传》曰：三皇乘祇车，出谷口，谓今之斜谷，乐史从之，妄矣。"案:驾六羽，乘云车，出谷口，与《御览》引《命历序》之言合;制八土即分九州,与《御览》引《始学篇》《春秋纬》《命历序》之言皆合;则谷口自当指旸谷。《说文·示部》:"祇,地祇,提出万物者也。"提地之国，盖取此为义，则亦当在东方，特未审造纬者之意，以何地当之耳。九河不可分;且亦禹时始有,不当人皇已分;分九河必分九州之误也。秦宓之语，乃对夏侯纂夸张本州，见《三国·蜀志·秦宓传》。本非情实，可弗论。

《淮南·原道》云:"泰古二皇,得道之柄,立于中央。"此乃寓言,指阴阳二力,非谓人也。高《注》云："二皇，伏羲、神农也。指说阴阳，故不言三也。"知其指说阴阳，是矣，又必牵引伏羲、神农，何哉？则以古者三皇之义，本托之于天地人也。《书大传》云："遂人以火纪，火，太阳也，故托遂皇于天。伏羲以人事纪,故托戏皇于人。神农悉地力,种谷疏,故托农皇于地。"《白虎通义》云："伏羲仰观象于天，俯察法于地，因夫妇，正五行，始定人道。"此今文家相传之说。定人道最难，故曰“古有天皇，有地皇，有泰皇，泰皇最贵”也。高氏之意，盖以羲皇妃天，农皇妃地，遂皇妃人，实违旧义。然较之依三万六千岁之历而造怪说者，则固有间矣。

（五）儒家之三皇五帝说

三皇五帝，异说纷如，昔人多莫能董理，此由未知其说之所由来也。历考载籍，三皇异说有六，五帝异说有三。《史记·秦始皇本纪》：丞相绾等与博士议帝号曰：“古有天皇，有地皇，有泰皇，泰皇最贵。”此三皇之说一也。《尚书大传》以燧人、伏羲、神农为三皇，《含文嘉》、《风俗通》引。《甄耀度》、宋均注《援神契》引之，见《曲礼正义》。《白虎通》正说、谯周《古史考》《曲礼正义》。并同，惟《白虎通》伏羲次燧人前。此三皇之说二也。《白虎通》或说，以伏羲、神农、祝融为三皇，此三皇之说三也。《运斗枢》、郑注《中候敕省图》引之，见《曲礼正义》。《元命苞》《文选·东都赋注》引。以伏羲、女娲、神农为三皇，此三皇之说四也。《尚书·伪孔传序》、皇甫谧《帝王世纪》、孙氏注《世本》，以伏羲、神农、黄帝为三皇，此三皇之说五也。纬候家言：或云天皇、地皇各十二头，万八千岁；人皇九头，百岁；或又云四万五千六百年。或云天皇十三头，地皇十一头。又或谓三皇者九头。或云三皇分长九州。或云人皇氏出谷口，分九州。或云：天皇被迹在柱州昆仑山下，地皇兴于熊耳、龙门，人皇起于刑马山提地之国。详见《纬书之三皇说》条。此三皇之说六也。太史公依《世本》《大戴礼》，以黄帝、颛顼、高辛、唐尧、虞舜为五帝，谯周、应劭、宋均皆同，《五帝本纪正义》。此五帝之说一也。郑注《中候敕省图》，于黄帝、颛顼之间，增一少昊，谓德合五帝座星者为帝，故实六人而为五，《曲礼正义》。此五帝之说二也。伪孔、皇甫谧、孙氏以少昊、颛顼、高辛、唐、虞为五帝，《五帝本纪正义》。此五帝之说三也。案《风俗通义》云：“燧人以火纪。火，太阳也，故托燧皇于天。伏羲以人事纪，故托戏皇于人。神农悉地力，种谷蔬，故托农皇于地。天地人之道备，而三五之运兴矣。”此盖《书传》之义，为今文家旧说。伏生者，秦博士之一，始皇时，时代较早，异说未兴。大、泰同音，大亦象人，窃疑泰皇为大皇音借，大皇实人皇形讹，秦博士之说，与《书大传》之说一也。女娲本造物之神，汉人与祝融混而为一，说见《女娲共工》条。故《白虎通》

或说与《运斗枢》《元命苞》之说是一。伪孔三皇之说，根于其五帝之说而来。《后汉书·贾逵传》：逵奏《左氏》大义长于二传者曰："五经家皆言颛顼代黄帝，而尧不得为火德。《左氏》以为少昊代黄帝，即《图谶》所谓帝宣也。如令尧不得为火，则汉不得为赤。"此古文家于黄帝、颛顼之间增一少昊之由。然以六为五，于理终有未安。伪孔乃去燧人而升黄帝为三皇，则五帝仍为五人，且与《易·系辞传》始包牺终尧、舜者相合，此实其说之弥缝而更工者也。伪孔以《三坟》为三皇之书，《五典》为五帝之典，据《周官外史疏》，其说实本贾、郑，然《路史·疏仡纪·帝鸿氏》云："《春秋运斗枢》，以帝鸿、金天、高阳、高辛、唐、虞为五代。"郑康成于《书中候》，依《运斗枢》，以帝鸿为五帝，指为黄帝，则贾、郑之言，亦有所本。盖汉言五德，本取相胜，至末叶乃改取相生，故异说起于是时也。《发挥·论史不纪少昊》曰："梁武遂以燧人为皇，黄帝、少昊、颛顼、帝喾、尧为五帝。谓舜非三皇，亦非五帝，特与三代为四代。"亦以六人为五为不安而改之，特其说与伪孔又异耳。纬候三皇之说，皆因历法伪造，见《纬书之三皇说》条。其天地人之名，则仍取今文旧义也。三皇五帝之说，源流如此。

问曰：三皇五帝之为谁某，则既闻之矣。三皇五帝之名，旧有之邪？抑儒家所创也？应之曰：三皇五帝之名，旧有之矣。托诸天地人，盖儒家之义也。《周官·春官》："都宗人，掌都宗祀之礼。凡都祭祀，致福于国。"《注》："都或有山川及因国无主，九皇六十四民之祀。"《疏》："史记伏羲已前九皇六十四民，并是上古无名号之君，绝世无后，今宜主祭之也。"按《注》以因国无主之祀释《周官》之都宗人盖是，以九皇六十四民说周因国无主之祭则非也。《周官》虽战国时书，然所述必多周旧制。九皇六十四民，见《春秋繁露·三代改制质文》篇。其说：存二王之后以大国，与己并称三王。自此以前为五帝，录其后以小国。又其前为九皇，其后为附庸。又其前为民，所谓六十四民也。其说有三王九皇而无三皇。《周官》：外史，"掌三皇五帝之书"。伏羲者，三皇之一，《疏》引《史记》云"伏羲已前"，明在三皇五帝之前，其说必不可合。郑盖但知《周官》都宗人所祀，与《繁露》九皇六十四民，并是绝世无名号之君，遂引彼注此；《疏》亦未知二说之不可合，谓《史记》所云伏羲已前上古无名号之君，即郑所云九皇六十四民，遂引以疏郑也。《史记·封禅书》："管仲曰：古者封泰山禅梁父者七十二家。"又曰："孔子论述六艺传，略言易姓而王，封泰山禅梁父者，七十余王矣。其俎豆之礼不章。"而《韩诗外传》曰："孔子升泰山，观易姓而王，可得而数者七十余人，不得而数者万数也。”《封禅书正义》引。今本无之，然《书序疏》及《补三皇本纪》并有此语，乃今本佚夺，非张氏误引也。万盖以大数言之，然其数必不止七十二可知。数不止七十二，而管仲、孔子皆以七十二言之者，盖述周制也。七十二家者，盖周登封之所祀也。曰俎豆之礼不章，言周衰，不复能封禅，故其礼不可考也。春秋立新王之事，不纯法古制，然损益必有所因。因国无主之祭，及于远古有功德于民之人，忠厚之至也，盖孔子之所因也。然不能无所损益。王制者，孔子所损益三代之制也。《王制》曰：“天子诸侯祭因国之在其地而无主后者。”此《周官》都宗人之所掌，盖孔子之所因也。《繁露》曰：“圣王生则称天子，崩迁则存为三王，绌灭则为五帝，下至附庸，绌为九皇，下极其为民。有一谓之三代，故虽绝地，庙位祝牲，犹列于郊号，宗于岱宗。”绝地者，六十四民之后，封爵之所不及，故命之曰民。绝地而庙位祝牲，犹列于郊号，宗于岱宗，此盖周登封时七十二家之祭矣。周制，盖自胜朝上推八世，谓之三皇五帝，使外史氏掌其书，以备掌故。自此以往，则方策不存，徒于因国无主及登封之时祀之而已。其数凡七十二，合本朝为八十一。必八十一者，九九八十一；九者数之究，八十一者，数之究之究者也。孔子则以本朝合二代为三王，又其上为五帝，又其上为九皇，又其上为六十四民，合之亦八十一。必以本朝合二代为三王者，所以明通三统之义也。上之为五帝，所以视昭五端之义也。九皇之后，绌为附庸，六十四家徒为民，亲疏之义也。此盖孔子作新王之事，损益前代之法，《春秋》之大义。然此于《春秋》云尔，其于《书》，仍存周所谓三皇五帝者，以寓天地人之道备而三五之运兴之义。故伏生所传，与董子所说，有不同也。《古今注》：“程雅问于董生曰：古何以称三皇五帝？对曰：三皇三才也，五帝五常也。”《御览·皇王部二》引董仲舒答问曰：“三皇三才也，五帝五常也，三王三明也，五霸五岳也。”三才者，天地人也，五常可以配五行。董子之言，与伏生若合符节。故知三皇五帝为《书》说，三王五帝九皇六十四民为《春秋》义也。或曰：《繁露》谓汤受命而王，亲夏。故虞绌唐谓之帝尧，以神农为赤帝。周以轩辕为黄帝，因存帝颛顼、帝喾、帝尧之帝号，绌虞而号舜曰帝舜，推神农以为九皇。明九皇六十四民为周时制也。应之曰：此古人言语与今人不同。其意谓以殷、周之事言之当如此，非谓殷、周时实然也。或曰：《管子》曰：“古者封泰山禅梁父者七十二家，夷吾所记，十有二焉。”下历举无怀、伏羲、神农、炎帝、黄帝、颛顼、帝喾、尧、舜、禹、汤、周成王之名，凡十二家，明三皇五帝，即在七十二家之中。应之曰：此亦古今言语不同。上云七十二家，乃举其都数，下云十二家，则更端历举所能记者，不蒙上七十二家言。此以今人语法言之为不可通，然古人语法如是，多读古书者自知之也。《庄子·胠箧》篇列古帝王称号有容成氏、大庭氏、伯皇氏、中央氏、栗陆氏、骊畜氏、轩辕氏、赫胥氏、尊卢氏、祝融氏、伏羲氏、神农氏，多在三皇以前，古人同号者甚多，大庭氏不必即神农，轩辕、祝融亦不必即黄帝、女娲也。《礼记·祭法正义》引《春秋命历序》："炎帝号曰大庭氏，传八世，合五百二十岁。黄帝一曰帝轩辕，传十世，二千五百二十岁。次曰帝宣，曰少昊，一曰金天氏，则穷桑氏，传八世，五百岁。次曰颛顼，则高阳氏，传二十世，三百五十岁。次是帝喾，即高辛氏，传十世，四百岁。"又《曲礼正义》："《六艺论》云：燧人至伏羲一百八十七代。宋均注《文耀钩》云：女娲以下至神农七十二姓。谯周以为伏羲以次有三姓，始至女娲；女娲之后五十姓至神农；神农至炎帝一百三十三姓。"说虽迂怪，然三皇五帝不必身相接，则大略可知，亦足为《韩诗外传》"不得而数者万数"作佐证也。

（六）伏羲考

《易·系辞传》："古者包牺氏之王天下也。"《释文》云："包，本又作庖。郑云：取也。孟、京作伏。牺，郑云：鸟兽全具曰牺。孟、京作戏，云伏，服也；戏，化也。"案郑说非也。《白虎通义·号》篇说伏羲之义曰："下伏而化之，故谓之伏羲也。"《风俗通义》引《含文嘉》曰："伏者，别也，变也；戏者，献也，法也。伏戏始别八卦，以变化天下；天下法则，咸伏贡献，故曰伏戏也。"此今文旧说。《礼记·月令疏》引《帝王世纪》曰"取牺牲以共庖厨，食天下，故号曰庖牺氏"，则袭郑曲说也。此说实本于刘歆。《汉书·律历志》载歆《世经》曰："作网罟以田渔取牺牲，故天下号曰炮牺氏。"《易》但言"为网罟以佃以渔"而已，歆妄益以"取牺牲"三字，实非也。

古代帝王，踪迹多在东方，而其后率传之于西，盖因今所传者，多汉人之说，汉世帝都在西，因生傅会也。而伏羲之都邑，亦不能外此。

《御览·皇王部三》引《诗含神雾》曰："大迹出雷泽，华胥履之生宓牺。"按《淮南·地形》曰："雷泽有神，龙身人头，鼓其腹而熙。"《山海经·海内东经》曰："雷泽中有雷神，龙身而人头，鼓其腹。在吴西。"《史记·五帝本纪正义》引作"鼓其腹则雷”。郭《注》引《河图》曰:“大迹在雷泽，华胥履之而生伏牺。”又曰:“今城阳有尧冢，灵台，雷泽在北也。”本于《汉志》，盖相传之旧说也。《水经·瓠子河注》:“瓠河又左径雷泽北，其泽薮在大成阳县故城西北一十余里，昔华胥履大迹处也。”亦同《汉志》。乃《御览》又引《遁甲开山图》曰:“仇夷山，四绝孤立，太昊之治，伏牺生处。”又《水经》:“渭水过陈仓县西。”《注》曰:“姚睦曰:黄帝都陈，言在此。荣氏《开山图注》曰:伏牺生成纪，纪徙治陈仓也。”《注》又曰:“成纪水故渎，东径成纪县，故帝太昊庖牺所生处也。”则将伏羲之迹，移至秦、陇之间矣。案《左氏》昭公十七年曰:“陈，大皞之虚也。”与宋大辰之虚、郑祝融之虚、卫颛顼之虚并举，所谓大皞，实为天帝之名。皇甫谧因此附会，以为伏牺都陈，已为非是。《水经·渠水注》:“陈城，故陈国也。伏牺、神农并都之。城东北三十许里，犹有牺城。”今又移诸陈仓，于是并黄帝之都而移之矣。《注》又云:“南安姚瞻以为黄帝生于天水，在上邽城东七十里轩辕谷。”则因移黄帝之都，又并其生处而移之矣。《注》又曰:“瓦亭水又西南出显亲峡，石岩水注之，水出北山，山上有女娲祠。”案《遁甲开山图》又曰:“女娲氏没，大庭氏王。次有柏皇氏、中央氏、栗陆氏、骊连氏、赫胥氏、尊卢氏、祝融氏、混沌氏、昊英氏、有巢氏、葛天氏、阴康氏、朱襄氏、无怀氏，凡十五代，袭庖牺之号。自无怀氏已上，经史不载，莫知都之所在。”盖自女娲以上，无不为之伪造都邑矣。《遁甲开山图》，盖专将帝王都邑，自东移西者也。《路史》曰:女娲出于承匡。《注》曰:“山名，在任城县东七十里。《寰宇记》云:女娲生处，今山下有女娲庙。”又言“任城东南三十九里又有女娲陵”。女娲本创造人物之神，说见《女娲与共工》条。其后附会，以为伏羲之妹。《风俗通义》。任城地近雷泽，《寰宇记》之说，盖由此而生。虽不足据，所托尚较古。然《寰宇记》又谓女娲治中皇山之原，山在金之平利。又《长安志》谓骊山有女娲治处，亦见《路史》引。则皆《遁甲开山图》等既出后傅会之辞，其为时弥晚矣。

《楚辞·大招》曰:“伏戏《驾辩》，楚《劳商》只。”《注》曰:“伏戏，古王者也。始作瑟。《驾辩》，《劳商》，皆曲名也。言伏戏氏作瑟，造《驾辩》之曲，楚人因之，作《劳商》之歌，皆要妙之音，可乐听也。”伏戏遗声在楚，亦其本在东南之证。

（七）华胥氏

《列子·黄帝》篇言华胥氏之国，其皆为寓言，固矣。然华胥氏之名，当有所本，疑即《庄子·马蹄》篇之赫胥氏也。下文言列姑射山，亦即《逍遥游》篇之藐姑射山，其证。

（八）有巢燧人考

服虔云："自少皞以上，天子之号以其德，百官之号以其征。自颛顼以来，天子之号以其地，百官之纪以其事。"《左氏》昭公十七年《注》，《月令》"孟春其帝大皞"《疏》引。案伏牺之义，谓下伏而化之；神农犹今言农业。服说是也。《韩非·五蠹》曰："上古之世，人民少而禽兽众，人民不胜禽兽虫蛇。有圣人作，构木为巢以避群害，而民说之，使王天下，号曰有巢氏。民食果蓏蚌蛤，腥臊恶臭，而伤害腹胃，民多疾病。有圣人作，钻燧取火以化腥臊，而民说之，使王天下，号曰燧人氏。"此亦所谓德号者也。《周书·史记》曰："昔者有巢氏，有乱臣而贵。任之以国，假之以权，擅国而主断。君已而夺之，臣怒而生变，有巢以亡。"此有巢，与韩非所云必非同物，盖以地号者也。以德号者，其去后世盖已久远，民已不能详记其行事，徒以功德在人，久而不忘，乃即以其德为其人之称号耳，安能识其兴亡之由乎？《庄子·盗跖》曰："古者禽兽多而人民少，于是民皆巢居以避之，昼拾橡栗，暮栖木上，故命之曰有巢氏之民。古者民不知衣服，夏多积薪，冬则炀之，故命之曰知生之民。"炀亦用火，所称当与《韩非》同，特无燧人之名耳。

《礼记·月令疏》云："伏羲、神农、黄帝、少皞，皆以德为号也；高阳、高辛、唐、虞，皆以地为号也；虽以地为号，兼有德号，则帝喾、颛顼、尧、舜是其德号。"案帝喾、颛顼、尧、舜等，皆徒为美称，与巢、燧等有实迹可指者又异，其意已颇近乎后世之号谥。生而称之，类乎后世之徽号。死而称之，类乎后世之美谥。然则同一德号，其间又有微别也。

《论衡·正说》曰："唐、虞、夏、殷、周者，土地之名。皆本所兴昌之地，重本不忘始，故以为号，若人之有姓矣。说《尚书》者谓之有天下之代号。功德之名，盛隆之意也。故唐之为言荡荡也，虞者乐也，夏者大也，殷者中也，周者至也。其褒五家大矣，然而违其正实，失其初意。唐、虞、夏、殷、周，犹秦之为秦，汉之为汉。秦起于秦，汉兴于汉中，故曰犹秦、汉。使秦、汉在经传之上，说者将复为秦、汉作道德之说矣。”此亦以后人之见议古人耳，若反诸古俗，则以德为号者正多也。

祝融列为三皇之一，共工氏霸九州，皆尝王天下者也，而其号皆为官名，则以其功德皆出于其官守，以其官称之，犹之以其事称之，亦即所谓德号耳。《左氏》哀公九年，史墨曰："炎帝为火师。”火师者，火官之长，亦即祝融也。《吕览·勿躬》曰："祝融作市。”《易》言神农氏“日中为市”，此祝融即神农，犹以其官称之也。

《御览》引《遁甲开山图》曰："石楼山在琅邪，昔有巢氏治此山南。”《淮南·修务》:“汤整兵鸣条，困夏南巢，谯以其过，放之历山。”《注》:“南巢，今庐江居巢是。历山，盖历阳之山。”《遁甲开山图》言地理，殊不可信，读《纬书之三皇说》《伏羲考》两条可见。高《注》亦以后世地名言之耳，无确据也。案寒地之民多穴居，热地之民多巢居；寒地之民，多食鸟兽之肉，热地之民，多食草木之实。《礼记·礼运》曰昔者先王未有宫室，冬则居营窟，夏则居橧巢。未有火化，食草木之实，鸟兽之肉，饮其血，茹其毛。未有麻丝，衣其羽皮。后圣有作，然后修火之利。范金合土，以为台榭宫室牖户。以炮以燔，以亨以炙，以为醴酪。治其麻丝，以为布帛。”盖兼南北之俗言之，不徒有冬夏之别也。《庄子》言有巢氏之民，昼拾橡栗，暮栖木上，可见其多食草木之实。《韩子》言其食蜯蛤，可见其在江海之交。又《庄子》言其不知衣服，可见其皆裸袒。此皆可想见其在南方。《春秋命历序》言人皇氏出旸谷，分九河，人皇即遂人，九河疑九州之误，已见《纬书之三皇说》条。《御览》引《古史考》曰:“古之初，人吮露精，食草木实，穴居野处。山居则食鸟兽，衣其羽皮，饮血茹毛，近水则食鱼鳖螺蛤。未有火化，腥臊多害肠胃。于是有圣人，以火德王。造作钻燧出火，教人熟食，铸金作刃。民人大说，号曰燧人。”此说实本《礼运》，而以他说附益之。其言修火之利，皆以范金与熟食并举，盖古之遗言。观后来范金之技，南优于北，亦可见开化之始于南方。窃疑巢、燧皆当在古扬州之域也。至汤放桀之南巢，则当在兖州，说见《论汤放桀地域考》条。

（九）神农与炎帝、大庭

《左氏》昭公十八年："宋、卫、陈、郑皆火。梓慎登大庭氏之库以望之。"《注》："大庭氏，古国名，在鲁城内，鲁于其处作库。"《疏》云："先儒旧说，皆云炎帝号神农氏，一曰大庭氏。服虔云：在黄帝前。郑玄《诗谱》云：大庭在轩辕之前。亦以大庭为炎帝也。"案《诗谱序》云："诗之兴也，谅不于上皇之世。大庭、轩辕，逮于高辛，其时有无，载籍亦蔑云焉。"但叙大庭于轩辕之前，初未明言其为炎帝。《疏》云："大庭，神农之别号。《礼记·明堂位》曰：土鼓，蒉桴，苇籥，伊耆氏之乐也。《注》云：伊耆氏，古天子号。案《郊特牲注》同。《周官·秋官·伊耆氏注》云："古王者号。"《礼运》云：夫礼之初，始诸饮食。《注》云：中古未有釜甑，而中古谓神农时也。《郊特牲》云：伊耆氏始为蜡。蜡者，为田报祭。案《易·系辞》称神农始作耒耜，以教天下，则田起神农矣。二者相推，则伊耆、神农，并与大庭为一。"《礼记》标题下《疏》云："郑玄以大庭氏是神农之别号。案《礼运》云：夫礼之初，始诸饮食，燔黍捭豚，蒉桴而土鼓。又《明堂位》云：土鼓苇籥，伊耆氏之乐。又《郊特牲》云：伊耆氏始为蜡。蜡即田祭，与种谷相协；土鼓苇籥，又与蒉桴土鼓相当；故熊氏云：伊耆氏即神农也。"说与《诗疏》同。《疏》之所云，仅能明神农、伊耆是一耳，其即大庭，羌无左证。《鲁颂谱》云："鲁者，少昊挚之墟也。国中有大庭氏之库，则大庭氏亦居兹乎。"亦未言大庭即神农。疏家之言，似乎无据矣。案《月令》"其帝炎帝"《疏》引《春秋说》云："炎帝号大庭氏，下为地皇，作耒耜，播百谷，曰神农也。"则大庭、神农为一人，说出纬候，而郑与诸儒同本之。疏家不明厥由来，而徒广为征引，是以文繁而转使人不能无惑也。蒉桴土鼓，既相符会，神农居鲁，亦有可征，以三号为一人，虽不中，固当不远。

《史记·周本纪正义》云："《帝王世纪》云：炎帝自陈营都于鲁曲阜。黄帝由穷桑登帝位，后徙曲阜。少昊邑于穷桑，以登帝位，都曲阜。《太平御览·皇王部》引，下多"故或谓之穷桑帝"七字。颛顼始都穷桑，徙商丘。穷桑在鲁北。或云：穷桑即曲阜也。又为大庭氏之故国。又是商奄之地。皇甫谧云：黄帝生于寿丘，在鲁城东门之北。居轩辕之丘，《山海经》云此地穷桑之际，西射之南是也。"案谧言炎帝自陈营都于鲁者，以炎帝继大皞，《左氏》昭公十七年梓慎言"陈，大皞之虚"故也。梓慎又言"卫，颛顼之虚，故为帝丘"，故谧言颛顼自穷桑徙都之。云商丘者，古本以商丘、帝丘是一，至杜预乃分为二也。《御览·州郡部一》引《帝王世纪》曰："相徙商丘，于周为卫。成公梦康叔曰：相夺予享是也。"又曰："相徙商丘，本颛顼之虚，故陶唐氏之火正阏伯之所居也。今濮阳是也。"《史记·郑世家》："迁阏伯于商丘。"《集解》引贾逵云："商丘在漳南。"《水经·瓠子河注》："河水旧东决，径濮阳城东北，故卫也，帝颛顼之虚。昔颛顼自穷桑徙此，号曰商丘，或谓之帝丘。本陶唐氏火正阏伯之所居，亦夏伯昆吾之邦，殷相土因之，故《春秋传》曰：阏伯居商丘，相土因之是也。"盖依贾说也。《左氏》僖公三十一年，"卫迁于帝丘。卫成公梦康叔曰：相夺予享。公命祀相。宁武子不可，曰：杞鄫何事？"此谓夏后相。《御览·皇王部》引《世本》云："相徙商丘，本颛顼之虚。"亦以商丘、帝丘为一。

然《左氏》以陈大皞之虚，卫颛顼之虚，与宋大辰之虚，郑祝融之虚并举，大辰必不容说为人名，则其余三者，亦当事同一律。《左氏》昭公十年："正月，有星出于婺女。郑裨灶言于子产曰：七月戊子，晋君将死。今兹岁在颛顼之虚，姜氏、任氏，实守其地。居其维首，而有妖星焉，告邑姜也。"所谓颛顼，亦天帝，非人帝也。昭公八年，楚灭陈。"晋侯问于史赵曰：陈其遂亡乎？对曰：未也。公曰：何故？对曰：陈，颛顼之族也。岁在鹑火，是以卒灭。陈将如之。今在析木之津，犹将复由。"此颛顼亦天帝。杜《注》云"陈祖舜，舜出颛顼"，殊非。下文曰"自幕至于瞽叟，无违命"，乃言陈之先耳。宋本作"陈，颛顼之后"，盖因《注》而误也。九年，"陈灾。郑裨灶曰：五年，陈将复封，封五十二年而遂亡。子产问其故。对曰：陈，水属也，火，水妃也，而楚所相也。今火出而火陈，逐楚而建陈也。妃以五成，故曰五年。岁五及鹑火，而后陈卒亡，楚克有之，天之道也，故曰五十二年。"义正与史赵之言同。然昭公二十九年，蔡墨言少皞氏遂济穷桑，而定公四年，祝鮀言伯禽封于少皞之虚，则穷桑地确近鲁。《史记·封禅书》管仲曰：古者封泰山禅梁父者七十二家，而夷吾所记者，十有二焉。昔无怀氏封泰山，禅云云；虙羲封泰山，禅云云；神农氏封泰山，禅云云；炎帝封泰山，禅云云；黄帝封泰山，禅亭亭；颛顼封泰山，禅云云；帝喾封泰山，禅云云；尧封泰山，禅云云；舜封泰山，禅云云；禹封泰山，禅会稽；汤封泰山，禅云云；周成王封泰山，禅社首。"管子去古较近，所言必非无据。泰山岩岩，鲁邦所瞻，鲁殆自古帝王之都与？皇甫谧谓自黄帝至颛顼，其都皆在于鲁，却当有所依据也。

《封禅书》又曰："孔子论述六艺传，略言易姓而王，封泰山禅乎梁父者，七十余王矣，其俎豆之礼不章，盖难言之。"《正义》引《韩诗外传》云："孔子升泰山，观易姓而王可得而数者七十余人，不得而数者万数也。"今本无此语，然《书序疏》亦引之；司马贞《补三皇本纪》，亦有此语。则今本佚夺，非《正义》误引也。《论衡·书虚》曰："百王太平，升封泰山。泰山之上，封可见者七十有二；纷沦湮灭者，不可胜数。"然则七十余乃就其可见者言之，即管子所谓夷吾所记，其不可见者，自不止此。万数固侈言之，其多则可想矣。陟千里而登封，必非隆古之世小国寡民所克举，则泰山之下，名国之多可知也。七十二加三皇五帝凡八十，加本朝为八十一，三皇五帝之书，掌于外史，自此以上，则方策无存，徒列为因国无主之祀，《三皇五帝》条已言之。《管子·治国》云："昔者七十九代之君，法制不一，号令不同，然俱王天下。"云七十九者，古人好举成数，故以八十一为八十，而又除去本朝，则为七十九矣。《吕览·察今》曰："有天下七十一圣。"《求人》曰："古之有天下也者七十一圣。"则就七十二代中去其一代。《淮南·缪称》曰："泰山之上，有七十坛焉，而三王独道。"则举成数言之也。《齐俗》曰："尚古之王，封于泰山，禅于梁父者，七十余圣。"与《封禅书》并以辜较之辞言之。异口同声，必非虚语。夫果如后儒之言，封禅为告成功之祭，登封者之多，安得如是？则疑后世帝王都邑，渐徙而西，然后即事用希，在古则每帝常行，初不系其成功与否也。然而泰山之下，名国之多，可无疑矣。

姜氏初虽在东，后则稍徙而西。有部为姜嫄之国，太王妃曰太姜；武王妃曰邑姜，师尚父虽或曰辟居东海，或曰鼓刀朝歌，而卒佐周文、武以兴，其证也。《水经·渭水注》："岐水又东径姜氏城南，为姜水。案姜氏城，在今陕西岐山县南。《帝王世纪》曰：炎帝母女登游华阳，感神而生炎帝，长于姜水，是其地也。"盖后来附会之辞也。《漻水注》云："漻水北出大义山，南至厉乡西，赐水入焉。水源东出大紫山，分为二水。一水西径厉乡南。水南有重山，即烈山也。山下有一穴，父老相传云是神农所生处也，故《礼》谓之烈山氏。水北有九井，子书所谓神农既诞，九井自穿，谓斯水也。又言汲一井则众井动。井今湮塞，遗迹仿佛存焉。亦云赖乡，古赖国也。有神农社。赐水西南流，入于漻，即厉水也。赐、厉声相近，宜为厉水矣。"案《礼记·祭法》："厉山氏之有天下也。"《注》："厉山氏，炎帝也，起于厉山。或曰：有烈山氏。"《疏》云："引《春秋左传》昭二十九年蔡墨辞，云厉山氏，炎帝也，起于厉山者。案《帝王世纪》云：

神农氏，本起于烈山，或时称之，神农即炎帝也，故云厉山氏，炎帝也。云或曰有烈山氏者，案二十九年传文也。”按《祭法》之文，略同《国语·鲁语》。《鲁语》作烈山。韦《注》云：“烈山氏，炎帝之号也，起于烈山。《礼·祭法》以烈山为厉山也。”韦氏之意，以烈山、厉山为一，郑意似犹不然。然则郦《注》之云，其为后人附会，不待论矣。烈山，疑即《孟子》“益烈山泽而焚之”之“烈山”，《滕文公》上。乃德号，非地号也。又《管子·轻重戊》云：“神农作树五谷淇山之阳。”淇山盖即箕山，乃许由隐处，亦姜姓西徙后语也。

《管子》之文，神农与炎帝各别。谯周《古史考》，以炎帝与神农，各为一人，《左氏》昭公十七年《疏》。盖本诸此。又侈靡云：“故书之帝八，神农不与存，为其无位，不能相用。”此节之言，不甚可解，然其大意自可见，此神农亦天帝，非人帝也。然则隆古之世，人神之不可分也旧矣。

近人钱宾四穆云：“《左传》隐公五年，翼侯奔随。《一统志》：随城在介休县东，后为士会食邑。《续汉书·郡国志》：介休有介山，有绵上聚，之推庙。厉、烈、界皆声转相通。《周官》山虞，物之为厉，郑《注》，每物有蕃界也。然则界山即厉山、烈山也。《日知录·绵上》条，称其山南跨灵石，东跨沁源，世以为之推所隐。汉魏以来，相传有焚山之事。太原、上党、西河、雁门之民，至寒食不敢举火。顾氏颇不信之推隐其地。窃疑相传焚山之事，即烈山氏之遗说也。”《西周地理考》。此说论烈山之义与予合。惟谓炎帝传说始晋，似无解于古之封禅者皆在泰山，故予谓炎帝遗说，实始东方，后乃随姜姓之西迁，流传及于荆、豫，且入于冀方也。钱氏又云：“《左》昭八年，石言于晋魏榆。杜《注》云：晋魏邑之榆地。《地理志》：榆次、界休，同属太原。吴卓信《补注》引《汲冢周书》云：昔烈山，帝榆罔之后，其国为榆州。曲沃灭榆州，其社存焉，谓之榆社。地次相接者为榆次。其地有梗阳，魏戊邑。窃疑梗阳亦姜之音变也。”案《汲冢书》恐不足信。即谓可信，亦传说迁移，未必榆罔在晋地也。

《御览》引《帝王世纪》云：“神农氏崩，葬长沙。”《路史》引云葬茶陵。又云：“地有陵名者，皆以古帝王之墓，竟陵、零陵、江陵之类是矣。”案此足见古代南方陵墓之多，然以为神农，则未必然也。《宋史·礼志·先代陵庙》：淳熙十四年，“衡州守臣刘清之奏：史载炎帝陵在长沙茶陵，祖宗时给近陵七户守视，禁其樵牧，宜复建庙，给户如故事。”

《吕览》高《注》云：“朱襄氏，古天子，炎帝之别号。”案以大庭、朱襄附会炎帝，犹之以女娲以后十五君附会伏羲，盖取不甚著名之帝王，附会之于著名者耳。然隆古年代绵远，割据者多，似不必如此也。

（一〇）炎黄之争考

阪泉、涿鹿之战，《史记集解》引服虔曰："阪泉，地名。"又曰："涿鹿，山名，在涿郡。""在涿郡"三字，当兼指阪泉言之。又引皇甫谧曰："阪泉在上谷。"张晏曰："涿鹿在上谷。"予昔主服虔之说，谓神农为农耕之族；黄帝教熊罴貔貅貙虎，迁徙往来无常处，以师兵为营卫，颇类游牧之族。神农居鲁，鲁邻泰山，古代农业，多始山林之间。神农号烈山，盖即《孟子》所谓益烈山泽而焚之者，谓在湖北随县之厉乡者缪也。河北之地，平旷宜牧，谓黄帝以游牧之族而居此，亦合事情。若上谷则相去太远，盖据汉世县名附会也。《水经·漯水注》："涿水出涿鹿山。东北流，径涿鹿县故城南。黄帝与蚩尤战于涿鹿之野，留其民于涿鹿之阿，即于是也。其水又东北与阪泉合。水道源县之东泉。泉水东北流与蚩尤泉会。水出蚩尤城，泉水渊而不流。霖雨并则流注阪泉，乱流东北入涿水。《魏土地记》曰：下洛城东南六十里有涿鹿城。城东一里有阪泉，泉上有黄帝祠。涿鹿城东南六里有蚩尤城。《晋太康地理记》曰：阪泉亦地名也。"要皆附会之说。由今思之，此说仍有未谛。《国语·晋语》云："昔少典娶于有蟜氏，生黄帝、炎帝。"《贾子·益壤》曰："黄帝者，炎帝之兄也。"《制不定》曰："炎帝者，黄帝同父母弟也。"三说符会，《益壤》《制不定》，虽同出《贾子》，然各有所本，故谓炎黄兄弟不同，古人书率如此，不足怪也。决非偶然。然则炎、黄本同族，风气相去，必不甚远。教熊罴貔貅貙虎，不必其为实事。迁徙往来无常处，好战之主类然，如齐桓征伐所至即甚广。设或史乘阙佚，传者亦将谓其迁徙往来无常处矣。不必其民遂为游牧之族。且除此二语以外，亦更无黄帝为游牧之族之征也。阪泉、涿鹿，盖当如《世本》说，谓在彭城为是。《御览·州郡部一》引《帝王世纪》曰："黄帝都涿鹿，于《周官》幽州之域，在汉为上谷，而《世本》云：涿鹿在彭城南，然则上谷本名彭城。"其曲解真可发一噱。《路史》亦云："《世本》云：涿鹿在彭城。"《续汉书·郡国志》：上谷郡：涿鹿，《注》："《帝王世纪》曰：黄帝所都。《世本》云在鼓城南。"王应麟《地理通释》引《世本》亦作鼓，恐误。《汉书·刑法志注》："郑氏曰：涿鹿在彭城南。师古曰：彭城者，上谷北别有彭城，非宋之彭城也。"师古盖误驳。郑氏实以涿鹿在宋之彭城南也。

《战国·魏策》云："黄帝战于涿鹿之野，而西戎之兵不至，禹攻三苗，而东夷之民不起，以燕伐秦，黄帝之所难也。"此涿鹿在东方之诚证。《贾子·制不定》又谓炎黄"各有天下之半"，又隐见其一在东，一在西矣。《孟子》言周公相武王，诛纣，伐奄，驱虎豹犀象而远之。《滕文公》下。而《周书》言武王狩禽，猫虎熊罴，数至千百。《世俘》。则古者东方之地，本多禽兽之区，盖承水患之后，所谓"兽蹄鸟迹之道，交于中国"也。见《孟子·滕文公》上。奄即鲁，固与彭城相近矣。《索隐》引皇甫谧曰："黄帝生于寿丘。"《正义》云："寿丘，在鲁东门北。"

《论衡·率性》云："黄帝与炎帝争为天子，教熊罴貔虎，以战于阪泉之野。三战得志，炎帝败绩。"《吉验》云："传言黄帝妊二十月而生，生而神灵，弱而能言。长大，率诸侯，诸侯归之。教熊罴战，以伐炎帝，炎帝败绩。性与人异，故在母之身，留多十月；命当为帝，故能教物，物为之使。"其所本者，与《大戴记》《史记》略同，然不必即《大戴记》《史记》也。史公言百家言黄帝，其文不雅驯。此所谓传，盖儒家之说，然仍留神话之迹。亦可见据教熊罴貔貅貙虎之文而断黄帝为游牧之族者，未免失之早计也。教熊罴貔貅貙虎之说，或因蚩尤牛首而然，见《述异记》一条。

《史记集解》引《皇览》云："蚩尤冢在东平郡寿张县阚乡城中，高七丈。民常十月祀之。有赤气出，如匹绛帛，民名为蚩尤旗。肩髀冢，在山阳郡巨野县重聚。大小与阚冢等。传言黄帝与蚩尤战于涿鹿之野，黄帝杀之，身体异处，故别葬之。"《水经·济水注》引略同。高七丈作七尺。案《续志注》引《皇览》亦作七丈。地皆与彭城近。《路史》引《启筮》云："蚩尤登九淖以伐空桑，黄帝杀之于青丘。"案蚩尤叛父，见《少昊考》条。空桑近鲁，疑为神农氏后裔所处，蚩尤灭之，迁于涿鹿，黄帝又灭蚩尤，而因其旧都也。

《史记》谓黄帝与炎帝战于阪泉之野，又与蚩尤战于涿鹿之野。前引《论衡·率性》及《大戴记·五帝德》，皆与《史记》所本略同，然有战于阪泉之文，而无战于涿鹿之事。《贾子·益壤》云："炎帝无道，黄帝伐之涿鹿之野，血流漂杵，诛炎帝而兼其地，天下乃治。"《制不定》云："黄帝行道，而炎帝不听，故战涿鹿之野，血流漂杵。"则蚩尤、炎帝一人，阪泉、涿鹿一役，《史记》盖兼采两书，而夺一曰二字也。《周书·史记》谓阪泉氏"徙居至于独鹿"，疑阪泉为神农氏或蚩尤旧号，涿鹿则其新居。蚩尤既灭神农氏，后裔遂袭其位号，故传者混二人为一，黄帝实只与蚩尤战，未尝与神农氏战也。《战国·秦策》亦云："黄帝伐涿鹿而禽蚩尤。"

黄帝遗迹，又有在今陕西境者，盖出附会。《封禅书》载公孙卿之言，谓："黄帝郊雍上帝，宿三月。鬼臾区号大鸿，死葬雍，故鸿冢是也。其后黄帝接万灵明廷。明廷者，甘泉也。所谓寒门者，谷口也。黄帝采首山铜，铸鼎于荆山下。鼎既成，有龙垂胡髯下迎黄帝。黄帝上骑。群臣后宫从上者七十余人。龙乃上去。余小臣不得上，乃悉持龙髯。龙髯拔，堕，堕黄帝之弓。百姓仰望黄帝既上天，乃抱其弓与胡髯号。故后世因名其处曰鼎湖，其弓曰乌号。"明明极不经之语，乃处处牵引地理以实之，真俗所谓信口开河者也。乃《五帝本纪》谓"黄帝崩，葬桥山"。《汉书·地理志》亦云：上郡：肤施，《注》云："有黄帝祠四所。"阳周，《注》云："桥山在南，有黄帝冢。"《武帝纪》：元封元年，"祠黄帝于桥山"。亦见《郊祀志》。盖帝王之所信，则无冢者可以有冢，而祠祭且因之而起矣。史实之淆乱，可胜道哉！《汉书·王莽传》："遣骑都尉嚣等分治黄帝园位于上都桥畤，虞帝于零陵九疑，胡王于淮阳陈，敬王于齐临淄，愍王于城阳莒，伯王于济南东平陵，孺王于魏郡元城。使者四时致祠。"案上都当作上郡。桥畤，师古曰："桥山之上，故曰桥畤也。"

《水经·河水注》："《魏土地记》曰：弘农湖县，有轩辕黄帝登仙处。黄帝采首山之铜，铸鼎于荆山之下。有龙垂胡于鼎，黄帝登龙，从登者七十人，遂升于天，故名其地为鼎胡。荆山在冯翊，首山在蒲坂，与湖县相连。《晋书·地道记》《太康记》并言胡，县也，汉武帝改作湖。俗云：黄帝自此乘龙上天也。《汉书·地理志》曰：京兆湖县，有周天子祠二所，故曰胡。不言黄帝升龙也。"此等不经之说，郦道元已辨之矣。

《渭水注》云：横水："西北出泾谷峡。又西北，轩辕谷水注之。水出南山轩辕溪。南安姚瞻以为黄帝生于天水，在上邽城东七十里轩辕谷。皇甫谧云生寿丘，丘在鲁东门北。未知孰是也。"又渭水："又东过陈仓县西。"《注》云："姚睦曰：黄帝都陈言在此。"赵氏一清曰："上云南安姚瞻，此云姚睦，未知即一人也？抑误字也？"案《路史》引姚睦云"黄帝都陈仓，非宛丘"，则睦似非误字。然谓黄帝都陈仓，要亦附会之说也。《洧水注》："洧水又东径新郑县故城中。皇甫士安《帝王世纪》云：或言县故有熊氏之墟，黄帝之所都也。"《史记·五帝本纪集解》引徐广曰:"黄帝,号有熊。"谯周曰:"有熊国君。"案《大戴记·帝系》言昌意产颛顼，颛顼产老童，老童产重黎及吴回，吴回产陆终，陆终氏娶于鬼方氏，产六子，其四曰云郐人，郑氏也。重黎、吴回，相继居祝融之职。《史记·楚世家》言季连之苗裔曰鬻熊，实即祝融异文。其后熊丽、熊狂等，世以熊为氏。盖云郐人亦有祝融之号，或但称熊，其地遂称有熊之墟也。实与黄帝无涉。

《五帝本纪》又言:黄帝"披山通道,未尝宁居。东至于海,登丸山,及岱宗。西至于空桐,登鸡头。南至于江,登熊、湘。北逐荤粥,合符釜山"。空桐,《集解》引韦昭云:"在陇右。"鸡头,《索隐》云:"后汉王孟塞鸡头道，在陇西。一曰崆峒山之别名。"《正义》云:"《括地志》云:空桐山在肃州福禄县东南六十里。《抱朴子·内篇》云:黄帝西见中黄子，受九品之方，过空桐，从广成子受自然之经，即此山。《括地志》又云:笄头山，一名崆峒山，在原州平高县西百里,《禹贡》泾水所出。《舆地志》云或即鸡头山也。郦元云盖大陇山异名也。《庄子》云广成子学道崆峒山，黄帝问道于广成子，盖在此。按二处崆峒皆云黄帝登之，未详孰是。"《路史》云:"空同山，在汝之梁县西南四十里。有广成泽及庙。近南阳雉衡山。故马融《广成赞》云面据衡阴。"案《路史》之说是也。近人钱宾四撰《黄帝故事地望考》，亦主是说。钱氏又云:"熊山，即封禅书齐桓南伐至召陵所登，乃卢氏南之熊耳也。《水经》:潩水出河南密县大騩山。《注》:大騩，即具茨山也。黄帝登具茨之山，升于洪堤山，受《神芝图》于华盖童子，即是也。"地亦于雉衡、熊耳为近。黄帝踪迹，至此已为极远矣，必不能至秦陇也。釜山,《正义》引《括地志》云:"釜山在妫州怀戎县北三里。"此又因涿鹿在上谷之说而附会。《左氏》昭公四年，司马侯曰:"冀之北土，马之所生，无兴国焉。恃险与马，不可以为固也，从古以然。"可破涿鹿在上谷及涿郡之说矣。

吾昔谓炎帝为耕农之族，好和平，黄帝为游牧之族，乐战斗，其说虽属武断,然谓炎、黄之际,为世变升降之会,则亦不尽诬也。《商君书·画策》曰:"神农之世，男耕而食，妇织而衣，刑政不用而治，甲兵不起而王。神农既殁，以强胜弱，以众暴寡，故黄帝内行刀锯，外用甲兵。"《庄子·盗跖》曰:"神农之世:卧则居居，起则于于。民知其母，不知其父。与麋鹿共处。耕而食，织而衣，无有相害之心。此至德之隆也。然而黄帝不能致德，与蚩尤战于涿鹿之野，流血百里。”又《至乐》曰：“吾恐回与齐侯言尧、舜、黄帝之道，而重以燧人、神农之言。”《战国·赵策》曰：“宓牺、神农，教而不诛，黄帝、尧、舜，诛而不怒。”《春秋繁露·尧舜不擅移汤武不擅杀》曰：“今足下以汤、武为不义，然则足下之所谓义者，何世之王也？则答之以神农。”皆可见炎、黄之际，世变转移之亟也。盖为暴始于蚩尤，而以暴易暴，实惟黄帝。

炎黄之争，人皆知之，然古又有谓黄帝胜四帝者。《御览·皇王部四》引《蒋子万机论》曰：“黄帝之初，养性爱民，不好战伐，而四帝各以方色称号，交共谋之。边城日惊，介胄不释。黄帝叹曰：夫君危于上，民安于下；主失于国，案失同佚。其臣再嫁。厥病之由，非养寇邪？今处民萌之上，而四盗亢衡，递震于师。于是遂即营垒，以灭四帝。向令黄帝若不龙骧虎变，而与俗同道，则其民臣亦嫁于四帝矣。”《万机论》非可信之书，然《孙子·行军》篇云：“凡四军之利，黄帝之所以胜四帝也。”则其说自有所本也。惜其详不可得闻矣。

（一一）少昊考

今文家叙五帝无少昊，而古文家妄增之，予既于《儒家之三皇五帝说》条发其覆矣。然则少昊何人也？曰：少昊即蚩尤也。

《周书》一书，多存古史，其书传习颇鲜，故语多诘屈，然转鲜窜乱与传讹，实较可信据之书也。《周书·尝麦》曰：“昔天之初，诞作二后，乃设建典。命赤帝分正二卿。命蚩尤宇于少昊，以临四方。四，疑当作西。蚩尤乃逐帝，争于涿鹿之阿。九隅无遗，赤帝大慑。乃说于黄帝，执蚩尤，杀之于中冀，名之曰绝辔之野。”案《史记·五帝本纪》言：“轩辕之时，神农氏世衰。诸侯相侵伐，暴虐百姓，而神农氏弗能征。于是轩辕乃习用干戈，以征不享。诸侯咸来宾从。而蚩尤氏最为暴，莫能伐。炎帝欲侵陵诸侯，诸侯咸归轩辕。轩辕乃修德振兵，以与炎帝战于阪泉之野。三战然后得其志。蚩尤作乱，不用帝命。黄帝乃征师诸侯，与蚩尤战于涿鹿之野，遂禽杀蚩尤。”既言神农氏世衰，诸侯相侵伐，暴虐百姓，弗能征矣，又言其欲侵陵诸侯，未免自相矛盾。盖《史记》此文，采自两书，故其名称不一。炎帝欲侵陵诸侯之炎帝，实即蚩尤，非世衰之神农氏也。参看《炎黄之争考》条。《周书·史记》曰：“昔阪泉氏用兵无已，诛战不休，并兼无亲；文无所立，智士寒心。徙居至于独鹿。诸侯叛之。

阪泉以亡。”独鹿即涿鹿。阪泉盖蚩尤旧号。既迁于此，遂亦名其地为阪泉之野。故阪泉、涿鹿非两地，其战亦非二役，而神农、蚩尤，则实有两人。蚩尤既并神农，代居元后之位，诸书因亦以炎帝称之，故或又误为神农氏也。《周书》之赤帝，盖即世衰之神农氏，蚩尤初为之卿。《礼记·月令疏》曰：“东方生养，元气盛大，西方收敛，元气便小，故东方之帝，谓之大皞，西方之帝，谓之少皞。”此语当有所本。《左氏》文公十八年《疏》引谯周曰：“金天氏，能修大皞之法，故曰少昊也。”其证也。《盐铁论·结和》曰：“轩辕战涿鹿，杀两皞蚩尤而为帝。”两皞者，一大皞，一少皞，所谓二卿也。蚩尤初为神农氏少皞，既灭神农氏，盖代居赤帝之位，而别以人为少皞，涿鹿之战，与其两卿俱死也。

褚先生补《史记·建元以来侯者年表》，载田千秋上书曰：“父子之怒，自古有之。蚩尤叛父，黄帝涉江。”似蚩尤为神农氏之子。虽不必信，然其为同族则真矣。蚩尤之后为三苗，固姜姓也。姜姓殆内乱而为姬姓所乘与？

《后汉书·张衡传》：衡“条上司马迁、班固所叙与典籍不合者十余事”。《注》举其一事曰：“《帝系》：黄帝产青阳、昌意。《周书》曰：乃命少皞清。清即青阳也。今宜实定之。”案《周书》之文曰：“乃命少昊清，司马，鸟师，以正五帝之官。故名曰质。天用大成，至于今不乱。”《尝麦解》。“清司马鸟师”，文有夺误，云以正五帝之官，则当有五官，而少昊，司马，鸟师，仅得三官。衡妄加傅会，非是。《左氏》昭公十七年：“郯子来朝。公与之宴。昭子问焉，曰：少皞氏鸟名官，何故也？郯子曰：吾祖也，我知之。昔者黄帝氏以云纪，故为云师而云名。炎帝氏以火纪，故为火师而火名。共工氏以水纪，故为水师而水名。大皞氏以龙纪，故为龙师而龙名。我高祖少皞挚之立也，凤鸟适至，故纪于鸟，为鸟师而鸟名。自颛顼以来，不能纪远，乃纪于近，为民师而命以民事。”此文真伪未敢定，即以为真，亦绝无先后相承之意。《世经》乃云：“郯子据少昊受黄帝，黄帝受炎帝，炎帝受共工，共工受大昊，故先言黄帝，上及大昊。稽之于《易》，炮牺，神农，黄帝，相继之世可知。”乃于炮牺、炎帝之间，增一共工，曰：“周人迁其行序，故《易》不载。”又于黄帝、颛顼之间，增一少昊，曰：“《考德》曰：少昊曰清。清者，黄帝之子青阳也，名挚。周迁其乐，故《易》不载。序于行。”又并颛顼、帝喾，亦谓周迁其乐，故《易》不载。穿凿甚矣。《考德》，师古曰：“考五帝德之书也。”盖即其所伪撰。《左疏》曰：“《世本》及《春秋纬》，皆言青阳即是少皞，黄帝之子，代黄帝而有天下，号曰金天氏。”纬书固歆辈所造，《世本》亦其徒所改，或后人依歆说所改也。

《礼记·祭法》云："大凡生于天地之间者皆曰命。其万物死皆曰折，人死曰鬼，此五代之所不变也。七代之所更立者，禘郊宗祖，其余不变也。"《注》云："五代，谓黄帝、尧、舜、禹、汤，周之礼乐所存法也。""七代，通数颛顼及喾也。""少昊氏修黄帝之法，后王无所取焉。"《疏》云："周有六乐，去周言之惟五代。""《易纬》及《乐纬》有五茎、六英，是颛顼及喾之乐。"又云："《易纬》有黄帝及颛顼以下之乐，无少昊之乐。"则《世经》之言，于纬书亦不尽雠。盖纬书造者非一手，亦或后人更有改易也。

《左氏》谓少昊名挚，或谓即《周书》名质之转音。然《周书》"故名曰质"句，意实非谓人名，此按文可见者也。《国语·晋语》："黄帝之子二十五人，其同姓者二人而已。惟青阳与夷鼓皆为己姓。"下文又云："凡黄帝之子二十五宗，其得姓者十四人，为十二姓：姬、酉、祁、己、滕、箴、任、荀、僖、姞、儇、依是也。惟青阳与苍林氏同于黄帝，故皆为姬姓。"其说自相矛盾。《左疏》谓《世本》己姓出自少昊。《路史》作纪姓，则《国语》下一青阳是误。疑其或处于纪，而因以为氏也。《御览·皇王部》引《古史考》：高阳氏，妘姓。高辛氏，或曰房姓。

《史记·五帝本纪》曰："帝喾娶陈锋氏女，生放勋。娶娵訾氏女，生挚。帝喾崩，而挚代立。帝挚立，不善。崩，而弟放勋立，是为帝尧。"《御览·皇王部》引《帝王世纪》曰："帝挚之母，于四人之中，其班最下，而挚年兄弟最长，故得登帝位。封异母弟放勋为唐侯。挚在位九年，政软弱。而唐侯德盛，诸侯归之。挚服其义，乃率其群臣，造唐朝而致禅，因委至心愿为臣。唐侯于是知有天命，乃受帝禅，而封挚于高辛氏。事不经见，汉故议郎东海卫宏所传云尔。"卫宏之言，未必可信。然黄帝之族，似确有一挚其人，在尧之前。其人究系喾子，抑青阳若夷鼓之后，未可定，要之必为己姓。后来之纪，当出于此也。

《说文·女部》："嬴，帝少皞之姓也。"《御览》及《路史》引《古史考》皆曰：穷桑氏，嬴姓。《左氏》昭公元年，"昔金天氏有裔子曰昧，为玄冥师。生允格、台骀。台骀能业其官。宣汾、洮，障大泽，以处大原。帝用嘉之，封诸汾川。沈、姒、蓐、黄，实守其祀。"二十九年，"少皞氏有四叔，曰重、曰该、曰修、曰熙，实能金木及水。使重为句芒，该为蓐收，修及熙为玄冥。世不失职，遂济穷桑。"昧，不知即修、熙之后否？钱宾四谓台骀即有骀氏，见所撰《西周地理考》。则是姜姓也。又《山海经·大荒北经》："有人一目，当面中生。一曰威姓，少昊之子。"

此皆别一少昊，与挚无涉。盖少昊本司西方之官，人人可为之也。穷桑，杜《注》云："地在鲁北。"《疏》云："《土地名》穷桑阙。言在鲁北，相传云尔。"案定公四年，祝鮀言伯禽封于少皞之虚，《史记·鲁世家》亦云："封周公旦于少昊之虚曲阜。"《御览》六百九十引《田俅子》："少昊都于曲阜。"则以穷桑为在鲁，说自不误。《山海经·东山经》："《东次二经》之首曰空桑之山，北临食水。"食水者，"《东山经》之首曰樕䗪之山，北临乾昧，食水出焉，而东北流注于海。"其地当在青、兖之域。又《北山经》："空桑之山。无草木，冬夏有雪。空桑之水出焉，东流注于滹沱。"郭《注》云："上已有此山，疑同名也。"郝《疏》云："《东经》有此山，此经已上无之。检此篇，《北次二经》之首曰管涔之山至于敦题之山，凡十七山，今才得十六山，疑正夺此一山也。经内空桑之山有三：上文夺去之空桑，盖在莘、虢间。《吕氏春秋》《古史考》俱言伊尹产空桑，是也。此经空桑，盖在赵、代间。《归藏·启筮》言蚩尤出自羊水，以伐空桑，是也。"予案古代地名，每随人而迁徙。空桑恐正随少昊之族而西迁，台骀之处大原，即其一证也。予因此悟《史记》"青阳降居江水"，"昌意降居若水"，后人以蜀地释之者实误。案《索隐》云："江水、若水皆在蜀，即所封国也。《水经》曰：水出旄牛徼外，东南至故关为若水。南过邛都，又东北至朱提县，为泸江水。是蜀有此二水也。"《正义》云："《华阳国志》及《十三州志》云：蜀之先，肇于人皇之际。黄帝为子昌意取蜀山氏，后子孙因封焉。"今案《水经·若水注》云："《山海经》曰：南海之内，黑水之间，有木，名曰若木。若水出焉。又云：灰野之山，有树焉，青叶赤华，厥名若木。生昆仑山，西附西极也。《淮南子》曰：若木，在建木西。木有十华，其光照下地。故屈原《离骚》《天问》曰羲和未阳，若华何光是也。然若木之生，非一所也。黑水之间，厥木所植，水出其下，故水受其称焉。"《注》所引《山海经》，前一条见《海内经》，黑水下多青水二字。后一条见《大荒北经》，灰野作泂野。郝《疏》云："《文选·甘泉赋》《月赋》注，《艺文类聚》八十九引，并作灰野。"下云："上有赤树，青叶赤华，名曰若木。"而"生昆仑西附西极"七字为郭《注》。郭《注》又云："其华光赤，下照地。"郝《疏》云："《文选·月赋注》引此经，若木下有日之所入处五字。《离骚》云：折若木以拂日。王逸《注》云：若木在昆仑西极，其华照下地。疑郭《注》当在经中。"案以若木为生昆仑，西附西极，日之所入处者误。此必非经文也。《离骚》云："饮余马于咸池兮，总余辔乎扶桑。折若木以拂日兮，聊逍遥以相羊。"其文相承，正言日出时。《天问》王逸《注》亦云："言日未出之时，若华何能有明赤之光华乎？"安得言日入？所引《淮南子》,乃《地形篇》文。其文云:"扶木在阳州，日之所曊。建木在都广，众帝所自上下。日中无景，呼而无响，盖天地之中也。若木，在建木西。末有十日，其华照下地。"此文疑有窜乱。《山海经·海外东经》云:"下有汤谷。汤谷上有扶桑，十日所浴。在黑齿北，居水中，有大木。九日居下枝，一日居上枝。"《注》云:"庄周云:昔者十日并出，草木焦枯。《淮南子》亦云:尧乃令羿射十日，中其九日，日中乌尽死。《离骚》所谓羿焉毕日，乌焉落羽者也。《归藏·郑母经》云:昔者羿善射，毕十日，果毕之。汲郡《竹书》曰:胤甲即位,居西河,有妖孽,十日并出。明此自然之异,有自来矣。《传》曰:天有十日，日之数十。此云九日居下枝，一日居上枝。《大荒经》又云:一日方至，一日方出。明天地虽有十日，自使以次第迭出运照，而今俱见，为天下妖灾，故羿禀尧之命，洞其灵诚，仰天控弦，而九日潜退也。"然则若木自在日出处，安得云日所入乎？王菉友曰:"《石鼓文》有[illegible]字，盖叒本作[illegible]。若字盖亦作[illegible]，即[illegible]之重文加口者？如𣐺字之象根形。是以《说文》之叒木，它书作若木,并非同音假借也。盖汉人犹多作[illegible],是以八分书桑字作桒。《集韵》《类篇》:桑，古作[illegible]，并足征也。《说文》收若字于艸部，从艸，右声，亦似误。"《说文释例》。此说甚精。然则若水亦当作桑水也。《史记·殷本纪》载《汤诰》曰:"东为江，北为济，西为河，南为淮，四渎已修，万民乃有居。"古言四渎，实主四方，而江在东，则青阳所降，亦当在东方;而昌意所降，则必古空桑之水。今《山经》所载，虽注滹沱，然其始必在《东次二经》所载之山附近，后乃随民族迁徙而西移也。《史记》言黄帝邑于涿鹿之阿,涿鹿本山名。《周书·王会》,北方有独鹿，盖即涿鹿，为国名或部族名。蜀山者，涿鹿之山，亦即独鹿之国。蜀山氏女，盖即蚩尤氏之女；二族初虽兵争，至此复通昏媾也。《山海经·海内经》云:"黄帝妻雷祖，生昌意。昌意降处若水，生韩流。韩流，擢首谨耳，人面豕喙,麟身渠股,豚止。取淖子,曰阿女。生帝颛顼。"郭《注》引《竹书》云:"昌意降居若水,产帝乾荒。乾荒即韩流也,生帝颛顼。"又引《世本》云:"颛顼母，浊山氏之子，名昌仆。"郝氏《笺疏》云:"《大戴礼·帝系篇》云:昌意取于蜀山氏之子，谓之昌仆氏，产颛顼。郭引《世本》作浊山氏，浊、蜀古字通，浊又通淖，是淖子即蜀山氏也。"然则蜀山氏之蜀，乃涿鹿、独鹿之单呼；其字可作浊，亦可作淖；乃望文生义，附会为后世之蜀地，岂不谬哉？《山海经》世系，较《大戴记》《史记》皆多一代。古世系本不能无阙夺，不当据《大戴》《史记》以疑《山海经》也。《竹书》则不足信，其曰乾荒，盖正因《山海经》之韩流而伪造。

近人蒙文通云："《山海经·海内经》云：炎帝之妻，赤水之子听訞，生炎居。炎居生节并。节并生戏器。戏器生祝融。祝融降居于江水，生共工。共工生术器。术器首方颠，是复土穰，以处江水。共工生后土。后土生噎鸣。是祝融者，炎帝之胤也。《世本》：祝融曾孙生伯夷，封于吕，为舜四岳；许慎以大岳佐夏侯许，为祖自炎神，《周语》以共工从孙为四岳，皆见共工、祝融，同祖炎神也。《大荒西经》云颛顼生老童，老童生祝融，是别一祝融，旧说每误合为一人。《风俗通义》说：颛顼有子曰黎，为苗之民。郑玄注《吕刑》，说苗民为九黎之君，是应义本于郑氏。《山海经·大荒北经》曰：颛顼生驩头，驩头生苗民，苗民，黎姓。则颛顼疑亦南方民族也。"见所著《古史甄微》第九篇《夏之兴替》。予案《大荒西经》又有文曰："大荒之中，有山名曰日月山，天枢也。吴姖天门，日月所入。有神，人面无臂，两足反属于头。山名曰嘘。颛顼生老童，老童生重及黎。帝令重献上天，令黎卬下地。下地是生噎。处于西极，以行日月星辰之行次。""下地是生噎"，郝氏《笺疏》云："此语难晓。《海内经》云：后土生噎鸣。此经与相涉，而文有阙夺，遂不复可读。"予案"山名曰嘘"，山字疑误。嘘似即噎之讹，乃神名。"下地是生噎"，下地字误重，是生噎之上，又有夺文。噎盖噎鸣也。《国语·楚语》云："昭王问于观射父曰：《周书》所谓重、黎实使天地不通者，何也？若无然，民将能登天乎？对曰：非此之谓也。古者民神不杂。及少昊之衰也，九黎乱德。民神杂糅，不可方物。颛顼受之。乃命南正重司天以属神，命火正黎司地以属民。使复旧常，无相侵渎。是谓绝地天通。其后三苗复九黎之德。尧复育重、黎之后不忘旧者，使复典之，以至于夏、商。故重、黎氏世叙天地，而别其分职者也。其在周，程伯休父其后也。当宣王时，失其官守，而为司马氏。宠神其祖，以取威于民，曰：重实上天，黎实下地。遭世之乱，而莫之能御也。不然，夫天地成而不变，何比之有？""重实上天，黎实下地"，即《山海经》所谓"令重献上天，令黎抑下地"也。《大荒西经》又云："有人，名曰吴回。奇左，是无右臂。"又云："大荒之中有山，名曰大荒之山，日月所入。有人焉，三面，是颛顼之子，三面一臂。"案《说文·了部》："了，尦也。从子无臂。象形。"孑，"无右臂也。从了乚，象形。"孓，"无左臂也。从了亅，象形。”人岂有无臂及一臂者？此三文盖为神而作。吴回者，《史记·楚世家》云：“楚之先祖，出自帝颛顼高阳。高阳生称，称生卷章，卷章生重黎。重黎为帝喾高辛居火正，甚有功，能光融天下。帝喾命曰祝融。共工氏作乱。帝喾使重黎诛之而不尽，帝乃以庚寅日诛重黎，而以其弟吴回为重黎后，复居火正，为祝融。”合此诸文观之，黎苗确出颛顼，而出于黎之噎，与出于炎帝之噎鸣，又不能谓非一人；然则出于颛顼之祝融，与出于炎帝之祝融，亦不能谓其非一人也。是又何邪？盖《海内经》所谓炎帝者，即是祝融。祝者，属也，融者，光融。古者野蛮之族，恒有守火之司，祝融盖即火正之名，其后因以为氏。古无所谓共主，部族大者即可称王。生时既可称王，死后自可称帝。居火正之官者，尊称其祖，自可谓之炎帝。非古神农氏之后也。然出于祝融之四岳姜姓者，则以昌意娶蜀山氏子，其后或从母姓耳。然则蚩尤虽为黄帝所诛，迄于颛顼之世，其族即已复盛矣。《潜夫论·五德志》谓“颛顼身号高阳，世号共工”。共工亦姜姓。

皇甫谧谓颛顼始都穷桑，盖以其承少昊言之。云后徙商丘，于帝喾则云都亳，盖为《左氏》“卫颛顼之虚也”一语所误。《皇览》谓颛顼、帝喾，冢皆在东郡濮阳，皇甫谧谓在东郡顿丘广阳里，见《史记集解》《索隐》及《御览》。又见《水经·淇水注》。亦因此附会。可参看《神农与炎帝大庭》条。《吕览·古乐》，谓帝颛顼生自若水，实处空桑，乃登为帝，则颛顼仍处空桑，帝喾亦当袭其迹耳。郯子言少昊挚之立也，爽鸠氏为司寇；而《左氏》昭公二十年：晏子对齐景公，谓“昔爽鸠氏始居此地，季荝因之，有逢伯陵因之，薄姑氏因之，而后大公因之”。十年：“有星出于婺女。郑裨灶言于子产曰：七月戊子，晋君将死。今兹岁在颛顼之虚，姜氏、任氏，实守其地。《注》：“姜，齐姓；任，薛姓。”居其维首，而有妖星焉，告邑姜也。邑姜，晋之妣也，天以七纪。戊子，逢公以登，星斯于是乎出。”皆古代都邑在齐鲁之地之证。

（一二）女娲与共工

司马贞《补三皇本纪》云：女娲末年，诸侯有共工氏，任智刑以强，霸而不王。与祝融战，不胜，而怒，乃头触不周山崩，天柱折，地维缺。女娲乃炼五色石以补天，断鳌足以立四极，以济冀州。上当夺“杀黑龙”三字。《注》云：“按其事出《淮南子》也。”按《淮南·览冥》云：“往古之时，四极废，九州裂；

天不兼覆，地不周载；火爁炎而不灭，水浩洋而不息；猛兽食颛民，颛，《御览》引作精，并引高诱《注》曰："精，弱也。" 鸷鸟攫老弱。于是女娲炼五色石以补苍天，断鳌足以立四极，杀黑龙以济冀州，积芦灰以止淫水。苍天补，四极正，淫水涸，冀州平，狡虫死，颛民生。" 言女娲治水而不及共工。《原道》云："昔共工之力，触不周之山，使地东南倾，与高辛争为帝，遂潜于渊，宗族残灭，继嗣绝祀。"《天文》云："昔者共工与颛顼争为帝，怒而触不周之山，天柱折，地维绝；天倾西北，故日月星辰移焉。地不满东南，故水潦尘埃归焉。"《兵略》亦云："颛顼尝与共工争矣。"《本经》云："舜之时，共工振滔洪水，以薄空桑，龙门未开，吕梁未发，江淮流通，四海溟涬。民皆上邱陵，赴树木。舜乃使禹疏三江五湖，辟伊阙，导廛、涧，平通沟陆，流注东海。洪水漏，九州干，万民皆宁其性。" 言共工致水患而不及女娲。《楚辞·天问》云："康回冯怒，地何故以东南倾。"《注》云："康回，共工名也。《淮南子》言共工与颛顼争为帝，不得，怒而触不周之山，天维绝，地柱折，维绝、柱折疑互讹。故东南倾也。"《山海经·大荒西经》云："西北海之外，大荒之隅，有山而不合，名曰不周，负子。"郭《注》引《淮南子》同，亦未及女娲。惟《论衡·谈天》云："儒书言共工与颛顼争为天子，不胜，怒而触不周之山，使天柱折，地维绝，女娲销炼五色石以补苍天，断鳌足以立四极。天不足西北，故日月移焉，地不足东南，故百川注焉。"《顺鼓》云："传又言共工与颛顼争为天子，不胜，怒而触不周之山，使天柱折，地维绝。女娲消炼五色石以补苍天，断鳌足以立四极。" 与小司马之言同。

古人传说，每误合数事为一，《论衡》之言，盖蹈此弊，而小司马又沿其流也。古书言共工者：《史记·律书》云："颛顼有共工之陈，以平水害。" 又《淮南·本经》言 "共工振滔洪水，以薄空桑"，而《吕览·古乐》言 "帝颛顼生自若水，实处空桑"，二者实消息相通。此与《淮南·天文》，皆以为与颛顼争者也。《原道》谓与高辛争。《吕览·荡兵》云："黄、炎故用水火矣，共工固次作难矣，五帝固相与争矣。" 虽不明言何时，亦可想见其在颛顼之世。《书》言舜摄政，"流共工于幽州"。《周书·史记》云："昔者共工自贤，自以无臣，久空大官，下官交乱，民无所附，唐氏伐之，共工以亡。"《淮南·本经》谓在舜时。《战国·秦策》：苏秦言："禹伐共工。"《荀子·议兵》同。《荀子·成相》云："禹有功，抑下鸿，辟除民害逐共工。"《山海经·大荒西经》云：不周之山，"有两黄兽守之。有水曰寒暑之水，水西有湿山，水东有幕山，有禹攻共工国山。”又《海外北经》云：“共工之臣曰相柳氏。九首，以食于九山。相柳之所抵，厥为泽溪。禹杀相柳，其血腥，不可以树五谷种。禹厥之，三仞三沮，乃以为众帝之台。在昆仑之北，柔利之东。相柳者，九首人面，蛇身而青。不敢北射，畏共工之台。台在其东。台四方，隅有一蛇，虎色，首冲南方。”《大荒北经》云：“共工臣名曰相繇，九首，蛇身自环，食于九土。其所歍所尼，即为源泽。不辛乃苦，百兽莫能处。禹湮洪水，杀相繇。其血腥臭，不可生谷。其地多水，不可居也。禹湮之，三仞三沮，乃以为池。群帝因是以为台。在昆仑之北。”相繇即相柳，此与《海外北经》所言，系一事两传。又云：“有系昆之山者，有共工之台，射者不敢北乡。”则以为在尧、舜、禹之世。无以为与女娲争者。《国语·周语》载太子晋之言曰：“古之长民者，不堕山，不崇薮，不防川，不窦泽。昔共工弃此道也，虞于湛乐，淫失其身，欲壅防百川，堕高堙庳，以害天下。皇天弗福，庶民弗助。祸乱并兴，共工用灭。其在有虞，有崇伯鲧播其淫心，称遂共工之过。尧用殛之于羽山。其后伯禹念前之非度，厘改制量。共之从孙四岳佐之。高高下下，疏川导滞，钟水丰物。封崇九山，决汩九川，陂障九泽，丰殖九薮，汩越九原，宅居九隩，合通四海。克厌帝心。皇天嘉之，祚以天下，赐姓曰姒，氏曰有夏。祚四岳国，命以侯伯，赐姓曰姜，氏曰有吕。”明自共工至禹，水患一线相承，说共工者，自以谓在颛顼及尧、舜、禹之世为得也。

女娲盖南方之神。《楚辞·天问》云：“女娲有体，孰制匠之？”《注》云：“传言女娲人头蛇身，一日七十化。”《淮南·说林》云：“黄帝生阴阳，此黄帝非轩辕氏，阴阳亦非泛言，当指男女形体，与下二句一律。上骈生耳目，桑林生臂手，此女娲所以七十化也。”《说文·女部》：“娲，古之神圣女，化万物者也。”盖谓万物形体，皆女娲所制，《御览·皇王部》引《风俗通》云：“俗说：天地开辟，未有人民。女娲抟黄土作人，剧务，力不暇供，乃引绳于泥中，举以为人。故富贵者，黄土人也；贫贱凡庸者，絙人也。”说虽不同，亦以生民始于女娲。寖假遂可以补天，立四极矣。然实与水患无关。《论衡·顺鼓》曰：“雨不霁，祭女娲，于礼何见？伏羲、女娲，俱圣者也，舍伏羲而祭女娲，《春秋》不言。董仲舒之议，其故何哉？俗图画女娲之象为妇人之形，又其号曰女，仲舒之意，殆谓女娲古妇人帝王者也。男阳而女阴，阴气为害，故祭女娲求福佑也。传又言云云，见前引。仲舒之祭女娲，殆见此传也。”仲任揣测，全失董生之意。雨不霁则祭女娲，盖古本有此俗，而董生采之，非其所创。其所以采之，则自出于求之阴气之义，非以传所云而然也。《史记·夏本纪索隐》引《世本》云："涂山氏女名女娲。"《正义》引《帝系》云："禹取涂山氏之子，谓之女娲，是生启也。"此说与谓女娲能治水者又迥别，亦后起之说，非其朔也。

《大荒北经》云：系昆之山，"有人衣青衣，名曰黄帝女魃。蚩尤作兵伐黄帝。黄帝乃令应龙攻之冀州之野。应龙畜水，案畜即蓄字，乃积聚之义，积聚者必先收敛，收敛者必顺其理，故《记·祭统》曰："顺于道不逆于伦，是之谓畜。"蚩尤请风伯、雨师，纵大风雨。黄帝乃下天女曰魃，雨止，遂杀蚩尤。魃不得复上，所居不雨。叔均言之帝，后置之赤水之北。叔均乃为田祖。魃时亡之。所欲逐之者，令曰：神北行！先除水道，决通沟渎"。又曰："大荒之中，有山名曰成都载天。有人，珥两黄蛇，把两黄蛇，名曰夸父。后土生信，信生夸父。夸父不量力，欲追日景，逮之于禺谷。将饮河而不足也，将走大泽，未至，死于此。应龙已杀蚩尤，又杀夸父，乃去南方处之，故南方多雨。"此说以应龙即魃。去南方处之者，盖谓夸父。日与魃同类。夸父逐日，魃敌风伯、雨师，皆水火二神之争也。《海外北经》云："夸父与日逐走，入日。谓使日入也。《史记·礼书集解》引作日入，盖改从后世语法。渴欲得饮，饮于河渭。河渭不足，北饮大泽，未至，道渴而死。弃其杖，化为邓林。"两经所载凡三说：《海外北经》暨《大荒北经》前一说，以为逐日渴死；其后一说，则以为与蚩尤同为应龙所杀。夸父为后土之子。后土者，《礼记·祭法》云："厉山氏之有天下也，其子曰农，能殖百谷。夏之衰也，周弃继之，故祀以为稷。共工氏之霸九州也，其子曰后土，能平九州，故祀以为社。"《国语·鲁语》："昔烈山氏之有天下也，其子曰柱，能殖百谷百蔬；夏之兴也，周弃继之，故祀以为稷。共工氏之伯九有也，其子曰后土，能平九土，故祀以为社。"《山海经·海内经》云："禹、鲧是始布土，均定九州。炎帝之妻，赤水之子听訞郝氏《义疏》云："《补三皇本纪》云：神农纳奔水氏之女曰听詙为妃，生帝哀，哀生帝克，克生帝榆罔"云云。证以此经，赤水作奔水，听訞作听詙，及炎居以下，文字俱异。司马贞自注云："见《帝王世纪》及《古史考》。"今案二书盖亦本此经为说，其名字不同，或当别有依据，然古典佚亡，今无可考矣。生炎居，炎居生节并，节并生戏器，戏器生祝融。祝融降处于江水，生共工，共工生术器。术器首方颠，是复土穰，以处江水。共工生后土，后土生噎鸣。噎鸣生岁十有二，洪水滔天。鲧窃帝之息壤，以湮洪水，不待帝命。帝令祝融杀鲧于羽郊。鲧复生禹。帝乃命禹卒布土，以定九州。”厉山即神农，与蚩尤、共工，同为姜姓之国；黄帝、颛顼、高辛、尧、舜、禹则姬姓也；二姓相争之情形，可以想见。祝融，《左氏》《国语》《大戴记·帝系姓》《史记·楚世家》并以为颛顼后。《山海经·大荒西经》亦云：“颛顼生老童，老童生祝融。”又云：“颛顼生老童，老童生重及黎。”而《海内经》独以为炎帝之后，共工之先。案《左氏》昭公二十九年之言，出于蔡墨。墨之言曰：“有五行之官，是谓五官。木正曰句芒，火正曰祝融，金正曰蓐收，水正曰玄冥，土正曰后土。”“少皞氏有四叔：曰重、曰该、曰修、曰熙，实能金木及水。使重为句芒，该为蓐收，修及熙为玄冥，世不失职，遂济穷桑，此其三祀也。颛顼氏有子曰犁，为祝融；共工氏有子曰句龙，为后土；此其二祀也。后土为社。稷，田正也，有烈山氏之子曰柱，为稷，自夏以上祀之。周弃亦为稷，自商以来祀之。”而《国语·楚语》载观射父之言曰：“有天地神明类物之官，是谓五官。及少皞之衰也，九黎乱德。颛顼受之，乃命南正重司天以属神，命火正黎司地以属民，使复旧常，无相侵渎。其后三苗复九黎之德，尧复育重黎之后不忘旧者，使复典之，以至于夏商。”然则乱德之九黎，与颛顼命其司地之黎，即蔡墨所谓颛顼氏有子曰犁，亦即《大戴记》《史记》《大荒西经》以为颛顼之后者，实同号而异人。后者盖袭前者之位，故亦同称为祝融。实则一为炎帝、共工之族，一为颛顼之后也。蔡墨曰：“昔有飂叔安，有裔子曰董父，乃扰畜龙，以服事帝舜。帝赐之姓曰董，氏曰豢龙，封诸鬷川。鬷夷氏其后也。陶唐氏既衰，其后有刘累，学扰龙于豢龙氏，以事孔甲。夏后嘉之，赐氏曰御龙，以更豕韦之后。”《国语·郑语》：史伯谓郑桓公曰：“夫黎为高辛氏火正，故命之曰祝融。夫成天地之大功者，其子孙未尝不章，虞、夏、商、周是也。虞幕能听协风，以成乐物生者也；夏禹能单平水土，以品处庶类者也；商契能和合五教，以保于百姓者也；周弃能播殖百谷蔬，以衣食民人者也；其后皆为王公侯伯。祝融亦能昭显天地之光明，以生柔嘉材者也。其后八姓，于周未有侯伯。佐制物于前代者，昆吾为夏伯矣，大彭、豕韦为商伯矣，当周未有。己姓昆吾、苏、顾、温、董，董姓鬷夷、豢龙，则夏灭之矣。彭姓彭祖、豕韦、诸稽，则商灭之矣。秃姓舟人，则周灭之矣，妘姓邬、郐、路、偪阳，曹姓邹、莒，皆为采卫，或在王室，或在夷狄，莫之数也，而又无令闻，必不兴矣。斟姓无后。融之兴者，其在芈姓乎？”史伯所举虞、夏、商、周及祝融，亦即蔡墨、观射父所谓五官；协风成物，当为木正。平水土为水正，契当为金正，故殷人尚白。社稷同功，弃当为土正。其云皺夷，即蔡墨所云董父之后，墨云以更豕韦，则豕韦虽伯于商，其先实为夏所替。然则祝融同族，多为夏所翦灭，谓为高阳之后，理或未然。窃疑颛顼取于蜀山，实为蚩尤之后，见《少昊》条。楚以母系言之，实于姜姓为近，抑或楚之先，实为少昊之祝融，而非颛顼所使司地以属民者也。观《海内经》祝融杀鲧之言，《楚语》三苗复九黎之德，尧复育重黎之后之语，则少皞时之九黎，即《海内经》所称为炎帝之后，共工之先者，与姬姓相争，仍甚烈也。黎盖封地，祝融则官名。颛顼替少昊之祝融，所使继之者，盖居其职，并袭其封土，故黎与祝融之称，二者皆同。惟少昊时之黎，分为九族，故又有九黎之称。颛顼所命之火正，则不然耳。然则《尧典》言黎民，殆即九黎之民，援秦人黔首之名以释之，殆附会而非其实矣。《周语》太子晋谏灵王，鉴于黎、苗之王，亦即《楚语》所谓三苗复九黎之德者。先秦人语，固时存古史之真也。

《韩非·五蠹》曰："当舜之时，有苗不服，禹将伐之。舜曰：不可。上德不厚而行武，非道也。乃修教三年，执干戚舞，有苗乃服。共工之战，铁铦矩者及乎敌，铠甲不坚者伤乎体，是干戚用于古，不用于今也。"案所言舜服有苗事，即书所谓"窜三苗于三危"，亦即《楚语》所谓三苗复九黎之德者，盖当尧、舜之世，九黎之后，又尝与姬姓争也。共工与姬姓之争，实在有苗之先，《韩子》之文，顾若在其后者。古人轻事重言，此等处固所不计。然言共工兵甲之利，亦可见其为蚩尤同族矣。三皇或说，一曰伏羲、神农、祝融，一曰伏羲、神农、女娲。见《三皇五帝》条。祝融列为三皇，可见其尝霸有天下，与共工同；其又曰女娲者，盖汉人久将女娲与祝融，牵合为一也。

少昊氏四叔，何以为三官？玄冥一官，何以两人为之？亦一可疑之端。昭公元年，子产言"昔金天氏有裔子曰昧，为玄冥师。生允格、台骀，台骀能业其官"。昧固只一人，允格，台骀，亦只一人继其业也。窃疑四叔初必分居四官，且正以居四官故而有四叔之称。其后祝融为颛顼所替，言祝融者惟知为颛顼氏子，而少皞氏四叔之称，相沿已久，不可改易，乃举修及熙而并归诸玄冥耳。又《国语》言颛顼命南正重司天以属神，命火正黎司地以属民，是祝融一官，亦二人为之也。古未有以二人为一官者，故《郑志》答赵商云火当为北，韦昭亦云然。见《诗·桧谱疏》。然以南北二正为相对之称，又无解于《左氏》以祝融为五官之一矣。案《大戴礼记·帝系姓》，谓颛顼产老童，老童产重黎及吴回。《史记·楚世家》则云：

“高阳生称，称生卷章，卷章生重黎，重黎为帝喾高辛居火正，帝喾命曰祝融。共工氏作乱，帝喾使重黎诛之而不尽，帝乃以庚寅日诛重黎，而以其弟吴回为重黎后，复居火正，为祝融。”《集解》:“徐广曰:《世本》云:老童生重黎及吴回。谯周曰:老童即卷章。”卷章疑老童字误，《史记》多称一世。窃疑重黎实二人，其一为少昊氏子，一为颛顼氏子，《大戴》《世本》以为一人实误，惟《史记》之文，犹留窜改之迹。盖称生重，亦即老童，颛顼氏命为火正者也。黎则少昊氏之世居火正者，老童既袭其封土，乃兼称曰重黎，帝喾盖颛顼之误，云帝喾使重黎诛之而不尽者，颛顼命老童诛少昊氏之黎而不尽也。云帝乃以庚寅日诛重黎者，非以老童诛共工不能尽而罚殛之，所诛者仍是少昊氏之黎。楚俗本兄弟相及，吴回居火正，不必以其兄之见诛；吴回生季连，季连之裔孙曰鬻融，《大戴记》如此，《史记》作鬻熊。仍是祝融异文耳。《大荒北经》云“颛顼生驩头，驩头生苗民，苗民厘姓”，则以三苗为颛顼后矣。《潜夫论·五德志》云“颛顼身号高阳，世号共工”，则以共工为颛顼后矣。古世系固多错乱也。

《左氏》昭公十七年，郯子言黄帝以云纪，炎帝以火纪，共工以水纪，大皞以龙纪。杜《注》云:“共工以诸侯霸有九州者，在神农前，大皞后。”《疏》云:“此《传》从黄帝向上逆陈之，知共工在神农前，大皞后也。”此说未必是，然古以共工与大皞、炎、黄并列，则可知矣。

（一三）帝尧居陶

《左氏》襄公二十四年《疏》云:“历检书传，未闻帝尧居陶，而以陶冠唐，盖地以二字为名，所称或单或复也。”《汉书·高帝纪赞注》引荀悦则云:“唐者，帝尧有天下号；陶，发声也。”书阙有间，又安知尧之不尝居陶邪?

（一四）囚尧城辨

晋时汲冢得书，自系实事，然其书之传于后者，则悉为伪物，世或以为真而信之，皆惑也。《史记·五帝本纪正义》引《括地志》云:“故尧城，在濮州鄄城县东北十五里。《竹书》云昔尧德衰，为舜所囚也。又有偃朱故城，在县西北十五里。《竹书》云舜囚尧，复偃塞丹朱，使不与父相见也。”案《水经·瓠子河注》云:“瓠河故渎，又东径句阳县之小成阳城北，侧渎。《帝王世纪》曰:尧葬济阴，成阳西北四十里，是为谷林。余按小成阳在成阳西北半里许实中，俗谚以为囚尧城,士安盖以是为尧冢也。”然则作《竹书》者,正因尧冢而附会耳。五帝之事，若觉若梦，魏史独能得其真，且能实指囚之偃之之地，岂理也哉?抑古岂有此史体乎?

（一五）丹朱傲辨

《皋陶谟》曰:“无若丹朱傲。惟慢游是好，傲虐是作。罔昼夜頟頟。罔水行舟。朋淫于家，用殄厥世。”《释文》傲，字又作奡。”《说文·夰部》:“奡，嫚也。从百，从夰，夰亦声。《虞书》曰:若丹朱奡。读若傲。《论语》:奡荡舟。”俞理初《癸巳类稿》曰:“奡与丹朱，各为一人，皆是尧子。《庄子·盗跖》篇云:尧杀长子。《释文》引崔云:长子考监明。又《韩非子·说疑》篇云:《记》曰:尧诛丹朱。尧时《书》称胤子朱,《史》称嗣子丹朱，朱至虞时封丹，则尧未诛丹朱。又据《吕氏春秋·去私》篇云:尧有子十人。高诱《注》云:《孟子》言九男事舜,而此云十子,殆丹朱为胤子,不在数中。其说盖未详考。《吕氏·求人篇》云:妻以二女,臣以十子。《吕氏》实连丹朱数之,而《孟子》止言九男。《淮南·泰族训》亦云:尧属舜以九子。合五书,知尧失一子。《书》又云殄厥世。是尧十子必绝其一，而又必非丹朱也。《管子·宙合》篇云:若觉卧，若晦明，若敖之在尧也。即《史记·夏本纪》若丹朱敖,《汉书·楚元王传》刘向引《书》无若丹朱敖之敖。房乔《注》云:敖，尧子丹朱。谓取敖名朱，若举其谥者，尤不成辞。案《说文》言丹朱奡,《论语》已偏举奡;司马迁、刘向言丹朱敖,《管子》已偏举敖;则奡与朱各为一人，有三代古文为证，无疑也。《汉书·邹阳传》云:不合则骨肉为仇敌，朱、象、管、蔡是已。汉初必有师说。朱与奡以傲虐朋淫相恶，亦无疑也。故《经》曰奡頟頟罔水行舟，则《论语》云奡荡舟也。《经》曰奡朋淫于家,则邹阳云骨肉为仇敌也。《经》曰奡殄厥世,则《论语》云不得其死。《孟子》《吕氏》《淮南》十子九男之不同,《庄子》言杀长子,《韩非子》言诛丹朱，皆可明其传闻不同之致;又得《管子》《论语》偏举之文，定知言奡者不是丹朱矣。”予案以奡与丹朱为两人,说出宋人吴斗南,赵耘崧《陔余丛考》引之，谓:“羿善射，奡荡舟，解以有穷后羿及寒浞之子，说始孔安国,而朱《注》因之。寒浞之子名浇，《左传》并不言奡。禹之规戒，若作敖慢之傲，则既云无若丹朱傲矣，何必又曰傲虐是作乎？”今案古书辞义，重复者甚多，似不宜律以后世文法。况荡者摇也，《左氏》僖公三年，“齐侯与蔡姬乘舟于囿，荡公”，与《论语》之“荡舟”，当系一义，非罔水行舟之谓。寒浞之子，《离骚》《天问》亦均作浇。然《天问》有“覆舟斟寻”之语，则浇似能用舟师，谓其荡舟，于事为近。浇、奡同音，未尝不可通用也。《管子》文义，殊为难解。强释之，敖似嶅之借字。《说文·山部》：“嶅，山多小石也。”《尔雅·释山》作磝。盖亦可用以称小石。尧，高也。敖在尧，犹言小石在高山，盖戒慎之意。觉与卧，晦与明，敖与尧，皆相对之辞，以为人名，未必然矣。《韩子》云：“尧有丹朱，舜有商均，启有五观，商《楚语》作汤。有太甲，武王《楚语》作文王。有管蔡，此五王之所诛者，皆父兄子弟之亲也。”亦见《国语·楚语》。《楚语》曰：“此五王者，皆元德也，而有奸子。”邹阳之说本之，特易商均为象而已。《庄子》谓尧杀长子，当亦此说，未必更有他义也。《吕览》《孟子》《淮南》十子九男之不同，则古人于此等处，多以意说。去胤子则言九，并胤子则言十；丹朱为尧长子，古无异说，高诱《注》殆不误。“尧子丹朱、舜子商均，皆有疆土，以奉先祀，服其服，礼乐如之，以客见天子，天子弗臣。”《史记·五帝本纪》。乃儒家通三统之说，非事实，以此决丹朱之未见杀，误矣。不得其死，非殄厥世。朋淫于家，更非骨肉为仇敌。据此谓朱与奡以傲虐朋淫相恶，则几于妄造史实矣。故俞说实无一是处。然谓奡为尧长子，不得其死不确；而丹朱、商均亦有如五观、太甲、管、蔡等争夺相杀之事则真矣。刘知几《疑古》之篇，究为千古卓识也。

古人之言，寓言、实事不甚分别，故欲辨其孰为史实甚难。然亦有可以分别者。《韩非子·外储说右上》曰：“尧欲传天下于舜。鲧谏曰：不祥哉！孰以天下而传之于匹夫乎？尧不听，举兵而诛杀鲧于羽山之郊。共工又谏曰：孰以天下而传之于匹夫乎？尧不听。又举兵而诛共工于幽州之都。于是天下莫敢言无传天下于舜。”《山海经·海外南经》：“三苗国，在赤水东，其为人相随。”郭《注》：“昔尧以天下让舜，三苗之君非之，帝杀之，有苗之民叛入南海，为三苗国。”不知系误记此文，抑别有据。然即别有所据，亦此文之类也。《外储说右下》曰：“潘寿谓燕王曰：王不如以国让子之。人所以谓尧贤者，以其让天下于许由。许由必不受也，则是尧有让许由之名，而实不失天下也。今王以国让子之，子之必不受也，则是王有让子之之名，而与尧同行也。”一曰：“潘寿见燕王曰：臣恐子之之如益也。王曰：何益哉？对曰：古者禹死，将传天下于益，启之人因相与攻益而立启。今王信爱子之，将传国子之，太子之人，尽怀印玺，子之之人，无一人在朝廷者。王不幸弃群臣，则子之亦益也。”一曰：“燕王欲传国于子之也，问之潘寿。对曰：禹爱益而任天下于益，已而以启人为吏。及老，而以启为不足任天下，故传天下于益，而势重尽在启也。已而启与友党攻益而夺之天下。是禹名传天下于益，而实令启自取之也。此禹之不及尧、舜明矣。今王欲传之子之，而吏无非太子之人者也，是名传之，而实令太子自取之也。”《韩子》此文，亦见《战国·燕策》《史记·燕世家》，皆不如此之详。潘寿作鹿毛寿。徐广曰：一作厝毛。又曰：甘陵县本名厝。《难三》云：“夫尧之贤，六王之冠也，舜一从而咸包，而尧无天下矣。”《五蠹》曰：“尧之王天下也，茅茨不翦，采椽不斲；粝粢之食，藜藿之羹；冬日麑裘，夏日葛衣；虽监门之服养，不亏于此矣。禹之王天下也，身执耒臿，以为民先；股无胈，胫不生毛；虽臣虏之劳，不苦于此矣。以是言之，夫古之让天子者，是去监门之养，而离臣虏之劳也，故传天下而不足多也。”《说疑》曰：“舜偪尧，禹偪舜，汤放桀，武王伐纣，此四王者，人臣弑其君者也。”《忠孝》曰：“尧为人君而君其臣，舜为人臣而臣其君，汤武人臣，而弑其主，刑其尸。”又曰：“瞽瞍为舜父，而舜放之。象为舜弟，而舜杀之。放父杀弟，不可谓仁。妻帝二女，而取天下，不可谓义。仁义无有，不可谓明。”《新序·节士》曰：“禹问伯成子高曰：昔者尧治天下，吾子立为诸侯焉；尧授舜，吾子犹存焉；及吾在位，子辞诸侯而耕，何故？伯成子高曰：昔尧之治天下，举天下而传之他人，至无欲也；择贤而与之其位，至公也。舜亦犹然。今君之所怀者私也。百姓知之，贪争之端，自此始矣。德自此衰，刑自此繁矣。吾不忍见，是以野处也。”皆寓言也。《吕览·举难》曰：“人伤尧以不慈之名，舜以卑父之号，禹以贪位之意，汤、武以放弑之谋，五伯以侵夺之事。”《楚辞·哀郢》曰：“尧舜之抗行兮，瞭杳杳而薄天。众谗人之嫉妒兮，被以不慈之伪名。”《九辩》杳杳作冥冥，众谗人作何险巇，余同。《怨世》曰：“高阳无故而委尘兮，唐虞点灼而毁议。”《注》：“言有不慈之过，卑父之累也。”《淮南·氾论》：“尧有不慈之名，舜有卑父之谤，汤、武有放弑之事，五霸有暴乱之谋。”可见其为设辞矣。惟《韩非·说疑》之文称《记》曰，《记》为古史籍之称，似有记载为据。又《吕览·行论》云：“尧以天下让舜，鲧为诸侯，怒于尧曰：得天之道者为帝，得地之道者为三公。今我得地之道，而不以我为三公。以尧为失论，欲得三公。怒甚，猛兽欲以为乱，比兽之角，能以为城；举其尾，能以为旌。召之不来，仿佯于野，以患帝舜。于是殛之于羽山，副之以吴刀。”《论衡·率性》：“尧以天下让舜。鲧为诸侯，欲得三公，而尧不听。怒其猛兽，欲以为乱。比兽之角可以为城，举尾以为旌，奋心盛气，阻战为强。”其说虽涉荒怪，然似亦以史事为据也。

（一六）禅让说平议

尧舜禅让之说，予昔极疑之，尝因《史通》作《广疑古》之篇。由今思之，其说亦未必然也。予昔之所疑者，俞理初《癸巳类稿》合《孟》《庄》《韩》《吕》《淮南》五书，谓尧失一子；又据《说文》《管子》《论语》，谓奡为尧子，不得其死。予因疑奡为尧长子，被杀。其说之误，另见《丹朱傲辨》条。又宋于庭《尚书略说》据《周官疏序》引郑《尚书注》，暨《尚书大传》及郑《注》，谓唐虞四岳有三：始羲和四子，为四伯；后驩兜、共工、放齐、鲧等八人，为八伯；其后则《尚书大传》称阳伯、仪伯、夏伯、羲伯、秋伯、和伯、冬伯，其一阙焉。郑《注》以阳伯为伯夷掌之，夏伯弃掌之，秋伯咎繇掌之，冬伯垂掌之，余则羲和仲叔之后。宋氏谓伯夷即《左氏》隐公十一年“夫许，大岳之胤也”之“大岳”；《国语·周语》“共之从孙四岳佐禹”，《史记·齐太公世家》“吕尚其先祖尝为四岳”之“四岳”，亦即《墨子·所染》《吕览·当染》之许由、伯阳，《大传》之阳伯；由与夷，夷与阳，并声之转。伯夷封许，故曰许由。《史记》尧让天下于许由，正傅会咨四岳巽朕位之语。《路史·发挥·汤逊解》云：“其逊四岳也，则许由已在其列矣。许，四岳之祚也。说者又奚必为异，而以尧之禅虚哉？”其《余论·论许由》曰：“许，四岳之祚也。尧之逊于四岳，则由既在举矣，岂得云无此人邪？”则许由即四岳，罗氏早见及之矣。予因谓四岳之三即在四罪之中。又共工、三苗皆姜姓，既见流窜，许由亦卒不得位，盖自炎黄以降，姬姜之争，至唐虞之际而犹烈也。其实郑以驩兜等四人为四岳，已臆说无确据，且四罪之中有鲧，亦黄帝之子孙也。以许由不能践位，而疑为姬姜之争，更无据矣。又《礼记·檀弓》言舜葬于苍梧之野，各书皆同。惟《孟子》谓舜生于诸冯，迁于负夏，卒于鸣条。《孟子·万章》上篇，及史公《五帝本纪》，言尧舜事皆与《书传》相符，可决为同用《书》说。《五帝本纪》及《索隐》引《书传》，皆有就时负夏之文，疑亦当有卒于鸣条之语。《书传》今已散佚，《史记》

则为后人窜乱。下文云“南巡狩，崩于苍梧之野，葬于江南九疑，是为零陵”，非后人窜入，则史公兼存异说也。此说由今思之，仍为不误。惟当时又谓鸣条当近霍山，霍山实古南岳。后人移南岳于衡山，乃并舜葬处而移之零陵。鸣条为汤放桀处，疑舜败逋至此，则殊不然。鸣条实当在《禹贡》兖域，说见《论汤放桀地域考》条。又伯翳、伯益，实为一人。说见《唐虞之际二十有二人》条。当时余谓《夏本纪》“帝禹立而举皋陶荐之，且授政焉，而皋陶卒，而后举益，任之政”，谓禹行禅让，何以所传者反父子相继？则更不足疑矣。又《淮南子》谓“有扈氏为义而亡”，高《注》谓“有扈，夏启之庶兄，以尧舜举贤，禹独与子，故伐启”；《书甘誓序疏》亦有“尧舜相承，启独继父，以此不服，故伐之”之语，以为启之继世亦有干戈之争。然高《注》实据后人设说，《义疏》当亦相同。有扈为义，盖徐偃、宋襄之俦，非奉辞伐罪之谓。至诸子书中论尧、舜、禹事迹，近乎争夺相杀者甚多，然皆属后人设说，惟《韩非·说疑》引《记》，谓尧有丹朱，而舜有商均，启有五观，商有太甲，武王有管、蔡，五王之所诛者，皆父兄子弟之亲也；又《吕览》言鲧难帝舜事，或有史实为据耳。说亦见《丹朱傲辨》条。昔时所疑，盖无甚得当者。惟果谓尧、舜、禹之禅继，皆雍容揖让，一出于公天下之心，则又不然。《韩子》所引史记之文，即其明证。古代史事，其详本不可得闻。诸子百家，各以意说。儒家称美之，以明天下为公之义；法家诋斥之，以彰奸劫弑臣之危；用意不同，失真则一。昔人偏信儒家之说，以为上世圣人绝迹后世，其说固非；今必一反之视为新莽、司马宣王之伦，亦为未当。史事愈近愈相类，与其以秦汉后事拟尧舜，自不如以先秦时事拟尧舜也。自周以前，能让国者，有伯夷、叔齐、吴泰伯、鲁隐公、宋宣公、《春秋》隐公三年。曹公子喜时、成公十六年。吴季札、襄公二十九年。邾娄叔术、昭公三十一年。楚公子启哀公六年。之伦。又有越王子搜，见《庄子·让王》《吕览·贵生》，惟亦系借以明养生之义，其真相不可考。既非若儒家之所云，亦非若法家之所斥。史事之真，固可据此窥测矣。然儒家所说，虽非史事之真，而禅继之义，则有可得而言者。《书》说之传者，今惟《大传》，而亦阙佚已甚。欧阳、夏侯三家，胥无可考。自当以《孟子》为最完。今观其说，则先立天子不能以天下与人之义，然后设难以明之。曰孰与之？曰天与之。天与之者，谆谆然命之乎？曰：否。天视自我民视，天听自我民听。故舜禹之王，必以朝觐讼狱之归，启之继世亦然也。所谓天与贤则与贤，天与子则与子也。故曰：“唐虞禅，夏后、殷、周继，其义一也。”然则天之于下民亦厚矣，而何以仲尼不有天下？曰：无天子荐之也。何以益、伊尹、周公不有天下？曰：继世而有天下，天之所废，必若桀纣者也。如常山蛇，击首则尾应，击尾则首应，亦足以逃难而自信其说矣。当时虽莫能行，而国为民有之义，深入人心，卒成二千年后去客帝如振箨之局，儒者之绩亦伟矣。王仲任谓世士浅论，圣人重疑；《论衡·奇怪》。刘子玄谓因其美而美之，虽有恶不加毁；因其恶而恶之，虽有美不加誉；《史通·疑古》。于古人之说史事最为得实。康南海托古改制之论，已嫌少过，彼亦轻事重言，用信已见而已。今之论者，举凡古人之说，一切疑为有意造作，则非予之所敢知矣。

（一七）共工、禹治水

《礼记·祭法》言：“共工氏之霸九州也，其子曰后土，能平九州，故祀以为社。”而《周语》以共工与鲧并列，谓其治水无功。此成败论人之辞，非其实也。《书·皋陶谟》载禹之言曰：“予决九川，距四海，浚畎浍距川。”九者数之极，九川但言其多；四海谓中国之外；云“浚畎浍距川”，则但开通沟渎耳，初未有疏江道河之事也。此盖禹治水实迹。《禹贡》篇末云：“九州攸同，四隩既宅，九山刊旅，九川涤源，九泽既陂，四海会同。”与《周语》所谓“封崇九山，决汩九川，陂障九泽，丰殖九薮，汩越九原，宅居九隩，合通四海”者，同为泛言无实之辞，盖皆相传旧文。其前分述九州治迹，及道山道水之文，则皆后人所附益也。此等附益之文，参观诸子，颇有可以互证者。《孟子·滕文公》上篇云：“禹疏九河，沦济、漯而注诸海，决汝、汉，排淮、泗而注之江。”下篇云：“水由地中行，江、淮、河、汉是也。”《管子·轻重戊》云：“夏人之王，外凿二十虻，渫七十湛；疏三江，凿五湖，道四泾之水，以商九州之高，以治九薮。”《墨子·兼爱》中篇云：“古者禹治天下：西为西河渔窦，以泄渠孙皇之水。北为防原、泒，注后之邸嘑池之窦；洒为底柱，凿为龙门；以利燕、代、胡、貉与西河之民。东方漏之陆，防孟诸之泽；洒为九浍，以楗东土之水；以利冀州之民。南为江、汉、淮、汝，东流之注五湖之处，以利荆楚、于越与南夷之民。”《庄子·天下》曰：“墨子称道曰：昔者禹之湮洪水决江、河而通四夷九州也，名山三百，支川三千，小者无数。禹亲自操橐耜而九杂天下之川。”《吕览·爱类》云：“昔上古龙门未开，吕梁未发，河出孟门，大溢逆流，无有丘陵，沃衍，平原，高阜，尽皆灭之，名曰鸿水。禹于是疏河决江；为彭蠡之障，干东土；所活者千八百国。”《新书·修政语》上篇云：“环河而道之九牧，凿江而道之九路，洒五湖而定东海。”《说苑·君道》《淮南·要略》略同。《淮南·本经》云：“龙门未开，吕梁未发，江、淮流通，四海溟涬。舜乃使禹疏三江、五湖，辟伊阙，道廛、涧。”《人间》云：“禹凿龙门，辟伊阙。”《修务》云：“禹沐浴淫雨，栉扶风，决江疏河，修彭蠡之防。乘四载，随山刊木，平治水土，定千八百国。”皆就己所知之地理，极意敷陈，而不计其实，《禹贡》特其尤甚者耳。《说文·川部》云：“州，水中可居者。昔尧遭洪水，民居水中高土，故曰九州。”此乃州字本义。后土之所平，禹之所同，皆不过如此。《孟子》述水患情形曰：“草木畅茂，禽兽繁殖。五谷不登，禽兽逼人，兽蹄鸟迹之道，交于中国。”《滕文公》上。又曰：“龙蛇居之，民无所定。下者为巢，上者为营窟。”《滕文公》下。《淮南》云：“民皆上丘陵，赴树木。”《本经》。又曰：“时天下大雨，禹令民聚土积薪，择丘陵而处之。”《齐俗》。其言治水之功者：《管子》曰：“民乃知城郭门闾室屋之筑。”《轻重戊》。《淮南》曰：“使民得陆处。”《人间》。固无异于后土之所为。其为禹之佐者：禹自言之曰：“暨益奏庶鲜食。”“暨稷播奏庶艰食鲜食。懋迁有无化居，蒸民乃粒。”《皋陶谟》。《孟子》亦曰：“益烈山泽而焚之。”“后稷教民稼穑。”《滕文公》上。此亦厉山氏之子之所为耳，柱固先弃而为稷，厉山亦即烈山也。禹、益、弃之功，何以过于前人哉？而一蒙湛乐淫佚之名，一见称以明德之远，则甚矣世之有成败而无是非，而书之不可尽信也！

知《禹贡》、诸子所言禹事，皆以意敷陈之辞，则知鸿水之患，实未及于西方。河患情形，古今一也。诸书侈言凿龙门，通砥柱，辟伊阙，道廛、涧者，以当时人民，避水西迁，所见奇迹，实以龙门砥柱为大；而西河、伊、洛，又为有夏之居故耳。《淮南·地形》云：“阖四海之内，东西二万八千里，南北二万六千里。水道八千里，通谷。其名川六百，陆径三千里。禹乃使大章步自东极，至于西极，二亿三万三千五百里七十五步。使竖亥步自北极，至于南极，二亿三万三千五百里七十五步。凡鸿水渊薮，自三百仞以上，二亿三万三千五百五十里。有九渊。禹乃以息土填洪水，以为名山。掘昆仑虚以下地。”《时则》云：“中央之极，自昆仑东绝两恒山。日月之所道，江汉之所出，众民之野，五谷之所宜，龙门、河、济相贯，以息壤湮洪水之州。庄逵吉云：“《太平御览》此下有注云：禹以息土湮水，以为中国九州。州，水中可居也。”东至于碣石，黄帝后土之所司者，万二千里。”《吴越春秋·越王无余外传》云：“禹乃案《黄帝中经历》，盖圣人所记。曰：在于九山，东南天柱，号曰宛委。赤帝在阙。其岩之巅，承以文玉，覆以盘石。其书金简，青玉为字，编以白银，皆瑑其文。禹乃东巡，登衡岳，血白马以祭，不幸所求。禹乃登山，仰天而啸。因梦见赤绣衣男子，自称玄夷苍水使者。闻帝使文命于斯，故来候之。非厥岁月，将告以期，无为戏吟。故倚歌覆釜之山，东顾谓禹曰：欲得我山神书者，斋于黄帝岩岳之下三月。庚子，登山，发石，金简之书存矣。禹退，又斋三月。庚子，登宛委山，发金简之书。案金简玉字，得通水之理。复返归岳，乘四载以行川。始于霍山，回集五岳。遂巡行四渎。与益、夔共谋。行到名山大泽，召其神而问之山川脉理，金玉所有，鸟兽昆虫之类，及八方之民俗，殊国异域土地里数。使益疏而记之。故名之曰《山海经》。”又云：“于是周行宇内。东造绝迹，西延积石，南踰赤岸，北过寒谷。回昆仑，察六扈，脉地理，名金石。写流沙于西隅，决弱水于北汉。青泉、赤渊，分入洞穴。通江东流，至于碣石。疏九河于涽渊，开五水于东北。凿龙门，辟伊阙。平易相土，观地分州。殊方各进，有所纳贡。民去崎岖，归于中国。”其敷陈与诸子书同，而又杂以荒怪。然《洪范》云：“鲧陻洪水，汩陈其五行，帝乃震怒，不畀洪范九畴，彝伦攸斁。鲧则殛死，禹乃嗣兴。天乃锡禹洪范九畴，彝伦攸敍。”《禹贡》云：“禹敷土。”《商颂》亦云：“禹敷下土方。”实与《淮南王书》《吴越春秋》，暨前条所引《山经》之言相通。盖古事之传于后者，仅有极简略之辞，如敷土之类。其详，皆后人以意附会，而荐绅先生之言，与齐东野人之语，遂至于大有径庭。若能深窥其原，则知其所附会者不同，而其为附会，初无以异。楚固失矣，齐亦未为得也。西方史家有言曰：“史事者，众所共信之故事也。”岂不然哉！岂不然哉！

以息壤陻洪水者，谓以土填平低洼之区也。《山海经》言术器复土壤以处江水。复，即《诗》“陶复陶穴”之复，则就平地增高之也。此盖古代治水诚有之事，抑亦其恒用之法。神话中仍有人事，犹之寓言中之名物，非可伪造也。太子晋言共工堕高堙卑，即取土壤以填低地之事。其云壅防百川，壅者遏绝之；欲堙卑，斯必不免于壅川矣。防者，筑为堤防，《史记》所谓鲧作九仞之城以障水也。然则鲧与共工，徒知壅防陻复，而不知疏道，此其所以终败，而禹所以克成功与？夫如是，后土安能尸平九州之名，而为百世所禋祀也？然则禹之所以克享大名者，黄帝之族战胜共工之族，乃举洪水之患，治水之劳扰，悉蔽罪焉，而功则皆归诸禹也；抑禹之时，沉灾久而自澹也；不则避水西迁，渐抵河洛，其地本无水患也；三者必居一于是矣，或且兼有之也。其治水之劳，安民之惠，必无以大过于共工可知也。《管子·揆度》曰："共工之王，水处什之七，陆处什之三，乘天势以隘制天下。"则共工氏实居水乡，后土之能平九州，犹今荷兰人之与水争地也，其劳必不让于禹矣；其为民之所禋祀也，宜哉。《管子》又曰："至于黄帝之王，谨逃其爪牙，不利其器。烧山林，破增薮，焚沛泽，逐禽兽，实以益人，然后天下可得而牧也。"《揆度》。又曰："黄帝之王，童山竭泽，有虞之王，烧曾薮、斩群害以为民利。"《轻重戊》。烧山林、破增薮、焚沛泽者，益烈山泽而焚之也。焚之则山童矣。谨逃其爪牙、不利其器者，以焚烧逐禽兽，不利其器以与之斗也。前此盖尝与之斗矣，不如焚烧之之善也。竭泽即禹之浚川，斩群害则其刊木。然则禹治水之法，前人久用之矣。故曰：洪水至禹而平，非沉灾之久而自澹，则西迁之业至禹而成也；而共工与鲧皆被恶名，必非其实矣。

《淮南》言"共工振滔洪水，以薄空桑"，空桑在鲁，已见《少昊》条。《禹贡》言九州治迹，惟兖州独有降丘宅土之文，亦古史实迹之仅存者也。然则西迁之业，必至禹而大成；尧都晋阳，必非事实。《尧典》《皋陶谟》皆言洪水怀山襄陵，所谓山陵，亦水中州渚耳，非真出孟门之上也。《吕览》言黄、炎固用水火矣，《荡兵》。得毋是时水灾方甚，战时多决水以灌敌；而火攻之法，亦或得之烈山泽之余与？

（一八）唐虞之际二十有二人

《史记·秦本纪》："秦之先，帝颛顼之苗裔。孙。苗裔之下孙字之上当有夺文。曰女修。女修织。玄鸟陨卵，女修吞之，生子大业。大业取少典之子曰女华。女华生大费。与禹平水土。已成，帝锡玄圭。禹受，曰：非予能成，亦大费为辅。帝舜曰：咨尔费，赞禹功。其赐尔皂游。尔后嗣将大出。乃妻之姚姓之玉女。大费拜受，佐舜调驯鸟兽。鸟兽多驯服。是为柏翳。"《正义》曰："《列女传》云：陶子生五岁而佐禹。曹大家注云：陶子者，皋陶之子伯益也。按此，即知大业是皋陶。"《索隐》曰："寻检《史记》上下诸文，伯翳与伯益是一人不疑。而《陈杞系家》，即叙伯翳与伯益为二，未知太史公疑而未决邪？抑亦缪误尔？"案

《陈杞世家》，叙唐虞之际有功德之臣十一人：曰舜，曰禹，曰契，曰后稷，曰皋陶，曰伯夷，曰伯翳，曰垂、益、夔、龙。《索隐》曰："秦祖伯翳，解者以翳益，则为一人。今言十一人，叙伯翳而又别言垂、益，则是二人也。且按《舜本纪》叙十人，无翳而有彭祖。彭祖亦坟典不载，未知太史公意如何？恐多是误。然据《秦本纪》叙翳之功，云佐舜驯调鸟兽，与《舜典》命益作虞，若予上下草木鸟兽，文同，则为一人必矣。今未详其所以。"予案《陈杞世家》之文，盖漏彭祖。所以叙翳又别言益者，以垂、益、夔、龙四字为句，虽并举益，实但指垂，此古人行文足句之例，亦或益字为误衍也。十一人去舜得十，加十二牧，凡二十二人。《五帝本纪》上文云："禹、皋陶、契、后稷、伯夷、夔、龙、垂、益、彭祖，自尧时而皆举用，未有分职。"次云命十二牧，下乃备载命禹、弃、契、皋陶、垂、益、伯夷、夔、龙之辞，而终之曰"嗟女二十有二人"，明二十二人，即指十二牧及前所举十人，特失命彭祖之辞耳。然则翳、益为一人不疑也。马融以禹、垂、益、伯夷、夔、龙、四岳、十二牧为二十二人，郑玄益殳斨、伯与、朱虎、熊罴而去四牧，见《书疏》及《史记·五帝本纪集解》。皆非矣。

《诗·秦谱》："尧时有伯翳者，实皋陶之子，佐禹治水。水土既平，舜命作虞官，掌上下草木鸟兽。赐姓曰嬴。"则康成亦以翳、益为一人。

（一九）唐、虞、夏都邑一

《左氏》昭公元年，子产谓：高辛氏有二子，季曰实沈，迁于大夏，主参，唐人是因，以服事夏、商，及成王，灭唐而封大叔焉。又云："昔金天氏有裔子曰昧，为玄冥师，生允格、台骀。台骀能业其官，宣汾、洮，障大泽，以处大原。帝用嘉之，封诸汾川，沈、姒、蓐、黄，实守其祀。今晋主汾而灭之矣。"七年，又言："昔尧殛鲧于羽山，其神化为黄熊，以入于羽渊，实为夏郊，三代祀之。晋为盟主，其或者未之祀也乎？"《国语·晋语》略同。定公四年，祝鮀谓唐叔，命以《唐诰》，封于夏墟，启以夏政。是则唐叔所封，必尧、禹之旧都；而晋之所居，实台骀之故壤矣。

大夏、大原、夏墟，杜《注》皆云晋阳。襄公二十四年《疏》引《释例》曰："晋、大卤、大原、大夏、参虚、晋阳六名，大原晋阳县也。"服虔则云："大夏在汾、浍之间。"《史记·郑世家集解》引。《诗谱》云："唐者，帝尧旧都之地，今曰大原晋阳是。

尧始居此，后乃迁河东平阳。成王封母弟叔虞于尧之故墟，曰唐侯。南有晋水，至子燮，改为晋侯。其封域，在《禹贡》冀州太行、恒山之西，太原、太岳之野。至曾孙成侯，南徙居曲沃，近平阳焉。”又云：“魏者，虞舜、夏禹所都之地。”《疏》云：“《汉书·地理志》云：太原晋阳县，故《诗》唐国，晋水所出，东入汾。《史记·晋世家》云：唐在河汾之东，方百里。则尧为诸侯所居，故云尧始居此。《地理志》：河东郡平阳县。应劭云：尧都也。则是尧为天子，乃都平阳，故云后迁河东平阳也。”又引服虔云：“尧居冀州，虞、夏因之，不迁居，不易民。”皇甫谧云：“尧始封于唐，今中山唐县是也。后徙晋阳。及为天子，都平阳。”又云：“舜所营都，或云蒲阪，即河东县是也。”“禹受禅，都平阳。或于安邑，或于晋阳。”《疏》又云：“《汉书音义》：臣瓒案：唐，今河东永安是也。去晋四百里。”又云：“尧居唐，东于彘十里。应劭曰：顺帝改彘曰永安。则瓒以唐国为永安。此二说，《诗》之唐国，不在晋阳，燮何须改为晋侯？明唐正晋阳是也。”案《史记集解》引《世本》，谓叔虞居鄂。宋忠曰：“鄂地今在大夏。”《世本》古书，最可信据。此正《史记》所谓河汾之东者。此外诸说，则皆就后世都邑，以意言之耳。不徒非尧、舜、禹之居，并非唐叔之所封也。服虔浑言在汾、浍之间，不过据后世晋都，略测古代都邑所在耳，未当凿指其地，其失尚小。郑玄臆定尧始居晋阳，后迁平阳；皇甫谧更谓其始封唐县，牵率附会，绝无古据，专辄甚矣。

《御览·州郡部》引《帝王世纪》云：“帝尧氏始封于唐，今中山唐县是也，尧山在焉。唐水在西，北入唐河。南有望都县山，即尧母庆都之所居也，相去五十里。都山，一名豆山。北登尧山，南望都山，故名其县曰望都。而《地理志》尧山在唐南山中。张晏以尧山实在唐北。《地理志》尧之都，后徙涿鹿。《世本》云在彭城南。今上谷郡北自有彭城，非宋彭城也。后又徙晋阳，今太原县也，于《周礼》在并州之域。及为天子，都平阳，于《诗·风》为唐国。武王子叔虞封焉，更名唐。故吴季札闻《唐》之歌曰：思深哉！其有陶唐氏之遗民乎？”此节文颇错乱，疑有讹误。然谓唐都在涿鹿则可知。此即黄帝之旧都。此尧在东方之一证也。

顾亭林《日知录》谓晋之始见《春秋》，其都在翼，霍山以北，自悼公后始开县邑，因疑自唐叔之封，以至侯缗之灭，并在于翼。今案古代都邑，迁徙不恒，春秋以前，孰能详录？以《左氏》之无文，疑《世本》之所纪，非也。然谓霍山以北，自悼公之后始开，以此驳尧都永安、晋阳诸说，则甚当。凡开拓，必先肥沃之区，而后瘠薄之地。河汾下流，固较霍山以北为肥沃。况于有夏之居，尚在河洛，安得唐时开拓，已及永安、晋阳乎？《史记·秦本纪》：飞廉为纣石北方，还，无所报，为坛霍太山而报。似殷之末叶，声威已及霍太山，然未可云开拓也。顾氏又言，《史记》屡言禹凿龙门，通大夏，齐桓伐晋，仅及高梁，而《封禅书》述桓公之言，以为西伐大夏，可见大夏必在河东之西南境。此说甚精。近人钱穆阐其说云："《封禅书》述齐桓公之言曰：西伐大夏，涉流沙，束马县车，上卑耳之山。《管子·小匡篇》曰：踰太行与卑耳之溪，拘泰夏，西服流沙、西虞。《齐语》："踰太行与辟耳之溪拘夏，西服流沙、西吴。"卑耳，《索隐》云：山名，在河东大阳。《水经·河水注》：河水东过大阳县南，又东，沙涧水注之。水北出虞山，有虞城。《史记·吴泰伯世家》：封虞仲于周之北故夏虚。即大夏。虞山殆即卑耳之山。沙涧水，本或作流沙涧，即齐桓所涉也。"予案《说文·水部》："沙，水散石也。从水少，水少沙见也。"又："漠，北方流沙也。"水少沙见，与北方流沙之沙，均非水散石之义。盖今所谓沙漠者，古只称漠，后乃兼称为沙漠。汉世正沙字两义递嬗之时，《说文》说解，本杂采众说而成，故其字义不免歧异也。释古之流沙，自以依古义为是。钱氏以流沙为水名，似奇而实确矣。钱氏又云："《汉志》临晋县，应劭《注》，以临晋水得名。《史记·魏世家》：秦拔我蒲反、晋阳。《括地志》云：晋阳故城，在蒲州虞乡县西三十五里。《水经》：涑水所径，有晋兴泽，亦在虞乡县西。疑涑水古亦称晋水。《汉书·地理志》谓武公自晋阳迁曲沃。以太原晋阳说之虽误，然其语自有所本。《史记·晋世家》谓成王削桐叶以封叔虞。旧说太甲放桐宫在闻喜。闻喜当涑水之阳。《水经·涑水注》，涑水兼称洮水，即台骀所宣也。此亦可破据晋水之名谓唐叔受封必在太原之说。然河汾下流，虽有名为唐又名为夏虚之地，要为尧、禹后裔所封。盖尧遭洪水，使禹治之，用力虽勤，而沉灾卒未克澹。自禹以后，都邑乃渐次西迁，而夏都遂在河洛。自三川渡河而北，即为河汾下流，此固地理自然之形势也。"钱氏之论，可谓极精。然谓禹之治水，实在蒲解之间，并谓唐、虞故都即在其地，则惑矣。参看《共工禹治水》条自明。

何以知古代西迁，必始于夏也？曰：以《孟子》知之。古书言尧、舜、禹都邑者，几于紊如乱丝，不可董理。然《孟子》言舜生于诸冯，迁于负夏，卒于鸣条，《离娄》下。要为较可信据之言。诸冯、负夏，诸家皆无确说，姑勿论；鸣条则实有古据，其地当在兖州，别见《汤放桀》条。《吕览·简选》谓汤“登自鸣条,乃入巢门”,云登则地势必高,正与《尧典》陟方之言合。钱氏乃谓“《吕览·有始览》言九山曰会稽、大山,大山即霍太山,会稽则禹会诸侯之处。《吴越春秋》《越绝书》,皆谓禹到大越,上茅山,大会计,更名茅山曰会稽之山。《周书·世俘解》:吕它命伐越。为商近畿国,则河北有越。《水经注》:会稽之山,古防山也,亦谓之为茅山。以茅津、茅城推之,《左氏》文公三年,秦伯伐晋,自茅津济。《水经·河水注》:河水东过陕县北,河北有茅城,故茅亭,为茅戎邑。地望正在大阳。《注》云:大阳之山,亦通谓之薄山。疑即《世本》舜封丹朱于房之房,《尚书》涉方乃死之方。”其说虽巧,然合前后观之,似不如予说之的也。

钱氏又云:“《水经注》:伊水出陆浑县西南王母涧之北,山上有王母祠,即古三涂山。王母即禹所娶涂山氏女。《山海经》云:南望禅渚,禹父之所化。《水经注》:陆浑县东有禅渚。则涂山、羽渊,地正相近。鲧取有莘,亦在嵩县。有莘氏女,采桑伊川,得婴儿为伊尹,其证。然则崇即嵩也。禹避舜之子于阳城,《孟子》赵《注》在嵩山下。禹伐有扈,战于甘,《水经》:甘水出弘农县鹿蹄山,《注》云:山在陆浑县故城西北,甘水所径有故甘城。启有钧台之享,杜《注》谓在河南阳翟县。此皆夏人踪迹在今河南者。”予案:夏人西迁,始于何时,虽难质言,然大致必在禹后,鲧时恐尚在东方。故《五帝本纪》云殛鲧于羽山,以变东夷,《大戴记·五帝德》同。《汉志》东海郡祝其,羽山在南,鲧所殛,杜注《左氏》本此,《水经·淮水注》亦引之。虽不中固当不远。其云在陆浑者,亦夏人西迁而传说随之,非其朔也。

《史记·货殖列传》云:“尧作游成阳,舜渔于雷泽。”《汉书·地理志》本之。此为言尧、舜地理较古者。《五帝本纪》云:“舜耕历山,渔雷泽,陶河滨,作什器于寿丘,就时于负夏。”《管》《版法解》:舜耕历山,陶河滨,渔雷泽。《墨》《尚贤中》:古者舜耕历山,陶河滨、渔雷泽。尧得之服泽之阳,举以为天子。《下篇》略同。○渔雷泽,《御览》《玉海》引作濩泽。《间诂》曰:“王云:《水经·沁水注》曰:濩泽水,出濩泽城西白涧渠,东径濩泽。《墨子》曰舜渔濩泽。《初学记·州郡部》正文出舜泽二字,《注》曰:墨子曰舜渔于濩泽。在濩泽县西。今本《初学记》作雷泽,与《注》不合,明是后人所改。又《元和郡县志》河东道下,《太平寰宇记》河东道下,《太平御览·州郡部九》《路史·疏仡纪》引《墨子》,并作濩泽。是《墨子》自作濩泽,与他书作雷泽者不同。《下篇》渔于雷泽,亦后人所改。”又云:“《水经·济水注》云：陶丘，《墨子》以为釜丘。今检勘全书，无釜丘之文，疑古本或作陶釜丘。”案《间诂》之说是也。然文字不同，地望不必遂异；《水经注》之文，不必可以释古也。《尸子》《御览·皇王部》引：舜兼爱百姓，务利天下。其田历山也，荷彼耒耜，耕彼南亩，与四海俱有其利。其渔雷泽也，旱则为耕者凿渎，俭则为猎者表虎，故有光若日月，天下归之若父母。《吕览》《慎人》：舜耕于历山，陶于河滨，钓于雷泽。《书传》《索隐》引：贩于顿丘，就时负夏。《淮南王书》《原道》：昔舜耕于历山，期年而田者争处垸埆，以封壤肥饶相让；钓于河滨，期年而渔者争处湍濑，以曲隈深潭相予。皆同，决非无据。历山，《淮南》高《注》谓在济阴城阳，一曰济南历城山。《正义》引《孝经援神契》舜生于姚墟，谓在濮州雷泽县。又引《括地志》同。又谓雷泽有历山舜井。郑玄谓雷泽即雷夏，兖州泽。陶河滨，《集解》引皇甫谧谓济阴定陶西南有陶丘亭，又谓寿丘在鲁东门北。负夏，《集解》引郑玄云“卫地”。《水经·济水注》：泺水，案即今趵突泉。俗谓为娥姜水，以泉源有舜妃娥英庙故也。城南对山，山上有舜祠，山下有大穴，谓之舜井。《瓠子河注》：鄄城西南有姚城。雷泽，在大城阳县故城西北，即舜所渔。西南十许里有小山，谓之历山。泽东北有陶墟，言舜耕陶所在。《泗水注》：水出下县故城东南姚墟西北，世谓之陶墟，舜所陶处也。井曰舜井。墟有漏泽，泽西际阜，俗谓之妫亭山。刘向谓尧葬济阴。《汉志》：济阴城阳有尧冢、灵台。《皇览》及郭缘生《述征记》，亦谓尧冢在城阳。《吕览·安死》：尧葬于谷林。《史记·五帝本纪集解》《正义》《水经·瓠子河注》，皆引皇甫谧，谓城阳即谷林，恐不足据。《水经·瓠子河注》，以灵台为尧母庆都陵。尧陵之东，又有中山夫人祠，为尧妃。《五帝本纪正义》引谯周，谓禹以虞封舜子，为宋州虞城县。《水经·巨洋水注》：尧水出剧县南角崩山，东北径东西寿光二城间，又东北注巨洋。伏琛、晏谟并言尧尝顿驾于此，故受名焉。《淄水注》引《从征记》：“广固城北三里有尧山祠，尧因巡守登此山，后人遂以名山。”地皆在古兖域，或距兖域不远。传说虽未必可信，然以前后情事揆之，谓尧、舜、禹踪迹在兖域，固较近于实也。

《诗曹谱》云：“尧尝游成阳，死而葬焉。舜渔于雷泽，民俗始化。其遗风重厚，多君子；务稼穑，薄衣食，以致畜积。”说与《史记·货殖传》《汉书·地理志》同。乃《魏谱》又云：“舜耕于历山，陶于河滨。”《疏》云：“《尚书传》文也。彼《注》云历山在河东。”则自相违矣。《水经·瓠子河注》云：“郑玄曰：历山在河东，今有舜井。皇甫谧或言今济阴历山是也，与雷泽相比。予谓郑玄之言为然。故扬雄《河东赋》曰：登历观而遥望兮，聊浮游于河之岩。今雷首山西枕大河，校之图纬，于事为允。”案《汉书·地理志》：河东郡蒲阪，“有尧山、首山祠，雷首山在南。”《水经·河水注》：“雷首山临大河，北去蒲阪三十里，《尚书》所谓壶口雷首者也。俗亦谓之尧山。山上有故城，世又曰尧城。”则此等说，西汉末已有，故纬候得采之。然要为后起之说，不足信也。

《周书·史记》云：“乐专于君者，权专于臣；权专于臣，则刑专于民。君娱于乐，臣争于权，民尽于刑，有虞氏以亡。”又云：“文武不行者亡。昔者西夏，性仁非兵，城郭不修，武士无位，惠而好赏，屈而无以赏。唐氏伐之，城郭不守，武士不用，西夏以亡。”此唐、虞、西夏，当为尧、舜、禹支裔分封者。在河汾下流者，殆即此等国也。

（二〇）唐、虞、夏都邑二

《墨子·节葬》云：“尧北教乎八狄，道死，葬蛩山之阴。舜西教乎七戎，道死，葬南己之市。禹东教乎九夷，道死，葬会稽之山。”《吕览·安死》云：“尧葬于谷林。舜葬于纪市。禹葬于会稽。”此亦为言尧、舜、禹地理较古者。

《山海经·海外南经》云：“狄山、帝尧葬于阳，帝喾葬于阴。”《大荒南经》云：“帝尧、帝喾、帝舜，葬于岳山。”《注》云：“即狄山也。”郝氏《笺疏》云：“司马相如《大人赋》云：历唐尧于崇山。《汉书》张揖《注》云：崇山，狄山也，引此经云云。《水经·瓠子河注》亦引此经，而云狄山一名崇山。崇、蛩声相近，蛩山又狄山之别名也。”案《论衡·书虚》云：“尧葬于冀州，或言葬于崇山。”葬于冀州，与北教八狄之说近，狄山之名，盖由此而得。《论衡》既以为两说，则崇山、狄山，似不必牵合也。

纪必在南，故称南己。《困学纪闻》引薛季宣，谓近莒之纪城，诚难遽断，要为近之。何者？古事皆春秋战国人所传，必据其时之地名以立说也。《后汉书·王符传》引《墨子》，作南巴之中，巴、中必己、市之误。毕校反据舜葬九疑之说，以己为误字，颠矣。王念孙谓如是，则不应更作纪，其说是也。且舜葬九疑，说亦本不足据。孟子、史公述尧、舜事，皆用《书》说，以《书传》互勘可知。《孟子·公孙丑》上篇云“自耕稼陶渔，以至为帝”，即《史记》之“耕历山，渔雷泽，陶河滨”也。《离娄》下篇言“迁于负夏”，即《史记》之“就时于负夏”也。《尽心》上篇言“舜居深山之中，与木石居，与鹿豕游”，盖亦耕历山时事。其言卒地，不应独异。又《索隐》引《书传》，有“贩于顿丘，就时负夏”之文；《初学记》引《书传》，又有“舜耕于历山”之语，亦不应独阙卒于鸣条。《书传》固阙佚已甚，《史记》亦多遭窜乱。疑史公言舜卒地，本同《孟子》，今本“崩于苍梧之野，葬于江南九疑，是为零陵”之说，非史公兼著异闻，则后人所增缀，而正说反为所删也。《吕览》高《注》，谓九疑山下，亦有纪邑，固近附会。《书钞》《御览》引《帝王世纪》，谓“舜南征，崩于鸣条，葬于苍梧九疑山之阳，是为零陵，谓之纪市”，举诸说而强揉为一，则更不足信矣。

《礼记·檀弓》云舜葬于苍梧之野，《淮南·修务》云舜南征三苗，道死苍梧，均未言苍梧所在。《史记》云葬于江南九疑，亦未言九疑为何地也。《续汉书·郡国志》谓九疑在营道南；《檀弓》郑《注》谓苍梧于周南越之地，今为郡，而舜卒葬之处，乃远至今湖南、广西境矣。《山海经·海内南经》云：“苍梧之山，帝舜葬于阳，帝丹朱葬于阴。”丹朱在丹水之滨，不应在湖南、广西境。《大荒南经》云：南海之中，有氾天之山，赤水穷焉。赤水之东，有苍梧之野，舜与叔均之所葬也。注：叔均，商均也。郝《疏》云：舜子不名叔均；《大荒西经》有叔均，为稷弟台玺之子，《海内经》又有叔均，为稷之孙，此《经》叔均未审何人。案郝说是也，稷之苗裔亦不应葬南荒中。《海内东经》云：“湘水出舜葬东南陬，西环之，入洞庭下。”则湘水不过环绕舜陵，决非如今日之源流千里。《海内经》云：“南方苍梧之丘，苍梧之渊，其中有九嶷山，舜之所葬。”下云“在长沙零陵界中”，盖后人注语。山在渊中，亦洲渚之类，决非如今之九疑，蟠结数百里者也。《国语·吴语》：申胥言楚灵王不君，筑台于章华之上，阙为石郭，陂汉，以象帝舜。《注》云“舜葬九疑，其山体水旋其丘，故壅汉水，使旋石郭以象之”，正与《山经》之说合。《史记·秦始皇本纪》：二十八年，西南渡淮水，至衡山。此衡山当指霍山。《正义》引《括地志》，谓在衡州湘潭县者，非。浮江，至湘山祠，逢大风，几不得渡。上问博士曰：“湘君何神？”对曰：“尧女，舜之妻，而葬此。”为今洞庭中山无疑。钱宾四有《战国时洞庭在江北不在江南辩》，见所著《先秦诸子系年考辨》。其说甚谛。此是战国前事，至秦、汉，则其说渐移于今之洞庭。《中山经》云：洞庭之山，帝之二女居之。郝《疏》谓《初学记》引作帝女，实帝女化为瑶草、帝女之桑之类，为天帝之女。其说是也。观秦博士之对，则帝之二女，与尧之二女混淆为一，自江北之洞庭，移于今之洞庭矣。《海内北经》云：“舜妻登比氏生宵明、烛光，处河大泽，二女之灵能照此所方百里。一曰登北氏。”亦在北方。又始皇三十七年，出游至云梦，望祀虞舜于九疑山；《汉书·武帝本纪》：元封五年，南巡守，至于盛唐，望祀虞舜于九疑。若在零陵，未免太远，云洞庭最为近之。《檀弓》云三妃未从，三妃盖二妃之误。云未从，正以其死在一地。若舜死零陵，二妃死湘山，相距千里，岂有辇柩从葬之理？是苍梧、九疑传说南移之初，犹以为在今洞庭，不谓在湖南、广西境也。

《吕览·召类》云：“尧战于丹水之浦。”《淮南·兵略》同。高《注》云：“尧以楚伯受命，灭不义于丹水。”尧为楚伯，说殊无据。《庄子·徐无鬼》，云舜三徙成都，至邓之虚而十有万家。舜徙邓墟，亦无佐证。《水经》：“滍水出南阳鲁阳县西之尧山。”《注》云：“尧之末孙刘累以龙食帝孔甲，孔甲又求之，不得，累惧而迁于鲁县，立尧祠于西山，谓之尧山，故张衡《南都赋》曰：奉先帝而追孝，立唐祠于尧山。”盖尧后有居楚、邓间者，而尧之传说随之，而舜之传说亦随之矣。此《海内南经》之说所由来也。然则苍梧之山，其初尚在汉北。此亦钱说洞庭初在北方之一证也。

《史记·五帝本纪集解》引皇甫谧曰：“或曰二妃葬衡山。”《水经·湘水注》云：衡山，“《山经》谓之岣嵝，为南岳也，山下有舜庙。”又引王隐言：“应阳县，本泉陵之北部，东五里有鼻墟，言象所封也。山下有象庙，言甚有灵，能兴云雨。”《溱水注》：“邪阶水，水侧有鼻天子城。鼻天子所未闻也。”而《路史》亦以为象。《史记·五帝本纪正义》引《括地志》云：“鼻亭神，在道县北六十里。故老传云，舜葬九疑，象来至此，后人立祠，名为鼻亭神。”《集解》云：“传曰：舜葬苍梧，象为之耕；禹葬会稽，鸟为之田。”语见《论衡·书虚》篇。《吴越春秋》言：禹即位，还大越，更名茅山曰会稽，居靡山，伐木为邑，凤皇栖于树，鸾鸟巢于侧，麒麟步于庭，百鸟佃于泽。禹命群臣：百世之后，葬我会稽之山。禹崩之后，众瑞并去。天美禹德，使百鸟还为民田。大小有差，进退有行。一盛一衰，往来有常。禹以下六世而得帝少康。少康恐禹祭之绝祀，乃封其庶子于越，号曰无余。余始受封，人民山居，虽有鸟田之利，租贡才给宗庙祭祀之费。乃复随陵陆而耕种，或禽鹿而给食。无余传世十余，末君微劣，不能自立，转从众庶为编户之民，禹祀断绝。十有余岁，有人生而言语，指天向禹墓曰：我是无余君之苗末，我方修前君祭祀，复我禹墓之祀，为民请福于天，以通鬼神之道。众民悦喜，皆助奉禹祭，四时致贡。因共封立，以承越君之后，复夏王之祭，安集鸟田之瑞，以为百姓请命。《越王无余外传》。《水经·浙江水注》云：禹崩会稽，因而葬之。“有鸟来为之耘，春拔草根，秋啄其秽，是以县官禁民，不得妄害此鸟，犯则刑无赦。”此盖图腾遗俗，象耕亦其类耳。后人误以象为人名，乃并有鼻之封，而移之道县矣。然亦可见舜之传说，逐渐南移也。《汉书·律历志注》：孟康言：汉章帝时，零陵文学奚景，于泠道舜祠下得白玉琯。《水经·湘水注》，亦言泠道县界有舜庙，县南有舜碑，零陵太守徐俭立。又云：衡山，山下有舜庙。南有祝融冢。楚灵王之世，山崩，毁其坟，得《营丘九头图》。

《吕览》九山，曰会稽，太山，王屋，首山，太华，岐山，太行，羊肠，孟门。八山皆在西北，岂得会稽犹在东南？钱氏疑之是也。《史记·夏本纪》曰：“或言禹会诸侯江南，计功而崩，因葬焉，命曰会稽。”此即《吴越春秋》之说。或言乃别列一说之辞。然则当时固有谓会稽不在南方者矣，惜其说无可考也。上文言“禹东巡守，至于会稽而崩”，不作疑辞。《管子》言禹封泰山，禅会稽，则会稽距泰山不得甚远。必如此，乃能合于《墨子》东教九夷之说也。

《国语·鲁语》：“吴伐越，堕会稽，获骨焉，节专车。吴子使来好聘，且问之仲尼。仲尼曰：丘闻之：昔禹致群神于会稽之山，防风氏后至，禹杀而戮之，其骨节专车。客曰：防风何守也？仲尼曰：汪芒氏之君也。守封、嵎之山，为漆姓。漆，《史记》《说苑》作釐，《家语》作漆。黄丕烈云：漆乃涞之讹，釐、涞声近。在虞、夏、商为汪芒氏，于周为长狄，今为大人。”长狄见《左氏》文公十一年，兄弟数人𫍲于鲁、卫、齐、晋，无在南方者；其人亦称狄而不称夷，而防风之防，实与陟方之方为一字。得毋封、嵎之山，即鸣条所在邪？遐哉上已，弗可得而质已，然要不妨姑引一说也。《韩非子·饰邪》亦云：禹朝诸侯之君会稽之上，防风之君后至，而禹斩之。

舜之传说，亦有在江东者。《五帝本纪正义》云：“越州余姚县。顾野王云：舜后支庶所封之地。舜姚姓，故云余姚。县西七十里有汉上虞故县。《会稽旧记》云舜上虞人。去虞三十里有姚丘，即舜所生也。”《水经·河水注》：“周处《风土记》曰：旧说舜葬上虞。又《记》云：耕于历山。而始宁、剡二县界上，舜所耕田于山下，多柞树，吴越之间名柞为枥，故曰历山。”《浙江水注》：“江水东径上虞县南，王莽之会稽也。地名虞宾。《晋太康地记》曰：舜避丹朱于此，故以名县。百官从之，故县北有百官桥。亦云禹与诸侯会事讫，因相虞集，故曰上虞。二说不同，未详孰是。”《续汉书·郡国志》：吴郡吴，“震泽在西，后名具区泽。”《注》云：“《越绝书》曰：湖周三万六千顷，又有大雷山、小雷山。周处《风土记》曰：舜渔泽之所。”此说人无信之者。而禹葬山阴，遂为故实，则以越为禹后，吴为泰伯后耳。其实越亦嬴姓，无余之后，绝而复续，安知其必为禹之苗裔？而泰伯、仲雍之所君临者，又安知其非重华之遗族邪？吴、虞之为一字，固不疑也。

《史记·越王句践世家》言少康庶子之封，二十余世而至允常。允常者，句践之父也，岂有距少康仅二十余世之理？且《史记》不言其名，而《吴越春秋》谓其名曰无余；其后降为编户，复立者曰无壬，无壬生无曎。则无者号氏，其名实曰余。《水经·渐江水注》，则谓少康封少子杼。杼乃继少康为夏后者，郦氏即误记，不至于是，其言当有所本。然则余即杼，乃后人之臆说。越始封之君，其名实不可考也。《吴越春秋》云：“无曎卒，或为夫谭，夫谭生元常。”元常即允常。古“或”与“有”通，“或为夫谭”，犹云有名夫谭者，其人非亲无曎子。《史记》“二十余世”，或自无壬起计也。无余之名，既不足据，其事迹更无可考。而《渐江水注》又谓秦望山南有嶕岘，岘里有大城，越王无余之旧都，其不足信明矣。《吴越春秋》谓无余质朴，不设宫室之饰，从民所居。虽亦臆度之辞，然于事理颇近。

（二一）唐、虞、夏都邑三

《周书·度邑》云：“自洛汭延于伊汭，居易无固，其有夏之居。”此为言夏代都邑最古者。《汉书·地理志》颍川郡阳翟《注》云：“夏禹国。应劭曰：夏禹都也。臣瓒曰：《世本》禹都阳城，《汲郡古文》亦云居之，不居阳翟也。师古曰：阳翟本禹所受封耳，应、瓒之说皆非。”案古代都邑，只能得其大概，区区校计于数十百里之间，实为无当。《周官》大司徒之职曰：“以土圭之法测土深，正日景，以求地中。日至之景，尺有五寸，谓之地中，天地之所合也，四时之所交也，风雨之所会也，阴阳之所和也。然则百物阜安，乃建王国焉。”《注》云：“郑司农云：土圭之长，尺有五寸。以夏至之日，立八尺之表，其景适与土圭等，谓之地中，今颍川阳城地为然。”《疏》云：“颍川郡阳城县，是周公度景之处，古迹犹存。案《春秋左氏》，武王克商，迁九鼎于洛邑，欲以为都。不在颍川地中者，武王欲取河洛之间形胜之所，洛阳虽不在地之正中，颍川地中，仍在畿内。”指阳城度景之处为周公古迹，自近附会，然司农所说，必古天官家言，阳城为古名都可知。都洛阳，阳城在畿内；都颍川，阳城不亦在畿内与？古迁徙易，商、周之先皆屡迁，夏人何独不然？故言夏都，谓大致在今伊洛之域可耳，必欲凿指为今某郡某邑，必无当也。况夏代创业未几，即有五观之乱，继以羿、浞之篡，都邑又能保其无移徙邪？

《国语·楚语》云：“尧有丹朱，舜有商均，启有五观，汤有太甲，文王有管、蔡。”《韩非子·说疑》汤作商，文王作武王，余同。《左氏》昭公元年则云：“虞有三苗，夏有观扈，商有姺、邳，周有徐、奄。”似一以人言之，一以地言之。然古地名与氏族名多不别，特后人知其地者，则以为地名，不知其地者，则以为氏族名耳。《左氏》杜《注》云：“观国，今顿丘卫县。”昭元年。卫，本汉东郡观县，后汉光武更名，晋属顿丘郡，北魏曰卫国。《汉志注》引应劭曰：夏有观扈。《水经·河水注》曰：“浮水故渎，又东南径卫国邑城北。又东径卫国县故城南古斟灌。《巨洋水注》亦云：“薛瓒《汉书集注》云：案《汲郡古文》相居斟灌，东郡观是也。”案观、灌非一地。《汉志注》引应劭，仅云“夏有观扈”，郦氏牵合为一，似非。郦氏又以己意论之曰：“余考瓒所据，今河南有寻地，卫国有观土。《国语》曰启有五观，谓之奸子，五观盖其名也。所处之邑，其名曰观。皇甫谧曰卫地，又云夏相徙帝丘，依同姓之诸侯于斟灌、斟寻氏。即《汲冢书》云相居斟灌也。既依斟寻，明斟寻非一居矣。是盖寓其居而生其称，宅其业而表其邑。未可以彼有灌目，谓专此为非；舍此寻名，而专彼为是。”亦近调停无据。应劭曰：夏有观扈，即此城也。”《淇水注》云：“径顿丘北。又屈径顿丘县故城西。《古文尚书》以为观地矣。”杜预、应劭盖同用《古文书》说。此说似仅据汉世县名附会，无确据。《周书·尝麦》曰：“其在殷之五子，忘伯禹之命，假国无正，用胥兴作乱，遂凶厥国。皇天哀禹，赐以彭寿，思正夏略。”此为言五观事最古者。《楚辞》曰：“启《九辩》与《九歌》兮，夏康娱以自纵。不顾难以图后兮，五子用失乎家巷。”《汉书·古今人表》云：“太康，启子。昆弟五人，号五观。”《楚语》韦《注》云：“启子，太康昆弟也。”《潜夫论·五德志》云：“启子太康、仲康更立，兄弟五人，皆有昏德，不堪帝事，降须洛汭。”是太康实在五人之内。伪《古文尚书》云“厥弟五人”，则并太康而六矣。此其作伪之伎俩最拙而可笑者也。五人既连太康在内，而《周书》云“遂凶厥国”，则五人必交哄于夏都，而非或据都城、或据观相对敌。夏都所在，王符明言之曰洛汭，实与《周书》相合。乃朱亮甫《集训校释》改殷为启，曰形近而讹。实则启、殷形并不近，且下文明言“忘伯禹之命”，讹为夏则可矣，何由讹为殷乎？盖殷即后世之亳殷，作书者以当时地名道古事也。启子都邑之所在，从可知矣。

或曰：戡五子之乱者为彭寿，非舜时之彭祖则其后裔，其地当在彭城，此无足疑者也。以观在卫国，顿丘不且较亳殷为近乎？是固然。然五观之后，继以羿、浞之乱，所争夺者，仍在河洛，以是知五观之乱，必不能在东方也。何以知羿、浞所争，实在河洛也？案羿、浞之事，见于《左氏》襄公四年及哀公元年。杜《注》释其地云：“寒，国。北海平寿县东有寒亭。”“有鬲，国名，今平原鬲县。”“乐安寿光县东南有灌亭。北海平寿县东南有斟亭。”“东莱掖县北有过乡。戈在宋、郑之间。”“梁国有虞县。”《疏》云：“杜地名言有者，皆是疑辞。”则杜亦本不自信。然言夏事者多据之，遂若羿、浞之乱，绵历青、豫，喋血千里，合从讨伐，轶于桓文矣。其实夏时决无此事也。《左氏》言羿因夏民以代夏政；又引《虞人之箴》，谓其不恢于夏家；又言少康收夏众以复禹之绩；则羿所据者即夏地，所用者即夏民可知。《汉志》北海郡平寿《注》：“应劭曰：古斟寻，禹后，今斟城是也。臣瓒曰：斟寻在河南，不在此也。《汲郡古文》云太康居斟寻，羿亦居之，桀亦居之。《尚书序》云太康失邦，昆弟五人，须于洛汭。此即太康所居为近洛也。又吴起对魏武侯曰：昔夏桀之居，左河、济，右太华，伊阙在其南，羊肠在其北。河南城为值之。又《周书·度邑篇》曰：武王问太公曰：吾将因有夏之居，南望过于三涂，北瞻望于有河。有夏之居，即河南是也。”《汲郡古文》及《伪书》，虽不足据，然薛氏论夏居河南，饶有理致。盖作伪者亦有所本，不能全属子虚也。谓羿与太康，所居即系一地，亦可见弈所据即夏都矣。五子用失乎家巷，盖谓降为编氓，此必失其都邑而后然，不然无是事也。《史记·夏周本纪正义》引《括地志》云：“自禹至太康与唐、虞皆不易都城。”“故禹城，在洛州密县界。”“故钼城，在滑州卫城县东十里。”“故鄩城，在洛州巩县西南五十八里。”又引《晋地记》云：“河南有穷谷，盖本有穷氏所迁。”固亦以羿与夏之所争，为在河洛之间也。《史记·夏本纪》曰：“禹为姒姓，其后分封，用国为姓，故有夏后氏、有扈氏、有男氏、斟寻氏、彤城氏、褒氏、费氏、杞氏、缯氏、辛氏、冥氏、斟戈氏。”斟寻氏，《集解》引徐广曰：“一作斟氏、寻氏。”《索隐》曰：“《系本》男作南，寻作郛，费作弗，而不云彤城及褒。斟戈氏，按《左传》《系本》皆云斟灌氏。”然则戈、灌一地，观、灌非一地也。斟寻盖即《左氏》昭公二十三年“郊鄩溃”之鄩，地在巩县西南，即《括地志》以为故都城所在者也。戈所在不可考，亦不能远至宋、郑之间。南、男、任同音。《春秋》桓公五年“仍叔之子”，《谷梁》作“任叔”，疑即后缗所归，亦即《周书·史记》之南氏也。

《左氏》云：“后羿自钼迁于穷石。”杜《注》云：“羿代相，号曰有穷。钼，羿本国名。”此乃臆言之。羿因夏民，夏都不名穷，羿何由忽立有穷之号？则其国本名穷也。穷何地邪？即河南之穷谷邪？则《晋地记》亦以为羿之所迁，不谓为羿之本国也。《路史》以安丰有穷谷、穷水，即《左氏》昭公二十七年楚师救潜，与吴师遇于穷者，当羿之本国。《国名记》。其说盖是。穷、潜地近英、六，为皋陶之后所封。皋陶与其子益，固禹所当授之政者，而戡定五观之乱之彭寿，其地实在彭城，为黄帝以来旧都。盖夏当西迁之初，东方之力犹竞，启虽排益而代之，然一传之后，复为东方强族所篡。羿盖自穷、潜西北出，而据卫城之钼，其后又据河南之穷谷，至此则深入伊洛之间，而夏民为其所因，夏政为其所代矣。《天问》曰：“阻穷西征，岩何越焉？”此穷，盖即《左氏》所谓穷石，其城亦名穷，《左氏》谓羿之子死于其门者也。《淮南·地形》谓“弱水出自穷石，至于合黎，余波入于流沙”。流沙，钱氏以大阳之沙涧水当之，地望颇合。《王制》：“西不尽流沙，南不尽衡山，东不尽东海，北不尽恒山，凡四海之内，断长补短，方三千里，为田八十万亿一万亿亩。”此语当传之自古。“尽”即《中庸》“有余不敢尽”、《左氏》“尽曹地也”僖公三十一年。之尽，今作“儘”。河东之西南隅，固古代开拓所极也。

《左氏》哀公六年引《夏书》曰：“惟彼陶唐，帅彼天常，有此冀方。今失其行，乱其纪纲，乃灭而亡。”《注》云：“灭亡，谓夏桀也。”《疏》云：“此《夏书·五子之歌》第三章也。此多帅彼天常一句，文字小异。贾、服、孙、杜皆不见古文，以为逸书，解为夏桀之时，惟王肃云太康时也。”肃与贾、服、孙、杜所言，未知谁得逸书之意。然冀州为古人通指中国之辞，非即《禹贡》冀州，不能以此定其所在。《疏》说颇为通达，唐、虞、夏之都，实不相沿袭也。

《水经·河水注》云：“河水又东径平县故城北。南对首阳山。《吕氏春秋》曰：夏后孔甲田于东阳萯山，遇大风雨，迷惑，入于民室，皇甫谧《帝王世纪》以为即东首阳山也，盖是山之殊目矣。”亦在河洛近境。

《水经注》云：“颍水径其县阳城县故城南，昔舜禅禹，禹避商均，伯益避启，并于此也。亦周公以土圭测日景处。县南对箕山。山上有许由冢。山下有牵牛墟。侧颍水有犊泉，是巢父还牛处也，石上犊迹存焉。又有许由庙，碑阙尚存，是汉颍川太守朱宠所立。”又云：阳翟“县西有故堰，旧遏颍水支流所出也。其故渎东南径三封山北，今无水。渠中又有泉流出焉，时人谓之嵎水。东径三封山东，东南历大陵。西连山，亦曰启筮亭。启享神于大陵之上，即钧台也。其水又东南流，水积为陂，陂方十里，俗谓之钧台陂，盖陂指台取名也。颍水自堨东径阳翟县故城北，夏禹始封于此，为夏国。”《路史余论》云：“《淮南·修务》云：禹生于石。《注》谓修已感石坼胸而生。今登封东北十里有庙，庙有一石，号启母石。应劭、刘安、郭璞、李彤、随巢、王炯、王韶、窦苹等，皆云启母。历代崇祀，亦以之为启母。又有少室姨神庙，登封北十二里，云启母之姨。而偃师西二十五，复有启母小姨行庙。”此等传说，虽不足信，然亦可见夏代传说，在嵩岳附近者实多也。

（二二）唐、虞、夏都邑四

尧、舜、禹传说，散在各地者尚多，要皆附会之辞，不足信也。《山海经·中山经》有尧山，郝《疏》云：“《初学记》引王韶之《始兴记》云：含洭县有尧山，尧巡守至此，立行台。”《水经·洭水注》亦云：陶水，“出尧山。山下有平陵，有大堂基，《耆旧》云尧行宫所”。又《沔水注》云：“汉水又东径妫虚滩。《世本》曰：舜居妫汭，在汉中西城县。或言妫虚在西北，舜所居也，或作姚虚。故后或姓姚，或姓妫。”《路史·国名记》引《世本》：“妫虚在西城西，舜居。”《困学纪闻》二引《世本》：“饶汭，舜所居。”《地理通释》云：“《世本》舜居饶汭，在汉中西城，或言妫虚在西北，舜所居也。”又云：“《通典》金州西城县有妫虚，《帝王世纪》谓之姚虚，《世本》曰饶汭。”案在西城之说，殊不足据。又云：“汉水又东径长利谷南，入谷有长利故城，旧县也。汉水又东历姚方，盖舜后枝居是处，故地留姚称。”《河水注》引皇甫谧，谓舜都或言平阳，或言蒲阪，或言潘。《史记·五帝本纪集解》引同。《漯水注》云：潘城，“或云舜所都也。《魏土地记》曰：下洛城西南四十里有潘城。城西北三里有历山。山上有虞舜庙”。《滱水注》云：濡水，“出蒲阴县西昌安郭南。《中山记》曰：郭东有舜氏甘泉，有舜及二妃祠。”《史记·五帝本纪正义》引《括地志》云：“妫州有妫水，源出城中。《耆旧传》

云即舜釐降二女于妫汭之所。外城中有舜井。城北有历山，山上有舜庙。”又谓：“其西又有一井，《耆旧传》云并舜井也，舜自中出。”《夏本纪正义》引扬雄《蜀王本纪》云：“禹本汶山郡广柔县人也，生于石纽。”又引《括地志》云：“茂州汶川县，石纽山在县西七十三里。《华阳国志》云：今夷人共营其地，方百里不敢居牧，至今犹不敢放六畜。”《水经·沫水注》略同。又云：“有罪逃野，捕之者不逼。能藏三年不为人得，则共原之，言大禹之神所佑之也。”《河水注》云：“洮水又东径临洮县故城北。禹治洪水，西至洮水之上，见长人，受黑玉书于斯水上。”又云：大夏川水，“又东北径大夏县故城南，《地理志》：王莽之顺夏。《晋书·地道记》日：县有禹庙，禹所出也”。《江水注》云：江州县，“江之北岸，有涂山，南有夏禹庙、涂君祠，庙铭存焉。常璩、庾仲雍并言禹娶于此”。又云：“江水又东径江陵县故城南，故楚也。秦昭襄王二十九年，使白起拔鄢、郢，以汉南地而置南郡焉。《周书》曰：南，国名也。南氏有二臣，力钧势敌，竞进争权，君弗能制，南氏用分为二南国也。按韩婴叙《诗》云：其地在南郡、南阳之间。《吕氏春秋》所谓禹自涂山，巡省南土者也。”《淮水注》云：“淮水自莫邪山东北径马头城北，魏马头郡治，故当涂县之故城也。《吕氏春秋》曰：禹娶涂氏女，不以私害公，自辛至甲四日，复往治水。故江淮之俗，以辛壬癸甲为嫁娶日也。禹墟在山西南，县即其地也。”《庐江水注》云：“庐山之南，有上霄石，高壁缅然，与霄汉连接。秦始皇三十六年，叹斯岳远，遂记为上霄焉。上霄之南，大禹刻石，志其丈尺里数，今犹得刻石之号焉。《耆旧》云：昔禹治洪水至此，刻石纪功。或言秦始皇所勒。岁月已久，莫能辨之也。”岭表行宫，盖因尧字而附会；西城妫虚、妫州舜井，则因妫字而附会。《水经·河水注》云：蒲阪，“南有历山，谓之历观。妫、汭二水出焉，南曰妫水，北曰汭水。西径历山下。《尚书》所谓釐降二女于妫汭也。孔安国曰：居妫水之内。王肃曰：妫汭，虞地名。皇甫谧曰：纳二女于妫水之汭。马季长曰：水所出曰汭。然则汭似非水名。而今见有二水，异源同归”。可见流俗之善于附会矣，其所言尚足信哉？禹至临洮，盖因秦时长人见临洮而云然。上霄刻石，传为禹迹，正同一理。南、任音同，《春秋》桓公五年“仍叔之子”，《谷梁》作任；疑夏时之有仍，即《周书》之南氏，以其国分为二，遂附会为二南，尤灭裂可笑。辛壬癸甲，民俗可征，以说涂山，似最有据。然禹时遗俗，安能留诒至于元魏？且《书》亦不云禹以辛壬癸甲日娶也，则亦后人附会《尚书》，因生此俗耳，非真沿之自古。《浙江水注》言：“浦阳江又东径石桥，广八丈，高四丈，下有石井，口径七尺。桥上有方石，长七尺，广一丈二尺。桥头有盘石，可容二十人坐。”《庐江水注》言：西天子鄣，“岩上有宫殿故基者三，以次而上，最上者极于山峰”。《述异记》言：“庐山上有康王谷，巅有一城，号为钊城。传云此周康王之城。城中每得古器大鼎及弓弩之属，知非常人之所处也。”然则南方古代大工正多，特以雅记无征，遂率附诸北方古帝；营道舜陵，会稽禹穴，千载传为信史，作如是观可矣。

（二三）夏都考

夏都有二：《汉志》太原郡晋阳《注》云：“故《诗》唐国。”《左》定四年，祝佗谓唐叔封于夏虚，启以夏政。服虔以为尧居冀州，虞、夏因之。是夏之都，即唐尧旧都也。金氏鹗《禹都考》云：“杜预注《左传》云：夏虚、大夏，今太原晋阳是也。本于《汉志》，其说自确。《水经》云：晋水出晋阳县西县瓮山。郦道元《注》：县故唐国也。亦本《汉志》。乃臣瓒以唐为河东永安，张守节以为在平阳。不知唐国有晋水，故燮父改唐曰晋。若永安，去晋四百里；平阳，去晋七百里；何以改唐曰晋乎？”愚按臣瓒、张守节之言，盖泥《史记》唐叔封于河汾之东致误。不知古人言地理，皆仅举大概。太原固亦可曰河汾之东也。顾亭林引《括地志》：故唐城，在绛州翼城县西二十里，尧裔子所封，成王灭之，以封唐叔，以为唐叔始封在翼。不知《括地志》此文亦误。故又有唐城，在并州晋阳县北二里。全谢山已纠之矣。《汉志》颍川郡阳翟《注》云：“夏禹国。应劭曰：夏禹都也。臣瓒曰：《世本》禹都阳城。《汲郡古文》亦云居之，不居阳翟也。”《礼记·缁衣正义》：“按《世本》及《汲郡古文》皆云禹都咸阳。”咸阳乃阳城之误。洪氏颐煊谓阳城亦属颍川郡，与阳翟相近。或禹所都阳城，实在阳翟。金氏鹗驳之，谓“赵岐《孟子注》：阳城在嵩山下。《括地志》：嵩山，在阳城县西北二十三里。则阳城在嵩山之南，今河南府登封县是也。若阳翟则在开封府禹州，其地各异。《汉志》于偃师曰殷汤所都，于朝歌曰纣所都，于故侯国皆曰国。今阳翟不曰夏禹所都而曰夏禹国，可知禹不都阳翟矣。”愚案古代命山，所苞甚广，非如后世但指一峰一岭言之。又其时去游牧之世近，民习于移徙；宫庙民居，规制简陋，营构皆易；不恒厥居，事所恒有。稽古都邑，而出入于数十百里之间者，不足较也。《国语·周语》：“伯阳父曰：伊洛竭而夏亡。”韦《注》：“禹都阳城，伊洛所近。”盖据《世本》，初说不误。而金氏引《史记》吴起对魏武侯之言，谓桀都必在洛阳。其拘泥之失，亦与此同也。金氏又谓“《史记·夏本纪》：禹避舜之子于阳城，诸侯皆去商均朝禹，禹于是即天子位。知其遂都阳城，盖即所避之处以为都也。”释“于是”字亦非是。《史记》此文，大同《孟子》。《孟子》及《史记》叙舜事，皆有“之中国践天子位”语。《集解》引刘熙曰：“帝王所都为中，故曰中国。”虽未知当否，然必自让避之处后归建都之处可知。不然，即位之礼，岂可行之草莽之间哉？“于是”二字，指诸侯之朝，不指让避之地也。予谓夏盖先都晋阳，后都阳城。阳城之迁，盖在太康之后。《左》哀六年引《夏书》曰：“惟彼陶唐，帅彼天常，有此冀方。今失其行，乱其纪纲，乃灭而亡。”盖指太康失国之事。《伪五子之歌》曰：“太康尸位以逸豫，灭厥德，黎民咸贰。乃盘游无度，畋于有洛之表，十旬弗反。有穷后羿因民弗忍，距于河。厥弟五人，御其母以从。徯于洛之汭。五子咸怨，述大禹之戒以作歌。”伪《书》此文，将羿好田猎，移诸太康；且误太康兄弟五人为厥弟五人，不直一笑。夏之亡，由好乐太过，非以好畋也。《墨子·非乐》：“于武观曰：启乃淫溢康乐，野于饮食，将将铭苋磬以力，湛浊于酒，渝食于野，万舞翼翼。章闻于天，天用弗式。”辞虽不尽可解，然夏之亡，由好乐太过，则固隐约可见。《楚辞》曰：“启《九辩》与《九歌》兮，夏康娱以自纵。不顾难以图后兮，五子用失乎家巷。羿淫游以佚田兮，又好射夫封狐。固乱流其鲜终兮，浞又贪夫厥家。浇身被服强圉兮，纵欲而不忍。日康娱而自忘兮，厥首用夫颠陨。”综述太康、弈、浞始末，以好乐属夏，以好田属羿，尤极分明。《周书·尝麦》：“其在殷之五子，忘伯禹之命，假国无正，用胥兴作乱，遂凶厥国。皇天哀禹，赐以彭寿，思正夏略。”似五子之间，复有作乱争夺之事。与《左》昭元年“夏有观扈”，《国语·楚语》“启有五觀”之言合。韦注：“五观，启子，太康昆弟也。”《汉书·古今人表》“太康，启子，兄弟五人，号五观。”《潜夫论·五德志》：“启子太康、仲康更立，兄弟五人，皆有昏德，不堪帝事，降居洛汭，是为五观。”皆以太康兄弟凡五人，武五同声，即《墨子》所谓武观也。然“须于洛汭”，亦见《史记·夏本纪》。即谓《史记》同《书序》处，为后人所窜。然《潜夫论·五德志》，亦有“兄弟五人，降居洛汭”之言。非撰《伪书》者所臆造也。《左》襄四年后羿自钼迁于穷石，因夏民以代夏政。”钼不可考。《淮南子·地形训》：“河水出昆仑东北陬，贯渤海，入禹所道积石山。赤水出其东南陬，西南注南海。丹泽之东。赤水之东。弱水出自穷石，至于合黎，余波入于流沙。绝流沙，南至南海。洋水出其西北陬，入于南海。羽民之南。凡四水者，帝之神泉，以和百药，以润万物。”此节文字颇错乱。王引之谓：“自穷石以下十三字，为后人窜改。原文当作弱水出其西南陬。而出自穷石等文，当在下江出岷山诸条间。”王说信否难遽定。然王逸注《楚辞》，郭璞注《山海经》，并引《淮南子》，谓“弱水出自穷石”，则此语虽或简错，决非伪窜。“至于合黎”十字，或后人以《禹贡》傍注，误入正文。《淮南》既云“绝流沙”，不必更衍此十字也。然窃疑《禹贡》“入于流沙”之下，亦夺“南至南海”一类语。《禹贡》雍州，“弱水既西”，其导九川，先弱水，次黑水，次河，次漾，次江。黑水即今长江、黄河上源，出于昆仑，与今所谓河源同；予别有考。导川叙次，盖自西而东。《集解》引《地记》曰：“弱水西流入合黎山腹，余波入于流沙，通于南海。”《地记》古书，颇可信据。见予所撰《弱水黑水考》。《集解》引郑玄曰：“《地理志》：弱水出张掖。”又曰：“《地理志》：流沙，居延西北，名居延泽。”似郑亦宗《汉志》所谓古文说者。《汉志》：张掖郡居延，“居延泽在东北。《古文》以为流沙”。然《索隐》又云：“《水经》云：合黎山在酒泉会水县东北。郑玄引《地记》，亦以为然。”合诸《集解》所载郑引《地记》之说，则郑初无所偏主矣。《禹贡》《地记》说弱水，皆仅云西流，不云北向。《古文》以居延泽当之，盖误。既云入于南海，而又在黑水西，则弱水必今澜沧江。澜沧江东南流，而《禹贡》《地记》云弱水西流者，其所指上源与今异也。《禹贡》云：“道黑水，至于三危，入于南海。”《集解》引《地记》曰：“三危山在鸟鼠之西南。”弱水在黑水西，穷石亦必在三危之西。然亦不越陇、蜀、青海之境。羿迁穷石，果即此弱水所出之穷石者，则当来自湟、洮之间。其地本射猎之区，故羿以善射特闻，而其部族亦强不可圉也。太康此时，盖失晋阳而退居洛汭。少康光复旧物，然曾否定居河北，了无可考。窃疑自太康之后，遂居阳城也。《周官》大司徒：“以土圭之法测土深，正日景，以求地中。日至之景，尺有五寸，谓之地中，天地之所合也，四时之所交也，风雨之所会也，阴阳之所和也。然则百物阜安，乃建王国焉。”《注》：“郑司农云：土圭之长，尺有五寸。以夏至之日，立八尺之表，其景适与土圭等，谓之地中，今颍川阳城地为然。”《正义》：“颍川郡阳城县，是周公度景之处，古迹犹存，故云地为然也。案《春秋左氏》：武王克商，迁九鼎于洛邑，欲以为都。不在颍川地中者，武王欲取河洛之间形胜之所，洛都虽不在地之正中，颍川地中，仍在畿内。”司农父子，皆明《三统历》，所举当系历家旧说。《义疏》此言，亦当有所本。此可见阳城附近，确为历代帝都所在。而先后营建，出入于数十百里之间，则曾不足较也。然则《汉志》《世本》，非有异说；应劭、臣瓒，亦不必相非矣。

夏迁阳城之后，盖未尝更反河东。故桀时仍在阳城，而伯阳父以伊洛之竭，为夏亡之征也。郑氏《诗谱》云："魏者，虞舜、夏禹所都之地。"此亦以大较言之。乃造《伪孔传》者，见战国之魏，曾都安邑，遂以为夏都亦在安邑；又不知《史记》所谓"汤始居亳，从先王居"者，先王为契，亳为契本封之商，而以为即后来所都之偃师。见予所撰《释亳》。于是解先王为帝喾，凿空，谓帝喾亦都偃师。《史记》云："汤自把钺，以伐昆吾，遂伐桀。桀败于有娀之虚。桀奔于鸣条。"《尚书大传》云："汤放桀也，居中野。士民皆奔汤。桀与其属五百人南徙千里，止于不齐。不齐士民往奔汤。桀与其属五百人徙于鲁。鲁士民复奔汤。桀曰：国，君之有也。吾闻海外有人。与五百人俱去。"《周书·殷祝篇》略同。末作"桀与其属五百人去居南巢。"其迹皆自西而东。今安邑反在偃师之西，其说遂不可通。《左》昭十二年：楚灵王谓子革曰："昔我皇祖伯父昆吾，旧许是宅。"《国语》：史伯对郑桓公曰："昆吾为夏伯矣。"韦昭云："昆吾，祝融之孙，陆终第一子，名樊，为己姓，封于昆吾。昆吾卫是也。其后夏衰，昆吾为夏伯，迁于旧许。"是则桀时昆吾之地，在今许昌，去阳城极近。故得与桀同日亡。《孟子》曰："舜生于诸冯，迁于负夏，卒于鸣条，东夷之人也。"《离娄》下。《吕览·简选》篇："殷汤登自鸣条，乃入巢门。"《淮南·主术训》："汤困桀鸣条，禽之焦门。"《修务训》：汤"乃整兵鸣条，困夏南巢。谯以其过，放之历山。"则鸣条之地，必与南巢、历山相近。当在今安徽境。故《孟子》谓之东夷。《书·汤誓》："伊尹相汤伐桀，升自陑，遂与桀战于鸣条之野。"陑虽不知何地，度必近接鸣条。《伪传》乃谓陑在河曲之南，鸣条在安邑之西，遂生绕道攻桀、出其不意之说，费后来多少辩论。皇甫谧又谓"昆吾亦来安邑，欲以卫桀，故同日亡。"又云："今安邑见有鸣条陌、昆吾亭。"不知暂来卫桀，安暇筑邑？遂忘其自相矛盾也。不徒妄说史事，并妄造地名以实之。江艮庭谓"谧无一语可信"，诚哉其不可信矣。西汉经说，多本旧闻。虽有传讹，初无臆造。东汉古文家，则往往以意穿凿。今日故书雅记，百不一存，无从考见其谬。然偶有可疏通证明者，其穿凿之迹，则显然可见。如予所考东汉人谬以仓颉为黄帝史官，其一事也。详见予所撰《中国文字变迁考》。魏、晋而后，此风弥甚。即如《左氏》所载，羿代夏政，少康中兴之事，据杜《注》，其地皆在山东。设羿所迁穷石，果在陇、蜀之间，则杜《注》必无一是处，惜书阙有间，予说亦无多左证，不能辞而阙之耳。

（二四）有扈考

《书序》："启与有扈战于甘之野，作《甘誓》。"《伪传》："夏启嗣禹立，伐有扈之罪。"《疏》云："孟子称禹荐益于天七年，禹崩之后，益避启于箕山之阴，天下诸侯不归益而归启，曰吾君之子也，启遂即天子位。《史记·夏本纪》称启立，有扈氏不服，故伐之。盖由自尧舜受禅相承，启独见继父，以此不服，故云夏启嗣禹立，伐有扈之罪者，见其由嗣立故不服也。"案《疏》辞非必《伪传》之意。《淮南·齐俗》曰："昔有扈氏为义而亡。"高《注》曰："有扈，夏启之庶兄也。以尧舜举贤，禹独与子，故伐启，启亡之。"冯衍《显志赋》曰："讯夏启于甘泽兮，伤帝典之始倾。"亦此意。盖经生旧有此说，《义疏》本以立言也。然恐与史实不合。《周书·史记》曰："弱小在强大之间，存亡将由之，则无天命矣。不知命者死。有夏之方兴也，扈氏弱而不恭，身死国亡。"《吴子》曰："昔承桑氏之君，修德废武，以灭其国。有扈氏之君，恃众好勇，以亡其社稷。"所谓不恭者也。《韩非子·说疑》曰："昔者有扈氏有失度，讙兜氏有孤男，三苗有成驹，桀有侯侈，纣有崇侯虎，晋有优施，此六人者，亡国之臣也。"失度其公孙强之流乎？

《伪传》云："有扈与夏同姓。"《疏》云："孔、马、郑、王与皇甫谧等，皆言有扈与夏同姓，并依《世本》之文。"然皆无为启庶兄之说，未知高诱何据也。又《甘誓》《墨子·明鬼》引其文，而作《禹誓》。毕校云："《庄子·人间世》云：禹攻有扈。《吕氏春秋·召类》云：禹攻曹、魏、屈骜、有扈，以行其教，皆与此合。"孙氏《间诂》云："《吕氏春秋·先己篇》云：夏后柏启与有扈战于甘泽而不胜。是《吕览》有两说。或禹、启皆有伐扈之事，故古书或以《甘誓》为禹誓与？《说苑·政理篇》云：昔禹与有扈氏战，三陈而不服。禹于是修教，三年而有扈氏请服，说亦与此合。"案古以后嗣之事系之先王者甚多，不必作此调停之说也。

《楚辞·天问》："该秉季德，厥父是臧。胡终弊于有扈，牧夫牛羊？"《注》云："该，苞也。秉，持也。父，谓契也。季，末也。臧，善也。言汤能苞持先人之末德，修其祖父之善业，故天佑之，以为民主也。有扈，浇国名也。浇灭夏后相，相之遗腹子曰少康，后为有仍牧正，典主牛羊，遂攻杀浇，灭有扈，复禹旧迹，祀夏配天也。”又曰：“有扈牧竖，云何而逢？击床先出，其命何从？恒秉季德，焉得夫朴牛？”《注》曰：“言有扈氏本牧竖之人耳，因何逢遇，而得为诸侯乎？言启攻有扈之时，亲于其床上击而杀之，其先人失国之原，何所从出乎？恒，常也。季，末也。朴，大也。言汤常能秉持契之末德，修而弘之，天嘉其志，出田猎，得大牛之瑞也。”案此《注》恐非。该与恒当俱是人名。该为有扈所弊，为牧牛羊，及有扈败时，亦弊于牧竖之手，其人名恒，既弊有扈，复得朴牛之瑞也。《史记·秦本纪》：文公二十七年，伐南山大梓，丰大特。《集解》：“徐广曰：今武都故道有怒特祠。图大牛，上生树木，有牛从木中出。后见于丰水之中。”《正义》：“《括地志》云：大梓树在岐州陈仓县南十里仓山上。《录异传》云：秦文公时，雍南山有大梓树。文公伐之，辄有大风雨，树生合不断。时有一人病，夜往山中，闻有鬼语树神曰：秦若使人被发以朱丝绕树伐汝，汝得不困邪？树神无言。明日，病人语闻。公如其言伐，树断。中有一青牛出，走入丰水中。其后牛出丰水中。使骑击之，不胜。有骑堕地复上，发解，牛畏之，入不出。故置髦头。汉、魏、晋因之。武都郡立怒特祠，是大梓牛神也。”案《后汉书·西羌传》，言爰剑与劓女遇于野，遂成夫妇，女耻其状，被发覆面，羌人因以为俗，则《传异录》之语，当出羌中。《水经》沔水《注》引《汉中记》曰：“自西城涉黄金峭、寒泉岭、阳都阪，峻崿百重，绝壁万寻。山丰野牛野羊，腾岩越岭，驰走若飞，触突树木，十围皆倒。”则南山之地，本多朴牛，无怪羌中之有是说也。然遂依旧说，谓有扈在鄠县，则恐未然。禹启时兵力，恐尚不及此。甘恐即周时王子带封邑，见《左氏》僖公二十四年。在河南，正有夏之居也。

（二五）太康失国与少康中兴

太康失国，少康中兴，为夏代一大事，而《史记·夏本纪》一语不及，《正义》以此讥其疏略，其实非也。古人著书，各有所本。所本不同者，既不以之相订补，亦不使之相羼杂，各如其故而传之，所谓“信以传信，疑以传疑”也。《夏本纪》之所据者，盖《系世》之伦；《吴世家》载伍子胥之言，则所据者《国语》之类；二者固不同物也。《十二诸侯年表》曰“谱牒独记世谥”，此盖《周官》小史所职；国家之行事，固别有史以记之矣。《夏本纪》之不及，又何怪焉！

难者曰："谱牒独记世谥"，于国家行事，有所不详，是则然矣。然其关涉君身者，则亦不得而略也。如《秦纪》见《秦始皇本纪》后。独载其君世系享国年数及葬地，而于厉、躁、简公、出子之不宁，亦未尝略，即其明证。今夏后相，身见杀于寒浞；少康始依有仍，后奔有虞，为之牧正，为之庖正，其降为人臣久矣。奋起纶邑之中，祀夏配天，不失旧物，是汉光武、蒙古达延汗之俦也。而《史记》曰"帝相崩，子帝少康立"，一若安常处顺，父子相继者，不亦疏乎？应之曰：太康以降，夏虽中衰，统绪实未尝绝。至于相之见弑，少康之降为人臣，则其事尚有可疑也。请陈其说。

《墨子·非乐》："于武观曰：启乃淫溢康乐，野于饮食。将将铭苋磬以力。湛浊于酒，渝食于野。万舞翼翼。章闻于天，天用弗式。"《楚辞·离骚》："启《九辩》与《九歌》兮，夏康娱以自纵。"又《天问》："启棘宾商，《九辩》《九歌》。"《山海经·海外西经》："大乐之野，夏后启于此儛九代。《注》："九代，马名。儛，谓盘作之令舞也。"郝懿行《笺疏》："案《九代》，疑乐名也。《竹书》云：夏帝启十年，帝巡狩，舞《九韶》于大穆之野。《大荒西经》亦云：天穆之野，启始歌《九招》。招即韶也。疑《九代》即《九招》矣。又《淮南·齐俗训》云：夏后氏，其乐夏籥《九成》。疑《九代》本作《九成》，今本传写形近而讹也。李善注王融《三月三日曲水诗序》引此经云：舞九代马。疑马字衍。而《艺文类聚》九十三卷及《太平御览》八十二卷引此经，亦有马字。或并引郭《注》之文也。舞马之戏，恐非上古所有。"乘两龙，云盖三层。左手操翳，右手操环，佩玉璜，在大运山北。《注》："《归藏·郑母经》曰：夏后启筮：御飞龙登于天，吉。明启亦仙也。"《笺疏》："案《太平御览》八十二卷引《史记》曰：昔夏后启筮乘龙以登于天，占于皋陶。皋陶曰：吉而必同，与神交通。以身为帝，以王四乡。今案《御览》此文，即与郭《注》所引为一事也。"一曰大遗之野。"《注》："《大荒经》云：大穆之野。"又《大荒西经》："西南海之外，赤水之南，流沙之西，有人珥两青蛇，乘两龙，名曰夏后开。开上三嫔于天，得《九辩》与《九歌》以下。《注》："皆天帝乐名也。开登天而窃以下用之也。《开筮》曰：昔彼《九冥》，是与帝《辩》同宫之序，是谓《九歌》。又曰：不得窃《辩》与《九歌》以国于下。义具见于《归藏》。"此天穆之野，高二千仞，开焉得始歌《九招》。"《注》："《竹书》曰：夏后开舞《九招》也。"此启之所以致乱也。《离骚》王逸《注》曰："夏康，启子太康也。"案《离骚》下文又云"日康娱以自纵"，康娱二字相属，则逸《注》误也。孟子言启贤，能敬承继禹之道，意但主论禅继，非史实；且亦无由知启继位时非贤君也。《山海经》所载乃神话，与《史记·赵世家》《扁鹊列传》所载赵简子、秦穆公事极相类。启亦作开者，汉人避景帝讳也。

《周书·尝麦》其在殷之五子，忘伯禹之命，假国无正，用胥兴作乱。遂凶厥国。皇天哀禹，赐以彭寿，思正夏略。”《离骚》:“不顾难以图后兮，五子用失乎家巷。”《天问》:“何勤子屠母，而死分竟地？”扬雄《宗正箴》:“昔在夏时，太康不共。有仍二女，五子家降。”此言太康失邦之事，其乱盖由于内哄,犹齐桓死后五子争立也。遂凶厥国,国指夏都,盖即殷。见《唐虞夏都邑》条。失乎家巷，失同佚，言逃亡民间也。《史记·鲁世家》:楚考烈王伐灭鲁。顷公亡，迁于下邑，为家人。鲁绝不祀。《晋世家》:魏武侯、韩哀侯、赵敬侯灭晋侯而三分其地，静公迁为家人，晋绝不祀。此云家人，即《离骚》佚乎家巷之义。五子之乱,盖得彭寿而复定。虽失故都,仍据他邑为君如故,故太康、仲康、相得相继在位。五子交争，而仲康仍得继太康者，或二人本同党；或后降于太康；如契丹太祖时诸弟之乱，亦或不与，或降而见释也。《天问》言死分竟地，或亦有据地自立者，特太康、仲康、相相继为正统，故《系本》特记之也。《天问》又云:“眩弟并淫，危害厥兄。何变化以作诈，而后嗣逢长？”王逸《注》谓眩弟指象，似非。眩弟盖指仲康。相，仲康子;少康，相子，其后相继有国。后嗣逢长盖指此，谓仲康危害厥兄，何后嗣反得逢长也。逢，大也，即《洪范》“子孙其逢”之“逢”。少康祀夏配天，不失旧物，是能光大夏业也。勤子屠母，盖谓爱其子而杀其母，疑即扬雄所云有仍二女事，其详不可得闻矣。《天问》又曰:“彭铿斟雉帝何飨？受寿永多,夫何久长？”《注》曰:“彭铿,彭祖也。好和滋味，善斟雉羹。能事帝尧，尧美而飨食之。彭祖至八百岁，犹自悔不寿，恨枕高而唾远也。”彭祖为舜所命二十二人之一,见《唐虞之际二十有二人》条。彭为祝融八姓之一，历唐、虞、夏、商，皆为强侯，其能为夏戡乱，亦固其所。《天问》故事，汉世盖本莫能说，又寖以失传。王逸自谓稽之旧章，合之经传，以相发明,事事可晓,实则乖谬甚多。如其释彭铿斟雉帝何飨,恐全是望文生义。帝当指天帝。言飨其雉羹，乃报以永寿。释受寿永多,亦神仙家言。惟彭祖寿考，当本有其说，神仙家乃从而托之。《周书》之彭寿，未审即彭铿与否。古称人多以号，亦或因其寿考而称之为寿也。

《左氏》襄公四年:“昔有夏之方衰也，后羿自鉏迁于穷石，因夏民以代夏政。”《天问》:“帝降夷羿，革孽夏民。”此言羿代夏之事。云因夏民以代夏政，则据有夏之故都，且代之号令诸侯矣。然固无害于太康、仲康、相等之自君其民。如卫满得朝鲜，侵降其旁小邑，服属真番、临屯，而箕氏之后，犹王马韩中也。《天问》言革孽夏民，与《左氏》因夏民之说合。然特乘乱入据耳，非称兵犯顺也。伪《古文尚书》曰："太康尸位以逸豫，灭厥德，黎民咸贰。乃盘游无度，畋于有洛之表，十旬弗反。有穷后羿因民弗忍，距于河。厥弟五人，御其母以从，徯于洛之汭。"一似夏之丧邦，皆由羿之逞乱者，失其实矣。

《左氏》襄公四年："恃其射也，不修民事，而淫于原兽。弃武罗、伯因、熊髡、尨圉，而用寒浞。寒浞，伯明氏之谗子弟也。伯明后寒弃之，夷羿收之。信而使之，以为己相。浞行媚于内，而施赂于外；愚弄其民，而虞羿于田。树之诈慝，以取其国家。羿犹不悛。将归自田，家众杀而烹之。以食其子，其子不忍食诸，死于穷门。靡奔有鬲氏。"《离骚》："羿淫游以佚田兮，又好射夫封狐。固乱流其鲜终兮，浞又贪夫厥家。"《天问》："胡射夫河伯，而妻彼洛嫔？冯珧利决，封豨是射。何献蒸肉之膏，而后帝不若？浞娶纯狐，眩妻爰谋。何羿之射革，而交吞揆之？"此寒浞篡羿之事，乃有穷氏之内乱，与夏无涉。夏当是时，固仍保其所据之地也。王逸《注》曰："洛嫔，水神，谓宓妃也。传曰：河伯化为白龙，游于水旁。羿见，射之，眇其左目。河伯上诉天帝，曰：为我杀羿。天帝曰：尔何故得见射？河伯曰：我时化为白龙，出游。天帝曰：使汝深守神灵，羿何从得犯汝？今为虫兽，当为人所射。固其宜也，羿何罪与？羿又梦与洛水神宓妃交接也。"此说盖已非其朔。古神话当以洛嫔为河伯之妻，羿射杀河伯而夺之也。亦可见羿实有河洛之地矣。《左氏》昭公二十八年，载叔向母之言曰："昔有仍氏生女，黰黑而甚美，光可以鉴，名曰玄妻。乐正后夔取之，生伯封，实有豕心。贪惏无厌，忿纇无期，谓之封豕。有穷后羿灭之。夔是以不祀。"封豕，疑即《天问》之封豨。传说中或以为人，或竟以为豕，谓射杀之而以其膏献诸上帝也。《禹贡》称"禹锡玄圭"，《檀弓》言"夏后氏尚黑"，疑夏以黑为徽号。此玄妻及前所引眩弟，疑并当作玄。玄妻，即纯狐。《楚辞》言羿射封狐，疑夔之族尊豕，禹之族尊狐。案《吴越春秋》言，九尾白狐造禹，禹以为当王之征。弈射封豕、封狐，实戕二族图腾之神。神话中谓狐为浞妻以报弈也。《孟子·离娄》下篇曰："逄蒙学射于羿，尽羿之道。思天下惟羿为愈己，于是杀羿。"下引庾公之斯、子濯孺子事，以明取友必端。则逄蒙、羿之党，《左氏》所谓家众也。《淮南·诠言》曰："羿死于桃棓。"《注》："棓，大杖，以桃木为之。

以击杀羿。由是以来，鬼畏桃也。"《说山》云："羿死桃部不给射。"《注》："桃部，地名。" 庄逵吉云："桃部即桃棓。" 其说是也。羿之死，盖逢蒙实为主谋。逢、逄同字，逢蒙殆逄圉之族乎？

《左氏》襄公四年："浞因羿室，生浇及豷。恃其谗慝诈伪，而不德于民。使浇用师，灭斟灌及斟寻氏。处浇于过，处豷于戈。靡自有鬲氏收二国之烬，以灭浞而立少康。少康灭浇于过，后杼灭豷于戈，有穷由是遂亡。" 又哀公元年："昔有过浇杀斟灌以伐斟鄩，灭夏后相。后缗方娠，逃出自窦，归于有仍。生少康焉，为仍牧正。惎浇能戒之。浇使椒求之。逃奔有虞，为之庖正，以除其害。虞思于是妻之以二姚，而邑诸纶。有田一成，有众一旅。能布其德，而兆其谋，以收夏众，抚其官职。使女艾谍浇，使季杼诱豷。遂灭过、戈，复禹之绩。祀夏配天，不失旧物。"《离骚》："浇身被服强圉兮，纵欲而不忍。日康娱以自忘兮，厥首用夫颠陨。"《天问》："惟浇在户，何求于嫂？《注》："浇，古多力者也。《论语》曰：浇荡舟。言浇无义，淫佚其嫂。往至其户，佯有所求，因与行淫乱也。" 何少康逐犬，而颠陨厥首？《注》："言夏少康因田猎，放犬逐兽，遂袭杀浇，而断其头。" 女歧缝裳，而馆同爰止。《注》："女歧，浇嫂也。馆，舍也。爰，于也。言女歧与浇淫佚，为之缝裳，于是共舍而宿止也。" 何颠易厥首，而亲以逢殆？《注》："逢，遇也。殆，危也。言少康夜袭，得女歧头，以为浇，因断之，故言易首遇危殆也。""此言浞灭相及少康中兴之事。如《左氏》之言，则夏尝中绝，然其说有不可尽信者。野蛮时代，十口相传之说，理乱兴亡之事，必以一女子为之经纬。如《蒙古源流考》之洪郭斡拜济，《云龙纪略》之结妈、三姐皆是。见《章氏遗书·文集》卷八。《左氏》之言，看似全系史实，然"逃出自窦"一语，已显类东野人之言矣。《离骚》云："及少康之未家兮，留有虞之二姚。" 盖亦有娀佚女之伦。女艾即女歧，与浇淫乱，而少康乘机杀之，所谓谍也。《天问》又云："女歧无合夫，焉取九子？"《注》云"女歧，神女，无夫而生九子"，则亦神话中人物也。古事之传于后者，人神恒相杂。其后士夫传述，则人事多而神事少；东野人言，则人事少而神事多。看似殊科，实同一本。《左氏》所载，亦神话之经士夫改定者耳。其原既为野言，其事即非信史。信后缗真出自窦，女艾真为间谍，则愚矣。后缗、女艾之事不可尽信，则其余之语不可尽信可知也。《左氏》之言而不可尽信也，则夏祚曾否中绝，实可疑也。

《史记·夏本纪正义》引《帝王世纪》云："帝羿，有穷氏，未闻其姓。" 而《左》

襄四年杜《注》云:“夷氏。”《正义》云:“此传再言夷羿,故以夷为氏。”案《吕览・勿躬》亦称夷羿。《山海经・海内西经》云:“海内昆仑之虚在西北,帝之下都。昆仑之虚,方八百里。非仁羿莫能上冈之岩。”仁、夷同字。《水经・河水注》云:“大河故渎。西流径平原鬲县故城西。《地理志》曰:鬲津也。故有穷后羿国也。应劭曰:鬲,偃姓,咎繇后。”《路史》谓:“羿,偃姓。女偃出皋陶。《世纪》云不闻其姓,失之。”盖本诸此。窃疑夷为羿之号,偃则其姓也。有鬲为羿同姓,靡之往奔,似谋为羿报仇。其后辅立少康,则因羿子已死,其后或无可立故耳,非必尽忠于夏。杜《注》谓为夏之遗臣,似失之。《史记・夏本纪》言:“禹举皋陶荐之,且授政焉,而皋陶卒,而后举益任之政。”《楚辞・天问》云:“启代益作后,卒然离蠥。”《汉书・律历志》载张寿王以“化益为天子代禹”。则偃、姒二姓在当时并为强族,其势实代相干。故益虽见排于启,羿仍能代夏政;其后虽以好田为浞所篡,而姒、偃合谋,卒覆浇、豷也。《夏本纪》言禹后有有男氏,斟寻氏,斟戈氏。《索隐》曰:“《系本》男作南,寻作鄩。斟戈氏,《左传》《系本》皆云斟灌氏。”男、南皆与任同声。《春秋》桓公五年“仍叔之子”,《谷梁》作任叔,疑有仍即有男,与夏同姓。杜《注》云“后缗母家”,亦误也。戈、灌一地,过亦殆即斟寻。寒浞灭是二国,而使二子镇之尔,亦可见当时同姓之国,恒相援卫矣。

《世纪》又言:羿自“帝喾以上,世掌射正。至喾,赐以彤弓素矢,封之于鉏。为帝司射。历虞、夏”。案《说文・羽部》:“羿,羽之羿风。亦古诸侯也。一曰射师。”《弓部》:“䂆,帝喾射官。夏少康灭之。《论语》曰善射。”《山海经・海内经》:“帝俊赐羿彤弓素矰,以扶下国。”《淮南・本经》:“尧之时,十日并出,焦禾稼,杀草木,而民无所食。猰貐、凿齿、九婴、大风、封豨、修蛇皆为民害。尧乃使羿诛凿齿于畴华之野,杀九婴于凶水之上。缴大风于青丘之泽。上射十日,而下杀猰貐。断修蛇于洞庭,禽封豨于桑林。”《世纪》盖合此诸说以为一说也。《世纪》又言:“浞因羿之室,生奡及豷。奡多力,能陆地行舟。”同《论语》孔安国《注》。浇、奡二字,可相假借。然荡舟实非陆地行舟。《天问》云:“汤谋易旅,何以厚之?覆舟斟寻,何道取之?”《注》云:“汤,殷王也。旅,众也。言殷汤欲变易夏众,使之从己,独何以厚待之乎?覆,反也。舟,船也。斟寻,国名也。言少康灭斟寻氏,奄若覆舟,独以何道取之乎?”《天问》文固不次,然特所问因仰见图画而发,不依年代先后云尔,非遂毫无伦序。

"汤谋易旅"，承前引"惟浇在户"云云下，上下皆言夏事，中忽间以殷汤，似不应陵乱至此。朱子谓汤乃康字之误，亦近凿空。宋本《说文》及《集韵类篇》引《论语》，荡并作汤，则《天问》之汤谋，亦即荡谋，谓动谋也。浇盖能水战，而少康覆其舟师。罔水行舟，盖譬喻之语，不徒非浇事，丹朱亦未必实有其事也。《书疏》引郑玄云"丹朱见洪水时人乘舟，今水已治，犹居舟中，頟頟使人推行之"，妄矣。水虽治，岂遂无水可以行舟邪？参看《丹朱傲辨》条。

《史记·鲁世家》：楚考烈王伐灭鲁。顷公亡，迁于下邑，为家人。鲁绝不祀。《晋世家》魏武侯、韩哀侯、赵敬侯灭晋侯而三分其地，静公迁为家人，晋绝不祀。此云家人，即《离骚》佚乎家巷之义。

（二六）越之姓

《史记·世家》云："越王句践，其先禹之苗裔，而夏后帝少康之庶子也，封于会稽，以奉守禹之祀。"《吴越春秋》说同。《汉书·地理志》曰："粤地，牵牛、婺女之分野也，今之苍梧、郁林、合浦、交阯、九真、南海、日南，皆粤分也。其君禹后，帝少康之庶子云，封于会稽。"亦本旧说。臣瓒曰："自交阯至会稽七八千里，百越杂处，各有种姓，不得尽云少康之后也。按《世本》，越为芈姓，与楚同祖，故《国语》曰芈姓夔、越，然则越非禹后明矣。又芈姓之越，亦句践之后，不谓南越也。"案《汉志》所谓其君禹后者，自指封于会稽之越言之，不该百越。臣瓒实误驳。至谓越为芈姓，则《左氏》宣公八年《正义》亦据《外传》而疑越非夏后之后；《正义》：《谱》引《外传》曰：芈姓归越。是越本楚之别封也，或非夏后氏之后也。《国语·吴语》韦《解》亦云："句践，祝融之后，允常之子，芈姓也。"引《郑语》及《世本》为证。《墨子·非攻下篇》："越王紧亏卢校改为翳亏，毕、孙二氏并从之。出自有遽，始邦于越。"孙仲容《间诂》曰："《楚世家》云：熊渠立少子执疵为越章王。《左》僖二十六年，夔子曰：我先王熊挚；《汉书·古今人表》及《史记正义》引宋均《乐纬注》并谓熊挚亦熊渠子；窃疑夔、越同出。此出自有遽，或当云出自熊渠。"案渠、遽古字通，孙说似是；然必谓禹后之说为误，亦未必然。闽越王无诸及越东海王摇皆句践后，而姓驺氏。见《史记》本传。徐广曰"驺一作骆"，非也。《汉书》亦作驺，下文有将军驺力，盖其同姓。疑越俗或从母姓。句践先世尝与芈姓通昏姻，故为楚之所自出，而云芈姓。然以父系言之，则固禹之苗裔而少康之庶子也。《春秋》之世，楚越常通婚姻而吴越相攻击甚烈。夫差之仇越，自以阖庐见杀之故。阖庐、允常之相仇，则其故殊不可知，岂以越出于楚，故助楚以谋吴欤？若然，则楚之用越，正犹晋之通吴矣。

《史记》云："夫余之后二十余世，至于允常。"自夏至春秋，年代虽难质言，必不止二十余世。《正义》引《舆地志》云："越侯传国三十余叶，历殷至周。敬王时，有越侯夫谭，子曰允常，拓土始大，称王。"三十余世亦尚嫌其不足，岂其世数实自紧亏计之邪？

《后汉书·岑彭传》："更始遣立威王，张邛与将军徭伟镇淮阳。"《注》引《风俗通》曰："东越王徭，句践之后。其后以徭为姓。"此则以王父字为氏之伦，中国所谓庶姓也。

（二七）匈奴为夏后氏苗裔

《史记·匈奴列传》曰："匈奴，其先祖，夏后氏之苗裔也，曰淳维。"此非无稽之谈也。《索隐》引张晏曰："淳维以殷时奔北边。"颜师古《汉书注》："以殷时始奔北边。"盖本诸此。又引乐产《括地谱》云："夏桀无道，汤放之鸣条，三年而死。其子獯粥妻桀之众妾，避居北野，随畜移徙。中国谓之匈奴。"二说未知所本。"避居北野，随畜移徙"，似因《史记》"居于北蛮，随畜牧而转移"之文附会者。然《史记》明言匈奴先祖名淳维，而此谓其名为獯粥，径以部名为人名，则非袭《史记》也。特其所本与《史记》大同耳。然《史记》又云："自淳维以至头曼，千有余岁，时大时小，别散分离，尚矣；其世传不可得而次云。然至冒顿而匈奴最强大，尽服从北夷，而南与中国为敌国，其世传国官号乃可得而记云。"玩此数语，便知匈奴为夏桀之后，说非无据。盖此数语之意，谓自淳维至头曼，其世传虽不可得而次；其时大时小，别散分离之事，虽亦不能尽记；然要皆不如冒顿时之强大，则犹有可知。然则匈奴史事非尽无征，特其详不可得而闻耳。以此推之，则其世传虽不可得而次，固无害其为夏后氏之苗裔之确有可征也。古者系世之职，掌于史官，虽书阙有间，然其荦荦大者，后之人类能道之，特其世次不能尽具耳。如五帝世次见于《大戴礼记》及《史记》。尧禅舜，舜禅禹，其年岁当略相次，而尧与禹同为黄帝玄孙，舜乃为黄帝九世孙，盖自尧、禹以上其世次并有脱落矣。《殷》《周本纪》所载世系，殷自契至汤皆具，而《周本纪》曰："封弃于邰，号后稷，别姓姬氏。后稷之兴，在陶唐、虞、夏之际，皆有令德。后稷卒，子不窋立。"此三十余字之间，后稷二字，凡有三解："号曰后稷"之"后稷"指弃；"后稷之兴"之"后稷"，括弃以后居稷官者；"后稷卒"之"后稷"则不窋之父也。盖自弃至不窋之间，其名与世次皆不可考矣。然不得因此遂谓五帝及周之世系皆不足信也。匈奴为夏后氏之后之可信，理正同此。

（二八）说商

《诗·商颂谱》云："商者，契所封之地。"《疏》云："商者，成汤一代之大号，而此云商者契所封之地，则郑以汤取契之所封，以为代号也。服虔、王肃则不然。襄九年《左传》曰：阏伯居商丘，相土因之。服虔云：商丘，地名。相土，契之孙。因之者，代阏伯之后居商丘，汤以为号。又《书序》王肃《注》云：契孙相土居商丘，故汤因以为国号。《书·汤誓疏》引同。而郑玄以为由契封商者。契之封商，见于《书传》《史记》《中候》，其文甚明。经典之言商者，皆单谓之商，未有称为商丘者。又相土居商丘以后，不恒厥邑。相土之于殷室，虽是先公俊者，譬之于周，则公刘之俦耳，既非汤功所起，又非王迹所因，何当取其所居，以为代号也？"《左氏》襄公九年杜《注》云："商丘在宋地。"《疏》引《释例》曰："宋、商、商丘，三名一地，梁国睢阳县也。"《疏》又云："《殷本纪》云：帝舜封契于商。郑玄云：商国在大华之阳。皇甫谧云：今上洛商县是也。《书·帝告釐沃序疏》引同。如郑玄意，契居上洛之商，至相土而迁于宋之商，及汤有天下，远取契所封商，以为一代大号。服虔云：相土居商丘，故汤以为天下号。王肃《书序注》云：契孙相土居商丘，故汤以为国号。案《诗》述后稷云：即有邰家室；述契云：天命玄鸟，降而生商；即稷封邰而契封商也。若契之居商即是商丘，则契已居之，不得云相土因阏伯也。若别有商地，则汤之为商，不是因相土矣。且经传言商，未有称商丘者。《释例》云：宋之先契佐唐、虞，封于商，武王封微子启为宋公，都商丘，是同郑玄说也。"案《疏》谓相土以后，不恒厥邑，悬揣无据，已见《自契至于成汤八迁》条。至谓契之封商见于《书传》《史记》《中候》，其文甚明，引《诗》"降而生商"为证，谓汤之代号，必非取诸相土，则其言甚允。服虔、王肃，当亦不能有异辞。伪孔、杜预多同王肃，而《尚书·汤誓伪传》谓“契始封商，汤遂以为天下号”，则王肃之意，殆不以契所封之商在大华之阳；杜预谓契封于商，启都商丘，亦未尝以为两地；《疏》谓其同于郑玄，恐非也。上洛、商丘，相去千里，契封何所，固不可不一明辨之。

自来信郑说者，以《史记·六国表》云“夫作事者必于东南，收功实者常于西北”，以汤起于亳，与禹兴西羌、周以丰镐伐殷、秦用雍州兴、汉之兴自蜀汉并举；又纬书有“太乙在亳，东观于洛”之文；《诗·商颂·玄鸟疏》引《中候格予命》云：“天乙在亳，东观在洛。”《艺文类聚》及《御览》引《中候》，咸有其文。《水经·洛水注》云：“黄帝东巡河，过洛，修坛沉璧，受龙图于河，龟书于洛，赤文绿字。尧帝又修坛河洛，择良即沉，荣光出河，休气四塞，白云起，回风逝，赤文绿字，广袤九尺，负理平上，有列星之分，七政之度，帝王录记兴亡之数以授之。尧又东沉书于日稷，赤光起，玄龟负书，背甲赤文成字，遂禅于舜。舜又习尧礼，沈书于日稷，赤光起，玄龟负书，至于稷下，荣光休至，黄龙卷甲，舒圃坛畔，赤文绿错，以授舜，舜以禅禹。殷汤东观于洛，习礼尧坛，降璧三沉，荣光不起，黄鱼双跃，出济于坛，黑鸟以浴，随鱼亦止，化为黑玉赤勒之书，黑龟赤文之题也。汤以伐桀。故《春秋说题辞》曰：河以道坤出天苞，洛以流川吐地符，王者沉礼焉。”此说于黄帝亦言东巡，于尧亦言东沉，盖皆谓其都邑本在河洛之西。纬候妖妄之辞，不足据也。其证据颇古也。予昔亦信是说，由今思之，汉人之言，亦未必不误。《史记·秦本纪》：宁公二年，“遣兵伐荡社。三年，与亳战，亳王奔戎，遂灭荡社。”《索隐》云：“西戎之君，号曰亳王，盖成汤之胤。其邑曰荡社。”《太平御览·皇王部》引《韩诗内传》曰：“汤为天子十三年，百岁而崩，葬于征；今扶风征陌是也。”此等皆汉人附会汤兴西方之由。案《秦本纪集解》引徐广曰：“荡音汤。社一作杜。”《索隐》亦云：“徐广云一作汤杜，言汤邑在杜县之界，故曰汤杜也。”《封禅书》：“于社亳有三社主之祠。”《索隐》云：“徐广云京兆杜县有亳亭，则社字误，合作于杜亳。且据文，列于下者皆是地邑，则杜是县。案：秦宁公与亳王战，亳王奔戎，遂灭汤社。皇甫谧亦云：周桓王时自有亳王号汤，非殷也。”案《说文》亳下不言汤所都；又诸书多作薄，《周书·殷祝》：“汤放桀而复薄。”《管子·地数》：“汤有七十里之薄。”《轻重甲》：“伊尹以薄之游。”“汤以七十里之薄。”《荀子·议兵》：“古者汤以薄。”《吕览·具备》：“汤尝约于郼薄。”皆作薄。《墨子·非攻下》：“属诸侯于薄。”“十日雨土于薄。”亦作薄。《非命上》：“汤封于亳。”则作亳。毕校亦云：当为薄。孙仲容《墨子间诂》谓“惟《孟子》作亳，盖借音字，后人依改乱之”。然则《秦本纪》之亳王、汤社，究与汤有关系与否，尚未可知；而以此证契封大华，疏矣。《御览》所引《内传》之文，绝不似《内传》之体。《史记·殷本纪集解》引皇甫谧云：“即位十七年而践天子位，为天子十三年，年百岁而崩。”与《御览》所引文极相似，恐《御览》误《世纪》为《内传》。《世纪》之言固多荒，然则谓契封上洛，汤兴西方，殊近无征不信也。王静安《说商》云：“商之国号，本于地名。宋之称商丘，犹洹水南之称殷虚。《左传》昭元年，迁阏伯于商丘，主辰，商人是因，故辰为商星。又襄九年《传》：陶唐氏之火正阏伯居商丘，祀大火，而火纪时焉。相土因之，故商主大火。又昭十七年《传》：宋，大辰之虚也。大火谓之大辰，则宋之国都，确为昭明、相土故地。顾氏《日知录》，引《左氏传》，孝惠娶于商，哀二十四年。天之弃商久矣，僖二十二年。利以伐姜，不利子商，哀九年。以证宋之得为商。阎百诗《潜邱劄记》驳之，其说甚辩。然不悟周时多谓宋为商：《左》襄九年《传》，士弱曰：商人阅其祸败之衅，必始于火。谓宋人也。昭八年《传》：自根牟至于商、卫。谓宋、卫也。案此条襄九年《疏》已引之。《吴语》：阙为深沟，通于商、鲁之间。谓宋、鲁之间也。《乐记》：商者，五帝之遗音也。商人识之，故谓之商。”此说颇允。《韩非子·说林上篇》“子圉见孔子于商太宰”，《下篇》“宋太宰贵而主断”；《内储说上篇》“商太宰论牛矢”，“戴驩，宋太宰”，《下篇》亦云“戴驩为宋太宰”；皆商、宋一字之征。契之初封，盖在商丘，后迁于蕃，昭明居于砥石，相土复返商丘。《左氏疏》言契居商丘，相土不得云因阏伯，其说似是而非。《左氏》论商主大火，不在溯其初封，故举相土不举契也。

《水经·渭水注》曰：“渭水径峦都城北，故蕃邑，殷契之所居。《世本》曰：契居蕃。阚骃曰：蕃在郑西。然则今峦城是矣。”此乃契封上洛之说既出后附会之辞，不足为据。王静安曰“疑即《汉志》鲁国之蕃县”，见《说自契至成汤八迁注》。颇为近之。砥石，《书·帝告釐沃序疏》曰：“先儒无言，不知所在。”亦当距商与蕃不远也。

近人丁山《由三代都邑论其民族文化》曰：“汉常山郡薄吾县，战国时谓之番吾，亦作蒲吾，在今平山县境，即蕃。《史记》青阳降居江水，《大戴记·帝系》作泜水。《山海经·北山经》：敦与之山，泜水出于其阴，而东流注于彭水。郭《注》：今泜水出中丘县西穷泉谷，东注于堂阳县，入于漳水。今《水经·漳水注》无泜水。全氏云:《汉志》:常山郡元氏县,沮水首受中邱穷泉谷,东至堂阳入横河。又常山郡房子县赞皇山,石济水所出,东至于廮陶入泜。以互摄通称之例言之,颇疑泜与石济下游,古有泜石水之名,昭明所居,即在其处,当在今隆平、柏乡、宁晋诸县间。”予案古代开辟,南先北后,纣都朝歌,台在沙丘,《汉志》。而《孟子》言纣之罪曰:“坏宫室以为污池,弃田以为苑囿,苑囿污池,沛泽多而禽兽至。”《滕文公》下,武王狩禽,《周书·世俘》。盖亦其地。然则沙丘以往,殷、周之际,犹为榛莽之区,而谓契与昭明,能开拓至今平山、隆平、柏乡、宁晋之间乎?且《山经》《大戴》之泜是否一水,又是否《汉志》之泜,亦皆难质言也。

(二九)自契至于成汤八迁考

《书序》云:“自契至于成汤,八迁。汤始居亳,从先王居。”《伪传》云:“契父帝喾都亳,汤自商丘迁焉,故曰从先王居。”《疏》云:“《商颂》云:帝立子生商,是契居商也;《世本》云昭明居砥石;《左传》称相土居商丘;及今汤居亳;事见经传者,有此四迁;其余四迁,未详闻也。”又云:“孔言汤自商丘迁焉,以相土之居商丘,其文见于《左传》,因之言自商丘徙耳。此言不必然也。何则?相土,契之孙也,自契至汤凡八迁,若相土至汤,都遂不改,岂契至相土三世而七迁也?相土至汤,必更迁都,但不知汤从何地而迁亳耳。”案国都一时屡徙,或历久不迁,皆事所恒有,安得臆相土至汤,必更迁移,契至相土,不容亟徙?此言颇不近理。然犹可曰为矜慎起见也。诸侯不敢祖天子,言汤之先,似无上溯帝喾之理。且经传之文,皆后人所追叙,实执笔者之辞,故帝王等称谓,略有一定。如五帝,古书无称为王者;三王,亦无称为帝者。安得此言先王,独指帝喾?《伪传》之说,实不可通。然契本封商,不可云迁,而《疏》以当四迁之一,是于此转无异辞也。未免疑其所不当疑,信其所不当信矣。

扬雄《兖州牧箴》曰:“成汤五徙,卒归于亳。”是则汤身凡五迁,汤以前只三迁耳。三迁者,《水经·渭水注》引《世本》曰“契居蕃”,一也。盖自商而徙。《荀子·成相》曰:“契玄王,生昭明,居于砥石迁于商。”言昭明迁商,不与《疏》引《世本》合。迁商盖实相土事。《成相》多三七言,为字数所限,故言之不悉。居砥石,是二迁;迁于商,是三迁也。成汤五迁者,《书序》言“汤始居亳”,盖自商而徙,一也。《吕览·慎大览》言:武王“立成汤之后于宋,以奉桑林”。桑林为汤所祷，而在宋，此汤曾居商之证。《吕览·慎大览》曰：“汤立为天子，夏民大说，亲郼如夏。”《慎势》曰：“汤其无郼，武王无岐，贤虽十全，不能成功。”《具备》曰：“汤尝约于郼、薄矣，武王尝穷于毕裎矣。”《高义》曰：“郼、岐之广也，万国之顺也，从此生矣。”《分职》曰：“无费乎郼与岐周，而天下称大仁，称大义。”郼即韦。《诗》言“韦顾既伐”，盖汤尝灭而居之，此为二迁。《周书·殷祝》曰：“汤将放桀，于中野。《尚书大传》曰：“汤放桀，居中野。”观下文,《书传》是也。“于”当作“居”,或上夺“居”字。士民闻汤在野，皆委货，扶老携幼奔，国中虚。桀请汤曰：国所以有国者以有家，家所以为家者以有人也。今国无家,无人矣。“无人矣”上,当夺“家”字。君有人,请致国。君之有也。“君之有也”上，当夺“国”字。汤曰：否。昔大帝作道，明教士民，今君王灭道残政,士民惑矣。吾为王明之。士民复致于桀。言汤致士民于桀。曰：以薄之居，济民之残，何必君更？桀与其属五百人南徙千里，止于不齐。不齐士民往奔汤于中野。桀复请汤。言君之有也。“君”上疑亦夺“国”字。汤曰:否，我为君王明之。士民复重请之。汤复致士民于桀。桀与其属五百人徙于鲁。鲁士民复奔汤。桀又曰：国，君之有也，吾则外人有言。此即《左氏》庄公十四年“寡人出，伯父无里言”之言，言外人有招我者。《尚书大传》曰：“吾闻海外有人。”彼以吾道是邪？我将为之。汤曰：此君王之士也，君王之民也，委之何？汤不能止桀。汤曰：欲从者从君，桀与其属五百人去居南巢。”此将汤之放桀，附会为揖让之文，言汤三让乃取桀之国也，是三迁也。《春秋繁露·三代改制质文》曰：“汤受命而王，作宫邑于下洛之阳。”此放桀后作新邑，既作之，必尝居之，是四迁也。《风俗通·三王》篇曰：“汤者，攘也。言其攘除不轨，改亳为商，成就王道，天下炽盛。”此即扬雄所云成汤五徙，卒归于亳者，盖营下洛后复归于亳也。是五迁也。然则自契至汤八迁，经传本具，特后人未能深思而熟考之耳。《诗·玄鸟疏》云：“自契至汤八迁者，皇甫谧云史失其传，故不得详。”案郑玄盖亦无说，故《疏》不之引。

（三〇）释亳

《史记》曰：“自契至汤八迁。汤始居亳，从先王居。”其后仲丁迁于隞，河亶甲居相，祖乙迁于邢，盘庚渡河南，复居成汤之故居。武乙立，复去亳徙河北。历代都邑迁徙，盖无如殷之数者。而亳之所在，异说尤滋。《汉书·地理志》河南郡偃师县《注》云：“尸乡，殷汤所都。”《续汉书·郡国志》，偃师县下亦云“有尸乡”。《注》引《皇览》曰：“有汤亭，有汤祠。”《书序疏》：“郑玄云：亳，今河南偃师县，有汤亭。”此皆以亳在偃师者也。《汉志》论宋地云：“昔尧作游成阳，舜渔雷泽，汤止于亳，故其民犹有先王遗风。”山阳郡薄县下《注》：“臣瓒曰：汤所都。”河南郡偃师县下又载瓒说曰：“汤居亳，今济阴县是也。今亳有汤冢，已氏有伊尹冢，皆相近也。”《续汉书·郡国志》：梁国薄县，汤所都。《注》：“杜预曰：蒙县西北有亳城，中有汤冢。”《书序疏》：“皇甫谧云：孟子称汤居亳，与葛为邻，葛伯不祀，汤使亳众往为之耕。葛即今梁国宁陵之葛乡也。若汤居偃师，去宁陵八百余里，岂当使民为之耕乎？亳，今梁国谷熟县是也。”又《立政》“三亳阪尹”《疏》：“皇甫谧以为三亳三处之地，皆名为亳。蒙为北亳，谷熟为南亳，偃师为西亳。”此以薄、亳、蒙、谷熟之地为亳者也。魏氏源以《史记·六国表》以汤起于亳与禹兴于西羌，周之王也以丰镐代殷，秦之帝用雍州兴，汉之兴自蜀汉并言；又《洛予命》《尚书中候》皆有“天乙在亳，东观于洛”之文；断“从先王居”之先王为契。谓汤始居商，《帝告董釐沃序疏》：“郑玄云：契本封商，国在太华之阳。”有天下后，分建三亳：徙都偃师之景亳，而建东亳于商邱，仍西亳于商州。案魏氏说三亳，虽与皇甫谧异，而其立三亳之名，以牵合《立政》“三亳阪尹”之文则同。似非。《立政疏》云“郑玄以三亳阪尹者，共为一事，云汤旧都之民服文王者，分为三邑。其长居险，故言阪尹”，盖是。此自周初事，不必牵及商代。此又以商之地亦为亳者也。《书古微·汤誓序发微》。王氏鸣盛《尚书后案》，谓薄县汉本属山阳郡，后汉又分其地置蒙、谷熟，与薄并改属梁国，晋又改薄为亳，且改属济阴，故臣瓒所谓汤都在济阴亳县，《尚书·胤征》“汤始居亳”《疏》引《汉书音义》。及其所谓在山阳薄县，司马彪所谓在梁国薄县，杜预所谓在梁国蒙县者，本即一说，孔颖达《书》《诗》疏皆误认为异说；皇甫谧以一亳分为南北，且欲兼存偃师旧说，以合《立政》三亳之文，实为谬误。其说甚确。然谧谓偃师去宁陵八百余里，不当使民往为之耕，则其说中理，不容妄难。王氏论古，颇为精核，惟佞郑太过。如于此处，必执谓薄非亳；薄非亳，则蒙、谷熟可知。其所据者，谓晋人改薄为亳，乃以《汉志》谓汤当止于是，又其地有汤冢也。然《汉志》仅谓汤尝游息于此。刘向云：“殷汤无葬处。”而《皇览》云：“哀帝建平元年，大司空御史长卿案行水灾，因行汤冢。”

突然得之，足征其妄。其说似辨矣。然于“偃师去宁陵八百里，不当使民往为之耕”之难，不能解也。此难不能解，而必谓薄非亳，则非疑《孟子》不可。尊郑而排皇甫谧可也，佞郑而疑《孟子》，则颠矣。王氏于谧说，但谓“其说浅陋，更不足辩”，岂足服谧之心乎？魏氏谓汤始居商，所举皆古据。诸侯不敢祖天子；《玄鸟》之颂，及契而不及喾；先王为契，尤为确凿也。然则亳果安在邪？予谓古本无今世所谓国名。古所谓国者，则诸侯所居之都邑而已。然四境之内，既皆属一人所统，则人之称此国者，亦渐该四境之内言之。于建专指都邑之国，乃渐具今世国名之义焉。都邑可以屡迁，而今世之所谓国名者，不容数变。于是虽迁新邑，仍以旧都之名名之。如晋之新故绛是也。商代之亳，盖亦如是。《左》襄三十年：“鸟鸣于亳社。”是春秋之宋，其都仍有亳称也。《史记·秦本纪》：宁公二年，“遣兵伐荡社。三年，与亳战，亳王奔戎，遂灭荡社”。《集解》：徐广曰：“荡音汤，社一作杜。”《索隐》：“西戎之君，号曰亳王，盖成汤之胤。其邑曰荡社。徐广云：一作汤杜。言汤邑在杜县之界，故曰汤杜也。”《封禅书》：“于社亳有三社主之祠。”《索隐》：“徐广云：京兆杜县有亳亭，则社字误，合作于杜亳。且据文，列于下者皆是地邑，则杜是县。案秦宁公与亳王战，亳王奔戎，遂灭汤社。皇甫谧亦云：周桓王时自有亳王号汤，非殷也。”是汤后在雍州者，春秋时其都仍有亳称也。此皆亳不止一处之证。亳既不止一处，则商也，偃师也，薄县也，固无妨其皆为亳矣。予盖以汤用兵之迹证之，而知其始居商，中徙薄，终乃定居于偃师也。何以言之？案《史记》云：“葛伯不祀，汤始伐之。”又云“当是时，夏桀为虐政，淫荒，而诸侯昆吾氏为乱。汤乃兴师，以伐昆吾。遂伐桀。桀败于有娀之虚。桀奔于鸣条。夏师败绩。汤遂伐三㚇。伊尹报。于是诸侯服，汤乃践天子位，平定海内。汤归至于泰卷陶，还亳”云云。葛，《汉志》陈留郡宁陵《注》：“孟康曰：故葛伯国，今葛乡是。”今河南宁陵县是也。昆吾有二：一《左》昭十二年：“楚灵王谓子革曰：昔我皇祖伯父昆吾，旧许是宅。”地在今河南许昌。一哀十七年：“卫侯梦于北宫，见人登昆吾之观。”《注》：“卫有观，在古昆吾氏之虚，今濮阳城中。”今河南之濮阳。《国语·郑语》：史伯对郑桓公曰：“昆吾为夏伯矣。”韦昭《注》：“昆吾，祝融之孙，陆终第一子，名樊，为己姓，封于昆吾。昆吾，卫是也。其后夏衰，昆吾为夏伯，迁于旧许。”则此时之昆吾，在今许昌，去桀都阳城极近，桀都阳城，见予所撰《夏都考》。故得同日亡也。有娀之虚不可考。鸣条，《吕览·简选篇》云：“登自鸣条，乃入巢门。”《淮南·主术训》云：

“汤革车三百乘，困之鸣条，禽之焦门。”注：“焦，或作巢。”《修务训》云：“乃整兵鸣条，困夏南巢，谯以其过，放之历山。”注：“南巢，今庐江居巢是。历山，盖历阳之山。”居巢，今安徽巢县。历阳，今安徽和县。鸣条亦当在今安徽。故舜“卒于鸣条”，《孟子》以为“东夷之人”也。《史记·夏本纪集解》：“郑玄曰：南夷地名。”《书·汤誓序正义》引同。三㚇者，《续汉书·郡国志》：济阴郡定陶，“有三㚇亭”。地在今山东定陶县。泰卷陶者，《集解》：“徐广曰：一无此陶字。”《索隐》：“邹诞生卷作坰，又作泂，则卷当为坰，与《尚书》同。”解《尚书》者以大坰为今定陶。旧本或旁记其地名，后人转写，遂衍斯字也。则泰卷亦今定陶也。《诗》云：“韦、顾既伐，昆吾夏桀。”则汤伐昆吾之先，又尝伐韦、顾。《郡国志》：东郡白马县“有韦乡”。注：“杜预曰：县东南有韦城，古豕韦氏之国。”今河南滑县。《郡县志》：“顾城，在濮州范县东，夏之顾国。”今山东范县。《尚书大传》：汤放桀，居中野，士民皆奔汤。桀与其属五百人南徙千里，止于不齐；不齐士民往奔汤。桀与其属五百人徙于鲁；鲁士民复奔汤。桀曰：国，君之有也。吾闻海外有人，与五百人俱去。《周书·殷祝》篇略同，末云：“桀与其属五百人去居南巢。”不齐盖即齐。鲁则周公所封也。纵观汤用兵之迹：始伐今宁陵之葛；次伐今滑县之韦，范县之顾；遂伐今许昌之昆吾，登封之夏桀。一战而胜，桀遂自齐、鲁辗转入今安徽。汤以其间，更伐今定陶之三㚇。三㚇，盖桀东方之党也。其战胜攻取之迹，皆在今河南、山东。则其所都，必跨今商丘、夏邑、永城三县境之薄矣。《礼记·缁衣》引《尹吉》曰：“惟尹躬天见于西邑夏。”《注》：“天，当为先字之误。”夏之邑在亳西。夏都阳城，薄县在其东，商与偃师、顾在其西，此则《孟子》“汤居亳，与葛为邻”之铁证也。《孟子》言：“伊尹五就汤，五就桀。”《史记》言：“伊尹去汤适夏，既丑有夏，后归于亳。”《书大传》：“夏人饮酒，醉者持不醉者，不醉者持醉者，相和而歌，曰：盍归于亳？盍归于亳？亳亦大矣。故伊尹退而闲居，深听乐声。更曰：觉兮较兮！吾大命格兮！去不善而就善，何不乐兮？伊尹入告于桀，曰：大命之亡有日矣。桀僩然叹，哑然笑，曰：天之有日，犹吾之有民也。日亡，吾乃亡矣。是以伊尹遂去夏适汤。”所谓先见也。郑释先见，谓“尹之先祖，见夏之先君臣”，似迂曲。如此，非谓夏本在亳西不可，则汤始居商之说不可通。吾旧疑西邑夏乃别于夏之既东言之，疑桀尝自阳城迁居旧许，故得与昆吾同日亡。然此说了无证据，亦不能立。似不如释尹躬先见即为尹初就夏之为直捷也。然汤始居商，后迁偃师，亦自有其佐证。《太平御览·皇王部》

引《韩诗内传》曰:"汤为天子十三年,百岁而崩。葬于征。今扶风征陌是也。"《韩诗》当汉时,传授甚盛。刘向治《鲁诗》,与《韩诗》同属今文,《韩诗》果有此说,刘向岂得不知,而云殷汤无葬处乎?然则征陌汤冢,盖汤后裔,如《史记》亳王之类;或其先祖耳。然传者以为汤冢,则亦汤尝居关中之证也。《书大传》谓汤网开三面,而"汉南诸侯闻之归之四十国",亦必居关中,乃能通武关之道,如周之化行江汉矣。《盘庚》:"不常厥邑,于今五邦。"《正义》:"郑、王皆云:汤自商徙亳,数商、亳、嚣、相、耿为五。"郑说商国在太华之阳。自商徙亳,即谓其自本封之商,徙居偃师。《春秋繁露·三代改制质文》篇:"汤受命而王,作宫邑于下洛之阳。"亦指偃师言之也。《孟子》谓"伊尹耕于有莘之野,汤三使往聘之",《史记》则谓"阿衡欲干汤而无由,乃为有莘氏媵臣,负鼎俎以滋味说汤"。《吕览·本味》云:"有侁氏女子采桑,得婴儿于空桑之中,献之其君。其君令烰人养之,察其所以然,曰:其母居伊水之上,孕,梦有神告之曰:臼出水而东走,毋顾。明日,视臼,出水,告其邻,东走,十里而顾,其邑尽为水,身因化为空桑,故命之曰伊尹。此伊尹生空桑之故也。长而贤。汤闻伊尹,使人请之有侁氏。有侁氏不可。伊尹亦欲归汤。汤于是请取妇为昏,有侁氏喜,以伊尹媵女。""故命之曰伊尹",黄氏东发所见本作"故命之曰空桑",盖是。如今本,文义不相衔接。身化空桑,迹涉荒怪。谓阿衡得氏,由其母居伊水,难可依从。尹之氏伊,盖由后居伊水,故后人以其母事附会之邪?有莘者,周太任母家,其地在洽之阳,有渭之涘,今陕西合阳县是也。伊尹始臣有莘,后居伊水;亦汤初居商,终宅偃师之一证矣。统观诸说,汤盖兴于关中,此犹周文王之作丰,武王之宅镐也。其战胜攻取,则在薄县,犹周公之居东以戡三监也。终宅偃师,犹武王欲营洛邑,而周公卒成其志也。世之相去五百有余岁,事不必相师也,而其攻战之略,后先一揆,岂不诡者!商、周之得天下殆同,特周文、武、周公相继成之,汤则及身戡定耳。

(三一)汤弱密须氏

《战国策·魏策》:"王不闻汤之伐桀乎?试之弱密须氏以为武教,得密须氏而汤知服桀矣。"案伐密须氏为文王事,此盖传讹也。古人轻事重言,往往如此。

（三二）论汤放桀地域考

《史记·夏本纪》云："汤遂率兵以伐夏桀，桀走鸣条，遂放而死。"《殷本纪》云："桀败于有娀之虚，桀奔于鸣条，夏师败绩。汤遂伐三嵏。"《周书·殷祝》曰："汤放桀于中野。士民闻汤在野，皆委货扶老携幼奔，国中虚。桀与其属五百人南徙千里，止于不齐；不齐士民往奔汤。桀与其属五百人徙于鲁；鲁士民复奔汤，桀与其属五百人去居南巢。"《尚书大传》略同。惟末句作"桀曰：吾闻海外有人，与五百人俱去"。《墨子·三辩》："汤放桀于大水。"《荀子·解蔽》："桀死于亭山。"《御览·皇王部》引《尸子》："桀放于历山。"《吕览·简选》："殷汤良车七十乘，必死六千人，战于郕，登自鸣条，乃入巢门。"《淮南·本经》："汤以革车三百乘伐桀于鸣条，放之夏台。"《主术》："汤革车三百乘，困之鸣条，禽之焦门。"《注》：焦或作巢。《修务》："汤整兵鸣条，困夏南巢，谯以其过，放之历山。"《列女·孽嬖夏末喜传》："战于鸣条。桀师不战，汤遂放桀，与末喜嬖女同舟流于海，死于南巢之山。"《夏本纪正义》云："《淮南子》云：汤败桀于历山，与妺喜同舟。浮江，奔南巢之山而死。"今《淮南子》无之。疑兼引此文，而传写夺佚。合诸文观之，则有娀之虚桀初败处；鸣条再败处；南巢被禽处；亭山即历山，亦曰南巢之山，则其被放处也。《墨子·尚贤下篇》言"傅说居北海之洲，圜土之上"，则古放逐人，固有于水中洲上者。《左氏》哀公八年，吴囚邾子于楼台，洊之以棘，则夏台即在亭山之上，正洲上之圜土也。参看《妇人无刑》《圜土即谪作》两条。《楚辞·天问》云："汤出重泉，夫何罪尤？"则桀囚汤亦于水中。

《山海经·大荒西经》："有人无首，操戈盾立，名曰夏耕之尸。故成汤伐夏桀于章山，克之。斩耕厥前。耕既立，无首，走厥咎，乃降于巫山。"章山疑亭山之误。郭《注》云"于章，山名"，似非，或亦有讹误也。

《孟子》曰："舜生于诸冯，迁于负夏，卒于鸣条，东夷之人也。"《离娄》下。其地迄无确释。今观《吕览》"登自鸣条乃入巢门"之语，则鸣条地势必高，巢门或亦天然形胜，而非巢国之门与？抑巢固因山为郭也？予又疑《书序》所谓升自陑者，或即指此。《书序》虽伪，亦当采古籍为之也。郕当即春秋时之郕国，见隐公五年。《公羊》作成。后汉时为成县。《左氏》杜《注》云"东平刚父县西南有郕乡"，地在今山东宁阳，于鲁颇近。

桀都河洛，其败顾在齐、鲁，殊为可疑。案《左氏》昭公十一年，叔向言"桀克有缗，以丧其国；纣克东夷，而陨其身”，有缗即有仍，已见《亳》条。《说苑·权谋》曰：“汤欲伐桀。伊尹曰：请阻乏贡职，以观其动。桀怒，起九夷之师以伐之。伊尹曰：未可。彼尚能起九夷之师，是罪在我也。汤乃谢罪请服，复入贡职。明年，又不供贡职。桀怒，起九夷之师。九夷之师不起。伊尹曰：可矣。乃兴师伐桀而残之。”则桀于东方亦颇有威力，《天问》“桀伐蒙山”，傥即《诗》“奄有龟、蒙”之蒙与？宜其败于鲁也。《韩非子·难四》：“桀索岷山之女。”岷山亦即蒙山也。

（三三）汤冢

《水经·坂水注》曰：“崔骃曰：汤冢在济阴薄县北。《皇览》曰：薄城北郭东三里平地有汤冢。冢四方，方各十步，高七尺，上平也。汉哀帝建平元年，大司空史郤长卿案行水灾，因行汤冢。以上《史记·殷本纪集解》引略同。惟“汤冢在济阴亳县北”句，亦在“《皇览》曰”之下。“大司空史郤长卿”作“大司空御史长卿”。《索隐》曰长卿，诸本皆作劫姓。按《风俗通》有御氏，为汉司空御史，其名长卿，明劫非也。亦有劫弥，不得为御史。”在汉属扶风，今征之迴渠亭有汤池、征陌是也。然不经见，难得而详。按秦宁公，《本纪》云二年伐汤，三年与亳战，亳王奔戎，遂灭汤。然则周桓王时自有亳王号汤，为秦所灭，乃西戎之国，葬于征者也，非殷汤矣。刘向言殷汤无葬处为疑。杜预曰：梁国蒙县北有薄伐城，城中有成汤冢，其西有箕子冢。今城内有故冢方坟，疑即杜元凯之所谓汤冢者也。而世谓之王子乔冢。冢侧有碑，题云仙人王子乔碑，曰：王子乔者，盖上世之真人，闻其仙，不知兴何代也，博问道家，或言颍川，或言产蒙。初建此城，则有斯邱，传承先民，曰王氏墓。暨于永和之元年，冬十二月，当腊之时，夜上有哭声，其音甚哀。附居者王伯怪之，明则祭而察焉。时天鸿雪，下无人径，有大鸟迹，在祭祀处，左右咸以为神。其后有人，着大冠，绛单衣，杖竹立冢前，呼采薪孺子伊永昌曰：我王子乔也，勿得取吾坟上树也。忽然不见。时令泰山万熹，稽故老之言，感精瑞之应，乃造灵庙，以休厥神。于是好道之俦，自远方集，或弦琴以歌《太一》，或覃思以历丹邱。知至德之宅兆，实真人之祖先。延熹八年秋八月，皇帝遣使者奉牺牲致礼，祠濯之敬肃如也。国相东莱王璋，字伯仪，以为神圣所兴，必有铭表，乃与长史边乾遂树之玄石，纪颂遗烈。

观其碑文，意似非远；既在径见，不能不书存耳。”案《御览·皇王部》引《韩诗内传》云：“汤为天子十三年，百岁而崩，葬于征，今扶风征陌是也。”《汉志》征属左冯翊，不属右扶风，韩傅、郦生，未审缘何同误，足见其辞不谛。征陌地在关中，果有汤冢，刘向岂得不知？语及汤之卒葬，亦非《内传》之体。《史记·殷本纪集解》引皇甫谧曰：“即位十七年而践天子位，为天子十三年，年百岁而崩。”与《御览》所引《韩诗》之文略同，恐实《内传》而《御览》误为《韩诗》也。薄城方冢，盖旧有汤冢之说，然亦非其实，故刘向不之取。以为王子乔，道家附会之说，更不必论矣。据碑，口实相传，只知为王氏墓耳，而无王子乔之说也。汤池、征陌，盖因西方传说附会，如禹生石纽之类，不徒非汤，并不必定是《史记·秦本纪》之亳王、汤社也。

又《泗水注》：泡水，“又东径己氏县故城北，王莽之己善也。县有伊尹冢。崔骃曰：殷帝沃丁之时，伊尹卒，葬于薄。《皇览》曰：伊尹冢在济阴己氏平利乡。《史记集解》引《皇览》同。皇甫谧曰：伊尹年百余岁而卒，大雾三日。沃丁葬以天子之礼，亲自临哀，以报大德焉。”案《史记》亦有葬伊尹于亳之语，则伊尹葬亳，或较可信，然亦未必《皇览》所指之伊尹冢也。

（三四）伊尹生于空桑

《吕览·本味》曰：“有侁氏女子采桑，得婴儿于空桑之中，献之其君。其君令烰人养之，察其所以然，曰：其母居伊水之上，孕，梦有神告之曰：臼出水而东走，毋顾。明日，视臼，出水，告其邻，东走，十里而顾，其邑尽为水，身因化为空桑，故命之曰伊尹。”毕校云：“以其生于伊水，故名之曰伊尹，非有讹也。而黄氏东发所见本作故命之曰空桑，以为地名。且为之辨曰：此书第五纪云：颛顼生自若水，实处空桑，则前乎伊尹之未生，已有空桑之地矣。卢云：案黄氏所据本非也。同一因地命名，不若伊尹之确。张湛注《列子·黄帝》篇伊尹生于空桑，引传记与今本同，尤为明证。”案《史记·殷本记索隐》引《吕览》云：“有侁氏女采桑，得婴儿于空桑，母居伊水，命曰伊尹。”则今本似不误。《水经·伊水注》：“昔有莘氏女采桑于伊川，得婴儿于空桑中，言其母孕于伊水之滨，梦神告之曰：臼水出而东走。母明视，而见臼水出焉，告其邻居而走，顾望其邑，咸为水矣。其母化为空桑，子在其中矣。莘女取而献之，命养于庖，长而有贤德，殷以为尹，曰伊尹也。”则命曰伊尹，又似蒙“殷以为尹”而言，然郦氏此文，乃隐括诸书而成，非专引《吕览》也。

《史记正义》引《括地志》云:“古莘国,在汴州陈留县东五里,故莘城是也。《陈留风俗传》云：陈留外黄有莘昌亭，本宋地，莘氏邑也。”《周本纪》“乃求有莘氏美女”,《正义》又引《括地志》云:“古㜪国,城在同州河西县南二十里。《世本》云莘国，姒姓，夏禹之后，即散宜生等求有莘美女献纣者。”案《诗》言“缵女维莘”，“在洽之阳，在渭之涘”。《大雅·大明》。而伊水亦在西方，故有人疑伊尹所育之有侁，即文王所昏之莘者。然《吕览》言伊尹母居伊水之上而东走，则有侁必在伊水之东。《楚辞·天问》曰：“成汤东巡，有莘爰极。何乞彼小臣，而吉妃是得？水滨之木，得彼小子。夫何恶之，媵有莘之妇？”东巡所极，恐尚不止陈留，《风俗传》之言，恐尚系以宋地附会耳。《吕览》云:“汤闻伊尹，使人请之有侁氏。有侁氏不可。伊尹亦欲归汤。汤于是请取妇为昏，有侁氏喜，以伊尹媵女。”说与《天问》全合。王逸注云：“伊尹母妊身，梦神女告之曰：臼灶生蛙，亟去无顾。居无几何，臼灶中生蛙。母去，东走，顾视其邑，尽为大水。母因溺死，化为空桑之木。水干之后，有小儿啼水涯，人取养之。既长大，有殊才。有莘恶伊尹从木中出，因以送女也。”此说谓尹母所梦者为神女，又身溺死，皆与他说殊。然足补他说之阙。盖戒其毋顾者，正因顾则将为水所溺也。

（三五）惟尹躬天见于西邑夏解

《礼记·缁衣》引《尹吉》曰:“惟尹躬天见于西邑夏,自周有终,相亦维终。”《注》云:“天当为先字之误。忠信为周。相，助也，谓臣也。伊尹言尹之先祖，见夏先君臣，皆忠信以自终。”案《孟子》言伊尹五就汤，五就桀;《史记》言伊尹去汤适夏，既丑有夏，复归于亳。其适夏，即所谓先见也。此《记》上文言戒慎之道，则周当为周密，言能周密自处，乃得余终而归于亳也，郑义似迂。伪《大甲》曰：“惟尹躬先见于西邑夏，自周有终，相亦惟终；其后嗣王，罔克有终，相亦罔终。”实袭郑义也。

（三六）盘庚五迁

《书序》:“盘庚五迁，将治亳殷。”《伪传》云:“自汤至盘庚，凡五迁都。盘庚治亳殷。”《疏》云:“《经》言不常厥邑，于今五邦，故《序》言盘庚五迁。《传》嫌一身五迁，故辨之，云自汤至盘庚，凡五迁都也。上文言自契至于成汤八迁，并数汤为八；此言盘庚五迁，又并数汤为五；故班固云殷人屡迁，前八后五，其实正十二也。此《序》云盘庚将治亳殷，下《传》云殷，亳之别名，则亳殷即是一都，汤迁还从先王居也。《汲冢古文》云：盘庚自奄迁于殷，殷在邺南三十里。束皙云:《尚书序》盘庚五迁，将治亳殷，旧说以为居亳，亳殷在河南。孔子壁中《尚书》云将始宅殷，是与古文不同也。《汉书·项羽传》云：洹水南殷墟上。今安阳西有殷。束皙以殷在河北，与亳异也。然孔子壁内之书，安国先得其本，亳字摩灭，容或为宅；治皆作乱，其字与治不类，无缘误作始字，知束皙不见壁内之书，妄为说耳。”汲冢书传于后者，尽系伪物，此与孔壁古文，同为作伪者所依附，辗转不可究诘。《疏》所引说，果出束皙与否，亦难断言也。《太平御览·皇王部》引《竹书纪年》云:仲丁自亳迁于嚣，河亶甲自嚣迁于相，祖乙居庇，南庚自庇迁于奄，盘庚自奄迁于北蒙，曰殷，《水经·洹水注》引同。盖即不满旧说者所改。其所不满者，殷人屡迁，前八后五，皆并数汤，故益一南庚；又不以殷为在河南，故改盘庚所迁为北蒙也。《史记·殷本纪》述殷迁徙之事曰:“帝仲丁迁于隞；河亶甲居相；祖乙迁于邢；帝盘庚之时，殷已都河北，盘庚渡河南，复居成汤之故居；帝武乙立，殷复去亳，居河北。”《世表》云殷徙河北。仲丁、河亶甲、祖乙、盘庚之事，《书序》全同，惟隞作嚣，迁于邢作圮于耿耳。撰《书序》者盖即据《史记》为说，否亦据与《史记》同类之书。盖殷代迁徙，可考者不过如此。《书序》固伪物，然时代究较早，异说尚未甚滋也。

汤灭桀前尝居郼，已见《自契至于成汤八迁考》条引《吕览》。高《注》云:“郼读如衣，今兖州人读殷氏皆曰衣。”则郼即殷，造《竹书》者谓殷在河北，似亦有据。然夏居洛汭，而《周书》称殷之五子，胥兴作乱，见《夏太康失国少康中兴》条。则河洛之间，久有殷名。《盘庚上》“盘庚迁于殷”，《疏》云“郑玄云:商家自徙此而号曰殷。郑以此前未有殷名也”，固未必确，然盘庚后居殷地，则事实也，不必牵引河北为说，河南固亦殷地也。《世表》亦云盘庚徙河南。

《书序疏》云:“李颙云嚣在陈留浚仪县;皇甫谧云仲丁自亳徙嚣,在河北也,或曰今河南敖仓。二说未知孰是。”《御览·州郡部》引《帝王世纪》曰:“《世本》言太甲徙上司马,在邺西南。”果有此说,谧不当谓仲丁自亳徙嚣。《吕览·音初》曰:“殷整甲徙宅西河,犹思故处,实始作为西音。”钱宾四《子夏居西河辨》引此;又引《史记·孔子世家》:卫灵公问孔子:蒲可伐乎?对曰:可。其男子有死之志,妇人有保西河之志,吾所伐者不过四五人。《索隐》曰:此西河在卫地,非魏之西河也。及《艺文类聚》六十四、《文选》左太冲《招隐诗》注,并引《尚书大传》子夏对夫子云“退而穷居河济之间”,以证子夏居西河,不在龙门汾州,其说甚确。然则《世本》所谓太甲,实河亶甲之误也。

“祖乙迁于邢”,《书序》作“祖乙圮于耿”。《伪传》云:“圮于相,迁于耿。”此大不辞。《疏》云:“知非圮毁于耿,更迁余处。必云圮于相地,迁于耿者,亶甲居于相,祖乙居耿,今为水所毁,更迁他处,故言毁于耿耳,非既毁乃迁耿也。《盘庚》云不常厥邑,于今五邦;及其数之,惟有亳、嚣、相、耿四处而已。知此既毁于耿,更迁一处,盘庚又自彼处而迁于殷耳。《殷本纪》云祖乙迁于邢,马迁所为说耳。郑玄云祖乙又去相居耿,而国为水所毁,于是修德以御之,不复徙也。录此篇者,善其国圮毁修政而不徙,如郑所言,稍为文便。但上有仲丁、亶甲,下有盘庚,皆为迁事作书,述其迁意。此若毁而不迁,《序》当改文见义,不应文类迁居,更以不迁为义。《汲冢古文》云盘庚自奄迁于殷者,盖祖乙圮于耿,迁于奄,盘庚自奄迁于殷;亳、嚣、相、耿,与此奄五邦者。此盖不经之书,未可依信也。”《疏》虽斥《竹书》未可依信,然必谓既毁于耿,更迁一处,正造《竹书》者之见解也。不曰迁而曰圮,既已改文见义矣,又责其文类迁居,更以不迁为义,不几深文周内乎?窃疑郑玄所据《书序》作“圮于耿”,伪孔本实作“迁于耿”,后人妄改伪《传》正文,乃至生此曲说也。邢为春秋时国名,盖后人据其时地名以述古事,皇甫谧以河东皮氏县耿乡当之,见《疏》。殆非也。

《盘庚序疏》云:“郑玄云:祖乙居耿,后奢侈逾礼,土地迫近山川,尝圮焉。至阳甲立,盘庚为之臣,乃谋徙居汤旧都。又《序注》云:民居耿久,奢淫成俗,故不乐徙。王肃云:自祖乙五世至盘庚,元兄阳甲,宫室奢侈,下民邑居垫隘,水泉泻卤,不可以行政化,故徙都于殷。皇甫谧云:耿在河北,迫近山川,自祖辛已来,民皆奢侈,故盘庚迁于殷。”案《汉书·翼奉传》:“奉以为祭天地于云阳、汾阴,及诸寝庙不以亲疏迭毁,皆烦费,违古制;又宫室苑囿,奢泰难供，以故民困国虚，无累年之畜，所繇来久，不改其本，难以末正。”乃上疏请迁都成周，首言“盘庚改邑以兴殷道”，则以盘庚迁都，为能革奢淫之俗，经生固旧有此说也。

《史记》曰：“帝盘庚之时，殷已都河北。”又曰：“帝武乙立，殷复去亳，徙河北。”明武乙所徙，即盘庚未迁时之居。《水经·沁水注》：“《韩诗外传》曰：武王伐纣，到邢邱，更名邢邱曰怀。”今本作怀宁，误。《荀子·儒效》曰：武王之伐纣也，至怀而坏。《史记》言“纣益广沙丘苑台”，又言其“大聚乐戏于沙丘”，沙丘亦邢分。扬子云《兖州牧箴》曰：“盘庚北迁，牧野是宅。”谓盘庚所居者，即后来纣之所居。知相以外，古不谓殷在河北更有两都。自《竹书》出，乃凿言殷虚为殷都，于是有朝歌、北蒙之别。以其距沙丘太远也，《正义》又谓“纣时稍大其邑，南距朝歌，北据邯郸及沙丘，皆为离宫别馆”，以资调停，可谓心劳日拙矣。《周本纪正义》引《帝王世纪》曰：“帝乙复济河北，徙朝歌，其子纣仍都焉。”亦不同《竹书》之说。

《国语·楚语》：白公曰：“昔殷武丁能耸其德，至于神明，以入于河，自河徂亳。”此殷自武丁以前仍居河南之证。《纪年》乃云“自盘庚徙殷，至纣之灭，更不徙都”，盖由不知河洛为殷，故造为此说也。

综观殷世，都邑多在河北。《史记·秦本纪》云：“蜚廉为纣石北方，还，无所报，为坛霍太山而报，得石棺。”则纣时声威，尚达河东，故西伯虽戡黎，而仍未能胜之。至武王渡孟津，而后克集大勋，岂武乙北迁以后，河南地稍空虚欤？《殷本纪》言：西伯献洛西之地，以请纣去炮烙之刑。《正义》云：“洛水，一名漆沮水，在同州。洛西之地，谓洛西之丹、坊等州也。”其地似非纣之力所能及。此洛疑实是伊洛之洛。然则亳殷之地，至纣时已成殷、周争夺之区矣，此武王之所以卒渡孟津而殪戎殷与？武乙猎于河渭之间，暴雷震死，亦甚似昭王之南征而不复也。

（三七）殷兄弟相及

女系社会，恒兄弟相及。盖兄弟为一家人，父子非一家人也。《春秋繁露·三代改制质文》云：“主天法商而王，立嗣予子，笃母弟。地法夏而王，立嗣予孙，笃世子。”《公羊》隐公七年：“母弟称弟，母兄称兄。”《解诂》云：“母弟，同母弟；

母兄，同母兄。分别同母者，《春秋》变周之文，从殷之质。质家亲亲，明当亲厚，异于群公子也。”知殷制之必相及矣。

相及之制，同母兄弟尽，则还立长兄之子。今顿卡人（Thonga）及墨西哥之亚兹得族（Aztec）皆然。据林惠祥《文化人类学》。殷人盖亦如是。故中壬崩，立大丁之子大甲；沃甲崩，立祖辛之子祖丁也。殷自成汤至辛三十王，兄弟相及者多，而遗立长兄之子者，惟此二王；自契至汤十四世，则更无相及者；疑史传世系，或有谬误也。

殷人兄弟相及之俗，犹有存于后世者。《公羊》庄公三十二年：公子牙谓庄公曰："鲁一生一及，君已知之矣。"《史记·鲁世家》："叔牙曰：一继一及，鲁之常也。"庄公以告季子。季子曰："夫何敢？是将为乱乎？"今案《史记·鲁世家》，自庄公以前，皆一生一及，则牙之言非诬也。案庄公適夫人哀姜无子，其娣叔姜生闵公。果欲立子立闵公正也，立孟女之子班实非正。公仪仲子舍其孙而立其子，郑康成云："公仪盖鲁同姓。"《礼记·檀弓》。而公孙婴齐，实后归父。《公羊》成公十五年。则鲁居东方，渐殷俗久矣。檀弓问公仪仲子之立子于子服景伯，子服景伯曰："仲子亦由行古之道也。昔者文王舍伯邑考而立武王，微子舍其孙腯而立衍也。"知殷人入周，犹沿故俗。其后宣公命其弟和曰："父死子继，兄死弟及，天下通义也。"其视二者，犹无所轩轾也。《史记·宋世家》。吴诸樊、余祭、夷昧、季札同母兄弟四人，欲行相及之制。夷昧卒而季札让。夷昧之子僚立。诸樊子阖庐公子光。杀而代之。《公羊》载阖庐之言曰："将从先君之命与？则国宜之季子者也。不从先君之命与？则我宜立者也。僚恶得为君乎？"襄公二十九年。《史记·吴世家》言：光以为"季子即不受国，光父先立。即不传季子，光当立"。其告专诸曰我真王嗣，当立。"《刺客列传》同。又曰："光曰：使以兄弟次邪，季子当立；必以子乎，则光真適嗣，当立。"此亦殷人同母兄弟尽，还立长兄之子之法。又言季札逃去，吴人曰：王余昧后立，其子当代。盖非实录。不然，亦胁于僚云尔，非法也。《世家》又云：诸樊摄行事当国。已除丧，让位季札。《左氏》亦云：诸樊既除丧，将立季札。襄公十四年。此盖与鲁隐公摄政以待桓公同，特桓公年少，故隐公归政较晚耳。《史记·鲁世家》云："惠公卒，长庶子息摄，当国，行君事。"又云："鲁人共令息摄政，不言即位。"又《公羊》隐公三年，亦载宋缪公之言曰："吾立乎此，摄也。"吴居东南，盖亦沿殷俗。《公羊》云季子弱而才，兄弟同欲立之；襄公二十九年。《史记》云寿梦欲立之；

必非其实也。

《公羊》云：”鲁一生一及。”《史记》作“一继一及”。案《孟子·万章》上篇言：“唐、虞禅，夏后、殷、周继。”则继可该生与及言之。又《礼记·礼运》言：“大人世及以为礼。”则父子相继，又可云世也。

《公羊》曰：“为人后者为之子。”成公十五年。盖“臣继君，犹子继父”，文公二年《解诂》。故文公跻僖公，《春秋》讥其“先祢而后祖”也。文公二年。闵公元年《谷梁》曰：“亲之非父也，尊之非君也，继之如君父也者，受国焉尔。”《史记·殷本纪》：“自中丁以来，废適而更立诸弟子，弟子或争相代立。”此適字当兼弟与子言。適者，当立之弟与子；诸弟子，则其不当立者也。女系社会之俗，不容以男系社会之俗绳之。殷世庙制，亦必有成法可循，特非后世所知耳。然后世若行相及之法，礼固可以义起。汉成帝议立太子，孔光谓立嗣以亲，欲援殷“及王”之例，立中山王，帝谓兄弟不相入庙，卒立哀帝。见《汉书》宣元六王及光本传。则已拘于周制矣。

《韩诗外传》曰：“五帝官天下，三王家天下。家以传子，官以传贤。故自唐、虞以上，经传无太子称号。夏、殷之王，虽则传嗣，其文略矣。至周，始见文王世子之制。”《太平御览》一百五十九。案又见《初学记》。盖宗法实至周始严也。周重嫡长，而楚国之举，恒在少者，《左氏》文公元年子上之言。又昭公十三年叔向亦曰：“芈姓有乱，必季实立。”哀公六年，楚昭王在城父，命公子申为王，不可；则命公子结，亦不可；则命公子启。杜《注》：”申，子西；结，子期；启，子闾；皆昭王兄。”知南方诸族，皆不行周法。然行周法之国，亦有兄弟相及，或受国于兄，复致诸其子者。如赵襄子传代成君。此正见传子之俗，深入人心，事虽同而心则异，不得妄相比附也。

《史记·鲁世家》：“武公与长子括、少子戏西朝周宣王。宣王爱戏，欲立戏为鲁太子。樊仲山父谏曰：废长立少，不顺；不顺，必犯王命；犯王命，必诛之。故出令不可不顺也。令之不行，政之不立；行而不顺，民将弃上。夫下事上，少事长，所以为顺。今天子建诸侯，立其少，是教民逆也。若鲁从之，诸侯效之，王命将有所壅；若弗从而诛之，是自诛王命也。诛之亦失，不诛亦失，王其图之！宣王弗听，卒立戏为鲁太子。武公归而卒，戏立，是为懿公。懿公九年，括之子伯御与鲁人攻弑懿公而立。伯御即位十一年，周宣王伐鲁，杀伯御，而问鲁公子能道顺诸侯者以为鲁后。樊穆仲曰：鲁懿公弟称，肃恭明神，敬事耆老，赋事行刑，必问于遗训，而咨于固实；不干所问，不犯所知。宣王曰：然则能训治其民矣。乃立称于夷宫，是为孝公。自是后，诸侯多畔王命。”《国语》略同。韦《注》曰：“伯御，括也。”疑误。又窃疑括实前卒，依一生一及之制，懿公当立，伯御犯法而弑之，宣王依鲁法而讨其罪，仍依鲁法立孝公。史所传樊仲山父、樊穆仲之言，则拘于周法不达殷故者所附会也。

（三八）周先世世系

《周本纪》云：“封弃于邰，号曰后稷，别姓姬氏。后稷之兴，在陶唐、虞、夏之际，皆有令德。后稷卒，子不窋立。”此三十四字之中，“后稷”二字，凡有三解：“号曰后稷”之“后稷”，指弃；“后稷之兴”之“后稷”，指弃以后不窋以前居稷官者；“后稷卒”之“后稷”，则不窋之父也。《索隐》云：“《帝王世纪》云后稷纳姞氏生不窋，而谯周按《国语》云世后稷，以服事虞、夏，言世稷官，是失其代数也。若不窋亲弃之子，至文王千余岁，唯十四代，亦不合事情。”盖士安以不窋即弃之子，而小司马驳之也。《正义》引《毛诗疏》云：“虞及夏、殷，共有千二百岁。每世在位皆八十年，乃可充其数耳。命之短长，古今一也，而使十五世君，在位皆八十许载，子必将老始生，不近人情之甚。”其误与士安同。

《本纪》又云：“不窋末年，夏后氏政衰，去稷不务，不窋以失其官，而奔戎狄之间。不窋卒，子鞠立。鞠卒，子公刘立。公刘虽在戎狄之间，复修后稷之业。”《匈奴列传》曰：“夏道衰，而公刘失其稷官，变于西戎，邑于豳。”盖自不窋失官，至公刘迄未复。《匈奴列传》不叙鞠以前事，故径云“公刘失其稷官”，所谓“变于西戎”，即《本纪》所云“虽在戎狄之间复修后稷之业”者也。其说本相符合，乃《正义》云：“《周本纪》云不窋失其官，此云公刘，未详。”亦疏矣。

古代父子祖孙同蒙一号者甚多。《封禅书》：“伊陟赞巫咸，巫咸之兴自此始。”《索隐》云：“《尚书》伊陟赞于巫咸。孔安国云：赞，告也；巫咸，臣名。今此云巫咸之兴自此始，则以巫咸为巫觋。然《楚词》亦以巫咸主神，盖太史公以巫咸是殷臣，以巫接神事，太戊使禳桑谷之灾，所以伊陟赞巫咸，故云巫咸之兴自此始也。”《索隐》文义不甚明白，疑有讹误，然大意则可知，谓巫咸为巫觋之名，其兴自大戊时。“伊陟赞巫咸”之巫咸，为臣名，“巫咸之兴自此始"之巫咸，为巫觋，其说是也。又不独人臣之世其家者也，虽方技之家亦有之。《扁鹊列传》曰："扁鹊者，勃海郡郑人也，姓秦氏，名越人，少时为人舍长。舍客长桑君过，扁鹊独奇之，常谨遇之。长桑君亦知扁鹊非常人也。出入十余年，乃呼扁鹊私坐，间与语曰：我有禁方，年老欲传与公，公毋泄。扁鹊曰：敬诺。乃出其怀中药与扁鹊：饮是以上池之水，三十日当知物矣。乃悉取其禁方书尽与扁鹊，忽然不见，殆非人也。扁鹊以其言饮药三十日，视见垣一方人。以此视病，尽见五藏症结，特以诊脉为名耳。"此言扁鹊得术于长桑君之始末也。下云："为医或在齐，或在赵。在赵者名扁鹊。"则泛言受扁鹊之术者，不指秦越人一人。曰"在赵者名扁鹊"，则在他国，固有不名扁鹊者矣。下文言起虢太子者，自称越人，当系受术于长桑君者。视赵简子及客齐桓侯者，则无文以知之，不必其为一人也。乃傅玄以史叙虢太子事次赵简子下，齐桓侯事又次虢太子下，议之曰："虢是晋献所灭，先此百二十余年，此时焉得有虢？"又曰："是时齐无桓侯。"裴骃则曰是田和之子桓公午，欲以是为调停，亦不达矣。且古国之灭而复建者甚多，如陈、蔡等皆是。庸有其灭见于史而其复建不见者，亦不得谓虢一灭之后，即定无虢也。至以秦越人直赵简子时传其术者，自不能及齐桓公；然古人轻事重言，此等传说，但取一著名之人以实之耳，固不必为齐桓公，亦不必其定为田午也。故读古书，非知古书之义例不可。

（三九）公刘

诗曰："笃公刘，匪居匪康，乃埸乃疆，乃积乃仓，乃裹糇粮，于橐于囊，思辑用光，弓矢斯张，干戈戚扬，爰方启行。"《毛传》曰："公刘居于邰，而遭夏人乱，迫逐公刘。公刘乃辟中国之难，遂平西戎，而迁其民，邑于豳。盖诸侯之从者，十有八国焉。"《笺》云："厚乎公刘之为君也，不以所居为居，不以所安为安。邰国乃有疆埸也，乃有积委及仓也，安安而能迁，积而能散，为夏人迫逐己之故，不忍斗其民，乃裹粮食于囊橐之中，弃其余而去。公刘之去邰，整其师旅，设其兵器，告其士卒曰：为女方开道而行。明己之迁，非为迫逐之故，乃欲全民也。"案《国语·周语》，载祭公谋父之言曰："昔我先王，世后稷，以服事虞夏。及夏之衰也，弃稷不务，我先王不窋，用失其官，而自窜于戎狄之间。"《史记·周本纪》曰："不窋末年，夏后氏政衰，去稷不务，不窋以失其官，而奔戎狄之间。”二说相合。《史记》又曰：“不窋卒，子鞠立。鞠卒，子公刘立。公刘虽在戎狄之间，复修后稷之业。务耕种，行地宜。自漆沮渡渭，取材用，行者有资粮，居者有畜积，民赖其庆，百姓怀之，多徙而保归焉。周道之兴自此始，故诗人歌乐思其德。”此说与孟子对齐宣王所谓“居者有积仓，行者有裹粮也，然后可以爰方启行”合。《梁惠王》下。知必诗人旧说，自不窋已见迫逐，公刘安得居邰，更何来夏人迫逐公刘，公刘不忍斗其民之说？《郑笺》此语，盖谬以太王避狄事，移之公刘。《史记》又云：“公刘卒，子庆节立，国于豳”，则公刘犹未居豳也。毛、郑之云，几于妄造史实矣。惟谓诸侯从公刘者十有八国，此语当有所本。当即《史记》所云“百姓怀之，多徙而保归焉”之事。《疏》云“不知出何文”，盖亦诗人遗说，而毛氏窃闻之。然不知前后事实，遂至陵乱失次矣。故知无本之学，终不可与道古也。郑氏初学韩诗，乃舍完具之说，而取枝节之谈，可谓下乔入幽矣。

《史记》曰：“封弃于邰，号曰后稷，别姓姬氏。后稷之兴，在陶唐、虞、夏之际，皆有令德。后稷卒，子不窋立。”此三十四字，凡有三解：“号曰后稷”之“后稷”指弃。“后稷之兴”之“后稷”，指弃以后不窋以前居稷官者。“后稷卒”之“后稷”，则不窋之父也。娄敬言：周自后稷封邰，十有余世，公刘避桀居豳。此后稷指弃言。太子晋谓“自后稷之始基靖民，十五王而文始平之，十八王而康克安之”；卫彪傒谓“后稷勤周，十有五世而兴”，皆见《国语·周语》。则指不窋之父言。自不窋以前，周之世系，已无可考。故《左氏》谓“禹不先鲧，汤不先契，文武不先不窋”。文公二年。非不窋亲足比鲧，尊足比契，而周先王之可溯者，止于是也。然名号世次，虽不可知，固犹约略知为十余世。乃韦注《国语》，以不窋当太康时；《郑谱》更以公刘当太康时，则谬矣。自虞廷命弃，至于太康之时，安得有十余世邪？《疏》云：“《外传》称后稷勤周，十五世而兴，《周本纪》亦以稷至文王为十五世，计虞及夏殷，有千二百岁，每世在位，皆八十许年，乃可充其数耳。命之短长，古今一也，而使十五世君，在位皆八十许载，子必将老始生，不近人情之甚，以理而推，实难遽信。”竟不悟不窋之父与弃非一人，可谓瞽矣。

《吴越春秋·吴太伯传》云：“拜弃为农师，封之邰，号为后稷，姓姬氏。后稷就国为诸侯。卒，子不窋立。遭夏氏世衰，失官奔戎狄之间。其孙公刘，避夏桀于戎狄，变易风俗，民化其政。”于弃与不窋之父，已不知分别，然云公刘当夏桀时则不误。盖得之旧传，而措辞偶不省也。《史记·匈奴列传》曰："夏道衰，而公刘失其稷官，变于西戎，邑于豳。"此约略之辞，故上不溯不窋，下不及庆节。娄敬言公刘居豳同此。此等皆非叙周事，故不为过，不当与《毛传》《郑笺》同讥也。然云"其后三百有余岁，戎狄攻大王亶父"，则亦以公刘在夏末矣。

《史记》曰："庆节卒，子皇仆立。皇仆卒，子差弗立。差弗卒，子毁隃立。毁隃卒，子公非立。公非卒，子高圉立。高圉卒，子亚圉立。亚圉卒，子公叔祖类立。公叔祖类卒，子古公亶父立。"毁隃，《索隐》云：《世本》作伪榆，此仅字形之异。公非，《索隐》云：《世本》作公非辟方；高圉，《索隐》云：《世本》作高圉侯侔；亚圉，《集解》云：《世本》作亚圉云都；公叔祖类，《索隐》云：《世本》云太公组绀诸盩，《三代世表》称叔类；则嫌非一人矣。皇甫谧云：公非，字辟方；云都，亚圉字；公祖，一名组绀诸盩，字叔类，号曰太公。《索隐》云："《汉书·古今人表》曰：云都，亚圉弟。如此，则辟方侯侔，亦皆二人之名，实未能详。"案《古今人表》以辟方为公非子，高圉为辟方子，夷竢、亚圉皆高圉子；如此，则辟方，侯侔，云都，多出三代。故杜氏《释例》，以高圉为不窋九世孙。《路史·发挥》亦主是说，谓公叔组绀，是为祖类，生诸盩，是为太公，太公生亶父；自不窋至季历一十七世。案《酒诰疏》云："《世本》云：后稷生不窋为昭，不窋生鞠陶为穆。鞠陶生公刘为昭，公刘生庆节为穆。庆节生皇仆为昭，皇仆生羌弗为穆。羌弗生毁榆为昭，毁榆生公飞为穆。公飞生高圉为昭，高圉生亚圉为穆。亚圉生组绀为昭，组绀生大王亶父为穆。亶父生季历为昭，季历生文王为穆。"则《世本》之意，确不以辟方、侯侔、云都、诸盩为异人。《吴越春秋》云："公刘卒，子庆节立，其后八世而得古公亶父。"此八世系除本计，其间亦不能容辟方、侯侔、云都、诸盩也。《左氏》昭公十七年云："余敢忘高圉、亚圉。"以高圉、亚圉连言，其间亦似不能有侯侔。

（四〇）毕郢

《孟子》言文王生于岐周，卒于毕郢。《离娄》下。而《史记》言文王伐崇侯虎而作丰邑，自岐下而徙都丰，明年西伯崩。《周本纪》。二者睽异，何也？案《诗·大雅·皇矣》曰："密人不恭，敢距大邦，侵阮、徂、共。"《毛传》云：

密须氏侵阮，遂往侵共。《郑笺》则谓阮、徂、共三国犯周，而文王伐之，密须之人，距其义兵。《诗》曰："依其在京，侵自阮疆，陟我高冈。无矢我陵，我陵我阿；无饮我泉，我泉我池。度其鲜原，居岐之阳，在渭之将，万邦之方，下民之王。"《笺》言"文王但发其依居京地之众，以往侵阮国之疆。登其山脊，而望阮之兵，兵无敢当其陵及阿者，又无敢饮食于其泉及池水者。"又云："文王见侵阮而兵不见敌，知己德盛而威行，可以迁居，定天下之心，乃始谋居善原广平之地，亦在岐山之南，居渭水之侧，为万国之所乡，作下民之君。后竟徙都于丰。"如《笺》言，明文王作丰以前，尝居于岐下，此即《史记》所谓自岐下而徙居者也。《疏》云："太王初迁，已在岐山，故言亦在岐山之阳。《周书》称文王在程，作《程寤》《程典》；皇甫谧云，文王徙宅于程；盖谓此也。"案《疏》言文王所居之岐，非即太王所居，是也，言此所营即程则非。伐密须，据《大传》及《史记》，皆在受命后三年。而《周书・大匡》曰："维周王宅程三年，遭天之大荒，作《大匡》以诏牧其方，三州之侯咸率。"《程典》曰："维三月，既生魄，文王合六州之侯，奉勤于商。"《酆保》曰："维二十三祀，庚子朔，九州之侯，咸格于周，王在酆。"古云九州，犹言天下。三州之侯咸率，犹云三分天下有其一。能合六州之侯，则所谓三分天下有其二也。云九州咸格，则天下皆服矣，此盖称王后事。"合六州之侯，奉勤于商"，即《论语》所谓"三分天下有其二，以服事殷"。《泰伯》。《程典》又云"商王用宗谗，震怒无疆，诸侯不娱，逆诸文王"，则《左氏》所谓"纣囚文王七年，诸侯皆从之囚"者也。襄公三十一年。宅程之三年，虽不能知为何年，然必在作《程典》之前，安得至侵阮之后乃作程乎？故知《义疏》之言为误也。《史记・周本纪》言："武王上祭于毕。东观兵，至于盟津。为文王木主，载以车，中军。武王自称太子发。言奉文王以伐，不敢自专。"《鲁世家》言："周公在丰，病将殁，曰：必葬我成周，以明吾不敢离成王。周公既卒，成王亦让，葬周公于毕，从文王，以明予小子不敢臣周公也。"则毕为文王墓地，《索隐》谓天星之名，非也。文王盖卒于郢，葬于毕，故《孟子》连言之。《周书・和寤》曰："王乃出图商，至于鲜原。"此即诗所谓"度其鲜原"者。武王图商，仍在鲜原，则丰邑草创，文王虽作之，而不常居，故其卒仍在郢也。

"侵阮、徂、共"，以文义言之，似毛义为长；又阮、徂、共为三国，不见古书；此读者所以多信毛而疑郑也。按《笺》云："阮也、徂也、共也，三国犯周，而文王伐之，密须之人，乃敢距其义兵。”则敢距大邦，侵阮、徂、共，乃所谓倒句法，曹元弼《复礼堂文集·书周礼从坐法辨》曰《书·费誓》：汝则有无余刑，非杀。说者失其辞气。夫军令尚严，言非杀则非威众之辞；且既云无余刑，则非杀可知，何必别云非杀？窃谓此系倒句法，犹云汝非杀则有无余刑。”案曹说是也。惟非有意倒之，乃言无余刑之前，漏言非杀，既言之后，乃又从而补之耳。今人语言中，亦往往有此。古书中用者较鲜，故后人不察，然语言中自有此法，不能目为误也。下文云：王赫斯怒，爰整其旅，以按徂旅。”《传》云：“旅，师。按，止也。旅，地名也。”《疏》曰：“上言侵阮，遂往侵共，盖自共复往侵旅，以文上不见，故于此言之。”又《传》既谓密须侵阮，不能谓文王侵自阮疆，《疏》乃又说为密人来侵周，迂曲甚矣。何若郑解以遏徂旅为遏止徂国之兵，侵自阮疆为往侵阮国之疆之直捷乎？《疏》云：“王肃云：无阮、徂、共三国。孔晁云：周有阮、徂、共三国，见于何书？孙毓云：案《书传》：文王七年五伐，有伐密须、犬夷、黎、邘、崇，未闻有阮、徂、共三国助纣犯周，文王伐之之事。皆以为无此三国。”而申郑云：“于时书史散亡，安可更责所见？张融云：晁岂能具数此时诸侯，而责徂、共非国也？《鲁诗》之义，以阮、徂、共皆为国名，是则出于旧说，非郑之创造。《书传》七年，年说一事，故其言不及阮、徂、共耳。”又引皇甫谧云：“文王问太公：吾用兵孰可？太公曰：密须氏疑于我，我可先伐之。管叔曰：不可。其君，天下之明君，伐之不义。太公曰：臣闻先王之伐也，伐逆不伐顺，伐险不伐易。文王曰：善。遂侵阮、徂、共，而伐密须。密须之人，自缚其君而归文王。”《疏》言谧采摭旧文，傅会为说，其说是也。谧之病，在牵合，不在臆造。岂惟谧，凡古书固多如此矣。此文必有所据，所据疑即《鲁诗》遗说。疑于我，谓其势敌于周，故当先伐，可见密须为大国。阮、徂、共盖皆小国，故《书传》不之及也。书阙有间，而《鲁诗》能著其说，可见汉初经师之学，自有真传，不独恃竹帛矣。郑君初治《韩诗》，《韩诗》盖与《鲁》合，又可见今文先师之说，同出一原也。毛公之学，自谓子夏所传，观其说之支离，而知其言之不雠矣。

然则《书传》言文王受命后征伐，与《史记·周本纪》不合者，其故安在？《史记》之文，自言出于诗人，岂《诗》三家之说相合，而其与《尚书》家则不能尽合乎？案《书传》之文，盖倒乱失次。《史记·本纪》，多用《书》说，其言文王事亦然。下别著之曰“诗人道西伯”，则所以兼存《诗》说。故《史记·周本纪》之文，自“诗人道西伯”以上皆《书》说，正当据以正《书传》之讹，不得因此反疑《诗》《书》之说有异同也。《诗·文王序疏》曰：“《尚书·周传》云：文王受命，一年断虞、芮之讼，二年伐邗，三年伐密须，四年伐犬夷，五年伐耆，六年伐崇，七年而崩。《史记·周本纪》曰：西伯阴行善，诸侯皆来决平。虞、芮既让，诸侯闻之曰：西伯盖受命之君也。此是受命一年之事。又曰：明年伐犬夷。明年伐密须。明年败耆国。明年伐邗。明年伐崇侯虎而作丰邑。明年西伯崩。此虽伐犬夷与伐耆、伐邗，其年与《书传》不次，要亦七年崩也。”《礼记·文王世子疏》引《书传》，又《左氏》襄公三十一年《疏》引至四年伐犬夷皆同。惟《礼记疏》伐邗作伐鬼方耳。《文王序疏》曰：“《元命苞》云：西伯既得丹书，于是称王，改正朔，诛崇侯虎。称王之文，在诛崇之上。《是类谋》云：称王制命示王意。《乾凿度》云：改正朔，布王号于天下。二文皆承伐崇作灵台之下，伐崇在六年，则亦六年始称王也。但彼文以伐崇之等，皆是文王大事，故历言之，其言不必依先后为次，未可即以为定。《书传》称二年伐邗，三年伐密须，四年伐犬夷。《书序》云：殷始咎周。《注》云：咎，恶也。纣闻文王断虞、芮之讼，后又三伐皆胜，而始畏恶之，拘于羑里。又曰：周人乘黎。《注》云：乘，胜也。纣得散宜生等所献宝而释文王，文王释而伐黎。明年，伐崇。案《殷传》云：西伯得四友献宝，免于虎口而克耆。《大传》曰：得三子献宝，纣释文王而出伐黎。其言既同，则黎、耆一物。是文王伐犬夷之后乃被囚，得释乃伐耆也。《出车》说文王之劳还帅云春日迟迟，是四年遣役，五年始反，乃劳之，当劳讫被囚，其年得释，即以岁暮伐耆，故称五年伐耆也。天无二日，土无二王，若五年以前，既已称王改正，则反形已露，纣当与之为敌，非直咎恶而已。若已称王，显然背叛，虽纣之愚，非宝能释也。又《书序》周人乘黎之下云：祖伊恐，奔告于受，作《西伯戡黎》。若已称王，则愚者亦知其叛，不待祖伊之明始识之也。且其篇仍云西伯，明时未为王。是六年称王，为得其实。故《乾凿度》布王号之下注云：受命后五年乃为改。此是郑意以为六年始王也。但文王自于国内建元久矣，无故更复改元，是有称王之意，虽则未布行之，亦是称王之迹。故《周本纪》云诗人道西伯，盖受命之年称王。皇甫谧亦云受命元年，始称王矣。正以改称元年，故疑其年称王，斯言非无理矣，但考其行事，必不得元年称王耳。然则六年称王，七年则崩，是称王甚晚。《礼记大传注》云文王称王早矣者，以殷纣尚存，虽于年为晚，而时未可称，故为早也。”《文王世子疏》云：“案纬候之说，文王年九十六始称王。”案《文王世子》以文王九十七而终，此即受命后六年称王之说也。《礼记疏》说略同。《左氏疏》云：“《周本纪》称纣囚西伯于羑里，闳夭之徒，求美女、美宝而献之纣，纣大说，乃赦西伯，赐之弓矢，使之得征伐。其下乃云：虞、芮争狱，俱让而去，诸侯闻之曰：西伯，受命之君也。如马迁所云，虞、芮质狱之前被囚也。郑玄《尚书注》，据《书传》为说，以为四年囚之，五年释之。即如所言，被囚不盈一年，此传不得言纣囚文王七年也。马迁之言，当得其实。”《诗疏》强申郑说，然于《史记》所谓诗人之言，亦不敢难，盖事理所在，自不可诬也。不特此也，郑注《大传》，既云“文王称王早矣”，其注《文王世子》“君王其终抚诸”，亦曰“言君王，则此受命之后也”；则郑意亦以文王受命即称王，其注纬候，乃随文为说，在郑或初不相照，而《疏》曲为之解，可谓碎义逃难矣。《殷传》《大传》之言，即《疏》论《元命苞》等谓以是文王大事，故历言之，不必依先后为次者。安得据是而谓被囚必在伐犬夷之后，伐耆之前乎？犬戎，密须，皆近患也，故先伐之。耆在上党，邘在野王，则出天门，临河内矣，故祖伊闻之而惧。用兵先后，次序厘然，断不得如《书传》所说也。《绵》之诗曰：“混夷駾矣，维其喙矣。”《笺》曰：“是之谓一年伐混夷。”混夷即犬夷。《史记》伐犬夷在二年，而郑云一年者，受命虽有七年，一年、七年，并无所伐，五伐实自犬夷始，故郑云一年伐混夷也。观此，知《书传》之文，传者必多到乱，其初必同于《史记》矣。

《书·无逸》曰：“文王受命惟中身，厥享国五十年。”享国五十年，实当作年五十岁，解见《古史纪年》条。如此，则受命惟中身，颇为难解。今案纣囚文王七年，文王受命亦七年而崩，则文王在位凡十四岁，受命在其即位后八年，适当其飨国之中数，故曰受命惟中身也。《周书·酆保》言“惟二十三祀”，《小开》曰“惟三十有五祀”，盖并王季之年数之，犹武王之年自文王受命时起计也。《酆保》曰：“九州之侯，咸格于周。”盖文王即位后，服周之国来朝。《大开》《小开》，皆谋开后嗣，而继以《文儆》《文傅》。二篇所记，若在《小开》之明年，则自二十三祀至此，适得十四年。纣杀季历，而《史记·殷本纪》言文王与鬼侯、鄂侯，同为纣之三公，其本在内，隐约可见。九侯，《史记集解》引徐广曰：“一作鬼侯，邺县有九侯城。”鄂侯，《集解》引广曰：“一作邘，野王县有邘城。”盖皆以近纣都而附会，不足据。九、鬼同音，宋于庭谓即“西方有九国焉”之“九国”，亦即“我征徂西至于艽野”之“艽野”，《过庭录》。其说甚当。鄂，疑《左氏》隐公六年“翼九宗五正顷父之子嘉父逆晋侯于随，纳诸鄂”之“鄂”，其地在河汾之间。然则九侯、鄂侯与周，固皆西方诸侯也。窃疑九侯、鄂侯、王季俱如殷，皆见杀，而文王又被囚，至七年，其臣献洛西之地乃释也。洛西之地，《史记正义》以丹、坊等州当之，其地大远，恐非纣所能有。疑洛实伊洛之洛，洛西，盖在偃师以西。殷自武乙徙河北，旧都之守稍疏，周人图取其地，及被囚，迫而献出，乃改图而出河东，则《礼记·乐记》所谓“始而北出”者也。戡耆，则据上党，俯临河内矣。故祖伊惧而奔告。殷自此，盖亦稍厚西方之防，故武王又攻其不备，出孟津而临牧野也。

《新语·术事》云:“文王生于东夷，大禹出于西羌。”此语显与《孟子》背。盖古人于此等处，不甚审谛，特取东西相对为文耳。不足据以疑《孟子》也。

（四一）三恪解

《左氏》襄公二十五年：子产曰:“昔虞阏父为周陶正，以服事我先王。我先王赖其利器用也，与其神明之后也，庸以元女大姬配胡公，而封诸陈，以备三恪。”杜《注》云:“周得天下，封夏、殷二王后。又封舜后，谓之恪，并二王后为三国，其礼转降，示敬而已，故曰三恪。”《疏》:“《乐记》云:武王克殷，未及下车，而封黄帝之后于蓟，封帝尧之后于祝，封帝舜之后于陈；下车而封夏后氏之后于杞，投殷之后于宋。《郊特牲》云：天子存二代之后，犹尊贤也；尊贤不过二代。郑玄以此谓杞、宋为二王之后，蓟、祝、陈为三恪。杜今以周封夏、殷之后为二王后，又封陈并二王后为三恪。杜意以此《传》言以备三恪，则以陈备三恪而已。若远取蓟、祝，则陈近矣，何以言备？以其称备，知其通二代而备其数耳。二代之后，则各自行其正朔，用其礼乐，王者尊之深也。舜在二代之前，其礼转降。恪，敬也。封其后，示敬而已，故曰恪。虽通二代为三，其二代不假称恪，惟陈为恪耳。”案杜《注》调和于《公羊》《左氏》二家之间，说本依违无据，《疏》更就“备”字曲为之说，尤非也。《郊特牲疏》引《异义》云:“《公羊》说存二王之后，所以通天三统之义，引此文。《古春秋左氏》说周家封夏、殷二王之后，以为上公。封黄帝、尧、舜之后，谓之三恪。许慎谨案云：治《鲁诗》丞相韦玄成、治《易》施雠等说引《外传》曰：三王之乐，可得观乎？知王者所封，三代而已。不与《左氏》说同。郑驳之云：所存二王之后者，命使郊天，以天子之礼，祭其始祖受命之王，自行其正朔服色。恪者，敬也，敬其先圣而封其后，与诸侯无殊异，何得比夏、殷之后？”据此，《公羊》通三统，与《左氏》三恪之义自殊，杜《注》曲为比附，其说自非矣。称舜后为三恪，《左氏》既有明文，似《异义》所谓古说者不误。然《左氏》僖公二十四年：“宋成公如楚，还入于郑。郑伯将享之，问礼于皇武子。对曰：宋，先代之后也，于周为客，天子有事膰焉，有丧拜焉，丰厚可也。”昭公二十五年：会于黄父。赵简子令诸侯之大夫，输王粟，具戍人。宋乐大心曰：“我不输粟。我于周为客，若之何使客？”客即恪也。则谓宋在三恪之列，《左氏》亦自有明文可据也。《解诂》云：“王者封二王后，地方百里，爵称公，客待之而不臣也。”又曰：“使统其正朔，服其服色，行其礼乐，所以尊先圣通三统师法之义。恭让之礼，于是可得而观之。”隐公三年。此自《春秋》之义。《郊特牲》之文，即传说之散见者。《郑注》云“二或为三”，非也。然在古代，则天子但于前代之后则敬之，不必限以二，亦不拘以三。古三为多数之义，云三不必其果为三也。此犹后世耶律氏尽并八部，尊遥辇于御营九帐之上耳。统其正朔，服其服色，行其礼乐，则古代畿外之国，本不能一统。《曲礼》曰：“君子行礼不求变俗，祭祀之礼，居丧之服，哭泣之位，皆如其国之故，谨修其法而审行之。”则其义“变礼易乐者为不从，不从者君流；革制度衣服者为畔，畔者君讨”；《王制》。其实仅能行诸畿内耳。《左氏》所记，自为古之事实；《公羊》所言，则儒家经说；二者正不必牵合也。《郊特牲疏》引熊氏云：“周之三恪，越少昊、高辛远存黄帝者，取其制作之人。故《易·系辞》云：神农氏没，黄帝、尧、舜氏作，义当然也。”牵合弥广，其无当于经义及古代之事实亦弥甚，皆所谓碎义逃难者也。

（四二）武王克商

《孟子》曰：“尽信书，则不如无书。吾于《武成》，取二三策而已矣。仁人无敌于天下，以至仁伐至不仁，而何其血之流杵也？”《尽心》下。此古人见古书变乱史实之辞也。古史之传于后，经此等改易删削，而失其真者，盖不知凡几矣。

《史记》多取《书》说，予已累言之，无待更述。今观其述殷周间事，多与《周书》相出入，而《尚书》家之变乱史实有可微窥者焉。《周书·克殷》云：

"周车三百五十乘，陈于牧野。帝辛从。武王使尚父与伯夫致师。王既誓以虎贲戎车驰商师。商师大崩。"如此而已矣，《史记》则曰："纣师虽众，皆无战之心，心欲武王亟入；皆倒兵以战，以开武王。武王驰之，纣兵皆崩，畔纣。"增入纣师倒兵之说矣。《周书·世俘》曰："武王狩禽：虎二十有二，猫二，麋五千二百三十五，犀十有二，牦七百二十有一，熊百五十有一，罴百一十有八，豕三百五十有二，貉十有八，麈十有六，麝五十，麋三十，鹿三千五百有八。"世皆疑其诞而不之信，然此即《孟子》所谓"驱虎豹犀象而远之"者也。《滕文公》下。《孟子》言纣之罪曰："坏宫室以为污池，民无所安息。弃田以为园囿，使民不得衣食。园囿污池，沛泽多而禽兽至。"同上。古多旷地，园囿污池，岂待坏宫室弃田而为之？齐宣王之囿，方七十里，杀其麋鹿者，如杀人之罪，《孟子》讥其为阱于国中，《梁惠王》下。亦故山泽之区，禁御之，使刍荛雉兔者不得往焉耳，未闻其坏宫室弃田而为之也。纣早于宣王七百余年，安得有此？盖纣都朝歌，台在沙丘，《汉书·地理志》。地偏东北，本皆旷废之区，纣乃因以为苑囿耳。虽曰禽荒，其恶未至如《孟子》所言之甚也。而武王则尤而效之者也，或且变本加厉焉。顾美其"兼夷狄驱猛兽而百姓宁"，《滕文公》下。天下真无复是非矣。"兼夷狄"者，《孟子》所谓"灭国者五十"，同上。《世俘》所记太公望命御方来等是也。皆云"告以馘俘"，又总计之曰："武王遂征四方。凡憝国九十有九国。馘魔亿有十万七千七百七十有九。俘人三亿万有二百三十。凡服国六百五十有二。"世或又疑其诞。然俘馘本有虚数。憝国九十有九，盖以九为数之究而云然。灭国者五十，则举成数言之。虽不必实，然其数必不少矣。憝云灭云者，破坏其国，杀戮其君；服则望风归款者也。即谓不然，亦师速而疾略之而已。灭者五十，憝者九十有九，而服者六百五十有二，正不必怪其多矣。不特此也，纣既自燔矣，武王又射之三发，下车击之以轻吕，斩之以黄钺，悬之大白之旗。又适二女之所，二女既缢矣，又射之三发，击之以轻吕，斩之以玄钺，悬之小白之旗。《克殷》。二女，《史记》云嬖妾；《世俘》则曰："武王燎于周，大师负商王纣悬首白旗，妻二首赤旗，乃以先馘，入燎于周庙。"案殷俗多同有虞，而《孟子》言舜"二女裸"，《尽心》下。或殷俗亦二妻，《世俘》之言是也。亲加刃于敌国帝后之尸，其虐，过于邾人之戕鄫子。《春秋》宣公十八年。不归其元而用之于庙，则秦不果施之于晋惠公，《史记·晋世家》。吴不忍行之于齐国书者也。《左氏》哀公十一年。赧王入秦，顿首献地，犹获归正首丘。《史记·周本纪》。何其仁暴之殊也？大史公曰："论秦之德义，不如鲁、卫之暴戾。"论周则又居何等焉？

臧哀伯曰："武王克商，迁九鼎于洛邑，义士犹或非之。"《左氏》桓公二年。《克殷》曰："命南宫伯达、史佚迁九鼎三巫。"盖始迁之三巫，卒又营洛邑而居之也。《世俘》又记其"荐俘殷王鼎"，又云："商王纣，取天知玉琰璲身厚以自焚。凡厥有庶，告焚玉四千。武王乃俾于千人求之。四千庶玉则销。天知玉五，在火中不销。凡天知玉，武王则宝与同。凡武王俘商旧玉，亿有百万。"周之所求可知矣。而曰散鹿台之财，发巨桥之粟，何其诬也？抑粟帛不可载以行，亦非野人所宝，乃从而破散之邪？

《楚辞·天问》曰："到击纣躬，叔旦不嘉。"盖谓武王亲加刃于纣之尸，周公不以为然也。周公之为人，盖较武王少知礼义，故摄政七年之后，传有制礼作乐之事焉。《金縢》册祝曰："乃玄孙不若旦多材多艺，不能事鬼神。"足见武王为一武夫，一无所知也。《天问》又曰："授殷天下，其位安施？反成乃亡，其罪伊何？"授殷天下，言复封武庚也。其位安施，言武庚败亡也。反成而亡，言周公东征而归，属党见执，身奔楚也。此周家争夺相杀之事也。《天问》又曰："会晁争盟，何践吾期？苍鸟群飞，孰使萃之？"此即《诗》所谓"维师尚父，时惟鹰扬，凉彼武王，肆伐大商，会朝清明"者。苍鸟群飞，亦如乌流幄、鱼跃舟之类，以为瑞应耳。足见周初所传，本无信史，后人称诵，悉出文饰，虽诗人所咏，已非其实也。《天问》又曰："稷惟元子，帝何竺之？投之于冰上，鸟何燠之？"此即《诗·生民》所咏。又曰："何冯弓挟矢，殊能将之。"则后稷非农师，亦斗士耳。教民稼穑，树艺五谷之言，皆因其居稷官而附会者也。而"文王卑服，即康功田功"《书·无逸》。视此矣。又曷怪周人之好杀戮，事攘夺哉？

《贾子·连语》曰："纣将与武王战。纣陈其卒，左臆右臆，鼓之不进，皆还其刃，顾以乡纣也。纣走还于寝庙之上，身斗而死，左右弗肯助也。纣之官卫，舆纣之躯，弃之玉门之外。民之观者，皆进蹴之，蹈其腹，蹶其肾，践其肺，履其肝。周武王乃使人帷而守之。民之观者，搴帷而入，提石之者，犹未肯止。"此说谓纣卒倒兵同于《书》家，而纣尸为商民所残，而武王且有帷守之惠，其讳饰弥工矣。

（四三）太公为西方人

《史记·齐世家》曰："太公望吕尚者，东海上人也。其先祖尝为四岳，佐禹平水土，甚有功。虞夏之际封于吕，或封于申，姓姜氏。夏商之时，申吕或封枝庶，子孙或为庶人，尚其苗裔也。"又曰："吕尚盖尝穷困，年老矣，以渔钓奸周西伯。周西伯猎，遇太公于渭之阳。或曰，太公博闻，尝事纣，纣无道，去之。游说诸侯，无所遇，而卒归周西伯。或曰，吕尚处士，隐海滨。周西伯拘羑里，散宜生、闳夭素知而招吕尚。吕尚亦曰吾闻西伯贤，又善养老，盍往焉。三人者为西伯求美女奇物，献之于纣，以赎西伯，西伯得以出，反国。"《孟子》言："太公辟纣，居东海之滨，闻文王作，兴曰：盍归乎来，吾闻西伯善养老者。"《离娄》上。即《史记》吕尚隐海滨，散宜生、闳夭招之之说也。《战国·秦策》姚贾曰："太公望，齐之逐夫。"亦谓其在东方。又曰："朝歌之废屠，子良之逐臣，棘津之雠不庸。"则谓其在河内矣。《尉缭子》曰："太公望年七十，屠牛朝歌，卖食孟津。"《韩诗外传》曰："吕望行年五十，卖食棘津，年七十，居于朝歌。"《说苑·尊贤》曰："太公望，朝歌之屠佐也，棘津迎客之舍人也。"说皆与姚贾同。《吕览·首时》曰："太公望，东夷之士也。"说同《孟子》。又曰："闻文王贤，故钓于渭以观之。"则与《史记》"以渔钓奸西伯"之说合矣。案《礼记·檀弓》："太公封于营丘，比及五世，皆反葬于周。君子曰：乐，乐其所自生，礼不忘其本，古之人有言曰：狐死正丘首，仁也。"此太公为西方人之诚证。东海上人，盖因其封东方而附会。其遗事或在朝歌，则因太公为文、武师，《史记》言吕尚所以事周虽异，然要之为文、武师。鹰扬之绩，著在商郊故也。传食诸侯，古无是事，谓其游说无所遇，而卒归周，乃战国时人臆度之说。后稷生于姜嫄，太王妃曰太姜，武王妃曰邑姜，当时姜姓在西方者实多，正不独申吕也。

《水经·河水注》："张甲河右渎，东北径广川县故城西，又东径棘津亭南。徐广曰：棘津在广川。司马彪曰：县北有棘津城，吕尚卖食之困，疑在此也。刘澄之云：谯郡酂县东北有棘津亭，故邑也，吕尚所困处。余案《春秋左氏传》，伐巢，克棘，入州来，无津字；杜预《春秋释地》，又言棘亭在酂县东北，亦不云有津字；不知澄之于何而得是说。天下以棘为名者多，未可咸谓之棘津也。又《春秋》昭公十七年，晋侯使荀吴帅师涉自棘津，用牲于洛，遂灭陆浑。杜预《释地》，阙而不书。服虔曰：棘津，犹孟津也。徐广《晋纪》，又言石勒自葛陂寇河北，袭汲人向冰于枋头，济自棘。棘津在东郡、河内之间，田融以为即石济南津也。虽千古茫昧，理世玄远，遗文逸句，容或可寻；沿途隐显，方土可验。司马迁云：吕望，东海上人也，老而无遇，以钓奸周文王。又云：吕尚行年五十，卖食棘津，七十则屠牛朝歌，行年九十，身为帝师。皇甫士安云：欲隐东海之滨，闻周文王善养老，故入钓于周。案《史记》以渔钓奸周西伯，与闻西伯善养老而归周系两说，谧强合为一。凡谧之说多如此，古说之为其所乱者盖多矣，然正不独一谧也。今汲水城，亦言有吕望隐居处，起自东海，迄于酆雍，缘其径趣，赵魏为密，厝之谯宋，事为疏矣。”案《秦策》《韩诗》《说苑》云棘津，《尉缭》云孟津，则服虔之言，未为无据。佚事流传，本多不实，于地理，必取著名者以立言。孟津为武王伐纣济师处，以此附会太公，正近情理，必谓其在赵魏，恐未然也。又《清水》“东过汲县北”《注》云：“县故汲郡治，晋太康中立。城西北有石夹水，飞湍浚急，人亦谓之磻溪，言太公尝钓于此也。城东门北侧有太公庙，庙前有碑，碑云：太公望者，河内汲人也。县民故会稽太守杜宣白令崔瑗曰：太公本生于汲，旧居犹存，君与高、国，同宗太公，载在经传。今临此国，宜正其位，以明尊祖之义。于是国老王喜、廷掾郑笃、功曹邠勤等，咸曰宜之，遂立禋祀，为之位主。城北三十里有太公泉，泉上又有太公庙，庙侧高林秀木，翘楚竞茂，相传云太公之故居也。晋太康中，范阳卢无忌为汲令，立碑于其上。”此可见流俗附会之由。《吕览》高《注》曰：“太公望，河内人也，于周丰、镐为东，故曰东夷之士。”合两说而强为之辞，真可发一大噱。

《吕览·谨听》曰：“太公钓于滋泉。”《水经·渭水注》曰：“渭水东径郁夷县故城南，汧水入焉。渭水之右，磻溪水注之。水出南山兹谷，乘高激流，注于溪中。溪中有泉，谓之兹泉。泉水潭积，自成渊渚，即《吕氏春秋》所谓太公钓兹泉也。今人谓之凡谷。石壁深高，幽隍邃密，林障秀阻，人迹罕交。东南隅有一石室，盖太公所居也。水次平石钓处，即太公垂钓之所。其投竿跽饵，两膝遗迹犹存。”又渭水“东过霸陵县北，霸水从县西北流注之”，《注》云：“霸者，水上地名也，古曰滋水矣。秦穆公霸世，更名滋水为霸水，以显霸功。”郁夷在今陇州西，霸陵在今咸宁东，而皆以为太公渔钓之所，可见流俗之善于附会。实则屠钓同为古人所贱，传者特以是言太公之困耳。太公盖诚晚达，然曾屠钓与否，尚难断言，况欲凿指其地邪？《天问》曰：“师望在肆昌何识？鼓刀扬声后何喜？”固不谓太公以渔奸西伯，而其屠亦不得在朝歌也。

（四四）惟周公诞保文武受命惟七年

《诗·文王序疏》云:“伏生、司马迁以为文王受命七年而崩;刘歆作《三统历》,考上世帝王，以为文王受命九年而崩。班固作《汉书·律历志》载其说。于是贾逵、马融、王肃、韦昭、皇甫谧皆悉同之。《帝王世纪》引《周书》，称文王受命九年，惟暮之春，在镐，召太子发，作《文传》。九年犹召太子，明其七年未崩，故诸儒皆以为九年而崩。”是诸儒之说原于歆，歆之说实原于《周书》也。今案《周书》一字之误,遂启后来无限之争,然推其本,则《周书》之所据,实未尝与《诗》《书》之说有异同也。司马迁文王受命七年而崩之说,见《史记·周本纪》,《周本纪》云“诗人道西伯”,盖举《诗》说也。何则？《史记·周本纪》言文王受命七年而崩。“九年,武王上祭于毕。东观兵,至于盟津。为文王木主,载以车，中军。武王自称太子发，言奉文王以伐，不敢自专。”自七年至九年,二年矣,故刘歆《世经》,亦谓再期在大祥而伐纣。然《伯夷列传》曰:“西伯卒,武王载木主，号为文王，东伐纣。伯夷、叔齐叩马而谏曰：父死不葬，爰及干戈，可谓孝乎？”岂有再期而犹不葬者？《楚辞·天问》曰:“武发杀殷何所悒？载尸集战何所急？”《淮南·齐俗》曰:“武王伐纣，载尸而行，海内未定，故不为三年之丧始。”《注》言始废于武王也。其非再期大祥时明矣。武王当日,盖秘文王之丧以伐纣,不克还归,居二年而又东伐也。所以居二年而复东伐者,非如《史记》所言闻纣昏乱暴虐滋甚,实以已于是时免丧故耳。然则武王观兵,当在文王受命七年；遍告诸侯东伐，当在九年。后周人自讳其不葬而用兵，乃将其事悉移下二年，然文王死即东兵，犹为后人所能忆，作《周书》者遂误将文王之死，移下二年也。载主而行，固古人用兵通礼。

《周书·明堂解》曰:“大维商纣暴虐，脯鬼侯以享诸侯，天下患之。四海兆民，欣戴文武。是以周公相武王以伐纣，夷定天下。既克纣六年而武王崩。成王嗣，幼弱，未能践天子之位。周公摄政，君天下，弭乱。六年而天下大治。乃会方国诸侯于宗周，大朝诸侯。制礼作乐，颁度量，而天下大服，万国各致其方贿。七年，致政于成王。”此文全与《礼记·明堂位》同，所多者，“既克纣六年而武王崩”一语耳。武王在位凡七年，其死当在受命十四年，若以克殷在九年，则自九年至十四年，固适得六年也。古人记年代固甚疏，然周公诞保文武受命，惟七年，其数甚巧，周人于此，当不得误记，故《诗》《书》皆无异说。《周书·武儆》曰："惟十有二祀，四月，王告梦。丙辰，出金枝郊宝《开和》细书，命诏周公旦立后嗣，属小子诵文及宝典。"此篇乃记武王将殁时事，二当为四之误。或曰："作是篇者，明知文王之死，为人误移后二年，然不知其自受命七年移至九年，误谓文王受命七年而崩之说，业经延长二年，乃将文王受命后年岁，缩短至五年，如是，则武王在位七年，其死适当受命之十二年矣。"此虽见巧思，然未免穿凿，不可从也。

《明堂位疏》云："周公制礼摄政，孔、郑不同。孔以武王崩，成王年十三，至明年摄政，管叔等流言。故《金縢》云：武王既丧，管叔及其群弟流言于国曰：公将不利于孺子。时成王年十四。即位摄政之元年，周公东征管、蔡，后二年，克之，故《金縢》云：周公居东二年，则罪人斯得。除往年，时成王年十六，摄政之三年也。故《诗序》云:周公东征三年，而归摄政。七年，营洛邑，封康叔而致政，时成王年二十。故孔注《洛诰》，以时成王年二十是也。郑则以为武王崩，成王年十岁。《文王世子疏》："郑注《金縢》云：文王崩后，明年生成王，则武王崩时，成王年十岁。"《周书》以武王十二月崩，至成王年十二，十二月丧毕，成王将即位，称己小，求摄，周公将代之，管、蔡等流言，周公惧之，辟居东都。故《金縢》云：武王既丧，管叔等流言，周公乃告二公曰：我之不辟，无以告我先王。既丧，谓丧服除；辟，谓辟居东都。时成王年十三。明年，成王尽执拘周公属党。故《金縢》云：周公居东二年，则罪人斯得。罪人，谓周公属党也。时成王年十四。至明年秋，大熟，有雷风之异。故郑注《金縢》云：秋大熟谓二年之后。明年秋，迎周公而反，反则居摄之元年，时成王年十五。《书传》所谓一年救乱。明年，诛武庚、管、蔡等，《书传》所谓二年克殷。明年，自奄而还，《书传》所谓三年践奄。四年，封康叔，《书传》所谓四年建侯卫，时成王年十八也。故《康诰》云孟侯，《书传》云天子，天子十八称孟侯。明年，营洛邑，故《书传》云五年营成周。六年，制礼作乐。七年，致政于成王，年二十一。明年乃即政，时年二十二也。"案《史记·周本纪》言武王崩，"成王少，周初定天下，周公恐诸侯畔，乃摄行政当国。管叔、蔡叔群弟疑周公，与武庚作乱，畔周"。明流言即在武王崩、成王初立之时，若摄政待诸二年之后，则国事既大定矣，周公有无篡夺之心，亦既为众所共见矣，若欲徐图篡弑，其经营亦既巩固矣，管叔等顾于此时流言何为？况谓居丧二年中，成王能自为政邪？服除何反求摄？谓周制亦如殷，谅阴听于冢宰，故丧中不待求摄邪？则孔子于子张之问，何不曰殷周皆然，顾曰“古之人皆然”也？《论语·宪问》。《鲁世家》曰：“管叔及其群弟流言于国曰：周公将不利于成王。周公乃告太公望、召公奭曰：我之所以弗辟而摄行政者，恐天下畔周，无以告我先王太王、王季、文王。三王之忧劳天下久矣，于今而后成。武王蚤终，成王少，将以成周，我所以为之若此。于是卒相成王，而使其子伯禽代就封于鲁。”此文解“弗辟”二字，何等文从字顺？且有卒相成王，而使伯禽就封之事为证；岂比郑以丧服除释“既丧”，辟居东都释“辟”之牵强邪？且成王而既疑周公矣，疑之而既能执其属党矣，岂有倒持干戈，授人以柄，反迎之而请其居摄之理？谓此系设说，周公实挟兵力以入，则自辟居讫复入，为时三年，武庚、管、蔡安得不以此时力攻东都，而听其再奠镐京，养成气力？且周公甫戡大难，亦何能即出兵以诛武庚、管、蔡也？故郑之所言，无一而合情理者。《周书·作洛》曰：“武王既归成岁，十二月崩镐，肂于岐周。周公立，相天子。三叔及殷东徐奄及熊盈以略。周公、召公内弭父兄，外抚诸侯。”所谓“一年救乱”也。“元年夏六月，葬武王于毕。二年，又作师旅，临卫政殷，殷大震溃。降辟三叔。王子禄父北奔。管叔经而卒。乃囚蔡叔于郭凌。”所谓“二年克殷”也。曰：“凡所征熊盈族十有七国，俘维九邑。”所谓“三年践奄”也。曰：“俘殷献民，迁于九毕，俾康叔宇于殷，俾中旄父宇于东。”所谓“四年建侯卫”也。曰：“及将致政，乃作大邑成周于土中。”所谓“五年营成周”也。《明堂解》：“六年而天下大治，乃会方国诸侯于宗周，制礼作乐，颁度量，而天下大服。”所谓“六年制礼作乐”也。终之曰“七年致政于成王”，所言无不与《书传》合者，故知《书说》皆原本古史，非凭臆为说也。

《鲁世家》言：“武王有疾，不豫，群臣惧，太公、召公乃缪卜。周公曰：未可以戚我先王。周公乃自以为质。令史策告太王、王季、文王，欲代武王，藏其策金縢匮中，诫守者弗敢言。及东土既集，周公归报成王，乃为诗贻王，命之曰《鸱鸮》。七年，还政于成王。初，成王少时，病，周公乃自揃其蚤，沉之河，以祝于神，曰：王少，未有识，奸神命者乃旦也。亦藏其策于府。成王病有瘳。及成王用事，人或谮周公，周公奔楚。成王发府，见周公祷书，乃泣，反周公。周公在丰，病，将没，曰：必葬我成周，以明吾不敢离成王。周公既卒，成王亦让，葬周公于毕，从文王，以明予小子不敢臣周公也。周公卒后，秋，未获，暴风雷雨，禾尽偃，大木尽拔，周国大恐。成王与大夫朝服以开金縢书，王乃得周公所自以为功代武王之说，二公及王乃问史百执事，史百执事曰：信有，昔周公命我勿敢言。成王执书以泣，曰：自今后其无缪卜乎？昔周公勤劳王家，惟予幼人弗及知，今天动威，以彰周公之德，惟朕小子其迎，我国家礼亦宜之。王出郊，天乃雨，反风，禾尽起。二公命国人，凡大木所偃，尽起而筑之，岁则大熟。”史公此文，全取《尚书·金縢》，而周公奔楚一节，则为《金縢》所弗具。平心论之，成王既能拘执周公之属党，岂有听其反而摄政之理？谓此事在成王用事后，则正合情理。然则郑之所云，殆亦有所本，特其学无师承，经文既阙，不能借口说以补之，遂误以此释《鸱鸮》之诗，而系之于摄政前耳，口说之足贵如此。

周公奔楚，《索隐》云：“经典无文，其事或别有所出。而谯周云秦既燔书，时人欲言金縢之事，失其本末。乃云成王少时病，周公祷河欲代王死，藏祝策于府，成王用事，人谗周公，周公奔楚，成王发府见策，乃迎周公。又与《蒙恬传》同，事或然也。”然则谯周亦信周公欲代成王事为真，而以《金縢》为不具也。周非守章句之学者，而其言如此，可以知所从矣。

（四五）卫伯

《诗·旄丘序》云：“责卫伯也。狄人迫逐黎侯，黎侯寓于卫，卫不能修方伯连率之职，黎之臣子以责于卫也。”《笺》云：“卫康叔之封爵称侯；今曰伯者，时为州伯也。”案《史记·卫康叔世家》：“周公杀武庚禄父、管叔，放蔡叔。以武庚殷余民封康叔为卫君。康叔卒，子康伯立。康伯卒，子孝伯立。孝伯卒，子嗣伯立。嗣伯卒，子庢伯立。庢伯卒，子靖伯立。靖伯卒，子贞伯立。贞伯卒，子顷侯立。顷侯厚赂周夷王，夷王命卫为侯。”据此，自贞伯以上，未有侯称，事甚明白。《索隐》乃云：“《康诰》称命尔侯于东土。又云孟侯，朕其弟，小子封。则康叔初封已为侯也。比子康伯即称伯者，谓方伯之伯耳，非至子即降爵为伯也。故孔安国曰：孟，长也。五侯之长谓方伯。方伯，州牧也。故五代孙祖恒为方伯耳。至顷侯德衰，不监诸侯，乃从本爵而称侯，非是至子而削爵，及顷侯赂夷王而称侯也。”案列国称号，时有进退，《史记》多从其本名书之，盖有所据。《宋微子世家》："微子开卒，立其弟衍，是为微仲。微仲卒，子宋公稽立。"《索隐》云："《家语》：微子弟仲思，名衍，一名泄，嗣微子为宋公，虽迁爵易位，而班级不过其故，故以旧官为称。故二微虽为宋公，犹称微，至于稽乃称宋公也。"《家语》固不足据，然谓史之所书，随其当时称号则是也。安得于卫忽自乱其例？《诗序》说《诗》义皆非是，其辞则杂采旧记而成。此卫伯二字，必有来历。正足证《史记》至顷侯乃命为侯之说也。《卫世家》自贞伯以下称顷侯、厘侯，两世皆称侯。武公佐周平戎有功，周平王命为公，自此以下皆称公。成侯贬号为侯，及子平侯皆称侯，嗣君更贬号曰君，自此以下四世又皆称君。

（四六）江汉、常武

《江汉》《常武》二诗，说者皆以为宣王时事，窃疑非也。《史记·秦本纪》《赵世家》并谓穆王西巡狩，乐而忘归，徐偃王因之作乱。《秦本纪》云：造父为穆王御，长驱归周，一日千里以救乱；《赵世家》云：缪王日驰千里马，攻徐偃王，大破之；而《左氏》昭公四年，椒举谓穆有涂山之会；则穆王当日兵力实曾至淮徐，二诗所咏，盖即其事。

《说苑·指武》："王孙厉谓楚文王曰：徐偃王好行仁义之道，汉东诸侯三十二国尽服矣。王若不伐，楚必事徐。文王遂兴师伐徐，残之。徐偃王将死，曰：吾赖于文德而不明武备，好行仁义之道而不知诈人之心，以至于此。"《淮南子·人间训》亦载此事，而系之楚庄王。穆王时，楚尚未强，而周室声威颇振；伐徐之役，楚人或以师从，故后遂附会以偃王为楚所灭。以当日情势度之，楚必不能为是役之主也。

自《说苑》以后，乃有调停其辞；谓穆王之伐徐，实命楚为之者。《博物志》云："偃王既有国，仁义著闻，欲舟行上国，乃通沟陈蔡之间。得朱弓朱矢，以已得天瑞，遂因名为弓，自称徐偃王。《韩非·喻老》："治国者以名号为罪，徐偃王是也。"则偃王当日确有称王之事。江淮诸侯皆服从，服从者三十六国。周穆王闻，遣使乘驷，一日至楚，使伐之。偃王仁，不忍斗害其民，为楚所败，逃走彭城武原县东山下，百姓随之者以万数，后遂名其山为徐山。山上立石室，有神灵，民人祈祷，今皆见存。"《说苑》云偃王敢死，而此云逃走武原东山，盖所以调停载籍与传说也，然犹不啻言为楚之某王。至《后汉书·东夷传》乃云："徐夷僭号，率九夷以伐宗周，西至河上。穆王畏其方炽，乃分东方诸侯，命徐偃王主之。偃王处潢池东，地方五百里，行仁义，陆地而朝者三十六国。穆王后得骥騄之乘，乃使造父御以告楚，令伐徐，一日而至。于是楚文王大举兵而灭之。偃王仁而无权，不忍斗其人，故致于败，乃北走彭城武原县东山下，百姓随之者以万数，因名其山为徐山。"既云周穆王，又云楚文王，则时不相及，遂启如谯允南者之疑矣。见《史记索隐》引。然云穆王使楚，非；云偃王当穆王时，自实。谯氏不疑彼而疑此，似未谛也。

古书率本传说，年代、人地名多不审谛，然谓其绝无根据，则又不然。《博物志》谓偃王沟通陈蔡之间，《后汉书》谓偃王伐宗周，西至河上，皆隐与《檀弓》容居"昔我先君驹王西讨，济于河"之言合，疑驹王即偃王也。《博物志》谓徐偃王名弓，弓、句声近，窃疑传说者讹驹为弓，因附会为得朱弓矢之说。沟通陈蔡之间，疑即鸿沟。《博物志》之言而信，则偃王之沟通南北，实在吴人沟通江淮之先矣。

楚之强，自熊渠，《史记·楚世家》谓其当周夷王时。又云厉王暴虐，"熊渠畏其伐楚，亦去其王"。然特去其王号而已。谓周当夷、厉以还，犹能声罪致讨于楚，其说实不近情，况越江汉而征淮徐乎？乃《渐渐之石序》云："下国刺幽王也。戎狄叛之，荆舒不至，乃命将帅东征，役久，病于外，故作是诗也。"幽王而能远征荆舒，岂尚为切近之申与犬戎所灭哉？《序》盖因诗有"武人东征"语而附会也。三家说《诗》，多有传授，犹不免误，况于小序之凭亿穿凿者乎？其不足信，无俟再计矣。

（四七）西周皆都丰镐

《诗谱》云："《小雅》《大雅》者，周室居西都丰镐之时诗也。"《疏》云："《文王有声》云作邑于丰，是文王居丰也。又曰考卜维王，宅是镐京，惟龟正之，武王成之，是武王居镐也。《世本》云：懿王徙于犬丘。《地理志》云：京兆槐里县，周曰犬丘，懿王都之。京兆郡，故长安县也。皇甫谧云：镐在长安南二十里，然则犬丘与镐相近，有离宫在焉，懿王暂居之，非迁都也。"其说是也。《汉书·匈奴列传》曰："懿王时，王室遂衰，戎狄交侵，暴虐中国，中国被其苦，诗人始作，疾而歌之曰：靡室靡家，猃允之故。岂不日戒，猃允孔棘。

至懿王曾孙宣王，兴师命将，以征伐之。诗人美大其功，曰：薄伐猃允，至于太原。出车彭彭，城彼朔方。”此所引者，为《采薇》《六月》之诗。《序》以《采薇》为文王遣戍役，《出车》以劳还，《杕杜》以勤归，于《六月》则说为宣王北伐。然《出车》之诗曰：“王命南仲，往城于方。”《六月》之诗曰：“侵镐及方，至于泾阳。”则诸诗所咏，实一时事。镐、方，《郑笺》但云“北方地名”，窃疑方即丰之转音。懿王时，丰、镐实曾沦陷，故暂迁犬丘也。《史记·秦本纪》言：“非子居犬丘，孝王欲以为大骆適嗣，而申侯之女为大骆妻，生子成为適。申侯乃言孝王曰：昔我先骊山之女，为戎胥轩妻，生仲潏，以亲故，归周，保西垂，西垂以其故和睦。今我复与大骆妻，生適子成。申骆重昏，西戎皆服，所以为王，王其图之。孝王乃分土，以非子为附庸，邑之秦，使续嬴氏祀，号曰秦嬴；而亦不废申侯之女子为骆適者，以和西戎。秦嬴四传至秦仲，而周厉王无道，西戎反王室，灭犬丘大骆之族。宣王即位，以秦仲为大夫，诛西戎。西戎杀秦仲。秦仲有子五人，其长者曰庄公。宣王召庄公昆弟，与兵七千人，使伐西戎，破之。于是复予秦仲后及其先大骆地、犬丘并有之，为西垂大夫。”观此，知犬丘所系之重，故懿王亲徙镇之；抑懿王虽失丰、镐，犹能守犬丘，此周之所以未遽亡也。《周书·史记》曰：“昔有林氏召离戎之君而朝之，至而不礼，留而弗亲，离戎逃而去之。林氏诛之，天下叛林氏。”文王之被囚，闳夭之徒，实求骊戎之文马以献纣。《汉书·律历志》张寿王谓骊山女亦为天子，在殷周间，则骊戎立国甚古，且颇强盛。与申僇力王室，此西垂之所以获安。逮申与犬戎合而攻周，而幽王陨灭矣，其败适在骊山之下，周室兴亡之故，夫固可以微窥也。

《水经·渭水注》曰：“渭水又东径郑县故城北，郑桓公友之故邑也。《汉书》薛瓒注言：周自穆王已下，都于西郑，不得以封桓公也。幽王既败，虢侩又灭，迁居其地，国于郑父之丘，是为郑桓公，无封京兆之文。余按《史记》，考《春秋》《国语》《世本》，言周宣王二十二年，封庶弟友于郑。又《春秋》《国语》并言桓公为周司徒，以王室将乱，谋于史伯，而寄帑与贿于虢侩之间。幽王霣于戏，郑桓公死之。平王东迁，郑武公辅王室，灭虢侩而兼其土。故周桓公言于王曰：我周之东迁，晋、郑是依。乃迁封于彼。《左传》隐公十一年，郑伯谓公孙获曰：吾先君新邑于此，其能与许争乎？是指新郑为言矣。然班固、应劭、郑玄、皇甫谧、裴頠、王隐、阚骃及诸述作者，咸以西郑为友之始封，贤于薛瓒之单说也，无宜违正经而从逸录矣。”其说亦是也。《穆天子传》云：“天子入于南郑。”《注》

云："《纪年》：穆王元年，筑祗宫于南郑，《传》所谓王是以获没于祗宫者也。"《洧水注》云："晋文侯二年，周惠王子多父伐郐，克之。乃居郑父之丘，名之曰郑，是为桓公。"此盖瓒说之所由来。《左氏》曰："祭公谋父作《祈招》之诗，以止王心，王是以获没于祗宫。"祭公谋父，即《国语》载其谏穆王征犬戎之人，隐见《左氏》所谓"穆王欲肆其心，周行天下"者，即指其征伐之事。造《竹书》者，既因缘《左氏》，妄造事实；作《穆天子传》者，遂变本而加厉，其淆乱史事甚矣。

（四八）疑周伐猃狁为东迁后事

《诗·六月》："猃狁匪茹，整居焦获；《尔雅》"十薮"之一，据郭《注》，在今陕西泾阳县。侵镐及方，至于泾阳。"周人尝命将伐之，至太原而城朔方。《诗》家说此，多以为宣王时事，然观《史记·匈奴列传》，则似在骊山之役以后，疑莫能明也。

《史记·周本纪》及《匈奴列传》，皆不言宣王时有与猃狁争战之事。《匈奴列传》曰："穆王之后二百有余年，周幽王用宠姬褒姒之故，与申侯有隙；申侯怒而与犬戎共攻杀周幽王于骊山之下，遂取周之焦获，而居于泾渭之间，侵暴中国。"又曰："初，周襄王欲伐郑，故取戎狄女为后，与戎狄兵共伐郑。已而黜狄后，狄后怨。而襄王后母曰惠后，有子子带，欲立之。于是惠后与狄后、子带为内应，开戎狄；戎狄以故得入，破逐周襄王，而立子带为天子。于是戎狄或居于陆浑，东至于卫，侵盗暴虐中国。中国疾之，故诗人歌之曰：戎狄是膺；薄伐猃狁，至于太原；出舆彭彭，城彼朔方。"则似诗之所咏，皆周东迁后事。案镐、方、朔方，说《诗》者皆不能指为何地；若以为东迁后事，则镐即武王所居；方，或丰之转音也。刘向讼甘延寿疏："千里之镐，犹以为远。"镐京与洛邑相去固得云千里，朔方亦当在泾水流域，自镐京言之，固可云西北也。平王虽不能御犬戎，特以畏逼东迁，不应一迁之后，西都畿内之地，即尽沦戎狄。据《史记·秦本纪》及《十二诸侯年表》，秦襄公伐戎至岐，在其十二年，当周平王五年；秦文公十六年收周余民，有之，地至岐，当平王十九年；德公元年卜居雍，后世子孙饮马于河，可见是时秦东境尚未至河；德公元年乃周釐王五年，东迁后之九十四年也。《六国表》曰："穆公修政，东境至河。"据

《秦本纪》及《十二诸侯年表》，事在穆公十六年，则周襄王之八年，东迁后之百二十七年矣。周与西都交通之绝，由晋灭虢守桃林之塞而然。虢之灭，在周惠王二十二年，亦在东迁后百十六年。然则自平王东迁后百余年间，周与西都之交通迄未尝绝，西都畿内之地，亦未尝尽为秦有，命将出师，以征猃狁，固事所可有也。《出车》之诗曰："王命南仲，往城于方。"《毛传》："方，朔方，近猃狁之国也。"案诗又言"天子命我，城彼朔方"，所咏当系一事，《毛传》是也。然则朔方乃近猃狁之地，在周之北。刘向讼甘延寿疏，亦以诗所咏为宣王时事。然古人学术，多由口耳相传，久之乃著竹帛，不审谛处甚多，无妨其言千里之镐为是，其言宣王时事为非也。

（四九）齐桓公存三亡国

《左氏》僖公十九年：宋司马子鱼曰："齐桓公存三亡国以属诸侯。"杜《注》曰："三亡国：鲁、卫、邢。"非也。《管子・大匡》曰："五年，宋伐杞，桓公欲救之。管仲曰：令人以重币使之；使之而不可，君受而封之。公乃命曹孙叔使宋。宋不听，果伐杞。桓公筑缘陵以封之，予车百乘，甲一千。明年，狄人伐邢，邢君出，致于齐。桓公筑夷仪以封之，予车百乘，卒千人。明年，狄人伐卫，卫君出，致于虚。桓公筑楚丘以封之，予车三百乘，甲五千。"《霸形》曰："管子曰：宋伐杞，狄伐邢、卫，今君何不定三君之位哉？桓公曰：诺。因命以车百乘，卒千人，以缘陵封杞；车百乘，卒千人，以夷仪封邢；车五百乘，卒五千人，以楚丘封卫。"然则三亡国者，杞、邢、卫也。故书有据，而杜臆说之，非。且鲁虽三君死、旷年无君，国曷尝亡哉？

（五〇）长狄考

孟子曰："其事则齐桓、晋文，其文则史，孔子曰：其义则丘窃取之矣。"斯言也，实治《春秋》者之金科玉律也。能分别其事与义，则《春秋》作经读可，作史读亦可。而不然者，则微特不能明《春秋》之义，于春秋时事，亦必不能了也。

春秋事之可怪者，莫如长狄。文十一年《经》云："叔孙得臣败狄于咸。"

但云狄而已，而《公羊》及《左》《谷》皆以为长狄。《左氏》所载，但云长狄有名缘斯者，获于宋；有曰侨如者，毙于鲁叔孙得臣；侨如之弟焚如获于晋，荣如获于齐，简如获于卫；鄋瞒由是遂亡而已。无荒怪之说也。《公羊》云“记异”，而不言其所以异。《谷梁》则云“弟兄三人，佚宕中国，瓦石不能害。叔孙得臣最善射者也，射其目，身横九亩，断其首而载之，眉见于轼”，其荒怪甚矣。

注家之言，《谷梁》范《注》但循文敷衍，无所增益。《左氏》杜《注》亦然。其云“盖长三丈”，乃本《国语》。《国语》《左氏》固一家言也。何休之意，则不以长狄为人，故注“兄弟三人”曰：“言相类如兄弟。”又曰：“鲁成就周道之封，齐、晋霸，尊周室之后。长狄之操，无羽翮之助，别之三国，皆欲为君。比象周室衰，礼义废，大人无辅佐，有夷狄行。事以三成，不可苟指一，故自宣、成以往，弑君二十八，亡国四十。”二十八当作二十，四十当作二十四，见《疏》。《疏》引《关中记》曰：“秦始皇二十六年，有长人十二，见于临洮，身长百尺，皆夷狄服。天诫若曰：勿大为夷狄行，将灭其国。”《谷梁疏》引《考异邮》曰：“兄弟三人，各长百尺，别之国，欲为君。”《汉书·五行志》引《公》《谷》说，而曰：“刘向以为是时周室衰微，三国为大，可责者也。天戒若曰：不行礼义，大为夷狄之行，将至危亡。其后三国皆有篡弑之祸，近下人伐上之痾也。”又引京房《易传》曰：“君暴乱，疾有道，厥妖长狄入国。”又曰：“丰其屋，下独苦。长狄生，主为虏。”《五行志》又曰：“史记秦始皇帝二十六年有大人长五丈，足履六尺，皆夷狄服，凡十二人，见于临洮。天戒若曰：勿大为夷狄之行，将受其祸。后十四年而秦亡。亡自戍卒陈胜发。”其义皆与何休同。

以长狄为非人，似极荒怪。然束阁三传，独抱遗经，以得臣所败，亦寻常之狄则可；否则以之为人，其怪乃甚于非人也。记事荒怪，《谷梁》为甚。然《公羊》谓其“兄弟三人，一者之齐，一者之鲁，一者之晋。其之齐者，王子成父杀之；之鲁者，叔孙得臣杀之；则未知其之晋者也”，其说全与《谷梁》同，特不云其“佚宕中国，瓦石不能害”，又不言其长若干而已。然《谷梁》云：“不言帅师而言败，何也？直败一人之辞也。一人而曰败，何也？以众焉言之也。”范《注》：“言其力足以敌众。”《公羊》曰：“其言败何？大之也。其日何？大之也。其地何？大之也。”意亦全同。以得臣所败为一人，则非谓其瓦石不能害，身横九亩，断其首而载之，眉见于轼不可矣。故《公》《谷》之辞，虽有详略，其同出一本，盖无疑也。《谷梁》曰“《传》曰”云云，盖据旧传也。惟《左氏》

之说，最为平正。其曰“富父终甥摏其喉以戈，杀之”，特记其杀之之事，非有“瓦石不能害”，必“射其目”之意也。详记齐、鲁二国埋其首之处，则杜氏所谓“骨节非常，恐后世怪之”，更未尝有“身横九亩”“眉见于轼”之说也。虽杜《注》谓“荣如以鲁桓十六年死，至宣十五年一百三岁，其兄犹在，《传》言既长且寿，有异于人”，然年代舛讹，古书恒有，此乃杜推《左氏》之意如此，《左氏》之意，初未必如此也。然则《左氏》果本诸国史，记事翔实，而《公羊》《谷梁》皆不免口说流行之诮邪！

盖《公羊》所云“记异”者，乃《春秋》之义也。何休所言，则发明《公羊》之所谓异者也，与事本不相干。至《公》《谷》之记事，与《左氏》之记事，则各有所取。古事之传于今，有出史官之记载，士夫之传述者；亦有出于东野人之口，好事者之为者。有传之未久，即著竹帛者；亦有辗转传述，乃形简策者。由前之说，其言恒较雅，其事亦较确。由后之说，则其词多鄙，其事易芜。《左氏》所资，盖属前说；《公》《谷》所本，则属后说也。以记事论，《左氏》诚为近实；然以义论，则公羊子独得圣人之传已。

《左氏》之记事，诚近实矣，然长狄究为何如人，《左氏》未之言也，则请征之《国语》。《国语·鲁语》：吴伐越，堕会稽，得骨专车，使问仲尼。仲尼曰：昔禹致群神于会稽山，防风氏后至，禹杀而戮之，其节专车。客曰：防风何守？仲尼曰：汪罔国之君也，守封、嵎之山，漆姓，在虞、夏、商为汪罔氏，于周为长翟氏，今谓之大人。客又曰：人长之极几何？仲尼曰：僬侥氏三尺，短之至也。长者不过十之，数之极也。《史记·孔子世家》《说苑》《家语·辨物》篇略同。惟《说苑》漆姓作釐姓，又云“在虞、夏为防风氏，商为汪芒氏”耳。〇《说文》亦曰“在夏为防风氏，殷为汪芒氏”。如此说，则长狄之先，有姓氏及封土可稽；身长三丈，乃出仲尼推论，非谓其人实如是，了无足怪矣。《义疏》《左》文十一年杜《注》“长狄之种绝”孔《疏》。云：“如此《传》文，长狄有种；种类相生，当有支胤。惟获数人，云其种遂绝，深可疑之。命守封、嵎之山，赐之以漆为姓，则是世为国主，绵历四代，安得更无支属，惟有四人？且君为民心，方以类聚，不应独立三丈之君，使牧八尺之民。又三丈之人，谁为匹配？岂有三丈之妻，为之生产乎？人情度之，深可惑也。”又引苏氏云：“《国语》称今曰大人，但迸居夷狄，不在中国，故云遂亡。”案苏氏所疑，盖同孔《疏》，故以是为解。然窃谓无足疑也。《疏》之所疑，首由不知身长三丈，乃出仲尼推论而非其实；若知此义，自不嫌以三丈之君牧八尺之民，更不疑乏三丈之妻为之生产矣。次则不知鄋瞒遂亡，惟指防风一族。盖泰伯、仲雍窜身扬越，君为姬姓，民则文身，设使当日弟昆，并被异邦戕杀，南国神明之胄，固可云由是而亡。汪芒本守会稽，长狄佚宕兖、冀，盖由支裔北徙，君临群狄，昆弟迭见诛夷，新邑遂无遗种，此亦不足为怪。至于封、嵎旧守，原未尝云不祀忽诸也。

一九二一年十月八日，予客沈阳，读是日之《盛京时报》，有云：北京西城大明濠，因治马路，开掘暗沟。有工人在下冈四十号民家墙根下，掘得巨人骸骨八具，长约八尺余，头大如斗，弃之坑内，行人观者如堵。监者虑妨工作，乃命工人埋之。该报但云日前，未确记其日。此事众目昭彰，不容虚构。知史籍所云巨人、侏儒，纵有过当之辞，必非子虚之说矣。长狄之长，何休云百尺，盖本之《关中记》等书；杜云三丈，本诸《国语》；范云五丈四尺，则就九亩之长计之，并非其实。窃谓《左氏》"富父终甥摏其喉以戈"一语，即所以状长狄之长，谓恒人举戈，仅及其喉也。然则长狄之长，断不能越北京西城所得之骨矣，岂当日北京西城之地，亦古代长狄埋骨之区邪？

夫语增则何所不至？《公》《谷》记事之缪悠，亦不足怪，彼其所资者则然也。故借长狄之来以示戒，《春秋》之意也。古有族曰防风，其人盖别一种类，颇长于寻常人，事之实也。曰百尺，曰三丈，曰五丈四尺，事之传讹，说之有托者也。曰瓦石不能害，弟兄三人即能佚宕中国，致兴大师以获一人，则又身长之《传》语既增，因而辗转附会焉者也。一一分别观之，而《春秋》之义得，而春秋之事亦明矣。故曰：分别其事与义，乃治《春秋》者之金科玉律也。

（五一）鬼方考

《左氏》僖公二十二年，"秦晋迁陆浑之戎于伊川。"三十三年，"遽兴姜戎，败秦师于殽。"襄公十四年，"将执戎子驹支，范宣子亲数诸朝，曰：来，姜戎氏！昔秦人迫逐乃祖吾离于瓜州，乃祖吾离被苫盖，蒙荆棘，以来归我先君。我先君惠公有不腆之田，与女剖分而食之。对曰：昔秦人负恃其众，贪于土地，逐我诸戎。惠公蠲其大德，谓我诸戎是四岳之裔胄也，毋是翦弃。赐我南鄙之田，狐狸所居，豺狼所嗥。我诸戎除翦其荆棘，驱其狐狸豺狼，以为先君不侵不叛之臣，至于今不贰。昔文公与秦伐郑，秦人窃与郑盟而舍戍焉，于是乎有殽之师。晋御其上，戎亢其下。秦师不复，我诸戎实然。”昭公九年，“周甘人与晋阎嘉争阎田。晋梁丙、张趯帅阴戎伐颍。王使詹桓伯辞于晋曰：先王居梼杌于四裔，以御螭魅。故允姓之奸，居于瓜州。伯父惠公归自秦，而诱以来。使偪我诸姬，入我郊甸，则戎焉取之。戎有中国，谁之咎也？”观此诸文，陆浑之戎、姜戎、阴戎，异名同实，事至明白。驹支自称四岳之胄，而周人称为允姓之奸，则其人实有二姓。杜《注》谓四岳之后皆姓姜，又别为允姓者，说自不误。惟谓瓜州即敦煌，襄十四、昭九年《注》两言之。说出杜林，《汉书·地理志》：敦煌，杜林以为古瓜州，地生美瓜。则不无可疑耳。

河西四郡，乃汉武所开。春秋时，秦国疆域，盖西不逾河，安得远迹至敦煌哉？宋于庭谓《诗》“我征自西，至于艽野”之艽野，即“覃及鬼方”及《易》“高宗伐鬼方”之鬼方，又即《礼记·文王世子》“西方有九国焉”之九国。《史记·殷本纪》，以西伯昌、九侯、鄂侯为三公。《礼记·明堂位》：“脯鬼侯以享鄂侯。”《正义》曰：“鬼侯，《周本纪》作九侯。”盖西方九国之诸侯，入为殷之三公。《列子》称“相马者九方皋”，九方当即鬼方，以国为氏。愚案《左氏》昭公二十二年，“晋籍谈、荀跞帅九州之戎，以纳王于王城。”下言前城人败陆浑于社。则杜《注》谓九州戎即陆浑戎者不误。九州即九国，亦即艽野、鬼方，盖陆浑戎之故国；所谓瓜州，疑亦其地也。

《汉书·贾捐之传》：“武丁、成王，殷、周之大仁也，然地东不过江黄，西不过氐羌。”此以氐羌即武丁所伐之鬼方也。《文选·赵充国颂》李《注》引《世本注》：“鬼方，于汉则先零戎是也。”《潜夫论·边议》篇论羌乱曰：“破灭三辅，覃及鬼方。”并以汉时之羌当古之鬼方。干宝《易注》，谓在北方，《周易集解》。盖误。

氐羌者，《周书·王会解》：“氐羌以鸾鸟。”孔《注》：“氐地羌。羌不同，故谓之氐羌。今谓之氐矣。”盖羌之一种也。《吕览·义赏篇》高《注》，谓“氐与羌二种夷民”，盖误。案经典有但言羌者，《书·牧誓》“及庸、蜀、羌、髳、微、卢、彭、濮人”是也。有兼言氐羌者：《诗·商颂》“昔有成汤，自彼氐羌，莫敢不来享，莫敢不来王”；《大戴记·五帝德》述舜所抚者，析支、渠搜、氐羌是也。羌为大名，氐为种别。但言羌者，辞略也。盖亦指氐羌矣。

《大戴记·帝系》：“陆终氏娶于鬼方氏。鬼方氏之妹，谓之女隤氏。”陆终为颛顼之后，则鬼方在古代，实与中国相昏姻。故武丁伐之，至于劳师三年；

其后又入为纣之三公也。宜武王以抚有之为萝祥矣。《诗》:“文王曰咨，咨女殷商。如蜩如螗，如沸如羹。小大既丧，人尚乎由行。内奰于中国，覃及鬼方。”《毛传》仅训鬼方为远方，未能实指其事。今知鬼方即鬼侯，则知“覃及鬼方”，正指脯鬼侯事也。女隤，《世本》及《风俗通》皆作媿，《汉书·古今人表》作溃。鬼、贵同音，故餽字亦通作馈。则隤字疑即隗字。《春秋》狄人为隗姓，戎狄固以方位言，非以种族言。迁古公于岐者，书传皆称狄，其地固在秦陇间也。汉隗嚣，天水成纪人。魏隗禧，京兆人。秦始皇时有丞相隗状，当亦秦人也。隗禧，见《三国·魏志·王肃传》。《国语·郑语》:史伯谓郑桓公曰:“当成周者，西有虞、虢、晋、隗、霍、杨、魏、芮。”则东迁后犹资其翊卫，周大夫之行役艽野，固无足怪矣。《左》僖二十二年杜《注》，但云“允姓之戎居陆浑，在秦、晋西北”。

《左》昭九年杜《注》:“允姓，阴戎之祖，与三苗俱放三危者。”盖因阴戎、三苗皆姜姓云然。《禹贡疏》:“郑玄引《地记书》云：三危之山，在鸟鼠之西，南当岷山。”《水经注》卷四十引《山海经》，亦云“在鸟鼠山西”。又云:“江水东过江阳县，洛水从三危道广魏洛县南，东南注之。”洛县，今广汉也。然则三危之脉，实在陇蜀之间。《续书·郡国志》谓首阳有三危，三苗所处，虽不中，当不远矣。孔晁谓“氐地羌谓之氐羌，今谓之氐”，则汉时所谓氐者，即古所谓氐羌。《汉书·西南夷传》曰:“自莋以东北，君长以十数，冉駹最大。自駹以东北，君长以十数，白马最大。皆氐类也。”《地理志》，陇西有氐道，广汉有甸氐道、刚氐道。蜀郡有湔氐道。古所谓鬼方者必去此不远矣。

陆浑之戎，杜《注》谓在当时之陆浑县。僖二十二年。又有伊洛之戎，《注》谓杂戎居伊水、洛水之间者。僖十一年。《疏》引《释例》:“河南洛阳县西南有戎城。”又有蛮氏，《注》云：戎别种也。河南新城东南有蛮城。成公六年。案成公六年侵宋之役，《左氏》以伊洛之戎、陆浑、蛮氏并举，则自系三族。然秦、晋迁陆浑之戎于伊川，则实与伊洛之戎杂处。《左氏》之伊洛之戎，《春秋》但作洛戎，得毋洛戎在洛，陆浑之戎在伊川，云伊洛之戎者，实两种既混合后之总称与？哀公四年，蛮子赤奔晋阴地。阴地之命大夫士蔑，致九州之戎，将裂田以与蛮子而城之，且将为之卜。蛮子听卜，遂执之，与其五大夫，以畀楚师于三户。则蛮子所奔者，实陆浑之戎，陆浑以昭十七年为晋所灭，然其部落自在，故二十二年，籍谈、荀跞仍帅其众以纳王也。二者之关系亦极密。庄公二十八年，晋侯娶二女于戎，大戎狐姬生重耳，小戎子生夷吾。杜《注》谓“小戎，允姓之戎"，其言当有所据。献公是时，未必越秦而远婚于西垂。又僖二十二年《疏》云："十一年《传》称伊洛之戎同伐京师，则伊洛先有戎矣。"疑允姓之戎，本有在伊洛之间者，惠公之处吾离，特使之从其类也。然则蛮氏之戎或亦氐羌之族矣。此皆鬼方之类，播迁而入中国者邪？

氐羌之俗，有与中国类者。《左》庄二十一年，"王以后之鞶鉴与之"。杜《注》云："鞶，带而以镜为饰也。今西方羌胡犹然，古之遗服。"定六年"定之鞶鉴"《注》同。《诗》"在其板屋，乱我心曲"，《毛传》曰："西戎板屋。"《正义》："《地理志》曰：天水、陇西，山多林木，民以板为屋。故《秦诗》云在其板屋。然则秦之西垂，民亦板屋。"则衣服居处，西戎与中国，极相类矣。此皆其久相往来之征，宜高宗之勤兵力于此也。《后汉书》谓巴俗喜歌舞。高祖观之，曰：此武王伐纣之歌也。乃命乐人习之，所谓巴渝舞也。《尚书大传》，称武王伐纣之师，前歌后舞，所用者盖即巴人？巴亦氐类也。殆果"终抚九国"欤？驹支谓"我诸戎饮食衣服，不与华同；贽币不通，言语不达"，《左氏》襄公十四年。达亦通也，谓无使命往来，非谓其人不知华语也。不然，安能赋《青蝇》之诗邪？

《三国志注》引《魏略》："氐语不与中国同，及羌杂胡同。"胡者，匈奴。氐与习，故亦通其语。羌则其本语也。《荀子·大略》曰："氐羌之虏也，不忧其系垒也，而忧其不焚也。"《注》："氐羌之俗，死则焚其尸。"《吕览·义赏》："氐羌之民，其虏也，不忧其系累，而忧其死不焚也。"《后汉书》谓羌人死则烧其尸。皆氐、羌同族之证。

《山海经·海内经》："伯夷父生西岳。西岳生先龙，先龙是始生氐羌，氐羌乞姓。"西岳疑四岳之误。乞姓疑亦允姓之讹。又《海内南经》："氐人国，在建木西。其为人，人面而鱼身，无足。"《大荒西经》："有互人之国。炎帝之孙，名曰灵恝。灵恝生互人，是能上下于天。有鱼偏枯，名曰鱼妇颛顼。死即复苏。风道北来，天乃大水泉，蛇乃化为鱼，是为鱼妇颛顼。死即复苏。"《图赞》："炎帝之苗，实生氐人。死则复苏，厥身为鳞。云南疑当作雨。是托，浮游天津。"灵恝，《注》云："音如券契之契。"与乞姓之乞，音同字异。《山海经》固不足信，亦氐羌姜姓之一左证。颇疑姜、羌实一字也。

鬼方所在，古人虽不审谛，率皆以为在西。自《诗序》以《殷武》之诗为祀高宗，《毛传》以"挞彼殷武，奋伐荆楚"为指武丁，乃有以鬼方为在楚者。今本《竹书纪年》，"武丁三十有二祀，伐鬼方，次于荆"，即据此等说伪造。下又云“三十有四祀，王师克鬼方，氐羌来宾”，遂忘其自相矛盾也。近世邹叔绩，推波助澜，又据红岩摩崖石刻，谓鬼方在贵州，则去之愈远矣。红崖碑者，在“贵州永宁东六十里红岩后山诸葛营旁。字大者周尺三四尺，小者尺余。深五六寸许。共二十五字。土人以其在诸葛营旁，称为《诸葛碑》。又传云：不知刻自何年。诸葛征南，营其下，读而拜焉，使蛮人护之，故谓之《诸葛碑》。蛮人因岁祀之，以占晴雨瘴疫。其碑在岩上最高处，非重木叠架，不能上拓。”以上据邹氏《红崖碑释文》。其文诡异而初不古，不知何世好事者所为。邹氏一一钩摹而强释之，附会为高宗征鬼方所刻，亦可谓好奇之过矣。邹氏之说曰：“汉之先零羌，即今青海。汉代之羌，有今藏地喀木。故《前汉书·地理志》云：桓水南行羌中，入南海。桓水，即今澜沧江也。案此说亦误。羌之种落，又延蔓于武都，越巂，所谓参狼、白马、旄牛诸羌是也。以《竹书》《世本》《后汉书》证之，鬼方即羌明甚。是则今青海，藏地喀木，及滇蜀之西徼，皆商代鬼方。故虞仲翔谓坤为鬼方。坤西南，且好寇窃，亦同羌俗也。案虞《注》“繻有衣袽终日戒”云：“伐鬼方三年乃克，旅人勰劳。衣服皆败，鬼方之民，犹或寇窃，故终日戒也。”今云贵罗罗种，自谓其先出于旄牛，殆亦羌种？其俗有鬼主，见《唐书》《宋史·南蛮传》。愈以知鬼方也。案罗罗乃古之濮人，予别有考。羌以父名母姓为种号，所谓旄牛，或人名，如蒙古始祖孛儿帖赤那，译言苍狼之例，非必谓其先为旄牛所生也。《三国志注》引《魏略》，谓“氐种非一，或号青氐，或号白氐，或虢蚺氐，此盖虫之类，中国即其服色而名之”，盖氐羌有图腾之俗。又部落各别其衣色。青氐、白氐之称，由衣色而生；旄牛、白马、蚺氐之名，皆以图腾而立。图腾之制，部各不同，断不能谓汉代之西羌，同于今日之罗罗也。至以鬼主附会鬼方，则尤为曲说矣。高宗之伐鬼方也，自荆楚深入，始入其地，历今黔、滇审矣。三年克之而还，盖仍从故道，会诸侯于南岳也。此则其东还过西方而刻石纪功之作。”案邹氏以羌为鬼方，是也。乃举后世羌人所居之地，悉指为殷时之鬼方，则近于儿戏矣。古者师行日三十里，六军一万五千人，如何历湘、鄂、滇、黔以入青、藏邪？

（五二）山戎考

《管子·大匡》篇曰：“桓公遇南州侯于召陵，曰：狄为无道，犯天子令，以伐小国。以天子之故，敬天之命，令以救伐。北州侯莫至，上不听天子令，下无礼诸侯。寡人请诛于北州之侯。诸侯许诺。桓公乃北伐令支，下凫之山，斩孤竹，遇山戎。”《小匡》篇曰：“北伐山戎，制泠支，斩孤竹，而九夷始听。海滨诸侯，莫不来服。”又曰：“桓公曰：北至于孤竹、山戎、秽貉，拘秦夏。”《霸形》篇曰：“北伐孤竹，还存燕公。”《戒》篇曰：“北伐山戎，出冬葱与戎菽，布之天下。”《轻重甲》篇曰：“桓公曰：天下之国，莫强于越。今寡人欲北举事孤竹、离枝，恐越人之至，为此有道乎？”“桓公终北举事于孤竹、离枝，越人果至。”皆以山戎在北方，与燕及孤竹、令支相近。燕召公封地在今蓟县。《汉志》：辽西郡令支，有孤竹城，《注》引应劭曰：“古伯夷国。今有孤竹城。”则今迁安县也。然《小问》篇曰：“桓公北伐孤竹，未至卑耳之溪十里。”《小匡》篇曰：“西征，攘白狄之地，遂至于西河。方舟投柎，乘舟济河。至于石沈，悬车束马，逾大行与卑耳之貉。拘秦夏。”又曰：“北至于孤竹、山戎、秽貉，拘秦夏。”“卑耳之貉”之貉，当系溪字之误。注随文妄说为“与卑耳之貉共拘秦夏之不服者”，误也。秽貉初在今陕西北境，予别有考。然则卑耳之溪，实在西河、大行附近；与汉之令支县，风马牛不相及矣。《轻重戊》篇曰：“桓公问于管子曰：代国之出何有？管子对曰：代之出，狐白之皮，公其贵买之。代民必去其本，而居山林之中。离枝闻之，必侵其北。”则离枝又在代北，亦非汉令支地也。《谷梁》谓齐桓“越千里之险，北伐山戎，为燕辟地”，又曰：“燕，周之分子也，而贡职不至，山戎为之伐矣。”庄三十年。其释齐侯来献戎捷曰：“军得曰捷，戎，菽也。”三十一年。皆与《管子》合。《史记·匈奴列传》谓“山戎越燕而伐齐”。又云：“山戎伐燕，燕告急于齐，齐桓公北伐山戎。山戎走。”亦以山戎在北方，与燕近。然《公羊》谓其“旗获而过我”，《疏》云：“齐侯伐山戎而得过鲁，则此山戎不在齐北可知。盖戎之别种，居于诸夏之山，故谓之山戎耳。”自来说山戎者，多主《左》《谷》，鲜措意《公羊》。然《左氏》于齐侯来献戎捷，但云“诸侯不相遗俘”，无戎菽之说。其说公及齐侯遇于鲁济曰：“谋山戎也，以其病燕故也。”虽似与《谷梁》合。然山戎果去齐千里，何为与鲁谋之？则其消息，反与《公羊》相通矣。《礼记·檀弓》：“孔子过泰山侧，有妇人哭于墓者而哀。”《新序》亦记此事，而云“孔子北之山戎”。《论衡·遭虎》篇云：“孔子行鲁林中。”《定贤》篇云：“鲁林中哭妇。”俞氏正燮谓俱称林中，殆齐配林之类。《癸巳存稿》。明山戎实在泰山附近，故齐伐之，得旗获而过鲁也。《管子》一书，述齐桓、管仲事，多不可据。即如一孤竹也，忽谓其在燕之外，忽焉伐孤竹所济卑耳之溪，又近西河、大行，令人何所适从邪？盖古书本多口耳相传，齐人所知，则管仲、晏子而已，辗转增饰，遂不觉其词之侈也。然谓伐山戎而九夷始听，则亦见山戎之在东而不在北矣。

杜预《释例·土地名》，以北戎、山戎、无终三者为一。昭元年《疏》。僖十年《注》曰："北戎，山戎。"襄四年《注》曰："无终，山戎国名。"昭元年《注》曰："无终，山戎。"庄三十年《注》则曰"山戎，北狄"。《汉志》："右北平，无终，故无终子国。"地在今蓟县。然襄四年，无终子嘉父使孟乐如晋，请和诸戎。魏绛劝晋侯许之，曰："戎狄荐居，贵货易土，土可贾焉。"又曰："边鄙不耸，民狎其野，穑人成功。"则无终之地，必密迩晋。故昭元年，荀吴得败无终及群狄于太原。若谓在今蓟县，则又渺不相及矣。故《义疏》亦不信其说也。

北戎之见于《春秋》者，僖十年："齐侯、许男伐北戎。"其见于《左氏》者，隐九年北戎侵郑；桓六年北戎伐齐。亦绝无近燕之迹。且隐九年郑伯之患北戎，昭元年魏舒之策无终，皆云"彼徒我车"；而《小匡》篇亦以"北伐山戎，制泠支，斩孤竹，而九夷始听"，与"中救晋公，禽狄王，败胡貉，破屠何，而骑寇始服"对举。胡者，匈奴东胡，貉即濊貉。屠何者，《墨子·非攻中篇》曰："虽北者且不一著何，其所以亡于燕、代、胡、貉之间者，亦以攻战也。"孙氏诒让以且不一着何，当作且，不着何。"一"字疑衍。其言曰："且，疑柤之借字。《国语·晋语》：献公田，见翟柤之氛。韦《注》云：翟柤，国名是也。不著何，亦北胡国。《周书·王会》篇云：不屠何青熊。又《王会·伊尹献令》，正北有且略、豹胡。且略即此且及《左传》翟柤。豹胡，亦即不屠何。豹、不，胡、何，并一声之转。不屠何，汉为徒何县，属辽西郡。故城在今奉天锦州府锦县西北。柤，据《国语》，为晋献公所灭，所在无考。"案孙说近之。古代异族在北徼者多游牧，杂居内地者则否。胡貉，屠何，为骑寇，而山戎、令支、孤竹不然，又以知其非一族矣。

戎之名，见于《春秋》者甚多。隐二年，"春，公会戎于潜"，"秋八月庚辰，公及戎盟于唐"。又是年，"无骇帅师入极"。《疏》云："极，戎邑也。"七年，"冬，天王使凡伯来聘。戎伐凡伯于楚丘，以归"。桓二年，"公及戎盟于唐"。庄十八年，"夏，公追戎于济西"。二十四年，"冬，戎侵曹"。二十六年，"春，公伐戎"。其地皆在今山东境。虽不云山戎，亦近鲁之地多戎之证也。窃疑山戎占地颇广，次第为诸国所并。至战国时，惟近燕者尚存。后人追述管子之事，不知其时之山戎疆域与后来不同也，则以为在燕北而已矣。记此事者独《公羊》不误，亦足雪口说流行之诬矣。

（五三）山戎考续篇

读史者多以战国时之东胡为春秋时之山戎，此误也。推厥由来，实缘误以齐桓公伐山戎所救之燕为北燕，遂误以北燕北之东胡与南燕北之山戎，合并为一矣。

《春秋》庄公三十年冬，公及齐侯遇于鲁济。齐人伐山戎。三十有一年六月，齐侯来献戎捷。鲁济之会，《公》《谷》皆不言其与燕有关，惟《左氏》曰：谋山戎也，以其病燕故也。伐山戎之齐人，《公》《谷》皆以为齐侯献戎捷。《公羊》曰：威我也，旗获而过我也。《谷梁》曰：军得曰捷，戎菽也。案《说苑·权谋》曰：齐桓公将伐山戎、孤竹，使人请助于鲁。鲁君进群臣而谋，皆曰："师行数千（十）里，入蛮夷之地，必不反矣。"于是鲁许助之而不行，齐已伐山戎、孤竹而欲移兵于鲁。管仲曰："不可。诸侯未亲，今又伐远而还诛近邻，邻国不亲，非霸王之道。君之所得山戎之宝器者，中国之所鲜也，不可以不进周公之庙乎？"桓公乃分山戎之宝，献之周公之庙。明年，起兵伐莒，鲁下令丁男悉发，五尺童子皆至。孔子曰："圣人转祸为福，报怨以德。"此之谓也。则齐桓之伐山戎，确曾与鲁谋之，确系桓公亲行，而其还亦确曾过鲁。《左氏》及《公》《谷》之言，皆非无据矣。夫鲁在齐之南，而北燕在齐之北，山戎所病者，果为北燕，何为与鲁谋之，而其还亦安得枉道而过鲁邪？

以桓公伐山戎，所救之燕为北燕，始于《谷梁》而实不始于《谷梁》也。《谷梁》曰：燕，周之分子也。贡职不至，山戎为之伐矣。《史记·齐大公世家》：山戎伐燕，燕告急于齐，齐桓公救燕，遂伐山戎，至于孤竹而还，命燕君复修召公之政，纳贡于周，如成康之时。《燕召公世家》曰：山戎来侵我，齐桓公救燕，遂北伐山戎而还。使燕共贡天子，如成周时。三者如出一口。《谷梁》晚出之书，盖据传记，左右采获，非真有所受之，其以齐侯所献为戎菽，实沿《管子·戒》篇"出冬葱与戎菽，布之天下"之文，即其一证。观《史记》齐燕世家之文，知以桓公所救之燕为北燕，西汉初年已有此误，《谷梁》之所采者，盖亦此等书。然传记之较古者，固犹未尝以此燕为北燕也。

（五四）赤狄、白狄考

狄之见于《春秋》者，或止称狄，或称赤狄、白狄。宣十五年："六月癸卯，晋师灭赤狄潞氏。"《注》："潞，赤狄之别种。"《疏》云："狄有赤狄、白狄，就其赤白之间，各自别有种类。此潞是国名，赤狄之内别种一国。夷狄祖其雄豪者，子孙则称豪名为种，若中国之始封君也。谓之赤、白，其义未闻，盖其俗尚赤衣、白衣也。"案两爨蛮亦称乌白蛮。《唐书》谓"初裹五姓，皆乌蛮也。妇人衣黑缯。""东钦蛮二姓，皆白蛮也。妇人衣白缯。"《疏》盖据后世事推之。如《疏》意，则凡狄非属于赤，即属于白矣，窃谓不然。

赤狄种类见于《春秋》者有三：潞氏及甲氏、留吁是也。宣十六年："晋人灭赤狄甲氏及留吁。"《左氏》云："晋士会帅师灭赤狄甲氏及留吁、铎辰。"杜《注》"铎辰不书，留吁之属"，似以意言之。又成三年："晋郤克、卫孙良夫伐廧咎如。"《左氏》曰："讨赤狄之余焉。"是《左氏》所称为赤狄者，较《春秋》多一铎辰、一廧咎如也。廧咎如，《公羊》作将咎如。至东山皋落氏，则《左氏》亦不言为赤狄，杜《注》云："赤狄别种也。"《史记·晋世家》：献公"十七年晋侯使太子申生伐东山"。《集解》："贾逵曰：东山，赤狄别种。"《疏》云："成十三年《传》，晋侯使吕相绝秦，云白狄及君同州，则白狄与秦相近，当在晋西；此云东山，当在晋东。宣十五年，晋师灭赤狄潞氏，潞则上党潞县，在晋之东，此云伐东山皋落氏，知此亦在晋东，是赤狄别种也。"其说似属牵强。

白狄种类，《春秋》及《左氏》皆未明言。昭十二年，杜《注》曰："鲜虞，白狄别种。""肥，白狄也。"十五年，《注》又曰："鼓，白狄之别。"《疏》云："宣十五年，晋师灭赤狄潞氏，十六年，晋人灭赤狄甲氏及留吁，成三年，晋郤克、卫孙良夫伐廧咎如，《传》曰：讨赤狄之余焉。是赤狄已灭尽矣；知鲜虞与肥，皆白狄之别种也。"其说之牵强，与前说同。案《春秋》《左氏》言赤狄种类，虽似不同，然铎辰之名，《春秋》无之。"讨赤狄之余焉"，语有两解：刘炫以为"廧咎如之国，即是赤狄之余"。见《疏》。杜预则谓"宣十五年，晋灭赤狄潞氏，其余民散入廧咎如，故讨之"。揆以文义，杜说为长。以《春秋》《左氏》于潞氏、甲氏、留吁、铎辰，皆明言为赤狄，于廧咎如则不言也。然则《左氏》之意，盖不以廧咎如为赤狄。《左》不以廧咎如为赤狄，而铎辰为《春秋》所无，则《春秋》《左氏》言赤狄，初无歧异矣。然则赤狄自赤狄，白狄自白狄，但言狄者，自属非赤非白之狄，安得谓凡狄皆可分属赤狄、白狄乎？杜说盖失之也。

予谓赤狄、白狄，乃狄之两大部落。其但称狄者，则其诸小部落。小部落时役属于大部落则有之，若遂以赤、白为种类之名，谓凡狄皆可或属诸赤，或属诸白，则非也。《左》宣十一年云："众狄疾赤狄之役，遂服于晋。"必赤狄之名，不苞众狄，乃得如此措辞。若众狄亦属赤狄，当云疾潞氏之役，安得云疾赤狄之役乎？此《春秋》及《左氏》凡言狄者，不得以为赤狄或白狄之明征也。

然则赤狄、白狄，果在何方乎？曰：赤狄在河内，白狄在圁洛之间。何以知之？曰：以《史记·匈奴列传》言"晋文公攘戎翟，居于河内、圁洛之间，号曰赤翟、白翟"知之也。居河内者盖赤狄，居圁洛之间者盖白狄也。曰：《史记》上云"攘戎翟"，而下云"号曰赤狄、白狄"，明赤狄、白狄为两种之总称，所苞者广矣。曰：《史记》之言，盖举其大者以概其余，非谓凡狄皆可称为赤狄或白狄也。若谓凡狄皆可称为赤狄或白狄，则无解于《春秋》之或称赤狄，或称白狄，或但称狄矣。盖狄在《春秋》时，就大体言之，可区为二：一在东方，一在西方。在东方者，侵轶于周、郑、宋、卫、齐、鲁之间，其地盖跨今河北之保定、大名两道，山西冀宁道之东境，河南之河北道，或且兼及河洛、开封道境。其中以居河内之赤狄为最大。居西方者，其地盖跨今山西冀宁道之西境及河东道，陕西之榆林道及关中道，其中以居圁洛之间之白狄为最大，故史公特举之也。言《春秋》时狄事者，莫详于《左氏》，今请举以为证。

狄之居东方者，莫张于庄、闵、僖之间。庄三十二年伐邢，闵二年入卫，以齐桓公之威，纠合诸侯，迁邢于夷仪，封卫于楚丘。然及僖十二年，诸侯复以狄难故，城卫楚丘之郛。其明年狄侵卫，又明年侵郑，则其势初未弱也。齐桓公之卒也，宋襄公伐齐而纳孝公，虽曰定乱，实有伐丧之嫌，诸侯莫能正，惟狄人救之。僖十八年。是时邢附狄以伐卫，《左》"卫侯以国让父兄子弟及朝众曰：苟能治之，毁请从焉。众不可，而从师于訾娄。狄师还。"可见是时狄势之盛。至二十五年而为卫所灭，狄虽不能救，然二十年尝与齐盟于邢，《左氏》曰：为邢谋卫难也。二十一年狄侵卫，三十一年又围卫，卫为之迁于帝丘，狄之勤亦至矣。先是僖公十年："狄灭温。"温者，苏子封邑，周初司寇苏忿生之后也。见成十一年。十一年，王子带召扬拒、泉皋、伊洛之戎以伐周，入王城，焚东门，秦、晋伐戎以救周。晋侯平戎于王。十二年，王讨王子带，王子带奔齐。齐侯使管夷吾平戎于王，使隰朋平戎于晋。僖十四年秋，狄侵郑，无传。十六年："王以戎难告于齐，齐征诸侯而戍周。"此所谓戎，不知与狄有关否。然及僖二十四年，王以狄师伐郑，冬，遂为狄所伐，王出居于郑。大叔以狄女居于温，则必即九年灭温之狄矣。晋文勤王，取大叔于温，杀之于隰城，王以温锡晋。三十二年："狄有乱，卫人侵狄，狄请平焉。"其在河内者，至是当少衰。然三十年及文四年、九年、十一年迭侵齐，七年伐鲁西鄙，十年侵宋，十三年又侵卫，则东方之狄，亦未尝遂弱也。凡此者，《春秋》及《左氏》皆但称为狄，惟文七年侵鲁之役，《左氏》云："公使告于晋，赵宣子使因贾季问酆舒，且让之。"酆舒、潞氏相似，其事由赤狄，然此只可谓侵鲁之狄役属于赤狄，不能谓侵鲁者，即赤狄也。

赤狄见《春秋经》，始于宣公三年之侵齐。四年又侵齐；六年伐晋；七年又侵晋，取向阴之禾。十一年晋侯会狄于欑函，《左氏》: :"众狄服也。""众狄疾赤狄之役，遂服于晋。"观文七年，赵宣子之让酆舒，则知赤狄是时所役属之狄颇众，故其势骤张也。及是党与携离，势渐弱矣。宣十三年虽伐晋及清，及十五年潞氏遂为晋所灭，晋侯治兵于稷，以略狄土。明年灭甲氏、留吁及铎辰，成三年又伐廧咎如，以讨赤狄之余焉。赤狄之名，自是不复见。盖赤狄本居河内，是时强盛，故兼据潞氏、甲氏、留吁、铎辰之地也。据《左氏》伯宗之言，则潞氏又夺黎侯之地。其本据地河内，未知灭亡或否，然纵幸存，其势力亦无足观矣。

东方之狄，自晋灭赤狄后，不见于《春秋》及《左氏》者若干年。至昭、定以降，鲜虞、肥、鼓乃复与晋竞。《左》昭十二年，晋荀吴伪会齐师者，假道于鲜虞，遂入昔阳。秋八月壬午，灭肥，以肥子绵皋归。十三年，晋荀吴以上军侵鲜虞及中人。十五年，荀吴伐鲜虞，围鼓，以鼓子戴鞮归。既献而反之，又叛于鲜虞。二十二年六月，荀吴灭之。定三年，鲜虞人败晋师于平中，获晋观虎。四年，晋士鞅、卫孔圉伐鲜虞。五年冬，士鞅围鲜虞，报观虎之役也。哀元年，齐、卫会于乾侯，救范氏也。鲁师及齐师、卫孔圉、鲜虞人伐晋，取棘蒲。三年，齐、卫围戚，求援于中山。杜《注》：中山，鲜虞。四年十一月，邯郸降，荀寅奔鲜虞。十二月，齐国夏会鲜虞，纳荀寅于柏人。六年春，晋伐鲜虞，治范氏之乱也。鲜虞、肥、鼓地与潞氏、甲氏、留吁、铎辰相近，与齐、晋、鲁、卫皆有关系，其形势正与自庄公至宣公时之狄同，《春秋》及《左氏》皆绝不言为白狄，《谷》昭十二《注》：鲜虞，姬姓，白狄也。《释》曰：《世本》文。

不知杜氏何所见而云然。以予观之，毋宁谓为与赤狄相近之群狄为较当也。

白狄本国盖在圁洛之间。然西方之狄，跨据河之东西者亦甚众，非止一白狄也。晋之建国也，籍谈追述其事曰："晋居深山之中，戎狄之与邻，而远于王室。王灵不及，拜戎不暇。"昭十五年。是唐叔受封之时，已与此族为邻矣。二五之说晋献公使重耳居蒲，夷吾居屈也，曰："蒲与二屈，君之疆也。疆埸无主，则启戎心。"又曰："狄之广莫，于晋为都。晋之启土，不亦宜乎？"庄二十八年。则蒲、屈所与为界者，即狄人也。僖五年，晋侯使寺人披伐蒲，重耳奔狄。明年，贾华伐屈，夷吾将奔狄，郤芮曰："后出同走，罪也。不如之梁，梁近秦而幸焉。"乃之梁。重耳、夷吾盖皆欲借资于秦以复国，夷吾不果奔狄，仍奔近秦之梁，则狄之近秦可知也。晋文公让寺人披之辞曰："予从狄君，以田渭滨。"则晋文所奔、夷吾所欲奔而未果之狄，即与蒲、屈为界之狄，其地自渭滨跨河而东界于蒲、屈也。《左》闵二年"虢公败犬戎于渭汭"，虽未知即此狄否，然其地则相近矣。僖二年："虢公败戎于桑田。"《注》："桑田，虢地，在弘农陕县东北。"重耳之奔狄也，狄人伐廧咎如，获其二女叔隗、季隗，纳之公子。成十三年，吕相绝秦之辞曰："白狄及君同州，君之仇雠，而我之昏姻也。"杜《注》："季隗，廧咎如赤狄之女也。白狄伐而获之，纳诸文公。"杜氏此《注》，殊属牵强，故《疏》亦游移其辞，不敢强申其说也。凡此等狄，其地皆与白狄近，然《春秋》及《左氏》皆不明言为白狄，则亦西方之众狄，与白狄相近者耳。僖八年："晋里克帅师，梁由靡御，虢射为右，以败狄于采桑。梁由靡曰：狄无耻，从之，必大克。里克曰：惧之而已，无速众狄。虢射曰：期年，狄必至；示之弱矣。夏，狄伐晋，报采桑之役也。复期月。"曰"无速众狄"，明西方狄亦甚众，如东方赤狄所役属也。西方之狄，与晋相近，故争阋颇烈。僖十六年，因晋韩原之败，侵晋取狐厨、受铎，涉汾及昆都。二十八年，晋作三行以御狄。三十一年，又作五军以御狄。三十三年："晋侯败狄于箕，郤缺获白狄子。"曰获白狄子，而不言所败者即白狄，盖白狄与他狄俱来也。范文子曰："吾先君之亟战也有故，秦、狄、齐、楚皆强，不尽力，子孙将弱。"成十六年。以狄与秦、齐、楚并举，可以见其强盛矣。襄二十六年："子灵奔晋，晋人与之邢，以为谋主，扞禁北狄。"此等狄人，东为晋人所攘斥；又秦穆修政，东境至河，《史记·六国表》。其在渭滨及河东之地，盖皆日蹙。昭十三年，晋人执季孙意如，使狄人守之。定十四年，晋人围朝歌，析成鲋、小王桃甲率狄师以袭晋，战于绛中。盖皆其服属于晋者也。《史记》云："秦穆公得由余，西戎八国服于秦。"此《匈奴列传》文，《秦本纪》云："益国十二，开地千里。"与《韩非子·十过》《说苑·反质》篇同。《李斯传》作"并国二十"，二十字疑倒。《汉书·韩安国传》作"并国十四"，四亦疑二之误。古文一二三四，皆积画也。《盐铁论·论勇》："秦穆公得百里奚、由余，西戎八国服。"与《匈奴列传》同。穆公所服，盖多岐以东之地，即太王所事之獯粥，文王所事之昆夷，及灭幽王之犬戎也。然则同、蒲间之狄，盖尽为秦、晋所并矣。白狄居誾洛之间，其地较僻，盖至魏开河西、上郡而后亡？

白狄之见《春秋》，始于宣公八年与晋伐秦，成九年与秦伐晋。十三年吕相绝秦之辞曰："白狄及君同州，君之仇雠，而我之昏姻也。君来赐命曰：吾与女伐敌。寡君不敢顾昏姻，畏君之威，而受命于吏。君有二心于狄，曰晋将伐女，狄应且憎，是用告我。"《左氏》亦曰："秦桓公既与晋厉公为令狐之盟，而又召狄与楚欲道以伐晋。"白狄盖叛服于秦、晋之间者也。《春秋》襄十八年春，"白狄来"。《左氏》云："白狄始来。"盖至是始通于鲁。可见所谓白狄者，惟指誾洛间一族，若凡在西北者，皆可称白狄，前此似不得迄无往来也。二十八年，白狄朝晋；昭元年，祁午称赵文子服齐、狄；杜《注》谓指此事，其重视之可知。《管子·小匡》篇谓齐桓公"西征，攘白狄之地，遂至于西河"。《小匡》述事，不甚可信，然白狄之在西河，则因此而得一左证也。《左》僖三十三年，杜《注》："白狄，狄别种也。故西河郡有白部胡。"

《左》襄四年："无终子嘉父使孟乐如晋，因魏庄子纳虎豹之皮以请和诸戎。"杜《注》谓无终，山戎国名。其《释例》又谓山戎、北戎、无终三者是一。案山戎、北戎在东方，别见予所撰《山戎考》。杜氏之云，未知何据。昭元年之《疏》，亦不信之。观魏绛劝晋侯和戎，谓"戎狄荐居，贵货易土，土可贾焉"。又曰："边鄙不耸，民狎其野，穑人成功。"《左》襄公四年。则其地与晋密迩。昭元年："晋荀吴帅师败狄于大卤。"《左氏》云："败无终及群狄于太原。"则无终即在太原附近，疑亦西方之狄而能役属群狄者也。《左》襄五年："王使王叔陈生诉戎于晋。"未知即四年所谓诸戎之一否。

（五五）春秋时人以畜比君

《左氏》宣公四年：郑子公欲弑灵公，子家曰："畜老，犹惮杀之，而况君乎？"

成公十七年：晋乐书、中行偃欲弑厉公，韩厥曰："古人有言曰：杀老牛莫之敢尸，而况君乎？"以畜类喻君，人莫不以为骇，其实无足骇也。畜者，养也。臣之于君，固有孝养之义。古人言养，亦恒以畜类为喻，不以为亵也。《论语·为政》："子游问孝，子曰：今之孝者，是谓能养；至于犬马，皆能有养；不敬，何以别乎？"《坊记》："子云：小人皆能养其亲，君子不敬，何以辨？"孟子曰："缪公之于子思也，亟问，亟馈鼎肉。子思不悦。于卒也，摽使者出诸大门之外，北面稽首再拜而不受，曰：今而后知君之犬马畜伋。"《万章》下。又曰："食而弗爱，豕交之也；爱而不敬，兽畜之也。"《尽心》上。虽不以为然，然可见徒以养言，固恒以畜类为喻。孟子又谓"理义之悦我心，犹刍豢之悦我口"。《告子》上。刍豢者，牛羊之食，亦未尝不引伸为凡食之称，而以施诸人也。齐景公召太师曰："为我作君臣相悦之乐。其诗曰：畜君何尤？畜君者，好君也。"《梁惠王》下，《孟子》此六字即系解释《诗》义。《集注》谓臣能畜止其君之欲，乃是爱君，非也。《吕览·适威》引《周书》曰："民善之则畜也，不善则仇也。"高《注》："畜，好。"刍豢为人之所好，好之者必饮食之，故自养义引伸为好也。固亦施之于君，且以为歌颂之辞矣。

《左氏》襄公二十一年："齐庄公为勇爵，殖绰、郭最欲与焉。州绰曰：二子者，譬于禽兽，臣食其肉而寝处其皮矣。"意虽近于自夸，然未闻以其言为狎侮，则古人之贱禽兽，固不若后世之甚也。

（五六）余祭之死

余祭之死，《春秋》在襄公二十九年，即余祭之四年也。《史记·十二诸侯年表》，亦于是年书"守门阍杀余祭，季札使诸侯"。于鲁、齐、晋、郑亦皆书季札来使事。《世家》则但记季札出使而无余祭见杀之事。至十七年，乃书"余祭卒，弟余昧立"。卒、弑既异，先后又差十四年，疑《春秋》及《年表》是也。公子光之弑王僚也，乘盖余、烛庸之在楚，季札之使晋。光告专诸曰："季子虽至，不吾废也。"则季子在吴，未尝不为人所忌。余祭之见弑，盖亦乘季子出使而发。然余祭虽死，而国不能定，故至十七年余昧乃立也。春秋战国时，君位旷废历年者甚多，周厉王、鲁昭公、卫献公乃其著者。《史记·燕世家》：惠公六年，欲去诸大夫而立宠姬宋，大夫共诛姬宋，惠公惧，奔齐，四年，齐高偃如晋，请共伐燕，入其君。晋平公许，与齐伐燕，入惠公，惠公至燕而死，燕立悼公。《年表》于六年书公出奔，历七、八、九年，乃为悼公元年，书惠公归至卒，则君位旷者四年也。又《管蔡世家》：楚文王虏蔡哀侯以归，哀侯留九岁，死于楚，凡立二十年，卒，蔡人立其子肸。《年表》见虏在十一年，至其二十一年，乃为穆侯肸元年，则君位旷者九年矣。皆周厉王、鲁昭公、卫献公之伦也。春秋系世之书，不记君之见弑，盖亦习为故常。《史记·吴世家》不记余祭之弑，盖其所本者如此，非漏落也。《礼记·明堂位》郑《注》，以"君臣未尝相弑"一语，深诋作者之诬。其实内大恶讳，乃当时史家成例，非孔子所创；而记人更非有意掩饰也。

（五七）楚之四国

《左氏》：昭公十一年，"楚子城陈、蔡、不羹，使弃疾为蔡公。王问于申无宇曰：弃疾在蔡，何如？对曰：择子莫如父，择臣莫如君。郑庄公城栎而寘子元焉，使昭公不立。齐桓公城谷而寘管仲焉，至于今赖之。臣闻五大不在边，五细不在庭；亲不在外，羁不在内。今弃疾在外，郑丹在内，君其少戒。王曰：国有大城，何如？对曰：郑京、栎实杀曼伯，宋萧、亳实杀子游，齐渠丘实杀无知，卫蒲、戚实出献公，若由是观之，则害于国。末大必折，尾大不掉，君所知也。"十二年，王谓子革曰："昔诸侯远我而畏晋，今我大城陈、蔡、不羹，赋皆千乘，子与有劳焉，诸侯其畏我乎？对曰：畏君王哉！是四国者，专足畏也，又加之以楚，敢不畏君王哉？"《贾子·大都》曰："昔楚灵王问范无宇曰：我欲大城陈、蔡、叶与不羹，赋车各千乘焉，亦足以当晋矣；又加之以楚，诸侯其来朝乎？范无宇曰：不可。臣闻大都疑国，大臣疑主，乱之媒也。都疑则交争，臣疑则并令，祸之深者也。今大城陈、蔡、叶与不羹，或不充，不足以威晋；若充之以资财，实之以重禄之臣，是轻本而重末也。臣闻尾大不掉，末大必折，此岂不施威诸侯之心哉？然终为楚国大患者，必此四城也。灵王弗听。果城陈、蔡、菜与不羹，实之以兵车，充之以大臣。是岁也，诸侯果朝。居数年，陈、蔡、叶与不羹或奉公子弃疾内作难，楚国云乱，王遂死于乾溪。"案《左氏》昭公十三年，亦言弃疾等帅陈、蔡、不羹、许、叶之师以入楚，则《贾子》是也。杜氏以不羹有东西二城，恐非。

（五八）三王五霸

三皇五帝，无定说也，三王五霸亦然。《白虎通义·号》篇引《春秋传》曰："王者受命而王，必择天下之美号以自号。"释夏、殷、周皆为美称。又云："五帝德大能禅，成于天下，无为立号。"又引或说，谓唐、虞、高辛、高阳、有熊皆号。则其所谓三王者，但指夏、殷、周言之，未尝凿指其人也。《风俗通义》引《礼号谥记》以夏禹、殷汤、周武王为三王，又有据《诗》《书》《春秋》之说，以文易武者，应氏谓"俗儒新生，不能采综，多其辨论，至于讼阋"。然应氏力辨武之为是，文之为非，亦未有以见其必然也。五霸之说，尤为纷繁。《白虎通义》第一说曰昆吾、大彭、豕韦、齐桓、晋文。《风俗通义》《吕览·先己》高《注》、《左氏》成公二年杜《注》及服虔《诗谱序疏》主之。第二说曰齐桓、晋文、秦缪、楚庄、吴阖闾，无同之者。第三说曰齐桓、晋文、秦缪、宋襄、楚庄，《孟子·告子》赵《注》、《吕览·当务》高《注》主之。《荀子·王霸》篇曰："齐桓、晋文、楚庄、吴阖闾、越句践，是所谓信立而霸也。"则其说又异。《议兵》篇亦以齐桓、晋文、楚庄、吴阖闾、越句践并举。又《成相》篇谓穆公强配五霸，亦以穆公在五霸之外。案《国语·郑语》，以昆吾为夏霸，大彭、豕韦为商霸。《谷梁》隐公八年云："交质子不及二伯。"则第一说有据。《太史公自序》云："幽厉之后，周室衰微，诸侯专政，五霸更盛衰。"则五霸必在东周之世，第二三说及《荀子》之说亦有据。《白虎通义》及《风俗通义》疏释辨论之语，亦皆可通而皆未有以见必然。由其本无定说，故后人以意言之，其说皆有可取也。

《史记·商君列传》曰："孝公既见卫鞅，语事良久，孝公时时睡，弗听。罢而孝公怒景监曰：子之客，妄人耳，安足用邪！景监以让卫鞅。卫鞅曰：吾说公以帝道，其志不开悟矣。后五日，复求见鞅。鞅复见孝公，益愈，然而未中旨。罢而孝公复让景监。景监亦让鞅。鞅曰：吾说公以王道而未入也，请复见鞅。鞅复见孝公。孝公善之，而未用也，罢而去。孝公谓景监曰：汝客善，可与语矣。鞅曰：吾说公以霸道，其意欲用之矣。诚复见我，我知之矣。卫鞅复见孝公，公与语，不自知膝之前于席也。语数日不厌。景监曰：子何以中吾君？吾君之欢甚也。鞅曰：吾说君以帝王之道，比三代，而君曰：久远，吾不能待。且贤君者，各及其身显名天下，安能邑邑待数十百年以成帝王乎？故吾以强国之术说君，君大说之耳。然亦难以比德于殷周矣。”设此说者，盖谓秦之为治，又下于五霸一等也。《白虎通义》曰：“德合天地者称帝，仁义合者称王。”又引《礼记·谥法》曰：“德象天地称帝，仁义所生称王。”《管子·禁藏》曰：“以情伐者帝，以事伐者王，以政伐者霸。”《霸言》曰：“得天下之众者王，得其半者霸。”《兵法》曰：“明一者皇，察道者帝，通德者王。”《吕览·应同》曰：“同气贤于同义，同义贤于同力，同力贤于同居。帝者同气，王者同义，霸者同力。”《先己》曰：“五帝先道而后德，故德莫盛焉。三王先德而后事，故功莫大焉。五伯先事而后兵，故兵莫强焉。”晁错曰：“五帝神圣，其臣莫能及。”“三王臣主俱贤。”“五伯不及其臣。”《汉书·晁错传》。《淮南·泰族》曰：“同气者帝，同义者王，同力者霸。”《公羊》何休曰：“德合元者称皇”，“德合天者称帝”，“仁义合者称王”。《公羊》成公八年《解诂》。桓谭《新论》曰：“三皇以道治，五帝用德化，三王由仁义，五霸以权智。其说之曰：无制令刑罚谓之皇，有制令而无刑罚谓之帝，赏善诛恶，诸侯朝事谓之王，兴兵约盟，以信义矫世谓之霸。”《御览·皇王部》引。此皆设为优劣，以明治道之升降，意本不主于人也。

《左氏》成公二年“四王之王也”，《注》曰：“禹、汤、文、武。”案三王之说，初仅混言其为夏、殷、周，逮进而凿求其人，则夏禹，殷汤，均无疑义，惟周则为文为武，皆有可通，应劭所辨，即在于此。《左氏》文字，予尝疑其多出传者之润饰，此四王，殆即主张以文、武并称者，所以调和三王为文为武之争与？然必非旧说也。《学记》曰：“三王四代惟其师。”《明堂位》曰：“四代之乐器。”注皆曰虞，夏，殷，周。皆言四代而不言四王。何则？称名必循众所习知，古固无称舜为王者也。《表记》：子曰：“虞夏之道，寡怨于民，殷周之道，不胜其敝。”又曰：“虞夏之质，殷周之文，至矣。虞夏之文，不胜其质，殷周之质，不胜其文。”皆以四代并论。《檀弓》：哀公问于周丰曰：“有虞氏未施信于民，而民信之，夏后氏未施敬于民，而民敬之。”丰对曰：“殷人作誓而民始畔，周人作会而民始疑。”亦以四代并论。然又曰：“子言之曰：后世虽有作者，虞帝弗可及也已矣。”仍称舜为帝，不称为王也。或曰：古三、四字皆积画，《左氏》之四王，乃三王传写之误。说亦可通。然传写似误四为三者多，误三为四者少也。

《左氏》称悼公复霸，成公十八年。《国语》亦然。《晋语》。《左氏疏》曰：“郑玄云：天子衰，诸侯兴，故曰霸。夏有昆吾，商有豕韦、大彭，周有齐桓、晋文，此最强者也。故书传通谓彼五人为五霸耳。但霸是强国为之，天子既衰，诸侯无主，若有强者，即营霸业，其数无定限也。而何休以霸不过五，不许悼公为霸，以乡曲之学，足以忿人。传称文、襄之伯，襄承文后，绍继其业，以后渐弱，至悼乃强，故云复霸。”案以曾为诸侯之长言之，霸自不止于五，岂惟晋悼，楚灵、齐景，亦可称霸也。若就五霸说之，晋悼自不得与，此犹共工氏霸九州而不列于五帝也。义各有当，遽以乡曲之学，横肆诋諆，过矣。

五霸虽多异说，然推创此说者之意，必指东周后之强国言之。何则？五帝不兴于三皇之时，三王不起于五帝之世，为皇帝王霸之说者，原取明世运之递降，安得五霸之云，独错出于三王之代乎？《孟子》曰：“五霸，桓公为盛。”《告子》下。此乃与晋文以下比较言之，犹孔子言“晋文公谲而不正，齐桓公正而不谲”也。《论语·宪问》。夏殷史事，传者已略，何由知昆吾、大彭、豕韦与齐桓孰盛哉？然则《白虎通》之正说，必《左氏》既出后之说，其为元文与否，颇可疑也。《谷梁》独称二伯，《谷梁》亦古文家言也。

董子《繁露》，以王者之法，必正号，绌王谓之帝，封其后以小国，存二王之后以大国，同时称帝者五，称王者三。周人之王，尚推神农为九皇，绌虞而号舜曰帝，《三代改制质文》。此《春秋》昭五端、通三统之义。诸家之称三王，不知义同儒家以否，然曰三曰五，义必有取，则可知也。司马相如《难蜀父老》：“上咸五，下登三。”《史记》本传。盖即此义。《集解》引韦昭曰：“咸同于五帝，登三王之上。”《索隐》云：“李奇曰：五帝之德，汉比为减，三王之德，汉出其上，故云减五登三。此说非也。虞喜《志林》云：相如欲减五帝之一，以汉盈之。然以汉为五帝之数，自然是登于三王之上也。今本减或作咸，是与韦昭之说符也。”其所谓今本者，盖后人依韦昭之说改之，李奇、虞喜解并误，然所据本，固皆作减也。

（五九）中山

中山者，春秋战国间之大国也。《左氏》载中山与晋相竞，始于昭公之十二年，而迄于哀公之六年，其间凡四十二年。其后八十二年，而魏文侯灭中山，使太子击守之。魏文侯十七年。见《史记·魏世家》。其后中山复国。见《乐毅列传》。自魏文侯灭中山之后三十一年，为赵敬侯十年，赵与中山战于房子；其明年，伐中山，又战于中人。见《赵世家》。越三十四年，而中山君为魏惠王相。见《六国年表》，在魏惠王二十九年。《魏世家》作二十八年。此时中山虽为魏弱，然赵武灵王之告公子成曰："先时中山负齐之强兵，侵暴吾地，系累吾民，引水围鄗，微社稷之神灵，则鄗几于不守也。先王丑之，而怨未能报也。"见《赵世家》。则其力犹足与赵为敌，春秋末叶连齐以掎晋之志，未尝衰也。中山君相魏惠王之后三十五年，为赵武灵王之十九年，始胡服骑射，以必取胡地、中山为志。其明年，略中山地，至宁葭。又明年攻中山，中山献四邑请和。王许之，罢兵。二十三年，攻中山。二十六年，复攻之。二十七年，传国于惠文王。惠文王三年，乃灭中山，迁其王于肤施。均见《赵世家》。自鲁昭公十二年至此，凡二百三十五年，中山之与晋相抗，可谓久矣。

中山之亡，《赵世家》在惠文王三年，而《六国年表》在四年。《表》云："与齐、燕共灭中山。"《燕世家》及《表》皆不载此事，《齐世家》及《表》，皆系湣王二十九年，与《表》作惠文王四年者合。盖迁其君在三年，而尽服其众而定其地，实在四年也。赵惠文王四年，为秦昭王十二年，而《秦本纪》昭王八年："赵破中山，其君亡，竟死齐。"或以此疑《秦纪》及《六国表》相龃龉。案此不徒与惠文王四年中山灭非一事，即与三年中山君之迁，亦非一事。故《秦纪》昭王十一年，中山尚与齐、韩、魏、赵、宋共攻秦。《史记·秦纪》云："齐、韩、魏、赵、宋、中山五国共攻秦。"《正义》云："盖中山此时属赵，故云五国也。"案中山苟为赵私属，即不必特举其名，盖或五字误，或衍他字也。《正义》说未安。明其亡竟死齐之后，尚有一君，盖即迁于肤施者也。

《六国表》云齐湣王佐赵灭中山，《乐毅列传》亦云齐湣王助赵灭中山；《范雎列传》：说秦王曰："昔者中山之国，地方五百里，赵独吞之，功成名立，而利附焉，天下莫之能害也。"则湣王之佐赵，乃烛之武所谓"亡郑以倍邻"者耳。夫中山去赵近，而去齐远，其于赵，腹心之患也；武灵王告楼缓曰："今中山在我腹心。"则赵之于中山，亦腹心之患也。连齐以拒赵，在中山策固宜然；抚中山以拒晋，于齐计亦良得。昭、定、哀间之已事及围鄗之役，资中山以强兵，盖齐之素计，非漫然而为之也。弃累世之遗策，灭与国以资邻敌，湣王之所为若此，欲以求伯，不亦难乎？燕是时亦助赵者。昭王方欲报齐，盖以此结欢于赵，非徒为赵用也，与齐湣王之劳民助敌者不同。

范雎云：中山"地方五百里"。中山与燕、赵为王，齐闭关不通中山之使，其言曰："我，万乘之国也；中山，千乘之国也。"见《中山策》。然则中山之为国，盖鲁、卫之伦也。方五百里，在周初为大国，至春秋以降，则不足数矣。而中山独累世雄张，为齐、燕、赵、魏所重，盖以其地险故。赵武灵王胡服骑射以取中山，非谓中山亦林胡、楼烦之伦，将以轻骑与之驰逐于原野，乃欲以是深入其阻耳。武灵王之告公子成曰：“今吾国东有河、薄洛之水，与齐、中山同之，无舟楫之用；自常山以至代、上党，东有燕、东胡之境而西有楼烦、秦、韩之边；今无骑射之备，故寡人无舟楫之用，夹水居之，民将何以守河、薄洛之水？变服骑射，以备燕、三胡、秦、韩之边。”是赵与中山角逐，仍重在平地，其胡服骑射则所以防燕、三胡、秦、韩也。然又曰“今骑射之备，近可以便上党之形而远可以报中山之怨”，则以中山地险，惟骑兵乃能深入其阻，一举而两利存焉。然其本意，固以备燕、三胡、秦、韩，非以为中山也。胡服骑射之后，明年而有事于中山，史记其事云：“略中山地，至宁葭。”略者师速而疾，盖犹仅拂其境。是年，使代相赵固主胡，致其兵。明年，又攻中山，赵袑为右军，许钧为左军，公子章为中军，王并将之；牛翦将车骑，赵希并将胡、代、赵，与之陉；合军曲阳，攻取丹邱、华阳、鸱之塞，王军取鄗、石邑、封龙、东垣。中山献四邑请和。均见《赵世家》。四邑，盖即鄗、石邑、封龙、东垣。是役也，以赵固有之军为三军，王并将之，以攻中山之邑，而以新练之骑兵，牛翦所将。与所致胡、代之兵，赵希所将。云并将胡、代、赵者，赵为主军，胡、代为客军，并将是三国之兵也。与之陉，徐广曰“一作陆”，窃疑作陉为是。陉者，山绝之名，所谓塞者，盖在于是。豫许赵希攻下，即以之为赏也。赵希，或致胡兵之赵固之父兄子弟。攻中山之塞，始深入其阻矣。其后之攻中山，当仍祖是策，故不数年而中山遂亡。惠文王二年，主父行新地，遂出代西，遇楼烦王于西河而致其兵。明年，遂灭中山。致楼烦之兵，盖亦所以攻中山也。

《中山策》曰：“乐羊为魏将攻中山，其子时在中山，中山君烹之作羹，致于乐羊，乐羊食之。古今称之。”甘茂谓秦武王曰：“魏文侯令乐羊将而伐中山，三年而拔之。乐羊返而论功，文侯示之谤书一箧。”《史记》本传，亦见《秦策》。中山之难攻可知，盖以其险也。《中山策》又曰：“魏文侯欲残中山，常庄谈谓赵襄子曰：魏并中山，必无赵矣。公何不请公子倾以为正妻，因封之中山，是中山复立也。”据《六国表》，襄子之卒，在魏文侯元年前一年。文侯之欲残中山，得无恶其险，故欲破坏之，使之不复能立邪？乐羊之灭中山，文侯封之以灵寿。乐羊死，葬于灵寿。《史记·乐毅列传》。则文侯固尝拔其地以封有功之将，而乐羊亦能抚其封邑之民。然中山无几卒复国，又百余年而后亡，则甚矣灭国之不易，而险之果足恃也？吴起曰“在德不在险”，固也，然此亦为大无道者言之耳，若得中主，恃险固亦足以延命矣。《史记·穰侯列传》，须贾说穰侯曰：“宋、中山数伐割地，而国随以亡。”四邑之献，即中山好割地之一证。然仅此一事，不得云数，其前此如是者，盖多矣。地数割，而犹后亡，亦地险使之也。

赵献侯十年，中山武公初立。此事既见《赵世家》，又见《六国赵表》。其立也，盖赵立之也。是年，为魏文侯十一年，又五年而献侯卒。其明年，魏遂使太子伐中山，盖闻赵之丧也。此事亦记于《赵世家》及《六国表》赵下，盖循赵史记之旧，可见赵视中山之重。

中山武公，徐广曰：定王之孙，西周桓公之子。而《索隐》以《世本》不言谁之子孙，疑徐广之言为无据。然徐广不得凿空，盖自有所据，而小司马时已无考也。

中山尝筑长城，事在赵成侯六年，亦见《赵世家》。古长城之筑，多文明之国，以此防野蛮部族之侵扰，故疑中山亦林胡、楼烦之类者，非也。赵主父使李疵视中山可攻不也，李疵告主父曰：“中山之君见好岩穴之士，所倾盖与车以见穷闾隘巷之士以十数，伉礼下布衣之士以百数矣。”《韩非子·外储说左上》。案亦见《中山策》。是好文之主也。《说苑·权谋》曰：“中山之俗，以昼为夜，以夜继日，男女切踦，固无休息，淫昏康乐，歌讴好悲。”是其憙音沉湎，亦文明之国之流矣，非穹庐之君，旃裘之民，所能有也。敝以中山为林胡、楼烦之伦者，非也。诸侯失地名灭同姓名，中山与赵，厥罪惟钧，而引夷狄以伐中国，则武灵王有罪焉尔矣。

（六〇）皇帝说探源

《庄子·天运》：“子贡（见老聃）曰：夫三王五帝之治天下不同，其系声名一也，而先生独以为非圣人，如何哉？老聃曰：小子少进。子何以谓不同？对曰：尧授舜，舜授禹，禹用力而汤用兵，文王顺纣而不敢逆，武王逆纣而不肯顺，故曰不同。老聃曰：小子少进。余语女三皇五帝之治天下：黄帝之治天下，使民心一。民有其亲死不哭而民不非也。尧之治天下，使民心亲。民有为其亲，杀其杀，而民不非也。舜之治天下，使民心竞。民孕妇十月生子，子生五月而能言，不至乎孩而始谁，则人始有夭矣。禹之治天下，使民心变。人有心而兵有顺，杀盗非杀，人自为种而天下耳。是以天下大骇，儒、墨皆起。其作始有伦，而今乎妇女，何言哉？余语女，三皇五帝之治天下，名曰治之，而乱莫甚焉。三皇之知，上悖日月之明，下睽山川之精，中堕四时之施，其知憯于蛎虿之尾，鲜规之兽，莫得安其性命之情者，而犹自以为圣人，不可耻乎？其无耻也？子贡蹴蹴然立不安。"《注》曰："子贡本谓老子独绝三王，故欲同三王于五帝耳。今又见老子通毁五帝，上及三皇，则失其所以为谈矣。"《释文》云："三王，本或作三皇，依《注》作王是也。余皆作三皇。"案子贡言禹、汤、文、武而上及尧、舜，老子更上溯及于黄帝，皆在三王五帝之中，未尝及三皇也。《注》意盖谓老子通毁五帝，则其所取，必在三皇，亦未尝谓老子曾举三皇之名也。此节中三皇字，盖皆当作三王，而为后人妄改；然陆德明所见本，已如此矣。上文又载师金之言曰："三皇五帝之礼义法度，不矜于同而矜于治。故譬三皇五帝之礼义法度，其犹柤梨橘柚邪？其味相反，而皆可于口。故礼义法度者，应时而变者也。今取猨狙而衣以周公之服，彼必龁啮挽裂，尽去而后慊。观古今之异，犹猨狙之异乎周公也。"此节意与下节同。独举周公以为言，亦其所议者为三王而非三皇之证。疑此节三皇本亦作三王，而为妄人所改也。

《史记·殷本纪》："伊尹名阿衡。阿衡欲干汤而无由，乃为有莘氏媵臣，负鼎俎以滋味说汤，致于王道。或曰：伊尹处士，汤使人聘迎之。五反然后肯。往从汤，言素王及九主之事。"后说与《孟子》合，盖儒家言也。《集解》：刘向别录曰："九主者：有法君、专君、授君、劳君、等君、寄君、破君、国君、三岁社君，凡九品，图画其形。"《索隐》谓"所称九主，载之《七录》，名称则奇，不知所凭据耳"。案此盖释古法戒之图象，与《史记》所言九主无涉。《索隐》又引或说云："九主，谓九皇也。"以儒家言释儒家言，庶几近之。《汉书·郊祀志》："天子既闻公孙卿及方士之言：黄帝以上封禅，皆致怪物，与神通，欲放黄帝，以接神人蓬莱，高世，比德于九皇。"则九皇之说，神仙家亦有之，匪独儒家；盖古固有是名也。张晏曰："三皇之前，有人皇，九首。"韦昭曰："上古有人皇者九人。"并据谶纬为说，恐非武帝时所有。人皇九头，见司马贞《补三皇本纪》。《注》云："出《河图》及《三五历》。"案所谓天皇、地皇者，当出《三五历》；人皇当出《河图》；说见《古史纪年》。《管子·轻重戊》："桓公问于管子曰：轻重安施？管子对曰：自理国。虙戏以来，未有不以轻重而能成其王者也。公曰：

何谓？管子对曰：虙戏作，造六峜以迎阴阳，作九九之数以合天道，而天下化之。神农作，树五谷淇山之阳，九州之民乃知谷食，而天下化之。黄帝作，钻燧生火以熟荤臊，民食之，无兹胃之病，而天下化之。”黄帝盖燧人之误。下文又言“黄帝之王，童山竭泽”可知也。《揆度》：“齐桓公问于管子曰：自燧人以来，其大会可得而闻乎？管子对曰：燧人以来，未有不以轻重为天下也。”《轻重戊》列举古帝，而首虙戏、神农、燧人；《揆度》言自燧人以来；则以三皇为始王天下，燧人又居三皇之首。亦古本有是说，而非儒家之私言也。

然皇帝二名，虽出先秦之世，究为后起之说。古者一部族之主谓之君，为若干部族之共主者谓之王。尊至于王而止矣，不能更有所加也。天下归往谓之王，此特侈言之，实则各王一域，春秋吴楚并时称王其证。王与王之间，因彼此关系较疏，其上更无共主，自不能别有名称。战国之世，列国皆称王，关涉较多，强弱渐判，乃谋立一更尊于王之号。于是借天神之名而称之曰帝，齐、秦并称东西帝，魏使辛垣衍说赵尊秦为帝是也。时人之见解如是，于是论古史者，亦于三王之前，更立五帝之号焉。夫尊至侔于天神，亦止矣，不能更有所加矣。然论古史者，犹不以是为已足也。乃不从尊卑着想，而从先后立义，据始王天下之义，造一皇字，而三皇之名立焉。皇王形异而声同，可知虽制殊文，实非二语也。太史公论秦始皇，谓其自谓“功过五帝，地广三王，而羞与之侔”，此非臆度之辞，乃属当时实事。始皇诏丞相、御史曰“其议帝号”，则业以帝者自居，而犹欲更议其号，即所谓羞与之侔也。帝且不嗛，何有于王？丞相等议曰：“昔者五帝，地方千里，其外侯服夷服，诸侯或朝或否，天子不能制。今陛下兴义兵，诛残贼，平定天下，海内为郡县，法令由一统，自上古以来未尝有，五帝所不及。臣等谨与博士议曰：古有天皇，有地皇，有泰皇，泰皇最贵。臣等昧死上尊号，王为泰皇。”亦以其功过五帝，而别觅一名以尊之也。始皇曰“去泰著皇，采上古帝位号，号曰皇帝”者，一以帝为战国以来最尊之号，众所共喻，著之以适时俗；一亦以皇之与王，文虽殊而义则一，称皇，自不知文字者闻之，一若名号未更者。故必著帝以异于先古之王，又必著王以异于战国以来之所谓帝也。尊庄襄王曰太上皇，不曰太上皇帝者，以其不君天下。然则帝者谛也，取其审谛以治天下，犹上帝之居高而临下土耳。张晏曰：“五帝自以德不及三皇，故自去其皇号。三王又以德不及五帝，自损称王。秦自以德褒二行，故兼称之。”《汉书·百官公卿表注》引。一若皇帝二名，古固有之者，真亿说也。

（六一）管子论王霸

《管子·霸言》曰:“强国众,合强以攻弱以图霸;强国少,合小以攻大以图王。强国众而言王势者，愚人之智也;强国少而施霸道者，败事之谋也。”又曰:“强国众，先举者危，后举者利；强国少，先举者王，后举者亡。战国众，后举可以霸;战国少，先举可以王。”此殷周之所以成王业，而齐桓、晋文止于称霸也。盖强国少，则服一强而号令已施于天下。强国多，不可胜诛；战虽胜，犹虑有畜全力以乘吾后者;则不得不善藏其锋。强国少,众小国皆可胁而服焉。强国多,地丑德齐，齐盟且思狎主，况欲南面而朝之乎？晋不能于齐，楚不能于秦，晋、楚之力，岂让殷、周，终不能代周而兴者，世异而所直之敌不同也。然此为春秋以前言之也。战国之世，众小国稍尽，大国壤地相接，惟以吞噬为事，秦始皇卒并六国为一，又非作《管子》书者所逆睹矣。

扫码分享电子版

（六二）中国未经游牧之世

言社会演进者，多谓人之求口实，必自渔猎进于游牧，自游牧更进于农耕。其实不然。自渔猎径进于农耕者，盖不少矣，中国即其一也。

谓中国曾经游牧之世者，多以伏羲氏为牧民之君长，此为刘歆、郑玄、皇甫谧所误也。《易·系辞传》云:“古者包牺氏之王天下也，仰则观象于天，俯则观法于地；观鸟兽之文，与地之宜；近取诸身，远取诸物；于是始作八卦，以通神明之德，以类万物之情。作结绳而为网罟，以佃以渔，盖取诸离。”《经典释文》云:“包，本又作庖。郑云取也。孟、京作伏。牺，郑云：鸟兽全具曰牺。孟、京作戏，云伏服也，戏化也。”案《白虎通义·号篇》云:“下伏而化之，故谓之伏羲也。”《风俗通义》引《含文嘉》云:“伏者，别也，变也。戏者，献也，法也。伏戏始别八卦，以变化天下，天下法则，咸伏贡献，故曰伏戏也。”盖今文旧说，孟、京所用。《汉书·律历志》曰:“作网罟以田渔取牺牲，故天下号曰炮牺氏。”盖郑说所本。《易》但言田渔,歆妄益取牺牲三字,实非也。《礼记·月令正义》引《帝王世纪》曰:“取牺牲以共庖厨，食天下，故号曰庖牺氏。”则又以庖字之义，附会庖厨，失之弥远矣。《太平御览》引《诗纬含神雾》曰：

"大迹出雷泽，华胥履之生伏羲。"《易·系辞传疏》引《帝王世纪》曰："有大人迹，出于雷泽，华胥履之，而生包牺。"《淮南子·地形》曰："雷泽有神，龙身人头，鼓其腹而熙。"《山海经·海内东经》曰："雷泽中有雷神，龙身而人头，鼓其腹。《史记·五帝本纪正义》引作"鼓其腹则雷"。在吴西。"此吴即虞字，可见雷泽即舜所渔也。《鲁灵光殿赋》曰："伏羲鳞身，女娲蛇躯。"李善《注》引《列子》曰："伏羲、女娲，蛇身而人面。"又引《玄中记》曰："伏羲龙身，女娲蛇驱。"古者工用高曾之规矩，殿壁画像，亦必有所受之，则古神话以伏羲在沼泽之区不疑也。《管子·轻重戊》曰："伏羲作九九之数，以合天道。"八卦益以中宫，是为九宫。明堂九室，取象于是。明堂之制，四面环水，盖湖居之遗制。伏羲之社会，从可推想矣。伏羲所重，盖在于渔，故《易》称其作结绳而为网罟。网以取鱼，罟则并举以浃句耳。尸子云："燧人之世，天下多水，故教民以渔；宓牺氏之世，天下多兽，故教民以猎。"似不甚合，然亦不云其曾事牧也。作结绳为网罟，疑即一事。说者以结绳为未有文字时记事之法亦非。又有以黄帝为游牧之世之君长者，以《史记·五帝本纪》有"教熊、罴、貔貅、貙、虎"之语也。此亦本非畜牧之事。然其上文不言其"治五气艺五种"乎？又以其言黄帝"迁徙往来无常处，以师兵为营卫"也，然其上文不又言其"邑于涿鹿之阿"乎？古人随意衍说，其辞多不审谛，要在参稽互证，博观约取，安可据彼单辞，视为定论也？

中国与游牧民族遇，盖起战国之世。春秋时侵齐、鲁又侵郑者有山戎，亦曰北戎；侵晋者有赤、白狄；皆在今河南、北及山东境。其在今陕、甘境者，则《史记》所谓"自陇以西，有绵诸、绲戎、翟貘之戎；岐、梁山、泾、漆之北，有义渠、大荔、乌氏、朐衍之戎"者也。《史记》将此等尽入之《匈奴传》中，后人遂皆视为匈奴之伦，此实大误。匈奴乃骑寇，此则所谓山戎。山戎犹后世言山胡、山越，乃诸部之通称，非一族之专号。山戎之与我遇也，皆彼徒我车，与后世西南诸族，则颇相似矣，于匈奴乎何与？骑寇之名，昉见《管子·小匡篇》，此篇虽述管子事，实战国时人作也。篇中言桓公破屠何。孙诒让《墨子间诂》谓即《周书·王会》之不屠何。《非攻》云：且不一著何亡于燕、代、胡、貉之间。且当作祖，不一著何，则不屠何之衍误，后为辽西之徒河县。其说似之。绵亘燕、代、胡、貉之间，盖当时一大族矣。自此以西为林胡、楼烦，后为赵所慑服。又其表则为匈奴，赵徒攘斥之，而未能慑服之，至秦、汉世，遂收率游牧之族，大为北边之患焉。《史记》云："燕有贤将秦开，为质于胡，胡甚信之。归而袭破走东胡。东胡却千余里。燕筑长城，自造阳至襄平，置上谷、渔阳、右北平、辽西、辽东郡以拒胡。”五郡之表，不得皆为东胡。东胡，汉初居匈奴东，冒顿袭破之。其后匈奴单于庭直代、云中，左方王将居东方，直上谷。上谷似即东胡旧地也。此等皆战国时北方骑寇。古所谓大行之脉，起今河南、北、山西三省之交，东北行，蔽河北省之北垂，至于海，盖皆山戎之所居，为中国与北方游牧民之介，山戎之居，地险不易入，其民贫，亦无可略。斯时游牧之族，部落尚小，亦无力逾山而南。中国之文明，实在此和平安静之区，涵育壮大也。

或曰：子言骑寇虽见管子书，实说战国时事，似矣。然孔子称管仲之功曰：“微管仲，吾其被发左衽矣。”何也？《论语·宪问》。曰：安见《论语》中遂无战国时人语邪？不特此也。中庸：“子路问强。子曰：南方之强与？北方之强与？抑而强与？”“衽金革，死而不厌，北方之强也，而强者居之。”所说亦战国后情形也。又曰：“今天下，车同轨，书同文，行同伦。”则弥可见为秦始皇一统后语矣。《国语·齐语》谓齐桓公筑五鹿、中牟、盖与、牡丘，以卫诸夏之地，所拒者亦不过山戎、众翟而已。韦《注》说。《左氏》谓齐侯伐山戎，以其病燕，所病者南燕，非北燕也。别有考。

亚里士多德谓人之谋生，不外畜牧、耕稼、劫掠、捕鱼、田猎五者。见所著《政治论》第一编第八章。吴颂皋、吴旭初译本。劫掠之技，起自田猎之世，盖以施诸物者移而施诸人也。然田猎之世，口实实少，不能合大群，故其侵略之力不强，至游牧之世，则异是矣。中国自秦、汉以后，屡为异族所苦，实以居其朔垂者为游牧之民故也。然中国可谓善御游牧民者矣。夫西洋之有希腊、罗马，犹东洋之有中国也。今西方之希腊、罗马安在哉？其在东方，则中国犹是中国人之中国也。此文明之扞城也。岂易也哉？或曰：中国当皇古之世，亦尝有牧人征服渔人之事。观古代牛、羊、犬、豕为贵者之食，鱼鳖为贱者之食可知。此说盖是？但其为时甚早，其事迹，书传已无可考矣。

（六三）农业始于女子

今社会学家言：农业始于女子。求诸吾国古籍，亦有可征者焉。《周官·天官》内宰：“上春，诏王后帅六宫之人，而生穜稑之种。”《注》：“古者使后宫藏种。”是藏种职之女子也。《谷梁》桓公十四年：“曰：甸粟而内之三宫，三宫米而藏之御廪。”文公十三年：“宗庙之礼，君亲割，夫人亲舂。”《国语·楚语》曰：“天子禘郊之事，必自射其牲，王后必自舂其粢。诸侯宗庙之事，必自射牛，刲羊，击豕，夫人必自舂其盛。”《周官·地官》：舂人有女舂抌。稾人有女稾。《秋官》司厉：“其奴，男子入于罪隶，女子入于舂稾。”是粟米之成，又由于女子也。《天官》九嫔：“凡祭祀，赞玉齍。《注》：“玉敦，受黍稷器。”赞后荐彻豆笾。”世妇：“掌祭祀宾客丧纪之事。帅女官而濯摡，为齍盛。及祭之日，莅陈女宫之具。凡内羞之物。”《春官》内宗：“掌宗庙之祭祀，荐加豆笾。及以乐彻，则佐传豆笾。宾客之飨食亦如之。”大宗伯：“凡大祭祀，王后不与，则摄。荐豆笾，彻。”《礼记·郊特牲》曰：“鼎俎奇而笾豆偶，阴阳之义也。”《礼·有司彻》曰：“宰夫羞房中之羞于尸侑主人主妇，皆右之。司士羞庶羞于尸侑主人主妇，皆左之。”《注》曰：“房中之羞，其笾则糗饵粉糍，其豆则酏食糁食。庶羞，羊臐豕膮，皆有胾醢。房中之羞，内羞也。内羞在右，阴也。庶羞在左，阳也。”《聘礼》：“醯醢百食，夹碑十以为列，醯在东。”《注》：“醯谷，阳也。醢肉，阴也。”《疏》：“醯是釀谷为之，酒之类，在人消散，故云阳。醢是釀肉为之，在人沉重，故云阴也。大宗伯云：天产作阴德，地产作阳德。《注》云：天产六牲之属，地产九谷之属，以六牲之阳，九谷为阴，与此醯是谷物为阳违者，物各有所对。六牲动物，行虫也，故九谷为阴。《郊特牲》云：鼎俎奇而笾豆偶，阴阳之义也，又以笾豆醯醢等为阴，鼎俎肉物总为阳者，亦各有所对。以鼎俎之实，以骨为主，故为阳；笾豆谷物，故为阴也。《有司彻注》，又以庶羞为阳，内羞为阴者，亦羞中自相对。内羞虽有糁食是肉物，其中有糗饵粉糍食物，故为阴，庶羞肉物，故为阳也。”案醯为阳，肉为阴，即“凡饮养阳气，凡食养阴气”之义。《疏》以消散沉重为说，是也。是古之祭飨，男子所共皆肉食，女子所共皆谷食疏食也。《祭统》曰：“祭也者，必夫妇亲之，所以备外内之官也。官备则具备。水草之菹，陆产之醢，小物备矣。三牲之俎，八簋之实，美物备矣。昆虫之异，草木之实，阴阳之物备矣。凡天之所生，地之所长，苟可荐者，莫不咸在，示尽物也。”盖古者男女分业，非夫妇亲之，则不能备物，此其所以“既内自尽，又外求助”也。《左氏》隐公三年曰：“苟有明信，涧溪沼沚之毛，苹蘩蕰藻之菜，筐筥锜釜之器，潢汙行潦之水，可荐于鬼神，可羞于王公。《风》有《采蘩》《采苹》，《雅》有《行苇》《泂酌》，昭忠信也。”《关雎》之诗曰：“参差荇菜，左右流之。”毛《传》曰：“后妃有关雎之德，乃能共荇菜，备庶物，以事宗庙。”《采蘩传》曰：“公侯夫人执蘩菜以助祭。神响德与信，不求备焉，沼沚溪涧之草，犹可以荐。王后则荇菜也。”苹蘩薀藻，乃水处之民所食，而亦其所以祭也。《礼记·昏义》曰：“古者妇人先嫁三月，祖庙未毁，教于公宫，祖庙既毁，教于宗室。教成祭之，牲用鱼，芼之以苹藻。”《公羊》哀公六年：“陈乞曰：常之母有鱼菽之祭。”是古猎为男子之业，耕渔皆女子之事也。猎以习战斗，则礼尚焉；耕渔较和平，则贱之而人君弗亲；见《左氏》隐公五年臧哀伯谏观鱼。盖人之好杀伐久矣。

《曲礼下》曰：“凡挚：天子鬯，诸侯圭，卿羔，大夫雁，士雉。庶人之挚匹。《注》：“说者以匹为鹜。”妇人之挚，椇、榛、脯、修、枣、栗。”《公羊》庄公二十四年：“大夫宗妇觌用币。用者，不宜用也。然则曷用？枣栗云乎，腶修云乎。”《左氏》亦载御孙之言曰：“男贽，大者玉帛，小者禽鸟，以章物也。女贽，不过枣栗脯修，以告虔也。”夫“居山以鱼鳖为礼，居泽以鹿豕为礼，君子谓之不知礼”，《礼记·礼运》。则贽必各用其所有。而男贽以禽鸟，女贽以椇榛枣栗，可见其一事猎，一事农矣。女贽亦以腶修者，腶修女子所制，非其从事于田牧也。又古者五母鸡，二母彘，为田家之畜；又家从豭省声。乡饮酒之礼用犬；而昏礼，舅姑入室，妇以特豚馈；知田家孳畜，亦女子所有事，而男子主行猎，故与犬特亲也。夫猎物者莫猛于犬；而人类杀伐之技，亦无不自弋猎禽兽来。当草昧之世，人与犬实相亲也。曾几何时，而人以屠狗为业矣。而人与人且相戕相贼矣。“兵犹火也，弗戢将自焚也”，岂徒施于人者为然哉？横渠曰：“民吾同包，物吾与也。”世岂有杀朋友以食弟昆，而可称为仁人者乎？抑岂有不反戕其弟昆者乎？大雄氏之戒杀，有旨哉！

（六四）古代商业缘起情形

商业之始，其起于各部落之间乎？孟子之诘彭更曰：“子不通工易事，以羡补不足，则农有余粟，女有余布。”其诘陈相曰：“一人之身，而百工之所为备，如必自为而后用之，是率天下而路也。”《孟子·滕文公下》。此为商业之所由起。然古代部落，率皆共产，力之出不为己，货之藏不于己。取公有之物而用之，以己所有之物资人，皆无所谓交易也。惟共产限于部落之内，与他部落固不然，有求于他，势不能无以为易，而交易之事起矣。往来日数，交易日多，则敦朴日漓，嗜欲日启，而私产之习渐萌。私产行，则人与人之相资，亦必有以为易，此则商业之所由广也。

老子曰:“郅治之极，邻国相望，鸡犬之声相闻，民各甘其食，美其服，安其俗，乐其业，至老死不相往来。”《盐铁论》曰:“古者千室之邑，百乘之家，陶冶工商，四民之求，足以相更，故农民不离畎亩而足乎田器，工人不斩伐而足乎陶冶，不耕而足乎粟米。”《管子》曰:“市不成肆，家用足也。”可见古者一部落之中，及此部落与他部之间，交易皆极少，然生事愈进，则分工愈密。分工愈密，则彼此之相资益深，而交易遂不期其盛而自盛，故《管子》又谓“聚者有市，无市则民乏”矣。《乘马》。《管子·乘马》曰:“方六里命之曰暴。五暴命之曰部。五部命之曰聚。”

陈相曰:“从许子之道，则市贾不二，国中无伪，虽使五尺之童适市，莫之或欺。布帛长短同，则贾相若。麻缕丝絮轻重同，则贾相若。五谷多寡同，则贾相若。屦大小同，则贾相若。”《孟子·滕文公上》。不论精粗但论多少。战国时人，断无从发此奇想。盖古自有此俗，而农家称颂之。许行治农家言，因亦从而主张之也。交易之初，情状奚若，据此可以想见矣。

《易·系辞传》谓“日中为市”，“交易而退”，此盖择定时定地为之，今之所谓作集也，斯时交易，盖盛于农隙之时，《酒诰》曰:“妹土嗣尔股肱纯，其艺黍稷，奔走事厥考厥长，肇牵车牛，远服贾。”伪《孔传》曰:“农功既毕，始牵车牛，载其所有，求易所无。”故《郊特牲》谓“四方年不顺成，八蜡不通”，“顺成之方，其蜡乃通”也。稍进，乃有常设之市，在于野田墟落之间，《公羊》何《注》所谓“因井田而为市”，宣十五年。《陔余丛考·市井》曰:“市井二字，习为常谈莫知所出。《孟子》在国曰市井之臣，注疏亦未见分析。《风俗通》曰:市亦谓之市井，言人至市有粥卖者。必先于井上洗濯香洁，然后入市也。颜师古曰:市，交易之处;井，共汲之所，总言之也。按《后汉书·循吏传》:白首不入市井。《注》引《春秋》井田记云，因井为市，交易而退，故称市井。此说较为有据。”愚谓此说与《公羊》何《注》盖系一说。市之设，所以便农民，而设市之处，则因众所共汲之井，颜说亦此意也。管子所谓“聚而有市”者也。孟子曰:“有贱丈夫焉，必求龙断而登之，以左右望而罔市利。”《公孙丑下》。《注》:“龙断堁断而高者也。”明其贸易行之野田墟落之间，所居高则易望见人，人亦易望见之，故一市之利为所罔矣。更进乃有设肆于国中者。《管子》曰:“百乘之国，中而立市，东西南北，度五十里。一日定虑，二日定载，三日出竟，五日而反，百乘之制轻重，毋过五日。百乘为耕，田万顷为户，万户为开，口十万人，为分者万人，为轻车百乘，为马四百匹。千乘之国，中而立市，东西南北度百五十余里，二日定虑，三日定载，五日出竟，十日而反，千乘之制，轻重毋过一旬，千乘为耕，田十万顷为户，十万户为开，口百万人，为当分者十万人，为轻车千乘，为马四千匹。万乘之国，中而立市，东西南北度五百里。三日定虑，五日定载，十日出竟，二十日而反。万乘之制，轻重毋过二旬，万乘为耕，田百万顷为户，百万户为开，口千万人，为当分者百万人，为轻车万乘，为马四万匹。"《揆度》。此虽辜较之言，然其所规画，欲以一国之人，则审矣。古者建都，必中四境之内，曰中国，而立市即在国都之中，《考工记》所谓"匠人营国，面朝后市"者也。故孟子曰"在国曰市井之臣"也。《万章下》。市井二字，初盖指野田墟落间之市。后乃以为市之通称。

古代之商，非若后世之易为也。古代生计，率由自给，生事所须，不资异国，其有求于异国者，必其遭遇灾祸，以致空无，庚财不闻，乞粜莫与，交易所得，资以续命，故必有商人焉。而其时之贸易，不如今日之流通。我所求者，何方有之，何方较贱，所持以为易者，何方有之，何方较贵，非若今日安坐可知，臆度可得，皆有待于定虑之豫，决机之果者也。故白圭曰"吾治生产，犹伊尹、吕尚之谋，孙吴用兵，商鞅行法"是也。"是故智不足与权变，勇不足以决断，仁不足以取予，强不能有所守，虽欲学吾术，终不告之矣。"《史记·货殖列传》。然则豪商驵贾其有才智，不始晚近，自古昔则然矣。故曰"商之为言章"也，《白虎通》《汉书·食货志》"大司农中丞耿寿昌，以善为算，能商功利，得幸于上"。师古曰"商，度也。"郑商人弦高，能矫命以却秦师，《左传》僖公三十三年。其贾于楚者，又密虑欲出荀莹，《左传》成公三年。其明征矣。子产之告韩宣子曰："昔我先君桓公，与商人皆出自周，庸次比耦，以艾杀此地，斩之蓬蒿藜藋，而共处之。世有盟誓，以相信也。曰：尔无我叛，我无强贾，毋或匄夺，尔有利市宝贿，我弗与知。"《左传》昭公十六年。所以重商如此。其甚者以肇造之国，货财或有阙乏，必恃商人致之也。卫国破坏，文公通商，卒致殷赈，亦同此理。《左传》闵公二年。

曷言古者生事所须，不资异国也？《史记·货殖列传》曰："百里不贩樵，千里不贩粜。"又曰："夫神农以前，吾不知已。至若《诗》《书》所述，虞夏以来，耳目欲极声色之好，口欲穷刍豢之味，身安逸乐，而心夸矜执能之荣使。俗之渐民久矣，虽户说以眇论，终不能化。”“夫山西饶材、竹、谷、纑、旄、玉、石；山东多鱼、盐、漆、丝、声色，江南出枏、梓、姜、桂、金、锡、连、丹沙、犀、玳瑁、珠玑、齿革；龙门、碣石北，多马、牛、羊、旃裘、筋角；铜、铁则千里往往山出棋置，此其大较也。皆中国人民所喜好，谣俗被服饮食奉生送死之具也。”此亦其所喜好而已，谓必待以奉生送死，非情也。《周书》曰：“商不出则三宝绝。”三言其多，曰宝则亦非生活所必资矣。声子之说子木也，曰：“晋卿不如楚，其大夫则贤，皆卿材也。如杞、梓、皮革，自楚往也。虽楚有材，晋实用之。”《左传》襄公五年。杞、梓、皮革，固非宫室器用所必资，亦其所喜好而已。当时商人所贩粥者如此，故多与王公贵人为缘，故子贡“废作鬻财”，“结驷连骑，束帛之币以聘享诸侯，所至，国君莫不分庭，与之抗礼。”《史记·货殖列传》。晁错论汉之商人，犹谓其“交通王侯，力过吏势”，《汉书·食货志》。夫固有以中其所欲，非独以其富厚也。然生事日进，分工愈密，交易愈盛，则其所恃以牟利者，不必皆王公贵人，而顾在于平民。其术一时谷物之轻重而废居焉，一备百物以待取求。《管子》曰：“岁有四秋，农事作为春之秋。丝纩作为夏之秋，五谷会为秋之秋，纺绩缉缕作为冬之秋。见《管子·轻重乙》。物之轻重，相什而相伯。”又曰“君朝令而求夕具，有者出其财，无有者宝其衣屦”是也。故曰：“君躬犁垦田，耕发草土，得其谷矣。民人之食，有人若干步亩之数，然而有饿馁于衢闾者，谷有所藏也。君铸钱立币，民通移，人有百十之数，然而民有卖子者，何也？财有所并也。”《轻重甲》。管子所欲摧抑者，正此等人。故曰：“岁有凶穰，故谷有贵贱。令有缓急，故物有轻重。然而人君不能治，故使蓄贾游市，乘民之不给，百倍其本。分地若一，强者能守；分财若一，智其能收。智者有什倍人之功。愚者有不赓本之事。然而人君不能调，故民有相百倍之生也。夫民富则不可以禄使也，贫则不可以罚威也。法令之不行，万民之不治，贫富之不齐也。”故曰：“使万室之都，必有万钟之藏，藏襁千万。使千室之都，必有千钟之藏，藏襁百万。春以奉耕，夏以奉耘，耒耜器械，种饟粮食，毕取赡于君。故大贾蓄家，不得豪夺吾民矣。”汉代之抑商，盖由此也。

计然曰：“夫粜，二十病农，九十病末。末病则财不出，农病则草不辟矣。上不过八十，下不过三十，则农末俱利。”《史记·货殖列传》。然则斯时粜价，轻重相去，盖四而又半之焉。而李悝为魏文侯作尽地力之教，农民之生谷，石以三十钱计，然则农夫所得，最下之价耳，上此则利皆入于商人矣。此农家则流，所以欲重农而抑商耶，亦势有所激也。古农家言，非徒道耕稼之事。许行为神农之言，而讥切时政，其明征矣。《管子》书最杂，昔人隶之道家或法家，实可入杂家。《轻重》诸篇亦皆农家言也。

上所言乃古代之豪商驵侩，其寻常者初不能，然古者行曰商，处曰贾。商须周知四方物产登耗，又周行异国，多历情伪，其才智自高。贾即不能然，然犹有廛市以处。至求垄断之贱丈夫，则又其下焉者矣。《周官》有贩夫贩妇，盖亦此曹也。又廛人掌敛总布，杜子春云："总当为儳，谓无市立持者之税也。"郑玄不从，而注肆长叙其总布取之，又《诗·有瞽笺》："箫，编小竹管，如今卖饧者所吹也。"《疏》："《史记》称伍子胥鼓腹吹箫，乞食吴市，亦为自表异也。"此即《说文》所谓"衒，行且卖"也。此并垄断而不能得，又下之者矣。

（六五）读马尔萨斯人口论

《论语》：孔子曰："丘也，闻有国有家者，不患寡而患不均，不患贫而患不安。"曰"丘闻"，则是古语，而孔子引之也。欧洲自希腊时，已有忧人庶而地不足以容之者。马尔萨斯之人口论，成于近世，实原于古昔也。中国自古无以此为虑者。中国人好言井田。行井田，田不给授，尤为巨患，而言治者讫亦虑不及此，何哉？曰：患必迫于目前，而后人以为忧。中国井田之制，盖行于古代，其时方患土满。至后世，人满之患，或见于一隅，然所谓计口授田者，徒有其名而已，人满之患，不易征实；且合全国而言之，固未尝无调剂之方，患不切，故虑有所不及也。曷言乎古以土满为患也？且井田之制，至春秋战国时，固已不可问矣。然其时患土满者，犹比比也。《韩非子》曰："今人有五子不为多。子有五子，大父未死，而有二十五孙。是以人民众而货财寡，事力劳而供养薄。"遍检书传，以人满为患者，惟此而已。外此则皆以土满为患者也，则以韩地"险恶山居"故也。古之用兵，不守关隘；《春秋大事表》有此论。越国鄙远，习为恒事，《癸巳类稿·越国鄙远义》。皆土旷人希之证。邲之战，在郑之郊，而乐伯致师，麋兴于前；赵旃见逐，弃车走林。《孟子》曰："牛山之木尝美矣。以其郊于大国也，斧斤伐之。"知列国都邑，多在山林之间也。且韩子所谓事力劳而供养薄者，渠必由于民之庶哉？"齐桓公之平陵，见年老而自养者。问其故。

对曰：吾有子九人。家贫无以妻之。吾使佣而未反也。桓公取外御者五人妻之。”《说苑·贵德》。知古之患贫者，在人少，无以力作，不在人多，无以为食。韩子所谓大父未死，而有二十五孙者，使有制民之产之君，授之以田宅，皆给足之民也。故《墨子·非攻》，极言土地所有余，人民所不足，以攻战为不利也。夫人事不善，皆可救正。人庶而地不足以容，则限于天而无如何。实人患之最深者也。古之人虑不及此，不亦浅乎？曰今有人焉，五色以盲其目，五音以聋其耳，五味以爽其口，驰骋田猎以狂其心；而忧百龄之后目不明，耳不聪，口不知味，心不睿圣也，可谓知乎？由今之道，无变今之俗，日争夺相杀之不暇，安能至于人庶而地不足以容？

（六六）管子轻重一

世皆以《管子·轻重》，徒为富国之谋，甚者以为损下益上之计，其实非也。《轻重》诸篇，皆言平均之道。盖古者财利之分赋，其权本操之人君；其后王公大人，日以淫侈，寖至不能举其职，而驵侩之势日张；人君既不克裁制，而淫侈愈甚，患贫亦愈甚，转致宽假于驵侩，而益虐取于下民，民生遂蹙焉不可终日。《轻重》诸篇，亦相时势之所宜，欲使分财布利之权，复归于上，以拯救茕独，裁抑富人耳。故曰：“天以时为权，地以财为权，人以力为权，君以令为权。”《山权数》。《揆度》：“五谷者，民之司命也；刀币者，沟渎也；号令者，徐疾也。”此与《礼记》“天生时而地生财，人其父生而师教之，四者君以正用之”之言合。正同政。《礼运》。今之言生计者，以租庸赢为利之本，古之言生计者，以时财力为利之本，其说亦颇相类。而古必兼政令言之，则不徒致谨于其生，亦且致谨于其分。使欧人而知此义，则不致举国之利，皆入于驵侩，而重烦言群学者之劳心焦思矣。

《国蓄》曰：“人君挟其食，守其用，据有余而制不足。”《揆度》曰：“民重则君轻，民轻则君重，此乃财余以满不足之数也。”又曰：“富能夺，贫能予，乃可以为天下。”又述《神农》之教曰：“无食者予之陈，无种者贷之新，故无什倍之贾，无倍称之民。”《轻重甲》曰：“今欲调高下，分并财，散积聚。不然，则世且兼并而无止，蓄余藏羡而不息，贫贱鳏寡独老，不与得焉。”其意在均平，跃然可见。《轻重乙》曰：“夺然后予。”盖天下之财，必赖天下之力生之；若待人君耕而食之，织而衣之，则惟日不足矣。然则当财利分赋，既已不均之后，而欲有所予者，其势固不能不先有所夺。故如《轻重》诸篇之言，非武健严酷也，更非损下以益上也，乃谋财有余以满不足也。《易》曰:“地中有山谦，君子以裒多益寡，称物平施。”轻重之家有焉。

当时所谓兼并者，盖以商贾之人为多;积聚则卿大夫之家为多。《国蓄》曰:“君引錣量用，耕田发草，上得其数矣；民人所食，人有若干步亩之数矣，计本量委则足矣；然而民有饥饿不食者何也？谷有所藏也。人君铸钱立币，民庶之通施也，人有若干百千之数矣；然而人事不及，用不足者何也？利有所并藏也。”藏字疑衍。《轻重甲》:“今君躬犁垦田，耕发草土，得其谷矣。民人之食，有人若干步亩之数，然而有饿馁于衢闾者，何也？谷有所藏也。今君铸钱立币，民通移，人有百十之数，然而民有卖子者，何也？财有所并也。”即言兼并积聚之害也。

《山权数》言“丁氏之家粟，可食三军之师”，而《轻重丁》言“大夫多并其财而不出，腐朽五谷而不散”，此并兼积聚之在于封君者也。并其财而不出，盖谓积币而不散。“财币欲其行如流水”，积而不散，本无利可图，然能使民间钱币之数减少，亦有害也。治之之策：一以宝为质而假其邑粟，《山权数》所言是也;一则灭其位，杜其门，迫之使不得不散,《轻重丁》所言是也。《轻重甲》曰:“君请缟素而就士室，朝功臣世家迁封食邑积余藏羡跱蓄之家曰:城脆致冲，无委致围，天下有虑，齐独不与其谋。子大夫有五谷菽粟者勿敢左右，请以平贾取之子。与之定其券契之齿,釜区之数,不得为侈弇焉。困穷之民,闻而籴之，釜钘无止，远通不推，国粟之贾坐长而四十倍。君出四十倍之粟以振孤寡，牧贫病，视独老。穷而无子者，靡得相鬻而养之，勿使赴于沟浍之中。若此，则士争前战为颜行，不偷而为用。舆死扶伤，死者过半。”此则官立法，强积聚之家以平贾粜其粟也。

封君之积聚，亦徒为积聚耳，商贾则操奇计赢，资本随周转而增殖，其剥民尤甚。《国蓄》曰:“岁有凶穰，故谷有贵贱；令有缓急，故物有轻重。”《七臣七主》曰:“政有缓急，故物有轻重；岁有败凶，故民有义当作羡。不足；时有春秋，故谷有贵贱。”此物贾升降之原也，而其利皆入于商贾。《轻重乙》曰:“岁有四秋。物之轻重相什而相伯。”《山国轨》曰:“泰春，泰夏，泰秋，泰冬，此物之高下之时也;此民之所以相并兼之时也。”《揆度》曰:“今天下起兵加我，民弃其耒耜，出持戈于外，然则国不得耕，此非天凶也，此人凶也。君朝令而夕求具，民肆其财物与其五谷为雠，厌而去，贾人受而廪之；然则国财之一分在贾人。师罢，民反其事，万物反其重，贾人出其财物，国币之少分廪于贾人。若此，则币重三分，财物之轻重三分，贾人市于三分之间，国之财物尽在贾人，而君无策焉。民更相制，君无有事焉。”所言即其事也，三分，谓君、民与贾人也。《轻重甲》曰：“今君之籍取以正，同政。万物之贾，轻去其分，皆入于商贾，此中一国而二君二王也。”其权力之大可想。《轻重丁》曰：“桓公曰：四郊之民贫，商贾之民富，寡人欲杀商贾之民，以益四郊之民，为之奈何？”可见商人之兼并农人，由来旧矣。

《国蓄》曰：“利出于一孔者，其国无敌；出二孔者，其兵不诎；出三孔者，不可以举兵；出四孔者，其国必亡。先王知其然，故塞民之养，隘其利途。故予之在君，夺之在君；贫之在君，富之在君。”此等议论，皆后人所目为武健严酷，而訾其损下益上者也。殊不知当时事势，人民之利害，实与国君合，而与豪暴背驰。封建之所以卒废，商贾所以世为人之所贱者以此。先秦诸子，固无欲刍狗其民，以媚说其君者也。

《轻重丁》言：“城阳大夫，嬖宠被絺绤，鹅鹜含余秫；齐钟鼓之声，吹笙篪，同姓不入，伯叔父母远近兄弟皆寒而不得衣，饥而不得食。及灭其位，杜其门而不出，则功臣之家，皆争发其积藏，出其资财，以予其远近兄弟；以为未足，又收国中之贫病孤独老不能自食之萌，皆与得焉。故桓公推仁立义，功臣之家，兄弟相戚，骨肉相亲，国无饥民。此之谓缪数。”盖老有所终，幼有所长，鳏寡孤独废疾者皆有所养；大同之世，本有此制，小康之世，犹沿袭焉。至于乱世，君卿大夫日以淫侈，然后其遗规寖以废坠也。此亦民失其养之一大端。效晏子惠流三党，见称百世；即陈氏厚施，民亦未尝不蒙其利也。

（六七）管子轻重二

凡理天下之财者，必能通天下之有无。有无之差，一以时，一以地，商人之获利，即由此也。《轻重乙》：“桓公问于管子曰：衡有数乎？管子对曰：衡无数也。衡者，使物一高一下，不得常固。桓公曰：然则衡数不可调邪？管子对曰：不可调。调则澄，澄则常，常则高下不贰，高下不贰，则万物不可得而使固。”此言物贾之变动，乃事势之自然也。又曰：“岁有四秋。物之轻重相什而相伯。”

此物贾之异以其时者也。又曰："昔狄诸侯，亩钟之国也，故粟十钟而锱金；程诸侯，山诸侯之国也，故粟五釜而锱金。"此物贾之异以其地者也，善为天下者，必合异时异地而剂其平。使丰饶者不至有余，空无者不至不足；乐岁不至狼戾，而凶年不至流离也，然则物不可调而可调也。此则以人事弥天行之阙，而民养生送死无憾矣。

《王制》曰："三年耕，必有一年之食；九年耕，必有三年之食。以三十年之通，虽有凶旱水溢，民无菜色，然后天子食，日举以乐。"此即所谓合异时而剂其平者也。轻重之家，亦知此义。《管子·国蓄》曰："岁适美，则市粜无予而狗彘食人食；岁适凶，则市籴釜十繦而道有饿民。然则岂壤力固不足而食固不赡也哉？夫往岁之粜贱，狗彘食人食，故来岁之民不足也。"可谓言之深切著明矣。交易未兴之世，无由合异地以相剂，惟有自营积贮，以备缓急，故有耕九余三之制。交易既兴，则不然矣。故《管子》又曰："物适贱，则半力而无予，力当作芀，十一也。民事不偿其本；物适贵，则什倍而不可得，民失其用。然则岂财物固寡而本委不足也哉？夫民利之时失，而物利之不平也。故善者委施于民之所不足，操事于民之所有余。夫民有余则轻之，故人君敛之以轻；民不足则重之，故人君散之以重。敛积之以轻，散行之以重，故君必有什倍之利，而财之横可得而平也。"盖交易既兴，则积贮之制虽废，而商人之买贱卖贵，已不翅为酌盈剂虚之谋。特其挹彼注兹，乃为牟利起见，故凡民之受其害者，无以异于天灾，或且加烈焉。言轻重者，知通工易事之既兴，必不能返诸自为而后用之之世也，则与其遏其贸易，迫其积贮，《郊特牲》曰："四方年不顺成，八蜡不通，以谨民财也。顺成之方，其蜡乃通，以移民也。"盖古者农家交易，多以谷粟，用有余，食将不足，故年不顺成，则禁其通商也。移，郑读为羡，实即《管子》通移之移，不改字，义亦可通。毋宁即其贸易之间，为之酌盈剂虚，损有余以补不足焉，是则轻重家之旨也。故轻重者，交易既兴后之积贮；积贮者，交易未兴时之轻重。其为法虽异，而其用意则同，皆所以驭天行之无常，而使之有常者也。

《山权数》曰："王者岁守十分之参，三年与少半成岁。三十一年而藏十一年与少半。藏参之一不足以伤民，而农夫敬事力作。故天毁地凶旱水泆，民无入于沟壑乞请者也。此守时以待天权之道也。"《揆度》曰："一岁耕五岁食，粟贾五倍。一岁耕六岁食，粟贾六倍。二年耕而十一年食。"《事语》曰："岁藏一，十年而十也。岁藏二，五年而十也。谷十而守五，绨素满之，五在上。故视岁而藏，悬时积岁，国有十年之蓄。富胜贫，勇胜怯，智胜愚，微胜不微，有义胜无义，练士胜驱众，凡十胜者尽有之。故发如风雨，动如雷霆，独出独入，莫之能禁止，不待权与。"皆合异时而剂其丰歉，与耕九余三之意同。

欲调剂各地之盈虚者，必先明于一地之盈虚。《山国轨》《山至数》之所言，则其事也，《山国轨》欲考各县各乡之田若干，余食若干，女工若干，余衣若干，山田间田不足者若干。有余者置公币以籴其余，不足者置公币以满其准。《山至数》言一县必有一县中田之策，一乡必有一乡中田之策，一家必有一家直人之用。又言币乘马之法：以方六里为一区，而计其田之美恶。谷之多寡贵贱，及其用币之数，谷与币相当之数。此皆欲明各地方之情形，以为酌剂之本者也，盖耕九余三之制，藏有余以待不足，善矣，然物不产于其地者，终不能得其用；而硗确之地，虽勤力而犹不能自活者，遂不可以居人，合各地而剂其盈虚，则无此患矣。《山至数》言："有山处之国，有氾下多水之国，有山地分之国，有水溢之国，有漏壤之国。山处之国，常藏谷三分之一；氾下多水之国，常操国谷三分之一；山地分之国，常操国谷十分之三；水泉之所伤，水溢之国，常操十分之二；漏壤之国，谨下诸侯之五谷，与工雕文梓器以下天下之五谷。"《轻重乙》言："亩钟之国，粟十钟而锱金；山诸侯之国，粟五釜而锱金。"皆因地利之不同，知其所产之多寡，以谋调剂之方者也。夫能合各地方而剂其盈虚，则真为普天之下所仰赖，而不愧为天下之主矣。古之所谓王道者如此。

合各地方以谋相赡，亦自古有之，庚财、乞籴是也；特其事不可常恃，故贸易之事，必继之而起。《山权数》曰："汤七年旱，禹五年水。汤以庄山之金、禹以历山之金铸币，而赎民之无饘卖子者。"《国蓄》曰："玉起于禺氏，金起于汝汉，珠起于赤野，东西南北距周七八千里；水绝壤断，舟车不能通。先王为其途之远，其至之难，故托用于其重，以珠玉为上币，以黄金为中币，以刀布为下币。三币，握之则非有补于暖也，食之则非有补于饱也，先王以守财物，以御民事，而平天下也。"知合各地方以酌盈削虚，由来旧矣。惜乎乘时御宇之君，莫能行轻重敛散之事，使其权尽操于驵侩，而无饘卖子者，受人祸或转烈于天行耳。此则每读《管子》之书，不禁掩卷而三叹者也。

（六八）管子轻重三

《洪范》八政：一曰食，二曰货。《汉书·食货志》曰："食，谓农殖嘉谷可食之物；货，谓布帛可衣，及金刀龟贝，所以分财布利，通有无者也。"盖民以食为天，在古代必出于自给，而其余百物，则或仰给于外来，故总称为货，与食对举也。《管子·轻重》亦然。《揆度》曰："五谷者，民之司命也；刀币者，沟渎也。"《国蓄》曰："五谷食米，民之司命也；黄金刀币，民之通施也。"《轻重乙》曰："五谷粟米者，民之司命也；黄金刀布者，民之通货也。"《国蓄》又曰："凡五谷者，万物之主也。谷贵则万物必贱，谷贱则万物必贵。两者为敌，则不俱平。"《轻重甲》曰："粟重黄金轻，黄金重而粟轻，两者不衡立。"《乙》曰："粟重而万物轻，粟轻而万物重，两者不衡立。"皆是。

是故当时之贸易，实为以谷与万物相易；而泉币之初兴，尤依附于谷粟，故《山国轨》言"币若干而中用，谷若干而中币"；又欲令"赀家假币，皆以谷准币，直币而庚之"。《山至数》亦言"以币准谷而授禄"也。

斯时民间之为用，亦钱谷并行。故《国蓄》言"使万室之都，必有万钟之藏，藏繦千万；使千室之都，必有千钟之藏，藏繦百万"，《轻重丁》亦言"凡称贷之家，出泉三千万，出粟数千万钟"也。布帛之为用亦甚多，故《轻重甲》言："君朝令一怒，布帛流越而之天下。"

谷与万物，相为轻重，而时人之见解，则多重谷而轻他物，故《山至数》言："彼守国者，守谷而已矣。"因欲贮谷于国中，而徕诸侯之谷，其言曰："彼诸侯之谷十，使吾国谷二十，则诸侯谷归吾国矣；诸侯谷二十，吾国谷十，则吾国谷归于诸侯矣。故善为天下者，谨守重流，而天下不吾泄矣。"《轻重乙》言："昔者纪氏之国，强本节用者，其五谷丰满而不能理也，四流而归于天下，适足为天下虏。"又言："滕鲁之粟釜百，则使吾国之粟釜千，滕鲁之粟，四流而归我。"《轻重丁》言："昔者癸度居人之国，必四面望于天下。天下高亦高。天下高，我独下，必失其国于天下。"凡以戒粟之外流也。《轻重乙》又曰："桓公曰：皮干筋角竹箭羽毛齿革不足，为此有道乎？管子曰：惟曲衡之数为可耳。桓公曰：行事奈何？管子对曰：请以令为诸侯之商贾立客舍，一乘者有食，三乘者有刍菽，五乘者有伍养，天下之商贾，归齐若流水。"可见其视谷粟以外之物，不妨仰给于国外也。《轻重戊》言鲁、梁、莱、莒、楚、衡山之事皆寓言，亦皆重粟之理。

《轻重乙》曰：桓公曰："吾欲杀正商贾之利，而益农夫之事，为此有道乎？"管子请重粟之贾，釜三百，"若是，则田野大辟，而农夫劝其事矣"。桓公曰："重之有道乎？"管子对曰："请以令与大夫城藏，使卿诸侯藏千钟，令大夫藏五百钟，列大夫藏百钟，富商蓄贾藏五十钟，内可以为国委，外可以益农夫之事。"《轻重丁》曰："桓公曰：粜贱，寡人恐五谷之归于诸侯。寡人欲为百姓万民藏之，为此有道乎？管子曰：今者夷吾过市，有新成囷京者二家，君请式璧而聘之。桓公曰：诺。行令半岁，万民闻之，舍其作业而为囷京以藏菽粟五谷者过半。"此晁错贵粟之论所本也。

当时民间相易，盖多以谷粟布帛，而泉币则上之所为，故上得挟此以御轻重。《国蓄》言"谷贱则以币予食，布帛贱则以币予衣，视物之轻重而御之以准"是也。以珠玉为上币，以黄金为中币，以刀布为下币。珠玉金铜，皆非凡民所有，故制币之权，操之于君。《山国轨》曰："敛万物，应之以币，币在下，万物皆在上。"《山至数》曰："君有山，山有金，以立币。以币准谷而授禄，故国谷斯在上。"又曰："士受赀以币，大夫受邑以币，人马受食以币，则一国之谷资在上，币资在下。"皆推行钱币之策也。

人君挟币以御万物，其所重者仍在谷。故《山至数》言"谷十藏于上，三游于下"；又欲"国谷三分，二分在上"。

珠玉黄金，皆非平民所能有，而挟之可以御轻重者，以当时之封君，藏粟甚多故也。《山权数》言以宝为质，而假丁氏之粟即其事。当时商人，所以能交通王侯、力过吏势者以此。子贡货殖，所以所至国君，无不与之分庭抗礼也。

后世之言理财者，每好言藏富于民，而实不得其解。藏富于民之语，昉见《管子》。《管子·山至数》曰："王者藏于民，霸者藏于大夫，残国亡家藏于箧。桓公曰：何谓藏于民？请散：栈台之钱，散诸城阳；鹿台之布，散诸济阴。君下令于百姓曰：民富君无与贫，民贫君无与富。故赋无钱布，府无藏财，赀藏于民。岁丰，五谷登，五谷大轻，谷贾去上岁之分，以币据之。谷为君，币为下。国币尽在下，币轻，谷重上分。上岁之二分在下，下岁之二分在上，则二岁者四分在上；则国谷之一分在下，谷三倍重。邦布之籍，终岁十钱。人家受食，十亩加十，是一家十户也。出于国谷策而藏于币者也。以国币之分，复布百姓，四减国谷，三在上，一在下，复策也。"然则藏富于民，乃谓散币以聚谷，非谓上于人民之生计，一无所知，徒以寡取为仁，而听其自相兼并也。苟一无所知而听其自相兼并也，则所谓“民知而君愚，下贫而君富”者也。见《山权数》。

（六九）管子轻重四

《管子》轻重之策，意盖欲以轻税敛也。当时正税之外，有所取于民，皆谓之籍。故《山至数》言“轻赋税则仓廪虚，肥籍敛则械器不奉”；《轻重甲》：“不籍吾民，何以奉车革？不籍吾民，何以待邻国？”又言：“皮干筋角之征甚重。重籍于民而贵市之。”又言：“弓弩多匡轸者，而重籍于民。”《轻重丁》言“寡人多务，欲衡籍富商蓄贾称贷之家，以利贫萌”也。《国蓄》曰：“租籍者，所以强求也；租税者，所虑而请也。”盖经常之税，谓之租税；按田而别有所取，谓之租籍。下文又云：“以室庑籍，谓之毁成；以六畜籍，谓之止生；以田亩籍，谓之禁耕；以正人籍，谓之离情；以正户籍，谓之养赢。”《轻重甲》：“桓公曰：寡人欲籍于室屋。管子对曰：不可。是毁成也。欲籍于万民。管子对曰：不可。是隐情也。欲籍于六畜。管子对曰：不可。是杀生也。欲籍于树木，管子对曰：不可。是伐生也。”以田亩籍，盖即所谓租籍。正人正户之正，与直通。《山至数》：“一县必有一县中田之策，一乡必有一乡中田之策，一家必有一家直人之用。”直人即正人，盖谓中人，故有征役者。《轻重甲》：“民无以与正籍者，与之长假。”不与正籍，盖不役之人也。以正人籍，口数将有蔽匿，故曰隐情；以正户籍，则重取于有役之家，无役者顾邀宽免，故曰养赢也。或曰：“赢当作羸，谓疲弱者获免，而正户益困。”义亦可通。〇《轻重乙》：“租税者，君之所宜得；正籍者，君之所强求。”此正字别是一义，与正人正户之正不同。

以室庑、六畜、田亩、正人、正户籍，盖谓以是为民贫富之准而敛之，犹后世以丁赀定户等矣。其政甚苛，故管子欲有国者取赡于物价轻重之间，而减废此等苛税也。《国蓄》所谓“人君御谷物之秩相胜，而操事于其不平之间，故万民无籍而国利归于君”也。又曰：“天子籍于币，诸侯籍于食。中岁之谷，粜石十钱。大男食四石，月有四十之籍。大女食三石，月有三十之籍。吾子食二石，月有二十之籍。岁凶谷贵，粜石二十钱，则大男有八十之籍，大女有六十之籍，吾子有四十之籍。是人君非发号令收啬而户籍也。彼人君守其本委谨，而男女诸君吾子，无不服籍者也。”此言谷由官卖，凡食谷者，即不啻人人纳税也，盖租税之取民也显，则民怨之；官卖谷之取利也隐，则民不觉；所谓见予之形，不见夺之理，此为政之微权也。

《地数》曰："武王立重泉之戍，令曰：民自有百鼓之粟者不行。民举所最粟以避重泉之戍，而国谷二十倍，巨桥之粟亦二十倍。武王以巨桥之粟二什倍而市缯帛，军五岁毋籍衣于民；以巨桥之粟二什倍而衡黄金百万，终身无籍于民。准衡之数也。"此言以官粟市杂物，而免赋敛也。《山国轨》曰："有莞蒲之壤，有竹箭檀柘之壤，有汜下渐泽之壤，有水潦鱼鳖之壤。今四壤之数，君皆善官而守之，则籍于财物，不籍于人。"此言凡共用之物，皆设官治理，则不待赋敛于民也。此所谓不籍而富国也。

粟为民之所有，取之虽多，犹可竭蹶以应上之求；非凡民所能自为者，则不得不求之商贾，而商人因以剥削农人矣。《揆度》曰："君朝令而夕求具，国之财物，尽在贾人。"是大事也。《国蓄》曰："今人君籍求于民，令曰十日而具，则财物之贾什去一；令曰八日而具，则财物之贾什去二；令曰五日而具，则财物之贾什去半；朝令而夕具，则财物之贾什去九。先王知其然，故不求于万民，而籍于号令也。"籍于号令，则所谓操重敛散之权者也。故轻重家言，不过欲夺商贾之利，归之农夫而已矣，其意实在重农也，故吾疑为农家言也。

官买物未尝不可求之商人，然商人仍取之于平民；而其取之也，必乘其急，而抑其贾；如此，则利尽归于商贾矣。故宁以谷易他物，使谷有所渫，而其贾亦昂也。《轻重丁》言："君币籍而务，则贾人独操国趣；君谷籍而务，则农人独操国固。"此之谓也。

籍字本义，盖为凡取民之称。《孟子》言"助者藉也"，亦即此字。其初所取，盖仅谷粟，故殷人田税，以此为名。其后取于民之物日多，乃又以与赋税对举也。《山至数》言："皮革筋角羽毛竹箭器械财物，苟合于国器君用者，皆有矩券于上。"可见其取民之苛矣。

（七〇）井田之废

井田之废，昔人皆蔽罪于商鞅，此谬也。商君一人，安能尽坏三代之成法？且秦之法，鞅坏之矣，六国之法，坏之者谁乎？此弗思之甚者也。朱子言开为破坏铲削之意，而非创置建立之名。又谓阡陌之地，切近民田，必有阴据以自私，而税不入于公上者。是以《秦纪》《鞅传》皆云为"田开阡陌封疆而赋税平"。

蔡泽亦曰："决裂阡陌，以静生民之业而一其俗。"以见商君之开阡陌，实为救时之政。善矣。然于六国之井田，何以破坏，不能言也。予谓井田之废，实由地狭人稠，而田不给于授。何也？人口之增，数十百年则自倍。战争虽酷，所以奉生者虽觳，皆不足以沮之。此征诸已事而可知者也。三代建国，近者数百年，远者千余岁。邦域之中，安能无地狭人稠之患？《商君书》曰："地方百里者，山陵处什一，薮泽处什一，溪谷流水处什一，都邑蹊道处什一，恶田处什二，良田处什四，以此食作夫五万。其山陵、薮泽、溪谷可以给其材。都邑、蹊道足以处其民。先王制土分民之律也。今秦之地，方千里者五，而谷土不能处二。田数不满百万。其薮泽溪谷、名山、大川之材物货宝，又不尽为用。此人不称土也。秦之所与邻者三晋也。所欲用兵者韩魏也。彼土狭而民众。其宅参居而并处。其寡萌贾息，民上无通名，下无田宅，而恃奸务末作以处。人之复阴阳泽水者过半。此其土之不足以生其民也，似有过秦民之不足以实其土也。"《徕民》。当时列国众寡不均之形可见。人情安土而重迁，《论语》："小人怀土。"孔曰："重迁。"宁尺寸垦辟于故乡，而不肯移殖新地，盖自古如此。且欲迁移，必有道路之费，室庐之筑，口实播种之资，小民亦不足以语此。道远既不能自达，达焉亦无以为卫。有土之君，又域民而不欲其去。则惟有铲削阡陌，填塞沟洫矣。朱子谓井田之制，水陆占地，不得为田者颇多。商君惜地利之有遗，是以奋然不顾，悉行垦辟。予谓垦辟之举，不足于食之民，必能自为之；垦田多则赋税广，有土之君，亦必利而阴许之。或且倡率之；正不待商君也。特前此非法所许。至商君，乃公许之；且核其阴据自私者，以入于上耳。孟子谓"暴君污吏，必慢其经界"，夫固出于自利之私，亦或因民欲田宅而不得，坐视其破坏而不能禁也。

然就一国言之，井田之破坏，庸或出于不得已；而合全局言之，则当日神州，仍以土满为患。谓必铲削阡陌，填塞沟洫，而后耕地可以给足，又不然之论也。古代议论，无不以土满为患也。古人患土满之论甚多，试略举数事为征。《论语》："子适卫，冉有仆。子曰：庶矣哉！曰：既庶矣，又何加焉？曰：富之。既富矣，又何加焉？曰：教之。"此与子胥论越，"十年生聚，十年教训"同意。必先有其民，然后治与教有所施。故孟子谓"鸡鸣狗吠相闻，达乎四竟，而齐有其民矣，地不改辟矣，民不改聚矣，行仁政而王，莫之能御也"。"叶公问政：子曰：近者说，逮者来。"其答樊迟，谓好礼，好义，好信，则"四方之民，襁负其子而至"。孟子说齐宣王，谓"王发政施仁，则耕者皆欲臧于王之野，商贾皆欲藏于王之市，行旅者皆欲出于王之涂。"《管子》谓"有地牧民者，务在四时，守在仓廪，国多财则远者来，地辟举则民留处"。皆以徕民为急。梁惠王糜烂其民而战之，然谓"邻国之民不加少，寡人之民不加多"，大有怅恨之意焉。知寡弱为列国之公患也。《吕览》曰："吴起谓荆王曰：荆所有余者地也，所不足者民也。今君王以所不足，益所有余，臣不得而为也。于是令贵人往实广虚之地。皆甚苦之。荆王薨，贵人皆来，尸在堂上。贵人相与射吴起。"《贵卒》。吴起之死，与商君同一可哀。微此篇，无以知其见嫉于贵人之故矣。此可见移民之难。此耕地之所以不足，而井田之所以破坏也。非真合中国计之，而田犹不给于授也。

"寡萌贾息"，孙诒让谓当作"宾萌贷息"。宾萌即客民，对下民为土著之民也。《吕览·高义》：墨子曰：翟度身而衣，量腹而食，比于宾萌。高《注》曰：宾，客也。萌，民也。贷息，谓以泉谷贷与贫民而取息。言韩魏国贫，有余资贷息者，皆外来之客民；其土著之民，则皆上无通名，下无田宅，而恃奸务末作以处。明客民富而土著贫也。朱师辙曰："《左氏》：寡我襄公。《注》：寡，弱也。谓小民无地可耕，多事商贾，以求利息。孙校非。"予案此解自以朱说为直捷。然客民富而土著贫，战国时确有其事。韩非谓"公家虚而大臣实，正户贫而寄寓富，耕战之士困，末作之民利者可亡也"是也。《亡征》。商君欲以故秦事敌，而使新民作本。又曰："今王发明惠，诸侯之士来归义者，今使复之。三世无知军事。秦四竟之内，陵阪丘隰，不起十年征者。于律也，足以造作夫百万。"可见当时待新民之优。故民既乏田宅，又从征戍，此其所以贫欤？观商君之欲厚待新民，而知徕民之不易矣。此井田所由破坏与？"复阴阳泽水"之复，即《诗》"陶复陶穴"之复。言为复于山之南北，及泽水之地也。严万均疑其有误，殊疏，朱师辙曰："处"，断绝也。复，借为癁。癁，病也。言民上不能通名于朝，下无田宅，而恃奸务末作，为人治疾病，相阴阳泽水，犹今医卜星相之流。治病未闻称处，巫医在古国贱业，亦未闻称末作。相阴阳，观流泉，乃司空之职，《汉·志》刑法之学，岂得谓之奸务？其曲解甚矣。三晋地狭人稠，至于如此，而《商君书》犹以民之不西为虑，亦可见徕民之难矣。

（七一）买田宅、请田宅

《史记·廉颇蔺相如列传》：赵括之母上书言括不可使将，曰：始妾事其父时，大王及宗室所赏赐者，尽以与军吏士大夫；受命之日，不问家事。今括一旦为将，王所赐金帛，归藏于家；而日视便利田宅可买者买之。又《萧相国世家》曰：黥布反，上自将击之，数使使问相国何为。客有说相国曰：上所为数问君者，畏君倾动关中。今君胡不多买田地、贱贳贷以自污？相国从其计。上罢布军归，民道遮行上书，言相国贱强买民田宅数千万。言田宅皆曰买，是田宅已属私家。又《白起王翦列传》言：始皇起翦攻荆，自送至灞上，翦行请美田宅园池甚众。既至关，使使还请善田者五辈。曰请，是田宅犹属公家也。《赵世家》：简子赐扁鹊田四万亩。烈侯曰：夫郑歌者枪、石二人，吾赐之田，人万亩。亦见公家有田之多。此等固皆传者之辞，未必当时实事；然传者之辞，亦必依附实事，但皆务为夸侈耳。观此诸文，可见当时田宅之分属公私也。

《荀子·议兵篇》言魏氏之取武卒，“中试则复其户，利其田宅。是数年而衰，而未可夺也。”可见是时，田宅与夺，尚有由公家者。

（七二）买道而葬

《礼记·檀弓》季子皋葬其妻，犯人之禾。申详以告，曰：请庚之。子皋曰：孟氏不以是罪予，朋友不以是弃予，以吾为邑长于斯也，买道而葬，后难继也。”旧说以子皋为倚势虐民，非也。此事可见井田废、阡陌开之渐。夫使阡陌完整，营葬者安得犯人之禾？营葬而犯人之禾，盖以阡陌划削，丧车不能通行故耳。开阡陌乃违法之事，当时依法整顿，势盖已不能行，然犹难公然许为合法。邑长犯人之禾而庚之，则许为合法矣。关涉土地之案件，又将如何办理，故曰后难继也。“以吾为邑长于斯也”，乃读而非句。言以吾为邑长于斯，买道而葬，后难为继，故孟氏不以是罪予，朋友不以是弃予；非谓为邑长可倚势虐民也。

（七三）古振贷一

大同之世，人无所谓饥寒也。何也？人不独亲其亲，不独子其子；货恶其弃于地也，不必藏于己，力恶其不出于身也，不必为己。故遭凶荒，举族困于饥寒者有之矣；满堂而饮酒，一人乡隅而饮泣，则未之前闻。至于货力为己，各亲其亲，各子其子之世，斯不然矣。而人有待于振济矣。

然振济之始，仍是属之于族。《管子·问》篇：“问国之弃人，何族之子弟也？”“问乡之贫人，何族之别也？”“问宗子之收昆弟者，以贫从昆弟者几何家？”《入国》篇九惠之教，孤子不能自生者，属之其乡党知识故人。士民死上事，死战事者，亦使其知识故人受资于上而祠之。《礼记·檀弓》曰：“未仕者不敢税人，如税人，则以父兄之命。”《注》曰：“不专家财也。”《论语·先进》：“子路问闻斯行诸？子曰：有父兄在，如之何其闻斯行之？”包氏释以“振穷救乏之事”，盖以此也。何者？振救人者以其族之财，而族之财则其父兄主之故也。《左氏》言陈氏厚施，凡公子、公孙之无禄者，私分之邑。昭公十年。有邑，斯其族之人皆获振救矣。此兴灭国、继绝世之所以为美谈也。

世运愈降，族不必皆有资财；有资财者，亦或为其长所专有；乃有待振救于族外者。《论语》：“原思为之宰，与之粟九百，辞。子曰：毋！以与尔邻里乡党乎？”《雍也》。是其事也。斯时能振救人者，仍多有土之君。《说苑·臣术》：晏子对景公曰：“赖君之赐，得以寿三族；及国交游，皆得生焉。”又曰：“以君之赐，臣父之党，无不乘车者；母之党无不足于衣食者；妻之党无冻馁者；国之简士，待臣而举火者数百家。”又曰：“以君之赐，泽覆三族，延及交游，以振百姓。”简士盖即交游，先及族党，次及士，次及凡民也。《管子·问》篇：“群臣有位事官大夫者几何人？外人来游在大夫之家者几何人？”“问乡之良家，其所牧养者，几何人矣？”亦是物也。

（七四）古振贷二

言振救者，以《管子》九惠之教为最备。九惠者：“一曰老老，二曰慈幼，三曰恤孤，四曰养疾，五曰合独，六曰问疾，七曰通穷。八曰振困，九曰接绝。”案《孟子》言：“老而无妻曰鳏，老而无夫曰寡，老而无子曰独，幼而无父曰孤。此四者，天下之穷民而无告者。”《梁惠王》下。而《管子·揆度》言：“匹夫为鳏，匹妇为寡，老而无子者为独。子弟师役而死者，父母为独。”《轻重己》言：“无妻无子，谓之老鳏；无夫无子，谓之老寡。”则鳏、寡与老鳏、老寡有异。《王制》言孤、独、矜、寡，皆有常饩，说与《孟子》同，皆仅指老鳏、老寡。合独之教曰：“凡国都皆有掌媒。丈夫无妻曰鳏，妇人无夫曰寡。取鳏寡而合和之，予田宅而家室之，三年然后事之。”此盖《周官》媒氏之职。所以处徒鳏寡而未老者，为《孟子》《王制》所不及矣。《管子·问篇》曰："问独夫、寡妇、孤寡、疾病者，几何人也？"此孤、寡二字，盖但指孤者言。兼言寡，盖浃句以圆文也？独夫、寡妇，盖偏举一端以相备。独夫亦无妻，寡妇亦无子。《王制》又言："瘖、聋、跛躄、断者、侏儒，百工各以其器食之。""八十者一子不从政，九十者其家不从政，废疾非人不养者，一人不从政。"略与《管子》老老、养疾相当，而慈幼、问疾、通穷、振困、接绝，皆非所及。然非遂无其事也。通穷之教曰："若有穷夫妇无居处，穷宾客绝粮食，居其乡党，以闻者有赏，不以闻者有罚。"此盖《周官》以肺石达穷民之义。《大司寇》。《孟子》言许行踵门而告滕文公"愿受一廛而为民"，《滕文公》上。即无居处之类。盖小国之君，躬听其事，《周官》《管子》，皆治大国之法，则责诸其长也。孔子绝粮于陈蔡之间，"使子贡至楚，楚昭王兴师迎孔子，然后得去"，《史记·孔子世家》。傥亦穷宾客之流乎？九惠之政，振困、接绝而外，皆有专掌其事者在国都。然养孤属之其乡党知识故人，而掌孤数行问之。士人之疾甚者，掌病以告，上身问之。周官乡师，以岁时巡国及野，而赒万民之艰阨，以玉命施惠。皆小国寡民之遗制也。《左氏》哀公二年，子西言阖庐："天有菑厉，亲巡其孤寡而共其乏困。"吴虽骤强，本实小国，君民易亲，傥非虚语邪？

（七五）古振贷三

《管子·问》篇："问理园圃而食者几何家？"盖无田，故恃园圃以为食也。又曰："人之开田而耕者几何家？"盖田不给授，从事新开。辟草莱、开阡陌，其此曹乎？又曰："士之身耕者几何家？""余子仕而有田邑，今入者几何人？士之有田而不使者几何人？吏恶何事？士之有田而不耕者几何人？身何事？"此皆有田者，故但课其勤惰。又曰："君臣有位而未有田者几何人？""官承吏之无田饩而徒理事者几何人？""外人之来从而未有田宅者几何家？"盖当授田而未授者。又问："国子弟之游于外者几何人？"盖无田以授之，故去国而他适也。观此，知其时之人，能否自给，尚以有田无田为断，而其有待于振救者可知矣。

《管子》又曰："问国之伏利，其可应人之急者，几何所也？"此所谓利，即《国语》荣夷公好专利之利，盖利之在山泽者。名山大泽不以封，故至凶荒札丧之时，犹可应人之急，如五谷不熟而取疏食是也。《左氏》襄公九年，“晋侯归，谋所以息民。魏绛请施舍。输积聚以贷。自公以下，苟有积者尽出之。国无滞积，亦无困人。公无禁利，亦无贪民”。盖以积聚贷，又弛山泽以与民。其所谓利，亦《国语》荣夷公好专利之利也。自封禁之者日多，而民之待振救者亦益众矣。

（七六）古振贷四

待振救者太众，虽有仁君，不能给也。“子贡曰：如有博施于民而能济众，何如？可谓仁乎？子曰：何事于仁！必也圣乎！尧舜其犹病诸！”《论语·雍也》。盖谓此也。于是乎有貣贷。貣者当复，则更可以振他人，而受振者众矣。若更分所新生，以为利息，但使受者不供自用，而更以之振他人，亦不啻初受振者后更振人，受振者将益多，所生之利亦益博，此自然之妙用也。然贷者安能如此，皆徒欲取诸貣者以自利，而盘剥之事兴矣。

出贷之始，亦为有土之君。《管子·问》篇：“问贫士之受责于大夫者几何人？”则是物也。士盖战士，故能受责于大夫。又，“问邑之贫人，债而食者几何家？”则不必尽然矣。此等貣贷，盖多以粟？故《问》篇又“问人之贷粟米有别券者几何家”也。《左氏》：文公十六年：宋饥，公子鲍竭其粟而贷之；襄公九年晋侯谋所以息民，魏绛请输积聚以贷；详见上条。昭公三年言陈氏厚施，以家量贷，而以公量收之，皆是物也。襄公二十九年，“郑子展卒，子皮即位。于是郑饥而未及麦，民病。子皮以子展之命饩国人粟，户一钟，是以得郑国之民。故罕氏常掌国政，以为上卿。宋司城子罕闻之，曰：邻于善，民之望也。宋亦饥，请于平公，出公粟以贷。使大夫皆贷。司城氏贷而不书，为大夫之无者贷。宋无饥人。叔向闻之，曰：郑之罕，宋之乐，其后亡者也。二者其皆得国乎？民之归也，施而不德，乐氏加焉，其以宋升降乎？”二事并举，则子皮于郑人，亦必贷之而非与之也。昭公二十五年，伐季氏，入之。平子登台而请，弗许。子家子曰：“君其许之。政自之出久矣。隐民多取食焉，为之徒者众矣。日入慝作，未可知也。”当时有土之君，以此取媚于国人者盖多矣。晋文公归国而“弃责”；《国语·晋语》。冯谖为孟尝君收责于薛，“矫命以责赐诸民”；《战国·齐策》。皆是也。然究不敌为茧丝者之众，而乐桓子之“假贷居贿”，亦见《晋语》。乃习为恒事矣。

（七七）古振贷五

生计益进，则出贷之事，渐自封君移于富民。《管子・国蓄》曰：“使万室之都必有万钟之藏，藏繦千万；使千室之都必有千钟之藏，藏繦百万。春以奉耕，夏以奉耘；耒耜、械器、种穰、粮食，毕取赡于君。故大贾蓄家，不得豪夺吾民矣。”藏繦盖出大贾，藏粟则出蓄家。商贾多资钱币，遇出举之利大于兴生时，自可舍兴生而事出举。《史记・货殖列传》之子钱家，盖本自商贾出。邴氏赊贷、行贾遍郡国，亦二者兼之也。《周书・文酌》云：“大农假贷。”盖蓄家之伦。

大贾蓄家，专以牟利为事，封君则耽于逸乐，故其势浸不敌。《管子・轻重丁》：桓公曰：“大夫多并其财而不出，腐朽五谷而不散。”管子“请以令召城阳大夫而请之”。桓公曰：“何哉？”管子对曰：“城阳大夫，嬖宠被絺绤，鹅鹜含余秣；齐钟鼓之声，吹笙篪，同姓不入；伯叔父母，远近兄弟，皆寒而不得衣，饥而不得食。”此当时有土之君，竞于奢侈，虽富厚而转患不足之情形也，尚安能与大贾蓄家竞哉？轻重之义，一言蔽之，则裁抑大贾蓄家而扶翼封君耳。观其所欲扶抑，而其盛衰强弱可知矣。

封君之出贷，亦兼用钱粟。《国策》之冯谖，《史记》作冯驩。据《孟尝君列传》，冯驩之前，为之收责者，尚有一魏子。其说曰：“孟尝君相齐，其舍人魏子为孟尝君收邑人，三反而不致一入。孟尝君问之，对曰：有贤者，窃假与之，以故不致入。孟尝君怒而退魏子。居数年，人或毁孟尝君于齐湣王曰：孟尝君将为乱。及田甲劫湣王，湣王意疑孟尝君，孟尝君乃奔。魏子所与粟贤者闻之，乃上书言孟尝君不作乱，请以身为盟，遂自到宫门以明孟尝君。”此以粟为贷。又曰：“孟尝君时相齐，封万户于薛。其食客三千人，邑人不足以奉客，使人出钱于薛。岁余不入，贷钱者多不能与其息，客奉将不给。”“乃进冯驩而请之。”则以钱为贷者也。此等说自不足信，然当时必有此等事，乃得造作此等说也。

（七八）古振贷六

出举之初，昔人多视为不义，乃欲复之于振济。《管子・轻重丁》曰：“桓公曰：峥丘之战，民多称贷，负子息，以给上之急，度上之求。寡人欲复业产，此何以洽？管子对曰：惟缪数为可耳。桓公曰：诺。”乃“令表称贷之家，使八使者式璧而聘之”。“称贷之家皆折其券而削其书，发其积藏，出其财物，以振贫病”。又曰：“桓公曰：寡人多务，令衡籍吾国之富商、蓄贾、称贷家，以利吾贫萌，农夫不失其本事。反此有道乎？管子对曰：惟反之以号令为可耳。桓公曰：行事奈何？管子对曰：请使宾胥无驰而南，隰朋驰而北，宁戚驰而东，鲍叔驰而西，视四方受息之氓。四子已报。管子请以令召称贷之家，君因酌之酒。称贷之家，决四方子息之数，使无券契之责。”此皆当时之人之所愿欲也，然岂可致哉？当时之封君，不徒出举也，亦或入举。齐公子商人“骤施于国，而多聚士，尽其家，贷于公、有司以继之”是也。《左氏》文公十四年。此犹贷于公、有司。《汉书·诸侯王表》言：周衰，“有逃责之台。”服虔曰：“周赧王负责，无以归之，主迫责急，乃逃于此台，后人因以名之。”服说必有所据，此则貣于富民矣。不能强取，而守民间貣贷之法，可见富民权力之长，尚可变其称贷为振济乎？

赧王借债，不必皆供私用，虽谓为公侯之滥觞可也。设使周久不亡，富人之权力更长，称贷是求焉，收税是求焉，富人渐以其意左右政事，而如欧洲所谓宪政者之基立矣。

（七九）母财

本钱之语甚古。《管子·国蓄》：言知者有什倍人之功，愚者有不赓本之事。不赓本，谓母财不复，不能再行生利，俗所为折本是也。《轻重甲》曰：事再其本，则无卖其子者；事三其本，则衣食足；事四其本，则正籍给；事五其本，则远近通，死得藏。《揆度》言再其本，民无𫗴者卖其子；三其本，若为食；四其本，则乡里给；五其本，则远近通，然后死得葬矣。说虽微异，其意皆同。

（八〇）释官

《曲礼》曰：“在官言官，在府言府，在库言库，在朝言朝。”《注》曰：“官谓板图文书之处，府谓宝藏货贿之处也，库谓车马兵甲之处也，朝谓君臣谋政事之处也。”然则官字古义与今不同，今所谓官，皆为政事所自出，古则政出于朝，官特为庋藏之处，与府库同耳。盖古者政简，不须分司而理，故可合谋之于朝。

后世政治日繁，势须分职，而特设之机关遂多，各机关必皆有文书，故遂以藏文书之处之名名之也。

官既为庋藏文书之处，则处其间者不过府史之流，位高任重者未必居是。《论语》:“冉子退朝。子曰：何晏也？对曰：有政。”《论语·子路》。荀子入秦，“及都邑官府，其百吏肃然。入其国，观其士大夫，出于其门，入于公门，出于公门，归于其家”，《荀子·强国》。其证也。然则司政令者不居官，居官者不司政令，故官在古代不尊，所尊者为爵。《仪礼·士冠礼》曰：“以官爵人，德之杀也。死而谥今也。古者生无爵，死无谥。”檀弓谓士之有诔，自悬贲父始。诔所以作谥，明古者大夫有谥，士无谥。生无爵，则死无谥，明大夫为爵，士不为爵也。《王制》曰：“司马辨论官材，论定然后官之，任官然后爵之，位定然后禄之。”官之者任以事，是为士，爵之禄之则命为大夫也。《曲礼》曰:“四十曰强，而仕。”《士冠礼》曰：“古者五十而后爵。”则任事十年，乃得为大夫矣，所谓“任官然后爵之”也。《檀弓》又曰：“仕而未有禄者，君有馈焉曰献，使焉曰寡君，违而君薨，弗为服也。”《王制》云:“士禄以代耕，而此曰未有禄者。”《曲礼》又曰:“无田禄者，不设祭器；有田禄者，先为祭服。”禄指土田言，故代耕所廪，不为禄也。《檀弓》:工尹商阳曰:“朝不坐，燕不与，杀三人，亦足以反命矣。”《注》:“朝燕于寝，大夫坐于上，士立于下。”坐于上为有位，立于下为无位，必爵为大夫，然后有田，则所谓位定然后禄之也。古者国小民寡，理一国之政者，亦犹今理一邑之事者耳，势不得甚尊。至于国大民众而事繁，则其势非复如此矣。则凡居官任事者，皆有以殊异于齐民矣。上下之睽，自此始也，故曰德也。

（八一）三公、四辅、五官、六官、冢宰

言古官制者，今文家曰三公、九卿，古文家曰三公、三孤、六卿，而又有四辅、五官之名，孰为是？曰：皆是也，皆有所据。今文家所谓三公，任职者也。古文家之三公及四辅，天子之亲臣也。五官与今文家之三公，同为任职之臣，或举其三，或举其五，各有所象耳。五官加一冢宰，则为六官矣。

四辅、三公，见《礼记·文王世子》及《管子·幼官》。幼官不言其名。《文王世子》举其名曰师、保、疑、丞。师、保者三公之二，疑、丞者四辅之二，《记》错举之也。《尚书大传》曰：“古者天子必有四邻：前曰疑，后曰丞，左曰

辅，右曰弼。”是为四辅之名。《大戴·保傅》曰：“昔者周成王幼，在襁褓之中，召公为太保，周公为太傅，太公为太师。保，保其身体；傅，傅其德义；师，道之教训。此三公之职也。于是为置三少，皆上大夫也。曰少保、少傅、少师，是与太子燕者也。”《贾子·保傅》篇同。与太子燕，《贾子》建、潭本作天子，是也。此即古周礼说之三公、三孤。其三太，即《文王世子》及《管子》之三公也。又曰：“学礼曰：帝入东学，上亲而贵仁，则亲疏有序而恩相及矣。帝入南学，上齿而贵信，则长幼有差而民不诬矣。帝入西学，上贤而贵德，则圣智在位而功不匮矣。帝入北学，上贵而尊爵，则贵贱有等而下不逾矣。帝入太学，承师问道，退习而端《贾子》作考。于太傅，太傅罚其不则而达其不及，则德智长而理道得矣。”东学者左辅所在，南学者前疑所在，西学者右弼所在，北学者后丞所在，入太学所承之师，则太师也。退习而考于太傅，不言太保者，辞不备。观下“免于保傅之严”，又以二者并言，则可知矣。然则太师与疑、丞、辅、弼，在五学者也。太傅与太保，则左右王于退习之际者也。又曰：“明堂之位曰：笃仁而好学，多闻而道慎，天子疑则问，应而不穷者，谓之道。道者，导天子以道者也，常立于前，是周公也。诚立而敢断，辅善而相义者，谓之充。充者，充天子之志者也，充，《贾子》作辅。志作意。常立于左，是太公也。洁廉而切直，匡过而谏邪者，谓之弼。弼者，弼天子之过者也，常立于右，是召公也。博闻而强记，接给而善对者，谓之承。承者，承天子之遗忘者也，常立于后，是史佚也。”此即《书传》之四辅。疑作道者，有所惑曰疑，释其惑亦曰疑，所谓“疑之言拟”，《周官·司服注》。正道之义也。辅者辅之为善，充亦充其善，与弼其过相对，名异而意同也。《管子·君臣》曰：“四正、五官，国之体也。”《说苑·君道》曰：“明君在上，慎于择士，务于求贤，设四佐以自辅。”四正、四佐，亦即四辅。四辅、三公，皆天子之亲臣，故《孝经》曰“天子有争臣七人，虽无道不失其天下”也。《礼记·礼运》曰：“宗祝在庙，三公在朝，三老在学。王前巫而后史，卜、筮、瞽、侑、皆在左右。王中，心无为也，以守至正。”三公在朝者，司马、司徒、司空之伦，任职者也。三老在学，师、傅、保之伦也。前巫、后史，卜、筮、瞽、侑，亦即四辅之类。所述盖王居明堂之礼。古者事简，无众官，政皆出于明堂，是时相王者三公、四辅之伦，盖皆无所统。故古文家犹谓三公无官属，坐而论道也。

今文之三公曰司马、司徒、司空。此亦即五官，特仅举其三耳。五官之说：

《曲礼》曰："司徒、司马、司空、司士、司寇，典司五众。"《左氏》昭公十七年郯子之言曰："祝鸠氏，司徒也。鴡鸠氏，司马也。鸤鸠氏，司空也。爽鸠氏，司寇也。鹘鸠氏，司事也。五鸠，鸠民者也。"司事即司士，鸠民即典司五众之谓也。《春秋繁露·五行相胜》曰："木者司农也。火者司马也。土者，君之官也，其相曰司营。金者司徒也。水者司寇也。"司营即司空，司农即司事，农者民事也。《淮南子·天文训》曰："何谓五官？东方为田，南方为司马，西方为理，北方为司空，中央为都。"田即司农，理即司寇，都即司徒也。《左氏》昭公二十九年，蔡墨曰："木正曰句芒，火正曰祝融，金正曰蓐收，水正曰玄冥，土正曰后土。"名虽异，其象五行则同。《周官》及《大戴》之《盛德》篇，特多一冢宰，又以宗伯易司农耳。宗伯典礼，礼于五行为火，其方在南，以此易东方之农师，实不如《繁露》等说之当。《管子·五行》曰："黄帝得蚩尤而明于天道，得大常而察于地利，得奢龙而辨于东方，得祝融而辨于南方，得大封而辨于西方，得后土而辨于北方。黄帝得六相而天地治，神明至。蚩尤明乎天道，故使为当时。大常察乎地利，故使为廪者。奢龙辨乎东方，故使为土师。祝融辨乎南方，故使为司徒。大封辨于西方，故使为司马。后土辨乎北方，故使为李。是故春者土师也，夏者司徒也，秋者司马也，冬者李也。"土师疑即农师，廪者疑即司空。当时盖主历象之官，以易《周官》之冢宰，亦各有所取耳。

汉初因秦置丞相，后用经生说，改为大司徒，而以太尉为司马，御史大夫为司空，皆称公，为相职，因有疑今文义三公外无宰相者。案《王制》言"冢宰斋戒受质"，别于三官。又曰"百官各以其成质于三官"，而三官、"以百官之成质于天子"。《论语》曰："君薨，百官总己以听于冢宰。"《宪问》。明百官分属三官，冢宰则无所不统。三公以外，别有冢宰，较然甚明也。《荀子·序官》，列举官名，凡十有三：曰宰爵，曰司徒，曰司马，曰太师，曰司空，曰治田，曰虞师，曰乡师，曰工师，曰伛巫、跛击，击疑当作觋。曰治市，曰司寇，曰冢宰。去冢宰及司马、司徒、司空凡九官，或谓即九卿。此诚难质言，然数适相合，亦可备一说。此说而确，则冢宰在三公之外，愈明白矣。冢宰始盖主饮食之官，后遂总统宫内，《礼记·祭统》："宫宰宿夫人。"注："宫宰，守宫官也。"此即《周官》天官之职。而为群吏之长。《仪礼·特牲馈食礼注》。宫、府之别，后世有之，古则皆君主私人耳，故遂于百官无所不统也。冢宰既总统宫内，兼长群吏，财用自其所管，古国用与天子私奉养，盖亦不分，故亦冢宰所制。《王制》:“冢宰制国用。”“季氏富于周公,而求也为之聚敛而附益之。”《论语·先进》。求，季氏宰也。叔孙穆子宠竖牛，“使为政。”为政者，为之宰也。其后牛绝其饮食以死。《左氏》昭公四年。知宰虽总统宫事,犹侍食饮,故陈子亢谓疾则“当养者莫若妻与宰”也。《檀弓》。天子、诸侯、大夫，后而体制迥殊，其初一耳。观诸侯、大夫之事，固足以明王室之初矣。《左氏》宋有六卿，又有太宰、少宰；成公十五年。鲁羽父请杀桓公，以求太宰；隐公十一年。亦在三卿之外，《论语》有太宰问于子贡,《檀弓》有陈太宰嚭,《韩非》有商太宰。皆《王制·周官》冢宰之职。《荀子·王霸》曰:“论一相以兼率之,使臣下百吏，莫不宿道乡方而务，是夫人主之职也。”又曰:“能当一人而天下取，失当一人而社稷危。”又曰:“君者，论一相，陈一法，明一指，以兼覆之，兼昭之，以观其盛者也。”一人一相，皆指冢宰。《君道》又曰:“天子三公,诸侯一相。”非谓天子无相,诸侯无三官,互言之耳。

问曰:司马、司徒、司空各主一官，与司寇等均耳，今文家独取此为三公，得毋武断乎？曰：否。三官所职，视他官为要，固考诸经文而可征，亦古文家所不违也。《立政》《梓材》，皆以三官并举。《酒诰》有圻父、农父、宏父，伪《孔传》亦以司马、司徒、司空释之。伪《孔》古文者流，非今文之与也。《左》昭四年叔孙穆子之葬，季孙“使杜泄舍路。不可，曰:夫子受命于朝而聘于王，王思旧勋而赐之路，复命而致之君，君不敢逆王命而复赐之，使三官书之。吾子为司徒，实书名。夫子为司马，与工正书服。孟孙为司空以书勋。今死而弗以，是弃君命也。书在公府而弗以，是废三官也”，尤古文以司徒、司马、司空为三卿之铁证矣。何邵公曰：“古者诸侯有司徒、司空，上卿各一，下卿各二。司马事省,上下卿各一。”襄公十一年。崔氏谓:“司徒兼冢宰,司马兼宗伯，司空兼司寇。司徒下小卿二：曰小宰，曰小司徒。司空下小卿二：曰司寇，曰小司空。司马下小卿一，曰小司马。”《左》僖二十二年，宋既有大司马，又有司马，说或有征，则司寇等职，未尝不可摄以三官，或属之三官也。六卿之名，古无闻焉。惟《甘誓》有“乃召六卿”“嗟六事之人”之语。郑注《书传》曰:“后稷、司徒、秩宗、司马、作士、共工。”仰即据古周礼为说，难信。《管子·立政》曰:“将军大夫以朝。”《墨子·尚同》曰:“择其国之贤者，置以为左右将军、大夫。”以将军大夫并言,犹以卿大夫连举。将军有左右,则《老子》所谓“偏将军居左，上将军居右”也。《非攻》曰:“昔者晋有六将军。”晋固有六卿。明六卿为六将军，与司马等官无涉。撰《周官》者误以六官为六卿，亦其渎乱不验之一验也。宋六卿之名为右师、左师、司马、司徒、司城、司寇，见《左氏》文公七年、十六年、成公十五年、哀公二十年，亦与《周官》不合。

《异义》之古周礼说，撰伪《古文尚书》者取以入《周官》篇。攻之者或谓其误据《大戴》《贾子》，以太子官属为天子之官。或又谓郑注《周官》“乡老二乡则公一人”云：“王置六卿，则公有三人也。三公者，内与王论道，中参六官之事，外与六卿之教。”又其注《君奭序》“召公为保、周公为师”曰：“此师、保为《周礼》师氏、保氏大夫之职。”可见郑不主六卿之上，别有三公三孤。然《异义》所举古周礼说，确与伪《周官》同。《周官》朝士，“建外朝之法”，“左九棘，孤、卿、大夫位焉”，“面三槐，三公位焉”，亦明谓公、孤在卿之外。公、孤之名，见于他处者，尚有宰夫、司服、典命、巾车、司常、射人、司士、太仆、弁师、小司寇等。《保氏序官疏》引《郑志》：“赵商问：案成王《周官》：立太师、太傅、太保，兹惟三公。即三公之号，自有师、保之名。成王《周官》，是周公摄政三年事，此周礼是周公摄政六年时，则三公自名师、保，起之在前，何也？郑答曰：周公左，召公右，兼师保，初时然矣。”赵商所云成王《周官》，盖即《异义》所谓古周礼说，而亦造伪《古文尚书》者所取材也。

古人设官，各有所象。《白虎通义》曰：“内爵所以三等何？法三光也。”“商质者主天，夏文者主地，《春秋》变周之文，从殷之质，故立三公、九卿、二十七大夫、八十一元士、二百四十三下士，三三相承以法天。其五官则象五行，所以法地之文也。诸侯之国，三卿、五大夫。三卿法三光，五大夫象五行也。”《洪范》曰：“王省惟岁，卿士惟月，师尹惟日。”卿士谓三公、九卿。师尹惟日者，大夫合元士、下士，凡三百五十一，当朞之日也。此质家法天之明证。周家主地，盖立五官。故《史记·周本纪》云：古公“作五官有司”。然则《曲礼》等书所言，盖是周制。郑顾以为殷制，偏其反矣。五行之官益一，明乎天道之当时，是为六官。冢宰兼统百官，不可以一职名也。造《周官》者以冢宰易当时，亦其渎乱不验之一验也。

（八二）周官五史

《周官》大史之职：“掌建邦之六典，以逆邦国之治；掌法以逆官府之治；

掌则以逆都鄙之治。凡辨法者考焉，不信者刑之。凡邦国都鄙及万民之有约剂者藏焉，以贰六官。正岁年以序事，颁之于官府及都鄙，颁告朔于邦国。此即《月令》之类，备载一年中当行之事，及其行之之时。大祭祀，戒及宿之日，与群执事读礼书而协事。祭之日，执书以次位常。辨事者考焉，不信者诛之。大会同朝觐，以书协礼事。及将币之日，执书以诏王。大师，抱天时，与大师同车。大迁国，抱法以前。大丧，执法以莅劝防。凡丧事考焉。小丧，赐谥。凡射事，饰中，舍算，执其礼事。"具见其为礼与法之府。而小史、内史、外史、御史之职，其为大史之僚属，又极易见也。如此，其典籍安得不多？其员额安得不广？其先但为四辅之一，居明堂中侍王者，其后安得不出居于外耶？

外史："掌书外令。掌达书名于四方。若以书使于四方，则书其令。"此亦内史书王命之类。盖时愈晚，事愈繁，分职愈详。故其初记言专于右史者，后又析为内外也。疏家既引《周官》以证《礼记》，而偏举内史，似非。

记事之史，体极简严；记言之史，则体较恢廓；求诸《周官》，亦可喻其故焉。史官主知天道，故冯相、保章，皆属大史。冯相氏："掌十有二岁、十有二月、十有二辰、十日、二十有八星之位；辨其序事，以会天位。"盖司天道之常。保章氏："掌天星，以志星辰日月之变动，以观天下之迁，辨其吉凶。"则司天道之变。常事不书，变事不可不记。执简之始，盖专记日食星陨等事。此本不待烦言，其后记人事者亦遂沿其体，此其所以简严。古重言辞，书诸简牍盖其变。既重言辞，则其所书者，亦必如其口语；虽有润饰，所异固无多也。此其体之所以日益恢廓也。

记言之史，体既恢廓，其后凡叙述详尽者皆沿之。以其初本以记言辞；又古简牍用少，传者或不资记录，而以口耳相授受也，则仍谓之语。《礼记·乐记》：孔子谓宾牟贾曰："且女独未闻牧野之语乎？"此记武王之事者称语也。《史记》本纪、列传，在他篇中述及多称语。《秦本纪》述商鞅说孝公变法曰："其事在《商君》语中。"《孝文纪》述大臣诛诸吕，谋召立代王曰："事在《吕后》语中。"《礼书》述晁错事曰："事在《袁盎》语中。"《陆贾传》述其使尉佗事曰："事在《南越》语中。"皆是。〇《朱建传》：汉已诛布，闻平原君谏不与谋，得不诛。曰："语在《黥布》语中。"而布传无其事；盖古人著书，多直录旧文，不加点定。史公所据朱建黥布两传，非出一家，故其文如是也。〇《始皇本纪》述赵高与二世、李斯阴谋杀扶苏、蒙恬曰："语具《李斯传》中。"疑后人所改，亦或当时已有称传者，不始太史公。《萧相国世家》述吕后用何计谋诛淮阴侯曰："语在《淮阴》事中。"《留侯世家》述良解鸿门之危曰："语在《项羽》事中。"事、语二字，疑后人所互易。可知纪传等为后人所立新名，其初皆称语。然则《论语》者，孔子及其门弟子之言行之依类纂辑者;《国语》则贤士大夫之言行,分国纂辑者耳。故吾谓《国语》实《尚书》之支流余裔也。不惟《国语》,《晏子春秋》及《管子》之《大中小匡》诸篇，凡记贤士大夫之言行者，皆《国语》类也。亦不惟《论语》，诸子书中，有记大师巨子之言行者，皆《论语》类也。

记录之意在传其人之言行者,谓之语。《易》所谓"多识前言往行,以畜其德"者也。若以其事有关家国之大而记之，则谓之故。故之始，盖主典礼，其后则记行事者亦羼杂焉。《左氏》定公十年,齐侯将享公,孔子谓梁丘据曰:"齐鲁之故，吾子何不闻焉？事既成矣,而又享之,是勤执事也。且牺象不出门,嘉乐不野合;享而既具，是弃礼也；若其不具，用秕稗也。用秕稗君辱，弃礼名恶。子盍图之？"此即朝觐会同之礼，《周官》大史所掌。不曰礼而曰故者，礼据成宪言，故据成事言也。《史记·儒林传》载公孙弘之言曰："治礼次治掌故，以文学礼义为官，迁留滞。"徐广曰："一云次治礼学掌故。"未知孰是。然礼与故为文学大宗可见。襄公二十六年，声子通使于晋，还，如楚，令尹子木与之语，问晋故焉。声子历举楚材晋用之事以对。公扈子知叔术之事，而《公羊》谓其习乎邾娄之故。昭公三十一年。此则行事有关家国之得失者矣。《左氏》昭公元年,叔向出，行人挥送之。叔向问郑故焉，且问子皙。知国家之行事若典章，贤士大夫之言行，并为时人所重也。

史主记载，言、事皆然，故亦通谓之志。《周官》："小史掌邦国之志。"郑司农云:"《春秋传》所谓《周志》,《国语》所谓《郑书》之属。"案《周志》见《左氏》文公二年。狼瞫引其辞曰:"勇则害上,不登于明堂。"《郑书》亦见《左氏》襄公三十年，子产引其辞曰:"安定国家，必大焉先。"皆《尚书》类也。外史："掌四方之志。"《注》云："若鲁之《春秋》，晋之《乘》，楚之《梼杌》。"则记事之史矣。案小史所掌，盖县内诸侯之史；外史所掌，则外诸侯之史也。外史又掌三皇五帝之书，则异代之史也。《注》云："楚灵王所谓《三坟》《五典》。"未知信否。然《礼记·礼运》:孔子曰:"大道之行也，与三代之英，丘未之逮也，而有志焉。"《注》曰:"志,谓识,古文。"说自不误。何则？三代之英，指禹、汤、文、武、成王、周公,皆确有其人;大道之行,亦当如此;皆读前人之记识而知之也。《庄子》："《春秋》经世，先王之志。"《天下》。志亦当作记识解。此《春秋》不必凿指记事之史。盖志亦史籍通称，犹汉人言史记也。记、志一语。古称志，汉人称史记，特辞有单复耳。汉人亦但言记，则志之异文也。

《史记·六国表》曰："秦既得意，烧天下《诗书》，诸侯史记尤甚。《诗书》所以复见者，多藏人家；而史记独藏周室，以故灭。"此周室二字，当苞凡诸侯之国言；乃古人言语，以偏概全之例，非谓衰周能遍藏各国之史，其余诸国则独有其本国之史也。戎夫习于遂事，倚相能读《三坟》《五典》《八索》《九丘》，皆当时良史熟于古记之证。

《周官》诵训："掌道方志，以诏观事。"《注》曰："说四方所识久远之事，以告王观博古所识。若鲁有大庭氏之库，殽之二陵。"训方氏："诵四方之传道。"《注》曰："传道，世世所传说往古之事也。为王诵之，若今论圣德尧舜之道矣。"此亦古史也。又曰："正岁，则布而训四方，而观新物。"此所布者，即其为王所诵，训方氏盖身历四方而布之，因以观新物也。《礼记·郊特牲》曰："大罗氏，天子之掌鸟兽者也，诸侯贡属焉。罗氏致鹿与女，而诏客告也，以戒诸侯曰：好田好女者亡其国。"此即诵传道训四方之事，特非躬往巡历耳。所观新物，亦必反告于王。假令笔之于书，则又当时之外国史也。小行人之职："若国札丧，则令赙补之；若国凶荒，则令赒委之；若国师役，则令槁禬之；若国有福事，则令庆贺之；若国有祸灾，则令哀吊之；凡此五物者，治其事故，及其万民之利害为一书，其礼俗政事教治刑禁之逆顺为一书，其悖逆暴乱作慝犹犯令者为一书，其札丧凶荒厄贫为一书，其康乐和亲安平为一书。凡此物者，每国辨异之，以反命于王，以周知天下之故。"亦训方民观新物之意也。

小史之职："奠系世，辨昭穆。若有事，则诏王之忌讳。"郑司农云："系、世，谓帝系、世本之属是也。小史主定之，瞽蒙讽诵之，先王死日为忌，名为讳。"瞽蒙之职云："讽诵诗，世奠系。"杜子春云，"世奠系，谓帝系、诸侯卿大夫世本之属是也。小史主次序先王之世，昭穆之系，述其德行；瞽蒙主诵诗，并诵世系，以戒劝人君也。故《国语》曰：教之世，为之昭明德而废幽昏焉，以休惧其动。"康成谓"讽诵诗。主谓廞作柩谥时也。讽诵王治功之诗以为谥，世之而定其系，谓书于世本也。"案如子春及后郑意，瞽蒙所诵，即小史所定，则小史不徒谱其世次而已，必兼述其行事，其说当有所据。何则？系、世虽经秦火而亡，其体例必相沿勿失。《隋志》家谱、家传，分为二门，盖伊古相沿之例。谱以记世次，传以详言行。窃疑《大戴记》之《帝系姓》，乃古系、世之遗，《五帝德》则瞽蒙所讽诵者也。如康成意，瞽蒙所讽诵，初非受诸史官，然读诔为大史之职；卿大夫之丧，小史亦赐谥读诔；则天子诸侯大夫之行事，史官固未尝不记识之矣。

诔者，累也，累列其生时之事也。《礼记·檀弓》："公叔文子卒。其子戍请谥于君。君曰：昔者卫国凶饥，夫子为粥与国之饿者，是不亦惠乎？昔者卫国有难，夫子以其死卫寡人，不亦贞乎？夫子听卫国之政，修其班制，以与四邻交，卫国之社稷不辱，不亦文乎？故谓夫子贞惠文子。"此累列生平行事之式。《祭统》载卫孔悝之鼎铭曰："六月丁亥，公假于大庙。公曰：叔舅。乃祖庄叔，左右成公。成公乃命庄叔，随难于汉阳，即宫于宗周，奔走无射。启右献公。献公乃命成叔，纂乃祖服。乃考文叔，兴旧耆欲，作率庆士，躬恤卫国。其勤公家，夙夜不解。民咸曰休哉。公曰：叔舅，予女铭，若纂乃考服。悝拜稽首曰：对扬以辟之。"其累列先代之美，亦与诔之用意同，故《荀子》曰："铭累系世，敬传其名。"《礼论》。系、世以记统绪，铭、累以详德善功烈勋劳，此家谱、家传分编并重之所由来也。

《楚语》载申叔时之言曰："教之《春秋》，而为之耸善而抑恶焉，以戒劝其心；教之世，而为之昭明德而废幽昏焉，以休惧其动；教之《诗》，而为之导广显德，以耀明其志；教之《礼》，使知上下之则；教之《乐》，以疏其秽而镇其浮；教之令，使访物官；教之语，使明其德，而知先王之务，用明德于民也；教之故志，使知废兴者而戒惧焉；教之训典，使知族类，行比义焉。"详味其辞，则《春秋》重褒善贬恶，世主记君主贤愚，语主传先世行事，志主记列国兴亡。戎夫告武王者志也；孔子诏宾牟贾者语也；其所笔削者《春秋》。《书·无逸》载周公戒成王，备举殷周列王，所谓教之世者欤？《史记》之本纪、世家、世表、年表，盖合系、世及《春秋》而成；而间傅之以语；传则本于语及铭诔之属者也。

（八三）毁誉褒贬

史之权在于褒贬，褒贬即毁誉也。然毁誉之权，实惟风气淳朴之世，为能有之。《孝经》曰："身体发肤，受之父母，不敢毁伤，孝之始也；立身行道，扬名于后世，以显父母，孝之终也。"《祭义》曰："亨孰羶芗，尝而荐之，非孝也，养也。君子之所谓孝也者，国人称愿然曰：幸哉，有子如此，所谓孝也已。众之本教曰孝，其行曰养。养可能也，敬为难。敬可能也，安为难。安可能也，卒为难。父母既没，慎行其身，不遗父母恶名，可谓能终矣。”《内则》曰：“父母虽没，将为善，思遗父母令名，必果；将为不善，思遗父母羞辱，必不果。”其重名也如此，此良史之所以有权也。

臧孙纥之出也，其人曰：其盟我乎？臧孙曰：无辞。将盟臧氏，季孙召外史掌恶臣而问盟首焉。对曰：盟东门氏也，曰：毋或如东门遂，不听公命，杀适立庶。盟叔孙氏也，曰：毋或如叔孙侨如，欲废国常，荡覆公室。季孙曰：臧孙之罪，皆不及此。孟椒曰：盍以其犯门斩关？季孙用之。乃盟臧氏曰：毋或如臧孙纥，干国之纪，犯门斩关。臧孙闻之，曰：国有人焉。谁居？其孟椒乎！《左氏》襄公二十三年。一盟誓之辞，其不能妄施如此，知舆论之有权，而史官之不敢曲笔，其故亦可思矣。

则有欲显其名于史策者，石尚是也。《谷梁》定公十四年。有身为不义，殁世犹以为耻，而欲掩之者，宁惠子是也。《左氏》襄公二十年。有耻其先人之恶者，司马华孙是也。《左氏》文公十五年。鲁庄公之如齐观社也，曹刿谏曰：“君举必书；书而不法，后嗣何观？”《左氏》庄公二十三年。齐桓公之欲听子华也，管仲谏曰：“诸侯之会，其德刑礼义，无国不记。记奸之位，君盟替矣；作而不记，非盛德也。”《左氏》僖公七年。盖人君之可以名动又如此，此良史之所以有权也。

然曰作而不记，则当春秋之时，已有掩其实而不书者矣。又有曲笔以乱其实者：《鲁春秋》去夫人之姓曰吴，其死曰孟子卒是也。《礼记·坊记》。守死不渝，其人有几！薰隧之盟，公孙黑与焉，使大史书其名，且曰七子，《左氏》昭公元年。则知史之可以威劫矣。此董狐、《左氏》宣公二年。南史《左氏》襄公二十五年。所由见重于世与？《左氏》文公十八年，襄仲杀惠伯。杜《注》曰：“惠伯死不书者，史畏襄仲，不敢书杀惠伯。”未知有据与，抑以意言之也？

毁誉虽有惩劝之功，然亦有弊。何者？奇节懿行，惟有人伦之鉴者，为能知之。若中庸之人，则其所知者，中庸之行而已，是可以貌为也，是可以袭取也，于是非之无举，刺之无刺，同流合污之乡原出焉。古者国小，人民寡，又皆重去其乡，所谓国人，则今一邑之人耳；十目所视，十手所指，安所逃之？毁誉所加，利害荣辱随其后，此其惩劝之所以有功。然而嵚奇磊落之士，为流俗之所不容者，亦不知其凡几矣。鲍焦之无从容而死，安知其不以是与？

曾子所谓“国人称愿然曰幸哉有子如此”者，其人则骑款段马之乡里善人耳。夫以曾子之至大至刚，易箦之际，犹浩然欲行其心之所安，岂屑为违道要誉之举？然而儒生之制行，虽有其真，而不能禁巧伪者之不托其迹。乡里之士，能知中行之德乎？抑将舍狂狷而取乡原也？世惟中庸之人，不知有异己之美；亦惟中庸之人，必欲毁异己者使与己同。率一世而惟巧伪之崇，此嵚奇磊落之士所由激而为矫枉之举也。魏晋间士之毁弃礼法，殆于有激而然与？以是时乡原之力方大也。然而其所奖饰者，则可知矣。不然，魏武曷为求负俗之士哉？

（八四）守藏室之史

《史记·老子列传》曰：“周守藏室之史也。”又《张丞相列传》：“秦时为御史，主柱下方书。”《索隐》曰：“周、秦皆有柱下史，谓御史也。所掌及侍立，恒在殿柱之下，故老聃为周柱下史，今苍在秦代，亦居斯职。”案《汉书·百官公卿表》：御史大夫有两丞：一曰中丞，在殿中兰台，掌图籍秘书。张苍所居，盖即此职。《王莽传》：居摄元年，置柱下五史，秩如御史。听政事，侍旁，记疏言行。此盖柱下名官之始。张苍虽主柱下方书，官未必以柱下名，故《史记》但称为御史也。御史职甚亲近，老子若居是官，可谓得时则驾，不必隐而著书矣。守藏室之史，当别是一官，不当附会为柱下史也。

方书，《汉书注》引如淳曰“方，版也，谓事在版上者”，正图籍秘书之类。又列或说曰：“主四方文书也。”似近望文生义，而师古是之。《史记索隐》引姚氏亦云：“下云明习天下图书计籍，主郡上计，则方为四方文书者是也。”恐未必然。《周官》：凡四方之事书，内史读之。亦不属御史。

《汉书·功臣侯表》：山都贞侯王恬启，汉五年，为郎中柱下令。师古曰：“柱下令，今主柱下书史也。”此亦无主书明文，似皆据莽制附会。

《左氏》僖公二十四年：“晋侯之竖头须，守藏者也。其出也，窃藏以逃，尽用以求纳之。”老子为之史之守藏室，盖亦如是，乃藏财贿之地也。

（八五）左右史

《玉藻》：“动则左史书之，言则右史书之。”《注》：“其书，《春秋》《尚书》

其存者。”《疏》:“《春秋》是动作之事,故以《春秋》当左史所书。左阳,阳主动,故记动。《尚书》记言语之事,故以《尚书》当右史所书。右是阴,阴主静故也。《周礼》有五史:有内史、外史、大史、小史、御史。无左史、右史之名者,熊氏云:按《周礼》大史之职云:大师,抱天时,与太师同车;又襄二十五年《传》曰:大史书曰:崔杼弑其君;是大史记动作之事,在君左厢记事,则大史为左史也。按《周礼》内史,掌王之八枋。其职云:凡命诸侯及孤卿大夫,则策命之。僖二十八年《左传》曰:王命内史叔兴父,策命晋侯为侯伯。是皆言诰之事。是内史所掌,在君之右,故为右史。是以《酒诰》云:矧大史友内史友。郑《注》:大史、内史,掌记言记行,是内史记言,大史记行也。此论正法。若其有阙,则得交相摄代。故《洛诰》史佚命周公伯禽。服虔《注》文十五年《传》云:史佚,周成王大史。襄三十年,郑使大史命伯石为卿。皆大史主爵命,以内史阙故也。以此言之,若大史有阙,则内史亦摄之。按《觐礼》赐诸公奉箧服,大史是右者,彼亦宣行王命,故居右也。此论正法。若《春秋》之时,则特置左右史官。故襄十四年左史谓魏庄子,昭十二年楚左史倚相。《艺文志》及《六艺论》云:右史记事,左史记言。与此正反,于传记不合,其义非也。”《左氏序疏》亦曰:“左是阳道,阳气施生,故令之记动;右是阴道,阴气安静,故使之记言。《艺文志》称左史记言,右史记动,误耳。”《后汉书·荀淑传》:孙悦,奏所著《申鉴》曰:“古者天子诸侯有事,必告于庙。朝有二史,左史记言,右史记事。事为《春秋》,言为《尚书》。”与《艺文志》同。案《周书·史记》:“维正月,王在成周。昧爽,召三公左史戎夫曰:今夕朕寤,遂事惊予。乃取遂事之要戒,俾戎夫主之,朔望以闻。”下文历述皮氏、华氏等所以亡,盖皆《春秋》之记。此左史记动,《春秋》为其书之征。《礼记·祭统》:“古者明君,爵有德而禄有功,必赐爵禄于大庙,示不敢专也。故祭之日,一献,君降,立于阼阶之南,南乡。所命者北面。史由君右,执策命之。再拜稽首受书以归,而舍奠于其庙。”此右史记言,《尚书》为其书之征也。史官之职,原出明堂,盖朝夕侍王。其后典籍日多,主其事者,出外别为一官,是为大史氏。其居中者,则别之曰内史。然亦多不别者。盖属官之所为,皆得统于其长;且列国容有不别者也。《疏》以为“相摄代”,恐非。

曷言乎史官之职,原出明堂也?案《礼运》曰:“宗祝在庙,三公在朝,三老在学。王前巫而后史;卜筮瞽侑,皆在左右。王中心无为也,以守至正。”此所述者,盖王居明堂之礼。《大戴记·保傅》曰:“明堂之位曰:笃仁而好学,多闻而道慎，天子疑则问，应而不穷者，谓之道。道者，导天子以道者也，常立于前，是周公也。诚立而敢断，辅善而相义者，谓之充。充者，充天子之志者也，常立于左，是太公也。洁廉而切直，匡过而谏邪者，谓之弼。弼者，弼天子之过者也，常立于右，是召公也。博闻而强记，接给而善对者，谓之承。承者，承天子之遗忘者也，常立于后，是史佚也。”承即所谓后史。合前后左右言之，则所谓四辅也，《内则》养老有惇史，养老亦明堂中事。皆史官原出明堂之证。

曷言乎典籍日多，掌其事者遂别居于外也？史官为典籍之府，见于古书者甚多。《左氏》昭公二年，韩宣子适鲁，“观书于大史氏”，此大史盖以官为氏者。襄公二十三年，“将盟臧氏，季孙召外史掌恶臣而问盟首焉”。外史，《左氏序疏》谓以其居于外而名之，固近于凿。然亦必不在殿内。昭公十五年，王谓籍谈曰：“昔而高祖孙伯黡，司晋之典籍，以为大政，故曰籍氏。及辛有之二子董之，晋于是乎有董史。女，司典之后也，何故忘之？”盖典籍之司，成为专职久矣。此终古、向挚、屠黍之流，所以能载图法以出亡；见《吕氏春秋·先识览》。屠黍事亦见《说苑·权谋》，作屠余。而王子朝之败，亦奉周之典籍以奔楚也。《左氏》昭公二十六年。《周官》大史，“大迁国，抱法以前”。所谓法者，盖所该甚广，郑《注》偏举司空营国之法以当之，固矣！

《左氏序疏》曰：“《周礼》诸史，虽皆掌书，仍不知所记《春秋》，定是何史。盖天子则内史主之，外史佐之。诸侯盖亦不异。但春秋之时，不能依礼。诸侯史官，多有废阙。或不置内史，其策命之事，多是大史，则大史主之，小史佐之。刘炫以为《尚书》周公封康叔，戒之《酒诰》。其《经》曰：大史友，内史友。如彼言之，似诸侯有大史、内史矣。但遍检记传，诸侯无内史之文。何则？《周礼》内史职曰：凡命诸侯及孤卿大夫，则策命之。僖二十八年《传》，说襄王使内史叔兴父策命晋侯为侯伯，是天子命臣，内史掌之。襄三十年《传》，称郑使大史命伯石为卿，是诸侯命臣，大史掌之。诸侯大史，当天子内史之职，以诸侯兼官，无内史故也。郑公孙黑强与薰隧之盟，使大史书其名；齐大史书崔杼弑其君；晋大史书赵盾弑其君；是知诸侯大史主记事也。南史闻大史尽死，执简以往，明南史是佐大史者，当是小史也。若然，襄二十三年《传》，称季孙召外史掌恶臣，言外史，则似有内史矣。必言诸侯无内史者，闵二年《传》，称史华龙滑与礼孔曰：我大史也；文十八年《传》，称鲁有大史克；哀十四年《传》，称齐有大史子余；诸国皆言大史，安得有内史也？季孙召外史者，盖史官身居在外，季孙从内召之，故曰外史。犹史居在南，谓之南史耳。南史、外史，非官名也。”案《酒诰》已有内史之名，知大史、内史，分立甚早。其遍检记传，诸侯无内史之名者，以属官所为，皆可统于其长。齐大史既死，南史执简以往，则知掌史职者非一家；昭十五年《疏》引《世本》云：“黡生司空颉，颉生南里叔子，子生叔正官伯，伯生司徒公，公生曲沃正少襄，襄生司功大伯，伯生候季子，子生籍游，游生谈，谈生秦。”以其官名观之，自颉以下，盖无复司典籍者，而辛有之后董之。盖世官之制渐替，主一事者，多非一氏矣。辛有，见僖二十二年。杜《注》云：“董狐其后。”董狐见宣二年，上距平王东迁百六十余年矣，则辛有之二子世其官亦百有余年。季氏专召外史之掌恶臣，则知一家之中，尚有分曹治事者；典籍繁而故事众，势固不得不然也。《王制》曰：“大史典礼，执简记，奉讳恶。”以《周官》之文稽之，奉讳恶当属小史，而《王制》并属诸大史，亦以属官所为，统于其长也。华龙、礼孔之自称，诸侯命臣之称大史，盖亦如此。正不必凿言诸侯兼官无内史也。又《左氏》所载公孙黑等事，正大史执简记之证，云不知《春秋》定自何史，亦似非。

《左序疏》又曰：“《艺文志》云：古之王者，世有史官，君举必书，所以慎言行，昭法戒。左史记言，右史记事，事为《春秋》，言为《尚书》，帝王靡不同之。《礼记·玉藻》云：动则左史书之，言则右史书之。虽左右所记，二文相反，要此二者皆言左史、右史。《周礼》无左右之名，得称左右者，直是时君之意，处之左右，则史掌之事，因为立名。故《传》有左史倚相，掌记左事，谓之左史；左右非史官之名也。”案《周官》六国时书，不能以说古制。疏家附会，殊不足信。倚相能读《三坟》《五典》《八索》《九丘》，盖其所主，实与戎夫相类，正见其一脉相承也。

言为《尚书》，事为《春秋》，班、郑说同。《玉藻疏》云：“《春秋》虽有言，因动而言，其言少也。《尚书》虽有动，因言而称动，亦动为少也。”案《春秋》文体，见于《公羊》庄公七年及《礼记·坊记》者，皆与今《春秋》同。盖孔子修《春秋》，虽别有其义，而其文字体裁，一仍旧贯，所谓其文则史也。《四库书目提要》云：“晋史之书赵盾，齐史之书崔杼及宁殖，所谓载在诸侯之籍者，其文体皆与经合。”可为因仍旧贯之证。又云：“墨子称《周春秋》载杜伯，《燕春秋》载庄子仪，《宋春秋》载祏观辜，《齐春秋》载王里、国中里，核其文体，皆与《传》合。”则非《春秋》文体之朔，盖其初必如今之《春秋》者，乃谓之《春秋》；其后则凡记事之书，皆以《春秋》名之耳。《左氏》本非《春秋》之传。《史记·十二诸侯年表》，称为《左氏春秋》。吕不韦之书，多记前人行事，国家典故；今所谓《晏子春秋》者，专记晏子言行，亦皆以《春秋》名，正以此也。然则《春秋》之朔，似不容兼有记言之文。《疏》云“因动而言”，似未审谛。至谓《尚书》因言称动，而动为少，说自不误。盖记事之史，体至简严，而记言者不容不略著其事，以明其言之所由发，亦自古已然也。

《曲礼》曰：“天子建天官，先六大：曰大宰、大宗、大史、大祝、大士、大卜，典司六典。”大宰等官，必不容略无僚属，大史何独不然。此亦诸史当属大史，而古书所述大史之职，不必皆其所躬亲之一证也。

（八六）夫人选老大夫为傅

《公羊》襄公三十年，“宋灾，伯姬存焉。有司复曰：火至矣，请出。伯姬曰：不可。吾闻之也，妇人夜出，不见傅、母不下堂。傅至矣，母未至也，逮乎火而死。”《注》礼：后夫人必有傅、母，所以辅正其行，卫其身也。选老大夫为傅，选老大夫妻为母。”《诗·南山疏》云：“《内则》云：女子十年不出，傅姆教之执麻枲，治丝茧，则傅是姆类，亦当以妇人老者为之矣。何休云：选老大夫为傅，大夫妻为姆，以男子为傅，书传未有云焉。且大夫之妻，当自处家，无由从女而嫁，使夫人动则待之。何休之言，非礼意也。”案今《内则》但云“女子十年不出，姆教婉娩听从，执麻枲，治丝茧”，无傅字。《诗疏》之云，未知何据。《曾子问》：孔子曰：“古者男子，外有傅，内有慈母。”所谓慈母者，《内则》言人君养子之礼曰：“异为孺子室于宫中。择于诸母与可者，必求其宽裕慈惠，温良恭敬，慎而寡言者，使为子师；其次为慈母；其次为保母；皆居子室。”此与大师、大傅、大保相当。师、保皆内外名同，傅独变言慈者，《郊特牲》：“夫也者，夫也；夫也者，以知帅人者也。”《注》：“夫或为傅。”则傅之义属于丈夫，不可以名妇人，故变傅言慈也。《内则》言“十年出就外傅”，意谓傅在外，非谓内又有傅也。然则以妇人为傅，则书传未有云焉尔。《诗疏》误记《记》文，因生曲说，不亦缪乎？

《谷梁》说伯姬之事曰：“伯姬之舍失火。左右曰：夫人少避火乎？伯姬曰：

妇人之义，傅母不在，宵不下堂。左右又曰：夫人少避火乎？伯姬曰：妇人之义，保母不在，宵不下堂。遂逮乎火而死。”《列女·贞顺传》曰：“左右曰：夫人少避火。伯姬曰：妇人之义，保、傅不俱，夜不下堂，待保、傅来也。保母至矣，傅母未至也。左右又曰：夫人少避火。伯姬曰：妇人之义，傅母不至，夜不下堂。遂逮于火而死。”并以傅为妇人。足征《谷梁》之晚出。《汉书·外戚恩泽侯表》：扶平侯王崇，为傅婢所毒薨。《王商传》：耿定上书，言商与父傅通。师古曰：“傅，谓傅婢也。”盖汉时始有以傅称婢者。乃称男子之为傅者曰傅父，以与之相对。《张骞传》言乌孙昆莫有傅父是也。《武帝本纪》：建元三年，“济川王明坐杀太傅、中傅，废迁防陵”。应劭曰：“中傅，宦者也。”亦不必非傅婢矣。然贵妇人仍有男子为之侍从。审食其、周信为吕后舍人是也。皆见《汉书·高惠高后文功臣表》。《东方朔传》：昭平君醉杀主傅。《注》引如淳曰：“礼有傅姆。说者又曰：傅者，老大夫也。汉使中行说傅翁主也。”又说引汉事以证古义，足见其事之未绝。《公羊》僖公十年云：“卓子者，骊姬之子也，荀息傅焉。”又云：“申生者，里克傅之。”成公十五年云：“叔仲惠伯，傅子赤者也。”《文王世子》云：“立大傅、少傅以养之。大傅在前，少傅在后。入则有保，出则有师。”然则师不共处于燕息之时，保不相随于动作之际，惟傅则出入常偕。故其祸福之相关，亦最切也。

《内则》云：“国君世子生，卜士之妻，大夫之妾，使食子。”此即《公羊》昭公三十一年所谓“君幼，大夫之妾，士之妻，以子入养”者，所谓食母也。《内则》云：“大夫之子有食母，士之妻自养其子。”盖国君世子，食母之外，又有师、慈、保三母，大夫之子，徒有食母，士则并食母而无之，等级分明。然则君夫人有傅、保，亦固其所。《葛覃》之诗曰：“言告师氏。”则后夫人亦有师也。伯姬不待师者，师道之教训，非附随之保其身体者，故动不待之也。夫人出必与傅、母俱，而傅以男子为之，亦犹后世贵家女出，兼有男女仆从耳，其无足怪。

古周礼说，以大师、大傅、大保为三公，坐而论道。此乃误窃《考工记》“坐而论道，谓之王公”之文。其实彼言王者谓天子，公者谓诸侯，皆非谓人臣也。三大、三少，据《大戴记·保傅》，则东宫官耳。故《记》言“太子既冠成人”，则“免于保傅之严”也。然《大戴记》言天子亦有三公者，幼而师焉、傅焉、保焉，及长，犹以旧恩而不去侧，夫固事理所可有。抑三大、三少，实侍从之臣，不应太子有之，而天子无之也。然则夫人之有师、傅、保，亦不足怪。《大戴记》曰：三大，“三公之职也”；三少，“皆上大夫也”。则选老大夫为傅，选老大夫妻为母，于法正合。而曰男子不可为傅，古之媵，不亦兼有臣妾欤？又曰大夫妻当自处家，然则国君世子之三母，皆无家之妇人欤？

食母即乳母，见《内则》及《礼经·丧服》郑《注》。又《士昏礼注》曰：“姆，妇人年五十无子，出而不复嫁，能以妇道教人者，若今时乳母矣。”其实此正何君所谓老大夫妻，乃师保之伦，非食母也。《内则》曰：“食子者三年而出。”盖其职徒在食之，故子能食食则去，非如三母，日辅正其行而卫其身也。褚先生补《滑稽列传》曰：武帝少时，东武侯母常养帝。帝壮时，号之曰大乳母。曰养则非徒食之，然亦号曰乳母，盖人君养子之礼久废，虽太子亦徒有食母也。无怪郑玄之不辨三慈矣。

《礼经·丧服齐衰章》：“慈母如母。”“《传》曰：慈母者何也？《传》曰：妾之无子者，妾子之无母者，父命妾曰：女以为子。命子曰：女以为母。若是则生养之终其身，如母，死则丧之三年，如母，贵父之命也。”《注》曰：“此主谓大夫、士之妾，妾子之无母，父命为母子者。”《小功章》：“君子子为庶母慈己者。”“《传》曰：君子子者，贵人之子也。为庶母何以小功也？以慈己加也。”《注》引《内则》三母及大夫之子有食母。又曰：“其可者贱于诸母，谓傅、姆之属也。其不慈己，则缌可矣。不言师、保，慈母居中，服之可知也。”《曾子问》：“子游问曰：丧慈母如母，礼与？孔子曰：非礼也。古者男子外有傅，内有慈母，君命所使教子也，何服之有？昔者鲁昭公少丧其母，有慈母良。及其死也，公弗忍也，欲丧之。有司以闻曰：古之礼，慈母无服。今也君为之服，是逆古之礼而乱国法也。若终行之，则有司将书之以遗后世，无乃不可乎？公曰：古者天子练冠以燕居。公弗忍也，遂练冠以丧慈母。丧慈母，自鲁昭公始也。”《注》谓：“礼所云者，乃大夫以下父所使妾养妾子。”“子游意以为国君亦当然。”孔子“言无服，此指谓国君之子也”。鲁有司曰古之礼慈母无服，“据国君也”。《南史·儒林·司马筠传》载梁武帝之说，谓子游所问，是师、保之慈，非三年、小功之慈，“郑玄不辨三慈，混为训释”，“后人致谬，实此之由”，其说是也。《曾子问》此节，自“何服之有”以上，为孔子之言。“昔者鲁昭公”以下，别为一事，而记者类记之。《疏》谓孔子引昭公之事以答子游者，误也。昭公与孔子同时，丧慈母果始昭公，子游无缘不知其非礼而有待于问。子游之问，盖自为当时有丧师、保之慈者而发。昭公所丧，自为三年、小功之慈。郑《注》以昭公三十乃丧齐归，谓此非昭公，王肃《家语》遂臆改为孝公，作伪伎俩，真堪发噱。古人著述，轻事重言，记者之辞，诚未必不误，然《左氏》妄取《国语》，以为编年，又安见所言之必可信邪？梁武帝谓“三母义同师、保，师、保无服，故此慈亦无服。又此三母，非谓择取兄弟之母。若是兄弟之母，先有子者，则是长妾，长妾之礼，实有殊加，何容次妾生子，退成保母？又多兄弟之人，于义或可，若始生之子，便应三母俱阙邪？”其言殊为允当。亦足见何君选于老大夫、老大夫妻之说之确也。《丧服小记》曰：“为慈母后者，为庶母可也，为庶祖母可也。”此亦丧服三年之慈。择及庶祖母，则其年之长可知。盖古于教养之责，必付诸老成者，内外皆然也。亦选于老大夫、老大夫妻之一旁证也。

《左氏》说宋伯姬事曰：“宋伯姬卒，待姆也。君子谓宋共姬女而不妇。女待人，妇义事者也。”亦可见女子之傅、母，即男子保、傅之伦。女待人，妇义事，犹言成人则免于保、傅之严耳。《列女·母仪·鲁季敬姜传》曰：“仲尼曰：女知莫如妇，男知莫如夫。”亦此义。

《左氏》哀公二十三年，“宋景曹卒。季康子使冉有吊，且送葬。曰：以肥之得备弥甥也，有不腆先人之产马，使求荐诸夫人之宰，其可以称旌繁乎？”此夫人之宰，亦必男子为之。

（八七）以夷隶守王门

《周官》师氏，“凡国之贵游子弟学焉”。《注》曰：“游，无官司者。”盖古使年长者任政，年少者执兵也。师氏之职，“凡祭祀、宾客、会同、丧纪、军旅，王举则从。听治亦如之。使其属帅四夷之隶，各以其兵、服守王之门外，且跸。朝在野外，则守内列。”此实王最切近之护兵，而以四夷之隶充之者，古同族人不甚肯相残，夷隶则于吾族之人无所爱，且除豢养之者无所依，故肯为之致死。执其兵，服其服，已足震慑本族人矣。此暴君之所以喜用之欤，可以觇世变矣！

汉司隶校尉，《汉书·百官公卿表》曰“周官”。此后来之说，武帝时《周官》未行，未必有取焉也。然亦必有所承，疑以徒隶压伏良人，春秋、战国时，各国多有此习。

（八八）车服

《坊记》曰："君不与同姓同车，与异姓同车不同服。"《韩非子·外储说右下》亦云。案《左氏》定公五年曰："(楚昭)王之在随也，子西为王舆服，以保路，国于脾泄。闻王所在，而后从王。"此车服不可混淆之一证也。此习盖原于行军校猎之际。师之耳目，在于旗鼓，车服等亦犹之旗鼓也。乾时之战，"秦子、梁子以公旗辟于下道，是以皆止。"庄公九年。荧泽之战，"卫侯不去其旗，是以甚败"。闵公二年。邲之战，"王见右广，将从之乘。屈荡户之，曰：君以此始，亦必以终"。宣公十二年。鄢陵之战："郤至三遇楚子之卒，见楚子必下，免胄而趋风。楚子使工尹襄问之以弓，曰：方事之殷也，有韎韦之跗注，君子也。识见不谷而趋，无乃伤乎？"成公十六年，郤至见客，免胄承命。案哀公十六年，楚白公之乱，"叶公亦至，及北门。或遇之，曰：君胡不胄？国人望君，如望慈父母焉。盗贼之矢若伤君，是绝民望也。若之何不胄？乃胄而进。又遇一人曰：君胡胄？国人望君，如望岁焉。日日以几，若见君面，是得艾也，民知不死，其亦夫有奋心，犹将旌君以徇于国；而又掩面以绝民望，不亦甚乎？乃免胄而进。"胄者面不可见，此亦军行时惟以车服等为别之故也。旌君以徇于国，与郑庄伐许，颍考叔取蝥弧以先登意同，见隐公十一年。皆是物也。古一姓之兴，必易服色，殊徽号，亦以此。

（八九）篡立者诸侯既与之会则不复讨

《左氏》宣公元年："会于平州，以定公位。"杜《注》云："篡立者，诸侯既与之会，则不得复讨。臣子杀之，与弑君同。故公与齐会而位定。"成公十六年："曹人请于晋曰：自我先君宣公即世，国人曰：若之何忧犹未弭，而又讨我寡君？以亡曹国社稷之镇公子，是大泯曹也。先君无乃有罪乎？若有罪，则君列诸会矣。君惟不遗德刑，以伯诸侯，岂独遗诸敝邑？敢私布之。"《注》云："诸侯虽有篡弑之罪，侯伯已与之会，则不复讨。前年会于戚，曹伯在列，盟毕乃执之；故曹人以为无罪。"《疏》云："春秋之世，王政不行，赏罚之柄，不在天子。弑君取国，为罪虽大，若已列于诸侯会者，则不复讨也。其有臣子杀之，即与弑君无异，未必礼法当然，要其时俗如是。"见隐四年卫人杀州吁于濮。一似当时列国之间，有共认之法者，其实不然也。襄仲之杀恶及视而立宣公，本得请于齐而后为之。齐大且近，故鲁人不能讨。至晋之于曹，则身为伯主，列诸会而又讨之，近于狐埋狐搰，故曹人以为言。若会曹者为他国，未必能引为口实也。卫州吁欲求宠于诸侯，以和其民，使请伐郑于宋。杜《注》亦云："诸篡立者，诸侯既与之会，则不复讨，故欲求此宠。"然是役也，宋既以欲除公子冯而许之矣。陈、蔡方睦于卫，故有宋公、陈侯、蔡人、卫人伐郑之举。"秋，诸侯复伐郑。宋公使来乞师，公辞之。羽父请以师会之，公弗许，固请而行。"则是时近卫之国，既皆附和之矣。使求宠于诸侯而果可以定其位如鲁宣公者，州吁其将遂成。而《左氏》又云："州吁未能和其民，厚问定君于石子，石子曰：王觐为可。曰：何以得觐？曰：陈桓公方有宠于王，陈、卫方睦，若朝陈使请，必可得也。厚从州吁如陈。石碏使告于陈曰：卫国褊小，老夫耄矣，无能为也。此二人者，实弑寡君，敢即图之。陈人执之，而请莅于卫。"二人遂皆见杀。然则以号称方睦、搂之以伐郑之国，旋即从其大夫之请而讨之，所谓与之会则不复讨者安在？《左氏》又载众仲之言曰："夫州吁，阻兵而安忍。弑其君而虐用其民，不务令德，而欲以乱成。"则所谓求宠于诸侯者，特欲藉与国之众多，以立威于国内耳。阻兵者负实力，求宠者炫虚声，所谓以和其民者，乃正欲免国内之讨，而岂所惧于诸侯也？故杜氏之说，不徒非《春秋》之义，古代列国之礼法；抑并非当时之俗，《左氏》之意也。

石碏谓"王觐为可"，而石厚问"何以得觐"，似篡弑之徒，得他国之承认颇难者。然昭公二十年："齐侯使公孙青聘于卫。既出，闻卫乱，使请所聘。公曰：犹在竟内，则卫君也。乃将事焉。"则失国之君，为诸侯所不认；而篡国者为其所认，亦极易事耳。要之篡弑之徒，除非国中之臣子力能讨之，或国外之诸侯力能征之，否则晏然窃据其位者多矣。诸侯既不能讨之，岂能终不与之交涉？所谓列于会而后定，一若列国间有公法存焉者，固子虚乌有之谈也。

（九〇）释"兴灭国，继绝世"

兴灭国，继绝世，此古贵族相扶持相救恤之道也。古之人有行之者：子越椒之亡也，箴尹克黄使于齐，归复命，而自拘于司败。楚庄王曰："子文无后，何以劝善？使复其所，改命曰生。"《左氏》宣公四年。其后平王杀斗成，然灭养氏之族，亦使斗辛居郧。《左氏》昭公十四年。卫人讨宁氏之党，石恶出奔晋，卫人立其从子圃以守石氏之祀，《左氏》曰礼也。《左氏》襄公二十八年。此皆行诸国内者也。其行诸国外者：楚庄王县陈，以申叔时之言而复之。《左氏》宣公十一年。其后灵王灭陈、蔡，又迁许、胡、沈、道、房、申，平王即位，亦皆复之。《左氏》昭公十三年。王又使然丹诱杀戎蛮子嘉，遂取蛮氏，既而复立其子。昭公十六年。晋之灭偪阳，亦使周内史选其族嗣，纳诸霍人。襄公十年。虽鲁僖公犹能伐邾取须句而反其君，僖公二十二年。而齐桓公存三亡国，以属诸侯，《左氏》僖公十九年。宋司马子鱼之言。不必论矣。《乐记》：孔子告宾牟贾称牧野之语曰："武王克殷反商，未及下车，而封黄帝之后于蓟，封帝尧之后于祝，帝舜之后于陈；下车而封夏后氏之后于杞，投殷之后于宋。"古之人之所称美者，固专在于是。《管子·霸言》："夫明王之为天下正理也，按强助弱，圉暴止贪，存亡定危，继绝世。此天下之所载也，诸侯之所与也，百姓之所利也，是故天下王之。"盖治人者，不能食力，恒藉庶民输租税以养之。亡国败家，则生无以为养，而祭祀不能备礼，故子文泣言"鬼犹求食，若敖氏之鬼，不其馁而！"《左氏》宣公四年。纪季以酅入于齐，请复五庙以存姑姊妹。《公羊》庄公三年。而臧武仲之以防求为后于鲁，曰"纥之罪不及不祀"也。《左氏》襄公二十三年。夫兴灭国，继绝世，非甚难之事也。虽强暴之国，犹有能行之者。《史记·秦本纪》：庄襄王元年，"东周君与诸侯谋秦，秦使相国吕不韦诛之，尽入其国。秦不绝其祀，以阳人地赐周君，奉其祭祀。"周在是时，久夷于列国矣，无所谓共主也。孟子曰："三代之得天下也以仁，其失天下也以不仁。"是时周虽尚存，特列国之一耳，久不能号令天下，即不能谓之王矣。古之所谓国者，与后世不同。后世所谓国，乃一国之民共食息生长之地，古者则君若贵戚，据其土，奴其民，强其出租税以奉己者尔。亡国败家，在衣租食税者，则流离失所，人民固无与也。然则视灭国为不义者，亦谓夺人之土地人民，使其生无以为养，而祭祀亦不能备礼耳。若秦之于周，齐之于纪，其于贵族相扶持相救恤之道，未有亏也。然而其事有难言者，盖夺人之国、灭人之家，真由伐罪吊民者少，其实皆利其土地人民耳。既利其土地人民，而仍以封其族嗣，或以与吾有功之人，《左氏》襄公十年："晋荀偃、士匄请伐偪阳，而封宋向戌焉。偪阳既灭，以与向戌。向戌辞曰：君若犹辱镇抚宋国，而以偪阳光启寡君，群臣安矣，其何既如之？若专赐臣，是臣兴诸侯以自封也，其何罪大焉？敢以死请。乃予宋公。"盖君臣之间，亦不能无争夺矣。争城争地者何利焉？故兴灭继绝之事，虽若史不绝书，实则其事殊罕，是以传为美谈。而其所兴所继者，亦终不可以久也，此封建之所由废也。

次于兴灭继绝而为贵族间相扶持相救恤之义者，则为不臣寓公。《礼记·郊特牲》曰："诸侯不臣寓公，故古者寓公不继世。"《公羊》桓公七年："夏，谷伯绥来朝，邓侯吾离来朝，皆何以名？失地之君也。其称侯朝何？贵者无后，待之以初也。"《谷梁》义同。何君云："谷、邓本与鲁同，贵为诸侯；今失爵亡土，来朝托寄也，义不可卑；故明当待之如初，所谓故旧不遗，则民不偷。无后者，施于所奔国也。独妻得配夫，衣食于公家，子孙当受田而耕故云尔。"春秋之时，弑君三十六，亡国五十二，诸侯奔走不得保其社稷者，不可胜数。欲一一锡之土田，势不可得，故禄之，尊礼之止于其身也。然而并此亦有不可得者，宋昭公之将见杀也，荡意诸曰："盍适诸侯。"公曰："且既为人君，而又为人臣，不如死。"《左氏》文公十六年。楚灵王之辱于乾溪也，右尹子革曰："若亡于诸侯，以听大国之图君也。"王曰："大福不再，只取辱焉。"昭公十三年。则当时诸侯能以寓公之礼待失地之君者，盖少矣。甚至有不能存其身，鲁之于子纠者，《谷梁》庄公二十九年："九月，齐人取子纠，杀之。外不言取，言取，病内也。取，易辞也，犹曰取其子纠而杀之云尔。十室之邑，可以逃难；百室之邑，可以隐死；以千乘之鲁，而不能存子纠，以公为病矣。"此贵族之所以日夷为皂隶也。

《孟子》："万章曰：士之不托诸侯，何也？孟子曰：不敢也。诸侯失国而后托于诸侯，礼也；士之托于诸侯，非礼也。万章曰：君馈之粟，则受之乎？曰：受之。受之，何义也？曰：君之于氓也，固周之。曰：周之则受，赐之则不受，何也？曰：不敢也。曰：敢问其不敢，何也？曰？抱关击柝者，皆有常职以食于上；无常职而赐于上者，以为不恭也。"《万章下》。又，"陈子曰：古之君子，何如则仕？孟子曰：所就三，所去三。迎之致敬以有礼，言将行其言也，则就之；礼貌未衰，言弗行也，则去之。其次，虽未行其言也，迎之致敬以有礼，则就之；礼貌衰，则去之。其下，朝不食，夕不食，饥饿不能出门户，君闻之曰：吾大者不能行其道，又不能从其言也，使饥饿于我土地，吾耻之。周之，亦可受也，免死而已矣。"《告子下》。观此知穷而可以寄食于人者，惟诸侯、大夫为然，士则非任事无以得食，故曰：兴灭继绝，不臣寓公，皆古者贵族相扶持相救恤之道也。古贵族失守封土，亦有托于大夫者。如子鲜托于木门是也，见《左氏》襄公二十七年。

古之所谓亡国者与后世异。后世所谓亡国，指丧其主权言之；古则专指有国之君能否奉其祭祀，故苟有片土焉以畀之，则虽尽丧其主权，自古人言之，犹可谓之不亡也。《尚书大传》曰："古者诸侯始受封，则有宷地，百里诸侯以三十里，七十里诸侯以二十里，五十里诸侯以十五里。其后子孙虽有罪黜，其宷地不黜，使其子孙贤者守之，世世以祠其始受封之人，此之谓兴灭国继绝世。"盖自君国子民之义言之，周至于尽入其国，秦亦既荡焉无存矣。然自奉其祭祀之义言之，则有阳人一邑，犹不可谓之灭亡，故曰秦之所为，于兴灭国继绝世之义无亏也。许、胡、沈、道、房、申在楚灵王时，其地已尽为楚所夺，然不曰亡而曰迁，以其祭祀未绝，故平王之复之，亦曰复而不曰封也。不宁惟是，昭公十八年，"楚左尹王子胜言于楚子曰：许于郑，仇敌也，而居楚地，以不礼于郑。晋郑方睦，郑若伐许，而晋助之，楚丧地矣。君盍迁许？冬，楚子使王子胜迁许于析实白羽"。然则许虽复国，仍居楚地，其去灵王时亦一间耳。哀公元年："楚子、陈侯、随侯、许男围蔡。"杜预《左氏注》曰："定六年郑灭许，此复见者，盖楚封之。"案此亦或如秦之于周，灭其国，仍赐之以宷地，不必其为复封也。

人臣出亡，亦有受封于他国者：如吴掩余、烛庸奔楚，楚子大封而定其徙是也。《左氏》昭公三十年。然其能得此于异国者，盖视亡国之君为尤寡。

晋人之灭虞也，执虞公及其大夫井伯以媵秦穆姬，而修虞祀，且归其职贡于王。《左氏》僖公五年。此则徒徼福于鬼神，免天子之诛责，而失兴灭继绝之义矣。

（九一）古者君臣之义上

古者君臣之义，盖尝数变矣。其初也，君之于其臣，犹赁庸而使之也。《礼记·表记》曰："子言之：事君先资其言，拜自献其身，以成其信。是故君有责于其臣，臣有死于其言。故其受禄不诬，其受罪益寡。"又曰："子曰：事君大言入则望大利，小言入则望小利，故君子不以小言受大禄，不以大言受小禄。"《燕义》曰："臣下竭力尽能以立功于国，君必报之以爵禄。"皆斤斤于功劳酬赏之间。而《少仪》曰："事君者，量而后入，不入而后量。凡乞假于人，为人从事者亦然。"更明以赁庸之道言之。盖所谓臣者，其初皆拔自贱族，王者不臣妻之父母，始封之君不臣诸父昆弟，天子不纯臣诸侯，诸侯不臣寓公，可见君权未张之时，所臣者实皆贱族。族人不敢以其戚戚君，已为后起之事矣。原不过乞假从事之流。其后关系日深，恩意周浃，一如家人；而君之与臣，又或意气相得，乃以父子、朋友之道，推而行之。至此，则赁庸之意稍变矣，然犹私而非公。又其后，君与臣，同以社稷为重，臣非复其君之私昵；君之畜臣，亦不以使令奔走，图己身之便安为事，而君臣之义，迥非其故矣。

古者群道未备，人与人之关系，限于亲族之中；其出于亲族之外者，乃亦以是推之。北族好畜义儿，而辽、金与中国和亲，不曰兄弟，则曰伯叔父，其故即由于此。臣之始，服役于君之家；其事君，当如子之事父，此理之自然者也。臣之受令于君，既犹乞假，自必斤斤于酬赏；然又有不敢私有其财之义，即由以父子之道推之。《坊记》："父母在，不敢有其身，不敢私其财也。故天子四海之内，无客礼，莫敢为主焉。故君适其臣，升自阼阶，即位于堂，示民不敢有其室也。"亦见《郊特牲》。《燕义》曰："君席阼阶之上，居主位也。"两两比况，最为明白。《内则》曰："子妇无私货，无私畜，无私器，不敢私假，不敢私与。妇或赐之饮食、衣服、布帛、佩帨、茝兰，则受而献诸舅姑。舅姑受之则喜，如新受赐。若反赐之，则辞，不得命，如更受赐，藏以待之。妇若有私亲兄弟，将与之，则必复请其故赐，而后与之。"《仪礼·聘礼》："君使宰赐使者币。"郑《注》即援是以为言，其说是也。《曲礼下》曰："大夫私行，出疆必请，反必有献。"又曰："士私行，出疆必请，反必告。"《疏》曰："出与大夫同，还与大夫异，士德劣，故不必有献。"此言殊含糊。《曲礼》又曰："士有献于国君，他日，君问之曰：安取彼？再拜稽首而后对。"《疏》曰："须问者，士卑德薄，嫌其无有也。"此即不必有献之故。盖即"妇或赐之，献诸舅姑"之义。"定公从季孙假马，孔子曰：君之于臣，有取无假。"《公羊》定公八年《解诂》。盖即子妇无私畜之义。《左氏》成公十七年：郤至曰："受君之禄，是以聚党；有党而争命，罪孰大焉？"襄公二十六年："孙林父以戚如晋。"《左氏》讥之曰："臣之禄，君实有之。义则进，否则奉身而退。专禄以周旋，戮也。"《论语·宪问》："子曰：臧武仲以防求为后于鲁，虽曰不要君，吾不信也。"皆自此义推之也，然而赁庸之本志荒矣。

朋友之间，所恶者，无信也。而君与臣之间，亦最贵信，即由以朋友之道推之也。荀息之对晋献公曰："使死者反生，生者不愧乎其言，则可谓信矣。"《公羊》美其不食言。《左氏》亦曰："君子曰：《诗》所谓白圭之玷，尚可磨也；斯言之玷，不可为也，荀息有焉。"僖公九年、十年。解扬之对楚庄王也，曰："君能制命为义，臣能承命为信，信载义而行之为利。义无二信，信无二命，受命以出，有死无霣，又可赂乎？臣之许君，以成命也；死而成命，臣之禄也。寡君有信臣，下臣获考，死又何求？"《左氏》宣公十五年。皆所谓贵信者也。荀息、解扬之于其君，亦犹羊角哀、左伯桃之于其友，刘孝标《广绝交论注》引《烈士传》。而程婴、公孙杵臼，则二者兼之者也。《史记·赵世家》。朋友之间，意气固有厚薄，君臣之间亦然，豫让国士众人之论是也。《史论·刺客列传》。"工尹商阳与陈弃疾追吴师，及之，斃一人。又及，又斃二人。止其御曰：朝不坐，燕不与，杀三人，亦足以反命矣。"《礼记·檀弓下》。亦豫让之志也。

人之秉彝，无时而或泯者也。战胜之族，初克战败之族，盖亦尝视之如土苴矣。观夏后氏用贡法，最可见之。其后彼此之关系稍深，则君与民之利害稍相同，驯至民所恃以生之社稷，君亦与为存亡焉。《曲礼》曰："国君去其国，止之曰：奈何去社稷也？大夫曰：奈何去宗庙也？士曰：奈何去坟墓也？"又曰："国君死社稷，大夫死众，士死制。"《礼运》亦曰："国有患，君死社稷谓之义，大夫死宗庙谓之变。"《公羊》曰："国灭，君死之，正也。"襄公六年。又庄公十三年《解诂》曰："诸侯死国不死邑。"盖二者久合为一体矣。人臣至此，亦不复以君之私暱自居。齐庄公之见弑也，晏子曰："君民者，岂以陵民？社稷是奉。臣君者，岂为其口实？社稷是养。故君为社稷死则死之，为社稷亡则亡之；若为己死而为己亡，非其私昵，谁敢任之？"《左氏》襄公二十五年。"卫献公出奔，反于卫，及郊，将班邑于从者而后入。柳庄曰：如皆守社稷，则孰执羁靮而从？如皆从，则孰守社稷？君反其国而有私也，毋乃不可乎？弗果班。"《檀弓下》。《左氏》僖公二十八年：宁武子监卫人，亦曰："不有居者，谁守社稷；不有行者，谁扞牧圉。""卫有太史曰柳庄，寝疾，公曰：若疾革，虽当祭必告。公再拜稽首请于尸曰：有臣柳庄也者，非寡人之臣，社稷之臣也。闻之死，请往。不释服而往，遂以襚之。"《檀弓下》。皆其言之最明白者也。孟子曰："有安社稷臣者，以安社稷为说者也。"《尽心上》。《少仪》曰："为人臣下者，有谏而无讪，有亡而无疾，颂而无谄，谏而无骄，怠则张而相之，废则埽而更之，谓之社稷之役。"与夫便嬖使令，固不可同年而语矣。

《说文·臤部》："臤，坚也。从又，臣声。"此与坚，实即一字。《石部》："硻，余坚也。从石，坚省声。”亦即从臣声也。硻，古文作硁，段懋堂曰：“《论语》曰：鄙哉硁硁乎。又云：硻硻然小人哉。其字皆当作硻。”案亦可作臤也。此可见臣字之初，有小与坚之义。小者，臣之始，本不过便嬖使令之流；坚则当守信之谓也。磬与硁，初为一字，后乃分别，以磬为乐器之名，硁状其声，观《乐记》“石声磬”，《史记·乐书》作硁，可见。

臣道始于赁庸，至后世，其遗迹仍有可见者。孟子曰：“仕非为贫也，而有时乎为贫。”又曰：“辞尊居卑，辞富居贫，恶乎宜乎？抱关击柝。”又曰：“抱关击柝者，皆有常职以食于上，无常职而食于上者，以为不恭也。”万章曰：“君馈之粟则受之乎？”曰：“受之。”“受之何义也？”曰：“君之于氓也，固周之。”以上皆见《万章下》。陈子曰：“古之君子，何如则仕？”孟子曰：“所就三，所去三。迎之致敬以有礼，言将行其言也，则就之；礼貌未衰，言弗行也，则去之。其次，虽未行其言也，迎之致敬以有礼，则就之；礼貌衰，则去之。其下，朝不食，夕不食，饥饿不能出门户。君闻之，曰：吾大者不能行其道，又不能从其言也，使饥饿于我土地，吾耻之。周之，亦可受也，免死而已矣。”《告子下》。皆以君当畜臣，臣不可无事而食为言。彭更曰：“士无事而食，不可也。”《滕文公下》。公孙丑曰：“诗曰：不素餐兮，君子之不耕而食，何也？”王子垫问曰：“士何事？”《尽心上》。亦皆以无事而食为疑者，犹夫《表记》《燕义》《少仪》诸篇之言也。

（九二）古者君臣之义下

臣能守信，善矣；然徒知守信，而不论其事之是非，则亦不足为训。里克之将杀奚齐也，谓荀息曰：“君杀正而立不正，废长而立幼，如之何？”荀息无以对也。徒曰：“君尝讯臣矣，臣对曰：使死者反生，生者不愧乎其言，则可谓信矣。”《公羊》僖公十年。即徒知守信，而不问其义不义者也。《左氏》僖公九年：荀息曰：“吾与先君言矣，不可以贰。能欲复言，而爱身乎？”使荀息当日，毅然守正，而不从其君之逆命，晋国岂比数世乱哉？乃若里克，亦徒以尝为申生傅，而为之报仇而已，非能知居正之义也。《左氏》：僖公九年：荀息曰：“人之欲善，谁不如我？我欲无贰，而能谓人已乎？”可见荀息、里克正是一流人物。人人各徇其私，则忠信也而愈乱。“此非礼之礼，非义之义”，大人所以弗为也。《孟子·离娄下》。《左氏》宣公二年：晋灵公使鉏麑贼赵宣子，“晨往，寝门辟矣。盛服将朝，尚早，坐而假寐。麑退，叹而言曰：不忘恭敬，民之主也。贼民之主，不忠；弃君之命，不信；有一于此，不如死也。触槐而死。”此亦小忠小信，所谓“非礼之礼，非义之义”者也。《檀弓下》：“齐大饥，黔敖为食于路，以待饿者而食之。有饿者蒙袂辑屦，贸贸然来。黔敖左奉食，右执饮，曰：嗟来食。扬其目而视之，曰：予惟不食嗟来之食，以至于斯也。从而谢焉，终不食而死。曾子闻之曰：微与？其嗟也可去，其谢也可食。”圣贤之处生死之间，自与一节之士不同矣。故曰：“可以死，可以无死，死伤勇。”

晋惠公之卒也，“怀公命无从亡人。狐突之子毛及偃从重耳在秦，弗召。冬怀公执狐突，曰：子来则免。对曰：子之能仕，父教之忠，古之制也。策名委质，贰乃辟也。今臣之子，名在重耳，有年数矣，若又召之，教之贰也。父教子贰，何以事君？”《左氏》僖公二十三年。徒知贰之为戮，而不计所忠之当否？亦犹夫荀息之志也。

且如季氏之当去，凡为鲁人，谁不知之？乃南蒯之谋去季氏也，其乡人讥其家臣而君图。《左氏》昭公十二年。其后事败奔齐。子韩皙又谓其以“家臣而欲张公室，罪莫大焉”。昭公十四年。其背公党私如此，此定于一尊之义，所由不可不亟讲与？

阳虎之欲杀季孙也，临南为御，谓临南曰：“以季氏之世世有子，子可以不免我死乎？”临南许诺，乃以季孙如孟氏，《公羊》定公八年。此感于季氏之世世有之，非知阳虎欲弑季孙之为不义也。使其世世豢于阳虎，则亦将为之成济矣。人人效其小信，而不知大义，此世事之所以纷纭也。

白公之缢也，其徒微之。生拘石乞而问焉，对曰：“余知其死所，而长者使余勿言。”曰：“不言将烹。”对曰：“此事也，克则为卿，不克则烹，固其所也。”乃烹石乞。《左氏》哀公十六年。石乞可谓信矣。然而楚之乱，石乞之徒为之也。

战国时有肥义者，其为人，犹之春秋时之荀息也。汉初有贯高者，其为人，犹之春秋时之石乞也。周昌力争毋废太子。其后使为赵王傅。吕后召王，昌尝弗遣。及王死，昌谢病不朝。其为人，亦里克、荀息之流也。

岂惟国内，《杂记》曰：“内乱不与焉，外患勿辟也。”《公羊》亦曰：“君子辟内难而不辟外难。”庄公二十七年。列国之所以多战事，亦商君所谓“勇于公战”者为之也。以大一统之义言之，则亦孟子所谓“善战者服上刑”而已。《离娄上》。

《表记》:“子曰:事君可贵可贱,可富可贫,可生可杀,而不可使为乱。子曰:事君军旅不辟难,朝廷不辞贱。处其位而不履其事,则乱也。故君使其臣,得志则慎虑而从之;否则孰虑而从之。终事而退,臣之厚也。《易》曰:不事王侯,高尚其事。”《注》曰:“使,谓使之聘问、师役之属也。终事而退,非己志者,事成则去也。”此说非也。事成乃去,则不义之事已遂矣,乱矣。“小邾射以句绎来奔,曰:使季路要我,吾无盟矣。使子路。子路辞。季康子使冉有谓之曰:千乘之国,不信其盟,而信子之言,子何辱焉?对曰:鲁有事于小邾,不敢问故,死其城下可也。彼不臣而济其言,是义之也。由弗能。”《左氏》哀公十四年。“鲁欲使慎子为将军,孟子曰:一战胜齐,遂有南阳,然且不可。徒取诸彼以与此,然且仁者不为,况于杀人以求之乎?君子之事君也,务引其君以当道,志于仁而已。”《告子下》。此岂聘问师役之不义者,可以强使之哉?《表记》曰:“唯天子,受命于天,士受命于君。故君命顺,则臣有顺命;君命逆,则臣有逆命。”《荀子·臣道》曰:“从命而利君谓之顺,从命而不利君谓之谄;逆命而利君谓之忠,逆命而不利君谓之篡。不恤君之荣辱,不恤国之臧否,偷合苟容,以持禄养,交而已耳,谓之国贼,君有过谋过事,将危国家,殒社稷之惧也,大臣父兄有能进言于君,用则可,不用则去,谓之谏。有能进言于君,用则可,不用则死,谓之争。有能比知同力,率群臣百吏,而相与强君挢君;君虽不安,不能不听,遂以解国之大患,除国之大害,成于尊君安国,谓之辅。有能抗君之命,窃君之重,反君之事,以安国之危,除君之辱,功伐足以成国之大利,谓之拂。故谏,争,辅,拂之人,社稷之臣也,国君之宝也,明君所尊厚也,而闇主惑君,以为己贼也。伊尹、箕子,可谓谏矣;比干、子胥,可谓争矣;平原君之于赵,可谓辅矣;信陵君之于魏,可谓拂矣。传曰:从道不从君,此之谓也。”夫知从道不从君,而闇主惑君之获行其志者寡矣,而人民利,社稷安矣。然徒为一国之社稷计,犹非道之至者也。《公羊》庄公二十四年《解诂》曰:“不从得去者,所以申贤者之志,孤恶君也。”夫恶君孤,则其亡也速矣。此与无德欲速亡之义何以异?见《吕览·长利》。岂不廓然而大公也哉?何君谓此为孔子所谓“以道事君”者,其信然与?“所谓大臣者,以道事君,不可则止”,见《论语·先进》。

《荀子·臣道》又曰:“事暴君者,有补削,无挢拂。迫胁于乱时,穷居于暴国,而无所避之,则崇其美,扬其善,违其恶,隐其败。言其所长,不称其所短。”此非为持禄养交计也,所以全贤者之躯也。贤者之生也,非为一人,抑非为一国，所以为天下生民也。不忍一时之悻悻，以亡其身，不亦寡虑矣乎？《史记·宋微子世家》述殷太师之言曰："今诚得治国，国治身死不恨。为死终不得治，不如去。遂亡。"《管子·宙合》曰："贤人之处乱世也，知道之不可行，则沉抑以辟罚，静默以侔免，非为畏死而不忠也。夫强言以为僇，而功泽不加。进伤为人君严之义，退害为人臣者之生，其为不利弥甚。故退身不舍端，修业不息版，以待清明，故微子不与于纣之难。"与《史记》之言，若合符节。案《微子世家》述微子、箕子、比干三人之事，而《论赞》引《论语》殷有三仁之文，盖本儒家口说。其述太师之言，殆亦尚书家传微子之意邪？《管子》此篇，其为儒家口说无疑也。然则《左氏》讥泄冶，"民之多辟，无自立辟"，宣公九年。亦不必非孔子之言矣。

卫宁喜之将纳献公也，使人谓献公，献公曰："子苟纳我，吾请与子盟。"喜曰："无所用盟，请使公子鱄约之。"献公谓公子鱄。公子鱄辞。献公怒曰："黜我者非宁氏与孙氏，凡在尔。"公子鱄不得已而与之约。已约，归至，杀宁喜。公子鱄挈其妻子而去之，将济于河，携其妻子而与之盟，曰："苟有履卫地食卫粟者，昧雉彼视。"《公羊》襄公二十七年。此事与小邾射不信鲁国之盟，而信季路之要颇相类。季路不从康子，而公子鱄见迫于献公，则其事殊也。鱄之深绝献公，不可谓不合于义。《解诂》责其"守小信而忘大义，拘小介而失大忠"，似失之刻。

（九三）君臣朋友

《假乐》之诗曰："之纲之纪，燕及朋友。"《毛传》曰："朋友，群臣也。"此古义也。《史记·廉颇蔺相如列传》：赵宦者令缪贤曰："臣尝从大王与燕王会境上，燕王私握臣手，曰：愿结友。"至战国末造，以燕之僻陋，而犹知此义。可见《孟子》所言孟献子、鲁缪公、晋平公之事，必非虚语矣。见《万章》下。

《唐书·吐蕃列传》："其君臣自为友，五六人曰共命。"秦穆公之于三良也，饮酒乐。公曰：生共此乐，死共此哀。三良许诺。公薨，遂皆自杀以殉。此所谓共命者也。可见古时中国之风俗，与四夷相类者颇多。

《曲礼》曰："父母存，不许友以死。"则许友以死者多矣。服虔注《左氏》云："古者始仕，必先书其名于策，委死之质于君，然后为臣，示必死节于其君也。"《史记·仲尼弟子列传索隐》引。此亦许友以死之类也。古人有罪不逃刑，此乃许君以死，而又守信，使之然也。如晋之庆郑是。事见《左氏》僖公十五年。子游曰："事君数，斯辱矣。朋友数，斯疏矣。"《论语·里仁》。左儒曰："君道友逆，则顺君以诛友。友道君逆，则率友以违君。"《说苑·立节》。皆以君臣与朋友并言。然则若杜蒉之于晋平公者，亦朋友责善之道地。见《礼记·檀弓》下。《左氏》作屠蒯。见昭公九年。

《檀弓》云："鲁人有周丰也者，哀公执挚请见之，而曰：不可。公曰：我其已夫！使人问焉。"《士相见礼疏》曰：执挚者，或平敌，或以卑见尊。尊无执挚见卑之法；哀公执挚见己臣，谓下贤，非正法也。案此亦以朋友之道行之也，而周丰曰不可，可见孟子谓鲁缪公见子思，问千乘之国以友士，而子思不悦，非虚语矣。亦见《万章》下。而哀公犹不肯已，而使人问焉，此亦足见哀公之下贤。尝谓春秋时，与强臣不协者多贤君。而史记之多不美之辞者，乃强臣訾毁之辞，非实录也。如鲁昭公如晋，自郊劳至于赠贿，无失礼。见《左氏》昭公五年。此岂年十九犹有童心，比葬易哀者之所能乎？襄公三十一年。其取于同姓，安知其非欲结强援，以除季氏也。且如晋平公，亦贤君也。观其于杜蒉、亥唐之争，不贤而能之乎？溴梁之盟，在于平公之世，亦会公室将卑尔，而岂平公之过哉？

曰：中心好之，欲饮食之，朋友之道也。《燕礼》所陈是也。《杂记》曰："卿大夫疾，君问之无算；士壹问之。君与卿大夫，比葬不食肉，比卒哭不举乐；为士，比殡不举乐。"《丧大记》曰："君于大夫疾，三问之。"《荀子·大略》亦曰："君于大夫，三问其疾，三临其丧；于士，一问一临。"此言无算者，三但言其多耳，非必限之以三也。此亦后世之所能也。

朋友戒亵狎，君臣亦然，故曰："诸侯非问疾吊丧而入诸臣之家，是谓君臣为谑。"《礼记·礼运》。又《荀子·大略》："诸侯非问疾吊丧不之臣之家。"

（九四）朋友之道

人之相结也，志或存于相利，是商贾之行也，君子羞之矣。然生死之交，其始之相结也，或未始不由于相利，此犹终成高世之行者，其入德之始，或亦由好名使然，故行之方始者，未易测其所终；而君子之设科也，往者不追，来者不拒，以是心至，罔不受之，所谓有教无类也。《论语·颜渊》："司马牛忧曰：人皆有兄弟，我独无。子夏曰：君子敬而无失，与人恭而有礼，四海之内，皆兄弟也；君子何患乎无兄弟也？"《子路》："樊迟问仁。子曰：居处恭，执事敬，与人忠。虽之夷狄，不可弃也。"《卫灵公》："子张问行。子曰：言忠信，行笃敬。虽蛮貊之邦，行矣；言不忠信，行不笃敬，虽州里，行乎哉？"《大戴记·曾子制言上》："曾子门弟子或将之晋，曰：吾无知焉。曾子曰：何必然？往矣。有知焉谓之友，无知焉谓之主。且夫君子，执仁立志，先行后言，千里之外，皆为兄弟。苟是之不为，则虽汝亲，庸孰能亲汝乎？"此皆兢兢自靖，意非存于相利也。然又曰："人之相与也，譬如舟车然，相济达也。己先则援之，彼先则推之。是故人非人不济，马非马不走，土非土不高，水非水不流。"则明以相利为怀矣。由此观之，《礼记·儒行》言朋友之道，极之于"爵位相先，患难相死"，"久相待，远相至"，其始，亦未尝不由于游士之相结，如女之入宫者，相要以苟见接，毋相忘者也。人之意气相得，愿相为死，非可得之立谈之间，即无从期之订交之始；而性情特厚，惟求无愧于心，无负于人者，亦非可以旦夕遇之；恒人之相结，始未有不期于相利者。终或超出于利害生死之外，则其情皆由于驯致，犹之始以修名而立行者，终或至于独立不惧，遁世无闷也。孔子曰："端衣玄裳，冕而乘路者，志不在于食荤；斩衰简屦，杖而歠粥者，志不在于饮食。"《大戴记·哀公问》。饰虽在外，犹足以变易其中，况于躬行实践，始虽伪，有不徐致其情者乎？君子之接人也，惟勉其行之不饬，而不责其衷之不诚；其自律也，不敢谓心实无他，而不恤其行之有玷。自宋儒创诛心之论，乃不徒责人之行，而必深责其心。行诚不可不本于心，然过重存心，或反至略其制行；于是伪饰者得以依托，谨愿者或反见屏矣。教既不广，而其后之横决，转有不忍言者。夫高世之行，绝俗之心，道德之士，岂不当以之自勉？亦岂不可与人共勉？然而可与二三人共勉者，不必其可与千百人共勉。宋明之讲学者，聚徒至于千百，是当以接众人之道接之，而亦以接二三人之道接之，此所以教似广而无其实，而终且至于横决也。

《论语·颜渊》：樊迟问辨惑。子曰："一朝之忿，忘其身以及其亲，非惑与？"此与《孟子·尽心下》篇所谓"杀人之父，人亦杀其父；杀人之兄，人亦杀其兄；然则非自杀之也一间耳"之言同。以古重复仇，故以利害动之也。圣贤之言，不皆自出，亦多因袭成说。谚语流传，原不过如此耳。

所知与朋友不同。古言所知，犹今言相识耳。《礼记·檀弓》曰：“师，吾哭诸寝；朋友，吾哭诸寝门之外；所知，吾哭诸野。”厚薄显然不同。而曾子谓“有知焉谓之友”，则以待朋友之道待所知矣。厚人以求自亲，所谓所求乎朋友先施之，抑亦行过乎恭之意也。《王制》七政，以宾客与朋友并列，二者亦显非一伦。《论语·乡党》曰：“朋友死，无所归，曰于我殡。”而《檀弓》曰：“宾客至,无所馆,夫子曰:生于我乎馆,死于我乎殡。”是亦以待朋友之道待宾客矣。古盖自有此俗，故异邦羁旅之士，可先施以求之于人也。

（九五）春秋立君之法

立君之法，莫严于《公羊》。《左氏》襄公三十一年，穆叔曰：“大子死，有母弟则立之，无则长立，年钧择贤，义钧则卜，古之道也。”昭公二十六年，王子朝告诸侯曰：“昔先王之命曰：王后无適，则择立长，年钧以德，德钧以卜；王不立爱，公卿无私，古之制也。”此所谓古，皆指周之先世言之。案古代君位传授，盖有三法。孔子曰：“唐虞禅，夏后、殷、周继，其义一也。”《孟子·万章上》。是“禅”与“继”为相对之称。然《公羊》庄公三十二年，公子牙曰：“鲁一生一及。”《史记·鲁世家》作一继一及。《解诂》曰：“父死子继曰生，兄死弟继曰及。”是继之中，又“生”与“及”之别也。人情兄弟之爱，每不敌父子之亲，难保有宋太宗之事；又兄弟年或相近，幼者无登位之望，或不免于篡弑；故“生”之法优于“及”。同是生也，立適胜于立庶，以其易得外家之夹辅也。立长胜于立少，以君位早定，可无季康子之事，见《左氏》哀公三年。且长君利统率也。然年钧以德，仍不免于以意出入；德钧以卜，则更听诸不可知之数矣。《礼记·檀弓下》：“石骀仲卒，无適子，有庶子六人，卜所以为后者。”《左氏》昭公十三年：楚“共王无冢適，有宠子五人，无適立焉。乃大有事于群望，而祈曰：请神择于五人者。”定公元年：子家曰：“若立君，则有卿大夫士与守龟在。”知以卜定君位，古确有是事也。然迷信甚深之世，龟筮所示，庸或莫之敢违。至于“天道远，人道迩”，为众所著知，则龟筮之从，亦不足戢争夺之心矣。而异母之子，又可同时而生，争端究未尽泯也。《公羊》之法曰：“立適以长不以贤，立子以贵不以长。”何君《解诂》曰：“適，谓適夫人之子，尊无与敌，故以齿。子，谓左右媵及侄娣之子，位有贵贱，又防其同时而生，故以贵也。《礼》：

適夫人无子，立右媵；右媵无子，立左媵；左媵无子，立嫡侄娣；嫡侄娣无子，立右媵侄娣；右媵侄娣无子，立左媵侄娣。质家亲亲，先立娣；文家尊尊，先立侄。嫡子有孙而死，质家亲亲，先立弟；文家尊尊，先立孙。其双生也，质家据见，立先生；文家据本意，立后生；皆所以防爱争。”隐公元年。其立法可谓密矣。隐公四年：“卫人立晋。”《传》曰：“立者何？立者，不宜立也。其称人何？众立之之辞也。然则孰立之？石碏立之。石碏立之，则其称人何？众之所欲立也。众虽欲立之，其立之非也。”案《周官》小司寇有询立君之法。《左氏》僖公十五年，子金教郤缺：“朝国人，而以君命赏。且告之曰：孤虽归，辱社稷矣，其卜贰圉也。”昭公二十四年：“晋侯使士景伯莅问周政，士伯立于乾祭，而问于介众。”哀公二十六年，越人纳卫侯，文子致众而问焉。盖皆其事。石碏之立晋，度亦必有是举，故以众欲为辞。然而《春秋》非之者，以众之不足恃，时或与一二人等故也。然文公十八年：“莒弑其君庶其。”《传》曰：“其称国以弑何？称国以弑者，众弑君之辞。”《解诂》曰：“一人弑君，国中人人尽喜，故举国，以明失众当坐绝也。”则无不与之之辞矣。盖立君为众，隐公四年《解诂》。众立之而非者，以众不能知所当立；或虽知之，而不能自达其意也。至众所欲诛，庸亦有不当于理者；然君人者，本应审舆情以为举措；事虽善而拂于舆情者，亦宜先立信而后行之；一意孤行，本非君人之道。且上之肆虐久矣，违道而拂众者究多，得道而违众者究少，故宁顺舆情而绝之也，亦足见春秋立法之周矣。

（九六）臣之事君

《礼记·杂记下》：“内乱不与焉，外患弗辟也。”案《史记·吴太伯世家》：阖庐乘季札使晋，弑王僚而立。“季子至，曰：苟先君无废祀，民人无废主，社稷有奉，乃吾君也，吾敢谁怨乎？哀死事生，以待天命；非我生乱，立者从之；先人之道也。复命，哭僚墓，复位而待。”即《杂记》之所云也。阖庐之谋弑僚也，告专诸曰：“季子虽至，不吾废也。”盖当时君臣之间，义自如此，人人知之也。晋栾书、中行偃之执厉公也，召士匄，士匄辞；召韩厥，韩厥辞，曰：“昔吾畜于赵氏，孟姬之谗，吾能违兵。古人有言曰：杀老牛莫之敢尸，而况君乎？二三子不能事君，焉用厥也？”《左氏》成公十七年。古者臣之事君，不过如此，为己死而为己亡，非其亲昵，固莫之敢任矣。子思曰：“今之君子，进人若将加诸膝，退人若将队诸渊，毋为戎首，不亦善乎？”《礼记·檀弓下》。言虽为戎首，亦未大伤于义也。故孟子亦曰：“君之视臣如草芥，则臣视君如寇仇”也。《离娄下》。《左氏》宣公四年：郑子公欲弑灵公，谋于子家。子家曰：“畜老犹惮杀之，而况君乎？”其言与韩厥同，亦不悖义。及子公反谮子家，子家遂惧而从之，则非之死不变之操矣。故《左氏》载君子之言，讥其“仁而不武无能达”，明其初志固不悖于义也。

（九七）尊王与民贵之义相成

春秋有尊王之义，昧者辄与尊君并为一谈，疑其与民贵之义相背，此误也。君所治者皆国内之事；王所治者乃列国之君，不及其民也。故五官之长，九州之伯，于外曰公曰侯，于其国则皆曰君。《礼记·曲礼下》。何君《公羊解诂》，谓“王者诸侯皆称君”是也。隐公元年。君恶其虐民，列国则求其有共主，可以正其相侵。凡列国之内，臣弑其君，子弑其父，若虐民而无所忌惮者，亦宜有以威之。《左氏》襄公二十七年：“子罕曰：凡诸侯小国，晋、楚所以兵威之，畏而后上下慈和，慈和而后能安靖其国家，以事大国，所以存也。无威则骄，骄则乱生，乱生必灭，所以亡也。”此不尽虚辞，古时盖实有此等情形也。故尊王之义与民贵，殊不相背，且适相成也。

孔子曰：“天无二日，民无二王。”《礼记·曾子问、丧服四制》作土无二王。此特愿其如是，其实不必能如是也。大抵一方之中，有若干国归往之者，则称为王，春秋吴、楚皆称王，其先徐偃王亦尝称王以此，《史记·楚世家》曰：“熊渠甚得江汉间民和，乃兴兵伐庸、扬、粤至于鄂，熊渠曰：我蛮夷也，不与中国之号谥。乃立其长子康为句亶王，中子红为鄂王，少子执疵为越章王，皆在江上楚蛮之地。”此乃楚自王蛮夷，于中国指中原。无与，故中国初不过问。《史记》又云：“及周厉王之时暴虐，熊渠畏其伐楚，亦去其王。”熊渠三子皆为王，无反自称君之理。所谓去其王号者，非去三子之王号，盖自去其王号也。即谓不然，熊渠三子，固已并时称王矣，足征王非不可有二也。其后越灭于楚，《越世家》云：“诸族子争立，或为王，或为君，滨于江南海上，服朝于楚。”为王而仍可服朝于人，足见所谓王者，特为一方所归往，不必其尊无二上也。战国齐、魏尝相王，五国又尝相王以此。

《楚世家》又云："楚伐随。随曰：我无罪。楚曰：我蛮夷也，今诸侯皆为叛，相侵或相杀，我有敝甲，欲以观中国之政，请王室尊吾号。随人为之周，请尊楚。王室不听。还报，楚熊通怒，乃自立为武王，与随人盟而去……周召随侯，数以立楚为王。楚怒，以随背己，伐随。"武王之称王，随人盖诚以王事之，故周人数其罪。随盖又辞服于周，请不王楚，故楚又怒其背己也。《齐、晋世家》皆谓齐顷败于鞍，欲尊晋为王，而景公不敢。齐之于晋，盖欲以随奉楚者奉之。窃疑熊渠亦曾称王，以临中国诸侯，而史失载也。《田敬仲完世家》："击魏，大败之桂陵。于是齐最强，于诸侯，自称为王，以令天下。"云令天下侈辞，然战国时之小国，称王固犹足以令之也。

《谷梁》曰："黄池之会，吴子进乎哉，遂子矣！吴，夷狄之国也。祝发文身，欲因鲁之礼，因晋之权，而请冠端而袭。其借于成周，以尊天王，吴进矣！吴，东方之大国也，累累致小国以会诸侯，以合乎中国。吴能为之，则不臣乎？吴进矣！王，尊称也；子，卑称也；辞尊称而居卑称，以会乎诸侯，以尊天王。"哀公十三年。此言吴于是役，自去其王号，以尊周也。熊渠之去其王号，盖亦如此。与中国接时去王，其在蛮夷无妨仍称王号，犹越诸族子服朝于楚，犹王江南海上也。大抵自王其地者，必距其所服朝者甚远，而其所王，亦必为蛮夷；故北方之大国，未有敢自称王者也。

五国之相王也，赵武灵王独不肯，曰："无其实敢处其名乎？令国人谓己曰君。"《赵世家》。谦言无他国归往之者，独能自治其国也。卫嗣君独有濮阳，乃贬号曰君，《卫世家》。以此。《韩世家》：宣惠王十一年，"君号为王"。前此亦但自君其国而已。

为他国所归往者，临其所归往之国曰王，于其国则称君，名之因实而不同者，如是而已。公、侯、伯、子、男等皆美称，语其实则皆无以异也。春秋以前，天子称王，中国诸侯随其尊卑而有五等之号。战国时齐、魏诸国皆称王，服属之小国仍称公侯，其所封之大夫则徒称君，如孟尝君、望诸君之类是也。《卫世家》云，三晋强，卫如小侯属之。成侯时，卫更贬号曰侯。盖前此虽如小侯，犹袭公号；故史自声公以上皆称公，成侯以下乃改称侯也。嗣君更贬号曰君者，自比于田文、乐毅等也。《孟尝君列传》曰："齐襄王立，而孟尝君中立于诸侯，无所属。"则进而鲁、卫比矣。《乐毅列传》报燕惠王书曰："先王以为慊于志，故裂地而封之，使得比小国诸侯。"曰"比小国诸侯"，明犹未有侯称也。《赵世家》：烈侯六年，“魏、韩、赵皆相立为诸侯，追尊献子为献侯”。《田敬仲完世家》：“太公乃迁齐康公于海上。三年。康公十六年。太公与魏文侯会浊泽，求为诸侯。魏文侯乃使使言周天子及诸侯，周天子许之。康公之十九年，田和立为齐侯，列于周室。”知当时三晋与齐虽曰强大，即诸侯之称，犹不能自擅也。

列国之君，称公、侯、伯、子、男，临之者称王。至列国皆称王，则临乎其上者，不能不更有他称，乃采古有天下者之号，而称之曰帝，齐、秦为东西帝，辛垣衍欲令赵帝秦是也。秦始皇既并天下，诏丞相御史更名号。丞相御史等别上尊号为泰皇，弃战国时帝字弗用。始皇则去泰著皇，而仍用帝字焉。其实帝亦天下未一时之称。丞相等议，固明言昔者五帝，地方千里，其外侯服、夷服，诸侯或朝或否，天子不能制矣；始皇尽废封建，而仍袭战国时临于诸王之帝号，其实更之而未尽也。然言语尝取习熟，帝之名，盖战国时人久知之矣；皇则博士稽古所称，未必人人知之；始皇所以欲兼采帝字者以此。自此以后，遂以帝为君天下之称，而王为独王其国之号。赵高之弑二世也，召诸大臣公子曰：“秦故王国，始皇君天下，故称帝；今六国复自立，秦地益小，乃以空名为帝，不可；宜为王如故，便。”则此时之王，犹之昔日之君，此时之帝，犹之昔日之王矣。秦既灭，诸侯相王，皆为王，乃独以帝尊楚怀王。汉灭楚列爵二等，君天下者亦曰帝。

（九八）布衣死节

《史记·田单列传》曰：“燕之初入齐，闻画邑人王蠋贤，令军中曰：环画邑三十里无入。已而使人谓蠋曰：齐人多高子之义，吾以子为将，封子万家。蠋固谢。燕人曰：子不听，吾引三军而屠画邑。王蠋曰：忠臣不事二君，贞女不更二夫，齐王不听吾谏，故退而耕于野。国既破亡，吾不能存。今又劫之以兵，为君将，是助桀为暴也。与其生而无义，固不如烹。遂经其颈于树枝，自奋绝脰而死。齐亡，大夫闻之曰：王蠋布衣也，义不北面于燕，况在位食禄者乎？乃相聚，如莒求诸子，立为襄王。”案布衣本无死节之义，蠋所以必死者，以敌人劫之以为将。公山不狃曰：“君子违不适仇国。未臣而有伐之，奔命焉，死之可也。”《左氏》哀公八年。今蠋曰“齐王不听吾谏，故退而耕于野”，则固尝仕齐矣。以湣王之暴，故无旧君反服之义；然倒戈助敌，则已甚矣；况于所谓燕人者，自蠋视之，亦桀也；助桀为虐，其可乎？是为君为民，两有不可，所谓进退惟谷者也。而燕人顾劫之以屠画邑，则蠋安得而不死？孟子曰：可以死，可以毋死，死伤勇。宋明之末，乃有布衣之士，亦抗节以为高者。夫国破家亡，所得以恢复者，人民也。若人民皆自经于沟渎，则异族真得志矣，此不好学之蔽也。

忠臣不事二君，贞女不更二夫。在后世，几于人人能言之。其实此亦可明一义耳。士君子怀才抱道，欲拯斯民于水火，虽为伊尹之五就汤五就桀，固无所嫌，安得执此小谅乎？即以对君论，子思有"毋为戎首，不亦善乎"之谈。《礼记·檀弓下》。孟子有"寇仇何服之有"之论。《孟子·离娄下》。非礼之礼，非义之义，大人弗为，岂得执效忠于一姓之小谅哉？若乃胡虏既亡，犹有亡民族之大义，而甘为之效忠者，则直是之丧心病狂矣。女子之于其夫，亦何渠不如是。衣不暖，食不饱，鞭挞加于身，是寇仇也；寇仇也，虽为戎首，不亦宜乎，又何不更二夫之有？

（九九）民与政相关之切

左氏成公二年："新筑人仲叔于奚救孙桓子，桓子是以免。既，卫人赏之以邑，辞，请曲悬繁缨以朝。许之。仲尼闻之，曰：惜也，不如多与之邑。惟器与名，不可以假人，君之所司也。名以出信，信以守器，器以藏礼，礼以行义，义以生利，利以平民，政之大节也。若以假人，与人政也。政亡，则国家从之，弗可止也已。"邑之不惜，而曲悬繁缨是爱，自今人思之，殊不可解；然苟通观前后，则自知其言之切也。鲁昭公之将去季氏也，乐祁策之曰："鲁君必出。政在季氏三世矣，鲁君丧政四公矣，无民而能逞其志者，未之有也。"子家懿伯亦曰："舍民数世以求克，事不可必也。且政在焉，其难图也。"及难既作，平子请亡，弗许。子家子曰："君其许之。政自之出久矣，隐民多取食焉，为之徒者众矣，日入慝作，弗可知也。"昭公二十五年。此可见君与民相关之切，民与政相关之切也。民与政相关之切，何哉？晏子论齐之将为陈氏曰："齐旧四量：豆、区、釜、钟。四升为豆，各自其四，以登于釜。釜十则钟。陈氏三量，皆登一焉，钟乃大矣。以家量贷，而以公量收之。山木如市，弗加于山；鱼、盐、蜃、蛤，弗加于海；民参其力，二入于公，而衣食其一。公聚朽蠹，而三老冻馁。国之诸市，屦贱踊贵。民人痛疾，而或燠休之。其爱之如父母，而归之如流水，欲无获民，将焉辟之？”昭公三年。又曰：“陈氏虽无大德，而有施于民。豆、区、釜、钟之数，其取之公也薄；其施之民也厚。公厚敛焉，陈氏厚施焉，民归之矣，《诗》曰：虽无德与女，式歌且舞。陈氏之施，民歌舞之矣。后世若少惰，陈氏而不亡，则国其国也已。”昭公二十六年。盖古者利源皆总于上，而民多待施于上，故有篡夺之志者，恒借此以收民心。“公子商人骤施于国，而多聚士。尽其家，贷于公有司以继之。”文公十四年。“公子鲍礼于国人。宋饥，竭其粟而贷之。年自七十以上，无不馈诒也；时加羞珍异，国之材人，无不事也；亲自桓以下，无不恤也。”文公十六年。皆是物也。子产言陈之将亡也，曰：“政多门。”襄公三十年。多门则各有党与，君不得不弱，而大夫不得不傲矣。齐景公闻晏子之言曰：“是可若何？”对曰：“唯礼可以已之。在礼：家施不及国，民不迁，农不移，工贾不变，士不滥，官不滔，大夫不收公利。”昭公二十六年。孔子曰：“冕弁兵革，藏于私家，非礼也，是谓胁君。大夫具官，祭器不假，声乐皆具，非礼也，是谓乱国。”《礼记·礼运》。诚坊其渐也。秦后子有车千乘而惧选，《左氏》昭公元年。卫公叔戌以富而见恶，定公十三年。岂无故哉？卫献公之求入也，乃曰：“苟反，政由宁氏，祭则寡人。”襄公二十六年。何其愚乎？

叔向策子干之无成也，曰：“有谋而无民，有民而无德。”昭公十三年。是知自外而欲求入者，亦以民为之本也。栾盈之入于曲沃也，“胥午伏之，而觞曲沃人。乐作，午言曰：今也得栾孺子，何如？对曰：得主而为之死，犹不死也。皆叹，有泣者。爵行，又言。皆曰：得主何贰之有？”其得人心如此，此其所以几危范氏也，然而盈卒以败者，乐王鲋为范宣子画曰：栾氏多怨。子为政，栾氏自外。子在位，其利多矣。既有利权，又执民柄，将何惧焉？襄公二十三年。犹是得民与不得民之分也，所谓寡固不可以敌众也。孟子曰：“天时不如地利，地利不如人和。三里之城，七里之郭，环而攻之而不胜；夫环而攻之，必有得天时者矣；然而不胜者，是天时不如地利也。城非不高也，池非不深也，兵革非不坚利也，米粟非不多也；委而去之，是地利不如人和也。”《公孙丑下》。故曰：“凿斯池也，筑斯城也，与民守之，效死而民弗去，是则可为也。”《梁惠王下》。然则民苟去之，则其不可为也审矣。效死而民弗去者，赵襄子之守晋阳其验也，孟子岂欺我哉？

《论语·子路》：“冉子退朝，子曰：何晏也？对曰：有政。子曰：其事也；

如有政，虽不吾以，吾其与闻之。”《疏》云：“案昭二十五年《左传》曰：为政事，庸力行务，以从四时。杜预曰：在君为政，在臣为事。杜意据此文。”是君所行为政，臣所行为事也。政与事之别，《大戴记·少间》详之。《少间》曰：“君时同于民，布政也。民时同于君，服听也。大犹已成，发其小者。还犹已成，终其近者。将持重器，先其轻者。先清而后浊者，天地也。天政曰正，地政曰生，人政曰辨。苟本正，则华英必得其节以秀孚矣。此官民之道也。”“天政曰正”，指天生时言之。“地政曰生”，指地生财言之。“人政曰辨”，谓人之分职也。人各有其分职，是谓官民，此政定于君。为下者，但服听焉而已矣。政失则人皆失其分职，不能因天之时，以分地之利，而养生送死之道有憾矣。故曰：上失政，大及人，小及畜役也。孔子又论失政曰：“疆薮未亏，人民未变，鬼神未亡，水土未绸，糟者犹糟，实者犹实，玉者犹玉，血者犹血，酒者犹酒，优继以湛，政出自家门，此之谓失政也。非天是反，人自反。臣故曰：君无言情于臣，君无假人器，君无假人名。”此可与《左氏》所载论新筑人之言，互相发明也。

（一〇〇）民各有心

《左传》昭公四年：“郑子产作丘赋，国人谤之，子宽以告，子产曰：民不可逞，度不可改。《诗》曰：礼义不愆，何恤于人言？吾不迁矣。”可谓之死不变，强哉矫矣，而浑罕讥之，何也？浑罕之言曰：政不率法，而制于心，民各有心，何上之有？其言，亦可深长思者也。盖民之所以从其上者，匪由畏威，实由心服。畏威者有时而穷，心服则唯所投之，无不如志矣。凡民守旧者多，率旧章以临之，易得其信服；否则每为所腹诽，或阳奉而阴违，得隙则叛，此变法者之所以多败也。韩非之言曰：“工人数变业，则失其功；作者数摇徙，则亡其功。一人之作，日亡半日，十日则亡五人之功矣。万人之作，日亡半日，十日则亡五万人之功矣。”又曰：“凡法令更则利害易，利害易则民务变，务变之谓变业。故以理观之，事大众而数摇之，则少成功；藏大器而数徙之，则多败伤；烹小鲜而数挠之，则贼其泽；治大国而数变法，则民苦之；是以有道之君，贵静不重变法，故曰：治大国若烹小鲜。”《解老》。夫民务变犹恶之，况于人各有心，莫同于上乎？是十人而亡十人之功，万人而亡万人之功也。虽若有所为，实则一无所得也。故凡陷于危亡而不自知者，皆由眩于有为之名，而不察下所以应之之实也。

《左传》昭公二十九年：赵鞅铸刑鼎，仲尼讥之，曰：晋国将守唐叔之所受法度，以经纬其民。夫赵鞅所著，亦范宣子所为刑书，非其所自为也；而仲尼讥之者，盖唐叔之法度，为日久，入人深；宣子之刑书，为日短，入人浅，民之信之者不侔也。此率旧章者所以多得众，然弊积而莫能革，亦自此始矣。君子是以知言治之难也。

（一〇一）韩起辞玉

《左氏》昭公十六年：韩宣子聘于郑。宣子有环，其一在郑商。宣子谒诸郑伯，子产弗与。乃买诸贾人，既成贾矣。商人曰：必告君大夫。韩子请诸子产，子产又拒之。韩子遂辞玉。他日，又私觐于子产，以玉与焉。曰：子命起舍夫玉，是赐我玉而免吾死也，敢藉手以拜。读者于此，徒善子产能知礼，宣子能改过耳。杜《注》语。

然观子产报宣子之辞曰："昔我先君桓公与商人皆出自周，庸次比耦，以艾杀此地，斩之蓬蒿藜藋而共处之。世有盟誓，以相信也。曰：尔无我叛，我无强贾。毋或匄夺，尔有利市宝贿，我勿与知，恃此质誓，故能相保，以至于今。今吾子以好来辱，而谓敝邑，强夺商人，是教敝邑背盟誓也，毋乃不可乎？"则宣子之谒诸郑伯，盖正欲使之强贾匄夺。其后虽云成贾，或仍为虚辞，商人出其玉而价不可得；或虽得之而不免后祸，故必欲告诸君大夫也。《潜夫论·断讼篇》谓当时贵戚豪富，高负千万，不肯偿责，小民守门，号哭啼呼，曾无怵惕惭怍哀矜之意。汉世如此，春秋时可知，况又以大国之卿，而临小国乎？《左氏》一书，皆出士大夫之手。谚有之曰：人莫知其子之恶，莫知其苗之硕。凡人于其党之恶，固未有能深知之者。抑其书多晋人语，于其君大夫之恶，亦不敢质言也。观此，知《公羊》所谓定、哀多微辞者，事势使然，毫不足异。《左氏》此事，不知本诸何人，其辞则婉而彰矣。书贵善读，徒观其表，而善韩子之改过，安知古人之深意乎？然通观全书，当时士大夫出使之暴横，犹有可见者。楚公子围聘于郑，且取于公孙段氏，伍举为介。将入馆，郑人恶之，使行人子羽与之言，乃馆于外。既聘，将以众逆，子产患之，又使子羽辞，伍举知其有备也，乃请垂櫜而入。昭公元年。公子弃疾如晋，过郑，禁刍牧采樵不入田，不樵树，不采艺，不抽屋，不强匄。誓曰：有犯命者，君子废，小人降，舍不为暴，主不慁宾，往来如是。则“郑三卿皆知其将为王”。昭公六年。合此两事观之，当时使者之横暴，可以想见。戎伐凡伯于楚丘。隐公七年。楚子使道朔将巴客以聘于邓，邓南鄙鄾人，攻而夺之币，杀道朔及巴行人，桓公九年。亦未必其罪之果在攻伐者矣。

巫臣之通吴也，以两之一卒适吴，舍偏两之一焉。《疏》引沈氏云：“聘使未有将兵车者，今此特将兵车，为方欲教吴战陈，故与常不同。”成公七年。案当时诸侯为会，尚有不以兵车者，聘使自无将兵车之理。然君行师从，卿行旅从，谓其毫无兵卫，则又不然也。晋之以邾愬而讨鲁也，叔孙婼如晋，晋人执之，韩宣子使邾人聚其众，将以叔孙与之，叔孙闻之，去众与兵而朝，昭公二十三年。则其众固亦有兵。弃疾之所禁，正此曹也。然从者肆暴犹可；宣子乃身欲强夺，一之为甚，而至于再，不亦难乎？

（一〇二）封地大小

今文言五等之封：大国方百里，次国七十里，小国五十里；而《周官》大司徒：诸公之地封疆方五百里，诸侯四百里，诸伯三百里，诸子二百里，诸男百里。大小不同者何？曰：《王制》《周官》等言封国大小，若九州封国之数，皆学者虚设之辞，非谓当时实有此事，自不能斠若画一；然谓其虚设之辞，绝无事实若成法以为依据，则又不然也。大抵列国疆域，愈古愈小，愈至后世愈大。事实如此，而制度因之，学者虚设之辞又因之，此今古文之说不同之所由也。曷言之？《吕览·慎势》曰：“王者之封建也，弥近弥大，弥远弥小，海上有十里之诸侯。”罗泌《路史》谓此制在神农时未必然，然其为远古之制，则有征矣。《易·讼卦》：“九二不克讼，归而逋其邑，人三百户无眚。”《疏》云：“三百户者，郑注《礼记》云：小国下大夫之制。又郑注《周礼》小司徒云：方十里为成，九百夫之地，沟渠城郭道路三分去其一，余六百夫，又以田有不易，有一易，有再易，定受田三百家，即同则。此三百户者，一成之地也。”案此则夏少康所谓“有田一成有众一旅”者。《左氏》哀公元年。古以之建国，而春秋时则仅以为下大夫之封矣，《论语》“夺伯氏骈邑三百”是也。《宪问》。孟子曰“今滕绝长补短将五十里”也，《滕文公》上。是今文家所言小国之地也。《汉书·百官公卿表》曰：县大率方百里，其民稠则减，稀则旷。乡亭亦如之，皆秦制也。秦、汉之县，多古国名。盖皆古国为大国所灭者。楚县尹称公，其所治之地，固与前此之大国侔。抑陈、蔡、叶、不羹等，亦皆旧国也。此今文家所言大国之地也。孟子之告慎子曰："今鲁方百里者五。"《告子》下。《礼记·明堂位》曰："成王封周公于曲阜，地方七百里。"《管子·轻重丁》："管子问于桓公曰：敢问齐方几何里？桓公曰：方五百里。"《史记·汉兴以来诸侯年表》曰："周封伯禽、康叔于鲁、卫，地各四百里，太公于齐兼五侯地。"《汉书》："周公、康叔建于鲁、卫，各数百里。太公于齐，亦五侯九伯之地。"则《周官》公侯之封也。孟子曰："海内之地方千里者九，齐集有其一。"《梁惠王》上。子产曰："今大国地多数圻矣。"《左氏》襄公二十五年。此古之王畿，春秋战国时最大之国，其国已不受号令于人，故言裂土分封规模未有能如是者。《周官》乃战国时书；战国时次于七国者为鲁、卫等国。列国之臣受封地称君者，盖最小亦当如古之大国，故《周官》所拟之制度因之也。足见制度因于事实，学说依于事实及制度矣。汉初封国，大者或五六郡，连城数十，则过于鲁、卫，拟于齐、楚矣。

古之封国小，后世之封国大，非无土以为封也。古者旷土固多矣，然其封国大者止于百里，小且至于十里者，其人民之数止于如是，则其封土亦不得不止于如是也。《谷梁》曰："古者天子封诸侯，其地足以容其民，其民足以满城而自守也。"襄公二十九年。民固寡也，而多与之土，徒拥其名何益？《管子·事语》曰："天子之制壤方千里，齐诸侯方百里负海，子七十里，男五十里。"《轻重乙》曰："天子中立，地方千里，《小问》同。兼霸之壤三百有余里，佌诸侯度百里负海，子男者度七十里。"此即《吕览》弥近弥大弥远弥小之说，非徒曰"如胸之使臂，臂之使指"，《轻重乙》篇语。取其"本大而末小"也。《左氏》桓公二年，师服曰："吾闻国家之立也，本大而末小，是以能固。"中原地辟而民聚，负海土旷而人希，夫固不得不然。孟子曰："天子之地方千里；不千里，不足以待诸侯。诸侯之地方百里；不百里，不足以守宗庙之典籍。周公之封于鲁，为方百里也；地非不足，而俭于百里。太公之封于齐也，亦为方百里也；地非不足也，而俭于百里。"《告子》下。事势固有使之欲大不能欲小不可者也。

（一〇三）巡守朝聘

巡守者，古果有之乎？谓其有之，以古者交通之不便，道路之多虞，君行师从，日不过三十里，安能一岁之中，东西南北，驰驱数千里乎？《书疏》云："郑玄以为每岳礼毕尝归，仲月乃复更去。若如郑言，当于东巡之下，即言归格，后以如初包之，何当北巡之后，始言归乎？且若来而复去，计程不得周遍，此事不必然也。"不必然，《校勘记》引卢文弨云"当作必不然"，是也。北巡之后，始言归格，是否足证中未尝归，姑弗深论；若以程途计，岂不归遂往，便可周遍乎？经生家言，此等处最可笑。谓其无之，经传何以言之凿凿也？曰：此王仲任所谓语增者也。谓其无之固不可，谓其有之又不可也。巡守者，古固有其事，特如后世诸侯行邑，方伯行国之类耳。至于合九州之土，以为封域，谓岱宗为今太山，南岳为今衡、霍，西岳为陕西之华山，北岳为河北之恒山，而谓天子能越五岁若十二岁，一驰驱于其间，则固必无之事。此盖后世疆域既扩，而言治制者，犹欲以古者行于百里之国若一州之地之法，推而致之，遂不觉其扞格而不可通也。然其说之有所依据，则固可以微窥。《白虎通义·巡狩》篇曰："天道时有所生，岁有所成。三年一闰，天道小备，五岁再闰，天道大备，故五年一巡守。三年，二伯出述职黜陟；一年，物有所终始，岁有所成，方伯行国，时有所生，诸侯行邑。"案孟子述晏子之言曰："天子适诸侯曰巡守；巡守者，巡所守也。诸侯朝于天子曰述职；述职者，述所职也。无非事者，春省耕而补不足，秋省敛而助不给。夏谚曰：吾王不游，吾何以休？吾王不豫，吾何以助？一游一豫，为诸侯度。"《梁惠王》下。《告子》下篇亦曰："春省耕而补不足，秋省敛而助不给。"此即所谓"时有所生，诸侯行邑"者。盖古之天子，原不过后世之诸侯；而当时之诸侯，则后世之邑大夫耳。此巡守之制之最早者也。其后邦畿稍廓，而至于千里，则当略如春秋时之晋、楚、齐、秦。斯时之天子，巡行其境内，固犹非不可行。齐景公问于晏子曰：吾欲观于转附朝儛，遵海而南，放于琅邪，吾何修而可以比于先王观也？《梁惠王》下。则齐之先君，固有行是者矣。晋、楚、齐、秦之君，虽无天子之号，论其实，固古者邦畿千里之天子也。《左氏》昭公五年，薳启彊曰："小有述职，大有巡守。"本兼该凡大小言之，不专指天子诸侯也。封域更广，则有并此而不能行者，周初周、召之分陕是也。周、召之分陕，盖在文王化行江、汉之后，周南、召南之地，皆归于周。周君不能遍行，乃不得不属其事于介弟，此犹蒙古宪宗命忽必烈治漠南，阿里不哥治漠北耳。蒙古自成吉思汗西征以后，地跨欧、亚，谓其大汗，犹能隔若干年，则一巡视其全境，事岂能行？然当其仅有斡难河源若漠北之地，而谓其酋长，不能以岁时巡历所部，可乎？故以古者有巡守之制，而谓后世犹能行之；与以后世之不可行，而疑古者并无其事，皆非也。天子之能躬自巡守，盖讫于邦畿千里之时。过此以往，则事不可行，而亦本无其事。故《尧典》五载一巡守、《周官》十有二岁王巡守殷国之说，徒闻其言，书传未有载其事者。《史记·五帝本纪》云：黄帝东至于海，登丸山，及岱宗；西至于空桐，登鸡头；南至于江，登熊、湘；北逐荤粥，合符釜山。其所至之地，不得如注家所言之远，然已逾于《禹贡》一州之封域矣。此由黄帝尚在游牧之世，故能驰驱如是之远，后世即不能行矣。别有考。

凡群经之所言之制度，所以按之事实而格不相入者，皆由其以千里若数百里之国之制，而欲推之于提封万里之世也。《公羊解诂》曰"古者诸侯非朝时不得逾竟"，隐公二年。盖以"出入无度，祸乱奸宄，多在不虞"；隐公四年。故"君出疆，以三年之戒，以椑从。君、大夫、士一节也"；《礼记·曾子问》。"世子率舆守国，次宜为君者，持棺絮从"。昭公二十年《解诂》。《谷梁》曰"知者虑，义者行，仁者守，有此三者，然后可以出会"；《谷梁》隐公二年。又桓公十八年。《荀子·大略》篇曰："诸侯相见，卿为介，以其教出毕行，使仁居守。"案教出，当作教士。其难之也如是，安得仆仆道途，五年一朝乎？《左氏》曰"凡君即位，卿出并聘"；文公元年。又曰："凡诸侯即位，小国朝之，大国聘焉。"襄公元年。盖事势之所能行者，不过如此。而凡违礼而送葬，《公羊》之义：天子崩，诸侯奔丧会葬；诸侯薨，有服者奔丧，无服者会葬。夫人亦然。见文公六年、定公十五年《解诂》。此亦古制，行于寰内者也。畿外势不可行。春秋时，如叔孙得臣之葬襄王，叔鞅之葬景王，皆无所胁，协于事势者也。如成公之葬晋景公，襄公之葬楚康王，则胁于威，不得已而为之者矣。非时而征朝，《左氏》襄公二十二年：晋人征朝于郑。皆春秋以降之相胁以威，而非其朔也。观子家与赵宣子之书，《左氏》文公十七年。公孙侨对晋人征朝之辞，则知当时之小国，深以是为苦矣。《左氏》庄公二十一年，王巡虢守；而郑武公、庄公亦再世为王卿士，《左氏》隐公三年。凡巡守述职之能行者，皆近畿之地也。近畿之地，事本未尝不行；远畿之地，虽欲行之，势固有所不可。巡守朝觐如是，职贡亦然。《礼记·月令》：季冬之月，"乃命大史，次诸侯之列，赋之牺牲，以共皇天上帝社稷之飨。乃命同姓之邦，共寝庙之刍豢。命宰历卿大夫至于庶民土田之数，而赋牺牲，以共山林名川之祀"。此即《周官》大行人所谓"侯服岁一见，其贡祀物"者，盖皆行之寰内诸侯耳。于此可悟凡《月令》等所谓诸侯者，大抵皆指寰内诸侯言之。《月令》：

季秋之月，“合诸侯，制百县，为来岁受朔日。与诸侯所税于民轻重之法，贡职之数，以远近土地所宜为度，以给郊庙之事，无有所私”。此等政令，亦止能行于寰内。经传言天子诸侯之关系，若以为在数百千里之内，则无不可通。若以为言邦畿以外，九州以内之诸侯，则无一可通者矣。故知按诸事实而格不相入者，非制度与事实本相龃龉，乃由学者皆欲以邦畿千里之制，推之于九域一家之日也。

（一〇四）霸国贡赋

春秋之世，霸国之诛求，亦可谓无艺矣。郑子产曰：“小适大有五恶：说其罪戾，请其不足，行其政事，共其职贡，从其时命。不然，则重其币帛，以贺其福而吊其凶，皆小国之祸也。”《左氏》襄公二十八年。今案当时职贡之数，皆大国制之，而小国听焉。《左氏》文公四年：“曹伯如晋会正。”《注》：“会受贡赋之政也。”襄公四年：“公如晋听政。”八年：“公如晋朝，且听朝聘之数。”五月，“会于邢丘，以命朝聘之数，使诸侯之大夫听命”。是其事也。贡赋之多少，视其国之大小，亦视所贡之国之大小。襄公十一年：“季武子将作三军。叔孙穆子曰：政将及子，子必不能。”《注》：“政者，霸国之政令。《礼》：大国三军。鲁次国，而为大国之制，贡赋必重，故忧不能堪。”二十七年弭兵之盟，“季武子使谓叔孙以公命，曰：视邾、滕”。《注》：“两事晋、楚则贡赋重，故欲比小国。”此贡赋多少，随其国之大小之说也。哀公十三年，黄池之会，“吴人将以公见晋侯，子服景伯对使者曰：王合诸侯，则伯帅侯牧以见于王；伯合诸侯，则侯帅子、男以见于伯。自王以下，朝聘玉帛不同，故敝邑之职贡于吴，有丰于晋，无不及焉，以为伯也。今诸侯会，而君将以寡君见晋君，则晋成为伯矣，敝邑将改职贡”。此贡赋多少，视所贡之国大小之说也。然霸国之制，多从其重，故平丘之盟，子产争承，曰：“昔天子班贡，轻重以列；列尊贡重，周之制也。卑而贡重者，甸服也。郑，伯男也，而使从公侯之贡，惧弗给也。”昭公十三年。卑而贡重者，岂独一郑，无子产以争之，则不竞亦陵矣。当时贡赋之法，不可详知，然罔不用币。昭公十年：郑子皮如晋葬平公，将以币行。子产曰：丧焉用币？用币必百两，百两必千人。几千人而国不亡？子皮固请以行。既葬，诸侯之大夫欲因见新君。叔向辞之，子皮果尽用其币。夫因送葬以见新君，非礼也，诸侯之大夫，宁不之知？然而皆欲行之者，盖亦以道路烦费，惮于再役也。而晋人卒不之许，求省而反益费，亦可见事大国之难矣。用币之费如此，其他可以类推，安得不疾首蹙頞，视之为祸乎？春秋时，列国用币，颇为烦费。故晋人轻鲁币而益敬其使，《左氏》以为美谈。范宣子重币而郑以为静，赵文子薄币而诸侯以为说也。见襄公十四、二十四、二十五年。又齐桓之霸，亦薄诸侯之币。详见《管子书》。《皮币》一条引之，可以参看。况乎其又有出于职贡之外者也。平丘之盟，子产争承之辞又曰："行理之命，无月不至。"叔侯亦言："鲁之于晋也，职贡不乏，玩好时至，公卿大夫相继于朝，史不绝书，府无虚月。"襄公二十九年。此即所谓从其时命者也。成公六年：晋迁于新田，季文子如晋贺。昭公八年，叔弓如晋贺虒祁，游吉亦相郑伯以如晋。"史赵见子大叔曰：甚哉，其相蒙也！可吊也，而又贺之？子大叔曰：若何吊也？其非惟我贺，将天下实贺。"昭公三年，子大叔言："昔文、襄之霸也，君薨，大夫吊，卿共葬事；夫人，士吊，大夫送葬。"三十年，游吉言："先王之制：诸侯之丧，士吊，大夫送葬；惟嘉好聘享三军之事，于是乎使卿。"《公羊》言吊丧之法，与《左氏》异，乃古法行诸邻国者也。春秋时，所交者广，则如文、襄之制，诸侯已疲于奔命矣。参看《巡守朝聘》条。然是年游吉之葬晋顷公，以非卿为晋人所诘。晋人之言曰："悼公之丧，子西吊，子蟜送葬。"而游吉对曰："晋之丧事，敝邑之间，先君有所助执绋矣。"晋景公之丧，鲁成公亲吊，晋人止之，使送葬。成公十年。楚康王之丧，襄公及陈侯、郑伯、许男皆送葬。襄公二十九年。甚有如昭公三年，游吉如晋葬少姜者。此所谓"重其币帛，以贺其福而吊其灾"者也。春秋时，又有问疾之举。《左氏》昭公元年：晋侯有疾，郑伯使公孙侨如晋聘，且问疾。二十年：齐侯疥，遂痁。期而不瘳，诸侯之宾问疾者多在，亦吊灾之类也。吴之入楚也，胡子尽俘楚邑之近胡者。楚既定，胡子豹又不事楚，曰：存亡有命，事楚何为？多取费焉。遂为楚所灭。定公十五年。据《左氏》所记，一似胡子无礼以自取戾者。然多费非小国所堪，亦情实也。凡春秋时，所谓恃某国而不事某国，以致于亡者，盖皆此类矣。如江、黄等。哀哀小国，复何以自处哉？

《谷梁》庄公三十二年："宋公、齐侯遇于梁丘。梁丘在曹、邾之间，去齐八百里，非不能从诸侯而往也。辞所遇，遇所不遇，大齐桓也。"此言齐桓之身勤诸侯，而不烦诸侯以自助也。然自齐桓而外，能行之者盖寡矣。凡霸国之征戍，无不牵率列国者，孟子所谓"搂诸侯以伐诸侯"也。《告子》下。又有役使之事，如齐之城鄫，《左氏》僖公十六年。晋之城杞，襄公二十九年。晋强诸侯输王粟具戍人以纳王，昭公二十五年。城成周，定公元年。诸侯皆有违言。盖霸国尸其名，诸侯尽其力，宜其啧有烦言矣。况又有大烦诸侯，而霸国之大夫，顾求赂而罢，若召陵之会者乎！定公四年。此皆子产所谓“行其政事”者也。郑伯之请卫侯而归也，使子西如晋聘，辞曰:“寡君来烦执事，惧不免于戾，使夏谢不敏。”君子曰:“善事大国。”襄公二十六年。此所谓“说其罪戾”者也。桓公二年:“七月，杞侯来朝，不敬。杞侯归，乃谋伐之。”“九月，入杞，讨不敬也。”小国虔事大国，反以贾祸如此。哀公七年:“公会吴于鄫。吴来征百牢，子服景伯对曰:先王未之有也。吴人曰:宋百牢我,鲁不可以后宋。且鲁牢晋大夫过十，吴王百牢，不亦可乎？景伯曰：晋范鞅贪而弃礼，以大国惧敝邑，故敝邑十一牢之。君若以礼命于诸侯，则有数矣。若亦弃礼，则有淫者矣。周之王也，制礼，上物不过十二，以为天子之大数也。今弃周礼，而曰必百牢，亦惟执事。”此所谓“请其不足”者也，而卒不见听于吴。子产所谓五祸，岂虚也哉？

襄公四年之如晋听政也，“晋侯享公。公请属鄫，晋侯不许。孟献子曰：以寡君之密迩于九仇，而愿固事君，无失官命。鄫无赋于司马。为执事朝夕之命敝邑，敝邑褊小，阙而为罪，寡君是以愿借助焉。晋侯许之”。五年:“穆叔觌鄫大子于晋，以成属鄫。”“九月，盟于戚。穆叔以属鄫为不利，使鄫大夫听命于会。”六年:“莒人灭鄫，鄫恃赂也。”“晋人以鄫故来讨，曰：何故亡鄫？季武子如晋见，且听命。”二十七年：弭兵之会，“季武子使谓叔孙以公命，曰：视邾、滕。既而齐人请邾，宋人请滕，皆不与盟。叔孙曰:邾、滕，人之私也。我列国也，何故视之？宋、卫，吾匹也。乃盟”。定公元年：城成周，“宋仲几不受功，曰：滕、薛、郳，吾役也。薛宰曰：宋为无道，绝我小国于周，以我适楚，故我常从宋。晋文公为践土之盟，曰:凡我同盟，各复旧职。若从践土，若从宋，亦唯命。仲几曰:践土固然。薛宰曰:薛之皇祖奚仲，居薛以为夏车正。奚仲迁于邳，仲虺居薛，以为汤左相。若复旧职，将承王官，何故以役诸侯？仲几曰：三代各异物，薛焉得有旧？为宋役，亦其职也”。盖春秋之时，小国属于大国者，则不列于会盟；见霸主，必由所属之国为介。输之赋，助之役，而属之之国，亦当保护之，使不受兵。此当时之公法也。襄公十四年，戎子驹支对晋人之辞曰:“殽之师，晋御其上，戎亢其下。自是以来，晋之百役，与我诸戎，相继于时，以从执政，犹殽志也，岂敢离逖？”又曰:“我诸戎饮食衣服，不与华同，贽币不通，言语不达，何恶之能为？”夫春秋时，以夷而通上国者多矣，盖其民虽为夷，其君与大夫，固神明之胄也。戎何独不然。则其不通于诸侯，亦晋人为之耳，此亦犹宋之于薛也。然真能保护之者实少，虽齐、晋之于江、黄犹然。盖越国而鄙远固难，千里而救乱，亦非易事也。许暱楚而不事郑，而楚迁之于城父，又迁之于白羽；昭公九年、十八年。蔡从吴而不事楚，吴迁之于州来；哀公二年。亦以此。夫以楚之力威郑，宜若有余矣，而春秋时许屡见阨于郑。夫差之强，亦岂不足以庇蔡，乃至以兵劫迁之。则知当时之大国，多不肯为小国自勤其民也。鲁之于鄫，亦以惧晋讨，故以属之为不利耳。否则纳其贡赋，坐视其亡而不恤矣，哀哀小国，复何所托命哉？黄池之会，子服景伯谓吴人曰："鲁赋于吴八百乘，若为子男，则将半邾以属于吴，而如邾以事晋。"哀公七年：邾茅夷鸿请救于吴，曰："鲁赋八百乘，君之贰也。邾赋六百乘，君之私也。"可见邾人所赋于吴者甚重。

（一〇五）五侯九伯

有一州之伯，有分陕之伯。《王制》曰："千里之外设方伯，五国以为属，属有长；十国以为连，连有帅；三十国以为卒，卒有正；二百一十国以为州，州有伯。"此一州之伯也。又曰："八州、八伯、五十六正、百六十八帅、三百三十六长。八伯各以其属，属于天子之老二人，分天下以为左右，曰二伯。"此分陕之伯也。其实分陕之伯，亦自一州之伯来。盖古之王者，邦畿千里；其有会盟征伐，亦及于千里之内，而犹未足称王者，则谓之为伯。昆吾为夏伯，大彭、豕韦为商伯，所由来旧矣。周人兴于雍州，而王季、文王皆称西伯，《诗·大雅·旱麓笺》："殷王帝乙之时，王季为西伯。"《疏》引《孔丛》："羊容问子思曰：古之帝王，中分天下，而二公治之，谓之二伯。周自后稷封，为王者之后，至大王、王季、文王，此为诸侯矣，奚得为西伯乎？子思曰：吾闻诸子夏曰：殷王帝乙之时，王季以九命作伯于西，受圭瓒秬鬯之赐，故文王因之，得专征伐。此诸侯为伯，犹周、召分陕，亦以周、召之君为伯乎？"《疏》云："郑不见《孔丛》之书，其言帝乙之时，或当别有所据，故《谱》亦然。《尚书·西伯戡黎注》云：文王为雍州之伯，在西，故谓之西伯。则以文王为州牧。"案《孔丛》牵合《周官》，自不足据，然谓帝乙之时，王季作伯于西，则当有所本。故郑与之不同也。此犹晋人虽霸中原，秦缪仍为西戎之长，其与东方大彭、豕韦，亦各不相妨，无所谓东西分霸之制。王肃《孔丛》以西伯为二伯之伯，自不如郑氏以为一州之牧也。见《书·西伯戡黎疏》。东西二伯之兴，其当殷之末世乎？当文王与纣之事邪？盖自南郡南阳之间，《水经注·江水》引韩婴叙《诗》云："其地在南郡南阳之间，即所谓周南也。"皆归文王之化；而周之所长率者，非复一州之地矣，盖倍于其初兴之时矣，所谓三分天下有其二也。《论语·泰伯疏》引郑说：以为"雍、梁、荆、豫、徐、扬归文王，其余冀、青、兖属纣"。说似精确，实于史事不合。盖古之所以天子者，所治之地，略方千里，伯主亦然，王、伯特异其名耳。周兴雍州，其所长率已略与王者邦畿相当，及服荆州，则二千里矣。较之殷纣，不啻倍之。以殷周之地相衡，是文王三分有二，而纣有其一也。淮夷、徐戎助武庚以抗周，曷尝归文王；豫州归周，亦无确据。武王伐纣，庸、蜀、羌、髳从焉。其国是时，亦不必在梁州之域。予别有考，故郑说实似是而非也。于是一伯不能专制，乃使周公、召公分治之，此犹蒙古宪宗命世祖主漠南，阿里不哥主漠北也。自是以降，言伯者多杂二制言之。《礼记·曲礼》曰："五官之长曰伯，是职方。"此分陕之伯也。《公羊》隐公五年："天子三公称公，王者之后称公，其余大国称侯，小国称伯、子、男。天子三公者何？天子之相也。天子之相，则何以三？自陕而东者，周公主之；自陕而西者，召公主之；一相处乎内。"与《曲礼》"五官之长曰伯""于外曰公""九州之长，入天子之国曰牧""于外曰侯""其在东夷、北狄、西戎、南蛮，虽大曰子"之说合，盖皆周制也。郑主《周官》，凡不合《周官》者，辄目为殷制，大非。五官之长，即《公羊》所谓"一相处乎内"者。分陕之职虽废，相之在内而职方者则如故。犹行中书省虽废，中书省自在也。故二相为增设之内官，非外官。又曰"九州之长，入天子之国曰牧"，此一州之长也。牧为所受于天子之职，非其本名。犹后汉光武以莎车王贤为西域都护也。《尧典》曰："乃日观四岳群牧。"又曰："咨十有二牧。"《左氏》宣公三年，王孙满曰："昔夏之方有德也，贡金九牧。"可见一州之长，自天子之国言之皆曰牧。盖自其长诸侯言之则曰伯，自其所受于天子之职言之则曰牧。牧与伯名异而实同。《楚辞·天问》云："伯昌号衰，秉鞭作牧。"王逸《注》云：文王为雍州伯，《诗疏》引此，以申郑说，是也。《史记·五帝本纪》谓黄帝"置左右大监，监于万国"，似二伯之制，古已有之；其实黄帝时事，所传未必能如是之详，亦后人推周制言之耳。《王制》之文，亦犹是也。周衰，令不行于畿外，丰镐旧都，亦鞠为茂草，分陕之职，自是而废。而一州之伯，则犹时有受命为之者。《史记·楚世家》：成王“使人献天子，天子赐胙，曰：镇尔南方，夷越之乱，无侵中国”。此即命为荆州之伯也。下文又云：“于是楚地千里。”可见当时所谓州牧，亦即所谓伯主者，其所长之地，略同于王畿也。其后齐桓、晋文之受策命，亦不过如是，特其所搂而伐者更广耳。齐桓、晋文所受命，与齐太公、楚成王无以异。其所长之诸侯，实不止一州之地，则世变为之也。《史记·越王句践世家》曰：“句践已平吴，乃以兵北渡淮，与济、晋诸侯会于徐州，致贡于周。周元王使人赐句践胙，命为伯。句践已去，渡淮南，以淮上地与楚，归吴所侵宋地于宋，与鲁泗东方百里。当是时，越兵横行于江淮东，诸侯毕贺，号称霸王。”此犹齐桓、晋文之业。《秦本纪》曰：献公“二十一年，与晋战于石门，斩首六万，天子贺以黼黻”。又云：“孝公元年，河山以东强国六，淮泗之间，小国十余。周室微，诸侯力政，争相并。秦僻在雍州，不与中国诸侯之会盟，夷翟遇之。”则犹之仅伯西戎也。

《左氏》僖公四年：管仲对楚使曰：“昔召康公命我先君大公曰：五侯九伯，女实征之，以夹辅周室。赐我先君履：东至于海，西至于河，南至于穆陵，北至于无棣。”此亦一州之长也。而服虔云：五侯，公、侯、伯、子、男。九伯，九州之长。大公为王官之伯，掌司马职，以九伐之法，征讨邦国，故得征之。见《诗·旄丘序笺》。杜预亦主其说。郑玄又谓“五侯，侯为州牧也；九伯，伯为州伯也；一州一牧，二伯佐之。太公为王官之伯，二人共分陕而治，自陕以东，当四侯半，一侯不可分，故言五侯九伯”。则诚如《左氏疏》所讥，事无所出，且校数烦碎，非复人情，宜乎先儒无用之者矣。然《毛诗·旄丘序疏》申郑，讥服说无异天子，何夹辅之有，亦不能谓其无理。推服、郑之意，盖谓五侯九伯，如即释为五等之爵之侯伯，则太公所长，不过一州，无缘得涉南海而问罪于楚，故必为是曲说。而不知太公受命，征讨所及，不过南至穆陵，管仲已自言之也。经生家言，多以碎义逃难，而失人情；服、郑惟均，亦不必彼此相讥也。

（一〇六）姬姓日也，异姓月也

《左氏》成公十六年：“吕锜梦射月，中之。占之，曰：姬姓日也，异姓月也，必楚王也。”此周人之妄自尊大也。盖古以日为君象，月为臣象。自黄帝战胜炎帝以来，为天子者皆姬姓，故遂妄自尊大也。隐公十一年：“滕侯、薛侯来朝，尊长。滕侯曰：薛庶姓也，我不可以后之。公亦使羽父请于薛侯曰：周之宗盟，异姓为后。君若辱贶寡人，则愿以滕君为请。”定公四年：卫子鱼述践土之盟曰：“其载书云：王若曰：晋重、鲁申、卫武、蔡甲午、郑捷、齐潘、宋王臣、莒期。”齐、宋大国，齐大师之后，宋先代之后，犹后于郑、蔡，可见周人之薄待异姓。襄公二十九年：“知悼子合诸侯之大夫以城杞，子大叔见大叔文子，与之语。文子曰：甚乎其城杞也。子大叔曰：若之何哉？晋国不恤周宗之阙，而夏肄是屏，其弃诸姬，亦可知也已。诸姬是弃，其谁归之。吉也闻之，弃同即异，是谓离德。《诗》曰：协比其邻，昏姻孔云。晋不邻矣。其谁云之？”城濮之战，晋文公曰：“若楚惠何？”栾贞子曰：“汉阳诸姬，楚实尽之。思小惠而忘大耻，不如战也。”僖公二十八年。吴之入郢也，斗辛与其弟巢以王奔随，吴人从之，谓随人曰：“周之子孙，在汉川者，楚实尽之，天诱其衷，致罚于楚，而君又窜之，周室何罪？”定公四年。然则凡诸姬之子孙，互为朋党，坐视他姓之祸患而不顾，有是理乎？楚灵王谓子革曰：“昔我先王熊绎，与吕级、王孙牟、燮父、禽父并事康王，四国皆有分，我独无有。”子革曰：“齐王舅也，晋及鲁、卫，王母弟也。楚是以无分，而彼皆有。”《左氏》昭公十二年。《周官・秋官》司仪：“诏王仪，南乡见诸侯，土揖庶姓，时揖异姓，天揖同姓。”《周官》虽战国时书，然以《周官》为名，则周之遗制也。《注》曰：“庶姓，无亲者也。异姓，昏姻也。”盖薛与楚，皆周之所谓庶姓者也。“周之东迁，晋、郑焉依。”似同姓能屏藩王室矣；然秦文公收岐以东之地，犹献之周。启南阳使周之封畿日蹙者，晋也。射王中肩者，郑也。齐，昏姻也；五霸桓公为盛，而首止之盟，王使周公召郑伯，曰：“吾辅女以从楚，辅之以晋，可以少安。”僖公五年。其后襄王又出狄师以代郑。僖公二十四年。鞍之战，“晋侯使巩朔献齐捷于周。王弗见，使单襄公辞焉，曰：夫齐，甥舅之国也，而大师之后也。宁不亦淫从其欲，以怒叔父？抑岂不可谏诲？”《左氏》成公二年。其意又右齐而左晋，盖终逼周者，兄弟甥舅也，非庶姓无亲者也。“楚人失之，楚人得之”，孔子讥其不广，况乎以一姓壅天下之利哉？然而大人世及以为礼，则各亲其亲，各子其子，其所由来者亦旧矣。汉高后内任外戚，外封建同姓，卒之安刘氏者，平、勃也；戡七国之乱者，亚夫也；庶姓亦何负于有天下者哉？

各亲其亲各子其子之烈也，由宗法之严始也。宗法莫严于周人，故其歧视异姓亦最甚。公山不狃谓叔孙辄曰：“今子以小恶而欲覆宗国，不亦难乎？”哀公八年。子赣谓公孙成曰：“利不可得，而丧宗国，将焉用之？”哀公十五年。

皆是物也。然而虞公亦曰“晋吾宗也，岂害我哉”已。僖公五年。

（一〇七）属人

《左氏》昭公二十一年：“翟偻新居于新里，既战，说甲于公而归。华妵居于公里，亦如之。”《注》谓翟偻新“居华氏地而助公战，妵华氏族，故助华氏。《传》言古之为军，不呰小忿”。盖古人视此为当然之道，故无所用其忿也。此今政治学所谓属人者也。

（一〇八）古人不重生日

《礼记·内则》记子生之礼曰：“三月之末，择日，妻以子见于父。父执子之右手，咳而名之。夫告宰名。宰辩告诸男名。书曰：某年某月某日某生，而藏之。宰告闾史。闾史书为二，其一藏诸闾府，其一献诸州史。州史献诸州伯。州伯命藏诸州府。”此古言记人生日之始。《春秋》桓公六年，书“九月丁卯，子同生”，亦是物也。然《左氏》昭公二十九年曰：“公衍、公为之生也，其母偕出。公衍先生。公为之母曰：相与偕出，请相与偕告。三日，公为生，其母先以告。公为为兄。”是古人于子之生，徒据其入告之先后，以定其长幼，而不复究其生于何日，又何其疏也？邃古之时，候草木荣落以纪岁时，视月之盈缺而知晦朔，既未定四时而成岁，又无纪年之法，自无所谓某年某月某日。绛县人之自言其年也，曰：“臣小人也，不知纪年。臣生之岁，正月甲子朔，四百有四十五甲子矣。”《左氏》襄公三十年。不言年，亦不言月，而徒以所积甲子计，盖古之遗俗，非故为是以惑人也。率是俗者，又安能知人生于某年某月某日乎？《内则》之所记，《春秋》之所书，盖后来之事，亦惟贵族能行之，古人不重生日，盖由此也。

《史记·孟尝君列传》曰：“初，田婴有子四十余人，其贱妾有子名文。文以五月五日生。婴告其母曰：勿举也。其母窃举生之。及长，其母因兄弟而见其子文于田婴。”是古贵族之家，妾媵窃举一子，至于既长，而其君犹不能知，其隔绝可谓已甚，无怪庶孽之生，不能确知其日矣。案《内则》云：“妻将生子，及月辰，居侧室，夫使人日再问之。作而自问之。妻不敢见，使姆衣服而对。

至于子生，夫复使人日再问之。夫齐，则不入侧室之门。三月之末，妻以子见于父，妻遂適寝。”妾亦生子三月，然后入御。“庶人无侧室者，及月辰，夫出居群室。”盖古者妇人产乳，与其夫隔绝颇严，故其夫不易知其子之生日。贵族之家，妾媵众多，虚伪尤甚，自更易蒙蔽矣。

《章实斋文集·节钞王凤文云龙记略》有云：“不知岁月，耕种皆视花鸟。梅花岁一开，以纪年。野靛花十二年一开，以纪星次。竹花六十年一开，以纪甲子。名杜鹃花为催工，开则宜耕。摆夷兴自阿苗，计其世，当东周之末。十一月梅开贺新年，疑周正也。及明初，段保为长，始教人识字。如借贷书契，必曰：限至某花开时，或曰：限至某鸟鸣时，其旧俗也。”如此等人，能确言某事在某年某月某日乎？游历家言：印第安人不知以年计人之长幼。有所谓级友者，视为长幼同，不过约计而已。《礼记·曲礼》曰：“问天子之年，对曰：闻之始服衣若干尺矣。问国君之年，长，曰：能从宗庙社稷之事矣；幼，曰：未能从宗庙社稷之事也。问大夫之子，长，曰：能御矣；幼，曰：未能御也。问士之子，长，曰：能典谒矣；幼，曰：未能典谒也。问庶人之子，长，曰：能负薪矣；幼，曰：未能负薪也。”此等辞令，后世言礼之家，必以为不敢斥言，故依违以对，其实正是古者不知纪年之遗俗。《论语》言“可以托六尺之孤”，《泰伯》。而《周官》乡大夫之职，言“国中自七尺以及六十，野自六尺以及六十有五皆征之”；计庶民之长幼，与国君之子同辞，即其诚证。《史记·秦始皇本纪》：十六年，“南阳假守腾，初令男子书年”，前此之不书年，亦率旧俗，而非政令之宽严有异也。

（一〇九）古人周岁增年

钱大昕《十驾斋养新录·绛县人七十三年》条云：“绛县人生于文公十一年，至襄公三十年，当为七十四年，而《传》称七十三年者，古人以周一岁为一年，绛县人生正月甲子朔，于周正为三月，至是年周正二月癸未，尚未及夏正月朔故也。仲尼生于襄廿一年，至哀十六年卒，亦是七十四年，而贾逵《注》云七十三年，正以未周岁故，与绛县人记年一例。《史记·仓公传》：臣意年尽三年，年三十九岁也，盖仓公生于冬末。”又《孔子生年月日》条云：“《史记》谓（孔子）生于襄廿二年，年七十三，则以相距之岁计之。”近钱穆撰《孔子卒年考》云：“狄子奇云:周岁增年之说，似未可泥。鲁襄公生于成公十六年，至九年为十二岁，是不以周岁增年也。绛县老人生于鲁文公十一年，至襄公三十年，计当七十四岁，而师旷止云七十三年，是以周岁增年也。狄氏论鲁襄，确矣。至绛县老人，师旷曰:鲁叔仲惠伯会郤成子于承匡之岁也,七十三年矣。谓是岁距前七十三年，非谓老人七十三岁。《春秋》昭二十四年，仲孙貜卒，服虔引贾逵云：是岁孟僖子卒，属其子使事仲尼，仲尼时年三十五。以周岁增年计，自鲁襄二十一年至此，仅得三十四，则贾氏亦以相距之岁计。窃疑贾逵以《公》《谷》载孔子生而《左氏》无之，故据《公》《谷》为说；而云年七十三，则本之《史记》，未曾细核。《左》昭二十年《疏》：服虔云：孔子是时四十一。四乃三字之误，则服虔亦自以相距之岁计。狄氏又谓《孔子世家索隐》云：孔子以鲁襄二十一年生，至哀十六年为七十三，若襄公二十二年生，则孔子年七十二，是以周岁增年也。然《索隐》之说，远在贾后，安知其不误据贾？乌从据《索隐》而逆定贾氏以周岁增年？又恶从据贾氏而逆定古人以周岁增年哉？”愚案：以周岁增年，或以相距之岁计，古人盖自有此两法，错杂用之，至劳后人之推校也。晋吏之与绛县人疑年也，绛县人曰:“臣小人也，不知纪年。臣生之岁，正月甲子朔，四百有四十五甲子矣，其季于今，三之一也。”非故为是难晓之语以惑人，盖当历法未明时，从候草木之荣枯以纪岁，斯时之人，盖不知某年以某日始，以某日终，而以甲子纪日之法，则已知之，故于人之生，不能纪其岁，而徒累其日以为计。此自太古时事，春秋时非复如此，然习俗每沿之甚久，故绛县人犹不知纪年也。吏不知而问诸朝，则以是时朝市中人，已习用纪年之法，不复能据日数以推知其年之故。士文伯曰“然则二万六千六百有六旬”，此语不必牵涉历法，但以六十因四百四十五，得二万七千，其最后一甲子，尚仅历三之一，减去四十日，则为二万六千六百六十日矣。史赵曰“亥有二首六身”，亥疑传写之误。故书当系一算式:二首即二万,六身即六千;下二如身，谓其下二位亦为六，犹今作二六六六耳。《左氏》之记是事，盖以见乡僻之人，犹有率古俗而与朝市中人不相中者。然此俗实非仅春秋时，至汉世犹有之。仓公言三十九岁,必尽三年,是其证。汉光武起兵时年二十八,崩年当六十三,而《纪》云六十二,二若非三之误，则亦犹沿古俗也。此法计算殊为不便，故历法通行后稍弃之，皆以相距之年计矣。

古人计数之法，有并本与除本之不同，亦足使后人疑不得实。《诗·天作笺》

云：“居之一年成邑，二年成都，三年五倍其初。”《疏》云：“郑注《禹贡》，以为尧之时土广五千里，禹弼成五服，土广万里。王肃难郑云：禹之时土广三倍于尧。计万里为方五千里者四，而肃谓三倍，则除本而三。此云五倍，盖亦除本而五，并本为六也。”案《礼记·曲礼》：“生与来日，死与往日。”《注》：“与，犹数也。生数来日，谓成服杖以死明日数也。死数往日，谓殡敛以死日数也。”《仪礼·士丧礼》“三日成服”《注》引《曲礼》“生与来日”，《疏》云：“《丧大记》云三日不食，谓通死日不数成服日，故云三日不食。《孝经》三日而食者，是除死日数，故云三日而食也。”与来日即除本计，与往日即并本计也。古上溯高祖下逮玄孙为九世，是并本计。然《檀弓》“叔孙武叔之母死”，《注》云“武叔，公子牙之六世孙”，《疏》引《世本》云“桓公生僖叔牙，牙生戴伯兹，兹生庄叔得臣，臣生穆叔豹，豹生昭子婼，婼生成子不敢，敢生武叔州仇”，则亦除本计矣。《史记》谓孔子生于襄公二十二年，而与贾逵据《公羊》生于襄公二十一年者，同云年七十三，疑亦并本、除本，计法不同也。

《左氏》昭公元年，祁午谓赵文子曰：“子相晋国，以为盟主，于今七年矣。”《注》云：“襄二十五年始为政，以春言，故云七年。”《疏》云：“殷周虽改正朔，常以夏正为言，此春正月，故为七年，年末医和则云八年。”案此但援今人所谓足七年之例释之可耳，亦不必牵涉历法。

（一一〇）合男女颁爵位必当年德义

社会学家言：浅演之世，无所谓夫妇。男女妃耦，惟论行辈。同辈之男，皆其女之夫；同辈之女，皆其男之妻。我国古代似亦如此。《大传》：“同姓从宗合族属，异姓主名治际会。名著而男女有别。其夫属于父道者，妻皆母道也。其夫属于子道者，妻皆妇道也。谓弟之妻为妇者，是嫂亦可谓之母乎？名者，人治之大者也。可无慎乎？”曰“男女有别”，曰“人治之大”，而所致谨者不过辈行，《注》：“异姓，谓来嫁者也。主于母与妇之名耳。”可见古者无后世所谓夫妇矣。盖一夫一妻，起于人类妒忌专有之私。人之性，固有爱一人而终身不变者，亦有不必然者。故以一男而拘多女，以一女而畜众男，已不能答，而又禁其更求匹耦，则害于义。若其随遇而合，不专于一；于甲固爱矣，于乙亦无恶，则亦犹友朋之好，并时可有多人耳；古未为恶德也。职是故，古人于男女配合，最致谨于其年。《礼运》曰："合男女，颁爵位，必当年德。"《荀子》曰："妇人莫不愿得以为夫，处女莫不愿得以为士。"《荀子·非相》。"老妇士夫"，"老夫女妻"，则《易》譬诸"枯杨生华"，"枯杨生稊"，言其鲜也。夫合男女而惟致谨于其年，而不必严一夫一妻妃合之制，则同辈皆可为婚矣。《释亲》："长妇谓稚妇为娣妇，娣妇谓长妇为姒妇。"此兄弟之妻相谓之辞也。又云："女子同出，谓先生为姒，后生为娣。"孙炎云："同出，谓俱嫁事一夫者也。同适一夫之妇，其相谓乃与昆弟之妻之相谓同。"可见古者无后世所谓夫妇矣，娣姒之称，或谓据夫年长幼，或谓据身年长幼，迄无定论。实缘两义各有所主。据夫年长幼者，昆弟之妻相谓之辞也。据身年长幼者，同出者相谓之辞也。古无后世所谓夫妇，则亦无昆弟之妻相谓之辞矣。古之淫于亲属者，曰蒸，曰报，《汉律》："淫季父之妻曰报。"见《诗·雄雉序疏》。皆辈行不合之称。其辈行相合者，则无专名，曰淫，曰通而已。淫者，放滥之词。好色而过其节，虽于妻妾亦曰淫，不必他人之妻妾也。通者，《曲礼》曰："嫂叔不通问。"又曰："内言不出于梱，外言不入于梱。"内言而出焉，外言而入焉，则所谓通也。《内则》曰："礼始于谨夫妇。为宫室，辨内外，深宫固门，阍寺守之。男不入，女不出。"自为宫室辨内外以来，乃有所谓通，前此无有也。《匈奴列传》曰："父死，妻其后母；兄弟死，皆取其妻妻之。"父死妻其后母，不知中国古俗亦然否。妾皆幼小。则父之妾，或与子之行辈相当也。兄弟死，皆取其妻妻之，则亦必如是矣。象以舜为已死，而曰"二嫂使治朕栖"是也。父子聚麀，《礼记》所戒。新台有泚，诗人刺焉。至卫君之弟，欲与宣夫人同庖，则齐兄弟皆欲与之，《柏舟》之诗是也。然则上淫下淫，古人所深疾；旁淫则不如是之甚。所以者何？一当其年，一不当其年也。夫妇之制既立矣，而其刺旁淫，犹不如上下淫之甚，则古无后世所谓夫妇，男女耦合，但论行辈之征也。今贵州仲家苗，女有淫者，父母伯叔皆不间；惟昆弟见之，非殴则杀；故仲家女最畏其昆弟云。亦婚姻但论行辈之遗俗也。

合男女贵当其年乎？不贵当其年乎？则必曰贵当其年矣。自夫妇之制立，而后男女妃合，有不当其年者，此则后人之罪也。俞理初有《释小篇》，论妾之名义，皆取于幼小，其说甚博，犹有未备者。《易·说卦》：兑为少女，为妾。《内则》："妾将御者，齐漱浣，慎衣服。栉纵，笄总，拂髦。"髦者，事父母之饰，惟小时有之，亦妾年小之征。《曲礼》："诸侯之妻曰夫人，大夫曰孺人。"郑《注》：孺，属也，《书·梓材》"至于属妇"，伪孔训为妾妇，盖本下妻之称。故韩非以贵夫人与爱孺子对举也。《八奸》。古者诸侯娶，二国往媵，皆有侄娣。侄者何？兄之子也。娣者何？弟也。待年父母国，不与嫡俱行，明其年小于嫡。诸侯正妻之外，又有孺子。大夫则无有，故径号其妻曰孺人。诸侯妻之外又有妾，皆由其据高位，故得恣意渔少艾也。《诗》曰："婉兮娈兮，季女斯饥。"言季不言孟；妙之本字为眇，由眇小引申为美妙；皆古人好少女之证。男子之性，盖无不好少女者。率其意而莫之制，而世之以老夫拘女妻者多矣。《祭统》曰："祭有昭穆。""凡赐爵，昭为一，穆为一。昭与昭齿，穆与穆齿。"此亦古人重行辈之征。《公羊》僖二十五年《解诂》曰："齐鲁之间，名结婚姻为兄弟。"《曾子问》：婿之伯父致命女氏曰：某之子有父母之丧，不得嗣为兄弟是也。结婚姻称兄弟，亦其行辈相当之征。

（一一一）娶于异姓所以附远厚别义

《郊特牲》曰："娶于异性，所以附远厚别也。"此古同姓之所以不昏也。《左氏》载郑叔詹之言曰："男女同姓，其生不蕃。"《左传》僖公二十三年。子产之言曰："内官不及同姓。美先尽矣，则相生疾。"后人恒以为是为同姓不昏之由。然据今之治遗传学者言，则谓近亲婚姻，初不能致子孙于不肖。所虑者，男女体质相类，苟有不善之质，亦必彼此相同，子姓兼受父母之性，其不善之质，益易显耳。若其男女二者，本无不善之质，则亦初无可虑。其同善质者，子姓之善性，亦将因之而益显也。至于致疾之说，则犹待研究，医学家未有言之者也。然则古人之言，何以来邪？其出于迷信邪？抑亦有事实为据邪？谓其出于迷信。其言固以子姓蕃殖与否及疾病为据，拟有事实可征也。谓有事实为征，则"晋公子，姬出也，而至于今"一语，已足破叔詹之说矣。然则古人之言，果何自来邪？同姓为昏之禁，何由持之甚严邪？予谓古者同姓不昏，实如《郊特牲》所言，以附远厚别为义；而其生不蕃，则相生疾诸说，则后来所附益也。何则？群之患莫大乎争，争则乱。妃色，人所欲也。争色，致乱之由也。同姓为昏则必争，争则戈干起于骨肉间矣。《晋语》："同姓则同德，同德则同心，同心则同志，同志虽远，男女不相及；畏黩故也。黩则生怨，怨乱毓灾，灾毓灭姓。是故娶妻避同姓，畏乱灾也。"此为同姓不昏最重之义。古人所以谨男女之别于家庭之中者以此。《坊记》："孔子曰：男女授受不亲。御妇人则进左手。姑姊妹，女子子，已嫁而反，男子不与同席而坐。寡妇不夜哭。妇人疾，问之，不问其疾。以此坊民，民犹淫佚而乱于族。”乱于族，则《晋语》所谓黩也。古者防范甚严，淫于他族本不易。有之，虽国君往往见杀。如陈佗、齐庄是也。邓扈乐淫于鲁宫中，则以其为力人也。又曰：“礼，与祭男女不交爵。以此坊民，阳侯犹杀缪侯而窃其夫人。”阳侯、缪侯，固同姓也，此乱于族之祸也。盖同姓之争色致乱如此。大为之坊犹然，而况乎黩乎？此古人所以严同姓为昏之禁也。同姓不昏，则必昏于异姓。昏于异姓，既可坊同姓之黩，又可收亲附异姓之功，此则一举而两得矣。此附远厚别，所以为同姓不昏之真实义也。然则其生不蕃，则相生疾之说，果何自来哉？曰：子孙之盛昌，人之所欲也。凋落，人之所恶也。身，人之所爱也。疾，人之所惧也。以其所甚恶、甚惧，夺其所甚欲，此主同姓不昏之说者之苦心。抑同姓为昏之禁，传之既久，求其说而不得，乃附会于此，亦未可知也。《月令》：仲春之月，“先雷三日，奋木铎以令兆民，曰：雷将发声，有不戒其容止者，生子不备，必有凶灾”。生子不备，犹云其生不蕃；必有凶灾，犹云则相生疾；皆以是恐其民也。楚子反将取夏姬。巫臣曰：“是不祥人也。是夭子蛮，杀御叔，弑灵侯，戮夏南，出孔仪，丧陈国，何不祥如是？人生实难，其有不获死乎？”子反乃止。《左传》成公二年。盖爱身之情，足以夺其好色之心如此。叔向之母妒，叔虎之母美而不使。其子皆谏其母。其母曰：深山大泽，实生龙蛇。彼美，余惧其生龙蛇以祸汝。汝敝族也，国多大宠，不仁人间之，不亦难乎？余何爱焉？《左传》襄公二十二年。盖古人惧遗传之不善，足以为祸又如此。此其生不蕃，则相生疾诸说，所以能夺人好色之心，而禁其乱于族也邪？抑子孙之蕃衍，恃乎宗族之盛昌。宗族之盛昌，恃乎族人之辑睦。因争致乱，夫固足以召亡。又娶于异姓，则一人不能致多女。古惟诸侯娶一国，二国往媵。纳女于天子，乃曰备百姓。管氏有三归，则孔子讥其不俭矣。淫于同族，则可致多女。致多女，固可以致疾，晋平公其一也。其致疾之由在淫，不在所淫者之为同姓也。然两事既相附，因误以由于此者为由于彼，亦有所恒有也。

（一一二）昏年考

古书言昏年者：《书传》《礼记》《公羊》《谷梁》《周官》，皆以男三十而娶，女二十而嫁。《墨子》《节用》。《韩非》《外储说右下》。则谓丈夫二十，妇人十五。《大戴》又谓大古五十而室，三十而嫁。中古三十而娶，二十而嫁。《本命》。《异义》：《大戴礼》说，三十而室，二十而嫁，天子庶人同礼。《左氏》说，天子十五而生子；三十而娶，庶人礼也。案国君十五而生子，见《左》襄九年。诸说纷纷者何？曰：女子十四五可嫁，男子十五六可娶，生理然也。果何时娶，何时嫁，则随时代而不同。大率古人晚，后世较早，则生计之舒蹙为之也。《家语》："哀公曰：男子十六精通，女子十四而化，则可以生民矣。而礼，男必三十而有室，女必二十而有夫也，岂不晚哉？孔子曰：夫礼言其极，不是过也。男子二十而冠，有为人父之端；女子十五许嫁，有适人之道。于此而往，则是婚矣。"《本命解》。男子十六精通，女子十四而化，说与《素问》合。何君《公羊解诂》曰："妇人八岁备数，十五从嫡，二十承事君子。"《隐公七年》。八岁者，龀之翌年。十五者，化之明岁。准是以言，则二十当云二十二。而云二十者，举成数也。许慎曰："侄娣十五以上，能共事君子，可以往。二十而御。"《谷梁》隐公七年《注》。说亦与何君同。王肃述毛，谓男自二十以及三十，女自十五以及二十，皆得嫁娶，《摽有梅·疏》。其说是也。王肃又谓"男年二十以后，女年十五以后，随任所当，嘉好则成。不必以十五六女，妃二十一二男。虽二十女配二十男，三十男妃十五女，亦可"。亦通论也。王肃又引礼子不殇父，而男子长殇，止于十九，女子十五许嫁不为殇，证亦极确。毛谓"三十之男，二十之女，礼未备则不待礼，会而行之，所以蕃育人民也"，亦以三十、二十为极。王肃述毛，得毛意也。然则古者以蕃育人民为急。越王勾践，栖于会稽，而谋生聚，至令男二十不娶，女十七不嫁，罪其父母。而其著为礼，不以精通能化之年；顾曰二十、三十，太古且至三十、五十者，何也？曰：蕃民，古人之所愿也。然精通而取，始化而嫁，为古人财力所不逮，是以民间恒缓其年。此为法令所无可如何。然曰二十、三十，曰三十、五十，则固已为之极矣。为之极，则不可过，犹蕃民之意也。何以知其然也？《说苑》曰："桓公至平陵，见年老而自养者，问其故。对曰：吾有子九人，家贫，无以妻之，吾使佣而未返也。桓公取外御者五人妻之。管仲入见，曰：公之施惠，不亦小矣？公曰：何也？对曰：公待所见而施惠焉，则齐国之有妻者少矣。公曰：若何？管仲曰：令国丈夫三十而室，女子十五而嫁。"《贵德》。盖古者嫁取以俪皮为礼。俪皮者两麋鹿皮也。《聘礼注》。汉武帝时，尝以白鹿皮为币，值四十万。白鹿皮固非凡鹿皮比；古时鹿皮，亦不必如汉代之贵。又汉武之为皮币，使王侯宗室，朝觐聘享，必以荐璧乃得行，则亦强名其值，犹今纸币之署若干万耳；尤非民间用之比。又用俪皮为士礼，未知庶人以下亦然否？然古皮币亦诸侯聘享所用，价不能甚贱。假不用之者，《曲礼》言取妻者“为酒食以召乡党僚友”，亦民间所不可少矣。“古者庶人粝食藜藿，非乡饮酒膢腊祭祀无酒肉。宾婚相召，则豆羹白饭，綦脍熟肉”，《盐铁论·散不足篇》。已不易办矣。管仲非桓公以御女赐平陵之民，而谓施惠当限嫁娶之年，岂有是一令，民间即饶于财哉？有是令，则不可过，不可过，则虽杀礼而莫之非也。《周官》：媒氏“仲春之月，令会男女。于是时也，奔者不禁。若无故而不用令者罪之”。仲春则奔者不禁者，古以九月至正月为婚期；仲春而犹不克昏，则其乏于财可知；乏于财，故许其杀礼。奔者，对聘而言。不聘即许其杀礼，非谓淫奔也。无故而不用令者，谓非无财，亦奔而不聘也。所谓聘者，则下文云“入币纯帛无过五两”是也。大司徒荒政十有二，十曰多昏，《注》：“不备礼。”亦此意也。贾生曰：“秦人家贫子壮则出赘。”诸书或言贫不能嫁。皆嫁娶不易之征。太古男三十而娶，女二十而嫁。中古则三十、二十。《论衡》曰：“男三十而娶，女二十而嫁，法制虽设，未必奉行。何以效之？以令不奉行也。”《齐世篇》。曹大家十四而适人，则汉世嫁取，早于古人矣。故汉惠帝令女子十五不嫁五算也。然则世愈降，则昏年愈早。盖民生降而益舒，故礼易行也。然墨子谓圣王之法，丈夫年二十毋敢不处家，女子年十五毋敢不事人。圣王既殁，民欲蚤处家者，有所二十处家；其欲晚处家者，有所四十处家。以其早与晚相践，后圣王之法十年。此为三十有室，二十而嫁，知古人制礼，必因习俗，非苟为也。则后世嫁娶，反视古人为晚。岂古者质朴，礼简，嫁取易；后世迎妇送女愈侈，故难办邪？非也。墨子背周道，用夏政；其所述者，盖亦蕃育人民之法，禹遭洪水行之。犹勾践栖于会稽，而谋生聚耳，非经制也。若其述当时之俗，民之蚤晚处家者，有二十年之差。民之贫富固不齐，就其晚者，固犹视三十有室之年为迟矣。国君十五而生子，亦以饶于财，得蚤娶也。故曰：婚年之蚤晚，以民之财力而异也。《汉书·王吉传》：“以为世俗聘妻送女无节，则贫人不及，故不举子。”则后世昏年之早，亦竭蹶赴之，不必其财力果视古代为饶也。但以大体言之，则后人生计程度，总视古人为高耳。

（一一三）释夫妇

夫妇二字，习用之。诂曰："夫，扶也。""妇，服也。"其义甚不平等，然非夫妇二字之初诂也。夫妇之本义，盖为"抱负"，其后引伸为"伴侣"。何以言之？《史》《汉·高帝纪》有武负，《陈丞相世家》有张负。如淳曰："俗谓老大母为阿负。"司马贞曰："负是妇人老宿之称。"然《高帝纪》以王媪、武负并言，则负必小于媪。师古曰："刘向《列女传》云：魏曲沃负者，魏大夫如耳之母也。此则古语谓老母为负耳。王媪，王家之媪也。武负，武家之母也。"予谓媪为老妇之称；母不必老，凡主妇皆可称之，犹男子之称父也。然则王媪为老妇；武负、张负，特其家之主妇耳。正妇字之转音也。今用婆字，亦具二义。俗称老妇为老太婆，即如淳所谓老大母。吴俗称妻曰家主婆，则古书皆作家主妇也。《尔雅·释鱼》："鳛鳑，鳜妇。"王氏筠曰："今称为鳜婆。"知二字之相淆久矣。古以南为阳，北为阴。亦以人身之胸腹为阳，背为阴。故南乡而立，则曰："左圣，乡仁，右义，背藏。"《礼记·乡饮酒义》。南训任，男亦训任。北训背，负亦训背，《秦策注》。可知妇、背本一字。《方言》："抱，耦也。"则抱有夫义。抱、负双声，《淮南·说林注》："背，抱也。"夫妇亦双声，夫妇抱负，正一语也。《老子》："万物负阴而抱阳，冲气以为和。"负阴而抱阳，犹言妇阴而夫阳。冲气以为和，则夫妇合而生一子矣。古言抱负，犹今言正负。正负各得其体之半，故孳乳为半字。《仪礼》"夫妻牉合"，正言其为一体也。物之正负，不能相离，故又孳乳为伴字。《说文》："扶，并行也。"读若伴侣之伴。《说文》无侣字，伴训大，读若当出后人沾注。然其语自有所本。盖伴侣之伴之正字也。《汉书·天文志》："晷：长为潦，短为旱，奢为扶。"《注》："郑氏曰：扶当为蟠，齐鲁之间声如酺。晋灼曰：扶，附也。小人佞媚，附近君子之侧也。"《通卦验》："晷，进为赢，退为缩，稽为扶。扶者，谀臣进，忠臣退。"郑《注》："扶亦作扶。"《集韵》亦云："古扶字作扶。"并文音义，多同本文，可知夫扶实一字。故训夫之言扶，犹曰夫之言扶耳。诸侯之妻曰夫人，亦此义。不然，岂凡妇皆待其夫扶之，独诸侯则当待其妇扶之乎？物之正负，既不可离，即恒相依附。故负训恃，亦训依。夫训附，亦训傅。《诗》："夫也不良。"毛《传》："夫，傅相也。"《郊特牲》："夫也者，夫也。"《注》："夫或为傅。"《方言》："北燕朝鲜洌水之间，谓伏鸡曰抱。"皆附着之意也。

（一一四）原妾

社会学家言畜妾之由：曰女多男少也。曰男子好色之性，不以一女子为已足也。曰男子之性，好多渔妇女也。曰女子姿色易衰，其闭房亦较男子为早也。曰求子姓之众多也。曰女子可从事操作，利其力也。曰野蛮之世，以致多女为荣也。征诸我国书传，亦多可见之。《周官》：职方氏，扬州，其民二男五女。荆州，一男二女。豫州，二男三女。青州，二男二女。兖州，二男三女。雍州，三男二女。幽州，一男三女。冀州，五男三女。并州，二男三女。其数未必可信。然据生物学家言：民之生，本男多于女。而其死者亦众。故逮其成立，则女多于男。脱有战争，则男女之相差尤甚。吾谓战争而外，力役甚者，亦足杀人。又女子恒处家，希触法网。刑戮所及，亦恒少于男。天灾流行，捍之者多死，亦战争类也。古代女子皆能劳作，非若后世待豢于人。溺女等风，古必无有。试观古书多言生子不举，未尝偏在于女，可知也。然则男少女多，古代亦必不免矣。惟男女虽有多少，初不得谓当藉畜妾以调剂之。古代人畜妾，亦未必有调剂男女多少之意，只是以快淫欲耳。《墨子》谓“当今之君，大国拘女累千，小国累百，是以天下之男，多寡无妻，女多拘无夫”。齐宣王曰：“寡人有疾，寡人好色。”孟子告以“大王好色”，“内无怨女，外无旷夫”。皆以怨、旷并言。则当时之民，怨女固多，旷夫亦不少矣。拿破仑曰：“一男子但有一女子则不足，以其有妊乳时也。”《内则》：妻将生子，及月辰，居侧室。三月之末，见子于父，乃后适寝。妾亦三月见子，而后入御。《汉律》：姅变者不得侍祠。《说文解字》。即拿破仑之说也。班氏《女诫》谓“阳以博施为贵，阴以不专为美”。此男权盛时，好渔色之男子所创之义也。《素问》谓女子二七而天癸至，七七而天癸竭。丈夫二八天癸至，七八天癸竭。《上古天真论》。则女子闭房之岁，早于丈夫者殆十年。韩非曰：“丈夫年五十，而好色未解也；妇人年三十，而美色衰矣。以衰美之妇人，事好色之丈夫，则身死，见疏贱，而子疑不为后。此后妃夫人，所以冀其君之死者也。”《韩非子·备内》。古制三十而娶，二十而嫁，女小于男者十年，殆以此欤？然三十而美色衰，五十而好色未解，虽小十年，终不相副。况三十二十，特辜较言之，课其实，男女之年，未必相差至是。此亦男子之所以好广渔色邪？若夫求子姓之多，则诗人以则百斯男颂文王其事也。古重传统，统系在男，则无子者不得不许其畜妾，不许畜妾，则不得不许其弃妻更取，而无子为七出之一矣。《诗》又曰：“掺掺女手，可以缝裳。”毛《传》：“妇人三月庙见，然后执妇功。”《笺》曰：“未三月，未成为妇。裳，男子之下服。贱，又未可使缝。魏俗使未三月妇缝裳，利其事也。”然则坐男立女之风，正不待盛唐诗人而后兴叹矣。多妻淫佚，义士所羞。此非流俗所知。流俗方以是为美谈耳。西南之夷，有八百媳妇者，传言其酋有妻八百，与《周官》之侈言女御，何以异邪？然则社会学家所言畜妾之由，征诸吾国，靡不具之。人类之所为，何其异时异地而同揆也？

（一一五）饮食进化之序

野蛮之人，多好肉食，然后卒改食植物者，实由人民众多，禽兽不足之故。《礼运》曰：昔者先王未有火化，食草木之实，鸟兽之肉，饮其血，茹其毛。疏曰：“虽食鸟兽之肉，若不能饱者，则茹食其毛，以助饱也。若汉时苏武，以雪杂羊毛而食之，是其类也。”茹毛饮血四字，读书者往往随意读过，不加细想，一经研究，实有饮食进化之理存焉。

《诗·豳风》：“九月筑场圃。”笺云：“耕治之以种菜茹。”疏曰：“茹者，咀嚼之名。以为菜之别称，故书传谓菜如茹。”案：毛言茹，菜亦言茹，则古人之食菜，乃所以代茹毛也。《墨子·辞过》曰：“古之民未知为饮食时，素食而分处。故圣人作诲，男耕稼树艺，以为民食。其为食也，足以增气充虚，强体适腹而已矣。”孙氏间诂曰：“素食，谓食草木。《管子·七臣七主》曰：‘果蓏素食当十石。’素，疏之叚字。《淮南子·主术训》云：夏取果蓏，秋畜疏食。疏，俗作蔬。《月令》：取疏食。郑注云：‘草木之实为疏食。’《礼运》说上古，云：‘未有火化，食草木之实。’即此素食也。”愚案《周官·太宰》“九职”：“八曰臣妾，聚敛疏材。”注：“疏材，百草根实可食者。”委人：“掌敛野之赋……凡疏材木材，凡畜聚之物。”《管子》谓“万家以下，则就山泽”。《八观》。可见疏食之利之溥矣。疏，本训草木之实，草木之实，较之谷食为粗，故引申为粗疏。凡谷之不精者，亦以疏食称之。《杂记》：“孔子曰：吾食于少施氏而饱，少施氏食我以礼。吾祭，作而辞曰：‘疏食不足祭也。’吾飧，作而辞曰：‘疏食也，不足以伤吾子。’”疏曰“疏粗之食，不可强饱。以致伤害”是也。《吕览·审时》曰："得时之稼，其臭香，其味甘，其气章。百日食之，耳目聪明，心意睿智，四卫变强。"注："四卫，四枝也。""凶气不入，身无苛殃。黄帝曰：'四时之不正也，正五谷而已矣。'"谷食精者之胜粗，犹其粗者之胜疏食，亦犹疏食之胜鸟兽之毛也，此饮食进化之由也。

（一一六）古代贵族饮食之侈

古代贵族平民，生活程度，相去颇远。今先就饮食一端论之。《左传》庄公十年："齐师伐我，公将战。曹刿请见。其乡人曰：肉食者谋之，又何间焉？"杜《注》曰："肉食，在位者。"《正义》曰："昭四年《传》说颁冰之法，云：食肉之禄，冰皆与焉。大夫命妇，丧浴用冰。盖位为大夫，乃得食肉也。"《诗》："牧人乃梦，众维鱼矣。""大人占之，众维鱼矣，实维丰年。"《笺》曰："鱼者，庶人之所以养也。今人众相与捕鱼，则是岁熟相供养之祥。"故《孟子》以"不违农时，五谷不可胜食"，"数罟不入污池，鱼鳖不可胜食"并言也。《王制》言"六十非肉不饱"，《孟子》言"七十可以食肉"。然孔子告子路："啜菽饮水，尽其欢，斯之谓养。"则亦非贫者所能必得矣。平民与士大夫之食，礼之所定，相去如此。然论其实，则尚有不止此者。

《墨子·辞过》曰："古之民，未知为饮食时，素食而分处。故圣人作，诲男耕稼树艺，以为民食。其为食也，足以增气充虚，强体适腹而已矣。故其用财节，其自养俭，民富国治。今则不然，厚敛于百姓，以为美食刍豢，蒸炙鱼鳖。大国累百器，小国累十器，前方丈，《孟子·尽心》："食前方丈。"赵注："极五味之馔，食列于前，方一丈。"目不能遍视，手不能遍操，口不能遍味。冬则冻冰，夏则饰饐。人君为饮食如此，故左右象之，是以富贵者奢侈，孤寡者冻馁，虽欲无乱，不可得也。"

今案人君之食，《周官》膳夫举其凡，曰："凡王之馈：食用六谷，膳用六牲，饮用六清，羞用百有二十品，珍用八物，酱用百有二十瓮。"食医职云："掌和王之六食、六饮、六膳、百羞、百酱、八珍之齐。"

六谷者：稌、黍、稷、粱、麦、苽，皆嘉谷也。《内则》："饭：黍、稷、稻、粱、白黍、黄粱、稰穛。"下言白黍，则上谓黄黍。下言黄粱，则上谓白粱也。孰获曰稰，生获曰穛。《正义》曰："《玉藻》：诸侯朔食四簋：黍、稷、稻、粱。此则据诸侯，其天子则加以麦、苽为六。”

六牲者：马、牛、羊、犬、豕、鸡。

六清者：水、浆、醴、凉、医、酏。郑《注》：据浆人也，酒正无水、凉二物。郑云：“无厚薄之齐，故酒正不辨矣。”《内则》：“饮：重醴、稻醴清糟、黍醴清糟、粱醴清糟，或以酏为醴、黍酏、浆、水、醷、滥。”疏：“稻、粱、黍之醴，各有清糟，皆相配重设，故曰重醴。”《周官》：浆人共王之六饮无糟，而共后夫人致饮于宾客有之。盖亦该于醴中也。“或以酏为醴”《注》云：“酿粥为醴。”即《周官》之医。“黍酏”，即《周官》之酏。“浆”，即《周官》之浆。“水”，即《周官》之水，“滥”《注》云：“以诸和水也，以《周礼》六饮校之，则滥，凉也。”《疏》云：“浆人《注》凉，今寒粥，若糗饭杂水也。则此以诸和水，谓以诸若糗饭之属和水也。诸者，众杂之辞。”《释文》曰：“干桃干梅皆曰诸。”疑《释文》是也。酏为《周官》所无，司农以为即医，郑《注》曰梅浆。

羞即庶羞，出于牲及禽兽，以备滋味。郑《注》云：“《公食大夫礼》《内则》：下大夫十六，上大夫二十，其物数备焉。天子诸侯，有其数，而物未得尽闻。”《疏》云：“此经云百有二十者，是天子有其数。掌客云上公食四十，侯伯三十二，子男二十四，是诸侯有其数也。”今案《内则》云：“膳、膷、臐牛。醢、臐羊。膮、臐豕。醢、郑云：衍字。牛炙醢、熊氏云：豕、牛、羊之下，即其肉之醢。牛胾醢、牛脍、羊炙、羊胾醢、豕炙醢、豕胾、芥酱、鱼脍、雉、兔、鹑、鷃。”《公食大夫礼》：作驾。自鱼脍以上十六豆，为下大夫之礼。雉、兔、鹑、鷃，则上大夫所加，此公食大夫所设也。《内则》又云：“牛修一，鹿脯二，田豕脯三，麋脯四，麕脯五，麋六，鹿七，田豕八，麕九，皆有轩，雉十，兔十一，皆有笔，爵十二，鷃十三，蜩蝉也。十四，范蜂也。十五，芝栭十六，庾蔚曰：无华叶而生者曰芝栭。蔆十七，椇十八，枣十九，栗二十，榛二十一，柿二十二，瓜二十三，桃二十四，李二十五，梅二十六，杏二十七，柤梨之不臧者。二十八，梨二十九，姜三十，桂三十一。”郑云：三十一物，皆人君食燕所加也。《内则》又云：食：《注》：“目，人君燕食所用也。”皇氏云：蜗一，苽食二，雉羹三，麦食四，脯羹五，雉羹六，析稌细析稻米为饭。七，犬羹八，兔羹九，和糁不蓼，《注》：“凡羹齐宜，五味之和，米屑之糁，蓼则不矣。”《疏》：“此等之羹，宜以五味调和，米屑为糁，不须加蓼。”濡豚十，包苦实蓼，《注》：“凡濡，谓烹之，以汁和也。苦，苦荼也，以包豚，杀其气。”濡鸡十一，醢酱实蓼，濡鱼十二，卵酱实蓼，《注》："卵读为鲲，鲲，鱼子。"濡鳖十三，醢酱实蓼，腶修十四，蚳醢十五，《注》："蚳，蚍蜉子也。"《释文》："蚳，蚁子也。"脯羹重出，兔醢十六，麋肤十七，鱼醢十八，鱼脍十九，芥酱二十，麋腥二十一，腥，生肉，上麋层谓熟也。醢二十二，酱二十三，桃诸二十四，梅诸二十五，卵盐二十六。大盐。郑云："二十六物，似皆人君燕所食也。《疏》云：按《周礼·掌客》云：诸侯相食，皆鼎簋十有二，其正馔与此不同。其食臣下，则《公食大夫礼》，具有其文，与此又异，故疑是人君燕食也。"《周官》百有二十品，虽不得尽闻，亦可以见其概矣。

珍，郑《注》云："淳熬，淳母，炮豚，泡牂，捣珍，渍，熬，肝膋。"亦见《内则》。

酱，郑云："醯醢。"即醢人职云："王举则共醢六十瓮。以五齐、七醢、七菹、三臡实之"，醯人云"王举则共齐、菹、醯物六十瓮"者也。五齐者：昌本、昌蒲根，切之四寸为菹。脾析、牛百叶。蜃、大蛤。豚拍、郑大夫、杜子春皆以拍为膊，谓胁也；或曰：豚，拍，肩也。深蒲、郑司农云：薄蒻入水深，故曰深蒲。或曰：桑耳。七醢：醓、蠃、蠯蝓。蠯、小蛤。蚳、蛾子。鱼、兔、雁。七菹：韭、菁、茆、凫葵。葵、芹、菭、荀。三臡：麋、鹿、麇。"凡醯酱所和，细切为齑，全物若牒为菹。菜肉通。""作醢及臡者，必先膊干其肉，乃后莝之，杂以粱曲及盐，渍以美酒，涂置甀中百日，则成矣。"此与八珍，作之皆极费时者也。

王日一举，《注》：以朝食。燕食奉朝之余膳。燕食，谓日中及夕食也，《注》又云：后与王同庖。《疏》云："不言世子，则世子与王别牲。"鼎十有二物，皆有俎。《疏》云："赵商问：王日一举，鼎十有二，是为三牲备焉。商案《玉藻》：天子日食少牢，朔月太牢，礼数不同，请闻其说。郑答云：《礼记》后人所集，据时而言，或以诸侯同天子，或以天子与诸侯等。礼数不同，难以据也。王制之法，与礼违者多，当以经为正。"案《周官》六国时书，《玉藻》所述盖较古，愈近愈侈也。

齐则日三举。有事而饮酒，谓之稍事，此康成说。司农以为非日中大举时而间食。设荐脯醢。其内羞，则醢人所供四笾之实，醢人所供四豆之食也。朝事之笾八：曰麷、熬麦也。曰蕡、麻子也。曰白、熬稻米也。曰黑、熬黍米也。曰形盐、司农曰：筑盐为虎形。康成曰：盐之似虎者。曰膴、牒生鱼肉为大脔。曰鲍、曰鱐。干鱼也。馈食之笾：曰枣、曰栗、曰桃、曰干䕩、曰榛实。干䕩即干梅，《疏》云：当别有干桃。湿梅、枣亦宜有干者，凡八也。加笾，以菱、芡、栗、脯四物为八笾。司农云：栗当为修，司农之意以栗与馈食之笾同也。羞笾二：曰糗饵、曰粉餈。见《内则》。朝事之豆八：曰韭菹、曰醓醢、曰昌本、曰麋臡，曰菁菹、曰鹿臡、曰茆菹、曰麇臡。馈食豆八：曰葵菹、曰蠃醢、曰脾析，曰蠯醢、曰蜃、曰蚳醢、曰豚拍、曰鱼醢。加豆之实八：曰芹菹、曰兔醢、曰深蒲、曰醓醢、曰箈菹、曰雁醢、曰笋菹、曰鱼醢。羞豆之实二：曰酏食、曰糁。亦见《内则》。

"列之方丈，目不能遍视，手不能遍操，口不能遍味。冬则冻冰，夏则饰饐"，信矣。

案《王制》曰："羹食，自诸侯以下，至于庶人，无等。"《注》曰："羹食，食之主也，庶羞乃异耳。"《疏》曰："此谓每日常食。"《左传》隐公元年：颖考叔有献于公，公赐之食，食舍肉。公问之，对曰："小人有母，皆尝小人之食矣，未尝君之羹，请以遗之。"杜《注》曰："宋华元杀羊为羹享士，盖古赐贱官之常。"《疏》曰："《礼》公食大夫，及《曲礼》所记大夫士与客燕食，皆有牲体殽胾，非徒设羹而已。此与华元享士，惟言有羹，故疑是赐贱官之常。"愚案孔子称颜回"一箪食，一瓢饮"，其自述则曰："饭疏食，饮水。"《乡党》记孔子之行，则曰："虽疏食菜羹，必祭。"《孟子》言："箪食豆羹，得之则生，弗得则死。"《檀弓》言："黔敖左奉食，右执饮。"墨子称尧，"黍稷不二，羹胾不重，饭于土熘，啜于土形。"《节用中》。《韩非子·十过》："尧饭于土簋，饮于土铏。"《史记·李斯传》："二世曰：尧饭土匦，啜土铏。"《韩诗外传》："舜饭乎土簋，啜乎土型。"《史记·自序》：墨家亦尚尧、舜道，言其德行曰："食土簋，啜土刑，粝粱之食，藜藿之羹。"凡古人之言食，无不以羹食并举者，元凯之言，虽臆度，固事实也。《曲礼》曰："凡进食之礼：左肴右胾，食居人之左，羹居人之右。脍炙处外，醯酱处内。葱渿处末，酒浆处右。以脯修置者，左朐右末。"《管子·弟子职》曰："凡彼置食：鸟兽鱼鳖，必先菜羹。羹胾中列，胾在酱前。其设要方。饭是为卒，左酒右酱。"《曲礼》所加，不过肴胾、脍炙、醯酱、葱渿、酒浆。《弟子职》所加不过酒、酱及肉。一为大夫、士与宾客燕食之礼，一为养老之礼矣。食以羹食为主，信不诬也。《弟子职》谓："凡彼置食，其设要方。"盖古人设食之礼如所云，设之方不数尺耳。而当时之王公大人，设食至于方丈，其侈固可见矣。《内则》又曰："大夫，燕食，有脍无脯，有脯无脍，士不贰羹胾。"《疏》曰："谓士燕食也。若朝夕常食则下云：羹食，自诸侯以下，至于庶人，无等。"

饮食愈后则愈侈。墨子用夏政，孔子言"禹菲饮食"，而墨子亦病时人之侈于食，可见夏时之俭。《内则》曰："大夫无秩膳。大夫七十而有阁。天子之阁，左达五，右达五。公侯伯于房中五。大夫于阁三。士于坫一。"《注》曰："秩，常也。""五十始命，未甚老"，故必七十而后有秩膳也。"阁，以板为之，度食物。"五者："三牲之肉及鱼腊。"此则较常人少侈耳，尚未至食前方丈也。

古代外交之礼，亦可见其饮食之侈。据《聘礼》，客始至，则设飧。饪谓孰。一牢，在西，鼎九，牛、羊、豕、鱼腊、肠、胃、肤、鲜鱼、鲜腊、肤，豕肉也。羞鼎三，膷、臐、膮，即陪鼎。腥，一牢，在东，鼎七，无鲜鱼、鲜腊。此中庭之馔也。其堂上之馔八：八豆、醓醢、昌本、麋臡、菁菹、鹿臡、葵菹、蜗醢、韭菹。八簋。黍、稷。六铏、牛、羊、豕。两簠、粱、稻。八壶。稻酒、粱酒。西夹六：六豆，六簋，四铏，两簠，六壶。六豆无葵菹、蜗醢，余实与前同。门外，米禾皆二十车，薪刍倍禾。上介，饪，一牢，在西，鼎七，羞鼎三，堂上之馔六，西夹无。门外，米禾皆十车，薪刍倍禾。众介，皆少牢，鼎五。羊、豕、肠、胃、鱼腊。堂上之馔：四豆，四簋，两铏，四壶，无簠。既见而归饔饩。牲：杀曰饔，生曰饩，《周官·司仪注》："小礼曰飧，大礼曰饔饩。"则五牢，饪，一牢，鼎九，腥，二牢，鼎七。堂上：八豆，八簋，六铏，两簠，八壶。西夹：六豆，六簋，四铏，两簠，六壶。馔于东方，亦如之。东夹室。醓醢百瓮，瓮受斗二升。饩二牢，米百筥。黍、粱、稻、稷。门外，米三十车，车秉有五籔，凡二十四斛。禾三十车，车三秅，凡千二百秉。薪刍倍禾。上介三牢，饪、一牢，鼎七，羞鼎三，腥一牢，鼎七。堂上之馔六，西夹亦如之。筥及瓮如上宾。饩，一牢。门外米禾视死牢。牢十车。薪刍倍木。士介四人，皆饩大牢，米百筥。夫人归礼。堂上笾豆六，脯醢。筥黍清皆两壶。稻、黍、粱、酒，皆有清白，筥言白，清指粱，各举一也。大夫饩宾，大牢，米八筐。黍粱各二，稷四。筐，五斛。上介亦如之。众介，皆少牢，米六筐。公于宾，一食再飨，燕与羞雁鹜之属。俶献始献四时新物，《聘义》所谓时赐，无常数。上介，一食一飨。大夫于宾，一飨一食。上介，若食若飨。既致饔，旬而稍。谓廪食也。行聘礼一旬之后，或逢凶变，或主人留之，不得时反，即有稍礼。宰夫始归乘禽，雁鹜之属，日如其饔饩之数。士，中日则二双。《周官·掌客》：王合诸侯而飨礼，公、侯、伯、子、男尽在，兼享之则具十有二牢，庶具百物备。王巡守殷国，国君膳以牲犊。令百官，百牲皆具。从者：三公视上公，卿视侯伯，大夫视子男，士视诸侯之卿，庶子视大夫。凡诸侯之礼，诸侯自相待，天子待诸侯亦同。上公五积，侯伯四，子男三，皆视飧牵，谓所共如飧，而牵牲以往，不杀也。一积视一飧，飧五牢，五积则二十五牢。又云视飧，则有刍薪禾米等。三问皆修，侯伯再，子男一。群介、行人、宰、史，皆有牢。飧五牢，侯伯四，子男三。食四十，庶羞器。侯伯三十二，子男二十四。簠十，稻粱器。侯伯八，子男六。豆四十，菹醢器。侯伯三十二，子男二十四。铏四十有二，羹器，郑云：宜为三十八。侯伯二十八，子男十八。壶四十，酒器。侯伯三十二，子男二十四。鼎、牲器。簋黍稷器。十有二，侯伯子男同。牲三十有六，郑云：牲当为腥。侯伯二十七，子男十八。饔饩：九牢，侯伯七，子男五，其死牢如飧之陈。牵四牢，侯伯三，子男二。米百有二十筥，侯伯百，子男八十。醯醢百有二十瓮，侯伯百，子男八十。车米视牲牢，牢十车，车秉有五薮，侯伯三十车，子男二十。车禾视死牢，牢十车，车三秅，侯伯四十车，子男三十。刍薪倍禾。乘禽日九十双，侯伯七十，子男五十。殷膳中膳。致太牢，以及归，三飨，三食、三燕，侯伯再，子男一。凡介、行人、宰、史，皆有飧饔饩，以其爵等，为之牢礼之陈数。惟上介有禽献。夫人致礼。八壶、八豆、八笾，侯伯同，子男六。膳大牢，致飨大牢，子男不飨。食大牢，卿皆见以羔。膳大牢，侯伯特牛。侯伯子男，各有差等。卿大夫士，不从君而来聘者，如其介之礼待之。大行人：上公之礼，礼九牢，《注》："礼，大礼，饔饩也，三牲备为一牢。"侯伯七，子男五。三享，王礼，再祼，《注》再饮公也。侯伯子男同。而酢，《注》报饮王也。子男不酢。飨礼九献，侯伯七，子男五。食礼九举。司农云：举，举乐也。后郑曰：举牲体九饭也。《疏》云：此经食礼九举与飨礼九献相连，故以为举牲体，其实举中，可以兼乐。侯伯七，子男五。出入五积，《注》：谓馈之刍米也。侯伯四，子男三。《疏》云：在路供宾，来去皆五积。三问，三劳，《注》问，问不恙也。劳，苦倦之也。皆有礼，以币致之。侯伯再，子男一。侯伯子男，亦各有差等。盖其一食之费，足当平民终岁之饱矣。《聘义》曰："古之用财者，不能均如此。然而用财如此其厚者，言尽之于礼也。尽之于礼，则内君臣不相陵，而外不相侵。故天子制之，而诸侯务焉耳。"此固然。然其时王公大人之食用，与平民相去之远，则可见矣。

《玉藻》：天子"皮弁，以日视朝，遂以食，日中而馂。《注》：馂，朝食之余也。奏而食。《注》：奏，奏乐也。日少牢，朔月大牢。五饮：上水、浆、酒、醴、酏"。诸侯"朝服，以日视朝于内朝……退适路寝听政。使人视大夫，大夫退，然后适小寝。释服。又朝服以食，特牲三俎，祭肺。《注》：食必复朝服，所以敬养身也。三俎：豕、鱼、腊。夕深衣，祭牢肉。《注》：祭牢肉，异于始杀也。天子言日中，诸侯言夕，天子言馂，诸侯言祭牢肉，互相挟。朔月少牢五俎、四簋。《注》：五俎，加羊与其肠胃也。朔月四簋，则日食粱稻各一簋而已。子卯，稷食菜羹。《注》：忌日贬也。夫人与君同庖。《注》：不特杀也。《疏》：举诸侯，天子可知。君无故不杀牛，大夫无故不杀羊，士无故不杀犬豕。《注》：故，谓祭祀之属。《疏》：言祭祀之属者，若待宾客飨食，亦在其中。案此三语，亦见《王制》。又曰：无故不食珍，庶羞不逾牲。君子远庖厨，凡有血气之类，弗身践也”。《注》：践当为翦，翦犹杀也。所言与《周官》大同小异。如《周官》天子日食大牢，则无故得杀牛矣。

《玉藻》又曰："年不顺成，则天子素服，乘素车，食无乐。”又言诸侯之礼曰："至于八月不雨，君不举。年不顺成，君衣布搢本，关梁不租，山泽列而不赋，土功不兴，大夫不得造车马。”《王制》曰："以三十年之通，虽有凶旱水溢，民无菜色，然后天子食，日举，以乐。”《曲礼》曰："岁凶，年谷不登，君膳不祭肺，马不食谷，驰道不除，祭事不悬，大夫不食粱，士饮酒不乐。”此盖隆古共产社会，同甘共苦之遗制。三代制礼，犹有存者，特不能尽守耳。后世去古愈远，遗意寖沦。"朱门饱粱肉，路有冻死骨”，视为固然，曾无愧恻。不惟大同之世之人，所梦想不到；即视三代守礼之贵族，亦有愧色矣。

（一一七）原酒

《史记》谓纣以酒为池。《正义》引《六韬》，云："纣为酒池，回船糟丘而牛饮者，三千余人为辈。”此其池当大几何，其酒当得几许，不问而知其诞谩矣。然其说亦有所本。《礼运》述太古之俗，"污尊而抔饮”。郑《注》云：污尊，凿地为尊也；抔饮，手掬之也。《周官》萍氏："掌国之水禁，几酒《注》：苛察沽买过多及非时者。谨酒《注》：使民节用酒也。禁川游者。”夫凿地而饮，则所饮者水也。几酒、谨酒与掌水禁同官，尤邃初酒与水无别之明证。盖大上仅饮水，后乃易之以酒也。何以知其然也？古之饮者必以群。《酒诰》曰："群饮，女勿佚，尽执拘以归于周，予其杀。”夫当酒禁甚严之世，宁不可杜门独酌，以远罪戾，而必群饮以遭执杀之刑哉？则习之不可骤改也。《礼器》："周礼其犹醵与。”《注》：王居明堂之礼，仲秋乃命国醵。《周官》酒正："掌酒之政令，以式法授酒材，凡为公酒者亦如之。”《注》谓乡射饮酒，酒正授以式法及酒材，使自醸之。族师：“春秋祭酺。”《注》谓：族长无饮酒之礼，因祭酺，而与其民以长幼相献酬焉。《疏》曰：知因祭酺有饮酒之礼者，郑据《礼器》《明堂礼》，皆有醵法。然则醵之由来尚矣。盖部落共产之世，合食之遗俗也。夫当部落共产之世，其尚不能造酒，而惟饮水也审矣。斯时之聚食，盖或就水边，或则凿地取水。至后世犹袭其风，群饮者必在水边。其初凿地取水，后虽易以酒，亦或凿地盛之。故几酒与掌水禁同官，而纣亦作大池，以示其侈也。云牛饮者三千人为辈，固《论衡》所谓语增之流；然其说固有所本，非尽子虚也。《易·序卦》言“饮食必有讼”，盖由群饮沉湎，以致争斗，非争食也。汉世赐民牛酒，盖实授以酒，古给公酒之遗。其赐民酺，则听其合钱聚饮，古所谓醵也。

或曰：焉知酒之兴，必后于部落共产之世乎？曰：有征焉。《礼运》言“污尊抔饮”与“燔黍捭豚”“蒉桴土鼓”并举。又曰：昔者先王未有火化，食鸟兽之肉，饮其血，茹其毛。后圣有作，然后修火之利。以炮，以燔，以亨，以炙，为醴酪。《疏》曰：“未有火化，据伏羲以前。以燔捭豚，即是有火。燔黍捭豚，污尊抔饮，指神农，以《明堂位》云，土鼓苇籥，伊耆氏之乐。《郊特牲》曰：伊耆氏始为蜡，焉说以伊耆氏为神农。今此云蒉桴土鼓，故知谓神农也。”《士昏礼疏》云：污尊抔饮，谓神农时，虽有黍稷，未有酒醴。后圣有作，以为醴酪，据黄帝以后。案《礼运》言“污尊抔饮”与“以为醴酪”对举，此疏是。《礼运·疏》谓：污尊，乃凿池污下而盛酒，恐非。然亦可证后来有凿池盛酒之事。然则酒醴之作，盖在黄帝以后也。凡酒，稻为上，黍次之，粟次之。《聘礼注》。五齐三酒，俱用秫、稻、曲、糵、鬯酒用黑黍《周官》酒正《疏》。皆有资于农产。神农时，农事初兴，农产未盛，未必能以之为酒。谓酒起黄帝以后，近于实也。

《战国策》曰：仪狄作酒，禹饮而甘之。遂疏仪狄而绝旨酒，曰：后世必有以酒亡其国者，则夏时酒尚不甚通行。《明堂位》曰：“夏后氏尚明水，殷尚醴，周尚酒。”《注》：此皆其时之用耳，言尚非。案《礼器》《郊特牲》，皆言“玄酒之尚”，《郊特牲》作“玄酒明水之尚”。《士昏礼疏》曰：“相对，玄酒与明水别。通而言之，明水亦名玄酒。”《玉藻》曰：“凡尊，必尚玄酒。惟君面尊，惟飨野人皆酒。”《注》蜡饮不备礼。《疏》：飨野人，谓蜡祭时也。野人贱，不得比士，又无德，又可饱食，则宜贪味，故惟酒而无水也。案如予说，玄酒所以和酒而饮。飨野人之酒盖不多，故无待于和也。见下。则古祭祀饮食，皆尚玄酒。《士昏礼》：酌玄酒。三属于尊。

《疏》云："明水，若生人相礼，不忘本，亦得用。"康成所知者，作记者无由不知。则所谓尚者，正即康成所谓用耳。《疏》云：《仪礼》设酒尚玄酒，是周家亦尚明水也。《礼运》云：澄酒在下，则周世不尚酒。

《周官》酒正，有五齐、三酒、四饮。五齐者：泛齐、醴齐、盎齐、缇齐、沈齐。《注》云：自醴以上尤浊，盎以下差清。三酒者：一曰事酒，《注》云：即今醳酒。《疏》云：冬釀春成。二曰昔酒，《注》云：今之酋久白酒，所谓旧醳。《疏》云：久釀乃熟，故以昔酒为名。对事酒为清，对清酒为白。三曰清酒。《注》：今中山冬酿接夏而成。《疏》云：此酒更久于昔，故以清为号。四饮者：一曰清，即浆人醴清。二曰医，即《内则》所谓或以酏为醴，谓釀粥为醴。三曰浆，四曰酏。郑曰："五齐之中，醴恬，与酒味异。"《疏》曰："恬于余齐，与酒味稍殊，故取入六饮。其余四齐，味皆似酒。"盖四饮最薄，五齐次之，三酒最厚。《疏》云：五齐对三酒。酒与齐异，通而言之，五齐亦曰酒。四饮去水最近。五齐醴以上近水，盎以下近酒。而古人以五齐祭，三酒饮。《周官·酒正》《疏》："五齐味薄，所以祭；三酒味厚，人所饮。"其陈之也：则玄酒为上，醴酒次之，三酒在下。《礼运》："玄酒在室，醴醆在户，粢醍在堂，沈酒在下。"《坊记》："醴酒在室，醍酒在堂，澄酒在下。"醴即醴齐，醆即盎齐，粢醍即缇齐，澄即沈齐，酒即三酒。《玉藻》："五饮：上水，浆、酒、醴、酏。"《注》："上水，水为上，余其次之。"可见酒味之日趋于厚矣。

知酒味之日趋于厚，则知古人初饮酒时，其酒实去水无几。酒之厚者，或和水而饮之，未可知也。《周官》浆人六饮有凉。司农曰："凉，以水和酒也。"康成不从，未知何故。《疏》谓"和水非人所饮"，则以后世事度古人矣。果古无和水而饮者，司农岂得亿为之说耶？

案古人饮酒之器：《韩诗》说："一升曰爵，二升曰觚，三升曰觯，四升曰角，五升曰散。觥亦五升。"《古周礼》说："爵一升，觚三升。献以爵而酬以觚，一献而三酬，则一豆矣。"亦见《考工记·梓人》。《毛诗》说："金罍大一石，觥大七升。"许慎云："一献三酬当一豆。若觚二升，不满一豆。觥罚有过。一饮而尽七升过多。"郑驳之云："觯字角旁龙，汝、颍之间师读所作。今礼角旁单。古书或作角旁氏，角旁氏，则与觚字相近。学者多闻觚，寡闻觗。写此书乱之而作觚耳。又南郡太守马季长说：一献而三酬则一豆。豆当为斗，与一爵三觯相应。"《礼器》："宗庙之祭，贵者献以爵，贱者献以散，尊者举觯，卑者举角。五献之尊。门外缶，门内壶。君尊瓦甒。”郑《注》爵、散、觯、角与《诗》同。《注》又曰:“壶大一石,瓦甒五斗,缶大小未闻也。”《正义》:“壶大一石,瓦甒五斗者,《汉礼器制度》文。此瓦甒即燕礼公尊瓦大也。《礼图》:瓦大受五斗,口径尺,颈高二寸;径尺,大中,身锐,下平。瓦甒与瓦大同,以小为贵,近者小则远者大。缶在门外,则大于壶矣。”《周官》《疏》引《汉礼器制度》亦云:“觚大二升,觯大三升。”《诗·疏》引《礼图》:“罍大一斛,觥大七升。”古十斗为斛,即汉所谓一石。然则古酒器大小,惟觥未能定;缶不可知;自爵至罍,《韩诗》《毛诗》《周礼》《礼图》《礼器制度》略同。《论语》:“觚不觚。”马曰:“一升曰爵,二升曰觚。”亦同。据器之大小,可以考古人饮酒之多寡矣。《韩诗》说诸爵名之义曰:“觚,寡也,饮当寡少。觯,适也,饮当自适也。角,觸也,不能自适,觸罪过也。散,讪也,饮不能自节,为人所谤讪也。”又曰:“觚、觯、角、散,总名曰爵。其实曰觞,觞者饷也。觥亦五升,所以罚不敬。觥、廓也,所以著明之貌。君子有过,廓然明著。非所以饷,不得名觞。”《玉藻》曰:“君子之饮酒也,受一爵而色洒如也,二爵而言言斯,三爵而油油以退。”然则古人饮酒,不过三爵。过三爵,则不能自持矣。古权量于今不逮三之一,其饮酒之多寡,略与今人等也。乃《考工记》曰:“食一豆肉,饮一豆酒,中人之食。”淳于髡之说齐王曰:“臣饮一斗亦醉,一石亦醉。”虽讽谏之辞,不必尽实,亦不容大远于情。知必有和水饮之之法,故能如是也。

《射义》曰:“酒者,所以养老也,所以养病也,求中以辞爵者,辞,养也。”孟子谓曾子养曾皙,曾元养曾子,必有酒肉。《曲礼》曰:“五十不致毁,六十不毁,七十惟衰麻在身,饮酒食肉处于内。”《周官》酒正:“凡飨士庶子,飨耆老孤子,皆共其酒,无酌数。”《注》:“要以醉为度。”“凡有秩酒者,以书契受之。”《注》:“所秩者,谓老臣。”《王制》曰:“九十曰有秩。”此所谓所以养老也。《曲礼》又曰:“居丧之礼:头有创则沐,身有疡则浴,有疾则饮食肉。”《檀弓》曰:“曾子曰:丧有疾,食肉饮酒,必有草木之滋焉,以为姜桂之谓也。”《周官·疾医》:“以五味、五谷、五药养其病。”《疡医》亦曰:“以五味节之。”《注》:五味:醯、酒、饴、蜜、姜、盐之属。《酒正》:“辨四饮之物,二曰医。”《注》:“医,《内则》所谓或以酏为醴,凡醴浊,酿酏为之,则少清矣。”医字从殹从酉,疑正指其以酒为养。此所谓所以养病也。酒者,兴奋之剂,古人以为可以养神。《郊特牲》曰:“凡饮,养阳气也。”又曰:“凡食,养阴气也。”《疏》曰:“饮是清虚,食是体质。”《周官·酒正·注》曰:“王致酒,后致饮,夫妇之义。”饮较酒兴奋之用少也。射与角抵等事,其初不必如后来之有礼,败者或致创夷,故宜以是饮之。《投壶》曰:“当饮者皆跪。奉觞曰赐灌,胜者跪曰敬养。”此所谓所以辞养也。夫以酒养人,厚薄必适如其量。不然,是困之已。人之饮酒,多寡不同。而相饷之爵,大小若一,明亦必和水饮之,而后其礼可行也。

以酒为养生之物,则宜有以胜争饮者,古盖亦有此俗。《战国策》陈轸曰:有遗其舍人一卮酒。舍人相谓曰:数人饮此不足,请遂画地为蛇,蛇先成者独饮之。此以胜争饮者也。礼戒争而教让,故以饮败者为常耳。又酒以为养,而又以为罚不敬之具者,所以愧耻之也。此亦可见古人之贵礼而贱财,厚厉人之节,而重加之以罚矣。此文成后,读《观堂集林》卷三,有《说盉》一篇,明玄酒所以和酒,古人之酒,皆和水而饮,足与鄙说相发明。惟多引骨甲文,不佞甚不信之耳。

(一一八)衣服之法

《大戴记》曰:“端衣玄裳,冕而乘路者,志不在乎食荤;斩衰简屦,杖而歠粥者,志不在于饮食。”《哀公问五义》。此言服其服可以作其志也,文生情者也。《小戴记》曰:“君子衰绖则有哀色,端冕则有敬色,甲胄则有不可辱之色。”《表记》。此其有其德斯可以称其服也,情生文者也。情生文必积而致,文生情当勉而为,故衣服不可以无法。

衣服之法如之何?曰:不离其本而已矣。《墨子》曰:“圣人之为衣服,适身体和肌肤而足矣。非荣耳目而观愚民也。当是之时,坚车良马,不知贵也,刻镂文采,不知喜也……故民衣食之财,家足以待水旱凶饥者何也,得其所以自养之情,而不惑于外也。是以其民俭而易治,其君用财节而易赡也……当今之主……其为衣服,非为身体,皆为观好,是以其民淫僻而难治,其君奢侈而难谏也。”《辞过》。得其自养之情而不惑于外,此养生之精义也。故九流之论,无不相通者。

(一一九)谅闇

子张曰:“高宗谅闇,三年不言,何谓也?”子曰:“何必高宗,古之人皆然。

君薨，百官总己以听于冢宰，三年。”《论语·宪问》。案《丧服大记》曰：“父母之丧，居倚庐，非丧事不言。既葬，与人立，君言王事，不言国事。大夫士言公事，不言家事。君既葬，王政入于国。既卒哭而服王事。大夫士既葬，公政入于家。既卒哭，弁绖带，金革之事无辟也。既练，居垩室，不与人居。君谋国政，大夫士谋家事。”盖古之居丧者，于凡事皆无所与。古者君与民相去近，而国事亦简，是以能守其旧俗也。臣有大丧，君三年不呼其门，《公羊》宣公元年。亦以此。至于后世，则金革之事有不暇辟者也，礼从俗而变，亦事之不得不然。正不必讥后人之短丧也。

（一二〇）冰鉴

今人入夏率以冰藏食物，此古人久有之。《周官》天官有凌人，掌冰。正岁十有二月，令斩冰，春始治鉴，凡内外饔之膳羞鉴焉，凡酒浆之酒醴亦如之，祭祀共冰鉴，宾客共冰。《注》曰：鉴如甀，大口，以盛冰，置食物于中，以御温气。《疏》曰：汉时名为甀，即今之瓮是也。此即今之冰箱也。

然其取之甚虐。《豳风》曰：二之日，凿冰冲冲。三之日，纳于凌阴。《左传》昭公四年：申丰曰：古者日在北陆而藏冰，西陆朝觌而出之。其藏之也，深山穷谷，固阴沍寒，于是乎取之。其出之也，朝之禄位，宾食丧祭，于是乎用之。食肉之禄，冰皆与焉。大夫命妇，丧浴用冰。祭寒而藏之，献羔而启之，公始用之，火出而毕赋，自命夫命妇，至于老疾，无不受冰。山人取之，县人传之，舆人纳之，隶人藏之。今藏川池之冰，弃而不用云云。然则古之取冰，必竭民力以求之深山穷谷，又必穷其力以传之、纳之、藏之。至春秋时，乃徒取之于川池。此世运之渐进，虐政之渐减，民困之稍抒；而申丰反以为致雹之由，而称《七月》之卒章为藏冰之道，亦可谓傎矣。

用冰之始，盖当渔猎之世，藏生物于深山穷谷固阴沍寒之地，则不变坏。故其后虽不居山谷，犹劳民力以致之。因此并推之人体，故凌人大丧共夷槃冰，命夫命妇丧浴用冰也。然孔子不云乎：桓司马自为石椁，三年而不成，若是其靡也，死不如速朽之为愈也。然则竭民力以取冰，而传之、而纳之、而藏之，亦不如速朽之为愈矣；况乎为冰鉴以纵口腹之欲乎？

（一二一）坟墓

顾亭林曰：古王者之葬，称墓而已。春秋以降，乃有称丘者。赵肃侯、秦惠文、悼武、孝文三王始称陵，至汉则无帝不称陵矣。《日知录·陵》。案古之葬，盖本有二法:《易》曰:“古之葬者，厚衣之以薪，葬之中野，不封不树。”《系辞传》。此葬于平地者也。《孟子》言：“上世尝有不葬其亲者；其亲死，则举而委之于壑；他日过之，狐狸食之，蝇蚋姑嘬之”，乃归，“反虆梩而掩之”。《滕文公》上。此葬于山中者也。《淮南子》言:禹之时,“死陵者葬陵,死泽者葬泽”。《要略》。况上古之世，奉生送死，又不如禹之时之美备者乎？农耕者葬于中田，游猎者葬于山壑，亦固其所。《檀弓》曰“易墓非古也”；又言“季子皋葬其妻，犯人之禾”;成子高曰“我死，则择不食之地而葬我焉”;此皆葬于中田者。公叔文子升于瑕丘,曰:“乐哉斯丘也,死则我欲葬焉。”则择丘陵之地以营葬矣。《注》言“刺其欲害人良田”，非也。《吕览》曰：“葬浅则狐狸抇之，深则及于山泉。故凡葬必于高陵之上，以避狐狸之患，水泉之湿。”《节丧》。则古之葬者，实以丘陵为安，然非凡人之力所及，故不得不就近地而营葬焉。《吕览》又言：“古之人有藏于广野深山而安者。”可见其葬原有两法也。

言葬者既以高陵为安,故公置之墓地,多在于是。“晋卿大夫之墓地在九原”。《檀弓》“是全要领以从先大夫于九京也”《注》。又云：“京盖字之误，当为原。”案下文“赵文子与叔誉观乎九原”,《经》文亦作原,而此节《释文》云:“京音原。下同。下亦作原字。”《疏》云:“知京当为原者,案《韩诗外传》云:晋赵武与叔向观于九原。”则下节《经》文，本亦作京而或依郑《注》改之。德明所见本，犹未尽改,《义疏》所据，亦为未改之本;否则《经》文下节可据，不待引《韩诗》为证矣。《新序·杂事》:“晋平公过九原而叹。”亦作原。《左氏》襄公二十五年：楚蔿掩“辨京陵”。杜《注》曰“别之以为冢墓之地”是也。人君所葬，或本非丘陵;或虽因丘陵，而犹以为未高大，则以人力增筑之事起，踵事增华，遂有如吴阖闾、秦始皇帝之所为者矣。

上古之不封不树，非徒制度之简陋，亦以葬地距所居本近，不待识别也；不然，封树不甚劳人，岂古之人所不能为哉？“孔子既得合葬于防，曰：吾闻之：古也墓而不坟。今丘也，东西南北之人也，不可以弗识也。于是封之，崇四尺。”《檀弓》。墨子制葬埋之法,曰:“垄足以期其所。”《节葬》。皆是物也。《吕览》言："葬于山林，则合乎山林，葬于阪隰，则同乎阪隰。"《安死》。盖就不封不树之俗推言之。后世士大夫之墓，盖无不封树者。故《礼记·月令》：孟冬，"饬丧纪，辨衣裳，审棺椁之厚薄，茔丘垄之大小高卑厚薄之度，贵贱之等级"。《周官·春官》冢人，亦"以爵等为丘封之度，与其树数"也。秦穆公之距蹇叔也，曰："中寿，尔墓之木拱矣。"《左氏》僖公三十二年。伍子胥之将死也，曰："树吾墓槚。槚可材也，吴其亡乎！"《左氏》哀公十一年。亦卿大夫之墓无不封树之一证也。《诗·小弁》曰："行有死人，尚或墐之。"《毛传》曰："墐，路冢也。"路人而犹为之冢，亦取其可识也。《周官·秋官》蜡氏："若有死于道路者，则令埋而置楬焉。"其用意与为冢同。

（一二二）桐棺三寸非禹制

《墨子·节用》曰："古者圣王制为节葬之法，曰：衣三领，足以朽肉；棺三寸，足以朽骸；堀穴深不通于泉流，不发泄毕氏云："流疑当为气。"则止。"《节葬》曰："古圣王制为葬埋之法，曰：棺三寸，足以朽体；衣衾三领，足以覆恶；下毋及泉，上毋通臭；垄若参耕之亩则止矣。"又曰："禹葬会稽之山，衣衾三领，桐棺三寸；土地之深，下毋及泉，上毋通臭；既葬，收余壤其上，垄若参耕之亩则止矣。"又曰："子墨子制为葬埋之法，曰：棺三寸，足以朽骨；衣三领，足以朽肉；掘地之深，下无菹漏，气无发泄于上；垄足以期其所则止矣。"今案此葬埋之法，盖墨子斟酌时俗所制；云古圣王所制，又云禹之行事如此，皆托辞也。《礼记·檀弓》曰："有虞氏瓦棺，夏后氏堲周，殷人棺椁。"郑《注》言：有虞氏始不用薪，上陶；火熟曰堲，烧土冶以周于棺，或谓之土周，由是也；椁，大也，以木为之。《淮南·氾论》曰："有虞氏用瓦棺，夏后氏堲周，殷人用椁。"高《注》言："禹世无棺椁，以瓦广二尺，长四尺，侧身累之以蔽土，曰堲周。"如郑意，夏后氏有棺，堲周所以为椁；如高意，夏后氏无棺，堲周即所以为棺。今案《檀弓》言"殷人棺椁"，明以木为棺椁，并始于殷；《淮南》言"殷人用椁"，则以虞夏虽未以木为棺，已有瓦棺、堲周之制，惟椁实始于殷，故主椁言之，非谓夏后氏以木为棺；二说自当以高为是也。或曰：《檀弓》又曰："周人以殷人之棺椁葬长殇，以夏后氏之堲周葬中殇下殇，以有虞氏之瓦棺葬无服之殇。"《曾子问》曰："下殇，土周葬于园。"此郑以土周即堲周所本也。然则瓦棺而无椁，无服之殇之葬也；木以为棺，堲周以为椁，中殇下殇之葬也；棺椁皆以木为之，则长殇之葬也。等级分明，隆杀以辨，安得谓堲周之制，更无木制之棺与？不知周承殷之后，而以烧土为椁，夏当殷之前，即以烧土为棺，事不相妨；正不必因周用堲周之有棺，而疑夏之堲周必为椁也。部族长技，各有不同。虞夏盖专尚陶，用木为棺椁，实始于殷；不然，既以木为之棺，何不遂为之椁，而又必烧土以周之也？此又以理推之，而见高说之可信者也。然则夏时实未能以木为棺，安有桐棺三寸之事？赵鞅之誓众也，曰："若其有罪，绞缢以戮；桐棺三寸，不设属辟。"《左氏》哀公二年。延陵季子之葬其子也，"其坎深，不至于泉"。《檀弓》。然则墨子所据，自是当时觳薄之制，既背周道而用夏政，遂乃傅之于禹耳。其实禹时养生送死之制，较墨子所制，为更薄陋也。

《郊特牲》曰："礼之所尊，尊其义也。失其义，陈其数，祝史之事也。故其数可陈也，其义虽知也。知其义而敬守之，天子之所以治天下也。"其说则美矣，然礼家所言之义，未必皆礼之初意也，《檀弓》曰："孔子曰：之死而致死之，不仁而不可为也；之死而致生之，不知而不可为也。是故竹不成用，瓦不成味，木不成斲，琴瑟张而不平，竽笙备而不和，有钟磬而无簨虡。其曰明器，神明之也。"又曰："孔子谓为明器者，知丧道矣，备物而不可用也。哀哉，死者而用生者之器也，不殆于用殉乎哉？涂车刍灵，自古有之，明器之道也。孔子谓为刍灵者善，谓为俑者不仁，不殆于用人乎哉？"《孟子》亦曰："仲尼曰：始作俑者，其无后乎？为其象人而用之也。"《梁惠王》上。《淮南子》曰："鲁以偶人葬而孔子叹。"《缪称》。又见《说山》。《荀子》亦曰："卒礼者，以生者饰死者也。大象其生，以送其死也。故如死如生，如亡如存，终始一也。始卒，沐浴鬠体饭晗，象生执也。不沐则濡栉，三律而止；不浴则濡巾，三式而止。充耳而设瑱，饭以生稻，晗以槁骨，反生术矣。设亵衣，袭三称，搢绅而无钩带矣。设掩面儇目，鬠而不冠笄矣。书其名，置于其重，则铭不见而柩独明矣。荐器则冠有鍪而无纵，瓮庑虚而不实，有簟席而无床笫，木器不成斲，陶器不成物，薄器不成内，笙竽具而不和，琴瑟张而不均，舆藏而马反，告不用也。具生器以适墓，象徙道也。略而不尽，貌而不功。趋舆而藏之，金革辔靷而不入，明不用也。象徙道，又明不用也。是皆所以重哀也，故生器文而不功，明器貌而不用。"《礼论》。一似古人之制礼，真有深意存乎其间者。然既曰事死如事生，事亡如事存矣，又何惜乎器而必文而不功，貌而不用也？既惜其器，则不如无器之为愈也。然则所谓文而不功，貌而不用者，亦古者技艺未精，所制之器，本不过如此。后世生人所用之器，虽日益美备，而事死之礼，则相沿莫之敢变，正如祭之尚玄酒大羹，路车越席耳。既拘于旧俗而莫敢废，又沿袭旧器而莫敢革，因生致死不仁、致生不知之说，坊民之倍死忘生，而亦以儆夫以死伤生者也。其说则美矣，然岂礼之初意哉？涂车刍土而俑刻木，窃疑一与瓦棺堲周并行，一与棺椁并起，固由时代不同，亦虞夏与殷，制器各有专长也。

《檀弓》又曰："仲宪言于曾子曰：夏后氏用明器，示民无知也。殷人用祭器，示民有知也。周人兼用之，示民疑也。曾子曰：其不然乎？其不然乎！夫明器，鬼器也；祭器，人器也。夫古之人，胡为而死其亲乎？"其实示民疑者，即致死不仁、致生不知之说，曾子意存于厚，然其言，殊不如仲宪得孔子之意也。夏后氏用明器，殷人用祭器，周人兼用之，亦见丧礼前后相因，并日趋于美备。

《荀子》又曰："礼者，谨于吉凶，不相厌者也。紸纩听息之时，忠臣孝子，亦知其闵已，然而殡敛之具未有求也。垂涕恐惧，然而幸生之心未已，持生之事未辍也。卒矣，然后作具之，故虽备，家必逾日，然后能殡，三日而成服。然后告远者出矣，备物者作矣。故殡久不过七十日，速不损五十日。是何也？曰：远者可以至矣，百求可以得矣，百事可以成矣。其忠至矣，其节大矣，其文备矣。然后月朝卜日，月夕卜宅，然后葬也。"《礼论》。然则殡葬之期，亦度其事之宜耳。离乎事而言礼者，未之有也。《左氏》隐公元年："天子七月而葬，同轨毕至。诸侯五月，同盟至。大夫三月，同位至。士逾月，外姻至。赠死不及尸，吊生不及哀。豫凶事，非礼也。"此即《荀子》远者可以至，吉凶不相厌之说也。《淮南·齐俗》曰："禹遭洪水之患，陂塘之事，故朝死而暮葬。"则凶荒之时，不能备礼，戚友亦莫相吊赠，亦有不拘以时者，古人所以有报葬及久而不葬者也。报葬及久而不葬，皆见《礼记·丧服小记》。报，《注》云："读为赴疾之赴。"案《公羊》隐公三年，称不及时之葬为渴葬。

（一二三）墓祭

礼家言古不祭墓，谓葬埋所以藏其形，祭祀所以事其神也。《荀子·礼论》："葬埋，敬藏其形也；祭祀，敬祀其神也；铭诔系世，敬传其名也。"夫不以形魄为重，则可戢厚葬之风，不至殚财币以送死，而反使死者遭发掘之惨，其意则诚善矣，然谓古不祭墓，则非其实也。《易》曰："古之葬者，厚衣之以薪，葬之中野，不封不树。"《系辞传》。此盖农耕之民，即其所耕作之地以为葬，犹《礼记·曾子问》言下殇葬于园耳。其距所居盖甚近，祭于墓与祭于家，无甚区别，故古无祭墓庐墓之事，而非其不重形魄，以形魄为无知也。户口渐繁，耕地渐虞不足，度地居民之法亦稍详，则民居与墓地，不得不离，而祭墓庐墓之事，稍以起矣。

《礼记·檀弓》曰："延陵季子适齐，于其反也，其长子死，葬于嬴博之间。既封，左袒，右还其封，且号者三，曰：骨肉归复于土，命也；若魂气，则无不之也。"刘向言嬴博去吴，千有余里，季子不归葬，《汉书》本传。似古人之于形魄，诚以为无足重轻矣。然《记·檀弓》又曰："太公封于营丘，比及五世，皆反葬于周。君子曰：乐，乐其所自生；礼，不忘其本。古之人有言曰：狐死正丘首，仁也。"则又何也？《曲礼》曰："国君去其国，止之曰：奈何去社稷也？大夫曰：奈何去宗庙也？士曰：奈何去坟墓也？"观此知士不必有庙。《檀弓》曰："子路去鲁，谓颜渊曰：何以赠我？曰：吾闻之也：去国则哭于墓而后行；反其国不哭，展墓而入。"《史记·范雎列传》：雎责须贾曰："昔申包胥为楚却吴军，楚王封之以荆五千户，包胥辞不受，为丘墓之寄于荆也。今雎之先人丘墓亦在魏，公前以雎为有外心于齐而恶雎于魏齐，公之罪一也。"《田单列传》："单纵反间曰：吾惧燕人掘吾城外冢墓，戮先人，可为寒心。燕军尽掘垄墓，烧死人。即墨人从城上望见，皆涕泣，俱欲出战，怒自十倍。"古人之重丘墓如此。"曾子问曰：宗子去在他国，庶子无爵而居者，可以祭乎？孔子曰：祭哉。请问其祭如之何？孔子曰：望墓而为坛，以时祭。若宗子死，告于墓，而后祭于家。"《礼记·曾子问》。奔丧者不及殡，先之墓。《礼记·奔丧》。谓古人以神不栖于丘墓，徒为无知之形魄所寄，可乎？丽姬之欲陷申生也，"谓君曰：吾夜者梦夫人趋而来，曰：吾苦畏，胡不使大夫将卫士而卫冢乎？公曰：孰可使？曰：臣莫尊于世子，则世子可。故君谓世子曰：丽姬梦夫人趋而来，曰：吾苦畏，女其将卫士而往卫冢乎？世子曰：敬诺。筑宫。宫成，丽姬又曰：吾夜者梦夫人趋而来，曰：吾苦饥。世子之宫已成，则何为不使祠也？"《谷梁》僖公十年。曰苦畏而使士卫其冢，则古人谓神依于墓之证也。所筑之宫，盖即汉世之园寝。《吕览》言："世之为丘垄也，其高大若山，树之若林，其设阙庭，为宫室，造宾阼也若都邑。"《安死》。其所由来者旧矣。《史记·孔子世家》言："孔子葬鲁城北泗上。""故所居堂，弟子内，后世因庙，藏孔子衣冠琴车书。""鲁世世相传，以岁时奉时奉祠孔子冢。”盖即于是，非真祭于丘墓之间也。然其不能为庙者，则不得不祭于丘墓之间矣。伊川之被发而祭于野，《左氏》僖公二十二年。齐人之祭于东郭墦间《孟子·离娄》下。是也。《论衡·四讳》曰：“古礼庙祭，今俗墓祀。”盖谓此也。其《薄葬》又曰：世俗“闵死独葬，魂孤无副，丘墓闭藏，谷物乏匮，故作偶人，以侍尸柩；多藏食物，以歆精魂”。俑与遣奠，固皆古礼。然则谓魂无不之，而弃其形魄于远，乃古人无可如何之事，而非其谓神之必不栖于是也。《韩诗外传》曰：“曾子曰：椎牛而祭墓，不如鸡豚之逮亲存也。”夫能椎牛，其祭亦不菲矣，犹有祭于墓者，则知祭墓非古俗所无。《周官·春官》冢人“祭墓为尸”，固不必六国时俗矣。

苦畏而将士以卫其冢，此庐墓之礼所由起也。孔子之葬也，弟子皆毕心丧三年，然后去，子贡庐于冢上，凡六年。《史记·孔子世家》。案亦见《孟子·滕文公》上。无卫士又无弟子者，即不得不作偶人以为之侍；以偶人为未足而加隆焉，则庐墓之事起矣。庐墓盛于汉世，固不免于矫诈而沽名，然谓其俗不原于古，固不可也。

然古人虽重视形魄，欲敬藏之，而当其临利害之际，则亦有卓然不惑者。楚昭王之失国而秦救之至也，“吴师居麇。子期将焚之，子西曰：父兄亲暴骨焉，不能收，又焚之，不可。子期曰：国亡矣，死者若有知也，可以歆旧祀，岂惮焚之？焚之而又战，吴师败，吴子乃归。”《左氏》定公五年。此与延陵季子之事，可以参观。古人虽兼重形魄，然及其不能两全之际，其重神，固尤甚于其重形也。

（一二四）死于兵者不入兆域

《周官·春官》冢人：“凡死于兵者，不入兆域。”《注》曰：“战败无勇，投诸茔外以罚之。”观下文“凡有功者居前”之文，其说似当矣。然《左氏》襄公二十九年，“齐人葬庄公于北郭”。杜《注》：“兵死不入兆域，故葬北郭。”君岂以战陈为勇乎？且庄公死于弑逆，非战败也。戚之战，赵鞅誓于师曰：“若其有罪，绞缢以戮，桐棺三寸，不设属辟，素车朴马，无入于兆。”《左氏》哀公二年。虽曰战败，其人仍死于刑戮也。邲之役，楚庄王“欲还，嬖人伍参欲战。令尹孙叔敖弗欲，曰：战而不捷，参之肉其足食乎？参曰：若事之捷，孙叔为无谋矣；不捷，参之肉将在晋军，可得食乎？”《左氏》宣公十二年。战而死于兵，非无勇也，较诸奔北者如何？《论衡·四讳》曰：俗讳被刑为徒，不上丘墓。父母死，不送葬；若至墓侧，不敢临葬。甚失至于不行吊，伤见他人之柩者。仲任云：“不能知其不可之意。”然所讳者被刑，非战败也。康成之言，于是为亿测矣。

（一二五）厚葬

墨家言薄葬，然儒家亦非主厚葬也。《礼记·檀弓》曰：“夫子居于宋，见桓司马自为石椁，三年而不成。夫子曰：若是其靡也，死不如速朽之为愈也。”又曰：“后木曰：丧，吾闻诸县子曰：夫丧，不可不深长思也，买棺外内易。我死则亦然。”《注》曰“此孝子之事，非所托”，盖讥之也。然而卒不能止厚葬之俗者，何也？则当时之制度，牵于流俗，以厚葬为荣，薄葬为辱；而儒者又狃于当时之制度，未能一举而正之也。《檀弓》又曰：“君即位而为椑，岁一漆之，藏焉。”此与汉天子即位而为陵；句骊婚嫁毕，便稍营送终之具者何异？盖流俗之情，虽亦以为魂升魄降，《礼运》：孔子言礼之初曰：“及其死也，升屋而号，告曰皋某复，然后饭腥而苴孰，故天望而地藏也。体魄则降，知气在上，故死者北首，生者南乡，皆从其初。”离魂与魄而二之，固野蛮人之思想也。而又不敢决形魄之无知，迷信之情愈澹，则愈怀疑于鬼神，而愈重视形魄。则恒思有以厚之，其不能遂者，限于力耳。力所能及，则无弗为矣。变本加厉，遂有以此眩耀生人，而转忘其本意者。《吕览》曰：“今世俗大乱之主，愈侈其葬，非为乎死者虑也，生者以相矜尚也。侈靡者以为荣，俭节者以为陋。”《节丧》。其极言厚葬之祸也，曰：“民之于利也，犯流矢，蹈白刃，涉血盩肝以求之。虽圣人犹不能禁。”况于“死者弥久，生者弥疏；生者弥疏，守者弥怠”；同上。又况“自古及今，未有不亡之国”也？《安死》。此非难明之理，而亦著见之事也，然而卒莫能戢其观世示富之心。岂不哀哉！

语曰：矫枉者必过其直。过其直，犹恐枉之不见矫也；况于不及其直也？《荀子》曰：“天子棺椁十重，诸侯五重，大夫三重，士再重。皆有衣衾多少厚薄之数，皆有翣菨文章之等，以敬饰之。天子之丧，动四海，属诸侯；诸侯之丧，动通国，属大夫；大夫之丧，动一国，属修士；修士之丧，动一乡，属朋友；庶人之丧，合族党，动州里。刑余罪人之丧，不得合族党，独属妻子；棺椁三寸，衣衾三领；

不得饰棺，不得昼行，以昏殣；凡缘而往埋之。反，无哭泣之节，无衰麻之服，无亲疏月数之等；各反其平，各复其始；已葬埋，若无丧者而止。夫是之谓至辱。”《礼论》。晋赵鞅之誓师也，曰：“若其有罪，绞缢以戮，桐棺三寸，不设属辟，素车朴马，无入于兆。”《左氏》哀公二年。其以厚葬为荣，薄葬为辱如是，民安得不逾侈以相高也？流之不可止者，必由于不能塞其原。故曰：儒家非厚葬而终不能止厚葬之俗者，以其狃于当时之制度，未能一举而正之也。

然则儒家之制非，而墨家之法善与？是亦不然。夫积古相沿之俗，非一朝之所能革也审矣。峻其法以禁之，革其事，不能革其心也。不能革其心，则督责之力一衰，其事且将变本而加厉。故儒家贵道之以德，齐之以礼，而不贵道之以政，齐之以刑。厚葬虽非义乎，不强人以所难从，先为之礼，去其泰甚，正其事而徐俟其心之自变焉，固亦未为非计。然而以身教者从，以言教者讼；其所令，反其所好，而民不从矣。“夫子制于中都，四寸之棺，五寸之椁。”亦见《檀弓》。“颜渊死，颜路请子之车以为之椁。子曰：才不才，亦各言其子也。鲤也死，有棺而无椁，吾不徒行以为之椁。以吾从大夫之后，不可徒行也。”《论语·先进》。然则夫子之所以送其子者，不及其所定之制也。“颜渊死，门人欲厚葬之。子曰：不可。门人厚葬之。子曰：回也，视予犹父也，予不得视犹子也。非我也，夫二三子也。”亦见《先进》。距颜路而颜路不敢非，责门人而门人莫敢怼，其所以自处者，固有以大服乎人心也。墨者夷之，葬其亲厚，而犹欲以墨之道易天下，则必不行矣。《孟子·滕文公》上。夫夷子岂以为非是而不贵也，然而葬其亲厚，则墨子之道，流俗之情，必有交战于中而不能自决者矣。子曰：“人之过也，各于其党。观过，斯知仁矣。”《论语·里仁》。“程子曰：君子常失于厚，小人常失于薄；君子过于爱，小人过于忍。”《集注》。人子而不忍俭其亲，未为大恶也，而民之从其意不从其令者，未尝以是恕也。况夫情无以异于流俗，徒欲责人之守法，而己顾以逾侈为快者乎？

《墨子·节葬》《吕览·安死》，言古之薄葬者，皆称尧、舜、禹。刘向谏起昌陵，更列黄帝、殷汤、文、武、周公、秦穆公、樗里子、孔子、延陵季子。《汉书》本传。其尽信与否不可知，然宋文公卒，始厚葬，而君子讥华元、乐举之不臣，《左氏》成公二年。《史记·宋世家》亦云：“君子讥华元不臣。”则春秋以前，敢于违礼厚葬者，盖亦寡矣。礼制未亡，而人莫敢自恣也。及战国之世，则有难言者矣。然其甚者，尤莫过于吴阖闾、秦惠文、武、昭、严襄五王，则又何也？曰：俭，德之共，侈，恶之大；必尝学问、积经历而后知之，否则徒知以侈为贵耳。是固流俗之情也。吴与秦，皆俭陋之邦也。以俭陋之邦，接富厚之国，而无尝学问，积经历之人，则必以富厚相高，以俭陋为愧矣。则必以侈靡逾制者，奉其所尊，厚其徒党矣。商鞅以大筑冀阙、营如鲁卫骄赵良，《史记》本传。其务饰外观可见。《吕览》之言，盖为秦人发也。然而不韦宾客之为秦谋，则可谓忠矣。苏秦通于燕易王母，恐诛，乃说燕王，详为得罪于燕而亡走齐，说湣王厚葬以明孝，高宫室苑囿以明得意，欲破敝齐而为燕。《史记》本传。安知当时诸侯宾客，不有欲祸吴、秦者，而以是破敝之也？然而烛客之奸，亦必资于尝学问、积经历，固非吴、秦之臣所及矣。

《荀子》书晚出，论多偏激不中理，其言厚葬亦是也。《荀子》之言曰："世俗之为说者曰：太古薄葬，棺厚三寸、衣衾三领，葬田不妨田，故不掘也。乱今厚葬饰棺，故扫也，是不及知治道，而不察于扫不扫者之所言也。凡人之盗也，必以有为；不以备不足，则以重有余也。而圣王之生民也，皆使当厚，优犹知足，而不得以有余过度，故盗不窃，贼不刺；狗豕吐菽粟，而农贾皆能以货财让。风俗之美，男女自不取于途，而百姓羞拾遗。虽珠玉满体，文绣充棺，黄金充椁，加之以丹矸，重之以曾青，犀象以为树，琅玕、龙兹、华觐以为实，人犹且莫之扫也。乱今然后反是。上以无法使，下以无度行。若是，则上失天性，下失地利，中失人和。故百事废，财物诎，而祸乱起。王公则病不足于上，庶人则冻馁羸瘠于下。于是焉桀纣群居，而盗贼击夺以危上矣。虽此倮而埋之，犹且必扫也，安得葬埋哉？"《正论》。其言似辩矣，独不知珠玉满体，文绣充棺者，何以使民知足也？《老子》曰："民之饥，以其上食税之多。"何谓饥，盖难言之矣。有多食税者以与之相形，民未有不自以为饥者也。《孟子》曰："万取千焉，千取百焉，不为不多矣。苟为后义而先利，不夺不餍。"《梁惠王》上。有万焉，未有以千自足者也；有千焉，未有以百自足者也。然而世皆以厚葬为能尊其所尊，亲其所亲，是则宦官宫妾之见也。

（一二六）殉葬

殉葬之风，何自起乎？曰：其所由来者旧矣。《檀弓》曰："陈子车死于卫，其妻与其家大夫谋以殉葬。定，而后陈子亢至。以告，曰：夫子疾，莫养于下，请以殉葬。”此隆古留诒之思想也。观羊角哀、左伯桃之事可知。春秋士大夫，虽不能断然持无鬼之论，然疑信于其有无之间者多矣，不能革故俗，未必创此陋制也。故曰：殉葬之风，其所由来者旧矣。

《左氏》成公二年：“宋文公卒，始用殉。”《史记·秦本纪》亦言：“武公卒，初以人从死。”似前此无其事者，何也？盖殉葬古有此俗，至周时多以为非，故知礼之国莫敢行；而俭陋之国，又莫之能行也。陈子亢之距子车之妻与其家大夫也，曰：“以殉葬，非礼也。虽然，则彼疾，当养者，孰若妻与宰？得已，则吾欲已；不得已，则吾欲以二子者之为之也。于是弗果用。”《檀弓》又曰：“孔子谓为明器者，知丧道矣，备物而不可用也。哀哉，死者而用生者之器也，不殆于用殉乎哉？其曰明器，神明之也。涂车刍灵，自古有之。孔子谓为刍灵者善，谓为俑者不仁，不殆于用人乎哉？”《孟子·梁惠王》上：“仲尼曰：始作俑者，其无后乎？为其象人而用之也。”夫象人及用生者之器则何害，然而孔子深恶之者，所谓防其渐也。又曰：“陈乾昔寝疾，属其兄弟，而命其子尊己曰：如我死，则必大为我棺，使吾二婢子夹我。陈乾昔死。其子曰：以殉葬，非礼也，况又同棺乎？弗果杀。”《左氏》文公六年：“秦伯任好卒，以子车氏之三子奄息、仲行、针虎为殉，皆秦之良也。国人哀之，为之赋《黄鸟》。君子曰：秦穆之不为盟主也，宜哉。”又曰：“君子是以知秦之不复东征也。”宣公十五年：“魏颗败秦师于辅氏，获杜回，秦之力人也。初，魏武子有嬖妾，无子。武子疾，命颗曰：必嫁是。疾病，则曰：必以为殉。及卒，颗嫁之，曰：疾病则乱，吾从其治也。及辅氏之役，颗见老人结草以亢杜回，杜回踬而颠，故获之。夜梦之曰：余，而所嫁妇人之父也。尔用先人之治命，余是以报。”当时之人之视用殉，以为惨酷不仁如是，宜其敢行之者少也。

《墨子·节葬》言：“天子杀殉，众者数百，寡者数十；将军大夫杀殉，众者数十，寡者数人。”所谓天子，盖指当时大国。秦当武公时，东竟犹未至河，未足与大国侔也，而从死者六十六人；穆公则从死者百七十七人，侔于墨子之所谓天子矣。《史记·秦本纪正义》引应劭云：“秦穆公与群臣饮，酒酣，公曰：生共此乐，死共此哀。于是奄息、仲行、针虎许诺。及公薨，皆从死。《黄鸟》诗所为作也。”此盖三家遗说。当时许诺者必不止此三人，说诗者但举此三人耳。盖戎翟故有此俗，故君以是要其臣，臣亦以是许其君也。然则秦人之用殉，不尽由于其君之侈虐。然《史记》又言“献公元年止从死”，则亦知其非礼而改之矣。

《秦始皇本纪》:“葬始皇骊山。二世曰:先帝后宫非有子者,出焉不宜。皆令从死,死者甚众。”盖自此以前,后宫无子者皆出也。

《左氏》昭公十三年,楚灵王缢于申亥氏,“申亥以其二女殉而葬之”。虽造次颠沛之际,而殉葬之礼不废,可见其俗由来甚久,深入人心也。

(一二七)蚩尤作兵

《吕览·荡兵》曰:“人曰蚩尤作兵,蚩尤非作兵也,利其械矣。未有蚩尤之时,民固剥林木以战矣。”是自古相传,以蚩尤为作兵之人也。《路史》引《世本》云:“蚩尤作五兵。”汉高祖之起兵也,祠黄帝,祭蚩尤于沛廷。《汉书·高帝纪》。马援兄子严将北军、羽林卫护南单于,敕过武库,祭蚩尤。《后汉书·援传》。盖相传之旧典也。“祠兵”见《春秋》庄公八年,《左》《谷》皆作“治兵”。《公羊》曰:“出曰祠兵,入曰振旅,其礼一也,皆习战也。”《公羊解诂》曰:“祠兵,壮者在前,难在前;振旅,壮者在后,复长幼,且卫后也。”《谷梁》曰:“出曰治兵,习战也。入曰振旅,习战也。”《尔雅·释天》曰:“出为治兵,尚威武也;入为振旅,反尊卑也。”其义实同。然此皆以后来军旅之礼言之,非其朔也。《解诂》又曰:“兵不徒使,故将出兵,必祠于近郊,陈兵习战,杀牲飨士卒。”此盖其礼之朔。犹明、清初用火炮时,以为有神,封为红衣大将军而祀之云尔。《周官·春官》肆师:“凡四时之大甸猎,祭表貉则为位。”《注》:“貉,师祭也。貉读为十百之百。于所立表之处为师祭,造军法者,祷气势之增倍也。其神盖蚩尤,或曰黄帝。”此其礼之朔也。所以兼祠黄帝者,蚩尤为黄帝所灭,其后或服属黄帝;又蚩尤故盛强,黄帝亦或席其旧名,以劫制天下,故其事迹颇相混。《管子·地数》曰:“黄帝问于伯高曰:吾欲陶天下而以为一家,为之有道乎?伯高对曰:山之见其荣者,君谨封而祭之,距封十里而为一坛。是则使乘者下行,行者趋。若犯令者,罪死不赦。然则与折取之远矣。修教十年,而葛卢之山发而出水,金从之。蚩尤受而制之,以为剑铠矛戟。是岁,相兼者诸侯九。雍狐之山发而出水,金从之。蚩尤受而制之,以为雍狐之戟、芮戈。是岁,相兼者诸侯十二。”又《五行》篇言:“黄帝得六相而天地治,神明至,蚩尤明乎天道,故使为当时。”《御览·皇王部》引《龙鱼河图》曰:“黄帝摄政,前有蚩尤,兄弟八十一人,并兽身人语,铜头铁额,食沙石子;造立兵杖刀戟大弩,威振天下。黄帝仁义,不能禁止蚩尤,遂不敌,乃仰天而叹。天遣玄女，下授黄帝兵信神符，制伏蚩尤，以制八方。蚩尤殁后，天下复扰乱不宁。黄帝遂画蚩尤形像，以威天下。天下咸谓蚩尤不死，八方万邦，皆为殄伏。”传说虽不足据，亦必略有所本也。

《易·系辞传》述黄帝、尧、舜之事曰：“弦木为弧，剡木为矢。弧矢之利，以威天下。”则北方之兵，用木而已，所谓“剥林木以战”也。《礼记·内则》言国君世子生三日，射人以桑弧蓬矢六，射天地四方。《注》：“桑弧蓬矢，本大古也。”亦古以木为兵之一证。南方则不然，《左氏》僖公十八年：“郑伯始朝于楚，楚子赐之金，既而悔之，与之盟，曰：无以铸兵。故以铸三钟。”《荀子》言楚人“宛巨铁钝，惨如蜂虿”《议兵》。《汉书·地理志》言吴越之士，轻死好用剑。其以金为兵久矣。周穆王及管子皆有赎刑之制。见《赎刑》条。盖皆以兵不给用而然。古有寓兵于农之说，后人多误谓以农夫为战士，其实古无称执兵之人为兵者。寓兵于农，乃谓以农器为兵器，《六韬·农器》篇所述是其事。《管子》言“美金以铸戈剑矛戟”，谓以铜为兵；“恶金以铸斤斧钽夷锯欘”，谓以铁为农器也。《小匡》。则北方颇乏铜矣。故楚子矜重之也。《周官·秋官》职金：“掌受士之金罚货罚，人于司兵。”《周官》战国时书，则战国时犹有此制。

《水经·资水注》：“茱萸江东径益阳县北，又谓之资水。水南十里，有井数百口，浅者四五尺，或三五丈，深者亦不测其深。古老相传，昔人以杖撞地，辄便成井。或云古人采金沙处，莫详其实也。”《续汉书·郡国志》武陵郡益阳《注》引《荆州记》曰：益阳“县南十里有平冈，冈有金井数百，浅者四五尺，深者不测。俗传云：有金人以杖撞地，辄成井。”又云：“承水出邵陵县界邪姜山，东北流，至重安县，径舜庙下，又东合略塘。相传云：此塘中有铜神，今犹时闻铜声于水，水辄变绿，作铜腥，鱼为之死。”又《渐江水注》：“石帆山西连会稽，东带若邪溪，《吴越春秋》所谓欧冶涸以成五剑。溪水下注太湖，湖水自东亦注江通海。东有铜牛山，其间有炭渎。”皆南方铜矿夙开之证。

《吴越春秋》与《越绝书》为一家言。《越绝外传》有《记宝剑》之篇，载薛烛论巨阙之辞曰：“宝剑者，金锡和铜而不离。今巨阙已离矣，非宝剑也。”其论纯钧曰：“当造此剑之时，赤堇之山破而出锡，若邪之溪涸而出铜。”《山海经·中山经注》引此。又云：“汲郡冢中，得铜剑一枝，长三尺五寸，乃今所名为干将剑。汲郡亦皆非铁也，明古者通以锡杂铜为兵器也。”金锡和铜，此今人所谓青铜器也。卫聚贤云：“今江苏之无锡县，旧说周、秦间本产锡。语云：有锡争，无锡平。汉乃以无锡名县。古南方之锡，盖取于是。”予案卫说是也，无盖发语词，以为有无之无，乃后人附会。《周官·秋官》职金：“入其金锡于兵器之府。”则北方制兵亦用青铜。《外传》又言：楚王令风胡子之吴，使干将作铁剑三：一曰龙渊，二曰泰阿，三曰工布。晋、郑闻而求之，不得。兴师围楚，三年不解。楚王引泰阿之剑，登城而麾之。三军破败，士卒迷惑，流血千里。楚王大说，曰：“此剑威邪？寡人力邪？”风胡子对曰：“剑之威也，因大王之神。”楚王曰：“夫剑，铁耳，固能有精神若此乎？”风胡子对曰：“时各有使然。轩辕、神农、赫胥之时，以石为兵，断树木，为宫室，死而龙藏。龙同垅。言以剑殉葬。夫神，圣主使然。至黄帝之时，以玉为兵，以伐树木，为宫室，凿地。夫玉亦神物也，又遇圣主使然。死而龙藏。禹穴之时，以铜为兵，以凿伊阙，通龙门，决江导河，东注于东海，天下通平，治为宫室，岂非圣主之力哉？当此之时，作铁兵，威服三军，天下闻之，莫敢不服。此亦铁兵之神，大王有圣德。”玉亦石也，肃慎氏楛矢石砮，是兼用木石为兵，盖古北方多如此。

《吴越春秋·阖闾内传》云：阖闾使干净作名剑二。干将采五山之铁精，六合之金英，候天伺地，阴阳同光，百神临观，天气下降，而金铁之精不销。干将不知其由。莫邪曰：“夫神物之化，须人而成。今夫子作剑，得无得其人而后成乎？”干将曰：“昔吾师作冶，金铁之类不销，夫妻俱入冶炉中，然后成物。至今后世即山作冶，麻绖蒌服，然后敢铸金于山。今吾作剑不变化者，其若斯邪？”莫邪曰：“师知烁身以成物，吾何难哉？”于是干将妻乃断发翦爪，投于炉中。使童女童男三百人，鼓橐装炭，金铁乃濡，遂以成剑。阳曰干将，阴曰莫邪。干将匿其阳，出其阴而献之。阖闾既宝莫邪，复命于国中作金钩。令曰：能为善钩者，赏之百金。吴作钩者甚众，而有贪王之重赏也，杀其二子，以血衅金，遂成二钩，献于阖闾，诣宫门而求赏。王曰：“为钩者众，而子独求赏，何以异于众夫子之钩乎？”作钩者曰：“吾之作钩也，贪而杀二子，衅成二钩。”王乃举众钩以示之：“何者是也？”王钩甚多，形体相类，不知其所在。于是钩师向钩而呼二子之名：“吴鸿、扈稽，我在于此，王不知汝之神也。”声绝于口，两钩俱飞，着父之胸。吴王大惊，曰：“嗟乎，寡人诚负于子，乃赏百金。”观此，知当时造钩专用铜，造剑则已用铁矣。神物须人而成，此物成之所以必衅也。

伪《古文尚书·说命》曰：“惟甲胄起戎。”伪《传》云：“甲，铠；胄，兜鍪也。”《疏》

曰："经传之文，无铠与兜鍪，盖秦、汉以来，始有此名。《传》以今晓古也。古之甲胄皆用犀兕，未有用铁者。而鍪、铠之字皆从金，盖后世始用铁耳。"《费誓疏》云：经典皆言甲胄，秦世以来，始有铠、兜鍪之文。古之作甲用皮，秦、汉以来用铁。铠、鍪二字皆从金，盖用铁为之，而因以作名也。《周官·夏官》司甲注：甲，今之铠也。《疏》：古用皮谓之甲，今用金谓之铠，从金为字也。此亦见铁之为用日广。

《战国策·赵策》：襄子至晋阳，召张孟谈曰："吾铜少，若何？"张孟谈曰："臣闻董子之治晋阳也，公宫之室，皆以炼铜为柱质，请发而用之，则有余铜矣。"此可见战国之时，犹以铜为兵。然朱亥袖四十斤铁椎椎杀晋鄙，《史记·信陵君列传》。而张良得力士，为铁椎，重百二十斤，以狙击秦皇帝于博浪沙中，《留侯世家》。则以铁为兵者，亦不乏矣。《范雎蔡泽列传》：秦昭王曰："吾闻楚之铁剑利而倡优拙。"楚犹如此，他国更可无论也。

苏秦之说韩宣王也，曰："天下之强弓劲弩，皆从韩出。谿子、少府时力、距来者，皆射六百步之外。韩卒超足而射，百发不暇止，远者括蔽洞胸，近者镝掩心。韩卒之剑戟，皆出于冥山、棠溪、墨阳、合赙、邓师、宛冯、龙渊、太阿，皆陆断牛马，水截鹄雁。当敌则斩坚甲铁幕，革抉㕹芮，无不毕具。以韩卒之勇，被坚甲，蹠劲弩，带利剑，一人当百，不足言也。"《史记》本传。《盐铁论·论勇》篇云："世言强楚劲郑，有犀兕之甲，棠溪之铤也。"又曰："楚、郑之棠溪、墨阳，非不利也；犀胄、兕甲，非不坚也。"夫韩即郑，而郑则古祝融之虚也。然则北方军械之精，亦仍由蚩尤之族传之矣。

贾谊说汉文，收铜勿令布，而曰以作兵器，则前汉之兵，尚多以铜为之。然《后汉书·鲜卑传》载蔡邕之言曰："关塞不严，禁网多漏，精金良铁，皆为贼有，兵利马疾，过于匈奴。"则后汉之兵，已兼用铜铁矣。三国崔鉴冶铜为农器，则农器亦有以铜为之者。古专用为兵，而后世兼以为他器，此铜之所由日贵欤？

（一二八）三革

《管子·小匡》《荀子·儒效》皆有定三革偃五兵之文。《齐语》则云："定三革，隐五刃。"韦昭云：三革，甲、胄、盾也。尹知章曰："车、马、人皆有革甲曰三革。”案此说恐非。《考工记》曰:“函人为甲，犀甲七属，兕甲六属，合甲五属。”盖所谓三甲者也。

（一二九）宋襄公

宋襄公泓之战,《公羊》善之,《左》《谷》非之。僖公二十二年。《左氏》曰:“明耻教战，求杀敌也，伤未及死，如何勿重?”“虽及胡耇，获则取之，何有于二毛?”此纯系战国时人议论，以多杀为主，可以勿论。《谷梁》谓“道之贵者时，其行势也”，议论似较正。然宋襄是战，初非因持正而败;而其持正，亦非真不度时势也。《左氏》僖公三十三年:“晋阳处父侵蔡。楚子上救之，与晋师夹泜而军。阳子患之，使谓子上曰:子若欲战，则吾退舍，子济而陈。不然纾我。乃驾而待。子上欲涉，大孙伯曰:不可。晋人无信，半涉而薄我，悔败何及，不如纾之。乃退舍。阳子宣言曰:楚师遁矣。遂归。楚师亦归。”曰晋人无信，则他国未必皆无信，此子上之所以欲涉。泓之战，宋既成列，而楚人犹济，盖亦以此也。宋虽不鼓不成列，然以逸待劳，岂有必败之理?所以败者:《孙子》曰:“诸侯自战其地者为散地。”《九地》。《战国策·中山策》，武安君论楚之败曰:“当此之时，秦中士卒，以军中为家，将帅为父母，不约而亲，不谋而信，一心同功，死不旋踵。楚人自战其地，咸顾其家，各有散心，莫有斗志，是以能有功也。”此《孙子》之注脚也。春秋时用兵，侵伐者多胜，御敌者多败,载在《左氏》,斑斑可考。宋之败盖亦以此。然以偏战御敌而克捷者，亦非无之，故谓宋襄以守礼而败，绝非情实。谓其守礼为不度时势，则更以成败论人，而又曲加傅会者矣。

行军务于多杀，其祸至战国时始烈，其论亦至战国时始盛。古之所谓义兵者，散见群经诸子中;《吕览·怀宠》《淮南·兵略》，言之尤详。虽时异势殊，其事不可复见，要不可谓古无其事。且即在晚近，亦未尝绝迹也。齐桓之霸也，“邢迁如归，卫国忘亡”。《左氏》闵公二年。萧鱼之役，“赦郑囚，皆礼而归之;纳斥候，禁侵掠”。襄公十一年。虽古之义兵，亦何以过?《孟子》曰:“郑人使子濯孺子侵卫，卫使庾公之斯追之。子濯孺子曰:今日我疾作，不可以执弓，吾死矣夫!问其仆曰:追我者谁也?其仆曰:庾公之斯也。曰:吾生矣。其仆曰:庾公之斯，卫之善射者也;夫子曰吾生，何谓也?曰:庾公之斯学射于尹公之他，尹公之他学射于我。夫尹公之他，端人也，其取友必端矣。庾公之斯至，曰：夫子何为不执弓？曰：今日我疾作，不可以执弓。曰：小人学射于尹公之他，尹公之他学射于夫子。我不忍以夫子之道，反害夫子。虽然，今日之事，君事也，我不敢废。抽矢，扣轮，去其金，发乘矢而后反。”《离娄》下。《左氏》则曰：“尹公佗学射于庾公差，庾公差学射于公孙丁。二子追公。公孙丁御公。子鱼曰：射为背师，不射为戮，射为礼乎？射两出而还。尹公佗曰：子为师，我则远矣。乃反之。公孙丁授公辔而射之，贯臂。”襄公十四年。此亦《左氏》为六国时书，务杀而不重礼之证。《檀弓》曰：“工尹商阳与陈弃疾追吴师，及之。陈弃疾谓工尹商阳曰：王事也，子手弓而可。手弓，子射诸。射之，毙一人。报弓。又及，谓之，又毙二人。每毙一人，掩其目。止其御曰：朝不坐，燕不与，杀三人，亦足以反命矣。孔子曰：杀人之中，又有礼焉。”曷尝以多杀为贵哉？邲之战，“晋人或以广队不能进，楚人惎之脱扃。少进，马还，又惎之拔旆投衡。乃出，顾曰：吾不如大国之数奔也。”当两军交战之时，而教敌人以遁逃，以致反为所笑，其事殊不近情。故有训惎为毒，以“惎之”“又惎之”绝句者。然如是，则晋人顾曰之语，不可解矣。读《公羊》还师佚寇之文，则知庄王之不欲多杀，故其下得教敌人以遁逃。《左氏》下文又曰：“晋之余师不能军，宵济，亦终夜有声。”盖亦见庄王之宽大。杜《注》谓“言其兵众，将弗能用”，殆非也。宣公十二年。《左氏》书杂取而成，议论多战国时人语，其记事犹或出旧闻。如宣公二年论狂狡曰：“失礼违命，宜其为禽也。戎昭果毅以听之之谓礼，杀敌为果，致果为毅。易之，戮也。”竟以杀人为礼。然其记齐桓、晋悼、楚庄之事，则犹是古之遗言矣。邲之战，庄王不肯为京观，而《吕览》言“齐攻廪丘，赵使孔青将死士而救之。与齐人战，大败之。齐将死，得车二千，得尸三万，以为二京”，《不广》。于此亦可见春秋战国时之变迁。在春秋时，惟齐庄公尝封少水，《左氏》襄公二十三年。则好勇之徒，不足论也。

《左氏》云：“凡诸侯有四夷之功，则献于王，王以警于夷。中国则否，诸侯不相遗俘。”庄公三十一年。此亦同族间不尚杀戮之一事。宣公十五年、十六年，晋皆献狄俘于王。城濮之战，亦献楚俘。僖公二十八年。盖犹夷狄遇之。襄公十年，“以偪阳子归，献于武宫，谓之夷俘”。杜《注》曰：“讳俘中国，故谓之夷。”鞌之战，献齐捷于王，成公二年。遂为王所责矣。然齐伐山戎，子司马子讥其操之已蹙，《公羊》庄公三十年。则于异族，实亦未尝歧视也。

昭公八年，《谷梁》言蒐狩之礼曰："车轨尘，马候蹄，掩禽旅。御者不失其驰，然后射者能中。过防弗逐，不从奔之道也。面伤不献，《注》："嫌诛降。"不成禽不献。《注》："恶虐幼小。"禽虽多，天子取三十焉，其余与士众，以习射于射宫。射而中，田不得禽，则得禽；田得禽，而射不中，则不得禽。是以知古之贵仁义而贱勇力也。"隐公五年云："战不逐奔，诛不填服。"即此所谓"过防弗逐"，"面伤不献"也。王良之论嬖奚也，曰："吾为之范我驰驱，终日不获一；为之诡遇，一朝而获十。诗云：不失其驰，舍矢如破。我不贯与小人乘。"《孟子·滕文公》下。即此所谓"射而中，田不得禽则得禽；田得禽，而射不中则不得禽"也。《郊特牲》曰："季春出火，为焚也。然后简其车赋，而历其卒伍；而君亲誓社，以习军旅。左之右之，坐之起之，以观其习变也。而流示之禽，而盐诸利，以观其不犯命也。求服其志，不贪其得，故以战则克，以祭则受福。"即此"禽虽多，天子取三十焉，其余与士众"之道也。田猎之重礼如是，而况于争战乎？

《礼器》："孔子曰：我战则克，祭则受福，盖得其道矣。"即《郊特牲》之所云也。以教民为制胜之术，论者多迂之。其实军实之相去，并时之国恒无几，所争者，仍在民心之和不和耳。孟子告梁惠王曰："王如施仁政于民，省刑罚，薄税敛，深耕易耨，壮者以暇日修其孝弟忠信，入以事其父兄，出以事其长上，可使制梃以挞秦楚之坚甲利兵矣。"《梁惠王》上。而《吕览》曰："世有言曰：锄櫌白梃，可以胜人之长铫利兵，此不通乎兵者之论。"《简选》。其言似相背而实非也。近世中国之败于外国，岂不曰兵之利弗与哉？然而外人以枪炮来，中国人未尝挟弓矢戈矛而战之也。咸丰戊午庚甲之际，欧人即愿以军械资胜清，亦有愿售诸太平天国者，彼此皆弗省。其后曾纪泽乘小汽轮归湘，湘人犹欲焚之。法越战后，经营海军，颇有端绪矣，而以那拉氏造颐和园，尽移其费，以供土木，舰械遂无新增，致有甲午之败。民国以来，军人之所浪费者，岂不足当东瀛积年之储，而至二十六七年之间，犹以士卒之血肉，当人之炮火也。嗟乎！果人为之乎，抑械为之也？不特此也，"城非不高也，池非不深也，兵革非不坚利也，米粟非不多也，委而去之"，《孟子·公孙丑》下。则数见不鲜矣！《论语》曰："足食，足兵，民信之矣。必不得已而去，于斯三者何先？曰：去兵。必不得已而去，于斯二者何先？曰：去食。自古皆有死，民无信不立。"《颜渊》。信哉斯言也。《左氏》言晋文之霸也，曰："晋侯始入而教其民，二年欲用之。子犯曰：民未知义，未安其居。于是乎出定襄王，入务利民，民怀生矣，将用之。子犯曰：民未知信，未宣其用。于是乎伐原以示之信。民易资者，不求丰焉，明征其辞。公曰：可矣乎？子犯曰：民未知礼，未生其共。于是乎大蒐以示之礼，作执秩以正其官，民听不惑，而后用之。出谷戍，释宋围，一战而霸，文之教也。”僖公二十七年。其言楚庄之霸也，曰：“楚自克庸以来，其君无日不讨国人而训之，于民生之不易，祸至之无日，戒惧之不可以怠。在军，无日不讨军实而申儆之，于胜之不可保，纣之百克而卒无后。训之以若敖、蚡冒，筚路蓝缕以启山林。箴之曰：民生在勤，勤则不匮。”宣公十二年。而管子作内政寄军令，使“人与人相保，家与家相爱；少相居，长相游；祭祀相福，死丧相恤，祸福相忧，居处相乐，行作相和，哭泣相哀。夜战其声相闻，足以无乱；昼战其目相见，足以相识；欢欣足以相死”，《小匡》。更无论矣。人莫不爱其身家，故“死徙无出乡，乡田同井，出入相友，守望相助，疾病相扶持”，《孟子·滕文公》上。实战守之本也。“孔子过泰山侧，有妇人哭于墓者而哀。夫子式而听之，使子路问之曰：子之哭也，壹似重有忧者？而曰：然。昔者吾舅死于虎，吾夫又死焉，今吾子又死焉。夫子曰：何为不去也？曰：无苛政。夫子曰：小子识之，苛政猛于虎也。”《檀弓》下。夫死于虎与死于兵则奚择？死于兵者，犹或以为国殇而哀之，死于虎则人莫之恤矣，然而民三死而弗去。苟如是，复何使之而不可也。故曰：“有国有家者，不患寡而患不均，不患贫而患不安；盖均无贫，和无寡，安无倾。”《论语·季氏》。然后知“凿斯池也，筑斯城也，与民守之，效死而民弗去”之可致也。《孟子·梁惠王》下。赵简子之于晋阳，则其效也。晋文之于原，《左氏》僖公二十五年。荀吴之于鼓，昭公十五年。皆未尝豫而徒袭而取之者也，而史家犹播为美谈，况于“好恶不愆”于素者乎？“民知所适”而“事无不济”也宜矣。荀吴述叔向语。申叔时之责子反曰：“德、刑、详、义、礼、信，战之器也。德以施惠，刑以正邪，详以事神，义以建利，礼以顺时，信以守物。民生厚而德正，用利而事节，时顺而物成。上下和睦，周旋不逆，求无不具，各知其极。故《诗》曰：立我蒸民，莫匪尔极。是以神降之福，时无灾害，民生敦厖，和同以听，莫不尽力以从上命，致死以补其阙。此战之所由克也。今楚，内弃其民，而外绝其好；渎齐盟而食话言；奸时以动，而疲民以逞。民不知信，进退罪也。人恤所底，其谁致死？”成公十六年。可谓知战之本矣。子曰：“言忠信，行笃敬，虽蛮貊之邦，行矣。言不忠信，行不笃敬，虽州里，行乎哉？”《论语·卫灵公》。观诸葛亮之服南蛮，而知信之不可弃也。以区区之蜀，蹈涉中原，抗衡上国，使魏之君臣为之旰食，有以也哉！

鞌之战，齐侯“每出，齐师以帅退，入于狄卒，狄卒皆抽戈盾冒之，以入于卫师。卫师免之”。杜《注》曰：“狄、卫畏齐之强，故不敢害齐侯。”非也。鄢陵之战，“晋韩厥从郑伯，其御杜溷罗曰：速从之。其御屡顾，不在马，可及也。韩厥曰：不可以再辱国君。乃止。郤至从郑伯，其右茀翰胡曰：谍辂之，余从之乘，而俘以下。郤至曰：伤国君有刑。亦止。”晋亦畏郑之强乎？是役也，“郤至三遇楚子之卒，见楚子必下，免胄而趋风。楚子使工尹襄问之以弓，曰：方事之殷也，有韎韦之跗注，君子也。识见不谷而趋，毋乃伤乎？”《左氏》成公十六年。邲之役，“楚许伯御乐伯，摄叔为右，以致晋师。晋人逐之，左右角之。乐伯左射马而右射人，角不能进，矢一而已。麋兴于前，射麋丽龟。晋鲍癸当其后，使摄叔奉麋献焉，曰：以岁之非时，献禽之未至，敢膳诸从者。鲍癸止之，曰：其左善射，其右有辞，君子也。既免。”鞌之战，邴夏欲射韩厥，曰：“射其御者，君子也。公谓之君子而射之，非礼也。”君子如此，而况于国君乎？

大抵春秋时争战，惟夷狄较为野蛮。《谷梁》僖公三十三年：晋人及姜戎败秦师于殽。不言战而言败，何也？狄秦也。其狄之何也？秦越千里之险入虚国，进不能守，退败其师徒，乱人子女之教，无男女之别。《注》：“谓入滑之时纵暴乱也。”秦之为狄，自殽之战始也。《公羊》定公四年：“吴入楚。吴何以不称子？反夷狄也。其反夷狄奈何？君舍于君室，大夫舍于大夫室，盖妻楚王之母也。”此等事，盖当时号称礼义之国所不敢为。《左氏》哀公七年：鲁入邾，“处其公宫。众师昼掠。邾众保于绎。师宵掠，以邾子益来，献于亳社，囚诸负瑕”。则几于秦、吴之所为矣。故茅夷鸿卒致死焉。春秋列国争战，惟秦穆尝止晋惠于韩；僖公十五年。而句践与其夫人，亦入臣妾于吴；而会盟之际，则惟楚执宋公以伐宋；僖公二十一年。而其他诸国，皆逡巡而有所不敢，有以也。《檀弓》曰：“吴侵陈，斩祀杀厉。师还出竟。陈太宰嚭使于师。夫差谓行人仪曰：是夫也多言，盍尝问焉？师必有名，人之称斯师也者，则谓之何？太宰嚭曰：古之侵伐者，不斩祀，不杀厉，不获二毛。今斯师也，杀厉与？其不谓之杀厉之师与？曰：反尔地，归尔子，则谓之何？曰：君王讨敝邑之罪，又矜而赦之，师与？有无名乎？”观太宰嚭之言，知斩祀杀厉，非夷狄敢为之者犹少也，而独责宋襄为不知战，可乎？然而闻太宰嚭之言，吴王亦有悔心矣。

大同之世云遥，讲信修睦之风遂渺，然而小康之世，亦未尝不重民命，惜民力也。是以师出不逾时;《公羊》隐公六年《解诂》。《诗·小雅·何草不黄》郑《笺》同。《谷梁》隐公五年:"伐不逾时。"行不过三十里;《诗·小雅·六月》"我服既成,于三十里",毛《传》:"师行三十里。"五十不为甸徒;《礼记·祭义》。三十受兵,六十还之;《白虎通义·三军》篇:"年卅受兵何?重绝人世也。师行不必反,战不必胜,故须其有世嗣也。年六十归兵何?不忍并斗人父子也。《王制》曰:六十不与服戎。"《春秋》刺道用师;《公羊》僖公二十六年。重乞师;《公羊》僖公二十六年。《谷梁》成公十三年义同。又桓公十四年:"宋人以齐人、蔡人、卫人、陈人伐郑。以者,不以者也。民者,君之本也。使人以其死,非正也。"恶一出兵为两事;《公羊》僖公二十五年《解诂》。追齐师弗及而止,则嘉其得用兵之节;《公羊》僖公二十六年《解诂》。救成而不敢进,则许其量力而弗责;《公羊》襄公十五年《解诂》。子之所慎:齐,战,疾。子路曰:子行三军,则谁与?子曰:暴虎冯河,死而无悔者,吾不与也。必也临事而惧,好谋而成者也。《论语·述而》。皆此意也。至于战国之世,则大不然矣。孟子曰:"争地以战,杀人盈野;争城以战,杀人盈城。"《离娄》上。"鲁欲使慎子为将军。孟子曰:不教民而用之,谓之殃民;殃民者不容于尧舜之世。徒取诸彼以与此,然且仁者不为,况于杀人以求之乎?"《告子》下。盖其视民命如草芥矣,此其所以谓"善战者服上刑"也。《离娄》上。不特此也,师之出也,"久者数岁,速者数月",《墨子·非攻》下。非复"不逾时"之旧矣。魏氏之试武卒,"衣三属之甲,操十二石之弩,负矢五十个,置戈其上,冠胄带剑,赢三日之粮,日中而趋百里",《荀子·议兵》。非复"日三十里"之程矣。《周官·地官》乡大夫之职:"国中自七尺以及六十,野自六尺以及六十有五,皆征之。"无所谓"五十不为甸徒"者矣。《孙子》曰:"主不可以怒而兴师,将不可以愠而致战;合于利而动,不合于利而止。怒可以复喜,愠可以复说;国亡不可以复存,死者不可以复生。"《火攻》。岂不以爱惜民命为言,然纯以利害立论矣。乃至《韩子》曰:王良爱马,为其可以驰驱;句践爱人,乃欲用以战斗。《备内》。则真以百姓为刍狗矣。世变之剧,不亦深可畏哉!

《公羊》言楚庄入郑,"亲自手旌,左右撝军,退舍七里。将军子重谏曰:南郢之与郑,相去数千里,诸大夫死者数人,厮役扈养死者数百人。今君胜郑而不有,无乃失民臣之力乎?庄王曰:古者杅不穿,皮不蠹,则不出于四方,是以君子笃于礼而薄于利,要其人而不要其土。"宣公十二年。知春秋时用兵,虽久役,死者初不甚多。而其动也不纯以利,因亦无取偿于敌国之意也。至战国则又不然矣，坑降斩级，动以万计。孟子言齐之人燕也，“杀其父兄，系累其子弟，毁其宗庙，迁其重器”。《梁惠王》下。墨子言当时之用兵也，曰：“入其国家边竟，芟刈其禾稼，斩其树木，堕其城郭，以湮其沟池。攘杀其牲铨，燔溃其祖庙，刭杀其万民，覆其老弱，迁其重器，卒进而柱乎斗。曰：死命为上，多杀次之，身伤者为下，又况失列北桡乎哉？罪死无赦。”《非攻下》。《天志下》略同。陈轸谓秦之伐也，“主必死辱，民必死虏”。《战国·齐策》。鲁仲连谓秦“权使其士，虏使其民”。《赵策》。盖法俗相沿，有所不忍为、不敢为者，至是则无不忍焉敢焉者矣。孟子曰：“不仁哉梁惠王也！仁者以其所爱及其所不爱，不仁者以其所不爱及其所爱。梁惠王以土地之故，糜烂其民而战之，大败，将复之，恐不能胜，故驱其所爱子弟以殉之，是之谓以其所不爱及其所爱也。”《尽心》下。事势之流，相激使然，曷足怪乎？

兵争之烈，虽至战国而甚，然春秋时已开其端矣。殽之战，匹马只输无反者。《公羊》僖公三十三年。《谷梁》同。龙门之战，民死伤者满沟。《公羊》桓公十二年《疏》引《春秋说》。“邾娄复之以矢，盖自战于升陉始也。鲁妇人之髽而吊也，自败于台骀始也。”《礼记·檀弓》。案升陉之战，在僖公二十一年，台骀之战，在襄公四年。此多杀之渐也。“晋侯围曹，门焉，多死。曹人尸诸城上，晋侯患之，听舆人之谋曰：称舍于墓。师迁焉。曹人凶惧，为其所得者棺而出之。因其凶也而攻之。”《左氏》僖公二十八年。陈之从楚伐郑也，“当陈隧者，井堙木刊”。襄公二十五年。此肆虐之渐也。夫人孰好多杀？亦孰乐肆虐？然争之甚而惟胜之求，终必有不择术而为之者。争之烈，不必以兵之众也，而兵之众，终为争之烈。抑且争之烈，终必至尽驱其民以赴战场而后已。而好生之德，有不可复言者矣。用师之众，战国为甚。然而鞌之战，绵地五百里，侵车东至海；《谷梁》成公二年。晋人纳捷菑于邾，长毂五百乘，绵地千里；文公十四年。《公羊》《左氏》皆云八百乘。亦自春秋已开其端矣。

《战国·齐策》：“苏秦说齐闵王曰：战者，国之残也，而都县之费也。残费已先，而能从诸侯者寡矣。彼战者之为残也：士闻战，则输私财而富军市，输饮食而待死士，令折辕而炊之，杀牛而觞士，则是路君之道也。中人祷祝，君翳酿，通都小县，置社有市之邑，莫不止事而奉王，则此虚中之计也。夫战之明日，尸死扶伤，虽若有功也，军出费，中哭泣，则伤主心矣。死者破家而葬，夷伤者空财而共药，完者内酺而华乐，故其费与死伤者钧。故民之所费也，十年之田而不偿也。军之所出，矛戟折，镮弦绝，伤弩，破车，罢马，亡矢之大半。甲兵之具，官之所私出也，士大夫之所匿，厮养士之所窃，十年之田而不偿也。天下有此再费者，而能从诸侯者寡矣。攻城之费，百姓理襜蔽，举冲橹，家杂总，身窟穴，中罢于刀金。而士困于土功，将不释甲，期数而能拔城者为亟耳。上倦于教，士断于兵，故三下城而能胜敌者寡矣。"《中山策》：武安君（对秦昭王）曰："长平之事，秦军大克，赵军大破，秦人欢喜，赵人畏惧。秦民之死者厚葬，伤者厚养，劳者相飨，饮食餔馈，以靡其财。赵人之死者不得收，伤者不得疗，涕泣相哀，勠力同忧，耕田疾作，以生其财。今王发军虽倍其前，臣料赵国守备，亦已十倍矣。"又曰："今秦破赵军于长平，不遂以时乘其振惧而灭之，畏而释之，使得耕稼以益蓄积，养孤长幼以益其众，缮治兵甲以益其强，增城浚池以益其固。主折节以下其臣，臣推体以下死士。至于平原君之属，皆令妻妾补缝于行伍之间，臣人一心，上下同力，犹句践困于会稽之时也。"观二子之言，则战胜者之祸，有不可胜道者，而战败者无论矣。然因其败而善用之，又未尝不可以为福也，故曰："其亡其亡，系于苞桑。"《易·否卦·九五爻辞》。

宋向戌为弭兵之会，"如晋，告赵孟，赵孟谋于诸大夫。韩宣子曰：兵，民之残也，财用之蠹，小国之大菑也；将或弭之，虽曰不可，必将许之。弗许，楚将许之，以召诸侯，则我失为盟主矣。晋人许之。如楚，楚亦许之。如齐，齐人难之。陈文子曰：晋、楚许之，我焉得已？且人曰弭兵，而我弗许，则固携吾民矣，将焉用之？"可见列国皆以兵为患。子罕乃曰："凡诸侯小国，晋、楚所以兵威之，畏而后上下慈和，慈和而后能安靖其国家，以事大国，所以存也。无威则骄，骄则乱生，乱生必灭，所以亡也。天生五材，民并用之，废一不可，谁能去兵。兵之设久矣，所以威不轨而昭文德也。圣人以兴，乱人以废。废兴存亡昏明之术，皆兵之由也。而子求去之，不亦诬乎？"《左氏》襄公二十七年。"圣人以兴，乱人以废"，乃儒家义兵之论。《左氏》窃之，而未深明其旨。小国赖晋、楚威之，晋、楚失道，谁威之乎？"天生五材，民并用之，废一不可"，信矣。然兵之设，岂为杀人也哉？

《公羊》贵偏战而贱诈战。"偏，一面也。结日定地，各居一面，鸣鼓而战，不相诈。"桓公十年《解诂》。"诈谓陷阱奇伏之类。"哀公九年《解诂》。泓之战，宋襄即能守斯义者也。莒人以庆父之尸求赂，季子待之以偏战，《春秋》大之。僖公元年。宋皇瑗取郑师于雍丘，哀公九年。郑轩达诈反，取宋师于岩，则疾而略之。哀公十三年。《解诂》曰："苟相报偿，不以君子正道。"即晋人伐楚以救江，犹恶其谖。文公三年。堂堂之陈，正正之旗，岂徒讲权谋形势者所与知哉？《公羊》曰："粗者曰侵，精者曰伐。战不言伐，围不言战，入不言围，灭不言入，书其重者也。"《解诂》曰："将兵至竟，以过侵责之。服则引兵而去；侵责之不服，推兵入竟，伐击之，益深。"庄公十年。然则切入境时，即应声罪致讨。《吕览·怀宠》所谓"至于国邑之郊，先发声出号"是也。《谷梁》曰"苞人民、殴牛马曰侵，斩树木、坏宫室曰伐"；隐公五年。《左氏》曰"有钟鼓曰伐，无曰侵，轻曰袭"；庄公二十九年。盖并非《春秋》意矣。《公羊》庄公二十八年、文公十五年并云恶以至日伐，《解诂》曰："用兵之道，当先至竟侵责之，不服，乃伐之；今日至，便以今日伐之，故曰以起其暴也。"亦与此意相发明。

（一三〇）六国之兵

荀子论六国之兵曰："齐人隆技击。其技也，得一首者，则赐赎锱金，无本赏矣。是事小敌毳，则偷可用也；事大敌坚，则涣焉离耳。是亡国之兵也。兵莫弱是矣，是其去赁市佣而战之几矣。魏氏之武卒，以度取之；衣三属之甲，操十二石之弩，负服矢五十个，置戈其上，冠胄带剑，赢三日之粮，日中而趋百里。中试则复其户，利其田宅。是数年而衰，而未可夺也；改造则不易周也；是故地虽大，其税必寡。是危国之兵也。秦人：其生民也狭隘，其使民也酷烈；劫之以势，隐之以隘，忸之以庆赏，鳍之以刑罚，使天下之民所以要利于上者，非斗无由也。隘而用之，得而后功之；功赏相长也，五甲首而隶五家。是最为众强长久，多地以正，故四世有胜，非幸也，数也。"《议兵》。案鲁仲连言："秦者，弃礼义而上首功之国也。"《集解》引谯周曰："秦用卫鞅计，制爵二十等，以战获首级者计而受爵。是以秦人每战胜，老弱妇人皆死，计功赏至万数。天下谓之上首功之国。"《史记·鲁仲连列传》。《商君书·境内篇》云："人得一首则复。得三十三首以上，盈论，百将屯长，赐爵一级。""有爵者乞无爵者以为庶子，级乞一人。""爵五大夫，皆有赐邑三百家，有赐税三百家。""能得甲首一者，赏爵一级，益田一顷，益宅九亩，除庶子一人。"即谯周之所云也。其所为与齐何以异？而计功赏至万余，田宅安得给，而国安得不患贫哉？然而异于齐、魏者，齐赐赎锱金而止，无本赏，本赏盖指田宅。则农民不劝，惟市井轻侠之人应之，故荀子讥其赁市佣而战之也。魏能拔其民之壮者以为兵，而不能使其民自厉于战，故其兵之强者，远不如秦之多。夫使举国之民皆习于战，则不待改造而周；而驱一国之民皆归之于南亩，则又不虑其税之寡。故秦之兼天下，农战为之也。

张仪说韩王曰："山东之士，被甲蒙胄以会战，秦人捐甲徒裼以趋敌，左挈人头，右挟生虏。夫秦卒与山东之卒，犹孟贲之与怯夫。"其说魏王曰："楚虽有富大之名而实空虚；其卒虽多，然而轻走易北，不能坚战。悉梁之兵南面而伐楚，胜之必矣。"孙子谓田忌曰："彼三晋之兵，素悍勇而轻齐，齐号为怯。"皆见《史记》本传。是秦兵最强，三晋次之，齐、楚最弱。《汉书·地理志》论各地方风气去战国时不远，其强弱与之相应。似兵之强弱，实与风土有关，不尽击于政治之得失。然当桓公、庄王之时，齐、楚之兵，曷尝不方行天下，强不可圉哉？五方风气之不同，虽圣人不能使之齐一，然忸之以庆赏，鳍之以刑罚，而谓不能造数万精强之众，岂理也哉？管子之作内政寄军令也，曰："使卒伍之人，人与人相保，家与家相爱；少相居，长相游；祭祀相福，死丧相恤，祸福相忧，居处相乐，行作相和，哭泣相哀。夜战其声相闻，足以无乱；昼战其目相见，足以相识；欢欣足以相死。"《小匡》。此岂徒恃刑罚庆赏而用之乎？乃其后至于赁市佣而战之，此岂风气之罪也哉？

《淮南子》言七国之用兵也，曰："攻城滥杀，覆高危安。掘坟墓，扬人骸。大冲车，高重京。除战道，便死路。犯严敌，残不义。百往一反，名声苟盛也。是故质壮轻足者，为甲卒千里之外，家老羸弱凄怆于内。厮徒马圉，軵车奉饷，道路辽远，霜雪亟集，短褐不完，人羸车弊，泥涂至膝，相携于道，奋首于路，身枕格而死。所谓兼国有地者，伏尸数十万，破车以千百数，伤弓弩矛戟矢石之创者，扶举于路。故世至于枕人头，食人肉，菹人肝，饮人血，甘之刍豢。"《览冥》。盖其虐用其民如此。而又重之以首功之法，虐及于老弱妇人。嗟乎！战国之世，生民尚安有孑遗哉？

（一三一）女子从军

后世女子罕从征战，偶有其事，人遂诧为异闻；若返之于古，则初无足异也。《商君书·兵守》篇曰："壮男为一军，壮女为一军，男女之老弱者为一军，此之谓三军也。壮男之军，使盛食厉兵，陈而待敌。壮女之军，使盛食负垒，陈而待令；客至而作土以为险阻，及耕格阱，发梁撤屋，给从从之，不洽而熯之，朱师辙《解诂》曰："当作给徙徙之，不给而熯之。"使客无得以助攻备。老弱之军，使牧牛马羊彘，草水之可食者，收而食之，以获其壮男女之食。"《墨子·备城门》篇曰："守法：五十步丈夫十人，丁女二十人，老小十人。"又曰："广五百步之队，案同术。丈夫千人，丁女子二千人，老小千人。"又曰："诸作穴者五十人，男女相半。"盖兵亦役之一，古役固男女皆与也。《周官·地官》小司徒："上地家七人，可任也者家三人。中地家六人，可任也者二家五人。下地家五人，可任也者家二人。"《注》曰："可任，谓丁强任力役之事者。出老者一人，其余男女强弱相半其大数。"则女子从役，汉人犹知其义矣。《商君书·竟内》篇，皆言稽众寡以备师役之事，而曰"四竟之内，丈夫女子，皆有名于上，生者著，死者削"，亦以此也。

《史记·田单列传》谓单"身操版插，与士卒分功，妻妾编于行伍之间。令甲卒皆伏，使老弱女子乘城"。《平原君列传》：李谈说以"令夫人以下，编于士卒之间，分功而作"。而武安君言赵不可伐，亦曰："至于平原君之属，皆令妻妾补缝于行伍之间。"《战国·中山策》。知墨子、商君皆非冯亿之谈也。楚之围汉王荥阳也，汉王夜出女子荥阳东门被甲二千人，《史记·项羽本纪》。知其时之女子，犹可调发。《左氏》哀公元年：楚子围蔡，"蔡人男女以辨"。《注》曰："辨，别也。男女各别，系纍而出降。"襄公二十五年：齐人"男女以班"，班即辨也。陈侯"使其众男女别而累，以待于朝"，别亦即班也。出降必异男女，以其平时本各为军也。《周书·大武》曰："三敛，一男女比。"盖亦谓各为一军矣。

《商君书》曰："慎使三军无相过。壮男过壮女之军，则男贵女而奸民有从谋，而国亡。喜与其恐有蚤闻，案此句有讹。勇民不战。壮男壮女过老弱之军，则老使壮悲，弱使强怜；悲怜在心，则使勇民更虑，而怯民不战。故曰：慎使三军无相过，此盛力之道。"《兵守》篇。案古之为军者，使壮男壮女各为军，而男女之老弱者各为一军，则其视丁壮老弱之差，甚于男女之异也。野蛮人之分党，固多以其年齿。然则三军之法，由来旧矣。

《书·费誓》曰："马牛其风，臣妾逋逃，勿敢越逐。"《疏》曰："古人或以妇女从军，故云臣妾逋逃也。"则斯徒中亦有妇女矣。

《三国·魏志·武帝纪》：兴平二年，吕布"从东缗与陈宫将万余人来战，时太祖兵少，设伏，纵奇兵击，大破之”。《注》引《魏书》曰：“于是兵皆出取麦，在者不能千人，屯营不固。太祖乃命妇人守陴，悉兵拒之。”则女子从军，汉末犹有之也。又《蜀志·杨洪传》：“先主争汉中，急书发兵，诸葛亮以问洪，洪曰：汉中，益州咽喉，存亡之机会，若无汉中则无蜀矣，此家门之祸也。方今之事，男子当战，女子当运，发兵何疑？”此虽不令女子当前敌，亦未尝不与于发兵也。

（一三二）守险

《左氏》僖公三十年：秦晋围郑，郑使烛之武见秦伯，曰：“越国以鄙远，君知其难也，焉用亡郑以倍邻？”俞理初曰：“越国鄙远，春秋战国时最多。此言晋大国，数欺秦，秦难越之以鄙远，明他国不难也。至晋文公卒，秦潜师欲得郑，是谓晋襄无能为，欲循越国鄙远之事。”《癸巳类稿·越国鄙远义》。案越国鄙远之所以多，以春秋列国不守关塞。顾复初《春秋大事表》论之甚明。其所由然，则以此时地广人希，山林之地，未尽开拓，率为戎狄所据故也。古之所谓险者，皆专指国都而言。故《易》言“王公设险以守其国”，《坎彖辞》。孟子言“固国不以山溪之险”，《公孙丑》下。戒人勿以是为险，明时人以此为险者尚多。郑庄公曰：“制，岩邑也，虢叔死焉。”《左氏》隐公元年。恃险而亡，即恃其城之险而已。《谷梁》曰：“夏阳者，虞、虢之塞邑也；灭夏阳而虞、虢举矣。”僖公二年。虽非都城，然恃一邑以为屏蔽，亦制之类也。城濮之役，晋侯患楚，子犯曰：“战也。战而捷，必得诸侯；若其不捷，表里山河，必无害也。”《左氏》僖公二十八年。平公言晋有三不殆，国险为其一。司马侯诤以“四岳、三涂、阳城、大室、荆山、中南，九州之险也，是不一姓”。昭公四年。魏武侯浮西河而下，中流，顾而谓吴起曰：“美哉乎山河之固，此魏国之宝也！”起对曰：“在德不在险。昔三苗氏左洞庭，右彭蠡，德义不修，禹灭之。夏桀之居，左河济，右泰华，伊阙在其南，羊肠在其北，修政不仁，汤放之。殷纣之国，左孟门，右太行，常山在其北，大河经其南，修政不德，武王杀之。”《史记·吴起列传》。皆非专指都邑所在。刘敬说汉高祖曰：“秦地被山带河，四塞以为固，卒然有急，百万之众可具也。因秦之故，资甚美膏腴之地，此所谓天府者也。”《刘敬列传》。“左右大臣多关东人，多劝上都洛阳：洛阳东有成皋，西有殽黾，倍河，向伊洛，其固亦足恃。留侯曰：洛阳虽有此固，其中小，不过数百里，田地薄，四面受敌，此非用武之国也。夫关中左殽函，右陇蜀，沃野千里，南有巴蜀之饶，北有胡苑之利。阻三面而守，独以一面东制诸侯。诸侯安定，河渭漕挽天下，西给京师；诸侯有变，顺流而下，足以委输。此所谓金城千里，天府之国也。刘敬说是也。"《留侯世家》。则兼人力物力言之，规模弥恢廓矣。此战守形势之变，实亦社会情形今古不同之所致也。

《盐铁论·险固》：大夫言："楚自巫山起方城，属巫、黔中，设扞关以御秦。秦苞商、洛、崤、函，以御诸侯。韩阻宜阳、伊阙，要成皋、太行，以安周郑。魏滨洛筑城，阻山带河，以保晋国。赵结飞狐、句注、孟门，以存荆、代。燕塞碣石，绝邪谷，绕援辽。齐抚阿、甄，关荣、历，倚泰山，负海、河。梁关者，邦国之固，而山川社稷之宝也。"而文学驳之曰："《传》曰：诸侯之有关梁，非升平之兴，盖自战国始也。"此足为顾复初之说之证。然屈完对齐桓公曰："楚国方城以为城，汉水以为池，虽众无所用之。"《左氏》僖公四年。即设扞关之渐；晋使詹嘉守桃林，文公十三年。女宽守阙塞，昭公二十六年。亦韩阻宜阳、伊阙之渐也。故凡事必以渐兴。

隆古之世，兵争烈而生事觳，设都专务守险。其后道路渐通，通工易事益盛，则都邑渐移于平地矣。刘敬言周公营成周洛邑，以为此天下之中，诸侯四方纳贡职道里均，有德易以王，无德易以亡。凡居此者，欲令周务以德致人，不欲依阻险，令后世骄奢以虐民。《刘敬列传》。乃儒家之说，非事实也。平夷之地，无险可凭，脱有兵争，乃专恃人力所筑之城以为卫。孟子说滕文公，所谓"凿斯池也，筑斯城也，与民守之"是也。《梁惠王》下。人力所设之险，终不如天然之险；亦且人力有限，不能遍设。故春秋时大举侵伐，无不直傅国都，列城罕能坚拒；即战国时犹然，特其时列国拓土较广，国中大都邑较多，故攻取较难耳。此实非固围之道。而大兵一至，列城望风而靡，人民为敌系虏，禾稼为敌蹂践，屋舍为敌焚烧，甚至于井湮木刊，元气久而不复，尤非卫民之道。事势所逼，而设关守隘之事起焉。诸侯之会于鲁济而伐齐也，齐侯御诸平阴，堑防门而守之，广里。夙沙卫曰："不能战，莫如守险。"《注》："谓防门不足为险。"弗听。晋师卒入平阴，遂从齐师。夙沙卫连大车以塞隧而殿。殖绰、郭最曰："子殿国师，齐之辱也。子姑先乎！"乃代之殿。卫杀马于隘以塞道，二子遂为州绰所得。鲁、卫请攻险，晋人盖弗听，故齐大子与郭荣谓其"师速而疾，略也"，以止齐侯之行。齐是时盖恃夙沙卫之塞隧以全其师,亦恃守险者与都城相犄角,故晋人弗敢攻也。《左氏》襄公十八年。齐侯之围成也,孟孺子速徼之,齐侯去之。速遂塞海陉之道而还。襄公十六年。《注》:"海陉,鲁隘道。"邾人之城翼也,还,将自离姑。公孙鉏曰:"鲁将御我。"欲自武城还,循山而南。徐鉏、丘弱、茅地曰:"道下,遇雨,将不出,是不归也。"遂自离姑。武城人塞其前,断其后之木而弗殊。邾师过之,乃推而蹶之。遂取邾师,获鉏、弱、地。昭公二十三年。此皆以人力塞往来之路,与夙沙卫之所为同。至晋御秦师于崤,僖公三十三年。吴要楚于皋舟之隘,襄公十四年。则因天然之险矣。

《击鼓》之诗曰:"爰居爰处,爰丧其马。于以求之,于林之下。"《笺》曰:"求不还者及亡其马者,当于山林之下。军行必依山林,求其故处近得之。"《疏》引肆师云:"祭兵于山川。"《注》云:"盖军之所依止也。"案邲之战,赵旃使二子下,指木曰"尸女于是",其事也。是役也,晋师在敖、鄗之间。而赵旃致师,楚王乘左广以逐,旃弃车而走林,足见驱驰虽于平地,屯止必依山林矣。《左氏》宣公十二年。鄢陵之战,楚师薄于险,亦由是也。成公十六年。《易·师》六四:"师左次,无咎。"《注》曰:"行师之法,欲右背高,故左次之。"《疏》曰:"此兵法也。故《汉书》韩信云:兵法欲右背山陵,前左水泽。"城濮之战,楚师背酅而舍,盖其事。

后世都邑虽稍移于平地,然丧败之时,仍依山为固。夫椒之败,"越子以甲盾五千保于会稽"是也。《左氏》哀公元年。《注》:"上会稽山也。"吴之溃也,"吴王帅其贤良,与其重禄,以上姑苏"。云上,盖亦山名。《史记·越世家》云:"越遂复栖吴王于姑苏之山。"韦昭曰:"姑苏宫之台也,在吴阊门外,近湖。"《国语·越语》。恐非。鲁昭公之伐季氏也,平子登台以请;公山不狃、叔孙辄之袭鲁也,定公与三子入于季氏之宫,登武子之台;见《左氏》昭公二十五年,定公十二年。此皆仓卒之际,暂避敌锋,亦非所以御大敌也。

古约战多于平地。秦、晋河曲之役,臾骈欲薄诸河,胥甲、赵穿当军门呼曰:"不待期而薄人于险,无勇也。"文公十二年。可见偏战之必在平地矣。鞌之战,齐师败绩,逐之三周华不注;与鄢陵之战,楚师之薄于险,因皆不获登山以自固,是兵行虽依山陵,约战必于平地也。隐公四年:"诸侯之师败郑徒兵。"《注》云:"时郑不车战。"盖以国都无所用车之故。宣公十二年,楚子围郑,郑人卜巷出车,亦由是也。

《春秋》僖公三年：“徐人取舒。”《左氏疏》曰：“诸侯相灭亡者，多是土壤邻接，思启封疆。今检杜《注》，徐在下邳，舒在庐江，相去甚遥，而越境灭国，无传无注，不知所以。”案俞理初所举证甚多，实尚其荦荦大者，若细疏之，则尚不止此。且灭国而不有者亦多矣，疏家之言，殊灭裂也。

（一三三）交绥

《左氏》文公十二年：“乃皆出战，交绥。”杜《注》曰：“《司马法》曰：逐奔不远，从绥不及。逐奔不远则难诱，从绥不及则难陷。然则古名退军为绥。秦、晋志未能坚战，短兵未至争而两退，故曰交绥。”《正义》曰：“《魏武令》引《司马法》云：将军死绥。旧说：绥，却也，言军却，将当死。绥必是退军之名。绥训为安。盖兵书务在进取，耻言其退，以安行即为大罪，故以绥为名焉。”然则交绥乃不战而退。而世以为战无胜负之称，误矣。《公羊》于是年及文公七年令狐之战，皆曰：“何以不言师败绩？敌也。”《解诂》曰：“俱无胜负。”昭公十七年楚、吴长岸之战，亦曰：“诈战不言战，此其言战何？敌也。”《解诂》曰：“俱无胜负，不可言败，故言战也。”然则战无胜负者，正当以敌为称耳。

（一三四）国士

豫让曰：范、中行氏众人遇我，我故众人报之；知伯国士遇我，我故国士报之。《史记·刺客列传》。国士，谓国中战斗之士，即《左氏》成公十六年所谓“国士在且厚”，哀公八年所谓“不足以害吴，而多杀国士”者也。古之精兵，皆萃于国都，而王卒尤强。《左氏》桓公八年，季梁谓随侯曰：“楚人尚左，君必左，无与王遇。且攻其右，右无良焉，必败。偏败，众乃携矣。”少师不能用其谋，卒致败绩。鄢陵之战，苗贲皇言于晋侯曰：“楚之良，在其中军王族而已。请分良以击其左右，而三军萃于王卒，必大败之。”成公十六年。声子谓“晋人从之，楚师大败”，襄公二十六年。即用是谋以制胜者也。是役也，郤至以“王卒以旧”，为楚六间之一，其王卒盖亦不尽精良。然子反谓“臣之卒实奔”，则王卒犹未败也。哀公八年，吴为邾故伐鲁，微虎欲宵攻王舍。季孙虽以或人之言止微虎，然吴子闻之，犹一夕三迁。哀公十一年，齐之伐鲁也，季氏之甲七千，冉有以武城人三百为己徒卒，次于雩门之外，五日而后右师从之，盖藉精强以作士气。及战，冉有用矛于齐师，故能入其军。师获甲首八十，齐人不能师。其所帅，盖亦国士之选矣。鲁旋会吴伐齐，战于艾陵。齐、吴之上军皆败，吴王卒助之，乃大败齐师。哀公十一年。可见吴亦如楚，国士萃于中军也。

定公九年："晋车千乘在中牟。卫侯将如五氏，卜过之，龟焦。卫侯曰：可也。卫车当其半，寡人当其半，敌矣。乃过中牟。中牟人欲伐之，卫褚师圃亡在中牟，曰：卫虽小，其君在焉，未可胜也。"可见虽小国，公卒亦甚精强也。《诗·常武疏》曰："诸侯三军，分为左右，可得有中军焉。天子六军，而得有中军者，亦当分之为三，中与左右各二军也。《春秋》桓五年，蔡人、卫人、陈人从王伐郑，《左传》曰：王为中军，虢公林父将右军，周公黑肩将左军。是天子之军分为左右之事也。"案《吴语》：句践伐吴，"中分其师，以为左右军，以其私卒君子六千人为中军"。则君为中军，乃列国行军之常，初不必天子而后如是。而国君亦自有其私属。卫侯所谓寡人当其半者，即指此私属言，非谓挺身以当晋师也。然则人君之私属，力侔于与国之车矣。《书·甘誓》："大战于甘，乃召六卿。"孙星衍《尚书今古文注疏》云："郑注《周礼》大司马云：天子六军，三三而居一偏。贾谊《新书》云：纣将与武王战，纣陈其卒，左臆右臆。是天子亲征，王为中军，六卿左右之也。"

《大戴记·虞戴德》曰："诸侯相见，卿为介，以其教士毕行。"《荀子·大略》同，士误作出。教士，谓曾经教习之士。《管子·小匡》言作内政寓军令，而曰"君有此教士三万人，以横行于天下"者也。《兵法》篇五教之法："一曰教其目以形色之旗，二曰教其身以号令之数，三曰教其足以进退之度，四曰教其手以长短之利，五曰教其心以赏罚之诚。"此乃胥卒伍而教之，即《周官》大司马之职，非于其人有所去取也。然人固有强弱之殊，其后遂有所简汰。《吴子·图国》曰："强国之君，必料其民：民有胆勇气力者，聚为一卒；乐以进战效力，以显其忠勇者，聚为一卒；能逾高超远，轻足善走者，聚为一卒；王臣失位，而欲见功于上者，聚为一卒；弃城去守，欲除其丑者，聚为一卒。此五者，军之练锐也。有此三千人，内出可以决围，外入可以屠城矣。"《史记·越世家》言："句践发习流二千，教士四万人，君子六千人，诸御千人。"习流，盖水军；教士，《吴越春秋》作俊士，盖《吴子》所谓有胆勇气力，乐以进战效力，能逾高超远，轻足善走者。《左氏》言槜李之战，句践使罪人三行，属剑于颈而自刭，以乱吴师之目；定公十四年。鸡父之战，吴亦以罪人三千，先犯胡、沈与陈，昭公二十三年。则《吴子》所谓王臣失位若弃城去守之伦也。此已开谪发之先声矣。君子、诸御，盖王之贵臣亲臣，其所率，即所谓国士也。《越语》言“吴王帅其贤良，与其重禄，以上姑苏”，盖亦越君子、诸御之类。

《礼记·月令》：孟夏之月，“命太尉，赞桀俊，遂贤良，举长大”。孟秋之月，“命将帅选士厉兵，简练桀俊”。桀俊，即《吴越春秋》所谓俊士，《国语》所谓贤良也。然则凡诸美称，其初皆指战士言之，可见古人之好斗矣。举长大，《疏》引王肃云：“举形貌壮大者。”盖形貌壮大者，多有勇力，此亦简选之一道也。《荀子》言魏氏之武卒，以度取之；《议兵》。《六韬》武车士，武骑士，皆取四十以下，长七尺五寸以上者，是其制。

《史记》又言越伐吴之后，四年复伐之。吴士民罢弊，轻锐尽死于齐、晋，越大破吴，因留围之，三年而栖吴王于姑苏之山。士民，谓凡卒伍，轻锐则其选锋也。《吕览·古乐》言：“武王即位，以六师伐殷，六师未至，以锐兵克之于牧野。”盖以六国时制附会古事。然《六月》之诗曰：“元戎十乘，以先启行。”《毛传》曰：“夏后氏曰钩车，先正也；殷曰寅车，先疾也；周曰元戎，先良也。”《疏》曰：“夏后氏曰钩车，殷曰寅车，周曰元戎，《司马法》文也。先疾，先良，《传》因名以解之。”则以精锐为前驱，三代久有之矣。《吕览·简选》曰：“吴阖庐选多力者五百人，利趾者三千人，以为前陈。”《墨子·非攻》言阖庐之士，奉甲执兵，奔三百里而舍。《荀子·议兵》言魏氏之武卒，“衣三属之甲，操十二石之弩，负服矢五十个，置戈其上，冠胄带剑，赢三日之粮，日中而趋百里”。皆所谓良与疾者也。《史记·秦本纪》言：“恶来有力，飞廉善走，父子俱以材力事殷纣。”盖良与疾，为战陈之所尚久矣。

《管子·问》篇：“士之急难可使者几何人？吏之急难可使者几何人？问兵官之吏，国之豪士，其急难足以先后者几何人？”此平时料民之法也。《墨子·备水》：“先养材士，为异舍，食其父母妻子以为质。”此将帅简士之法也。《史记》言李牧居代，先使边士习骑射，“乃具选车得千三百乘，选骑得万三千匹，百金之士五万人，彀者十万人”。《廉颇蔺相如列传》。此教其民而后简而用之之法也。《左氏》襄公三年：“楚子重伐吴，为简之师。”《注》：“简，选练。”此出军时简选之法。二十五年：子彊以私卒诱吴，曰“简师陈以待我”。此临战时简选之法。哀公二十七年：晋荀瑶伐郑，陈成子救之，属孤子，三日朝；设乘车两马，系五邑焉，召颜涿聚之子晋，使服车而朝。此亦所谓简之师也。违谷七里，谷人不知，其整如此。宜荀瑶之避之矣。

《国语·吴语》：句践伐吴，“命有司大徇于军，曰：有父母耆老而无昆弟者，以告。王亲命之曰：我有大事，子有父母耆老，而子为我死，子之父母将转于沟壑，子为我礼已重矣。子归，殁而父母之世。后若有事，吾与子图之。明日，徇于军，曰：有兄弟四五人皆在此者，以告。王亲命之曰：我有大事，子有昆弟四五人皆在此，事若不捷，则是尽也。择子之所欲归者一人。明日，徇于军，曰：有眩瞀之疾者，以告。王亲命之曰：我有大事，子有眩瞀之疾，其归若已。后若有事，吾与子图之。明日，徇于军，曰：筋力不足以胜甲兵，志行不足以听命者归，莫告。”此振作士气之术，而汰弱留强之道亦寓焉。《史记·信陵君列传》：既杀晋鄙，“下令军中曰：父子俱在军中，父归；兄弟俱在军中，兄归；独子无兄弟，归养。得选兵八万人，进兵击秦”。亦是道也。得精强之兵，而又免于多杀，亦用兵之仁术矣。

《左氏》哀公十七年：“越伐吴，为左右句卒。”《注》：“句卒，钩伍相着，别为左右屯。”案庄公四年：“楚武王荆尸，授师孑焉以伐随。”《注》曰：“扬雄《方言》：孑者，戟也。楚始于此参用戟为陈。”《疏》曰：“郭璞云：取名于钩孑也。戟是击刺之兵，有上刺之刃，又有下钩之刃，故以钩孑为名。”句卒疑亦取义于此。谓能击刺之卒，犹言剑客也。此亦必简选之士。

古王卒固特精，而在君之左右者，尤必特有勇力。泓之战，宋襄公伤股，门官歼焉。《左氏》僖公二十二年。《祈父》之诗曰：“祈父，予王之爪牙，胡转予于恤，靡所止居。”郑《笺》曰：“此勇力之士责司马之辞也。我乃王之爪牙，爪牙之士，当为王闲守之卫，女何移我于忧，使我无所止居乎？六军之士，出自六乡，法不取于王之爪牙之士。”此可见王卒之别有其人也。门官必在公之左右者也。骖乘者左必善射，右必有勇力，盖简材武之士以卫将帅最古之法。《周官·夏官》司右：“凡国之勇力之士，能用五兵者属焉。”亦简拔材士之职也。又“环人掌致师”，《注》曰：“环，犹却也。以勇力却敌。”“古者将战，先使勇力之士犯敌焉。”此摧锋陷陈之选，其所属，亦必简选之士也。

《孟子》言：“武王之伐殷也，革车三百两，虎贲三千人。”《尽心》下。《吕览》则言：“武王虎贲三千人，简车三百乘。”《简选》。案《周官》：“虎贲氏掌先后王而趋以卒伍，军旅会同亦如之。舍则守王闲。王在国则守王宫，国有大故则守王门，大丧亦如之。”则虎贲盖王之亲卫也。

古人君多能养士者，在春秋时，则齐庄公、栾盈其最也。亦皆能食其报。《左氏》于此二人多贬辞，则以其书出自三晋，不足据也。平阴之役，夙沙卫连大车以塞隧而殿。殖绰、郭最曰：子殿国师，齐之辱也。子姑先乎！乃代之殿。卫杀马于隘以塞道，二子遂为州绰所得，《左氏》襄公十八年。寺人之不可用如此。然寺人而能殿师，亦见齐庄之多士矣。殖绰、郭最，非不能斗而死，盖不欲轻死也。齐侯之报平阴也，《左氏》备载诸臣之名，《注》谓见其废旧臣，任武力。襄公二十三年。诸臣有所表见者，申鲜虞奔晋，仆赁于野，以丧庄公；襄公二十七年。卢蒲癸、王何卒杀庆舍；襄公二十八年。皆国士之节也。华周、杞梁仗节死绥，襄公二十三年。无论矣，乃其妻亦烈女。见《孟子·告子》下《礼记·檀弓》《列女·贞顺传》。庄公之死也，尽节者有贾举、州绰、邴师、公孙敖、封具、铎父、襄伊、偻堙；乃至司祭之祝佗父，侍渔之申蒯，在外之鬷蔑，亦皆不肯苟免，可不谓之多士矣乎？观申鲜虞出奔时之从容，其爱其身以有为可知，岂有殖绰、郭最甘为降虏者乎？殖绰后归卫，伐茅氏，杀晋戍三百人，孙蒯追之，弗敢击，亦可见其勇。事见襄公二十六年。州绰晋臣，而为庄公死，此豫让所谓国士遇我，国士报之者也。乐王鲋谓范宣子曰：盍反州绰、邢蒯，勇士也。宣子曰：彼乐氏之勇也，余何获焉？王鲋曰：子为彼栾氏，乃亦子之勇也。襄公二十一年。君子违不适仇国，鲋可谓浅之乎测丈夫矣。栾氏之臣，为宣子所杀者，曰箕遗、黄渊、嘉父、司空靖、邴豫、董叔、邴师、申书、羊舌虎、叔罴；奔齐者，州绰、邢蒯而外，又有知起、中行喜。自州绰外，其志行多不可考。然观胥午之觞曲沃人也，“乐作，午言曰：今也得栾孺子，何如？皆曰：得主而为之死，犹不死也。”襄公二十三年。则其多死士可知，诸臣之志行，亦从可想矣。此等死士，欲有所图者恒求之。伍员之于专设诸，昭公二十年。白胜之于熊宜僚，哀公十六年。皆是。石乞宁死而不肯言白公所在，亦义士也。或为后人所称道，或为后人所讥评，亦有幸有不幸而已矣。《史记·卫世家》：“釐侯卒，太子共伯余立。共伯弟和，有宠于釐侯，多予之赂。和以其赂赂士，以袭攻共伯于墓上，共伯入釐侯羡，自杀。”和立。此亦犹公子光之于王僚也。

此等勇士，往往深沉有谋，非徒年少椎锋也。卢蒲癸其征也。秦伯终用孟明，增修国政，卒以胜晋而霸西戎。然其初为之劳师袭远，不虞二陵之难，亦椎锋之士也。子期之将死也，曰：“昔者吾以力事君，不可以弗终。”抉豫章之木以杀人而后死。哀公十六年。子期楚贤相，然亦以力闻矣。不特此也，微虎欲宵攻王舍，私属徒七百人，三踊于幕庭，卒三百人，有若与焉。哀公八年。其后齐伐鲁，战于郊，齐师自稷曲，师不逾沟。樊迟曰："非不能也，不信子也。请三刻而逾之。"如之。众从之。而冉有用矛于齐师。哀公十一年。则孔门弟子殆无不能从行陈者。又不特此也，《列子》曰："孔子之劲，能拓国门之关，而不肯以力闻。"《说符》。《列子》虽伪书，此语当有所本。然则孔子身亦能武矣。儒者之贵礼让也，所以免争夺相杀之祸也，而岂曰选耎见侮不敢校哉？

《郊特牲》曰，"春飨孤子，秋食耆老。"《周官·天官》外饔："邦飨耆老孤子，则掌其割亨之事。飨士庶子亦如之。"《注》曰："孤子者，死王事者之子也。士庶子卫王宫者，若今时之飨卫士矣。"《疏》曰："云邦飨耆老者，谓死事者之父祖。"《管子·问篇》："问死事之孤，其未有田宅者有乎？问死事之寡，其饩廪何如？"则古于死事者之家，皆有特惠，陈成子之所为，亦犹行古之道也。汉世之羽林孤儿，犹其遗法。

《吴子》料民，以逾高超远、轻足善走为一科。轻足善走，纣之飞廉，吴王之利趾其选也。逾高超远，魏犫之距跃三百、曲踊三百其选乎？《左氏》僖公二十八年。杜《注》曰："距跃，超越也。曲踊，跳踊也。"微虎之三踊，盖曲踊之类。《史记·王翦列传》："使人问军中戏乎？对曰：方投石超距。"超距则距跃之类也。投石者，《左氏》谓"齐高固入晋师，桀石以投人"，其事也。《左氏》成公二年。又十六年，"叔山冉搏人以投，中车折轼"。则以仓卒之间，无石可用故也。知投亦为古之一技。《集解》曰："徐广曰：超，一作拔。骃案《汉书》云甘延寿投石拔距，绝于等伦。张晏曰：《范蠡兵法》，飞石重十二斤，为机发，行三百步，延寿有力，能以手投之。"此说似泥。桀石自为一技，不论石之重轻也。《左氏》桓公五年，"旝动而鼓。"《疏》云："贾逵以旝为发石，一曰飞石，引《范蠡兵法》作飞石之事以证之。《说文》亦云建大木，置石其上，发其机以追闽本、监本、毛本作磓。敌，与贾同也。"以此释《左氏》亦非。《左》襄十年："荀偃、士匄帅卒攻偪阳，亲受矢石。"《疏》曰："服虔云：古者以石为箭镝。若石是箭镞，则犹是矢也，何须矢石并言？杜言在矢石间，则不以石为矢也。《周礼》职金：凡国有大故而用金石，则掌其令。郑玄云：用金石者，作枪雷之属。雷即礧也。兵法：守城用礧石以击攻者。"是殆所谓飞石之类欤？

《韩非子·外储说左下》："少室周者，古之贞廉洁悫者也，为赵襄主力士。与中牟徐子角力，不若也，入言之襄主以自代也。襄主曰：子之处，人之所欲也，何为言徐子以自代？曰：臣以力事君者也。今徐子力多臣，臣不以自代，恐他人言之而为罪也。一曰：少室周为襄主骖乘，至晋阳，有力士牛子耕，与角力而不胜。周言于主曰：主之所以使臣骑乘者，以臣多力也，今有多力于臣者，愿进之。”曰以力事君，则子期之类也。骖乘盖车右之职。

（一三五）致师

《周官·夏官》：环人，掌致师。《注》曰：“环，犹却也，以勇力却敌。”又曰：“古者将战，先使勇力之士犯敌焉。”案“致”之义，一为达之使往，一为引之使来。致师之事，见于《左氏》者，皆意在引敌出战，宣公十二年楚乐伯、晋赵旃，成公二年齐高固，襄公二十四年晋张骼、辅跞。即兵法致人而不致于人之“致”也。初不以此决胜负，然古自有以数人之格斗决胜负者。《隋书·流求传》曰：“国人好相攻击。诸洞各为部队，不相救助。两阵相当，勇者三五人出前跳噪，交言相骂，因相击射。如其不胜，一军皆走，遣人致谢，即共和解。”《春秋》僖公元年：“公子友帅师败莒师于丽，获莒挐。”《谷梁》曰：“内不言获，此其言获，何也？恶公子之绐。绐者奈何？公子友谓莒挐曰：吾二人不相说，士卒何罪？屏左右而相搏。公子友处下，左右曰：孟劳。孟劳者，鲁之宝刀也。公子友以杀之。”《史记·项羽本纪》：“项王谓汉王曰：天下匈匈数岁者，徒以吾两人耳。愿与汉王挑战，决雌雄，毋徒苦天下之民父子为也。”即公子友谓莒挐之言也。《集解》引李奇曰：“挑，身独战，不复须众也。”又引臣瓒曰：“挑战，擿娆敌求战，古谓之致师。”前说于项王、季友之事为合，后说于《左氏》所载诸事为合。窃疑古亦有如流求胜负决于一二人之格斗者。后虽胜败决于全军，然以一二勇士与敌决斗之俗犹存，其意则变为擿娆敌求战，又或敌来而却之也。《左氏》僖公二十八年：“晋侯梦与楚子搏，楚子伏己而盬其脑，是以惧。子犯曰：吉。我得天；楚伏其罪，吾且柔之矣。”杜《注》谓“子犯审见事宜，故权言以答梦”，其说是也。古相搏盖以处下者为负，即《谷梁》所谓公子友处下者也。《谷梁》之言，未合经义，然自出旧闻。或以相搏安得带刀疑之。然赵旃之致师也，屈荡搏之，得其甲裳；又鄢陵之战，叔山冉搏人以投，中车折轼。战斗之际，夫岂无兵？窃疑古相搏之法，不许用兵，彼此皆能遵守，是以莒挐不虞季友之佩孟劳，而传者恶季友之绐也。

《左氏》昭公二十一年：公子城遇华豹，“城还。华豹曰：城也！城怒而反之。将注，豹则关矣。豹射，出其间。城与其御子禄之间。将注，则又关矣。曰：不狎，鄙。抽矢。城射之，殪。”《注》曰：“狎，更也。”《疏》曰：“城谓豹：汝频射我，不使我得更递，是为鄙也。豹服此言，故抽矢而止。”又哀公十六年：许公为遇子伯季子，“曰：与不仁人争，明无不胜。必使先射。射三发，皆远许为。许为射之，殪。”相射以得更递为常，盖亦古战斗之法。《疏》谓华豹不达军礼，非也。

《三国·魏志·吕布传注》引《英雄记》曰：“郭汜在城北。长安城。布开城门，将兵就汜，言：且却兵，但身决胜负。汜、布乃独共对战，布以矛刺中汜，汜后骑遂前救汜，汜、布遂各两罢。”此亦公子友、莒挐之所为也。众共前救，已非独身挑战之法矣。又《许褚传》：“太祖与遂、超等单马会语，左右皆不得从，唯将褚。超负其力，阴欲前突太祖，素闻褚勇，疑从骑是褚。乃问太祖曰：公有虎侯者安在？太祖顾指褚，褚瞋目盼之。超不敢动，乃各罢。”负力而欲于会语之间突人，虽得志，心为勇士所羞矣。

（一三六）古师行多侵掠

《谷梁》曰：“古者大国过小邑，小邑必饰城而请罪，礼也。”襄公二十五年。此非谓大国来侵，谓其兵之过竟者耳。《左氏》成公六年：“晋伯宗、夏阳说等侵宋，师于鍼，卫人不保。说欲袭卫，曰：虽不可入，多俘而归，有罪不及死。”八年：“郑伯将会晋师，门于许东门，大获焉。”《注》曰：“过许，见其无备，因攻之。”则春秋时，此等乘机侵略之事甚多。隐公七年，“戎伐凡伯于楚丘以归。”《公羊》《左氏》皆以为戎狄，《谷梁》以为卫人，未知孰是，然其为要遮劫夺则一也。《左氏》桓公九年：“巴子使韩服告于楚，请与邓为好。楚子使道朔将巴客以聘于邓。邓南鄙鄾人攻而夺之币，杀道朔及巴行人。”戎伐凡伯，盖亦利其币也。亦可谓野蛮矣。

（一三七）兵食

《论语·颜渊》：“子贡问政。子曰：足食，足兵，民信之矣。子贡曰：必不得已而去，于斯三者何先？曰：去兵。子贡曰：必不得已而去，于斯二者何先？曰：去食。自古皆有死，民无信不立。”《管子·权修》曰：“地之守在城，城之守在兵，兵之守在人，人之守在粟。”此二说实相发明。各明一义，不相背也。

（一三八）古水战

古水战以南方为精。春秋时，吴、楚二国，水战甚多。《左氏》襄公二十四年，楚子为舟师以伐吴；昭公十九年，楚子为舟师以伐濮；二十四年，楚子为舟师以略吴疆；则人君且躬亲其役矣。《史记·张仪列传》：“仪说楚王曰：秦西有巴蜀。大船积粟，起于汶山，浮江以下，至楚三千余里。舫船载卒，一舫载五十人，与三月之食，下水而浮，一日行三百余里。里数虽多，然而不费牛马之力，不至十日而距扞关。”《苏秦列传》：苏代言秦告楚曰：“蜀地之甲，乘船浮于汶，乘夏水而下江，五日而至郢。汉中之甲，乘船出于巴，乘夏水而下汉，四日而至五渚。”盖舟行则士逸。吴之伐楚也，舍舟淮汭；《左氏》定公四年。其伐齐也，沟通江淮；哀公九年。又使徐承帅舟师自海入齐；哀公十年。越之伐吴也，亦使范蠡、后庸率师沿海泝淮，以绝吴路；《国语·吴语》。盖亦以此也。《吴子·应变》：“武侯问曰：吾与敌相遇大水之泽，倾轮没辕，水薄车骑，舟楫不设，进退不得，为之奈何？起对曰：此谓水战。无用车骑，且留其傍，登高四望，必得水情；知其广狭，尽其浅深，乃可为奇以胜之。敌若绝水，半渡而薄之。”《管子·轻重甲》：“桓公曰：天下之国，莫强于越。今寡人欲北举事孤竹、离枝，恐越人之至，为此有道乎？管子对曰：君请遏原流，大夫立沼池，令以矩游为乐，则越人安敢至？桓公曰：行事奈何？管子对曰：请以令隐三川，立员都，立大舟之都。大身之都有深渊，垒十仞。令曰：能游者赐千金。疑当作十金。未能用金千，齐民之游水不避吴、越。桓公终北举事于孤竹、离枝。越人果至，隐曲蔷以水齐。管子有扶身之士五万人以待。战于曲蔷，大败越人。此之谓水豫。”北方之所谓水战，如此而已矣。

《左氏》僖公十三年：晋荐饥，使乞籴于秦。秦输粟于晋，自雍及绛相继，命之曰泛舟之役。则秦人久能以船运粟，然未闻其舫船载卒也。《史记·白起传》：“与赵将贾偃战，沉其卒二万人于河中。”似为北方舟战之始。

春秋时，吴、楚陆战，吴多胜，水战则楚多胜，盖以居上流故也。昭公十七年："吴伐楚。阳匄为令尹，卜战，不吉。司马子鱼曰：我得上流，何故不吉。"果败吴于长岸，是其征也。然《墨子·鲁问》曰："昔者楚人与越人舟战于江，楚人顺流而进，迎流而退。见利而进，见不利则其退难。越人迎流而进，顺流而退。见利而进，见不利则其退速。越人因此若势，亟败楚人。公输子自鲁南游楚，焉始为舟战之器，作为钩强之备，退者钩之，进者强之，量其钩强之长而制为之兵。楚之兵节，越之兵不节，楚人因此若势，亟败越人。"则自然之势，上流不足专恃，而又可以械器弥其阙。云公输般为楚制器，不足信；然楚人之有是器则实矣。此亦见水战之日精也。

（一三九）丘甲

《春秋》："成公元年作丘甲。"《谷梁》曰："丘甲，国之事也。丘作甲，非正也。丘作甲之为非正，何也？古者立国家，百官具，农工皆有职以事上。古者有四民：有士民，有商民，有农民，有工民。夫甲，非人人之所能为也。"《公羊解诂》义同。《左氏》杜《注》谓使丘出甸赋，则《春秋》何不云赋而云甲乎？或曰：甲既非人人所能为，而安得使之？不知古甲皆用革；非人人所能为，谓为之不能功耳，非谓竟不能成其物也。惟僖公十五年晋作州兵，兵非工民不能为，或当敛其财，如哀公十二年之用田赋耳。杜《注》顾云使州长各缮甲兵，恐两失之也。

古者兵甲皆藏于官。《左氏》隐公十一年：郑将伐许，授兵于大宫；闵公二年：狄伐卫，将战，国人授甲者皆曰使鹤，是也。汉世犹有欲禁民藏弓弩者；而羌人久降伏，其叛也，至于执镜以象兵。知兵之散在民间者不多，揭竿斩木非虚语。此秦皇之所以能收天下兵。若如后世，铜铁遍布民间，其可胜敛邪？

汉世盗发，多先劫库兵。案藏甲兵之处曰库，自古已然。《左氏》襄公二十六年，"齐乌余袭我高鱼，有大雨自其窦入，介于其库"，是也。亦曰军府。成公七年，"晋人以钟仪归，囚诸军府"，是也。又曰武守。襄公九年，"宋灾，乐喜使工正出车，备甲兵，庀武守"，是也。然则秦、汉时制度，犹多沿自古昔也。

古之兵，非特民间无有而已，即大夫家亦然。《礼运》曰："冕弁兵革，藏于私家，非礼也，是谓胁君。"《公羊》曰："家不藏甲，邑无百雉之城。"定公十二年。此古制也。春秋时，此制浸坏。故齐之陈、鲍，授甲以攻栾、高；《左氏》昭公十年。楚之郤宛，陈甲兵以观子常；昭公二十七年。而宋之皇非我，亦授甲以攻大尹。哀公二十六年。陈乞诳诸大夫曰："吾有所为甲，请以示焉。"《公羊》哀公六年。驷赤谓叔孙氏之甲有物，《左氏》定公十年。《注》："物，识也。"案此即物勒工名之法。则非徒藏之，又能自造之矣。然在外之臣，犹不能操兵而入国，故白公欲作乱，必诡称以战备献焉。《左氏》哀公十六年。

乐武子谓楚庄王："在军，无日不讨其军实而申儆之。"《左氏》宣公十二年。《注》曰："军实，军器。"则古于军实，视之盖甚重。晁错引《兵法》曰："器械不利，以其卒予敌也。"《汉书》本传。《吕览》曰："世有言耰锄白梃可以胜人之长铫利兵，此不通乎兵者之论。"《简选》。自系平心之说。孟子言制梃以挞秦楚之坚甲利兵，《梁惠王》上。特极言之而已。即使有胜，亦仁之胜不仁，非白梃之胜长铫利兵也，固不容以辞害意。

（一四〇）军与师

《白虎通·三军》篇："国有三军何？所以戒非常，伐无道，尊宗庙，重社稷，安不忘危也。何以言有三军也？《论语》曰：子行三军，则谁与？《诗》云：周王于迈，六师及之。三军者何？法天地人也。以为五人为伍，五伍为两，四两为卒，五卒为旅，五旅为师，五师为军。二千五百人为师，万二千五百人为一军，三军三万七千五百人也。五旅为师下旧本误。《汉魏丛书》本据《太平御览》卷二百九十八改正。《传》曰：一人必死，十人不能当；百人必死，千人不能当；千人必死，万人不能当；万人必死，横行天下。虽有万人，犹谦让自以为不足，故复加二千人，因法月数。月者，群阴之长也。十二月足以穷尽阴阳，备物成功，万二千人，亦足以征伐不义，致天下太平也。《谷梁传》曰：天子有六军，诸侯上国三军，次国二军，下国一军。"此文为后人所窜乱。《管子·小匡》篇，述管子作内政寄军令之制曰："五人为伍，轨长率之；十轨为里，故五十人为小戎，里有司率之；四里为连，故二百人为卒，连长率之；十连为乡，故二千人为旅，乡良人率之；五乡一师，故万人一军，五乡之师率之。君有此教士三万人，以横行于天下。"是古制实以万人为军；复加二千人，乃其特异之制。《白虎通》所谓师，即《管子》所谓旅。其言军制，当与《管子》大同小异。今为妄人以《周官》改之，并其三军法天地人之说，亦不可得闻矣。

《说文》以四千人为军，《一切经音义》引《字林》同，此古说之仅存者也。

兵数不论多少，战时皆分为三军，见《诗·常武疏》。如是，万二千人，三分之，军适得四千人也。《公羊》隐公五年《解诂》曰："二千五百人称师。《礼》：天子六师，方伯二师，诸侯一师。"二千五百人为师，亦妄人所改，原文当云二千人为师。如是，则方伯之国，亦四千人。《谷梁》古文说与《周官》同，故《白虎通》更引之以备异说。今本《谷梁》云："古者天子六师，诸侯一军。"襄公十一年。说反合也。

《诗》言"六师及之"，《大雅·棫朴》。而《毛传》云"天子六军"，则军、师二字，可以通用。《笺》云"二千五百人为师。今王兴师行者，殷末之制，未有《周礼》。《周礼》五师为军，军万二千五百人"，非也。《疏》云："郑之此言，未是定说。《郑志》：赵商问此笺，引《常武》整我六师，宣王之时，又出征伐之事，不称六军而称六师，不达其意。答曰：师者众之通名，故人多云焉。欲著其大数，则乃言军耳。此正答《常武》六师，而不申此笺之意，是其自持疑也。又临硕并引《诗》三处六师之文，案谓《棫朴》《常武》，及《瞻彼洛矣》"以作六师"。以难《周礼》。郑释之云：春秋之兵，虽累万之众皆称师。《诗》之六师，谓六军之师。总言三文六师皆云六军，是亦以此为六军之意也。又《易·师卦注》云：多以军为名，次以师为名，少以旅为名。师者，举中之言。然则军之言师，乃是常称，不当于此独设异端。又《甘誓》云：乃召六卿。《注》云：六卿者，六军之将。《公刘笺》云：邰后稷上公之封，大国三军。《大誓注》云：六军之兵东行。皆在《周礼》之前，郑自言有六军、三军之法，何故于此独言殷末？当是所注者广，未及改之耳。"郑之穿凿附会，自语相违，虽《疏》亦不能为之曲讳矣。《鲁颂》"公徒三万"，《閟宫》。与《齐语》"万人为一军"合。《笺》云："万二千五百人为军。大国三军，合三万七千五百人，言三万者，举成数也。"与《棫朴笺》同病。

《说文》："军，圜围也。"《广雅》曰："军，屯也。"此为军字之本义。《左氏》成公十六年："郑子罕宵军之，宋、齐、卫皆失军。"言子罕宵围之，宋、齐、卫皆崩溃不复能屯驻也。兴师命将，虽无定法，然战争既烈，征发渐广，则多以命卿为将，故军字渐成卿所将众之专称。《公羊》襄公十一年："作三军。三军者何？三卿也。作三军何以书？讥。何讥尔？古者上卿下卿，上士下士。"《左氏》所载，晋之军制屡变。庄公十六年，王命曲沃伯以一军为晋侯。闵公元年，作二军。僖公二十七年，作三军。三十一年，作五军。文公六年，舍二军。成公三年，作六军。襄公十四年，舍新军。而文公六年，以赵成子、栾贞子、霍伯、臼季皆卒，舍二军；成公三年，以赏鞌之功，韩厥、赵括、巩朔、韩穿、荀骓、赵旃皆为卿，作六军；襄公十四年，知朔生盈而死，盈生六年而武子卒，彘裘亦幼，皆未可立，新军无帅，则舍之；皆其明证。郑氏谓师者众之通名，欲著其大数则言军；又谓多以军为名，次以师为名，少以旅为名；失其本义矣。古者“君行师从，卿行旅从”，师即《管子》所谓五乡之师，旅则乡良人之所率也。然则《管子》言师旅之名，实较《周官》为古。

《管子》又言五鄙之法曰：“制五家为轨，轨有长；六轨为邑，邑有司；十邑为率，率有长；十率为乡，乡有良人；三乡为属，属有帅；五属一大夫。”案《小匡》之文，略同《齐语》。《齐语》曰：“制鄙。三十家为邑，邑有司；十邑为卒，卒有卒帅；十卒为乡，乡有乡帅；三乡为县，县有县帅；十县为属，属有大夫。五属，故立五大夫，各使治一属焉；立五正，各使听一属焉。”而《管子》下文云：“五属大夫退而修属，属退而修连，连退而修乡，乡退而修卒，卒退而修邑，邑退而修家。”则上文当作十邑为卒，三乡为连，十连为属，今本有夺误也。属之众凡九万人。《庄子·德充符》云：“勇士一人，雄入于九军。”疑即此制。《释文》引崔、李云：“天子六军，诸侯三军，通为九军也。”又引简文云：“兵书以攻九天，收九地，故谓之九军。”恐皆非也。《左氏》襄公九年：“二师令四乡正敬享。”此乡正，疑即《齐语》属立一正之正。

《周书·武顺》：“五五二十五曰元卒，一卒居前曰开，一卒居后曰敦，左右一卒曰间，四卒成卫曰伯，三伯一长曰佐，三佐一长曰右，三右一长曰正，三正一长曰卿，三卿一长曰辟。”其法与《管子》又异。故知古制军之法甚多，《周官》所言，特其一耳。后人遇古书言军制者，辄以《周官》之法释之，宜其龃龉而不可通也。

（一四一）五兵

《墨子·节用上》：“其为甲盾五兵何？”《间诂》：“《周礼》司兵云：掌五兵五盾，又军事建车之五兵。郑众注云：五兵者，戈、殳、戟、酋矛、夷矛。郑康成云：步卒之五兵，则无夷矛而有弓矢。《司马法·定爵》篇云：弓矢围，殳矛守，戈戟助。凡五兵，当长以卫短，短以救长。案五兵古说多差异，惟郑君与《司马法》合，当为定论。此甲、盾、五兵并举。而卫宏《汉旧仪》说五兵有甲铠；《周礼》肆师贾《疏》引《五经异义·公羊》说、《谷梁》庄二十五年范宁《注》《曾子问》孔《疏》引《礼记隐义》、扬雄《太玄经·玄数》，说五兵并有盾，皆非也。"愚案《淮南·时则》："春其兵矛，夏其兵戟，注："戟或作弩也。"六月其兵剑，秋其兵戈，《御览》引作钺。冬其兵铩。"或是《墨子》所谓五兵。

（一四二）私属

《左氏》宣公十一年：楚庄王让申叔时曰："夏征舒为不道，弑其君，寡人以诸侯讨而戮之；诸侯、县公、皆庆寡人，女独不庆寡人，何故？"《疏》曰："《经》无诸侯，而云以诸侯讨之、诸侯皆庆者，时有楚之属国从行也。十二年邲之战，《经》不书唐，而《传》云唐侯为左拒；昭十七年长岸之战，《经》不书随，而《传》言使随人守舟；明此时亦有诸侯，但为楚私属，不以告耳。"案此说太拘。古封建郡县之制错行，人臣有世继者，则曰诸侯；而不然者，则曰县公而已矣。古卿大夫皆有私属，如宣公十七年：郤子请伐齐，晋侯弗许，请以其私属，又弗许；襄公二十五年：子彊、息桓、子捷、子骈、子盂以其私卒先击吴师，是也。僖公二十八年："子玉使伯棼请战，王怒，少与之师，惟西广、东宫与若敖之六卒实从之。"《注》曰："六卒，子玉宗人之兵六百人。"宣公十二年："楚熊负羁囚知罃，知庄子以其族反之。"《注》云："族，家兵。"此即所谓私属，盖如辽之"头下军州"，其众固亦可从王事。此等卿大夫，世其家者，固亦可称诸侯也。楚既僭称王矣，其县尹称公，卿大夫又何不可称诸侯乎？《周官》有都司马、家司马之职，特听于国司马而已，其兵固不属于国也。

县亦有强弱。昭公十二年：楚灵王谓"今我大城陈、蔡、不羹，赋皆千乘"；五年：薳启彊言晋"十家九县，长毂九百"，县亦千乘，皆大国之赋也。成公六年：知庄子等谓"成师以出，而败楚之二县，何荣之有焉"，则县不及千乘可知。

（一四三）教士

《礼记·王制》："有发，则命大司徒教士以车甲。"案《大戴记·千乘》

曰："司马司夏，以教士车甲。"此篇多与《王制》相发明。《王制》之司徒，盖司马之误。

（一四四）兵器长短

客有游倮罗者，曰：其人无不带兵，然止以御异类；人与人争，止于辨析是非而已，无相詈骂者，而斗殴无论矣。故虽人人带兵，无相杀伤之事。《墨子》曰："古者圣人，为猛禽狡兽暴人害民，于是教民以兵行，日孙诒让曰："疑当为曰。"带剑，为刺则入，击则断，旁击而不折，此剑之利也。甲，为衣则轻且利，动则兵且从，孙诒让曰："兵字无义，疑当作弁，与兵形近而误。弁者，变之假字。"此甲之利也。"《节用中》。《淮南王书》曰："为鸷禽猛兽之害伤人而无以禁御也，而作为之铸金锻铁，以为兵刃。"《氾论》。古人岂欺我哉！

《考工记》曰："攻国之兵欲短，守国之兵欲长。攻国之人众，行地远，食饮饥，且涉山林之阻，是故兵欲短。守国之人寡，食饮饱，行地不远，且不涉山林之阻，是故兵欲长。"晁错引《兵法》曰："两陈相近，平地浅草，可前可后，此长戟之地也，剑盾三不当一。萑苇竹萧，草木蒙茏，枝叶茂接，此矛鋋之地也，长戟二不当一。曲道相伏，险阸相薄，此剑盾之地也，弓弩三不当一。"可见短兵利险阻，长兵利平地。《淮南王书》又曰："古之兵，弓剑而已，槽矛无击，修戟无刺。"可见古者主用短兵。其主用短兵也，盖以猎兽于山林，非以杀人于平地也。

《考工记》："戈柲六尺有六寸，殳长寻有四尺，车戟常，酋矛常有四尺，夷矛三寻。"剑：上制长三尺，中制二尺五寸，下制二尺。可见古兵以剑为最短，而上士、中士、下士各以形貌大小带之，又可见惟剑为人人所有也。《左氏》新里之战，齐乌枝鸣曰："用少，莫如齐致死。齐致死，莫如去备。彼多兵矣，请皆用剑。"昭公二十一年。栾氏之复入于晋也，范宣子谓鞅曰："矢及君屋，死之！鞅用剑以帅卒。"襄公二十三年。《汉书》谓吴越之士，轻死，好用剑。《地理志》。孟子曰："夫抚剑疾视，曰彼恶敢当我哉！此匹夫之勇，敌一人者也。"《梁惠王》下。滕文公曰："吾他日未尝学问，好驰马试剑。"《滕文公》上。"莒子庚舆虐而好剑，苟铸剑，必试诸人。"《左氏》昭公二十三年。然则公战私斗皆用剑，而轻侠自喜，贼虐好杀者尤尚焉。至此则剑为杀人之具矣。

《庄子·说剑》:“王曰:夫子所御杖,长短何如?”此剑随人形貌而分长短之征。“大冠若箕,修剑拄颐”,明剑之修不过拄颐。“挟于旁称剑”,盖剑本以挟于旁得名也。季札之初使,北过徐君。徐君好季札剑,口弗敢言。季札心知之,为使上国,未献。还至徐,徐君已死,乃解其宝剑,系之徐君冢树而去。《史记·吴太伯世家》。此可见古贵族之重剑也。

《公羊》曰:“万者何?干舞也。”宣公八年。《解诂》曰:“干谓盾也。能为人扞难而不使害人,故圣王贵之,以为武乐。”此亦由墨子之非攻而上守御欤?

(一四五)军志

古《军志》之语,多为人所诵习。《左氏》宣公十二年,孙叔引《军志》曰:“先人有夺人之心。”昭公二十一年,宋厨人濮亦引之,又益一语曰:“后人有待其衰。”然则文公七年,赵宣子谓“先人有夺人之心,军之善谋也;逐寇如追逃,军之善政也”,“逐寇如追逃”,亦当为《军志》中语矣。又僖公二十八年,楚成王引《军志》曰:“允当则归。”又曰:“知难而退。”又曰:“有德不可敌。”凡三语。

《管子·兵法》曰:“《大度之书》曰:举兵之日而竟内不贫,战而必胜,胜而不死,得地而国不败,为此四者若何?举兵之日而竟内不贫者,计数得也;战而必胜者,法度审也;胜而不死者,教器备利而敌不敢校也;得地而国不败者,因其民也。”此为经传之体,亦《军志》之类也。曰书者,古兵家或搜古史之文以为鉴,观今之《周书》,确有若干篇类《尚书》,然就其宗旨言之,则实为兵家言,是其证也。《左氏》僖公二十五年,王与晋文阳樊、温、原、欑茅之田。“阳樊不服,围之。仓葛呼曰:德以柔中国,刑以威四夷,宜吾不敢服也。此谁非王之亲姻,其俘之也!乃出其民。”《史记·樗里子传》:“秦惠王八年,伐曲沃,尽出其人,取其城,地入秦。”《索隐》:“《年表》云:十一年,拔魏曲沃,归其人。”周赧王之入秦,献其邑三十六、口三万也,周民遂东亡。《周本纪》。则得地而不能因其民者多矣。宜太史公叹《司马兵法》,“闳廓深远,虽三代征伐,未能竟其义,如其文也”。《司马穰苴列传》。然《自序》曰:“《司马法》所从来尚矣,太公、孙、吴、王子能绍而明之,切近世,极人变。”《律书》。此即《六国表》所谓“近己而俗变相类,议卑而易行”,而讥举秦而笑之,不敢道,为与耳食无异者也。则《穰苴列传》谓“穰苴区区为小国行师，何暇及《司马兵法》之揖让”者，又非笃论矣。《自序》又云：“自古王者而有《司马法》，穰苴能申明之。”《司马穰苴列传》。则穰苴之书，阐明旧说者亦不少。古人著书，多述成说，罕申己见，故《史记》一书，论穰苴之语，亦若彼此歧异也。

太史公称《司马兵法》之揖让，盖其所言多军礼，故《班志》出之兵家，入之礼家。魏绛之戮扬干也，曰：“臣闻师众以顺为武，军事有死无犯为敬。”晋悼公曰：“吾子之讨，军礼也。”《左氏》襄公三年。古兵书既多礼家言，魏绛之所闻，亦未必非《军志》中语矣。

（一四六）骑射

《日知录》曰：“春秋之世，戎翟之杂居中夏者，大抵皆在山谷之间，兵车之所不至。齐桓、晋文仅攘而却之，不能深入其地者，用车故也。中行穆子之败翟于大卤，得之毁车崇卒；而知伯欲伐仇犹，遗之大钟以开其道；其不利于车可知矣。势不得不变而为骑。骑射，所以便山谷也；胡服，所以便骑射也；是以公子成之徒，谏胡服而不谏骑射。意骑射之法，必有先武灵而用之者矣。”卷二十九《骑》条。今案武灵王之所欲者，曰继简、襄之业；简、襄之所欲者，则并代以临胡貉而已。此骑寇，非山戎也。武灵王之攻中山，虽使赵希将胡代之兵，牛翦将车骑，然特五军之二，非恃是以攻取。兵书言车骑步之长短者，莫古于《六韬》。大抵车利平地，忌险阻山泽汙下沮洳；骑虽不尽然，亦虑敌为深沟坑阜；惟徒兵则依丘陵险阻以抗车骑，无则为行马木蒺藜以自固；三者之长短可知，岂有攻山国而可用骑者哉？

《容斋四笔》云：崇宁中，李复为熙河漕使。时邢恕经略泾原，纳许彦圭之说，欲用车战，朝廷委复造战车三百两。复疏言：“古者征战有礼，不为诡遇，多在平原广野，故车可行。今尽在极边，戎狄乘势而来，虽鸷鸟飞翥，不如是之迅捷，下塞驻军，各以保险为利。其往也，车不及期，居而保险，车不能登；归则敌多袭逐，争先奔趋，不暇回顾，车安能收？”此车易而骑之理，乃以与匈奴、突厥等驰逐于广漠之乡，非与苗、瑶等争尺寸之得失于山谷之间也。古山戎多，骑寇少。《管子》言桓公“禽狄王，败胡貉，破屠何，而骑寇始服”，《小匡》。乃战国时语，非当时实事。《战国·赵策》言：“赵武灵王破原阳，以为骑邑。牛赞进谏曰：国有固籍，兵有常经。变籍则乱，失经则弱。今王破原阳，以为骑邑，是变籍而弃经也。且习其兵者轻其敌，便其用者易其难。今民便其用而王变之，是损君而弱国也。故利不百者不变俗，功不什者不易器。今王破卒散兵，以奉骑射，臣恐其攻获之利，不如所失之费也。王曰：今重甲循兵，不可以逾险。”此其欲变服之由。盖古者师行不远，非如武灵之斥土于无穷之门也。然则胡服非徒以便骑射也。而观牛赞之言，则赵之诸臣亦非徒谏胡服矣。

《左氏》隐公九年：“北戎侵郑，郑伯御之，患戎师，曰：彼徒我车，惧其侵轶我也。”然则古车徒亦互有短长，不必恃骑也。《周官》大司马曰：“险野，人为主；易野，车为主。”《周官》亦战国时书，然犹不言骑，知骑非六国所深尚也。苏秦言六国之兵皆有骑，然不皆胡服，知胡服非徒便骑射也。古建国必依山溪，故傅国都不利车战。《左氏》隐公四年：“诸侯之师，败郑徒兵。”《注》曰：“时郑不车战。”盖以其地不利出车也。故宣公十二年，楚子围郑，郑人卜巷出车。文公十二年秦晋河曲之战，“秦行人夜戒晋师曰：两军之士皆未憖也，明日请相见也。臾骈曰：使者目动而言肆，惧我也，将遁矣。薄诸河，必败之。胥甲、赵穿当军门呼曰：不待期而薄人于险，无勇也。乃止。”此可见偏战必于平地，此古之所以上车也。鞌之战，“齐师败绩，逐之，三周华不注”；鄢陵之战，“楚师薄于险”。盖兵败乃依山林以自固。

《管子·兵法》：九章：“三曰举龙章则行水，四曰举虎章则行林，五曰举鸟章则行陂，六曰举蛇章则行泽，七曰举鹊章则行陆，八曰举狼章则行山，九曰举韟章则载食而驾。”此七者，惟举韟章是用车耳。《左氏》定公六年：“子期以陵师败于繁阳。”《注》曰：“陵师，陆军。”《疏》曰：“南人谓陆为陵，此时犹然。《释地》云：高平曰陆，大陆曰阜，大阜曰陵，是陵、陆，大小之异名耳。”《管子·地图》曰：“凡兵，主者必先审知地图。轘辕之险，滥车之水，名山通谷经川，陵陆丘阜之所在，苴草林木蒲苇之所茂，必尽知之。”凡此皆与易野异，车固不可用，骑亦非所宜也。

《史记·廉颇蔺相如传》：“李牧居代雁门，备匈奴。习射骑。具选车千三百乘，选骑万三千匹，百金之士五万人，彀者十万人。”此用骑特多，亦以所备者为骑寇故也。

（一四七）象魏

《左氏》哀公三年："司铎火。季桓子至，御公立于象魏之外。命藏《象魏》，曰：旧章不可亡也。"杜《注》："《周礼》，正月悬教令之法于象魏，使万民观之，故谓其书为《象魏》。"案此注未审。魏，阙名；象，乃刑典之名。象悬于魏，因称魏为象魏，古有之矣；以此而称象为象魏，未之前闻，即后世语法，亦无是也。必欲释之，只可援足句圆文之例耳。窃疑"命藏象魏"之魏字实衍，杜乃随文曲释之也。象之始当为刑象，盖画刑人之状，以怖其民，《尧典》所谓"象以典刑"也。其后律法寖繁，文字之用亦广，则变而悬律文，《周官》所谓治象、教象、政象、刑象也。《周官》六官，其荐者五，惟《春官》无悬象之事，其余皆有之。《诗抑疏》。冬官掌度地居民，实不掌工事，其与人民关涉甚多，《冬官》之文而存，亦必有悬象之事矣。

（一四八）五刑之属三千

《吕刑》云："墨罚之属千，劓罚之属千，剕罚之属五百，宫罚之属三百，大辟之罚，其属二百，五刑之属三千。"《周官》司刑："墨罪五百，劓罪五百，宫罪五百，刖罪五百，杀罪五百。"虽减于《吕刑》，犹二千五百。古代风气诚朴，简策繁重，法文之烦，安得如是？苟如是，李悝撰诸国法为《法经》，又安得止于六篇也？曰：三千若二千五百云者，乃辜较之辞，非实数也。古者出于礼则入于刑，而礼之节目，殊为繁碎。故曰："礼仪三百，威仪三千。"夫威仪至于三千，而出于礼者咸入于刑，则固可云五刑之属三千。抑威仪三千，亦辜较之辞，非审谛之数也。古言多则云三，以其数之繁，不可以百计，则云千；以千计而犹觉其多，则曰三千云尔。云墨罚之属千，劓罚之属千，剕罚之属五百，宫罚之属三百，大辟之罚其属二百者，约计五刑之属，墨、劓当各居都数三之一；剕、宫、大辟合三之一；其中剕之属又居其半，宫与大辟，又当若三比二云尔。皆非实数也。《周官》五刑之属各五百，岂有罪之轻重悬殊，而施于人，其数顾相等者邪？益知其以意言之而非实录也。

《司刑注》曰："夏刑大辟二百，膑辟三百，宫辟五百，劓墨各千，周则变焉；所谓刑罚世轻世重者也。"《疏》云："夏刑以下，据《吕刑》而言。案《吕刑》剕辟五百，宫辟三百，今此云膑辟三百，宫辟五百，此乃转写者误，当以《吕刑》为正。”案郑此《注》，不得别有所据，《疏》言是也。

（一四九）象刑

象刑之说，荀子深非之，《正论》。此未达于古今之变者也。荀子曰：“杀人者死，伤人者刑，是百王之所同也，未有知其所由来者也。”其实肉刑之原，出于战陈，乃行于部族与部族之间；在本部族中，固无操兵刃以断割人者也。

五刑之名，昉见《尧典》，然未尝列举其名。其见于《吕刑》者，为墨、劓、剕、宫、大辟。见于《周官》司刑者，为墨、劓、宫、刖、杀。《注》言“周改膑作刖”，未知何据。恐即据《周官》与《吕刑》不同而言之，凡郑《注》固多如是。案《国语·鲁语》：臧文仲言：“刑五而已，无有隐者。大刑用甲兵，其次用斧钺；中刑用刀锯，其次用钻笮；薄刑用鞭扑。大者陈之原野，小者致之市朝。五刑三次，是无隐也。”三次，即《尧典》之三就，可见《尧典》之五刑，与《鲁语》是一。大者陈诸原野，指战陈言，又可见肉刑原于兵争，始仅施诸异部族也。

《吕刑》曰：“苗民弗用灵，制以刑，惟作五虐之刑曰法。”《墨子·尚同中篇》亦曰：“圣王制五刑以治天下，苗民制五刑以乱天下。”五刑始于苗民，说当可信。苗民者，九黎之君，蚩尤之后。蚩尤乃始作兵者，盖尝威行于南方。南方之民，本以雕题为俗，蚩尤盖得其人以为奴隶。其后本族有罪者，亦以为奴隶而侪诸异族，因亦如异族雕其题以别之，是为黥。又其后，则并制膑、宫、劓、杀之法。古代铸兵，南胜于北。故春秋时，郑伯朝于楚，楚子赐之金，既而悔之，与之盟，曰：无以铸兵；《左氏》僖公十八年。而吴以干将莫邪之利闻天下。微江、淮、荆州，蚩尤固无所取是。《周官》五隶：蛮、闽、夷、貉皆异族，而罪隶为罪人。《尧典》：“帝曰：皋陶，蛮夷猾夏，寇贼奸宄，女作士，五刑有服。”五刑初施诸异族，后乃貤及罪人，亦隐隐可见也。司刑郑注：“今东西夷或以墨劓为俗，古刑人亡逃者之世类与？”不悟五刑之制放自异族，而转谓异族效中国之刑人，可谓因果颠倒矣。《后汉书·西羌传》：羌无弋爰剑，“与劓女遇于野，遂成夫妇。女耻其状，被发覆面，羌人因以为俗。”此劓女之劓，实其饰也，盖康成所谓西夷以墨劓为俗者。至东夷之文身者，则不可胜举矣。

《周官》司刑之为刑，与《吕刑》仅剕刖小异。掌戮则曰：“墨者使守门，劓者使守关，宫者使守内，刖者使守囿，髡者使守积。”《注》：“郑司农云：髡当为完，谓但居作三年，不亏体者也。玄谓此出五刑之中，而髡者，必王之同族不宫者。宫之为翦其类，髡头而已。”案《说文·而部》：“耏，罪不至髡也。”《汉书·高帝纪》：七年，“令郎中有罪，耐以上请之”。应劭曰：“轻罪不至于髡，完其耏鬓，故曰耐。”《礼运疏》云：“古者犯罪，以髡其须，谓之耐罪。”段懋堂《说文注》云：“髡者，剃发也。不剃其发，仅去须鬓，是曰耐，亦曰完。谓之完者，言完其发也。”《刑法志》：有司之议废肉刑也，曰：“诸当髡者，完为城旦舂；当黥者，髡钳为城旦舂。”《列女·辨通·齐大仓女传》曰：“自是之后，凿颠者髡，抽胁者笞，刖足者钳。”然则耐轻于髡；髡所以代黥，非以代宫。汉初去古近，刑之相代，必有所受之。司农读髡为完；康成谓髡施诸王族不宫者；殆非是。然不改髡字则是矣。掌戮之意，盖并举刑人所职，耐名为完，古人殆不以为刑也。髡之初，盖亦施诸奴隶。《少牢馈食礼》：“主妇被锡。”《注》：“被锡，读为髲鬄。古者或鬄贱者刑者之发，以被妇人之紒为饰，因名髲鬄焉。”《诗·采蘩》：“被之僮僮。”《毛传》：“被，首饰也。”《笺》引《礼记》“主妇髲髢”。《周官》追师“掌为副编次”，《注》亦曰：“次，次第发长短为之，所谓髲髢。”《诗疏》云：“主妇髲鬄，在《少牢》之经，《笺》云《礼记》，误也。”“《少牢注》读被锡为髲鬄者，以鬄是翦发之名，直云被锡，于用发之理未见，故读为髲鬄。鬄，剔发以被首也。”案“鬄剔发以被首也”疑当作“髲鬄，剔发以被首也”。《疏》引《左氏》哀公十七年：卫庄公登城望戎州，见己氏之妻发美，使髡之，以为吕姜髢。后卒以是见弑。盖无故而刑人，故为人所怨。髡之始，盖以蛮隶断发，因而施诸本族之奴隶者也。蛮隶断发雕题，吾族之犯罪，侪异族为奴隶者，重则凿其颠，轻则鬄其发。虽轻重不同，其缘起则一，故掌戮以髡与墨、劓、宫、刖并举，而汉有司犹议以髡代黥也。

古于刑人，畏恶特甚，后世则稍衰。《曲礼》曰：“刑人不在君侧。”《祭统》曰：“古者不使刑人守门。”而《周官》墨、劓、宫、刖者，咸有所守，是其征也。《公羊》曰：“君子不近刑人；近刑人，则轻死之道也。”《谷梁》曰：“礼：君不使无耻，不近刑人，不狎敌，不迩怨。贱人非所贵也，贵人非所刑也，刑人非所近也。”襄公二十九年。《公羊》又曰：“盗杀蔡侯申。弑君贱者穷诸人，此其称盗以弑何？贱乎贱者也。贱乎贱者孰谓？谓罪人也。”《解诂》曰：“罪人者，未加刑也。”哀公四年。则当刑而未刑者，亦不敢近矣。《王制》曰：“公家不畜刑人，大夫弗养，士遇之涂，弗与言也。屏之四方，不及以政，示弗故生也。”则不近刑人者，又不独人君矣。其畏恶之至于如是，知其初必与异族相杂，虑其蓄怨而报复也。《吕览·音初》曰：“夏后氏孔甲，田于东阳萯山，天大风晦盲，孔甲迷惑，入于民室。主人方乳。或曰：后来，是良日也，之子是必大吉。或曰：不胜也，之子是必有殃。后乃取其子以归，曰：以为予子，谁敢殃之？子长成人，幕动坼撩斧斫斩其足，遂为守门者。孔甲曰：乌乎！有疾，命矣夫！乃作为《破斧之歌》。实始为东音。”据此，则刖者守门，由来旧矣。然或偶行之，未以为法。抑古书述事多不审，此未必果夏时事也。然云东音，说当不诬。古东夷、南蛮，仅因居处不同而异其名，其种族实是一，亦足为五刑始于南方之征也。

刑皆施诸异族，则其施诸本族者如何？曰：笞挞而已，放流而已。语曰：教笞不可废于家。古者一部族之民犹一家，上之施于下者，固不过如是。即其罪大恶极，不可与处者，亦不过屏之部族之外而止，犹子放妇出也。操兵刃以断割人，部族中固无是事。旧时云南彝族人，无不佩刀者。然皆以御野兽，同族相争，莫或拔刀相向。彼岂无暴戾者？故无是事，则莫敢作是想也。皇古风俗之淳，奚翅今之彝族哉？《尧典》曰：“流宥五刑，鞭作官刑，扑作教刑，金作赎刑。”盖本族之丽于刑者，或宥之以流，或许其纳赎；其未丽于刑者，则止于鞭扑而已，此肉刑初用犹未至于滥之情形也。

《尧典疏》引《周官》条狼氏誓大夫曰敢不关，鞭五百；《左氏》鞭徒人费、圉人荦，子玉使鞭七人，卫侯鞭师曹三百。此皆所谓“鞭作官刑”者也。《学记》曰：“夏楚二物，收其威也。”此则所谓“扑作教刑”者也。季氏负捶于鲁昭公；见《公羊》昭公三十一年《解诂》。《疏》云：“《春秋说》文。”廉颇负荆于蔺相如；魏齐使舍人笞击范雎，折胁摺齿；皆见《史记》本传。可见古者鞭扑之刑，行用甚广。《谷梁》宣公十八年：“邾人戕鄫子于鄫。戕，犹残也。捝，杀也。”《注》：“捝，谓捶打残贼而杀。”案鄫子之死，《公羊》但云“残贼而杀之”。《解诂》曰：“支解节断之。”盖先捝杀之，后又支解之以为徇，参看《轘》条。《公羊》言之不具也。《新序·节士》云：“掠服无罪，百姓怨。”盖官刑至后来，寖以施诸讯鞫，如路温舒所谓“捶楚之下，何求不得”者矣。然其初当无是也。

《尧典》又曰：“流共工于幽州，放驩兜于崇山，窜三苗于三危，殛鲧于羽山。”此所谓“流宥五刑”者邪？幽州、崇山、三危、羽山，究在何处，殊难质言，然必不能甚远。《大学》曰：“惟仁人放流之，屏诸四夷，不与同中国。”一似放流之刑，必极之四海者。然《周官》大司寇之职曰：“凡害人者，寘之圜土而施职事焉，以明刑耻之。其能改过，反于中国，不齿三年。”此圜土岂在四夷乎？然则中国犹言国中。不与同中国者，亦如《王制》移之郊，移之遂，终乃屏之远方耳。所谓远方，亦郊遂之外，非真在夷蛮戎狄之地也。不然，放流者何以自达？而放流之者，亦将何以致之邪？《史记·五帝本纪》曰：“流共工于幽陵，以变北狄；放驩兜于崇山，以变南蛮；迁三苗于三危，以变西戎；殛鲧于羽山，以变东夷。”其说盖出《书传》，乃后之人侈言之耳。抑四凶皆贵人，放流虽远，犹足自达，若平民则必无以达矣。《左氏》昭公元年，郑放游楚于吴。子产数之曰：“宥女以远，勉速行乎，无重而罪。”则春秋时，放大夫者犹不甚远。郑之放游楚，及楚放陈公子招于越，齐放高止、卢蒲嫳于北燕，皆罕有之事也。《周官》又曰：“其不能改而出圜土者杀。”杀之盖以其逃亡。《周官》晚出之书，用刑稍酷；抑寘之圜土者，亦几侪于奴隶，故逃亡而即杀之。若《王制》则屏之远方止矣。然《周官》于圜土嘉石，犹皆不遽施刑，此可见古昔刑人，其难其慎，亦可想见其本不施诸同族也。

刑至后来，虽亦施于本族，然仍限于平民可侪异族为奴隶者，贵族则否。何者？贵族终不可侪异族为奴隶也。故其有罪，止于放流。《公羊》宣公元年《解诂》曰：“古者刑不上大夫，有罪放之而已。”尧之于共工，得毋名曰流，其实放邪？《周官》小司寇：“以八辟丽邦法，附刑罚：一曰议亲之辟，二曰议故之辟，三曰议贤之辟，四曰议能之辟，五曰议功之辟，六曰议贵之辟，七曰议勤之辟，八曰议宾之辟。”《疏》云：“案《曲礼》云：刑不上大夫。郑《注》云：其犯法则在八议，轻重不在刑书。若然，此八辟为不在刑书。若有罪当议；议得其罪，乃附邦法而附于刑罚也。”案以《周官》牵合《曲礼》非是。然议而后可丽邦法，附刑罚，则大夫之无刑可知。《周官》之法，盖刑上于大夫之渐也。《文王世子》曰：“公族：其有死罪，则磬于甸人。其刑罪，则纤剸，亦告于甸人。公族无宫刑。”《注》：“缢杀之曰磬。纤读为针。针，刺也。剸，割也。刺割，膑、墨、劓、刖。”然则公族之异于平民者，死罪不殊其体，刑罪无宫而已，余皆与庶民同矣。此刑法画一，等级平夷之渐也。

然则所谓象刑者，可知已矣。象刑者，风俗寖薄，等级稍平，刑将施于本族，而犹未忍遽施，乃立是法以耻之者也。《周官·秋官》司园曰：“掌收教罢民。

凡害人者，弗使冠饰，而加明刑焉。”明刑者，大司寇之职曰：“凡害人者，寘之圜土而施职事焉，以明刑耻之。”《注》曰：“明刑，书其罪恶于大方版，著其背。”司救之职云：“凡民之有邪恶者，三让而罚，三罚而士加明刑，耻诸嘉石，役诸司空。”《注》曰：“加明刑者，去其冠饰，而书其邪恶之状，著之背也。”又掌囚之职曰：“及刑杀，告刑于王，奉而适朝。士加明梏，以适市而刑杀之。”《注》：“乡士加明梏者，谓书其姓名及其罪于梏而著之也。”此亦明刑之类，皆所以戮之也。《司圜注》曰：“弗使冠饰者，着墨幪，若古之象刑与？”案《书大传》云：“唐虞之象刑，上刑赭衣不纯，中刑杂屦，下刑墨幪。”又《尸子》言：“有虞氏之诛，以幪巾当墨，以草缨当劓，以菲屦当刖，以艾鞸当宫，以布衣无领当大辟。”此皆刑将施于本族，而犹未忍遽施之遗迹。《墨子·尚贤下》曰：“昔者傅说，居北海之洲，圜土之上，衣褐带索，庸筑于傅岩之城。”则圜土嘉石皆古法，或唐、虞已有之。明刑虽若无所苦，而囚系其身，苦役其力，亦足以惩之矣，而荀子讥其杀人不死，伤人不刑，惠暴宽贼而非恶恶，何其闇于事也？司圜曰：“凡圜土之刑人也不亏体，其罚人也不亏财。”不亏体即象刑。不亏财者，金作赎刑。本无刑，焉用赎？知其为古之遗制也。《玉藻》曰：“垂緌五寸，惰游之士也。《注》：“惰游，罢民也。”玄冠缟武，不齿之服也。”《注》：“所放不帅教者。”此亦象刑之意。《玉藻》所述，多王居明堂礼，可知其为古制，知象刑为古之所有也。

《礼经·乡射·大射》，司射皆搢扑。乡射升堂告宾，大射告公则去之，降，搢扑反位。《乡射礼》云：“射者有过则挞之。楚扑，长如笴，刊本尺。”此即《尧典》所谓“扑作教刑”；亦即《皋陶谟》所谓“侯以明之，挞以记之”者也。《皋陶谟》又曰：“书用识哉，欲并生哉。”书识，盖明刑所由昉。《周官》司市：“小刑宪罚，中刑徇罚，大刑扑罚。”宪罚亦明刑之类。徇罚所以戮之，意亦与明刑同。其附于刑者归于士，知亏体之刑，与鞭扑明刑，迥然异物也。

《新唐书·吐蕃传》曰：“重兵死，以累世战殁为甲门。败懦者垂狐尾于首示辱，不得列于人。”案此古所谓不齿也。《回鹘黠戛斯传》曰：“临陈桡、奉使不称、妄议国若盗者，皆断首；子为盗，以首著父颈，非死不脱。”此亦明刑之意，华夷浅演之世，法俗可以参观。

《孝经纬》云：“三皇无文，五帝画象，三王肉刑。”《司圜疏》引。《孝经说》云：“三皇设言民不违，五帝画象世顺机，三王肉刑揆渐加，应世黠巧奸伪多。”

《公羊》襄公二十九年《解诂》。此汉人之言，盖并缘《尧典》“象以典刑”之文而附会。其实《尧典》之“象以典刑”，当即《周官》之悬法象魏，谓所用之刑，当以悬象所有为限，非谓画衣冠异章服以为戮也。然汉师之言，亦有所本。《淮南王书》曰：“神农无制令而民治，唐虞有制令而无刑罚。”《氾论》。此即三皇无文、五帝画象之说。《管子》曰：“俈，尧之时，其狱一踦腓一踦屦而当死。今周公断指满稽，断首满稽，断足满稽而死，民不服。”《侈靡》。此即五帝画象、三王肉刑之说。知旧有是言也。象刑固古所可有，谓必在唐虞时，初无确据，然《书》始《尧典》，而因于是著其说，亦《春秋》托始之义尔。儒家初不讲史学，不容以后世考据家之见绳之也。

刑之用于家者，止于教笞，极于放逐，此自情理宜然，古今一揆。然古者国法未立，家长之权无限，亦有滥杀其家人者。《左氏》昭公二十一年，司马叹曰：“吾有谗子而弗能杀，吾又不死，抑君有命，可若何？”可见父之杀子，当时视之，恬不为怪矣。其后人权稍尊，则国法以立。《白虎通义·诛伐》篇曰：“父杀其子当诛何？以为天地之性，人为贵，人皆天所生也，托父母气而生耳；王者以养长而教之，故父不得专也。”《说苑·建本》：“曾子芸瓜，而误斩其根。曾晳怒，援大杖击之。曾子仆地。有顷苏。孔子闻之，告门人曰：参来，勿内也。曾子自以无罪，使人谢孔子。孔子曰：女闻瞽叟有子名曰舜？舜之事父也，索而使之，未尝不在侧；求而杀之，未尝可得。小棰则待，大棰则走，以逃暴怒也。今子委身以待暴怒，立体而不去，杀身以陷父不义，不孝孰是大乎？女非天子之民邪？杀天子之民罪奚如？”即设说以明《白虎通》所言之义者也。董仲舒说汉武帝“去奴婢，除专杀之威”，见《汉书·食货志》。知古家庭之中，专杀之事多矣。然以大体言之，施于本族者，终不能甚酷。故肉刑之原，非溯诸战陈不可也。士师为战士之长，实司刑杀，亦可见其原于战陈。见《郑铸刑书上》条。

汉文帝废肉刑之诏曰：“盖闻有虞氏之时，画衣冠异章服以为戮，而民弗犯。”《武帝纪》元光元年。《哀帝纪》永光二年诏，亦称是语。所称即今文《书》说也。《论衡·四讳》曰：“俗讳被刑为徒，不上丘墓。古者用刑，形毁不全，乃不可耳。方今象刑。象刑重者，髡钳之法也。若完城旦以下，施刑，施，疑当作弛。采衣系躬，冠带与俗人殊，何为不可？”然则象刑之法，汉固颇行之矣。汉刑罚固不中，奸固不得，然非以行象刑故也。抑行象刑，刑罚虽不中，奸虽或不得，然民之刻肌肤，断支体，终身不息者究少焉。然则汉文不诚仁君？而缇萦之上书，不亦仁人之言其利溥哉？自汉文废肉刑后，屡有议复之者。终以其事酷虐，莫之敢尸。民之获宥者，盖不知凡几矣。信经术之有益于治道也。而荀子之言，则何其刻急也？其或者汉人托之与？

（一五〇）投畀豺虎

《诗·巷伯》："取彼谮人，投畀豺虎。豺虎不食，投畀有北。有北不受，投畀有昊。"案野蛮之世，往往有狱不能听，而质诸不可知之神。《南史·林邑传》："国不设刑法，有罪，使象蹋杀之。"又《扶南传》："于城沟中养鳄鱼，门外圈猛兽。有罪者，辄以倭猛兽及鳄鱼，鱼兽不食为无罪，三日乃放之。"兽为唐人避讳之字，猛兽即猛虎也。投畀豺虎，疑亦古之刑法。有北似指地言之，与有昊相对。投畀有北，投畀有昊，盖诅诸天地，求其降罚也。《毛传》云"北方荒凉而不毛"，则以为流放，恐未是。

《说文·廌部》："廌，解廌，兽也。似山牛，一角。古者决讼，令触不直者。"段《注》删山字，云："《玉篇》《广韵》及《太平御览》所引皆无山也。"然又引《论衡》云："獬豸者，一角之羊，性识有罪。皋陶治狱，有罪者令羊触之。"案《墨子·明鬼下》云："齐庄君之臣，有王里国、中里徼者，讼三年而狱不断。乃使人共一羊，盟齐之神社。读王里国之辞，既已终矣，读中里徼之辞。未半也，羊起而触之，殪之盟所。"此羊即解廌。羊本无知，共之神社乃有知，后遂傅会，谓其性识有罪，且亿言其形一角，谓非凡羊耳。山牛二字，盖羊之误分，《玉篇》《广韵》《御览》所据，盖已为误本，因臆删山字，而段从之，似为未谛。

《说文·豸部》："豻，胡地野狗。从豸，干声。"其或体从犬。引《诗》曰：宜犴宜狱。今《毛诗》亦作豻。《释文》云："《韩诗》作犴，云乡亭之系曰犴，朝廷曰狱。"案《说文·㹜部》："狱，从犬从言。二犬所以守也。"则犴自当从犬。盖古之狱，以犬守之也。社会学家言："人之好狗者，每易犯罪。以猎人性最残忍，狗常与猎人为伍，好狗者性必近于猎人也。"以犬守人，必田猎之群之遗俗也。弃人用犬，虽猛何为？

（一五一）九刑

《左氏》昭公六年，叔向诒子产书曰：“夏有乱政而作《禹刑》，商有乱政而作《汤刑》，周有乱政而作《九刑》，三辟之兴，皆叔世也。”而文公十八年，季文子曰：“先君周公制周礼曰：则以观德，德以处事，事以度功，功以食民。作誓令曰：毁则为贼，掩贼为藏，窃贿为盗，盗器为奸。主藏之名，赖奸之用，为大凶德，有常无赦，在《九刑》不忘。”杜《注》曰：“誓令以下，皆《九刑》之书。”人因疑季文子之言，与叔向不合。其实誓令之文，止于“盗器为奸”；自“主藏之名”以下，皆文子之言也。《周书·尝麦》：“令大正正《刑书》九篇。”疑即所谓《九刑》者。郑注《尧典》，以正刑五，加之流、宥、鞭、扑、赎为九刑；贾、服以正刑一，加之以八议为九刑，见《周官·司刑疏》，附会不足据。

“主藏之名，赖奸之用”，为《九刑》所不赦，则贼盗之有常审矣。“毁则为贼”四语，虽誓令之辞，度《九刑》之文，亦必相类也。昭公十四年，叔向曰：“己恶而掠美为昏，贪以败官为墨，杀人不忌为贼。《夏书》曰：昏、墨、贼杀，皋陶之刑也。”《大戴记·千乘》：“作于财贿六畜五谷曰盗。诱居室家及幼子曰不义。子女专曰媟。饬五兵及木石曰贼。以中情出，小曰间，大曰讲。交构之构。利辞以乱属曰谗。以财投长曰货。”其辞亦与叔向、季文子所举相类，此最古之律文也。《夏书》之文，盖即所谓《禹刑》。汤之《官刑》，见《墨子·非命上篇》，殆亦所谓《汤刑》者也。

《晋书·刑法志》，言李悝撰次诸国法，著《法经》。云撰次，则是集诸国之法次序之，而非悝之所自为也。叔向言子产制参辟。参辟，当即上文之三辟。然则郑刑书中，实有《禹刑》《汤刑》《九刑》之文矣，而惜乎其不可考也。

《周官》朝士：“凡盗贼军乡邑及家人，杀之无罪。”《注》：“郑司农云：谓盗贼群辈若军，共攻盗乡邑及家人者。杀之无罪，若今时无故入人室宅庐舍，上人车船，牵引人欲犯法者，其时格杀之无罪。”《疏》：“家人者，先郑举汉《贼律》云：牵引人欲犯法，则言家人者，欲为奸淫之事，故攻之。”此当即《戴记》所谓“诱居室家”者也。云及幼子者，盖诱其母并及其子；亦或有但诱其子者，盖欲以为奴也。

（一五二）郑人铸刑书上

《左氏》昭公六年，郑人铸刑书。叔向诒子产书深讥之。子产复书曰："吾以救世也。"铸刑书何以可救世？后人之说，不过谓风俗日薄，圣哲之上，明察之官，忠信之长，慈惠之师，不可必得，不得不明著其文，俾众周知，使不敢以意出入而已。此固其一端，然而未尽也。读书贵通观前后，观于后世刑法之敝，而子产之所为铸刑书者可知；而吾国法典之所由成，亦可知矣。

《晋书·刑法志》言：秦汉旧律，起自魏文侯师李悝。悝撰次诸国法，著《法经》，所著六篇而已，商君受之以相秦。汉承秦制，萧何益《兴》《厩》《户》三篇，合为九篇。叔孙通益律所不及傍章十八篇，张汤《越宫律》二十七篇，赵禹《朝律》六篇，合六十篇。又汉时决事，集为《令甲》以下三百余篇。及司徒鲍公，撰《嫁娶辞讼决》为《法比》，都目凡九百六卷。世有增损，错糅无常。后人生意，各为章句。凡断罪所当由用者，遂至二万六千二百七十二条，七百七十三万二千二百余言。文书盈于几阁，览者不能遍睹，奸吏之得上下其手，盖由此也。然陈群等《魏律序》，谓"旧律难知，由于篇少；篇少则文荒，文荒则事寡，事寡则罪漏；是以后人稍增，更与本体相离"。然则错乱之弊，虽生于繁，实原于简。盖缘人事日繁，律文不能与之相应，徒咎用法者之不善，实耳食之谈也。本此以上观春秋，其弊殆如出一辙。

叔向曰："先王议事以制，不为刑辟。"又曰："夏有乱政而作《禹刑》，商有乱政而作《汤刑》，周有乱政而作《九刑》；三辟之兴，皆叔世也。"然则三代盛时，果刑错不用乎？抑法也者，设于此以待彼。世可百年无犯法之人，而国不可一日无法，不为刑辟，果何以为治乎？盖刑之所诛，有两大端：一为俗所不容，所谓出于礼者入于刑也。一则上有所求，而下不能副，凡令不行禁不止者皆是。俗固众所周知，无待于教。所恶于不教而诛者，则上之所求耳。故古所谓法者，皆力求人之周知。其原于俗者，谓之礼，不谓之法。凡悬象布宪之事皆是。然此等事，果能使人周知法律乎？悬象之说，始见于《尧典》之"象以典刑"，盖画刑人之状，以恐怖人。后乃改悬律文，《周官》所谓悬法者是也。夫区区魏阙，所悬几何？虽又有宪禁及徇以木铎之事，布宪及属民读法之举，然法文既繁，终非此等事所能尽；抑法有待于读，则其为人民所不易晓，又可知矣。读为紬绎之义，盖如今之讲解也。《周官》州长：以正月之吉，属民读法，正岁又读焉，岁时祭州社又读焉。党正：以四时孟月吉日，属民读法，正岁又读焉，春秋祭禜又读焉。族师：以月吉属民读法，春秋祭酺亦如之。闾胥：凡春秋祭祀、役政、丧纪之数，聚众庶，既比则读法。其读之甚繁，知其法之不易晓也。于此而随之以刑，虽曰教之，犹不教也，况于议事以制，听其高下在心乎？其不得不明著其文，使知某罪当某刑，而据之以诤于其上者，势也。然则刑法之公布，一由于俗之日薄，一亦由于政之日苛，而其大原，则尤在于社会演进，人事日益繁复也。夫岂为治者所能逆？叔向曰："民知有辟，则不忌于上。"又恶知夫子产之所求者，正在于是乎？

然如子产之所为，遂足使民皆晓然于法，而吏不得上下其手乎？吾又知其不能也。何也？以当时之法既繁，而如子产之所为，其所能著者亦甚少也。古之所谓法者，实分守于诸官。凡犯法者，皆为有罪，然犯法与否，及其所犯何法，则非守其法之官不得知。以除诸官成法之外，别无如后世之所谓律者也。《周官》大司寇："凡诸侯之狱讼，以邦典定之；凡卿大夫之狱讼，以邦法断之；凡庶民之狱讼，以邦成弊之。"邦典、邦法，即大宰之六典、八法；邦成即小宰之八成。一曰听政役以比居，二曰听师田以简稽，三曰听闾里以版图，四曰听称责以傅别，五曰听禄位以礼命，六曰听取予以书契，七曰听卖买以质剂，八曰听出入以要会，皆关涉人民之事也。别有所谓士之八成者，掌于士师。一曰邦汋，二曰邦贼，三曰邦谍，四曰犯邦令，五曰挢邦令，六曰为邦盗，七曰为邦朋，八曰为邦诬，则施诸战士之法。士师之初，盖战士之长，故治战士之法属焉。此可见古者治人之法，分属诸官，不统于一也。是诸侯、卿大夫、庶民犯法与否，司寇不能知，必有待于大宰、小宰也。又大司寇以五刑纠万民：一曰野刑，上功纠力；二曰军刑，上命纠守；三曰乡刑，上德纠孝；四曰官刑，上能纠职；五曰国刑，上愿纠暴。官刑见于大宰。乡八刑见于大司徒：一曰不孝之刑，二曰不睦之刑，三曰不姻之刑，四曰不弟之刑，五曰不任之刑，六曰不恤之刑，七曰造言之刑，八曰乱民之刑。自一至六，盖不修六行者。考察德行道艺之责，属于族党州乡之师。则官刑乡刑，又当质诸天地二官也。又大司徒以荒政十有二聚万民，三曰缓刑，十有二曰除盗贼。而士师之职："若邦凶荒，则以荒辩之法治之，令移民，通财，纠守，缓刑。"缓刑文同大司徒。纠守，《注》曰"备盗贼"，亦即其所谓除盗贼也。《注》又曰："辩当为贬。"引朝士"若邦凶荒札丧寇戎之故，则令邦国都家县鄙虑刑贬。"则一荒政也，司徒、士师、朝士实兼守其法矣，然则士师者，行刑之官，非司法之官也。盖古者政简而刑清，诸官各司其事，有犯其法者，皆为有罪，轻者自治之，重者则归诸士师，所谓附于刑者归于士也。不虞耳目之淆乱也。后世则事日繁而法亦随之，寖至为人民所不能晓，诸官各据其法以治民，安得不纷然淆乱？况又一事兼属诸官，权限不清乎？如是而使之各率其意以治民，民尚有所措手足乎？

“议事以制”之议，与义通，谓度其宜也。制者，折也，断也。议事以制，谓临事度其宜而断之也。《表记》曰：“义者，天下之制也。”与此制同，皆动字。此等释法任情之举，纵得其人，犹不免于轻重出入，况人不可必得乎？昭公二十九年，赵鞅、荀寅铸刑鼎，着范宣子所为刑书焉。仲尼非之曰：“晋其亡乎？失其度矣。夫晋国，将守唐叔之所受法度，以经纬其民，卿大夫以序守之。民是以能尊其贵，贵是以能守其业。贵贱不愆，所谓度也。文公是以作执秩之官，为被庐之法，以为盟主。今弃是度也，而为刑鼎。民在鼎矣，何以尊贵？贵何业之守？贵贱无序，何以为国？”其意亦谓民犯法者，当各由其官议之，而不当著之刑鼎，而不知其事之不可行也。

仲尼又訾赵缺、荀寅曰：“宣子之刑，夷之蒐也，晋国之乱制也，若之何以为法？”夷之蒐，事在文公六年。左氏以为赵宣子，而是年又云范宣子。《注》云：“范宣子所用刑，乃夷蒐之法。”其信否姑弗论。要之赵缺、荀寅之前，晋已尝一改刑法矣。而据叔向之言，则三代已有《禹刑》《汤刑》《九刑》。知刑书之作，由来已久，《左氏》所载叔向、仲尼之言，特当时一派议论，未可据为是非之准也。《左氏》文公六年纪事，即于赵宣子无贬辞。

《韩非·定法》曰：“韩者，晋之别国也。晋之故法未息，而韩之新法又生；先君之令未收，而后君之令又下。申不害不擅其法，不一其宪令，则奸多故。”魏亦晋之别国，度其情形，亦必与韩相类，故李悝急为魏文侯制法，然其篇少文荒犹如是。子产、赵鞅又在悝前，其所定法，安得较悝为详，则亦著其大要而已。然其用意则一也。岂惟子产、赵缺，制《禹刑》《汤刑》《九刑》者，其意盖亦如是也。则知法家之原起亦旧矣。

《韩非·八说》曰：“书约而弟子辩，法省而民讼简。是以圣人之书必著论，明主之法必详事。”顾千里曰：“民讼简，当作民萌讼，与弟子辩相对。”其说是也。知律之病简，由来旧矣。而李悝所著，伤于篇少，商君又沿而弗革，则作始者势有未皇，不得不有待于后人之弥缝匡救也。叔向顾非子产之所为，可谓泥古而不知变矣。

《曲礼》下曰："入竟而问禁，入国而问俗。"此古人之文，所谓互相备者，非谓入竟可不问俗，入国可不问禁也。故孟子谓齐宣王曰："臣始至于竟，问国之大禁，然后敢入。"《梁惠王》下。禁者上之所为，俗者民之所习，予所谓法所诛之两大端也。俗之未敝也，不待有以守之，民自率由而弗敢越，及其既敝，则有弁髦视之者矣。俗足以约束其民，虽无刑政民犹治；及其约束之力既衰，则虽日饬刑政而犹弗能胜，叔向所由虑民之弃礼而征于书也。然俗之变自有其由，又岂不为刑辟所能逆挽邪？

（一五三）郑人铸刑书中

《周官》士师之职云："以五戒先后刑罚，毋使罪丽于民。一曰誓，用之于军旅。二曰诰，用之于会同。三曰禁，用诸田役。四曰纠，用诸国中。五曰宪，用诸都鄙。"《墨子·非命上》亦曰："先王之书，所以出国家布施百姓者宪也，所以听狱制罪者刑也，所以整设师旅，进退师徒者誓也。"此五者，盖当时上所以约束其下之荦荦大端。誓与诰皆仅用诸一时；纠为司察矫正之名，其所纠者，盖亦众所共知，如大司徒以乡八刑纠万民是。无待诏告；惟禁与宪，皆上之所求，而非下所素习，故宪之布之，特为殷勤也。

宪禁之文，见于《周官》者：《天官》小宰，以宫刑宪禁于王宫。内宰，正岁，宪禁令于王之北宫。《地官》小司徒，令群吏宪禁令。乡大夫，正岁，令群吏考法于司徒，各宪之于其所治之国。司虣，掌宪市之禁令。《秋官》小司寇，令群士，乃宣布于四方，宪刑禁。案《春官》无布宪之事，以其所司与人民无涉也。《冬官》亡，《夏官》小司马文阙，否则亦当有布宪之事。士师，正岁，帅其属而宪禁令于国及郊野。布宪。掌宪邦之刑禁。正月之吉，执旌节，以宣布于四方。而宪邦之刑禁，以诘四方邦国，及其都鄙，达于四海。宪谓表而悬之，《小宰注》。盖所以使众共见；又或徇以木铎，则所以使众共闻；小宰，正岁，帅治官之属，而观治象之法。徇以木铎，曰：不用法者，国有常刑。小司徒，正岁，则帅其属而观教法之象。徇以木铎，曰：不用法者，国有常刑。司寇，正岁，帅其属而观刑象。令以木铎，曰：不用法者，国有常刑。又案小司马文阙。士师，掌国之五禁之法，以左右刑罚。一曰宫禁。二曰官禁。三曰国禁。四曰野禁。五曰军禁。皆以木铎徇之于朝，书而悬于门闾。《秋官》司烜氏，中春，以木铎修火禁于国中。咸有其文。而《秋官》讶士，凡邦之大事，聚众庶，则读其誓禁，县士，若邦有大役，聚众庶，则各掌其县之禁令。方士，凡都家之大事，聚众庶，则各掌其方之禁令。当亦如讶士读之，特文有异同耳。则又非徒使之闻知，并进而教之矣。布宪之法，见于《管子》之《立政》。《立政》曰：正月之朔，百吏在朝，君乃出令，布宪于国。五乡之师，五属大夫，皆受宪于太史。大朝之日，五乡之师，五属大夫，皆身习宪于君前。太史既布宪，入籍于太府。宪籍分于君前。五乡之师，出朝，遂于乡官，致于乡属，及于游宗，皆受宪。宪既布，乃反致令焉，然后敢就舍。宪未布，令未致，不敢就舍。就舍谓之留令，罪死不赦。五属大夫，皆以行车朝。出朝，不敢就舍，遂行。至都之日，遂于庙。致属吏，皆受宪。宪既布，乃发使者致令，以布宪之日，蚤晏之时。宪既布，使者以发，然后敢就舍。宪未布，使者未发，不敢就舍。就舍谓之留令，罪死不赦。宪既布，有不行宪者，谓之不从令，罪死不赦。考宪而有不合于太府之籍者，侈曰专制，不足曰亏令。罪死不赦。《周官》大司徒，“施教法于邦国都鄙，使之各以教其所治民”；乡大夫，“受教法于司徒，退而颁之于其乡吏，使各以教其所治”；其布之之法，与《管子》不同，其用意则一也。禁专施于一事，故有宫禁、官禁、国禁、野禁、军禁之不同，宪则所该颇广。盖国之旧典，随时审正施行者。何以知其然？以布宪在岁首，《周官·天官》大宰，“正月之吉，始和，布治于邦国都鄙。乃悬治象之法于象魏，使万民观治象，挟日而敛之”。《注》：“正月，周之正月，吉谓朔日。大宰以正月朔日，布王之治事于天下。至正岁，又书而悬于象魏，振木铎以徇之，使万民观焉。小宰亦帅其属而往。”《疏》：“必知乃悬是正岁建寅之月者，下小宰所以佐大宰，彼云正岁悬之，与此乃悬为一事。”《注》《疏》所言，未知确否，然布治在正月之吉，则《周官》本文明白也。而《月令》，天子与公卿大夫共饬国典，在季冬之月也。国典果属常行，何待岁饬？岁饬之，则必有异于旧者矣。盖成法甚繁，择其切于时用者而布之，否则格置之矣。《管子·小匡》所谓“修旧法，择其善者而严用之”也。然宣布所不及者，人民苟或触犯，是否举不论罪，亦殊可疑。何也？以上之所求于下者甚多，而布宪之所能及者必较少也。

宪据旧章增损，其随事临时制之者则曰令。《立政》所谓“凡将举事，令必先出”也。《墨子》言“古之圣王，发宪出令，设为赏罚以劝贤”，《非命上》。《韩非》谓“宪令著于官府”，《定法》。皆以宪令并举，足征其为上所施于下之两大端，盖犹后世言法令也。令仅施于一事，其赏罚，盖亦专为一事而设。《管子》曰：“凡将举事，令必先出。”又曰：“其赏罚之数，必先明之。”宪为旧章，则犯之者亦有旧法可援，所谓国有常刑也。著常刑者，其书亦曰刑，如《禹刑》《汤刑》《九刑》是也。亦或称为法。《左氏》昭公七年，陈无宇述楚文王《仆区之法》曰：“盗所隐器，与盗同罪。”《韩非·外储说右上》曰：“荆庄王有《茅门之法》，曰：群臣、大夫、诸公子入朝，马蹄践霤者，理斩其辀，戮其御。”皆有治罪之文。陈无宇又引周文王之法曰“有亡荒阅”，未及治罪之方，盖言之不具耳。子产、赵鞅之所著，则是物也。令虽临时所制，亦戒数变，故《韩非·亡征》，谓法禁变易，号令数下者可亡。

（一五四）郑人铸刑书下

范宣子所为刑书，《左氏》明言其著之刑鼎，至郑人之刑书，则未言其著之何物。然史墨讥荀寅“擅作刑器”；士文伯亦讥子产“火未出而作火，以铸刑器”；则晋郑所制，殆为同物。昭公六年杜《注》云：“刑器，鼎也。”虽出臆测，说当不误。襄公九年，宋乐喜使乐遄庀刑器，《疏》云：“当书于器物，官府自宰之，不知其在何器也。或书之于版，号此版为刑器耳。”案有所盛乃可称器，以版为器，似未必然，恐宋之刑书，亦著之于鼎也。定公九年，郑驷歂杀邓析而用其竹刑。竹刑当著之简策。然非以喻之人民也。

刑书必著于鼎，盖亦有由。《周官·秋官》司约：“凡大约剂书于宗彝。小约剂书于丹图。若有讼者，则珥而辟藏，其不信者服墨刑。若大乱，则六官辟藏，其不信者杀。”《注》：“大约剂，邦国约也。书于宗庙之六彝，欲神监焉。小约剂，万民约也。丹图，未闻。或有雕器簠簋之属，有图象者与？《春秋传》曰：斐豹，隶也，著于丹书，今俗语有铁券丹书，岂此旧典之遗言与？”案《左氏》载斐豹之言曰：“苟焚丹书，我杀督戎。”又载范宣子之言曰：“而杀之，所不请于君焚丹书者，有如日。”襄公二十三年。苟为铁券，如何可焚？明所著者为简牍之伦也。然俗语亦必有本，盖自有著之铁券者。盖欲其贞于久，故著之金石。丹书且然，而况刑书？大司寇之职曰：“凡邦之大盟约。莅其盟书，而登之于天府。”《注》：“天府，祖庙之藏。”司盟之职曰：“掌盟载之法。凡邦国有疑会同，则掌其盟约之载，及其礼仪。北面诏明神。既盟则贰之。盟万民之犯命者，诅其不信者，亦如之。”《左氏》定公十三年，荀跞言于晋侯曰:“君命大臣，始祸者死，载书在河。”即盟诸明神之事也。古之人笃于教，刑法之始，参以神权，刑书必著于鼎，盖由是昉，后遂习为故常也。

（一五五）戮尸

古者刑人，盖以警众。故曰:“爵人于朝，与众共之;刑人于市，与众弃之。”《礼记·王制》。《周官·秋官》掌戮，凡杀人，踣诸市，肆之三日，意亦如是，又云:“刑盗于市。”非欲残其尸也。《左氏》襄公二十八年:“齐人迁庄公殡于大寝，以其棺尸崔杼于市。国人犹知之，皆曰:崔子也。”昭公二年:郑公孙黑缢，“尸诸周氏之衢，加木焉。”《注》:“书其罪于木，以加尸上。”其意之所在，显然可见。然杀机既启，亦有残贼已死之人以为快者。齐懿公掘邴歜之父而刖之，文公十八年。叔孙舒等伐卫，掘褚师定子之墓而焚之是也。哀公二十六年。是故仲尼恶始作俑者。

《左氏》宣公十年:“郑人讨幽公之乱，斫子家之棺而逐其族。”《注》曰:“斫薄其棺，不使从卿礼。”案古人视送终之礼甚重。《荀子·礼论》曰:“死之为道也，一而不可得再复也。臣之所以致重其君，子之所以致重其亲，于是尽矣。故事生不忠厚，不敬文，谓之野;送死不忠厚，不敬文，谓之瘠。君子贱野而羞瘠。故天子棺椁十重，诸侯五重，大夫三重，士再重。然后皆有衣衾多少厚薄之数，皆有翣蒌文章之等，以敬饰之。使生死终始若一，一足以为人愿，是先王之道，忠臣孝子之极也。天子之丧，动四海，属诸侯;诸侯之丧，动通国，属大夫;大夫之丧，动一国，属修士;修士之丧，动一乡，属朋友;庶人之丧，合族党，动州里。刑余罪人之丧，不得合族党，独属妻子;棺椁三寸，衣衾三领;不得饰棺，不得昼行，以昏殣;凡缘而往埋之。反，无哭泣之节，无衰麻之服，无亲疏月数之等;各反其平，各复其始;已葬埋，若无丧者而止。夫是之谓至辱。”其视饰终之礼之重如此，无怪郑人之欲追正子家也。然其意亦在于辱之而已，非欲残其尸也。

又襄公三年:“晋侯之弟扬干乱行于曲梁，魏绛戮其仆。”《疏》曰:“《周礼》司寇之属，有掌戮之官。郑玄云:戮，犹辱也。既斩杀，又辱之。其职云:掌斩杀贼谍而膊之。凡杀其亲者焚之。杀王之亲者辜之。杀人者踣诸市，肆之三日。郑玄云：膊，谓去衣磔之。焚，烧也。辜，谓磔之。踣，僵尸也。肆，犹申也，陈也。彼膊、焚、辜、肆，皆谓陈以示人，然则此言戮者，非徒杀之而已，乃杀之以徇诸军。昭四年，楚戮庆封，负之斧钺，以徇于诸侯，先徇乃杀之也。成二年，韩献子既斩人，郤子使速以徇，是杀之而后徇也。此戮即彼徇之谓也。文十年，楚申舟抶宋公之仆以徇。或曰：国君不可戮也。彼抶以徇，亦称为戮。下云至于用钺，当是杀之乃以徇也。"案《左氏》成公二年："齐侯伐我北鄙，围龙。顷公之嬖人卢蒲就魁门焉。龙人囚之。齐侯曰：勿杀，吾与而盟，无入而封。弗听，杀而膊诸城上。"意盖亦以辱齐，故齐侯怒而亲鼓也。襄公六年："宋子荡以弓梏华弱于朝。子罕曰：专戮于朝，罪孰大焉。"则徒辱之而已。此戮之本义也。《论语·宪问》："子服景伯曰：夫子固有惑志于公伯寮，吾力犹能肆诸市朝。"亦谓杀而后戮之。

（一五六）轘

古有轘刑，其意，盖欲裂其体以为徇。观《左氏》襄公二十二年，楚"轘观起于四竟"可见也。《史记·商君列传》："秦发兵攻商君，杀之于郑黾池。秦王车裂商君以徇。"《苏秦列传》："秦且死，乃谓齐王曰：臣即死，车裂臣以徇于市。"其车裂皆在死后，可见其意在于徇。

《左氏》桓公十八年："齐人杀子亹而轘高渠弥。"《疏》云："《周礼》条狼氏，誓仆右曰杀，誓驭曰车轘，然则周法有此刑也。"案《墨子·号令》："归敌者，父母妻子同产皆车裂。"《周官》用诸誓驭，《墨子》用诸守御，疑其初亦军刑。《左氏》宣公十一年：楚杀陈夏征舒，轘诸栗门。此与《墨子》之法，疑皆徇诸四门也。

《韩非子·人主》："昔关龙逄说桀而伤其四支。"言伤四支，似膑刖之刑，然诸书皆言桀杀关龙逄，则亦轘刑也。盖徇之以拒谏也。

《公羊》宣公十八年："邾娄人戕鄫子于鄫。戕鄫子于鄫者何？残贼而杀之也。"《解诂》曰："支解节断之，故变杀言戕。"岂亦徇之以立威邪？

（一五七）妇人无刑

《吕刑》云："苗民弗用灵，制以刑，惟作五虐之刑曰法，杀戮无辜，爰始淫为劓、刵、椓、黥。”“劓、刵、椓、黥”，《书疏》云：欧阳、大小夏侯作“膑、宫、劓、割头、庶剠。”见卷二《虞书》标目下。案庶字未详。案《说文·攴部》：“斀，去阴之刑也。《周书》曰：刖劓斀黥。”《说文》所称，当系古文，则今本之刵乃误字。改膑为刵，苗民所制，遂与穆王所训不合矣。予因此悟《康诰》之刑人、杀人、劓刵人，则亦当作刖。杀指大辟，刑指宫，黥罪最轻，故不之及。《康诰》曰：“汝陈时臬司师，兹殷罚有伦。”又曰：“汝陈时臬事，罚蔽殷彝。”《荀子》亦曰：“刑名从商。”《正名》。然则五刑之名，盖自唐迄周，未之有改。何者？《尧典》言“五刑有服，五服三就”，而《国语·鲁语》言：“刑五而已。大刑用甲兵，其次用斧钺；中刑用刀锯，其次用钻笮；薄刑用鞭扑。大者陈之原野，小者致之市朝，五刑三次。”三次即三就，知《尧典》之五刑，与《鲁语》之五刑是一。《国语》韦《注》曰：“割劓用刀，断截用锯，亦有大辟。钻，膑刑；笮，黥刑。”《周语》：内史过言：“有斧钺刀墨之民。”《注》曰：“斧钺，大刑也。刀墨，谓以刀刻其额而墨涅之。”与《鲁语注》自相违异。窃疑斧钺指大辟；《周语》所谓刀，《鲁语》所谓刀锯者，指宫、劓、刖；《周语》所谓墨，《鲁语》所谓鑽笮者，指黥。知《鲁语》之五刑，与《吕刑》之五刑亦合。所异者，《尧典》又言：“流宥五刑。鞭作官刑，扑作教刑，金作赎刑。”其所谓五刑者，与《吕刑》皆仅指《鲁语》之中刑；而《鲁语》则兼苞大刑与薄刑为五耳。然所苞虽有广狭之殊，所用实无古今之异。唐法当为虞夏所沿，殷周又无二致，则五刑自苗民始制以来，历代实未之有改也。

《左氏》襄公十九年：“妇人无刑；虽有刑，不在朝市。”案《韩非子·内储说下》，载荆王劓其美人，《外储说左下》，又载梁车刖其姊。则妇人非无刑。抑古者刑人于市，与众弃之，惟公族而后刑于隐者，妇人无刑则已，苟有刑，安得不在朝市乎？且既曰“妇人无刑”，又曰“有刑不在朝市”，语亦自相矛盾。予反复思之，乃知“妇人无刑”为古语，“虽有刑不在朝市”，则为《左氏》者所加以非齐庄公者，其言实无所据；而古谓妇人无刑，则因其所谓刑者专指宫，而妇人宫刑，止于幽闭故也。

刑之义为断。汉人恒言曰：“死者不可复生，刑者不可复属。”亦曰：“断者不可复属。”黥本仅刻其肌肤，劓刖虽断其体，所断亦小，惟宫刑受创较深，故初所谓刑者，乃专属之也。《周官·司刑》郑《注》曰：“宫者，丈夫则割其势，女子闭于宫中，若今宦男女也。”《吕刑》伪《孔传》亦曰：“宫，淫刑也，男子割势，妇人幽闭。”《疏》云：“汉除肉刑，除墨、劓、剕耳，宫刑犹在。近代反逆缘坐，男子十五以下不应死者皆宫之，大隋开皇之初，始除男子宫刑，妇人犹闭于宫。”《孝经·五刑章疏》略同。《周官·司刑疏》云：“宫刑至唐乃赦。”《校勘记》云：“闽本同，误也。《汉制考》及监、毛本唐作隋。”案《文献通考》言：景帝元年，诏言孝文皇帝除宫刑，出美人，重绝人之世也。知文帝并宫刑除之。至景帝中元年，赦徒作阳陵者死罪，欲腐者许之，而宫刑乃复用。则谓文帝未除宫刑者非是。然自文帝十三年除宫刑，下逮景帝中元年，仅十有八年，宫刑之复，或尚不始是岁，特可考者始于是岁耳。旧法不得遂亡。《左氏》僖公十五年：“穆姬闻晋侯将至，以太子罃、弘，与女简璧，登台而履薪焉。”《注》曰：“古之宫闭者，皆居之台以抗绝之。”《疏》引哀八年《传》，称邾子又无道，吴子囚诸楼台，栫之以棘，谓“以此二文，知古之宫闭者，皆居之于台以抗绝之”。《正义》虽唐世所修，实多沿隋旧，故并大隋字样，亦未刊落。《尧典》：“鞭作官刑”。《疏》亦曰：“大隋造律，方使废之。”康成、元凯，及造《伪传》、作《义疏》者，皆亲见幽闭之刑，则妇人无刑，决非虚语。盖肉刑原于战陈，古于异族丁男，多施杀戮，而于妇女则多原宥邪？抑阉割女子之术，非古人所知也？

《周官》大司马：“以九伐之法正邦国，暴内陵外则坛之。”《注》：“坛，读如同墠之墠。《王霸记》曰：置之空墠之地。玄谓置之空墠，以出其君，更立其次贤者。”此即吴人之所以待邾子，与《左氏》杜《注》，亦可参观也。

《书疏》引郑注《尚书》曰：“刵，断耳。劓，截鼻。椓谓椓破阴。黥谓羁黥人面。”《伪传》亦曰：“截人耳鼻，椓阴，黥面。”知所据本刖虽误则，犹在劓上。以此知《说文》所据本，必不误。《诗》曰：“矫矫虎臣，在泮献馘。”《泮水》。《左氏》僖公二十二年：“郑文夫人芈氏、姜氏劳楚子于柯泽，楚子使师缙示之俘馘。”知馘亦战陈之际，施诸敌人。后来施诸本族以否不可知，要未尝为五刑之一。郑玄注书，每沿误本，妄为之说。且如四始，《史记·孔子世家》：“曰《关雎》之乱，以为《风》始；《鹿鸣》为《小雅》始；《文王》为《大雅》始；《清庙》为《颂》始。”盖《鲁诗》说也。今《诗序》曰《关雎》，《风》之始也”，既已同于三家矣，则《雅》《颂》之始亦必同。下文“是谓四始”之上，盖有夺文。而郑即随文说《风》《小雅》《大雅》《颂》为四始，不亦支离灭裂之甚邪？王鸣盛《尚书后案》引王銶《啸堂集古录》载周侯镈钟，亦有刖劓之文，足征《说文》之是，乃反指为传写之误。王氏一生佞郑不足责，陈朴园固蒐讨今文书说者，乃亦欲改三家之说以从郑，见《今文尚书经说考》。抑何不思之甚也！

《山海经·东山经》:“凡《东山经》之首,自樕螽之山以至于竹山,凡十二山,三千六百里。其神状皆人身龙首。祠：毛用一犬祈，聃用鱼。”郭《注》:“以血涂祭为聃也。《公羊传》云:盖叩其鼻以聃社。音钓饵之饵。”郝氏《笺疏》云:“《玉篇》云:以牲告神,欲神听之曰聃。说与郭异。据郭《注》,聃疑当为衈。《玉篇》云：耳血也。《礼记·杂记》：衈皆于屋下。郑《注》云：衈，谓将封割牲以衅，先灭耳旁毛荐之。郭引《公羊传》者，僖十九年文；然《传》云盖叩其鼻以血社，不作衈字。《谷梁》正作叩其鼻以衈社。范宁《注》云:衈者，衅也。是郭此注当由误记，故竟以《谷梁》为《公羊》耳。”愚案《谷梁》之文，多袭《公羊》。窃疑《公羊》之血社，实衈社之误。《左氏》僖公三十三年，孟明视曰“君之惠，不以累臣衅鼓”，知古衅鼓用敌俘。衈社盖亦其类。此本非刑，亦不以施诸异族之为奴者,故亦无缘貤及本族也。入之五刑之中,其误不足疑矣。

（一五八）赎刑

《吕刑》曰:“苗民弗用灵。制以刑。惟作五虐之刑曰法。”知五刑之制，昉自苗民，而中国效之，赎刑疑亦如是。奚以言之？案《管子·中匡》曰:“甲兵未足也，请薄刑罚，以厚甲兵。于是死罪不杀，刑罪不罚，使以甲兵赎。死罪以犀甲一戟，刑罚以胁盾一戟。过罚以金钧。无所计而讼者，成以束矢。”又《小匡》曰:“齐国寡甲兵，吾欲轻重罪而移之于甲兵。制重罪入以兵甲犀胁二戟，轻罪入兰盾鞈革二戟，小罪入以金钧。分宥薄罪，入以半钧。无坐抑而讼狱者,正三禁之而不直,则入一束矢以罚之。美金以铸戈剑矛戟,试诸狗马；恶金以铸斤斧钽夷锯欘，试诸木土。”《淮南·氾论》:“齐桓公将欲征伐，甲兵不足，令有重罪者出犀甲一戟，有轻罪者赎以金分，讼而不胜者，出一束箭。百姓皆说。乃矫箭为矢,铸金而为刃,以伐不义而征无道,遂霸天下。”观此,知《周官》大司寇束矢钧金之法，实与《尧典》之金作赎刑、穆王之训夏赎刑是一，盖皆为足兵起见也。《管子·地数》曰:“葛卢之山发而出水,金从之。蚩尤受而制之,以为剑铠矛戟。是岁，相兼者诸侯九。雍狐之山发而出水，金从之。蚩尤受而制之，以为雍狐之戟、芮戈。是岁，相兼者诸侯十二。”《吕览·荡兵》曰:“未有蚩尤之时,民固剥林木以战矣。”知以金为兵,实始蚩尤。《左氏》僖公十八年：“郑伯始朝于楚，楚子赐之金。既而悔之。与之盟，曰：无以铸兵。”知春秋时铸兵之技，北方犹不逮南，赎刑之法，固非蚩尤莫之能制矣。

《管子》赎刑之法，小罪以金钧，薄罪半钧。钧三十斤，是薄罪亦十五斤也。《吕刑》之制，墨辟百锾，劓辟惟倍，剕辟倍差，宫辟六百锾，大辟千锾。锾六两，则墨辟逾于《管子》之小罪，而大辟十倍之也。古二十四铢为两，十六两为斤，则周大辟之罚，以金之重计之，当秦半两钱万，汉五铢钱二万三千余。钱币之价，诚不必与金同，然当圜法初立时，民信未孚，往往计金之重，以定钱价，二者相去，亦不能甚远。《史记·货殖列传》言："粜二十病农，九十病末。上不过八十，下不减三十，则农末俱利。"然则周大辟之赎，直汉粜最上时谷三百石。《汉书·食货志》载李悝尽地力之教，言："一夫挟五口，治田百亩，岁收亩一石半，为粟百五十石。"若以粟一石当谷二石，则罄农夫一岁所得也，夫岂平民所能堪？故《淮南王》言齐桓制赎刑之法而百姓大说，此百姓必王之亲若有爵者，非凡民也。穆王之法亦当然。刑不上大夫，至此盖徒成虚语矣。

通工易事愈繁，则贸易愈广，而钱币之用亦愈溥，凡物皆可以之为代。《周官·秋官》："司厉，掌盗贼之任器、货贿，辨其物，皆有数量，贾而揭之，入于司兵。"注："郑司农云：任器、货贿，谓盗贼所用伤人兵器，及所盗财物也。"又职金："掌受士之金罚货罚，入于司兵。"《注》："货，泉贝也。"《管子·君臣下》："千里之内，束布之罚，一亩之赋，尽可知也。"《注》："束，谓帛也，布，谓钱也。"皆兵器与货贿并重，则寖失初意矣。然《书疏》言"古之赎罪者皆用铜，汉始改用黄金"，则究以足兵为重也。

《墨子·非乐上》："汤之《官刑》有之曰：其恒舞于宫，是谓巫风。其刑，君子出丝二卫。"卫盖纬之借。以物为罚，自古有之，盖北方本不饶金也。

（一五九）圜土即谪作

《周官》大司寇："以圜土聚教罢民。凡害人者，寘之圜土而施职事焉，以明刑耻之。其能改过，反于中国，不齿三年。其不能改而出圜土者杀。"司圜："掌收教罢民。凡害人者，弗使冠饰而加明刑焉。任之以事而收教之。能改者，上罪三年而舍，中罪二年而舍，下罪一年而舍，其不能改而出圜土者杀。虽出，三年不齿。"云反于中国，则是圜土在边竟也。《墨子·尚贤下》："昔者傅说，居北海之洲，圜土之上，衣褐带索，庸筑乎傅岩之城。"云北海之洲者，古以夷、蛮、戎、狄为四海，语增以为真滨海，乃以其所居之地为洲，此不足信，然其在边竟则实矣。《正月》之诗曰："民之无辜，并其臣仆。"《毛传》曰："古者有罪，不入于刑，则役之圜土，以为臣仆。" 即《周官》之制也。《管子·揆度》："力足，游荡不作，老者谯之，当壮者遣之边戍。"《史记·商君列传》："秦民初言令不便者，有来言令便者。卫鞅曰：此皆乱化之民也。尽迁之于边城。"游荡不作，即所谓罢民。乱化之民，则商君比之害人者尔。古征戍亦役之一，秦汉时用兵多，乃变谪作为谪戍耳。然亦非始皇所创也，圜土即谪作也。而晁错乃以是深罪始皇，若以为始作俑者，非其实也。

（一六〇）父子兄弟罪不相及

《左氏》昭公二十年，苑何忌引《康诰》曰："父子兄弟，罪不相及。" 今《康诰》无其文。盖《传》辞也。案连坐之罪，古者无之。《甘誓》曰："予则孥戮女。"《汤誓》曰："予则孥戮女，罔有攸赦。" 此已为军刑。然郑《注》引《周礼》："其奴男子人于罪隶，女子入于舂橐。"《汤誓疏》。则亦止于奴之而已，非杀其身也。《礼记·檀弓》："齐庄公袭莒于夺，杞梁死焉。其妻迎其柩于路而哭之哀。庄公使人吊之。对曰：君之臣不免于罪，则将肆诸市朝而妻妾执。" 执即为奴之谓，非谓刑杀。《说苑·尊贤》："晋文侯行地登隧，大夫皆扶之。随会不扶。文侯曰：会，夫为人臣而忍其君者，其罪奚如？对曰：其罪重死。文侯曰：何谓重死？对曰：身死，妻子为戮焉。" 以戮为死，非古义矣。盖缘秦以来有族诛之法，耳濡目染，忘其本来也。《牧誓》曰："勗哉夫子，尔所弗勗，其于尔躬有戮。" 虽军刑，亦止及其身。祁奚之言叔向曰："犹将十世宥之，以劝能者。"《左氏》襄公二十一年。则以功德而宥其亲族者有之矣，以愆咎而戮及亲族，军刑外未之前闻，况于刑杀之乎？古有以谋叛而族诛者，此乃虑其复仇，非欲治其罪也，故出奔则可以免，如成虎是也。见《左氏》昭公十二年。

《史记·秦本纪》文公二十年，"法初有三族之罪"。《集解》引张晏曰："父母、兄弟、妻子也。" 又引如淳曰："父族、母族、妻族也。" 案《费誓》："汝则有无余刑，非杀。"《疏》引王肃云："父母、妻子，同产皆坐之，无遗免之者，故谓无余之刑；然入于罪隶，亦不杀之。" 又引郑玄云："无余刑非杀者，谓尽奴其妻子，不遗其种类，在军使给厮役，反则入于罪隶舂橐，不杀之。" 案王肃之说，即张晏之说也。孥不兼父母兄弟言，恐不如郑说之确。伪《大誓》："罪人以族。"《伪传》云："一人有罪，刑及父母、兄弟、妻子"，与肃说同。《商君书·赏刑》："守法、守职之吏，有不行王法者，罪死不赦，刑及三族。"此刑字，亦当兼奴戮言之，不必皆为亏体之刑也。

《史记·廉颇蔺相如列传》：赵括之母，请赵王毋用括，赵王不听。括母因曰："王终遣之，即如有不称，妾得无随坐乎？"王许诺。其后括败，赵王以母先言，竟不诛也。《三国·魏志·武帝纪》：建安八年五月己酉令，引此事，为"古之将者，军破于外，而家受罪于内"之征，盖军刑之连及亲族，由来旧矣。孔子曰："射不主皮，为力不同科，古之道也。"况于军之出，不必皆有可胜之道乎？而以一切之法劫之，至于戮及无辜，亦可哀矣，固知争夺相杀者，不能复顾仁义也。

《荀子·荣辱》论斗者忘其身云："室家立残，亲戚不免乎刑戮。"此似内政，与军法无关，然事势之流，相激使然。后虽用诸内政，溯其始，要不能谓不出于军刑也。

《吕览·开春论》："晋诛羊舌虎，叔向为之奴而朡。"《注》："奴，戮也。律坐父兄，没入为奴。《周礼》曰：其奴男子入于罪隶，此之谓也。朡，系也。"《汉书·楚元王传》：申公、白生谏王戊不听，"胥靡之"。《注》："应劭曰：《诗》云：若此无罪，沦胥以铺。胥靡，刑名也。晋灼曰：胥，相也。靡，随也。古者相随坐轻刑之名。"师古曰："联系使相随而服役之，故谓之胥靡。犹今之役囚徒，以锁联缀耳。"此正《吕览》所谓朡者也。《叙传》曰："呜乎史迁，薰胥以刑。"《注》："晋灼曰：《齐》《韩》《鲁诗》作薰。薰，帅也。从人得罪相坐之刑也。"《后汉书·蔡邕传》："下获熏胥之辜。"《注》："《诗·小雅》曰：若此无罪，勋胥以痡，勋，帅也；胥，相也；痡，病也。言此无罪之人，而使有罪者相帅而病之，是其大甚。见《韩诗》。"然则《诗》之所刺，亦仅相随苦役耳。《左氏》昭公二十七年："子常杀费无极与鄢将师，尽灭其族。"《左氏》战国时书，疑所言不尽实也。

（一六一）救父杀夫，助夫杀父

《左传》桓公十五年，"祭仲专，郑伯患之，使其婿雍纠杀之。将享诸郊。雍姬知之，谓其母曰：父与夫孰亲？其母曰：人尽夫也，父一而已，胡可比也？遂告祭仲曰：雍氏舍其室，而将享子于郊，吾惑之，以告。祭仲杀雍纠，尸诸周氏之汪”。是雍姬杀其夫以救其父也。襄公二十八年，“卢蒲癸、王何卜攻庆氏……卢蒲姜谓癸曰：有事而不告我，必不捷矣。癸告之，姜曰：夫子愎，莫之止，将不出，我请止之。癸曰：诺。十一月乙亥，尝于大公之庙，庆舍莅事，卢蒲姜告之，且止之，弗听，曰：谁敢者？遂如公”，卒见杀。是卢蒲姜助其夫以谋杀其父也。又定公十四年，蒯聩使戏阳速杀南子，则为子欲杀其母者。

（一六二）父为子隐，子为父隐

《论语·子路》：“叶公语孔子曰：吾党有直躬者，其父攘羊，而子证之。孔子曰：吾党之直者异于是，父为子隐，子为父隐，直在其中矣。”古之为法者，上之所求于下，不必其有利于民，或且贼民以自利焉；纵不如是，民之恃法以自安者浅，恃其以情相联系以为安者深，故圣人不肯求法之必行，而使其民相纠告，知其所获者小，所丧者大也，圣之至也。

《宋书·何尚之传》：“义熙五年，吴兴武康县民王延祖为劫，父睦以告官。新制：凡制，身斩刑，家人弃市。睦既自告，于法有疑，时尚之父叔度，为尚书，议曰：设法止奸，本于情理。非一人为劫，阖门应刑；所以罪及同产，欲开其相告，以出为恶之身。睦父子之至，容可悉共逃亡，而割其天属，还相缚送，螫毒在手，解腕求全，于情可愍，理亦宜宥。睦既纠送，即余人无应复告。并全之。”立法以劫其民，至于如是，亦可哀矣。《蔡廓传》：“宋台建为侍中，建议以为鞫狱不宜令子孙下辞，明言父祖之罪，自今家人与囚相见，无乞鞫之诉，使民以明伏罪，不须责家人下辞。朝议咸以为允，从之。”此即颇有合平恕之理矣。廓少子兴宗，“为廷尉卿，有解士先者，告申坦昔与丞相义宣同谋。时坦已死，子令孙，时作山阳郡，自系廷尉。兴宗议曰：若坦昔为戎首，身今尚存，累经肆眚，犹应蒙宥。令孙天属，理相为隐。况人亡事远，追相诬讦，断以礼律，义不合关。若士先审知逆谋，当时即应启闻，包藏积年，发因私怨；况称风声路传，实无定主，而干黩欺罔，罪合极法”。此则不徒平恕，且足以大畏奸狡矣。

（一六三）比伍相及

比伍相及之法，其初盖亦军刑。《康诰疏》谓“子弗祇服厥父事”云云，即父子兄弟，罪不相及。案此数语绝无罪不相及之意，《疏》言非也。自当如予说谓系《传》文为是，参看《传说记》条。又言子非及父，理所当然，而《周官》邻保，以比伍相及，赵商疑而发问。郑答云:《周礼》大平制，此居殷乱。《周官·大司寇疏》:“赵商问族师职曰：四闾为族，八闾为联，使之相保相受，刑罚庆赏相及。在《康诰》曰:父不慈，子不孝，兄不友，弟不恭，不相及也。族师之职，邻比相坐;《康诰》之云门内尚宽，不知《书》《礼》是错，未达指趣。答曰：族师之职，周公新制礼，使民相拱敕之法;《康诰》之时，周法未定，天下又新诛三监，务在尚宽，以安天下。先后量时，各有云为，乃谓是错也？”说殊不然,《墨子·尚同下》:“圣王皆以尚同为政,故天下治。何以知其然也？于先王之书也。《大誓》之言曰:小人见奸巧,乃闻不言也,发,罪钧。”魏默深谓此乃纣创之以监谤,《书古微·太誓补亡中》。说亦无据。《繁露·王道》云:“梁内役民无已，其民不能堪，使民比地为伍，一家亡，五家杀，刑。”《公羊解诂》亦云:“梁君隆刑峻法，一家犯罪，四家坐之。”僖公十九年。《疏》云:《春秋说》有此文。盖连坐之制，由来旧矣。《周官》族师职云:“五家为比，十家为联；五人为伍，十人为联;四闾为族，八闾为联;使之相保相受，刑罪庆赏，相及相共。”比长职云:“五家相受相和亲,有罪奇邪则相及。”邻长职云:“掌相纠相受。”士师职云:“掌乡合州党族闾比之联，与其民人之什伍，使之相安相受，以比追胥之事，以施刑罚庆赏。”《周官》虽战国时书,其所祖述,固皆古制。即《管子》之轨里连乡，亦属此制。《小匡》。特时会晚则操之者愈蹙，故《管子》仅言祭祀相福，死丧相恤，祸福相忧，居处相乐，行作相和，哭泣相哀。《周官》已以相纠与相受并举,《商君》尤专重相司耳。《韩非·制分》曰:“去微奸之道奈何？其务令相窥其情者也。使相窥奈何？曰：里相坐而已。告过者免罪受赏，失奸者必诛连刑，如此，则奸类发矣。奸不容细，私告任坐使然也。”其言尤为峻急。《商君书·赏刑》云:“周官之人，知而讦之上，自免于罪；无贵贱，尸袭其官长之官爵田禄。”则又推诸什伍之外矣。古之居民，盖有二法：一如《周官》之比闾族党,《管子》之轨里连乡，与什伍之制相应，盖军人更屯聚者也。一如《尚书大传》所述：八家而为邻，三邻而为朋，三朋而为里，与井田之制相应，盖农耕之民，不入行伍者。相司连坐之制，皆起于什伍，故知其初亦军刑也。

（一六四）与于青之赏必及于其罚

《左氏》昭公二十年：卫侯告宁于齐，且言子石。齐侯将饮酒，遍赐大夫，曰：二三子之教也。苑何忌辞曰：“与于青之赏，必及于其罚。在《康诰》曰：父子兄弟，罪不相及。况在群臣？臣敢贪君赐，以干先王？”罪不相及，人人知之。赏不可相及，闻者或不能无疑，而不知以法家之义言之，则二者之不可惟钧也。《荀子·君子》曰：“古者刑不过罪，爵不逾德，故杀其父而臣其子，杀其兄而臣其弟。刑罚不怒罪，爵赏不逾德，分然各以其诚通。是以为善者劝，为不善者沮。刑罚綦省，而威行如流。乱世则不然。刑罚怒罪，爵赏逾德。以族论罪，以世举贤。故一人有罪，而三族皆夷。德虽如舜，不免刑均，是以族论罪也。先祖当贤，后子孙必显，行虽如桀纣，列从必尊，此以世举贤也。虽欲无乱，得乎哉？”以族论罪，以世举贤，其失维钧，此《左氏》苑何忌语之注脚也。

（一六五）命夫命妇不躬坐狱讼

《周官》小司寇：“凡命夫命妇，不躬坐狱讼。”此与“刑不上大夫”同意。盖古者平民贵族，界限森严，命夫命妇，固非狱吏小人之所得而治也。《左氏》僖公二十八年，卫侯与元咺讼，鍼庄子为坐；襄公十年，王叔之宰与伯舆之大夫瑕禽坐狱于王庭；昭公二十三年，晋人执叔孙婼，使与邾大夫坐，叔孙曰：“列国之卿当小国之君，固周制也。邾又夷也，寡君之命介子服回在，请使当之，不敢废周制故也。”乃得不坐。并《周官》之注脚。

贵族与平民，界限甚严；然同为贵族，则不以其位之高下，而有所左右袒；故上下之讼，上不必胜，下不必负。卫侯与元咺、王叔与伯舆之讼，其明征也。郑之放子南也，子产曰：“直钧，幼贱有罪。”《左氏》昭公元年。不曰不论曲直，罪在幼贱也。瑕禽曰：“下而无直，则何谓正矣。”《左氏》襄公十年。尤觉言之侃侃。

《小司寇注》曰：“不身坐者，使其属若子弟。”此今诉讼之代理人也。卫侯之与元咺讼也，既使鍼庄子为坐，又使宁武子为辅，士荣为大士。《疏》云：“以其主狱事，故亦使辅之。”盖以其习于法律之故，则似今之律师矣。卫侯不胜，杀士荣，刖鍼庄子；盖以尊者不可加刑，犹商君治秦，太子犯令，而刑其师傅，非以其为坐为辅也。然犹执卫侯，归之京师，寘诸深室，则尊者仅得免刑，拘系之罪，亦在所不免矣。

僖公二十八年杜《注》并引王叔之宰与伯舆之大夫坐狱事，曰："各不身亲，盖今长吏有罪，先验吏卒之义。"案卫青之责李广也，史云大将军长史急责广之幕府对簿，然广曰："诸校尉无罪，乃我自失道，吾今自上簿。"则长史实未尝责广自行。贾生曰："古者大臣，有坐不廉而废者，不谓不廉，曰簠簋不饰；坐污秽淫乱，男女亡别者，不曰污秽，曰帷薄不修；坐罢耎不胜任者，不曰罢耎，曰下官不职。"盖其后仅为逊辞，其初则所验问者，诚皆其下执事也。"成王有过，则挞伯禽"，义亦如是。

《尚书·立政》曰："文王罔攸兼于庶言、庶狱、庶慎，惟有司之牧夫。是训用违，庶狱庶慎，文王罔敢知于兹。"崔东壁曰："文王之不兼庶狱，谓庶人之轻狱，非士大夫之大狱也。孟子曰：讼狱者不之尧之子而之舜，不之益而之启。是古者诸侯之狱，皆天子自治之也。王叔陈生与伯舆争政，王叔之宰与伯舆之大夫瑕禽，坐狱于王庭；叔孙昭子朝而命吏曰：婼将与季氏讼，书辞无颇；是古者卿大夫之狱，皆其君自治之也。邢侯与雍子争鄐田，叔鱼蔽罪邢侯，邢侯杀叔鱼与雍子于朝；梗阳人有狱，魏戊不能断，以狱上；是古者位相埒则不能治其狱，必尊者而后能治卑者之狱也明矣。自秦始重狱吏之权，无论丞相大臣，皆使治之，而李斯以谋反诬服矣。唐高宗时，人告长孙无忌谋反，许敬宗文致而上之，高宗犹以元舅之故，不忍杀，而敬宗不可；夫元舅诚不可以谋反贷死，顾无忌实未尝谋反，高宗何不亲鞫之乎？至明置锦衣狱，其祸尤烈，杨涟、左光斗诸人皆忠直大臣，一入狱中，覆盆莫告，榜掠至无完肤，卒以狱毙。若此者，岂非人主不自理之过与？"《丰镐考信别录》。案古者卑不治尊，实由平民贵族等级森严之故。汉武论魏其、武安之狱曰："俱宗室外家，故廷辩之。不然，一狱吏所决耳。"谓此也。自秦以降，阶级渐夷，虽丞相亦知狱吏之尊，实有平夷之美；然上下之隔绝愈甚，而冤狱益多，亦其远不逮古者；故古今之刑法，亦互有得失也。

（一六六）狱之迟速

《书·康诰》曰："要囚，服念五六日，至于旬时，丕蔽要囚。"此古者政简刑清之世之遗法也。《史记·匈奴列传》曰："狱久者不满十日；一国之囚，不过数人。"盖风气诚朴之世恒如此。《周官》小司寇："以五刑听万民之狱讼，附于刑，用情讯之，至于旬乃弊之。"朝士之职："凡得获货贿人民六畜者，委于朝，告于士，旬而举之。"《周官》固晚出之书，然其弊狱及举得获之物，皆以旬为限，犹是古之遗制也。

风俗弥薄，疆理弥恢，则有司之治狱益难，而人民之赴诉愈远，狱讼遂有稽留之弊。《周官》乡士之辨狱讼，旬而职听于朝；遂士二旬；县士三旬；方士则三月而上狱讼于国：此皆因其地之远，而其断弊不得不迟者也。夫法不出于一，不可也。然地既大，路既远，举狱讼之大且难者，而欲悉听诸中朝，则其事不得不迟；而稽延之弊，遂自兹而起矣。《周官》讶士：""掌四方之狱讼，谕罪刑于邦国，凡四方之有治于士者造焉。四方有乱狱，则往而成之。"《注》曰："如今郡国遣吏诣廷尉议。""吕步舒使治淮南狱。"夫如是，尚安能守其旬时而蔽之旧，使狱囚不过数人哉？然吏之舞文弄法者则少矣。谕罪刑于邦国，盖告以犯何罪当用何刑也，则各地错杂之法，渐趋于一矣。此亦有画一之美也。故曰：后世之刑法，与古者互有得失也。

《周官》朝士："凡士之治有期日：国中一旬，郊二旬，野三旬，都三月，邦国期。期内之治听，期外不听。"盖以阅时久则事状不明，情伪不易悉，故限之以期日也。然国中限以一旬，而邦国至于期月，其事状尚可考，而情伪尚可悉乎？然欲举邦国之狱，而悉成诸士，势固有不得不然者；后世远年疑狱，久悬而莫能决，亦由地大而最高审断不能以时举行故也。故任各地方各自为政，则虑下吏之弄法舞文，而法律亦各徇其俗而不画一。一统之于中朝，则不免执一切之法，以御不齐之俗，而法遂不厌于人心，而久延而冤曲不得伸，凶暴莫能惩，其弊尤难遍疏举也。

《论语·颜渊》："子曰：片言可以折狱者，其由也与？"亦贵其速也。故与"无宿诺"并举。《集解》引孔，谓不须两辞，可以偏信一言，其缪甚矣。

《月令》孟夏："断薄刑，决小罪，出轻系。"仲夏："挺重囚，益其食。"可见狱有留系矣。乡士、遂士、县士之职：司寇断狱、弊讼，既成，士师协日而刑杀。可见诛戮之不可久稽。然《月令》以孟秋戮有罪；仲秋命有司，申严百刑，斩杀必当；季秋乃趣狱刑，毋留有罪。《管子》亦曰"始寒尽刑"，《幼官》。则刑有不能协日而行者矣。司马法曰："赏不逾时，虽为善者之速得利也。"夫为善者不可不速得利，则为恶者不可不速受惩。自狱有淹系，刑或逾时，而为恶者之受惩缓矣，尚何以快人心而收惩一儆百之效也？故狱之淹滞，终非美事也。然非至各地方风俗画一，政治之情形大变，司法之制，有不易即改者，故法之弊亦风俗为之也。《小司寇》："岁终，则令群士计狱弊讼，登中于天府。"盖立程限，今年之事，不得延至明年也。

《公羊》宣公元年："古者大夫已去，三年待放。"《解诂》曰："古者疑狱三年而后断，自嫌有罪当诛，故三年不敢去。"《墨子·明鬼下》"昔日齐庄君之臣，有所谓王里国、中里徼者，讼三年而狱不断"，盖即所谓疑狱也。此乃罕有之事，寻常狱讼，不得援以为例。

（一六七）舜为天子皋陶为士瞽瞍杀人

《孟子·尽心》："桃应问曰：舜为天子，皋陶为士，瞽瞍杀人，则如之何？孟子曰：执之而已矣！然则舜不禁与？曰：夫舜，恶得而禁之？夫有所受之也。然则舜如之何？曰：舜视弃天下，犹弃敝蹝也。窃负而逃，遵海滨而处，终身䜣然乐而忘天下。"此儒家斟酌于公私之间，恩义曲尽之道也。《记》曰："门内之治恩掩义，门外之治义断恩。"《丧服四制》。善言治者，不以门内之恩，害门外之义；亦不以门外之义，夺门内之恩。盖人群之公义，不得不信；而世运未至于大同，则各亲其亲之心，亦为人人所同具，故以是斟酌于二者之间，而求其曲当也。此章读者或疑之，其实以其义推之群经，均无不合。《论语》："叶公语孔子曰：吾党有直躬者，其父攘羊，而子证之。孔子曰：吾党之直者异于是，父为子隐，子为父隐，直在其中矣。"《子路》。夫以子证父则不可，人或证其父，则非其子所得而为之讳矣。《公羊》曰："父母之于子，虽有罪，犹若不欲其服罪然。"文公十五年。不欲其服罪者，其心，非能使之不服罪也。此舜之所以窃负而逃，而不能禁皋陶之执也。《公羊》又曰："郑伯克段于鄢，克之者何？杀之也。杀之则曷为谓之克？大郑伯之恶也。"《解诂》曰："明郑伯为人君，当如《传》辞，不当自己行诛杀，使执政大夫当诛之。《礼》：公族有罪，有司谳于公，公曰：宥之。及三宥，不对。走出，公又使人赦之。以不及反命。公素服，不举，而为之变，如其伦之丧；无服，亲哭之。"隐公元年。三宥而有司不对，此即所谓皋陶执之者。《王制》曰："三公以狱之成告于王，王三又，然后致刑。”三宥之文，亦见《周官》司刺，盖古之遗法。人君之于其族，亦依成法宥之耳，非能特赦之也。此亦所谓舜不得而禁之者也。季子之于公子牙也，不以为国狱，不欲其服罪之心也。其于庆父也，缓追逸贼，归狱邓扈乐而不变，窃负而逃之义也。然以君臣之义，诛不得辟兄，则又舜之不得禁皋陶也。《公羊》庄公三十二年，闵公元年、二年。故曰：孟子之言，推之群经而无不合也。

抑不独经义。石碏之杀石厚也，使其宰獳羊肩涖焉，此即何君所谓“使执政大夫当诛之”者也。然卒不得不杀厚，则犹季子之诛不避兄也。《左氏》隐公四年。叔向治国制刑，不隐于亲，三数叔鱼之恶，不为末减，而仲尼称为古之遗直。《左氏》昭公十四年。当官而行，势不得隐，亦季子之诛不辟兄也。《史记·循吏列传》曰：“石奢者，楚昭王相也。行县，道有杀人者，相追之，乃其父也。纵其父而还自系焉。使人言之王曰：杀人者，臣之父也。夫以父立政，不孝也；废法纵罪，非忠也；臣罪当死。王曰：追而不及，不当伏罪，子其治事矣。石奢曰：不私其父，非孝子也；不奉主法，非忠臣也。王赦其罪，上惠也；伏诛而死，臣职也。遂不受令，自刎而死。”夫其纵父，则舜之窃负而逃也。然孟子谓舜可遵海滨而处，而石奢必还自系、不受令、伏剑而死者，其所处之位异也。《史记》又曰：“李离者，晋文公之理也。过听杀人，自拘当死。文公曰：官有贵贱，罚有轻重；下吏有过，非子之罪也。李离曰：臣居官为长，不与吏让位；受禄为多，不与下分利；今过听杀人，傅其罪下吏，非所闻也。辞不受令。文公曰：子则自以为有罪，寡人亦有罪邪？李离曰：理有法：失刑则刑，失死则死。公以臣能听微决疑，故使为理，今过听杀人，罪当死。遂不受令，伏剑而死。”李离自以为有罪，而不谓其君有罪者，君故不以弊狱为责，然则皋陶之父而杀人，苟纵之，亦必如石奢之自系，而不得如舜之遵海滨而处矣。然则群经之义，亦当时贤士大夫所共知，盖孔子亦因俗之合于义者，著之于经尔，非必有所创也。

《左氏》襄公二十二年：“楚观起有宠于令尹子南，楚人患之，王将讨焉。子南之子弃疾为王御士，王每见之，必泣。弃疾曰：君三泣臣矣，敢问谁之罪也？王曰：令尹之不能，尔所知也，国将讨焉，尔其居乎？对曰：父戮子居，君焉用之？泄命重刑，臣亦不为。王遂杀子南于朝，轘观起于四竟。子南之臣谓弃疾：请徙子尸于朝，曰：君臣有礼，唯二三子。三日，弃疾请尸。王许之。既葬，其徒曰：行乎？曰：吾与杀吾父，行将焉入？曰：然则臣王乎？曰：弃父事仇，吾弗忍也。遂缢而死。”夫康王之欲杀子南，犹皋陶之欲执瞽瞍也，而何以弃疾不窃负而逃也？曰：观子南既死，其徒犹欲犯命取殡，则其力能抗王可知，劝其行，必不从矣，此弃疾之所以弗告也；自杀以全臣子之义也。

（一六八）毋赦

儒家之言曰：“眚灾肆赦。”《书·尧典》。又曰：“赦小过。”《论语·子路》。而法家之言曰：“小忠必赦。”《韩非子·饰邪》。二者果孰是？曰：皆是也。儒家之言，就犯罪者一人言之也。法家之言，则为公众言之也。就犯罪者一人而言之，凡有过者，不必其皆恶；即恶矣，亦或迫于势不得已；又或偶然失足，后知悔悟；凡若此者，以情理言之，固可哀矜；舍之，使得改过自新，持法者固应尔也。然若其持法也，乃以警众为重，而不暇为一二人计，则法家之言，有可深长思者。《管子》曰：“民无重罪，过不大也。民无大过，上无赦也。上赦小过，民多重罪，积之所生也。”《法法》。《商君书》曰：“行刑重其轻者，轻者不生，则重者无从至矣，此谓治之于其治也。行刑重其重者，轻其轻者，轻者不止，则重者无从止矣，此谓治之于其乱也。”《说民》。为公众计，不为一二人计，则所谓“凡赦者，小利而大害者也，故久而不胜其祸；毋赦者，小害而大利者也，故久而不胜其福”者，确有至理。《管子·法法》。夫岂不知其有小害，势有所不暇顾也。《礼记·王制》曰：“凡执禁以齐众，不赦过。”夫执禁齐众时之过，与平时之过，有何异焉？然而不赦之者，为齐众计，势固不得不然也。此言可以通儒、法之邮。

《周官》大司寇：“掌建邦之三典，一曰刑新国用轻典，二曰刑平国用中典，三曰刑乱国用重典。”视所施而异其轻重，盖亦度齐众之宜。《荀子》曰：“刑称罪则治，不称罪则乱。故治则刑重，乱则刑轻。犯治之罪固重，犯乱之罪固轻也。《书》曰：刑罚世轻世重，此之谓也。”《正论》。不度时势之殊，而以罪之轻重固尔，失其义矣。

（一六九）以吏为师

《史记·秦始皇本纪》：李斯焚书之议曰：“若有欲学法令，以吏为师。”《集解》引徐广曰：“一无法令二字。”案《李斯传》亦无之，疑此二字乃注语，诸本或夺，或溷入正文也。此语为史公元文与否不可知，要不失李斯之意。或谓若有欲学，指凡学问言；又或谓吏即博士，以此为秦未尝灭学之征，则翩其反而矣。

“欲学法令，以吏为师”，说见《商君书·定分》篇。此篇之意，欲置官吏知法令之谓者，以为天下正。诸官吏及民，有问法令之所谓者，皆明告之。不告，以其所问法令之罪罪之。其言曰：“一兔走，百人逐之。卖者满市，盗不敢取，由名分已定也。今法令不明，其名不定，天下之人得议之。其议人异而无定，是法令不定，以下为上也。先圣人为书而传之，后世必师受之，乃知所谓之名；不师受之，而人以其心意议之，至死不能知其名与其意，故圣人必为法令置官也。置吏也，为天下师，所以定名分也。”盖欲收解释法令之权，归之于上耳。

《礼记·王制》曰：“析言破律，乱名改作，执左道以乱政，杀；作淫声、异服、奇技、奇器以疑众，杀；行伪而坚，言伪而辩，学非而博，顺非而泽以疑众，杀；假于鬼神、时日、卜筮以疑众，杀；此四诛者，不以听。”《荀子·宥坐》曰：“孔子为鲁摄相，朝七日而诛少正卯。门人进问曰：夫少正卯，鲁之闻人也，夫子为政而始诛之，得无失乎？孔子曰：居，吾语女其故。人有恶者五，而盗窃不与焉。一曰心达而险，二曰行辟而坚，三曰言伪而辩，四曰记丑而博，五曰顺非而泽。此五者有一于人，则不得免于君子之诛；而少正卯兼有之。故居处足以聚徒成群，言谈足以饰邪营众，强足以反是独立，此小人之桀雄也，不可不诛也。是以汤诛尹谐，文王诛潘止，周公诛管叔，太公诛华仕，管仲诛付里乙，子产诛邓析、史付。此七子者，皆异世同心，不可不诛也。”《说苑·指武》篇略同，此即《王制》之注脚也。《吕览·离谓》曰：“郑国多相悬以书者，子产令无悬书，邓析致之；子产令无致书，邓析倚之；令无穷，则邓析应之亦无穷，是可不可无辨也。”又曰：“子产治郑，邓析务难之。与民之有狱者约：大狱一衣，小狱襦袴。民之献衣襦袴而学讼者，不可胜数，以非为是，以是为非，是非无度，而可与不可日变；所欲胜因胜，所欲罪因罪；郑国大乱，民口讙哗。子产患之，于是杀邓析而戮之。民心乃服，是非乃定，法律乃行。”夫是非可否，明著于法律者，岂邓析所能违？邓析所为，亦贸其名实，以法之所诛为无罪，法所不问者为有诛耳。此正所谓“析言破律，乱名改作”者也。以此傅诸邓析不必实，然春秋战国时，必有此等事，则无疑矣。故儒、法二家，同以为患也。

商君之意，欲“天子置三法官：殿中置一法官，御史置一法官及吏，丞相置一法官。诸侯郡县皆各为置一法官及吏。皆此秦一法官，郡县诸侯，一受宝来之法令学问并所谓吏民知法令者，皆问法官。故天下之吏民无不知法者。吏明知民知法令也，故不敢以非法遇民。遇民不修法，则问法官，法官即以法之罪告之，民即以法官之言正告之吏。吏知其如此，故吏不敢以非法遇民，民又不敢犯法”。此所谓法官，非躬行法，而为行法之吏所禀承，故曰为天下正。今之论者，但知司法与行政当分，而解释法律，则悉由司法官，司法官犹得上下其手。若如《商君书》所言，则行政官虽兼司法，而亦不能自恣，而遇民不法者，民得告之法官，则又不啻今之平政院矣。其法虽与欧西立宪之国异，其用意固相通也。李斯所谓“欲学法令，以吏为师”者，不知其吏亦如此否？然即谓其意如是，其事亦必未行，故《史记》不载，他书亦无及之者也。汉世法令之弊，在于郡国承用者驳，或罪同而论议，奸吏因缘为市，惜乎未有以商君之说正之者也。然曹魏之世，因诸家章句大繁，而诏专用郑氏，虽未尝收解释之权于上，亦有一其解释之意矣。

《周官·天官》大宰：“掌建邦之六典，以佐王治邦国。以八法治官府，以八则治都鄙。”《春官》大史：“掌建邦之六典，以逆邦国之治，掌法以逆官府之治，掌则以逆都鄙之治。凡辨法者考焉，不信者刑之。”御史：“掌邦国都鄙及万民之治令，以赞冢宰，凡治者受法令焉。”此即商君欲於殿中、御史、丞相各置一法官之意；讶士谕罪刑于邦国，亦即其为诸侯郡县各置法官之意。盖考核诸司是否守法，其权固操之自上，而于法律或有不明，亦当问之于上，故战国时之成法;《商君书》与《周官》，同为六国时物，故其用意亦颇同也。

商君欲使人人皆知法令，与叔向之诤刑书，仲尼之非刑鼎，用意大异。然其言曰：“吏不敢以非法遇民，民又不敢犯法，如此，天下之吏民，虽有贤良辨慧，不能开一言以枉法；解释法律之权，操之于吏，而邓析之徒绝迹矣。虽有千金，不能以用一铢。故知诈贤能者，皆作而为善，皆务自治奉公，民愚则易治也。此所生于法明白易知而必行。”又曰：“夫微妙意志之言，上知之所难也。夫不待法令绳墨而无不正者，千万之一也。故圣人以千万治天下。故夫知者而后能知之，不可以为法，民不尽知。贤者而后知之，不可以为法，民不尽贤。故圣人为法，必使之明白易知。名正，愚知遍能知之。为置法官，置主法之吏，以为天下师，令万民无陷于险危。故圣人立而天下无刑死者，非不刑杀也，行法令明白易知，为置法官，吏为之师，以道之知，万民皆知所避就;避祸就福，而皆以自治也。”然则刑期无刑之意，实儒、法二家之所同，特其所由之路异耳。以时势揆之，则法家之言为切矣。《吕览·淫辞》："惠子为魏惠王为法，已成，以示诸民人。民人皆善之。"则战国时之为法，无不求人民能知之者，与春秋时人见解大异矣。然仍有其不可行者，法家之所恃以致无刑者，曰人能知法；其所恃以使人能知法者，曰法明白易知。然群治演进，则人事随之而繁；人事既繁，而法令随之而杂，其势有不得不难知者。试观今之法令，夫岂人人所能知，而亦曷尝有一章一篇之可省乎？故法令如牛毛，而非人人所能知，而不足以餍人心，而不能收劝惩之效，皆世变为之，非为法者之过也。

李悝撰次诸国法，为《法经》六篇，商君受之以相秦。六篇者：《盗》《贼》《网》《捕》《杂》及加减。其后萧何益以《兴》《厩》《户》三篇，叔孙通益律所不及旁章十八篇，张汤有《越宫律》二十七篇，赵禹有《朝律》六篇。汉律至此，遂有六十篇矣。益以汉时决事，集为《令甲》以下三百余篇，及司徒鲍公《嫁娶辞讼决》为《法比》，都目凡九百六卷。《晋书·刑法志》。文书盈于几阁，典者不皆遍睹，此汉世之有心人，所由无不以删定律令为急者也。张汤、赵禹之属不足论，萧何以清净为治，叔孙通亦儒者，岂肯使法令如牛毛？然于秦律皆有所增益，明《法经》原出李悝以前，悝撰次诸国法为之，而非悝所自为。已不足周当时之用，增益者亦出于势不得已也。增益则文繁；文繁，众必不能尽省矣，又况其不易知乎？

（一七〇）复仇

《礼记·檀弓》："子夏问于孔子曰：居父母之仇如之何？夫子曰：寝苫，枕干，不仕，弗与共天下也。遇诸市朝，不反兵而斗。曰：请问居昆弟之仇如之何？曰：仕弗与共国，衔君命而使，虽遇之不斗。曰：请问居从父昆弟之仇如之何？曰：不为魁，主人能，则执兵而陪其后。"《周官·地官》调人："凡和难，父之仇，辟诸海外；兄弟之仇，辟诸千里之外；从父兄弟之仇不同国。君之仇眡父，师长之仇眡兄弟，主友之仇眡从父兄弟。"《疏》云："赵商问：天下尚不反兵，海内何为和之？郑答曰：仇在九夷之东，八蛮之南，六戎之西，五狄之北，虽有至孝之心，能往讨不乎？"案古所谓天下者，非真谓普天之下，乃谓中国政教所及耳。秦始皇分天下为三十六郡，桂林、南海、象、闽中，初不在其内也。明当时所谓天下，限于四海之内也。《诗》曰："普天之下，莫非王土。"

夷蛮戎狄亦非疆理所及也。

《礼记·曲礼》："父之仇，弗与共戴天，兄弟之仇不反兵，交游之仇不同国。"《注》：交游，或为朋友。《大戴记·曾子制言上》："父母之仇，不与同生；兄弟之仇，不与聚国；朋友之仇，不与聚乡；族人之仇，不与聚邻。"《公羊》庄公四年《解诂》："《礼》：父母之仇，不同戴天；兄弟之仇，不同国；九族之仇，不同乡党；朋友之仇，不同市朝。"所言大致略同。《二戴记》《解诂》所谓国，盖指郭以内言，较市朝乡党为广。《周官》晚出，其时交通较便，声闻所及益广，故兄弟之仇，所不同者，扩及千里，从父昆弟之仇，则同于昔者之兄弟也。世运愈进，交通愈便，声闻所及愈广，报仇者有虽数千里而弗释者矣，若范雎之于魏齐是也；而如汉高之于田横，则虽亡之海外，亦弗获免矣。

弗仕者，仕则有公事，不得专顾其私以复仇为事也。《檀弓》曰：滕成公之丧，使子叔敬叔吊，进书，子服惠伯为介。及郊，为懿伯之忌不入。惠伯曰：政也，不可以叔父之私，不将公事。遂入。亦见《左氏》昭公三年。此所谓衔君命而使，虽遇之不斗者也。伍子胥之干阖庐也，阖庐将为之兴师，子胥曰："诸侯不为匹夫兴师。且臣闻之：事君犹事父也，亏君之义，复父之仇，臣不为也。"《公羊》定公四年。《谷梁》同。盖君非一臣之君，势不得举一国以殉一人。故臣仕于君有不得资其力以复仇者。若枉道而资其力，则亏君之义矣，又古之义士所不为也。此有父母之仇者所以弗仕也。然如伍子胥者，其所仇乃为万乘之君；范雎之所仇，则千乘之君蔽之，有非资国君之力不能报者。此亏君之义以释私怨者，所由接迹于后世与？伍子胥不肯亏君之义，以复父之仇；范雎以一人之私怨，挟秦力以穷魏齐，而秦王亦举国以殉之，可以觇世变矣。

葛伯仇饷之事，《孟子·藤文公下》。论者恒疑之；然大同之世，力恶其不出于身也，不必为己，代耕之事，固古之遗俗，不足疑也；即为匹夫匹妇复仇，亦不足怪，何者？古代部族林立，部族与部族之交涉，犹今日国与国之交涉也。今日此国之人，有见杀于彼国者，岂不亦责诸其国，而不问其人与。特不能皆为之兴师耳。此则时异势殊，利害交错，不能专殉一事，使之然也。然而匹夫匹妇，含愤而不获申者众矣。然后知伊尹思天下之民，匹夫匹妇，有不与被尧舜之泽者，若己推而内之沟中，《孟子·万章上》。非徒存虚愿也；当时之时势，诚可使匹夫匹妇，无不被其泽也，何也？其群小，其事简，利害关系未甚错杂，为君相者诚可以顾及其人民，使之生得其养，死得其葬。苟有冤屈，无不获理也。至于后世，牧民者虽有无穷之心，而为事势所限，可若何。禹思天下有溺者，由己溺之也；稷思天下有饥者，犹己饥之也；《孟子·离娄下》。亦当时之事势，可以振天下之饥溺者。张子见饿殍辄咨嗟，对案不食者累日。其心，禹稷之心也；欲买田一方，试井之，卒不可得，尚何以振天下之饥溺者哉？

子胥之复仇，处心积虑，则可谓深矣。艰难其身，则可谓甚矣。抑如白公者，以子西不为之复仇，而至于作难，《左氏》哀公十六年。虽曰亏君之义，亦不可谓之不烈。严仲子求匹夫以报国相；秦昭王以万乘之力，为范雎穷魏齐，平原君身见止而不肯出之，虞卿解相印而与之亡，侯嬴缓颊，信陵怀惭，魏齐犹以其初难见之也，怒而自刭。当时游侠之徒，意气之盛，可以想见。如姬父为人杀，资之三年，《史记·信陵君列传》。《索隐》："旧解资之三年谓服齐衰也。今案：资者，畜也。谓欲为父报仇之资畜于心已得三年也。"愚按旧解是也。三年言其久尔，亦不必三年而遂释也。终以信陵君为之报仇，冒死为窃兵符，其视庞娥，亦何多让焉？此借交报仇者之所以满于天下与！盖自侠累见杀，而刺万乘之君若刺褐夫，而诸侯有不足严者矣。然如白公、严仲子者，不恤一身之忿，险危大人，虽微二子者楚不国，不之恤也。而如范雎、虞卿、平原、信陵、侯嬴、如姬之徒，其所行不同，而不免于亏君之义则同。事势之流相激使然，曷足怪乎？然而复仇之风，有不可长者矣。

复仇之风，初皆起于部落之相报，虽非天下为公之义，犹有亲亲之道存焉。至于范雎，一饭之德必偿，睚眦之怨必报，《史记》本传。则徒以一身之私矣。郑伯将以高渠弥为卿，昭公恶之，固谏，不听。昭公立，惧其杀己也，弑昭公而立公子亹。公子达曰："高伯其为戮乎，复恶已甚矣。"《左氏》桓公十七年。则并以除害而弑君矣。此亦所谓事势之流相激使然者也。至此而复仇之风，益不可长矣。

以复仇之风之不可长也，而限制之法渐生。"父不受诛，子复仇可也；父受诛，子复仇，推刃之道也。"此以义之是非为正者也。"复仇不除害，朋友相卫而不相迿。"《公羊》定公四年。《解诂》："迿，出表辞，犹先也。不当先相击刺，所以伸孝子之恩。"案亦所以限制为人复仇者，使不得逾其分也。《檀弓》之"不为魁"亦此义。此限止其事，使不得过当者也。国君一体，故贤齐襄复九世之仇，而家则不得援以为例，犹必以上无天子、下无方伯为限，则几于尊国法而绝私报矣。《公羊》庄公四年。此《春秋》之义也。《周官》所著，盖当时所行之法，"调人掌司万民之难而谐和之”，其意本在防其相报，故“凡过而杀伤人者，以民成之，郑司农云:“以民成之，谓立证佐成其罪也。一说:以乡里之民，共和解之。”案一说是也。鸟兽亦如之”。凡和难者，皆使之辟。“弗辟，然后与之瑞节而以执之。凡杀人，有反杀者，邦国交仇之。凡杀人而义者，不同国，令弗仇，仇之则死。凡有斗怒者成之，不可成者则书之，先动者诛之。”郑司农云:“成之谓和之也。和之犹今二千石以令解仇怨,后复相报移徙之。”此调人遗法存于汉世者。又朝士,“凡报仇雠者,书于士,杀之无罪。”皆以其时复仇为难之风方盛,《左氏》文公二年:“狼瞫见黜，其友曰:吾与女为难。”古人不恤逞一朝之忿者，往往如此。不能绝，不得已而姑为之限，以去其太甚者也。

《论语·宪问》:“或曰:以德报怨，何如?子曰:何以报德?以直报怨，以德报德。”或谓此或人为老氏之徒，此深求而反失之者也。此或人之言，不过指当时复仇之事耳。然则孔子亦不主不报怨也，此自当时事势使然。《颜渊》:“樊迟问辨惑，子曰:一朝之忿，忘其身以及其亲，非惑与?”此即孟子所谓“好勇斗狠，以危父母”者。《万章》下。孟子又曰:“吾今而后知杀人亲之重也，杀人之父，人亦杀其父;杀人之兄，人亦杀其兄;然则非自杀之也，一间耳。”《尽心》下。《集注》谓:“言吾今而后知者，必有所为而感发也。”其实此亦当时风气如此，不必特指一事也。

《史记·范雎蔡泽列传》:郑安平进雎于王稽，诈言其人有仇，不敢昼见。可见复仇风气之盛，所谓不反兵者，非虚言也。聂政不肯受严仲子百镒之金，即《礼记》所谓“父母存，不许友以死”者。

《左氏》襄公二十二年:“郑游眅将归晋，未出竟，遭逆妻者，夺之以馆于邑。其夫攻子明，杀之，以其妻行。子展废良而立大叔。求亡妻者，使复其所。使游氏勿怨，曰:无昭恶也。”此以政令禁止民相仇报者也。文公六年:“贾季奔狄，宣子使臾骈送其帑。夷之搜，贾季戮臾骈，臾骈之人欲尽杀贾氏以报焉。臾骈曰:不可，吾闻敌惠敌怨，不在后嗣，忠之道也。夫子礼于贾季，我以其宠报私怨，无乃不可乎?介人之宠，非勇也;损怨益仇，非知也;以私害公，非忠也。释此三者，何以事夫子?尽具其帑，与其器用财贿，亲帅扞之，送致诸竟。”敌惠敌怨，不在后嗣，复仇不除害之义也。不肯介人之宠，朋友不相迫之义也。不肯损怨益仇，不以一朝之忿忘其身以及其亲也。不肯以私害公，不亏君之义也。臾骈几于能以德报怨矣。臾骈之人以贾季一人之失，而欲尽杀贾氏，何其甚也？孟子曰："仁者以其所爱及其所不爱，不仁者以其所不爱及其所爱。梁惠王以土地之故，糜烂其民而战之，大败，将复之，恐不能胜，故驱其所爱子弟以殉之，是之谓以其所不爱及其所爱也。"《孟子·尽心》下。亦不过一念之推耳，是以君子贵惩忿窒欲也。

《周官》："凡杀人而义者。"郑《注》谓："父母兄弟师长尝辱焉而杀之者。"此臾骈之人，所以以骈见戮而欲尽杀贾氏也。夏侯惇年十四，就师学，人有辱其师者，惇杀之。汉魏间人犹时有此事。

《管子·大匡》："君谓国子，凡贵贱之义，入与父俱，出与师俱，上与君俱，凡三者，遇贼不死，不知贼，则无赦。"以此义推之，则复仇不徒非所禁，不复仇者且犯义当诛矣。《春秋》之义，君弑，贼不讨，不书葬，以为无臣子也。《公羊》隐公十一年。子沈子曰："君弑，臣不讨贼，非臣也；不复仇，非子也。葬，生者之事也。《春秋》君弑，贼不讨，不书葬，以为不系乎臣子也。"案不系乎臣子者，犹言非其君父也，乃绝之于君父云尔。又隐公四年："卫人杀州吁于濮，其称人何？讨贼之辞也。"《解诂》云："明国中人人得讨之，所以广忠孝之路。"《檀弓》："邾娄定公之时，有弑其父者。公曰：寡人尝学断斯狱矣：臣弑君，凡在官者杀无赦；子弑父，凡在宫者杀无赦。"盖古之为群也重统率。君也，父也，师也，皆一群统率之人，故其尊之也如此；犹后世军行失主将者，部曲重诛也。

《曲礼疏》："《异义》：《公羊》说：复百世之仇。古周礼说：复仇之义，不过五世。许慎谨按：鲁桓公为齐襄公所杀，其子庄公与齐桓公会，《春秋》不讥。又定公是鲁桓公九世孙，孔子相定公，与齐会夹谷，是不复百世之仇也。从周礼说。郑康成不驳，即与许慎同。凡君非理杀臣，《公羊》说：子可复仇；故子胥伐楚，《春秋》贤之。《左氏》说：君命天也，是不可复仇。郑较《异义》，称子思云：今之君子，退人若将队诸渊，无为戎首，不亦善乎？子胥父兄之诛，队渊不足喻，伐楚使吴首兵，合于子思之言也。是郑善子胥，同《公羊》之义也。"案郜之狩，《春秋》讳齐侯称"人"。《传》曰："前此者有事矣，后此者有事矣，则曷为独于此焉讥？于仇者将壹讥而已，故择其重者而讥焉，莫重乎其与仇狩也。于仇者则曷为将壹讥而已？仇者无时焉可与通；通则为大讥；不可胜讥，故将壹讥而已；其余从同。"《公羊》庄公四年。安得谓庄公与齐桓公会，《春秋》不讥？引夹谷之会，以非复百世之仇也。僖公元年："九月，公败邾娄师于缨。"《解诂》："有夫人丧，不恶亲用兵者，时恶邾娄人以夫人与齐，于丧事无薄故也。"

哀姜且然，况桓公乎？抑《春秋》诛意不诛事，故乾时之战，复仇者在下，则不与公。庄公九年。桓公之书葬，《传》曰：贼未讨，何以书葬？仇在外也。仇在外则何以书葬？君子辞也。《解诂》曰：时齐强鲁弱，不可立得报，故君子量力；且假使书葬，于可复仇而不复乃责之，讳与齐狩是也。《公羊》桓公十八年。《谷梁》义同。然则《春秋》虽贤复仇，亦未尝不量力，安得鲁与齐会，一一讥之乎？许慎疾今学如仇，康南海语。见《新学伪经考》。然其无识妄断率如此。至其从《左》义而非子胥，更不足辨也。

（一七一）决斗复仇

事有可行于古，不可行于今者，风俗之异也。西方两男争一女，往往以决斗定之，胜者取女以去，败者甘服无辞焉；心即不乐，不敢为枉道以求报也。夫斗者求胜而已，所由之道何择焉？然而莫肯为者，风气未开，人自不出于其途也。今中国以两男而争一女者亦多矣，使以决斗定其胜负，胜者取女以去，岂可一日安乎？此无他，风气之异也。然初守成法而不敢逾者，久而终必至惟胜之求。而所由之道，一切皆非所计而后已。此事势相激使然，虽有大力，莫之能遏者也。古之用兵，必守军礼，不斩祀，不杀厉，不重伤，不禽二毛。其后终至于禽狝草薙，系虏老弱，焚烧宫室，无所不为者以此。观于小，固可以知大也。

《春秋》之义，复仇不除害，此亦古代之风气，有以限止人，使不出于过当不直之途者也。然而其后亦有不能保守者矣，族诛之法，盖由是而起也。呜呼！复仇不除害之道，犹有存焉。而复仇之事，犹可行乎？君子观于此，而知风气之变迁之烈也。

（一七二）断狱重情

古之听讼，所以异于后世者何与？曰：古者以其情，后世则徒以其事而已矣。人之所以能相与群居而不乱者，以其相亲爱；其不然者，则以其相怨怒。而人之所以相亲爱相怨怒者，非以其利不利也，而特以其心之欲相利抑欲相贼。亲戚朋友，敝吾之物，虽若丘陵，弗怒也；苟有意欲相贼者，则虽箪食豆羹，或至于挺剑而起矣。夫人，不能无群居者也。利于群居者谓之善，不利于群居者谓之恶，此无待再计也。有相利之心，则足以使人相亲爱；有相贼之心，足以使人相怨怒。而无其情而有其事者不然。则刑罚之所诛，乃意而非事，亦昭昭矣。此《春秋》听狱之所以重志也。《大学》："子曰：听讼吾犹人也，必也使无讼乎？此十四字亦见《论语·颜渊》。无情者不得尽其辞，大畏民志，此谓知本。"盖谓此也。

古之断狱，所以能重其情者，以其国小民寡而俗朴，上下之情易得而其诚意易相孚也。《左氏》庄公十年："齐师伐我，公将战，曹刿请见。问何以战？公曰：衣食所安，弗敢专也，必以分人。对曰：小惠未遍，民弗从也。公曰：牺牲玉帛，弗敢加也，必以信。对曰：小信未孚，神弗福也。公曰：小大之狱，虽不能察，必以情。对曰：忠之属也，可以一战。"所谓"必以情"者，《王制》曰："凡制五刑，必即天论，邮罚丽于事。凡听五刑之讼，必原父子之亲，立君臣之义以权之。意论轻重之序，慎测浅深之量以别之。悉其聪明，致其忠爱以尽之。"盖其推原其犯罪之由，而究度其究为罪与非罪如是其悉也。《论语》曰："孟氏使阳肤为士师，问于曾子。曾子曰：上失其道，民散久矣。如得其情，则哀矜而勿喜。"《子张》。《孟子》曰："邹与鲁鬨，穆公问曰：吾有司死者三十三人，而民莫之死也。诛之，则不可胜诛；不诛，则疾视其长上之死而不救，如之何则可也？孟子对曰：凶年饥岁，君之民，老弱转乎沟壑，壮者散而之四方者，几千人矣；而君之仓廪实，府库充，有司莫以告，是上慢而残下也。曾子曰：戒之戒之！出乎尔者，反乎尔者也。夫民今而后得反之也。君无尤焉！"《梁惠王》下。深推其犯罪之由，而洞烛乎其不得已之故，所谓得其情也。得其情，哀矜之心必有惕然不能自已者矣，刑罚安得不中？然此惟国小民寡而俗朴之世为能。若如后世，敦朴既漓，诈伪百出，犯罪者不必穷民，或多大猾，微论其情不易得；即能得之，而以朽索驭六马，懔懔乎防其奔逸之不暇，虽明知其穷而可矜，安能恤之？而于大猾，则有孰视而莫敢谁何者矣，而孰能治之！举世皆知法律之诛求，乃其事之表面，而非心之意也，在上者虽有哀矜之心，亦岂有详刑之效哉？

《周官·秋官》小司寇："以五声听狱讼，求民情，一曰辞听，二曰色听，三曰气听，四曰耳听，五曰目听。"此所求其罪状，无或有枉。司刺："掌三宥三赦之法。壹宥曰不识，再宥曰过失，三宥曰遗忘。壹赦曰幼弱，再赦曰老旄，三赦曰惷愚。”此皆确有其人，确有其事，既得其罪状之后，又深念其是否如是者也。《王制》曰“必察小大之比以成之”，则虑蔽狱之人，性质或有宽严，又或有一时之喜怒，故必择前此之成案，以相比较也。此皆悉其聪明，致其忠爱之道也。《管子·霸形》：“孤幼不刑。”《戒》篇：“老弱勿刑，三宥而后弊。”夫一人之聪明，必不如万人之聪明也，是故“疑狱，泛与众共之，众疑，赦之”。《王制》。《周官》三刺之法，一曰讯群臣，二曰讯群吏，三曰讯万民。小司寇。又见司刺。《孟子》“左右皆曰可杀”，即所谓“讯群臣”；“诸大夫皆曰可杀”，即所谓“讯群吏”；“国人皆曰可杀”，即所谓“讯万民”。《梁惠王》下。盖古之遗制也。《南史·扶桑传》曰：“贵人有罪，国人大会。坐罪人于坑，对之宴饮分诀若死别焉。以灰绕之，其一重则一身屏退，二重则及子孙，三重则及七世。”扶桑盖秽貉之族浮海而东者。秽貉法俗，类中国者极多，予别有考。抑人群演进之程度相同，其法俗亦往往相类，正不必论其渊源之所自而已足相证明矣。

听狱者之诛事而不诛意，果何自始哉？曰：一由风俗日漓，民思侥幸，《王制》所以云“凡作刑罚，轻无赦”也。一由是非利害，日益错杂而难明，《王制》所以有“不以听”之“四诛”也。《王制》曰：“析言破律，乱名改作，执左道以乱政，杀；作淫声异服奇技奇器以疑众，杀；行伪而坚，言伪而辩，学非而博，顺非而泽以疑众，杀；假于鬼神时日卜筮以疑众，杀；此四诛者不以听。”《注》曰：“为其为害大而辞不可明。”案犯法者有二：一不忍于社会之压力而悍然犯之，如《庄子·则阳》篇柏矩所哭之辜人是。此仅图苟免其身，乃寻常所谓犯罪。一不以社会之是非为然，而欲反之，则不逞之徒矣。《王制》此四诛，皆其流亚也。一由众心不同，不可理喻，而不得不取一切之法，《王制》所谓“凡执禁以齐众，不赦过”也。盖风气稍变，德与礼之用穷，而不得不专恃法。夫法之与德礼，其初本一也，而后卒至于分歧者，则以民俗渐漓，表里不能如一也。人藏其心，不可测度，何以穷之？其不得不舍其意而诛其事，亦势也。故人不能皆合乎礼，而必有刑以驱之，而法之为用由是起。其初犹兼问其意也，卒至于尽舍其意而专诛其事，而法之体由是成。

《王制》又曰：“有旨无简，不听。”《注》：“简，诚也。有其意，无其诚者，不论以为罪。”此谓明知其有犯罪之意，能得其犯罪之情。而不能得其犯罪之实据者，盖不徒诛意而兼重事矣。因民情不易得，而不敢专据之以蔽罪也，亦法律变迁之渐也。

民情不易得，则蔽狱不免失实，而不得不力求其轻，故曰："附从轻，赦从重。"《王制》。《左氏》：声子谓子木曰："善为国者，赏不僭而刑不滥。赏僭则惧及淫人，刑滥则惧及善人。若不幸而过，宁僭无滥。与其失善，宁其利淫，无善人则国从之。《诗》曰：人之云亡，邦国殄瘁。无善人之谓也。故《夏书》曰：与其杀不辜，宁失不经。惧失善也。《商颂》有之，曰：不僭不滥，不敢怠皇，命于下国，封建厥福。此汤所以获天福也。"襄公二十六年。"附从轻，赦从重"，原不失祥刑之意，不幸而有过，势亦不得不然，然去不僭不滥者则远矣，终不得不谓为过也，此风气之漓为之也。语曰："无赦之国，其刑必平。"予亦曰："无轻附之国，其俗必朴。"

（一七三）龟兹刑法与中国类

肉刑之废也，欲复之者颇多，其所持议，亦有多端；而曰使淫者下蚕室、盗者刖其足，则永无淫放穿窬之患矣，亦其一说也。此似是而实不可通。《周书·异域传》：龟兹，其刑法杀人者死，劫贼则断其一臂，并刖一足。其用意正与中国古制相类。凡民族之初制，恒相类也，以其直情而径行也。

（一七四）扶桑国法

儒家说治古无肉刑，后人疑之，非也。古必亏体而后称刑，亏体必其创之不可复者，此惟兵刃足以致之，而兵刃惟用诸战陈，故曰："大刑用甲兵，其次用斧钺；中刑用刀锯，其次用钻笮。"《国语·鲁语》。地治之官，所施诸民者，止于圜土嘉石，而附于刑者必归于士。士固战士之称，士师则士之长也。《梁书·诸夷传》：扶桑，"其国法有南北狱，若犯轻者入南狱，重罪者入北狱。有赦，则赦南狱，不赦北狱。在北狱者，男女相配，生男八岁为奴，生女九岁为婢，犯罪之身，至死不出。贵人有罪，国人大会，坐罪人于坑，对之宴饮分诀若死别焉。以灰绕之，其一重则一身屏退，二重则及子孙，三重则及七世。"其罚皆貤及子孙，可谓酷矣，然终无亏体之刑也。扶桑者，貉族之浮海而东者也，其法俗多类殷，予别有考，然足证治古无肉刑之说矣。

（一七五）地平线

《诗·周颂·噫嘻》："终三十里。"《毛传》曰："终三十里，言各极其望也。"疏引王肃云："三十里天地合。"此即今所谓地平线也。天子种之离宫别馆旁极望焉，亦即《毛传》"各极其望"之极望。

（一七六）地图

《周官》地图有数种：大司徒之职："掌建邦之土地之图，与其人民之数。以天下土地之图，周知九州之地域广轮之数，辨其山林川泽丘陵坟衍原隰之名物，而辨其邦国都鄙之数，制其畿疆而沟封之。"职方氏："掌天下之图，以掌天下之地，辨其邦国都鄙四夷八蛮七闽九貉五戎六狄之人民，与其财用九谷六畜之数要，周知其利害。"此皆遍及天下，故郑《注》以司空郡国舆地图、司空舆地图相况。郑注大司徒云："土地之图，若今司空郡国舆地图。"注职方氏云："天下之图，如今司空舆地图。"《疏》云："职方兼主夷狄。夷狄中汉时不置郡国，惟置校尉掌之。"似凿。郑特措词偶异耳。其所重者，盖凡能生利之地，与其人民之数。土训："掌地道图，以诏地事。《注》："道，说也。说地图九州形势，山川所宜，告王以施其事也。若云荆扬地宜稻，幽并地宜麻。"地道慝，以辨地物，而原其生，以诏地求。"《注》："地慝，若障蛊然也。辨其物者，别其所有所无，原其生，生有时也。以此二者告王之求也。地所无及物未生，则不求也。"谓此。遂人："以土地之图，经田野，造县鄙形体之法。五家为邻，五邻为里，四里为酂，五酂为鄙，五鄙为县，五县为遂，皆有地域沟树之。"则其一地域中之图。合若干地域，则成一国之图；合若干国，则成天下之图矣。小宰之职云："听闾里以版图。"《注》引郑司农云："版，户籍；图，地图也。听人讼地者以版图决之。司书职曰：邦中之版，土地之图。"小司徒云："地讼，以图正之。"司会："掌国之官府郊野县都之百物财用，凡在书契版图者之贰，以逆群吏之治，而听其会计。"司书："掌邦中之版，土地之图，以周知出入百物，以叙其财。"亦皆注意于民生，故及生财用之地。司险："掌九州之图，以周知其山林川泽之阻，而达其道路。设国之五沟五涂而树之林以为阻固，皆有守禁，而达其道路。国有故，则藩塞阻路而止行者，以其属守之，惟有节者达之。"此则专司道路者，掌固、司险所职，特一在国、一在野为异。《序官注》："国曰固，野曰险。"司险有图，掌固可知；不言者，文不具，或举一以见两也。

古所谓地图者，未必其测量甚精、大小准确也，然于实用所资之事则必具。内宰之职："掌书版图之法，以治王内之政令，均其稍食，分其人民以居之。"《注》："版，谓宫中阍寺之属，及其子弟录籍也。图，王及后世子之宫中吏官府之形象也。"冢人："掌公墓之地，辨其兆域而为之图。"墓大夫："掌凡邦墓之地域，为之图。"卝人："掌金玉锡石之地。若以时取之，则物其地图而授之。"是凡一极小之区域，皆有图也。据图可辨山林、川泽、丘陵、坟衍、原隰、冢墓及金、玉、锡、石所在，则其记载颇详正，不仅著其广轮，略备名山大川矣。遂人所造，小宰、小司徒所据以听讼者，当如后世鱼鳞册之图，内宰、冢人、墓大夫、卝人之所为，后世转无可比拟矣。

列国分主之世，一国所以得有他国之地图者，盖由臣伏之国之进献。《史记·燕世家》："太子丹使荆轲献督亢地图于秦，因袭刺秦王。"《索隐》曰："督亢之田，在燕东，甚良沃。"案古田地通言，凡言地图者，皆谓土田之图，非今所谓地图。《索隐》之言是也。有土田必有耕之之人，故版图恒连言。《史记·萧相国世家》："沛公至咸阳，诸将皆争走金帛财物之府分之，何独先入收秦丞相御史律令图书藏之。汉王所以具知天下阸塞、户口多少、强弱之处、民所疾苦，以何具得秦图书也。"此图书即指版图言。曰"知天下阸塞"者，盖司险之所为，曰"知民所疾苦"者，盖即土训之所诏。诵训："掌道方志，以诏观事。掌道方慝，以诏辟忌，以知地俗。"《注》："说四方所识久远之事，以告王观，博古所识，若鲁有大庭氏之库、殽之二陵。方慝，四方言语所恶也。不辟其忌，则其方以为苟于言语也。知地俗，博事也。"此盖陈《诗》以观民风之流，亦有裨于知民疾苦。秦有天下，则天下之版图咸归之矣。苏秦之说赵肃侯曰："臣窃以天下之地图案之，诸侯之地，谓田也。五倍于秦。"张仪之说秦惠王曰："据九鼎，案图籍，挟天子以令于天下，天下莫敢不听。"皆见《史记》本传，下文说秦武王亦再言挟天子、按图籍。战国时之周未必能有天下之图籍，苏秦更未必有天下之地图可按，盖为纵横家之书者为之辞，未必当时之口语也。

《蔺相如传》："秦王恐其破璧，乃辞谢固请，召有司案图，指从此以往十五都与赵。"此指秦邦域内之图，虽未必当时情事，然在理则可有。

《逸周书·程典》："慎地必为之图，以举其物，物其善恶，度其高下，利其陂沟，爰其农时，修其等列，务其土实，差其施赋，设得其宜，宜协其务，务应其趣。”所谓地图，亦全以有裨农事为旨，可与《周官》参观。

（一七七）五岳

五岳之名，《尔雅》似有两说，然实系一说也。《释山》曰：“河南华，河西岳，河东岱，河北恒，江南衡。”又云：“泰山为东岳，华山为西岳，霍山为南岳，恒山为北岳，嵩高为中岳。”前说虽无五岳之名，《诗·崧高疏》谓“《释山》发首陈此五山，不复更言余山，明有为岳之理”，其说是也。衡山之名，盖由来已久，且所苞甚广。凡山之东西绵亘者，皆可称衡，不徒不必指今之衡山，并不必定指霍山也。然以霍山为衡山之主峰，为时必较早，以今之衡山当之，必较后。何者？淮南自古与北方交接多，湖南则至春秋时尚未开辟也。《诗疏》云：“《传》言四岳之名，东岳岱，南岳衡，《尔雅》及诸经传多云泰山为东岳，霍山为南岳者，皆山有二名也。若然，《尔雅》云江南衡，《地理志》云衡山在长沙湘南县；张楫《广雅》云天柱谓之霍山，《地理志》云天柱在庐江潜县，则在江北矣。而云衡、霍一山二名者，本衡山一名霍山，汉武帝移岳神于天柱，又名天柱亦为霍，故汉魏以来衡、霍别耳。郭璞《尔雅注》云：霍山，今在庐江潜县西南，别名天柱山，汉武帝以衡山辽旷，移其神于此，今其土俗人，皆呼之为南岳。南岳本自以两山为名，非从近也。而学者多以霍山不得为南岳，又言从汉武帝始乃名之；如此言，为武帝在《尔雅》前乎？斯不然矣。窃以璞言为然，何则？孙炎以霍山为误，当作衡山，案《书传·虞夏传》及《白虎通》《风俗通》《广雅》并云霍山为南岳，岂诸文皆误？明是衡山一名霍也。”案《书传》明出武帝前，足征郭璞谓霍有岳名非始武帝之确，然谓衡一名霍则误矣。当云：衡山所苞甚广，前世以霍山为其主峰，后乃移其名于湘南也。然衡山之名可移，霍山之名则不可移。至疑潜在江北，与《尔雅》江南之说不合，则衡山所苞既广，《尔雅》之言，初不专指一峰，正无足疑也。

然以霍山为南岳，犹非其朔也。《汉书·郊祀志》曰：“昔三代之居，皆河洛之间，故嵩高为中岳，而四岳各如其方。”可见五岳之名，随世而变。《尔雅·释地》云：“中有岱岳。”《淮南·地形》云：“东方之美者，有医毋闾之珣玗琪焉；东南方之美者，有会稽之竹箭焉；南方之美者，有梁山之犀象焉；西南方之美者，有华山之金石焉；西方之美者，有霍山之珠玉焉；西北方之美者，有昆仑之球琳琅玕焉；北方之美者，有幽都之筋角焉；东北方之美者，有斥山之文皮焉；中央之美者，有岱岳以生五谷桑麻，鱼盐出焉。”高《注》释诸山之名，均未必与古合，而岱岳为今泰山，则无可疑。四岳缘起，盖由巡守，《白虎通》《风俗通》皆以桷释岳，为考功德明黜陟之义。中岳则由祭天，《记》所谓因名山以升中于天也。《礼器》。巡守之制，后来以泰山为东岳，今之衡山或霍山为南岳，华山为西岳，恒山为北岳，则一岁之中，驰驱且不可遍，更无论省方观民矣。此实述经传者以当时地理附会古制之失。语其实，古所谓巡守者，必在邦畿之内；其时之邦畿，且未必有千里之广。夏谚所谓“一游一豫”者，乃正当时巡守之事耳。然则西岳之初，必在泰山之四面，距泰山不甚远也。《淮南》述九域之山，与《周官》职方同。五岳就五方言之，言四镇则兼四隅耳。四镇，其初亦不得如《周官》所言之远也。郑注大宗伯，与王肃注《书》，服虔注《左氏》，同取岱、衡、华、恒、崧高之说，见《诗疏》。而注大司乐，又据职方，可见郑意亦谓五岳随世而殊也。

郭璞云“谶纬皆以霍山为南岳”，而《诗疏》引《孝经钩命决》云南岳衡，则其所谓衡者，亦指霍山而言也。谶纬虽不足据，然起哀、平之世，古文说尚未出，古谶辞虽多妖妄，纬说仍取今文，经说之亡佚者，赖之而可考焉。然则先汉经说，固皆以霍山为南岳也。

四岳既分主四方，其官似当以四人为之。《尧典》言四岳，恒若一人者，其时疆域小，主四方之官，不妨其皆在朝；抑《尧典》之言，亦出追述，不复能知尧之所咨及举鲧者为何人也。《崧高》毛《传》云“尧之时，姜氏为四伯，掌四岳之祀，述诸侯之职”，亦浑言之。《疏》云：“《周语》说尧使禹治水，四岳佐之，帝嘉禹德，赐姓曰姒，氏曰有夏；祚四岳国为侯伯，氏曰有吕。此一王四伯，韦昭云：一王，谓禹也。四伯，谓四岳也。为四岳伯，故称四伯。是当尧之时，姜氏为四伯也。《周语》唯云四岳，不言名字，其名则《郑语》所云伯夷能礼于神以佐尧者也。《尧典注》云：尧之末年，庶绩多阙，羲和之子则死矣，于时分四岳置八伯，四岳四时之官，主方岳之事。然则尧时四岳，内典王朝之职，如周之六卿；外掌诸侯之事，如周之牧伯；故又述诸侯之职。然述职者，述其所主之方耳，其掌四岳之祀者，则四岳皆掌之，由掌四岳，故独得四岳之名。”韦、郑之说，固无确据，《疏》说似尤牵强也。

（一七八）弱水、黑水

《禹贡》诸水，最难解者，为弱水、黑水，读《淮南·地形》而知其说矣。《地形》说昆仑云："疏圃之池，浸之黄水。黄水三周复其原，是谓丹水，饮之不死。河水出昆仑东北陬，贯渤海，入禹所导积石山。赤水出其东南陬，西南注南海，丹泽之东。赤水之东，弱水出自穷石，至于合黎，余波入于流沙；绝流沙，南至南海。洋水出其西北陬，入于南海，羽民之南。凡四水者，帝之神泉，以和百药，以润万物。"此篇述八殥，八纮，八极，皆自东北而东，而东南，而南，而西南，而西，而西北，而北，述四水当亦然。然则弱水必出西南。今本乃后人据《禹贡》所改也。"丹泽之东""羽民之南"皆注语，"赤水之东"则衍文。下文述八殥，西南方曰丹泽，注语盖明赤水入海处。又言海外三十六国，自西南至东南有羽民，则弱水出西南，东南流至南海也。饮之不死，以和百药，以润万物，乃荒诞之言。此四水本不当凿求所在。河虽实有其水，然《禹贡》云道河积石，则所知者殆积石耳，积石以上，无可言矣。此篇言入禹所道积石山，则所言者积石以上也，亦无可究诘矣。作《禹贡》者，于西南地理，本不审谛，盖据故记姑妄言之，而后人必欲指其实为何水，亦惑矣。上文云"水有六品"，又云"何谓六水？曰河水，赤水，辽水，黑水，江水，淮水"。水有六品者，下文云"山为积德，川为积刑"，"丘陵为牡，溪谷为牝"，阳数九，阴数六，故山有九而水有六也。六水盖于四水之外，益以江、淮，然而辽水即弱水，黑水即洋水也。下文云辽出砥石，知非高《注》所谓出碣石、直辽东西南入海之辽。砥石为昭明所居，穷石则后羿所迁，其地断不在《禹贡》冀州之东，雍州之西也。

（一七九）归虚

《山海经·大荒东经》云："东海之外大壑，郝疏云：大壑上当夺有字，《艺文类聚》九卷引有。少昊之国。少昊孺帝颛顼于此。"案少昊乃西方之神，不应在东，盖经文简错，而大壑下说，则夺佚矣。郭《注》云："《诗含神雾》曰：东注无底之谷。谓此壑也。《离骚》曰：降望大壑。"案见《远游》篇。《庄子·天地》

曰："谆芒将东之大壑，适遇苑风于东海之滨。苑风曰：子将奚之？曰：将之大壑。曰：奚为焉？曰：夫大壑之为物也，注焉而不满，酌焉而不竭，吾将游焉。"《列子·汤问》：夏革曰："渤海之东，不知几亿万里，有大壑焉，实惟无底之谷。其下无底，名曰归虚。"《山海经》之说，大致亦不外此也。

《大荒南经》曰："大荒之中，有山，名曰融天，海水南入焉。"又曰："大荒之中，有山，名曰天台高山，海水出焉。"《大荒北经》曰："大荒之中，有山，名曰先槛郝《疏》云:《藏经》本作光槛。大逢之山，河济所入，海北注焉。"又曰："大荒之中，有山，名曰北极天柜，郝《疏》云:《藏经》本作樻。海水北注焉。"又曰："大荒之中，有山，名不句，海水入焉。"郝《疏》云:《藏经》本水下有北字。大逢之山，郭《注》云："河济注海，已复出海外，入此山中也。"此语盖以《经》下文云"其西有山，名曰禹所积石"而致误。《海内西经》云："河水入渤海，又出海外，入禹所道积石山。"禹所道积石，非即禹所积石之山。即令是一，而河入积石，济则否，亦只得谓经文简错耳。古盖谓四方之水，皆有所归，不独东。然中国水皆东流，又惟东方之海，得诸目击，故言之尤亲切有味也。

大壑虽大，然举天地间水，穷日夜注之，终亦必有盈时。真无底，则将超乎对色明空之外，非古人之所知矣。《吕览·君守》曰："东海之极，水至而反，夏热之下，化而为寒。"则亦以水为循环者矣。此哲学之兴，足弥神话之缺者也。

《楚辞·悲回风》云："依风穴以自息兮，忽倾寤以婵媛。"则古谓风亦有穴，盖不知风为气之动，而谓其别为一物也。

《墨子·经说下》云："无南者。"孙氏《间诂》云："古天官家不知有南极，故于四方，独以南为无穷。"《庄子·天下篇》：惠施曰："南方无穷而有穷。"盖名家有持此义者。予案以南方为无穷，盖盖天家之说。盖天家以北极为中心，则四方皆南。如此，亦应四方之水，皆有所归也。

（一八〇）泾洛诸戎

《史记·匈奴列传》所述北狄，匈奴、林胡、楼烦而外，居泾、洛者为一支，居圁、洛者为一支，东胡、山戎又为一支。居泾、洛者，以犬戎及义渠为大；居圁、洛者，以赤白狄为大；赤白狄及山戎，已有考，今考其居泾、洛之一支如下：

《史记》云："自陇以西，有绵诸、绲戎、翟豲之戎；岐、梁山、泾、漆之北，有义渠、大荔、乌氏、朐衍之戎。"绲戎即犬夷，上文所谓"周西伯昌伐畎夷氏"者也。《绵》之诗，"昆夷駾矣"，《说文·马部》駾字下引同今诗，《口部》呬字下，则引作"犬夷呬矣"。《皇矣》之诗曰："串夷载路。"《郑笺》：串夷即混夷。《正义》："《书传》作畎夷，盖畎混声相近，后世而作字异耳。或作犬夷，犬即畎字之省也。"《采薇序》："西有昆夷之患。"《正义》引《尚书大传注》：犬夷，昆夷也。又《史记索隐》引韦昭谓畎夷，"《春秋》以为犬戎"，《正义》引韦昭谓绲戎，"《春秋》以为犬戎"，又云："颜师古云：混夷也。"然则犬也，畎也，昆也，混也，绲也，串也，皆一音之异译。《山海经》谓："黄帝生苗，苗生龙，龙生融，融生吾，吾生并明，并明生白，白生犬，犬有二牡，是为犬戎。"《史记·索引》引。《汉书·匈奴列传注》引，则作"黄帝生苗龙，苗龙生融吾，融吾生弄明，弄明生白犬，白犬有二牝牡，是为犬戎。"昆夷、猃狁，系一种人。犹汉时既称匈奴，亦称胡也。《孟子》"文王事昆夷"，"太王事獯粥"，乃变文言之耳。《诗序》"文王之时，西有昆夷之患，北有猃狁之难"，竟以为两族人，误矣。《出车》之诗曰："赫赫南仲，猃狁于襄。"又曰："赫赫南仲，薄伐西戎。"又曰："赫赫南仲，猃狁于夷。"猃狁在西北，可称戎，亦可称狄，诗取协韵也。《笺》云："此时亦伐西戎；独言平猃狁者，猃狁大，故以为始以为终。"已不免拘滞序析猃狁、昆戎而二之，益凿矣。

此族强盛最早，《尚书大传》谓文王囚于羑里，散宜生之犬戎氏取美马以献纣；又谓文王受命一年伐混夷。见《绵诗笺》。《笺》云："混夷见文王之使者将士众过己国，则惶怖惊走奔突，入柞棫之中而逃，甚困剧也。"《正义》："《帝王世纪》云：文王受命四年，周正丙子，混夷伐周。一日三至周之东门，文王闭门修德而不与战。王肃同其说以申毛义。"案文王受命后征伐先后，诸书互有异同，今不必深考。郑、王是非，更可弗论。要之，混夷在当时，为周强敌也，则当周初已崭然见头角矣。《史记》云："后十有余年，武王伐纣而营洛邑，复居于丰、鄗，放逐戎夷泾、洛之北，以时入贡，命曰荒服。其后二百有余年，周道衰，而穆王伐畎戎，得四白狼四白鹿以归。自是之后，荒服不至。于是周遂作《甫刑》之辟。"上云"命曰荒服"，下云"荒服不至"，则武王之所放，即穆王之所伐。《周本纪》载祭公谋父谏穆王之辞，曰："先王之制，邦内甸服，邦外侯服，侯卫宾服，夷蛮要服，戎狄荒服。甸服者祭，侯服者祀，宾服者享，要服者贡，荒服者王。今自大毕、伯士之终也，犬戎氏以其职来王，天子曰予必以不享征之，且观之兵，毋乃废先王之训，而王几顿乎？吾闻犬戎树敦，率旧德而守终纯固，其有以御我矣。”古人轻事重言，所载言辞，类经后人润饰，不必当时情实。犬戎盖自武王时服于周，其后稍以桀骜，故穆王征之也。因此而作《吕刑》之辟者，金作赎刑，所以足兵也。周与犬戎之强弱，可以微窥矣。

穆王之后二百余年，而有骊山之祸。是役也，《周本纪》曰：“申侯与缯、西夷犬戎攻幽王。”《秦本纪》则云：“西戎犬戎与申侯伐周。”然则是时西方戎甚多，而犬戎为大。案当时所谓西戎者，《周本纪》及《匈奴列传》述之皆不甚详，惟《秦本纪》载其情形最悉，以秦之先世与西戎为缘也。秦为伯益之后。伯益，舜妻之以姚氏之玉女，固遥遥华胄也。然伯益之子曰若木，其玄孙费昌，子孙已或在中国，或在夷狄，则其与西戎为缘旧矣，伯益又有子曰大廉，大廉玄孙曰中衍，中衍之后曰胥轩。申侯告周孝王之言曰：“昔我先郦山之女为戎胥轩妻，生中潏。以亲故，归周，保西垂。西垂以其故和睦。”案《左氏》言：“晋伐骊戎，骊戎男女以骊姬。”则骊戎实周同姓之国，中潏不啻周之所自出，故能为周保固西垂也。中潏之子曰蜚廉，虽与其子恶来俱事纣，然蜚廉又有子曰季胜，季胜生孟增，幸于周成王。孟增之孙曰造父，实为周穆王御而西巡守。古书言穆王、造父事，多诞谩不足信，臆其实则造父盖以其为中潏之后，能得西戎之和，故能御穆王以西征也。造父以宠，别封于赵城，自是其族与西戎少交涉。而恶来之玄孙曰大骆，有子曰非子，居犬丘，周孝王召使主马于汧渭之间，马大蕃息。孝王欲以为大骆適嗣。而申侯之女为大骆妻，生子成为適。申侯言于孝王，孝王乃分土，邑非子于秦，而亦不废申侯之女子为骆適者，以和西戎。观此知申与西戎关系之深，此其所以能搂犬戎以弑幽王也。自中潏至大骆父子为周保固西垂者，盖三百年，其根据地为犬丘，在今陕西兴平县，在泾、渭二水之间，此时之戎，盖犹在泾、洛以北。非子之曾孙曰秦仲，值周厉王时，西戎始叛，犬丘大骆之族，为戎所灭，则戎始渡泾水而南，非复武王放逐时之旧壤矣。自是大骆之適嗣灭，转藉其支庶之分封于秦者，与戎相枝拄。秦仲为戎所杀，子庄公始破戎。宣王并与以犬丘之地，仍为西垂大夫，传子襄公。襄公之七年，而周幽王为犬戎所灭。案庄公三子，其长男世父。世父曰：“戎杀我大父仲，我非杀戎王，则不敢入邑。”遂将击戎，而让其弟襄公。《史记》云：“襄公二年，戎围犬丘世父，世父击之，为戎人所虏。岁余，复归世父。”又云：“周避犬戎难，东徙雒邑。襄公以兵送周平王，平王封襄公为诸侯，赐之岐以西之地。曰：戎无道，侵夺我岐、丰之地。秦能攻逐戎，即有其地。”窃疑当时世父居犬丘，襄公居秦，故称犬丘世父。世父之见获于戎而复归，不知仍归其犬丘之地否。然及骊山之祸作，则犬丘之地，必复入于戎。故《匈奴列传》谓其“遂取周之焦获而居于泾渭之间”也。且戎即复归世父地，世父亦必已弱而不克御戎；不然，犬戎之地，为周之藩篱者数百年矣，以世父之孝且勇，犬戎安能长驱至于骊山哉？且使犬丘而犹有嬴秦之族，平王必不仅以岐以西之地赐襄公也。以岐以西赐襄公，而曰“能攻逐戎即有其地”，明东兵至于岐且不易也。自骊山之役以前，史皆但曰戎，不曰犬戎；至是役，乃曰西夷犬戎，曰西戎犬戎。盖前此戎无强部，故自大骆以后能抚绥之，至此而大毕、伯士树敦之后复强，为诸戎率，将遂非嬴、赵之族所能驭也。襄公十二年伐戎，至岐而卒。《年表》、《本纪》同。子文公立。文公十六年，伐戎，戎败走，始收周余民有之，地至岐，岐以东献之周。文公营邑于汧渭之间。孙宁公继立，居平阳，灭荡社。子武公伐彭戏氏，至华山下，伐邽、冀戎，初县之。又县杜、郑，灭小虢。武公卒，弟德公立，居雍。梁伯、芮伯来朝。德公三子，宣公、成公、穆公以次立。宣公与晋战河阳，胜之。穆公元年，自将伐茅津。其后再置晋君，虏惠公而归之，惠公献其河西地，而秦地始东至河。盖自文公以后，专意于东略，其于西戎似少宽。然《左氏》闵公二年，虢公败犬戎于渭汭，此所谓渭汭者，必不在渭水上流，则当时泾渭之域，殆全为犬戎所据，秦文公以后之东略，乃正所以挫戎势也。穆公三十四年，戎王使由余于秦，秦人间而降之。三十七年，用其谋伐戎王，益国十二，开地千里，此戎王不知其为何戎，然自此以后，则戎遂弱，其地仅限于陇以西，如上《史记》所云者矣。

《汉书·杨敞传》：“恽报孙会宗书曰：安定山谷之间，昆戎旧壤。”此即《史记》所谓“自陇以西，有绵诸、绲戎、翟䝠之戎”之绲戎也。

《六国表》：厉共公六年，义渠来赂，繇诸乞援；二十年，公将师与绵诸战；惠公五年，伐诸繇。《本纪》皆不载。繇诸疑绵诸之误，诸繇则误而又倒也。

翟䝠之戎，《汉书》作狄䝠。师古曰：“皆在天水界，即绵诸道及豲道是也。”意以狄䝠为一。《索隐》引《地理志》：“天水有绵诸道、狄道。应劭以䝠戎邑。”则以翟、䝠为二。《续汉书·郡国志》汉阳郡，陇州刺史治，有大坂，名陇坻；

貆坻聚又有貆道。《注》:“《史记》秦孝公西斩戎王。”案事见《秦本纪》。孝公元年,“西斩戎之貆王”。

义渠者,诸戎之最强者也。试就《本纪》及《六国表》列其事如下:

厉共公六年,义渠来赂。《表》。《纪》无。

三十三年,伐义渠,虏其王。《纪》。《表》同。

躁公十三年,义渠来伐,至渭南。《纪》。《表》作侵至渭阳。

惠文王七年,义渠内乱,庶长操将兵定之。《表》。《纪》无。《周书·史记》:“嬖子两重者亡。昔者义渠氏有两子,异母皆重。君疾,大臣分党而争,义渠以亡。”案昭王时,义渠之亡,其君先为宣太后所诈杀,不以疾终,此所云疑指此时事也。

十一年,县义渠,《纪》。《表》无。义渠君为臣。《纪》。《表》同。

《张仪列传》:义渠君朝于魏。犀首闻张仪复相秦,害之。犀首乃谓义渠君曰:道远不得复过,请谒事情。曰:中国无事,秦得烧掇焚杅君之国;有事,秦将轻使重币事君之国。其后五国伐秦,会陈轸谓秦王曰:义渠君者,蛮夷之贤君也,不如赂之,以抚其志。秦王曰:善。乃以文绣千纯,妇女百人遗义渠君。义渠君致群臣而谋曰:此公孙衍所谓邪?乃起兵袭秦,大败秦人李伯之下。《索隐》云:“按《表》:秦惠王后元七年,楚、魏、齐、韩、赵五国共攻秦,是其事也。”案此事采自《战国策》。《战国策》乃纵横家之书,多设辞,非事实。义渠当时未必能越秦而朝魏也。

后十年,伐取义渠二十五城。《纪》。《表》十一年:侵义渠,得二十五城。《匈奴列传》:“其后义渠之戎筑城郭以自守,而秦稍蚕食,至于惠王遂拔义渠二十五城。”

武王元年,伐义渠。《纪》。《表》无。

《匈奴列传》:“秦昭王时,义渠戎王与宣太后乱,有二子。宣太后诈而杀义渠戎王于甘泉,遂起兵伐残义渠。”案此事《纪》《表》皆不载。《范睢列传》载昭王谢睢之辞曰:“寡人宜以身受命久矣,会义渠之事急,寡人旦暮自请太后;今义渠之事已,寡人乃得受命。”范睢之见秦王,《传》谓在昭王四十一年;其明年,宣太后亦薨矣。

自厉共公六年,至昭王四十一年,凡二百有七年,义渠与秦之相持,不可谓不久矣。

大荔,《汉志》谓在临晋,《续汉书·郡国志》、徐广、《括地志》皆因之,其地实不在岐、梁山泾、漆之北。案《秦本纪》:厉共公十六年,堑河旁,以兵二万伐大荔，取其王城。《六国表》作堑阿旁，伐大荔，补庞戏城。《集解》：徐广曰：临晋有王城。《续汉书·郡国志》：临晋有王城。《注》曰：《史记》曰：秦厉恭公伐大荔，取其王城，即此城也。《括地志》谓朝邑县东三十步故王城，大荔近王城邑。案王城为凡列国称王者所居之城，安知其必属大荔。《六国表》：孝公二十四年，秦、大荔围合阳。《表》。《纪》无。合阳诚近临晋，然是时劳师远役者甚多，不能以此谓大荔之必在临晋也。窃疑大荔本国亦当在义渠附近。

乌氏，汉为县，属安定。《货殖列传》云："乌氏倮畜牧，及众，斥卖，求奇缯物，间献遗戎王；戎王什倍其偿，与之畜。畜至用谷量马牛。"此所谓戎王，盖即乌氏戎之君长也。

惟朐衍事无可考见。

（一八一）古匈奴居地

《史记·匈奴列传》备载自古北狄事迹，盖以匈奴亦北狄之一，故连类而并及之，以见古代北方之异族甚多，而匈奴亦其一，非谓此诸部落，皆即后来之匈奴也。诸部落有在今陕、甘境者，有在今山东西、河南北四省之交者，亦有在今河北省东北境者。匈奴则初在今河北、山西之腹部，后乃退居今绥远境内者也。

匈奴与猃狁、獯粥为同音异译，诸家皆言之。《史记》云："唐虞以上有山戎、猃狁、荤粥，荤粥字系注。居于北蛮。"《集解》《索隐》引应劭《风俗通》曰："殷时曰獯粥，改曰匈奴。"又引晋灼曰："尧时曰荤粥，周曰猃狁，秦曰匈奴。"引韦昭曰："汉曰匈奴。荤粥其别名。"案《诗·采薇》毛《传》曰："玁狁，北狄也。"《笺》曰："北狄，今匈奴也。"《孟子·梁惠王》下赵《注》曰："獯粥，北狄强者，今匈奴也。"《吕览·审为》高《注》曰："狄人猃允，今之匈奴也。"又《汉书·韦贤传》载王舜、刘歆上议曰："臣闻周室既衰，四夷并侵，猃狁最强，于今匈奴是也。"异口同辞，必非无据矣。《史记·五帝本纪》谓黄帝北逐荤粥，邑于涿鹿之阿。涿鹿，《集解》引服虔云："山名，在涿郡。"盖是。又引张晏曰："在上谷。"则因汉时上谷有涿鹿县云然耳。黄帝之邑，恐不能远至今之察哈尔境也。此匈奴自古即在今河北省之征也。晋灼谓尧曰荤粥，周曰猃狁，秦曰匈奴，此特以大体言之，其实三者既系译音，即无正字，故古书亦有作匈奴者，《周书·王会》及《伊尹朝献》是也。《王会》：匈奴在北方台西。与之并列者：有大夏、犬戎；台东有高夷、独鹿、孤竹、不令支、不屠何、东胡、山戎；其正北方，则有义渠、央林、渠叟、楼烦。《献令》：匈奴在正北，与之并列者：有空同、大夏、莎车、豹胡、代翟、楼烦、月氏、孅犁、其龙、东胡。此等至后世事迹多有可考。高夷，孔云即高句骊，盖是。犬戎、义渠，后来在陕甘境。月氏在甘肃西北。渠叟即渠搜，如《禹贡》所列，当在今青海。莎车，汉世在西域，此时盖皆在河北、山西，古冀州之域，后世乃随汉族之开拓而迁徙也。孤竹、不令支、不屠何、东胡，后世犹在今河北、热河境。山戎亦在今河南北、山东西之间，予别有考。《史记》云："晋北有林胡、楼烦之戎。"林胡，盖即《王会》央林之林。央不可考。空同者，《五帝本纪》云：黄帝"西至于空桐"。《集解》引韦昭曰："在陇右。"然《史记·赵世家》谓襄子取于空同氏，则仍在今山西境内耳。豹胡，据孙诒让说，即不屠何之转音，见所撰《墨子间诂》。代，盖即襄子所灭。《五帝本纪》之涿鹿，《索隐》云："或作浊鹿。"盖与此独鹿是一，居此山之族也。孅犁、其龙者，《汉书·匈奴传》谓冒顿"北服浑窳、屈射、丁零、隔昆、龙、新蓁之国"。新蓁，《史记》作薪犁，即孅犁；龙，即其龙之龙，《汉书》无"其"字，盖夺；浑窳一、屈射二、丁零三、隔昆四、龙五、新蓁六，凡六国，师古曰"五小国"，误也。孅犁、其龙，此时当亦在今河北、山西境，后乃随汉族之开拓而北走者也。《孟子》云："太王事獯粥。"《吴越春秋》亦云："古公积德行义，为狄人所慕，獯粥戎妒而伐之。"钱君宾四撰《西周地理考》，谓周本居今山西，后乃西徙而入陕西。其说信否，予尚未敢断；如其信也，固可证予匈奴在古冀州境内之说；即谓不然，于予说亦无背。盖獯粥之众，容有分支入陕，或盛强时曾侵略至陕，固无害于其本据之在晋也。匈奴本据虽在山西，然必在中国封略之外，非春秋时之所谓狄；盖春秋时之所谓狄，其程度颇高，见予所著《北狄考》。固远非匈奴所逮也。匈奴至战国时，始与中国有交涉。惠文君后七年，韩、赵、魏、燕、齐帅匈奴共攻秦，见《史记·秦纪》。而赵将李牧常居代、雁门备匈奴；《史记·李牧列传》。苏秦之说燕文侯曰："燕北有林胡、楼烦。"《史记·苏秦列传》。而鞠武谓太子丹：愿"疾遣樊将军入匈奴以灭口，请西约三晋，南连齐、楚，北购于单于"；《史记·刺客列传》。始足为中国患，亦足为中国重矣。《说苑·君道》：燕昭王问于郭隗曰："寡人地狭人寡，齐人削取（《乐毅列传注》引作取蓟）八城，匈奴驱驰楼烦之下。"

《史记》云："唐虞以上，有山戎、猃狁、荤粥居于北蛮，随畜牧而转移。"山戎未必事畜牧，参看予所撰《山戎考》。惟林胡、楼烦、孅犁等皆游牧之族，与匈奴最近，特大小不侔耳。

楼烦，汉为县，属雁门，地当在今代县之北。然战国时楼烦之地，初不止此。苏秦谓"燕北有林胡、楼烦"，《赵世家》武灵王谓楼缓曰："我先王因世之变，以长南藩之地，属阻漳滏之险，立长城，又取蔺、郭狼，败林人正义："即林胡也。"于荏，而功未遂。今中山在我腹心，北有燕，东有胡，西有林胡、楼烦、秦、韩之边。"又日今吾欲继襄主之迹，开于胡、翟之乡。"今案襄子灭代，又得霍泰山山阳侯天使朱书曰："余将赐女林胡之地。至于后世，且有伉王，赤黑，龙面而鸟嘴，鬓麋髭髯，大膺大胸，修下而凭，左衽界乘，奄有河宗，至于休溷诸貉，南伐晋别，北灭黑姑。"所谓伉王，盖指武灵，左衽即指其变服事也。武灵王又谓公子成曰："吾国东有河、薄洛之水，与齐、中山同之，无舟楫之用。自常山以至代、上党，东有燕、东胡之境，而西有楼烦、秦、韩之边，今无骑射之备。故寡人无舟楫之用，夹水居之民，将何以守河、薄洛之水；变服骑射，以备燕、三胡、秦、韩之边。《索隐》："林胡、楼烦、东胡，是三胡也。"且昔者简主不塞晋阳以及上党，而襄主并戎取代以攘诸胡，此愚智所明也。"然则代以外为林胡、楼烦，乃襄子未竟之功也。武灵王胡服之后，二十年，西略胡地，至榆中，林胡王献马；二十六年，攘地北至燕、代，西至云中、九原；二十七年，传国惠文王，自号为主父，欲令子主治国，而身胡服将士大夫西北略胡地；惠文王二年，主父行新地，遂出代，西遇楼烦王于西河而致其兵。然则自代以北，云中、九原、榆中、西河，皆林胡、楼烦之地也。《匈奴列传》谓冒顿南并楼烦、白羊河南王，然元朔二年卫青出云中击楼烦、白羊王于河南，遂取河南地筑朔方，复缮蒙恬所为塞。则自头曼至元朔时，河南之地，虽迭经汉与匈奴之争夺，而楼烦部落故无恙也，故河南亦故楼烦地也。南并楼烦白羊河南王，《史记索隐》引如淳曰："白羊王居河南。"意以白羊为楼烦诸王之一。《汉书》颜师古《注》曰："二王之居在河南。"则以楼烦、白羊各为部落也。然白羊自古未闻有此部落，恐当以如说为得。

《匈奴列传》言：赵武灵王"北破林胡、楼烦，筑长城，自代并阴山下，至高阙为塞，而置云中、雁门、代郡"，而《李牧传》言其"常居代、雁门备匈奴"，则此三郡者，代与林胡、楼烦之地；此三郡以外，则匈奴地也。匈奴是时去中国较远，故未为赵所吞并，而后得以自强。

《李牧传》曰：“灭襜褴，破东胡，降林胡。”襜褴之褴，《集解》引徐广曰：“一作临。”又引如淳曰：“胡名也，在代北。”而《匈奴列传索隐》又引如淳曰：“林胡即儋林，为李牧所灭。”案诸篇不言林胡，即言林人，未有兼言儋者，明襜褴与林胡为二，合为一名非也。然此说与《李牧传》所引，亦相矛盾，盖传写有误，非如说本误也。

《淮南·原道》曰：“雁门之北，狄不谷食，贱长贵壮，俗尚气力，人不弛弓，马不解勒。”《淮南》虽汉时书，然多战国以前语，至此乃笔之于书，古人著书体例则然也。雁门以北，在战国以前，为林胡、楼烦之地，此数语盖即指此二族言之,可证其为游牧之族也。李斯《谏逐客书》曰：“乘纤离之马。”纤离即《王会》之孅犁，此族盖亦事畜牧，与匈奴同俗。

古人著述，有据相传诵习之辞笔之于书者，亦有以当时习熟之语易古人之言者，但取其意不失而已，不拘拘于其辞句也。《中庸》自为孔门相传之说，然其笔之于书则颇晚。昔人谓孔孟之书，言山多举泰岱，以为邹鲁之人所习见也;《中庸》独言华岳，以此知为秦汉时书，此可证其辞为秦汉人所为耳，亦不能谓为尽秦汉人所为，特其中有秦汉时人之辞耳。不能谓其说非孔门相传之旧也。然因此却可借《中庸》篇中语，以证战国时事。《中庸》：“子路问强。子曰：南方之强与？北方之强与？抑而强与？宽柔以教，不报无道，南方之强也，君子居之。衽金革，死而不厌，北方之强也，而强者居之。”此所谓南方，指中国；北方之强，则《淮南王书》所谓雁门以北之俗也。近人或谓南方之强指江域，北方之强指河域，则武断甚矣。当时河域，乃冠带之国，礼义之邦，安有所谓衽金革死而不厌者？而吴楚之俗，亦只闻其票轻善用剑耳，曷尝有所谓宽柔以教不报无道者邪？衽金革，死而不厌，惟匈奴等游牧之族为然，居于腹地之戎狄，则已异于是矣。

（一八二）发、北发

《史记·五帝本纪》：“南抚交阯、北发，西戎、析支、渠搜、氐、羌，北山戎、发、息慎，东长、鸟夷。”《索隐》：“此言帝舜之德皆抚及四方夷人，故先以抚字总之。北发当云北户，南方有地名北户。又按《汉书》：北发是北方国名，今以北发为南方之国，误也。此文省略，四夷之名错乱，西戎上少一西字，山戎下少一北字，长字下少一夷字，长夷也，鸟夷也，其意宜然。今案《大戴礼》亦云长夷，则长是夷号；又云鲜支、渠搜，则鲜支当此析支也。”案谓“此文省略，四夷之名错乱”，是也。谓北发当作北户，发当作北发，则非也。《周书·王会》，西面正北方有发人。《管子·轻重甲》：“发、朝鲜不朝，请文皮毤服而以为币乎？一豹之皮，容金而金也，然后八千里之发、朝鲜可得而朝也。”是北方确有国名发也。《大戴记·少闲篇》云：“昔虞舜以天德嗣尧，布功散德制礼。朔方幽都来服。南抚交趾，出入日月，莫不率俾。西王母来献其白琯。粒食之民，昭然明视。民明教通于四海。海外肃慎、北发、渠搜、氐、羌来服。”海外以下，下述禹、汤、文之功并同。与此文互有详略。言海内，以《大戴记》为详，《史记》仅及交趾，而《记》尚有朔方幽都及西王母；言海外，则《史记》为详，析支、山戎、发、长、鸟夷，《大戴》均未之及。然《大戴》之意，自以肃慎在北，北发在南，渠搜、氐、羌在西，北发与发，实非一国也。《汉书·武帝纪》：元光元年五月，诏贤良曰：“德及鸟兽，教通四海，海外肃眘、北发、渠搜、氐、羌来服。”文与《大戴记》同，绝未言北发为北方之国，未知《索隐》何所见而云然。以《大戴记》与《史记》互勘，似乎彼此均有夺误。《史记》云“南抚交阯”，盖专指南方言之，其上下未必不有朔方幽都、西王母等句也。《索隐》云“以抚字总之”，已嫌专辄。师古曰：“北发，非国名也，言北方即可征发渠搜而役属之。瓒说近是。”独以此四字为句，然则上文“海外肃眘”四字何解欤？亦可谓疏矣。臣瓒曰：“《孔子三朝记》云：北发渠搜，南抚交阯，此举北以南为对也。”案《困学纪闻》以《千乘》《四代》《虞戴德》《诰志》《小辨》《用兵》《少间》七篇当《三朝记》，则臣瓒所引，亦即《少间》篇之文，其误与师古同。又案《墨子·节用》中：“古者尧治天下，南抚交阯，北降幽都，东西至日所出入，莫不宾服。”《韩非子·十过》：“昔者尧有天下，其地南至交阯，北至幽都，东西至日月之所出入者，莫不宾服。”贾谊《新书·修政语上》：“尧抚交阯，北中幽都。”《淮南子·修务》：“尧北抚幽都，南道交阯。”《说苑·反质》：“尧地南至交阯，北至幽都，东西至日所出入。”咸与《戴记》大同小异。是彼此为相传诵悉之辞，《史记》独举交阯，必有夺误也。

古人所举四方地名，远近亦有次序。《尔雅·释地》：“东至于泰远，西至于邠国，南至于濮铅，北至于祝栗，谓之四极。觚竹、北户、西王母、日下，谓之四荒。”四极者，中国声教之所极；四荒，则荒忽无常矣。此北户与西王母，皆在海内，盖即《大戴记》及《史记》所云交阯者。举交阯，则不必言北户矣。必不能与海外之肃慎、北发、渠搜、氐、羌为伦也。《索隐》谓北发当云北户，亦不考之谈也。《吕览·为欲》："有一欲，则北至大夏，南至北户，西至三危，东至扶木，不敢乱矣。"大夏者，伶伦取竹之所；三危，则舜窜三苗之所也。其不在海，亦可知。

（一八三）越裳

世之言越裳氏者，多以为在今越南之地，此为王莽所误也。贾捐之弃珠崖之对曰："武丁、成王，殷、周之大仁也，然地东不过江、黄，西不过氐、羌，南不过蛮荆，北不过朔方，是以颂声并作，视听之类咸乐其生，越裳氏重九译而献。以至乎秦，兴兵远攻，贪外虚内，务欲广地，不虑其害。然地南不过闽越，北不过太原。"《汉书》本传。寻贾氏之言，越裳必尚较闽越为近。若谓在今后印度半岛，未免不近情理矣。

以越裳在今越南之地者，盖本于《后汉书》。《后汉书·南蛮传》曰："交阯之南，有越裳国。周公居摄六年，制礼作乐，天下和平，越裳以三象重译而献白雉，曰：道路悠远，山川岨深，音使不通，故重译而朝。成王以归周公，公曰：德不加焉，则君子不飨其质；政不施焉，则君子不臣其人；吾何以获此赐也？其使请曰：吾受命吾国之黄耇，曰：久矣，天之无烈风雷雨，意者中国有圣人乎？有则盍往朝之。周公乃归之于王。"《注》曰："事见《尚书大传》。"古人引用，多不尽仍原文。此事散见古书甚多，陈恭甫《尚书大传辑校》辑之甚备。《后汉书》而外，咸无"交阯之南"四字，知非伏生原文矣。《后汉书》上文曰："《礼记》称南方曰蛮，雕题交阯。其俗男女同川而浴，故曰交阯。其西有啖人国，生首子辄解而食之，谓之宜弟。味旨，则以遗其君，君喜而赏其父。取妻美，则让其兄。今乌浒人是也。"引《礼记·王制》，杂以《注》文。其啖人之国，见《墨子·鲁问》篇，辞句亦有异同。不知为此辞者所据《墨子》与今本异，抑引用改易，然"今乌浒人是也"六字，则必为此辞者所加，"其西"二字，亦必其所改，承上文"故曰交阯"言之也。"交阯之南"四字，亦同一例。

《汉书·平帝纪》："元始元年春正月，越裳氏重译献白雉一，黑雉二，诏使三公以荐宗庙。群臣奏言：大司马莽功德比周公，赐号安汉公，及太师孔光等皆益封。”此事亦见《莽传》，但云“风益州令塞外蛮夷献白雉”而已，知越裳之名，必莽妄被之也。《后汉书·光武纪》：建武十三年，“日南徼外蛮夷献白雉、白兔”；《章帝纪》：元和元年，“日南徼外蛮夷献生犀、白雉”；《南蛮传》：建武十三年，南越徼外蛮夷献白雉、白兔”；“肃宗元和元年，日南徼外蛮夷究不事人邑豪献生犀、白雉”，皆无越裳之名。《论衡·恢国》篇亦云越裳，盖东汉人已受其欺矣。

越裳之地，当不远乎鲁。何也？曰：其事傅诸周公，一也。其所贡者为白雉，而夏翟为《禹贡》徐州之贡，二也。《周颂谱正义》引《大传》，越裳作越常，陈恭甫谓旧本如此。窃疑《鲁颂》“居常与许，复周公之宇”，常即越裳。越为种族之名，常其邑名。以越冠裳，犹之《史记·楚世家》谓熊渠封少子为越章王，而其地后亦称故鄣耳。《左氏》越有常寿过，疑即此国人。《毛传》谓常为鲁南鄙，其地当近海滨，故以无别风淮雨，占中国之有圣人也。

别风淮雨，见《文心雕龙》。按《文心雕龙·练字》篇云：“《尚书大传》，有别风淮雨；《帝王世纪》云列风淫雨。别列淮淫，字似潜移。淫列义当而不奇，淮别理乖而新异。傅毅制诔，已用淮雨，固知爱奇之心，古今一也。”陈恭甫疑彦和见误本《大传》，此恭甫误也。别风即飓风，后人不知，乃易贝为具。凡风皆有定向，惟别风不然，一若东西南北，同时并作者。东与西相背，南与北相背，故曰别。名之曰具，义亦可通，但古无是语耳。《辑校》云：“《御览·天部》一本引作天之无烈风，东西南北来也。下六字当是注文误入《传》。”是矣，而不悟此六字正是别风之义，转以彦和所见为误本，不亦千虑之一失乎？淮雨盖汇雨之省，言雨四面而至，意与别风之东西南北来同也。

越裳，《汉书注》引张晏曰：“越不着衣裳，慕中国化，遣译来着衣裳，故曰越裳也。”附会可笑。师古曰：“王充《论衡》作越尝，此则不作衣裳之字明矣。”《贾捐之传注》。《鲁颂》郑《笺》云：“常或作尝，在薛之旁。六国时齐有孟尝君，食邑于薛。”《郑笺》果是，则其地距鲁甚近；而《御览》引《大传》云重译，《文选》应吉甫诗《注》引作重三译，王元长文《注》引作重九译，贾捐之亦云九译，则仲任所谓语增者耳。抑三与九亦但言其多，非如后世文字之必为实数，不能因此遂断为远国也。

（一八四）扬越

《史记·南越尉佗列传》："秦时已并天下，略定扬越。"《汉书》作粤。《集解》引张晏曰："扬州之南越也。"颜师古亦曰："本扬州之分，故曰扬粤。"案此说恐非也。《楚世家》云："熊渠甚得江汉间民和，乃兴兵伐庸、扬粤，至于鄂。"此与《索隐》所引《战国策》，谓"吴起为楚收扬越"者，并非扬州之分。《楚世家索隐》云："有本作扬雩，音吁，地名也。今音越。谯周亦作扬越。"案雩、吁、粤同从于声；古粤、越恒相假借。《方言》曰："扬，双也。燕、代、朝鲜、洌水之间曰盱，或谓之扬。"《释言》曰："越，扬也。"《礼记·聘义》郑《注》同。"叩之其声清越以长"《注》。《乐记注》则曰："扬，越也。""非谓黄钟大吕弦歌干扬也"《注》。然则扬、越仍系一语。重言之，乃所以博异语，犹华、夏本一语而连言之耳。博异语见《礼记·内则》"封之剉之"《注》。不特此也，即吴、越二字，亦系一音之转。吴，大也。《方言》十三。于，亦大也。《方言》一。《淮南·原道》："于越生葛絺。"《注》："于，吴也。"《荀子·劝学》："于越夷貉之子。"《注》："于越，犹言於越。"然则吴之与越，於越之与扬越，亦皆同言异字耳。《公羊》定公五年："於越者，未能以其名通也；越者，能以其名通也。"《解诂》曰："越人自名於越，君子名之曰越。"盖诸夏之与蛮夷，有单呼累呼之别耳。

又不特吴、越也，即虞、吴亦为一字。周之封虞仲与周章，非有二号，故《史记》分别言之曰："自太伯作吴，五世而武王克殷，封其后为二：其一虞，在中国。其一吴，在夷蛮。十二世而晋灭中国之虞，中国之虞灭二世，而夷蛮之吴兴。"此中虞、吴字，非并作虞，则并作吴，故须分别言之。"其一处在中国，其一吴在夷蛮"，虞、吴二字，当系后人所加，元文当作"其一在中国，其一在夷蛮"。若如今本，字形既有别异，尚何必如此措辞哉？《诗·丝衣》："不吴不敖。"《史记·武帝本纪》引作"不虞不骜"。越字在古为民族之名。太伯、仲雍之居南方，盖即其所治之民以为号，而封之者因之。既以之封周章，则又变为国名，故其支派之受封于北方者，虽所君临者非越民，而亦以吴为号也。

《汉书·地理志》："太伯初奔荆蛮，荆蛮归之，号曰句吴。太伯卒，仲雍立。至曾孙周章，而武王克殷，因而封之。又封周章弟中于河北，是为北吴。后世谓之虞。"案《吴越春秋》，虞仲作吴仲。《公羊》定公四年，晋士鞅、卫孔圄帅师伐鲜虞。《释文》："虞本或作吴。"《尚书大传》曰："西方者，鲜方也。"《诗·瓠叶》："有兔斯首。"《郑笺》曰："斯，白也。今俗语斯白之字作鲜。齐、鲁之间声近斯。"然则西方之名，原于鲜白。鲜、西一字。鲜虞独言西吴，疑本虞仲之后，为晋所灭，支庶播迁，君临白狄者，故《世本》谓鲜虞为姬姓也。中山武公初立，事在赵献侯十年，见《赵世家》及《六国表》。其时入战国已久。然《春秋》昭公十二年，晋伐鲜虞，《公》《谷》皆责其伐同姓，则鲜虞之为姬姓旧矣，非以武公之立也。武公，徐广曰："西周桓公之子。桓公者，考王弟而定王子。"《索隐》以《世本》不言，疑为无据。然徐广于此，不得凿空，盖自有所据，而小司马时已无考耳。窃疑西吴之胤，或先此而绝，而西周公之后人承其绪也。

《孟子》曰："舜生于诸冯，迁于负夏，卒于鸣条，东夷之人也。"《离娄》下。而《史记·五帝本纪》曰："舜，冀州之人。"下文"舜耕历山，渔雷泽，陶河滨，作什器于寿丘。就时于负夏"，无一为冀州之地者。窃疑此语遭后人窜乱，非《史记》原文；否则与下文各有所本。冀州二字，但为中国之义，非《禹贡》所谓冀州也。《正义》云："越州余姚县，顾野王云：舜后支庶所封。舜，姚姓，故曰余姚。县西七十里，有汉上虞故县。《会稽旧记》云：舜上虞人；去虞三十里有姚丘，即舜所生也。周处《风土记》云：舜东夷之人，生姚丘。《孝经援神契》云：舜生于姚墟。"纬候之言，当有古据；汉世县名，亦必非无因。窃疑历山即汤放桀之处，与鸣条地正相近。说者或云在河东，或云在濮州，或云在妫州，均无当也。有虞氏之虞，亦即吴耳。《墨子·尚贤》："上古者尧举舜于服泽之阳。"孙仲容《间诂》曰："服泽疑即负夏。"案孙说近之，然则负夏亦泽名，郑云"卫地"，恐非是。

名有原同而流异者，夷、裔，华、夏，虞、吴，扬、越皆是也。扬、越既为一语，则扬州犹言越州，亦以民族之名为州名耳。然既为州名，即自有其疆理，不得谓越人所居之处，皆可称为扬州。《禹贡》所载，盖实东周时境域，然犹不及今闽广。故知以《南越传》之扬越为取义于扬州者必非。《货殖列传》曰："合肥受南北潮，皮革鲍木输会也，与闽中于越杂俗。九疑、苍梧以南，至儋耳者，与江南大同俗，而扬越多焉。"此扬越与于越，各有地分，截然不可相溷。盖其语原虽同，而自春秋以后，于越遂为封于会稽之越之专称耳。《自序》："汉既平中国，而佗能集扬越，以保南藩，纳贡职。"亦以扬越言之，不曰于越。按其地分，似自《禹贡》荆州而南者，皆称扬越；而在扬州分者，顾不然也。

（一八五）论吴越文化

论吴越古代文化，求之传记，可征者甚少，必发掘之业益盛，乃能明之，今仅能言其崖略而已。盖民之资生，莫急于衣食居处。居寒地者多食鸟兽之肉，居热地者多食草木之实。中国古代，二者兼有，究以食草木之实者为多。耕稼之业，实自兹而起。皮服与卉服并行，卉服亦必较盛，故农夫皆黄衣黄冠，绩麻盖由此发明。蚕桑古称盛于北，其原起亦必在南。以《易》言黄帝、尧、舜垂衣裳，其时固犹在东南，未迁西北也。南方巢居，北方穴居，而言宫室者必曰上栋下宇，不闻以陶复陶穴自居，则亦以南方之居高明，革北方之处卑闇也。更进言之，生计之舒，必藉通功易事。《史记》谓自大皞以来，则有钱矣，固臆说不足据;《说文·贝部》，云“古者货贝而宝龟，周而有泉，至秦废贝行钱”，说较可信。泉币至周始有，则殷以前皆用贝矣。此实隆古民族起自海滨之铁证也。《说苑》云:“子路鼓瑟，有北鄙之声。孔子曰：先王之制音也，奏中声，为中节，流入于南，不归于北。”《修文》。礼乐为化民之具，二者相为表里，乐主南则礼可知。《楚辞 · 天问》一篇，备摄宗教哲学之义，先秦诸子言宇宙论者，曾莫能加。是则道德学术，亦皆原于南也。

古代文化，盖初植于扬州，西渐于荆、梁，而大盛于徐、兖。何以言？古言出治，必始人皇。人皇者，遂人也。天皇、地皇，乃后来附会之说，余别有考。遂人始知用火，实进化之大原也。《春秋纬》言遂人出旸谷，分九河，绝无他证，恐据万物始于东方之义臆言之，“九河”并恐系“九州”之误。继遂人者伏羲，其后有任、宿、须句、颛臾;继伏羲者神农，即大庭，鲁有大庭氏之库，则地皆确实可征矣。《礼运》言后圣有作，修火之利，范金合土;《御览 · 皇王部》引《古史考》，谓遂人钻燧出火，教人熟食，铸金作刃；观后来冶铸之业，南盛于北，则遂人当在扬州。抑古代帝王，功德在民，有实迹可指者，遂人而外，莫如有巢。《韩子 · 五蠹》，即以二者并言。《庄子 · 盗跖》，无遂人之名，所谓“知生之民”，即指遂人也。有巢氏地亦无考。《遁甲开山图》谓在琅邪，然此书全不足信。巢居必依茂林，疑亦当在扬州矣。然则华族初兴，实在江海之会，羲、农乃其分枝北出者耳。此北出之枝派，文明反盛于其故乡，则以古代徐、兖，下隰宜农之故。夫下隰之地，非修沟洫无以事耕耘；而苟事耕耘，亦不虑其无刈获。水功勤则人治修，刈获丰则资生厚，而文明大启矣。此隆古开化之情形，可以追想者也。

黄帝崛兴，实为史事一大变。黄帝诛蚩尤于涿鹿，而身仍处于涿鹿之阿。涿鹿所在，旧说有三：一上谷，二涿郡，三彭城也。余初信涿郡之说，以史言黄帝迁徙往来无常处，又其战也，教熊罴貔貅貙虎，类于游牧人之为。阪泉、涿鹿之战，实河北游牧之族，扰河南耕稼之民也。由今思之，殊不其然。迁徙往来无常处，特言其武功之盛，非谓其为行国；不然，何又曰邑于涿鹿之阿乎？教熊罴貔貅貙虎，正足征其尚在南方。《孟子》言尧时水患曰："兽蹄鸟迹之道，交于中国。"《滕文公》上。其言纣之罪状曰："园囿汙池，沛泽多而禽兽至。"计周公之功曰："驱虎豹犀象而远之。"《滕文公》下。而《周书·世俘》，言武王狩禽，猫虎熊罴，多至千百。则自商奄至江南仍为禽兽逼人之地，盖水患甚而农业荒也。洪水之患，为古代文明自东南转入西北之一大关键。其事似始于炎、黄之际。《管子》言黄帝之王，烧山林，破增薮，焚沛泽，正与《孟子》言"益烈山泽而焚之"同。《滕文公》上。《周书》言阪泉氏徙居独鹿。《史记集解》。阪泉者，神农之末世；独鹿即涿鹿，盖蚩尤之居，其地实在彭城。蚩尤既灭，则黄帝居之，而使其子弟分治神农氏故地。

史言青阳降居江水，昌意降居若水，是也。江水、若水，后人以今四川之长江、雅砻江释之，此实大误。《汤诰》曰："东为江，北为济，西为河，南为淮。"《史记·殷本纪》引。则古以江在东方，青阳之所居可知。《吕览·古乐》言颛顼生自若水，实处空桑。空桑者，《左氏》昭公二十九年，蔡墨言少昊氏有四叔，世不失职，遂济穷桑；定公四年，祝鮀谓伯禽封于少皞之虚；则杜《注》谓穷桑地在鲁北者，不误。王箓友云："盖桑本作叒。若字盖亦作若，即叒之重文；加口者，如喬字之象根形。"《释例》。此说甚精。古谓日出榑桑，若水盖亦桑水之误，其当在东方不疑也。然则蜀山即涿鹿之山，昌意盖取蚩尤氏女，故《大荒北经》《风俗通义》，咸以颛顼为黎苗之先。然昌意虽与蜀山昏媾，而姬、姜二姓之争，则仍未已。传记言颛顼共工之争则是。《祭法》曰："共工氏之霸九州也，其子曰后土，能平九州。"《管子》曰："共工氏之王，水处十之七，陆处十之三，乘天势以隘制天下"，《揆度》。则共工在当时，实为姜姓一强国。《淮南》言"共工振滔洪水，以薄空桑"，其所争者，正神农氏故地也。自颛顼至尧，绵历年岁，卒见流于幽州。盖姜姓丧败之余，终不敌姬姓方张之焰。然姬姓虽克定共工，而兖州之地，卒亦不可复处。传记言禹之治水，时愈晚则愈侈。遂至谓江、淮、河、济，罔不施功，实则非是。禹之自言曰：“予决九川，距四海，浚畎浍距川。”《皋陶谟》。九者数之究，九川特言其多。四海者，中国之外。中国无定境，则四海亦无定在。浚畎浍距川，则孔子所谓尽力乎沟洫者也。后土与禹，治水不可谓不力，然终不能澹沉灾。华族之居兖州者，乃稍稍西北徙。尧都究在何处，今难质言，舜之传说甚多，孟子谓为东夷之人，实最可信。舜在东，则尧不得在西。后世谓尧都晋阳，或谓都平阳，盖以叔虞封于河汾，因唐之旧云尔；此或尧之后裔，必非尧身处于是也。武王谓有夏之居，自洛汭延于伊汭，则西迁之业，实至禹而告成；华族文化，自此寖盛于西北矣。然徐、兖之间，遗徽未沬，故夏甫衰而殷又自东方起。汤居亳，亳之所在，异说纷如，王静安谓即《左氏》庄公十一年公子御说奔亳之亳，最为近之。盖古事传于后者，率经春秋战国时人之手，必据其时之地名，以述古事也。仲丁迁于隞，或曰在河北，或曰敖仓，未知孰是，要在亳西北；河亶甲居相；祖乙迁邢；盘庚渡河南，复成汤之故居；武乙复徙河北；盖始终向西北进。而东南之地，据前所引《周书》《孟子》，仍为旷废之区，盖水患后迄未能兴复也。周初之奄，中叶之徐偃王，虽声势甚张，卒不能与周敌，盖以此。然齐、楚未兴以前，徐、兖之地，固东南之名区，而西北之劲敌也。当兹雍、豫、徐、兖，纷变化之时，华族之留居荆、扬者，以火耕水耨，渔猎山伐，饮食还给，不忧冻饿，稍流于呰窳偷生，治化遂落后，转藉北迁之族，南归为之反哺焉。楚自荆山开拓至郢，泰伯、无余之后人于吴则是也。文化之传播岂不异哉！职是故，南方所传古史，实仍与北方无异。读《离骚》《天问》及伍子胥谏夫差之辞可知。舜生姚上，为后世之上虞；耕历山在余姚；渔雷泽在具区；避尧子在百官桥；大禹陵在山阴；巫咸冢在常熟；泰伯城在无锡；皆是物也。谓夏、殷、周之后，有播迁至是者，而其史迹随之以传则可；谓其人本居是，事即在是，则实不可。故谓吴、越古代文化，传记可考者甚少也。然则遂无可考乎？曰：是亦不然。盖无可考者，其氏族部落若国家之行事；而有可考者，则其民间开化之迹也。且如冶铸之技，械器之所由利，耕作之所资，亦战斗之所赖也。蚩尤尸作兵之名，固非黄帝之族弦木为弧、剡木为矢者所能逮，其遗迹之在南方者，则如《水经·渐江水注》曰：“石帆山西连会稽，东带若邪溪，《吴越春秋》所谓欧冶涸以成五剑。溪水下注太湖，湖水自东亦注江通海，其东有铜牛山。”又如《资水注》，谓益阳有井数百口，皆古人采金沙处。可见南方坑冶夙兴。此并非蚩尤之所教，必其民族久闲于是，蚩尤乃因以作兵也。《渐江水注》又谓秦望山南有樵岘，岘里有大城，越王无余之旧都。此未必然，然古代南方，久有都邑，则可知矣。《庐江水注》言西天子障，犹有宫殿故基，可想见障名所由得。《述异记》言庐山上有康王谷，颠有一城，号为钊城，传云周康王之城。城中每得古器大鼎弓弩之属。傅诸康王非是，然亦必古代南方名国，声明名物颇盛者也。此等皆并国名而不传，无论系世行事矣。南方史迹之难知，实由简策之传太少。然南方固非无文字。《庐江水注》言："庐山之南，有上霄石。上霄之南，又有大禹刻石。"此实南方古国铭刻，正如登封、泰岱之有刻石。将来此等物发见较多，必可补史籍之阙。

（一八六）邹衍大九州说

《史记·孟荀列传》言：邹衍"以为儒者所谓中国者，于天下乃八十一分居其一分耳。中国名曰赤县神州。赤县神州内自有九州，禹之序九州是也，不得为州数。中国外如赤县神州者九，乃所谓九州也。于是有裨海环之，人民禽兽莫能相通者，如一区中者，乃为一州。如此者九，乃有大瀛海环其外，天地之际焉"。此亦有旧说为本，非衍新创也。《淮南·地形》曰："何谓九州？东南神州曰农土，正南次州曰沃土，西南戎州曰滔土，正西弇州曰并土，正中冀州曰中土，西北台州曰肥土，正北泲州曰成土，东北薄州曰稳土，正东阳州曰申土。"又曰九州之大，纯方千里。九州之外，乃有八殥，亦方千里：自东北方，曰大泽，曰无通；东方曰大渚，曰少海；东南方曰具区，曰元泽；南方曰大梦，曰浩泽；西南方曰渚资，曰丹泽；西方曰九区，曰泉泽；西北方曰大夏，曰海泽；北方曰大冥，曰寒泽。凡八殥八泽之云，是雨九州。八殥之外，而有八纮，亦方千里：自东北方，曰和丘，曰荒土；东方曰棘林，曰桑野；东南方曰大穷，曰众女；南方曰都广，曰反户；西南方曰焦侥，曰炎土；西方曰金丘，曰沃野；西北方曰一目，曰沙所；北方曰积冰，曰委羽。凡八纮之气，是出寒暑，以合八正，必以风雨。八纮之外，乃有八极：自东北方，曰方土之山，曰苍门；东方曰东极之山，曰开明之门；东南方曰波母之山，曰阳门；南方曰南极之山，曰暑门；西南方曰编驹之山，曰白门；西方曰西极之山，曰阊阖之门；西北方曰不周之山，曰幽都之门；北方曰北极之山，曰寒门。凡八极之云，是雨天下；八门之风，是节寒暑；八纮八殥八泽之云，以雨九州而和中土。"此盖旧说。谓有大瀛海环其外者，陆地尽于此矣。邹衍则易其名为裨海，谓又有如是者八，陆地乃穷，有大瀛海环其外，而真为天地之际也。九州名义，多无可考，然泲州似以济水得名，弇州或即商奄之奄，则冀州当在济水之南、商奄之东也。九山曰会稽、泰山、王屋、首山、太华、岐山、太行、羊肠、孟门，九塞曰大汾、渑阨、荆阮、方城、殽阪、井陉、令疵、句注、居庸，此皆非其朔，盖后人沿其目而易其名。九山当布列在九州，九塞则为九州边界。九薮曰越之具区、楚之云梦、秦之阳纡、晋之大陆、郑之圃田、宋之孟诸、齐之海隅、赵之巨鹿、燕之昭余，则已在八殥之地矣，观具区大梦之名，列于九薮又列于八泽可知也。然则所谓九州者，乃在齐之西，燕赵之南，宋郑秦晋之东，楚越之北耳。邹衍所谓禹之序九州者盖如此。《禹贡》所述九州，已苞八殥八纮之地，当衍所谓如赤县神州者九而有余矣。《王制》曰："凡四海之内九州，州方千里。"《淮南》曰："九州纯方千里。"可见其所谓九州者，仅当《王制》之一州。然则举九州而九之，乃衍新创之说；谓中国外又有如赤县神州者八，合中国而九。则固旧说也。

纮，高《注》云："维也。维落天地而为之表，故曰纮也。"按《览冥训》云："往古之时，四极废，九州裂，天不兼覆，地不周载，火爁炎而不灭，水浩洋而不息。女娲炼五色石以补苍天，断鳌足以立四极。苍天补，四极正，淫水涸，冀州平。"四极即八极也。独言四正为四极，兼四隅言之，则曰八极耳。天下之雨，来自八极，故四极正则淫水涸也。

九州之地皆曰土，八殥之地有八泽，八纮亦曰土、曰野，是中国与夷狄，以泽为界也，此盖岛居之世之遗习。岛居时，以所居之土为州，此外为泽，又其外复为陆地，然为他人之地矣，于此可窥见九州之说之起原。古无岛字，洲即岛，洲、州本一字也。《汉书·地理志》云："尧遭洪水，褱山襄陵，天下分绝为十二州。"注："师古曰：九州之外，有并州、幽州、营州，故曰十二。水中可居者曰州。洪水泛大，各就高陆，人之所居，凡十二处。"宋祁曰："《注》文，南本无九州以下十五字，景本无《注》末凡十二处四字。"然则所谓九州者，推原其朔，则岛居之民，分其众为九部耳。井田之法，以方里之地，画为九区，而明堂亦有九室，皆是物也。《周官》量人，掌建国之法，以分国为九州；《考工记》匠人，亦九分其国，皆九州古义也。

（一八七）南交

郑康成曰："夏不言曰明都，三字摩灭也。"《尚书尧典疏》。案《大戴礼》："昔虞舜以天德嗣尧，朔方幽都来服，南抚交趾。"《少间篇》。《墨子》："昔者尧治天下，南抚交趾，北降幽都。"《节用》中。俱以交阯与幽都对举，则南方初无所谓明都可知。《尔雅》："觚竹、北户、西王母、日下，谓之四荒。"《史记·舜纪》："南抚交阯、北发。"《索隐》："北发当云北户，南方有地，名北户。"《淮南子·地形》篇作反户，高诱《注》："在日之南，皆为北乡户，故反其户也。"《南史·林邑传》："其国俗居处为阁，名曰干阑，门户皆北向。"可知北户之俗，南方确有之。而交趾在其北，羲叔所宅，必即今越南地矣。

（一八八）嵎夷即倭夷说

《尧典》"宅嵎夷"，《史记·五帝本纪》作郁夷；《毛诗·小雅》"周道倭迟"，《韩诗》作威夷，《汉书》作郁夷。说者因谓日本即古嵎夷。此说似怪，然实不尽诬也。人类学家言：日本种族，十之六为马来，二为虾夷，中国人与通古斯皆仅十之一。马来人古称越，亦作粤，有断发文身之俗，日人亦然。且日人言语，亦有与马来同者，其出于马来族无疑也。《礼记·大传》曰："系之以姓而弗别，缀之以食而弗殊，虽百世而昏姻不通者，周道然也。"楚则有妻妹之俗，见《公羊》桓公二年。日本古俗亦然。汉魏后，南洋群岛皆马来族所居，其程度殊不高于日本人，或且不逮焉，必不能启发日本。且日本与中国之交往，亦北方早而南方迟；则谓启发日本之马来人，自中国往而不自南洋往，又理之可信者也。《尚书正义》云："夏侯等书，宅嵎夷为宅嵎銕。"《说文·山部》："崵，首崵山也，在辽西。一曰崵铁，崵谷也。"说经者因谓今文家谓崵夷在辽西，此殊不然。"一曰"乃别列一说之辞，不与上文相蒙。不徒夏侯等家不谓崵夷在辽西，即《说文》所列之或说，意亦未必谓然。何者？旸谷之旸，诸书或作汤，无作崵者；为此说者之意，盖谓旸谷之旸，亦当作崵，而非谓辽西之崵山即《尚书》之旸谷也。旸谷究在何处，虽难质言，谓在山东，情事颇近。自山东绝海至日本固不易，然冀、辽之地，久为华人繁殖之区，试观方言，自燕到朝鲜语言多同可知，自朝鲜至日本，则非难事矣。况民族之迁移，亦间有出于常理之外，而不可以测度者邪。

（一八九）天地之化百物之产

《礼记·郊特牲》曰："万物本乎天，人本乎祖。"天之生物，乃使气成为物。《易》所谓"精气为物"，物之相生，则以形更成是形，其为事不同。《周官·大宗伯》曰："以礼乐合天地之化，百物之产。"化者，天之生物之名；产者，物之生物之名也。注曰："能生非类曰化，生其种曰产。"物固非天地之类。疏引"田鼠化为鴽，雀雉化为蛤蜃之等"以释化，仍是物生物之事，非是。《乾·彖辞》曰："乾道变化，各正性命。"疏曰："变，谓后来改前，以渐移改。化，谓一有一无，忽然而改。"《月令》："田鼠化为鴽。"疏曰："《易》乾道变化，谓先有旧形，渐渐改者，谓之变。虽有旧形，忽改者谓之化。及本无旧形，非类而改，亦谓之化。"本无旧形，一有一无，即天地之化之化，与田鼠化为鴽之化，不同义也。

（一九〇）形而上者谓之道、形而下者谓之器义

《易·系辞传》曰："形而上者谓之道，形而下者谓之器。"近人每执此二语，谓中国人重空言而轻实事，此大缪也。道者，事物之所以然，《韩非·解老》曰："道者，万物之所以然也，万理之所稽也。理者，成物之文也。道者，万物之所成也。"案然，成也。稽，同也。无形迹可见，故曰形而上，犹言成形之先；曰形而下，则犹言成形之后耳。此乃天事，非人事。《周易正义·八论》之一云："易之三义，惟在于有，然有从无出，理则包无。故《乾凿度》云：夫有形者生于无形，则乾坤安从而生？故有太易，有太初，有太始，有太素。太易者，未见气也。太初者，气之始也。太始者，形之始也。太素者，质之始也。气、形、质具而未相离，谓之浑沌。浑沌者，言万物相浑沌而未相离也。视之不见，听之不闻，循之不得，故曰易也。是知《易》理备包有无。而《易》象惟在于有者，盖以圣人作《易》，本以垂教，教之所备，本备于有。故《系辞》云形而上者谓之道，道即无也；形而下者谓之器，器即有也。"此言最得《易》义。形而上，形而下，乃就物之可见、可闻、可循与否而锡之名，非意有所贵贱于其间也。不徒未尝贱器也，《系辞传》又曰"见乃谓之象，形乃谓之器，制而用之谓之法"，且尽

力于制器以共民用矣。

《左氏》僖公十五年，韩简曰："物生而后有象。"其所谓象，亦即《易》之所谓象也。象虽可闻见，犹不必其可循，《系辞传》曰"悬象著明，莫大乎日月"，则其征也。若此者皆在天，古天官家言，自地以上皆为天。在地者则不然。故曰："在天成象，在地成形。"成形者皆可共用，共享之谓器。凡器，皆可如其形，制为范，以更作之时曰法。故曰："成象之谓乾，效法之谓坤。"又曰："法象莫大乎天地。"而包牺作卦，《易》称其"仰则观象于天，俯则观法于地"也。夫如器之形以制范，以更成是器，不过能使固有之器增多而已，不能更得新器也。能取法于天则不然。《礼记·郊特牲》曰："地载万物，天垂象。取材于地，取法于天，是以尊天而亲地也。"取法于天者，依意想之所及，而制以为法；如是，则共享之器，日出而不穷。《韩子》曰："诸人之所以意想者，皆谓之象。"《解老》。其理，观《系辞传》"盖取"一节可明。风行水上《涣》，制舟楫者取焉，不待言而喻也。服牛乘马取诸《随》，取其动而说也。臼杵取诸《小过》，《小过》上雷下山，上动，下任之以重也。弧矢取诸《睽》，《睽》上火下泽，火泽之行相违，犹射者引弦向己，矢激而外出也。上泽下天《夬》，夬者，决也，以五刚乘一柔，必决，决则殊矣，物之殊者仍可合之，知其故为一体，此书契之所由作也。要之如器以制，法器有限；因象而制，法器无穷。故曰："以制器者尚其象。"又曰："爻也者，效此者也，象也者，像此者也。"象者，物之所固有，像则人像之，故从人，非俗字也。

象之不可穷，犹形之不可穷也；于是能以一象广摄众义之说尚焉。《易》之始，不过占筮之书，而圣人有取焉，盖以是也。故曰："书不尽言，言不尽意。然则圣人之意，其不可见乎？"又曰："圣人立象以尽意。"又曰："圣人有以见天下之赜，而拟诸其形容，象其物宜，是故谓之象。"又曰："极其变，遂通天下之象"也。《易》道至广，皆摄诸象。故曰："彖也者，言乎象者也。"又曰："知者观其彖辞，则思过半矣。""其称名也小，其取类也大"，则以一象广摄众义之谓也。象虽若虚悬无薄乎，器之成恒必由之。故曰"象事知器"。事不违理，知象则器寓焉。《管子》曰："一者，本也，二者，器也。"《五行》。又曰："原始计实，本其所生，知其象则索其器。"《白心》。太史公曰："《易》本隐以知显，《春秋》推见至隐。"谓其合本末为一也。

《管子·七法》曰："治民有器，为兵有数，胜敌国有理，正天下有分。则、象、法、化、决塞、心术、计数。根天地之气，寒暑之和，水土之性，人民、鸟兽、草木之生，物虽不甚多，皆均有焉而未尝变也，谓之则。义也，名也，时也，似也，类也，比也，状也，谓之象。尺寸也，绳墨也，规矩也，衡石也，斗斛也，角量也，谓之法。渐也，顺也，靡也，久也，服也，习也，谓之化。予夺也，险易也，利害也，难易也，开闭也，杀生也，谓之决塞。实也，诚也，厚也，施也，度也，恕也，谓之心术。刚柔也，轻重也，大小也，实虚也，远近也，多少也，谓之计数。”其言足与《易》相发明。则谓自然之理，其予人以可知者谓之象。人效法之，有所制作，谓之法。化者，使人与事习也。决塞者，上之所以使下也。心术，上之所以自处也。计数，上临事之所察也。法本于象，故曰：“不明于象，而欲论材审用，犹绝长以为短，续短以为长。”法出于象，故亦自然不可改易。《法法》之篇曰：“不法法，则事毋常，法不法，则令不行。”不法法者，谓不以法为法也。法不法者，谓其所法者非法也。不合乎则。《周书·大匡》曰：“明堂所以明道，明道惟法法。”与《管子》所谓法法者同。朱右曾《集训校释》依陆麟书改为“明道惟法，明法惟人”，误矣。《孟子》曰：“离娄之明，公输子之巧，不以规矩，不能成方圆；师旷之聪，不以六律，不能正五音；尧舜之道，不以仁政，不能平治天下。”《离娄》上。此不法法则事毋常之义。又曰：“今有仁心仁闻，而民不被其泽，不可法于后世者，不行先王之道也。”“为高必因丘陵，为下必因川泽，为政不因先王之道，可谓智乎？”此法不法则令不行之义。非谓法出于先王，谓先王之法则法之法者也。虽荀子之法后王，意亦由是。《左氏》昭公四年，浑罕讥子产曰：“政不率法，而制于心；民各有心，何上之有？”政之不可制于心，以法之出于自然之则也。

《洪范》五事，思曰睿，睿作圣。《周官》乡三物，一曰六德：知、仁、圣、义、忠、和。郑《注》曰：“圣，通而先识也。”圣之本义，实以知识言，非以德行言。《荀子》曰：“不先虑，不早谋，发之而当，成文而类，居错迁徙，应变不穷，是圣人之辩者也。”《非相》。又曰：“道出乎一。曷谓一？曰执神而固。曷谓神？曰尽善浃洽之谓神。万物莫足以倾之之谓固。神固之谓圣人。圣人也者，道之管也。天下之道管是矣，百王之道一是矣。”《儒效》。又曰：“多言则文而类。终日议其所以，言之千举万变，其统类一也。是圣人之知也。”《性恶》。又曰：“所谓大圣者，知通乎大道，应变而不穷，辨乎万物之情性者也。大道者，所以变化遂成万物也。情性者，所以理然不取舍也。是故其事大辨乎天地，明察乎日月，总要万物于风雨。缪缪肫肫，其事不可循。若天之嗣，其事不可识。百姓浅然，不识其邻。若此则可谓大圣矣。”《哀公》。皆可见圣之本义。《论语·子罕》：“太宰问于子贡曰：夫子圣者与？何其多能也？子贡曰：固天纵之将圣，又多能也。”显分圣与多能为两事。《雍也》：“子贡曰：如有博施于民而能济众，何如？可谓仁乎？子曰：何事于仁！必也圣乎！尧舜其犹病诸！”盖寻常所谓相仁偶者，原不过及于与接为构之人，博施济众，为量弥恢，则非思无不过者不克济其事，故以圣言之。《孟子》曰：“智，譬则巧也；圣，譬则力也。犹射于百步之外也，其至，尔力也；其中，匪尔力也。”《万章》下。力之深入而克竟其功，亦仍就思无不通之义引伸之也。古之言圣，虽非如后世之高不可攀，然其尊之亦甚至。而《系辞传》曰：“备物致用，立成器以为天下利，莫大乎圣人。”其重之也如此，而曷尝有轻视制器之意哉？

（一九一）君子上达，小人下达；往者不可谏，来者犹可追

《春在堂随笔》云：戴子高尝为《论语注》，专以公羊家师说说《论语》，亦一家之学也。偶检旧椟，得手书一通，录《注》中义六十三事，质之于余，因择其尤平易者识之，所录者凡十条，曰：因不失其亲，因读曰姻，姻，外亲也。姻非五服之亲，然犹必不失其亲，以其亦有宗道。《杂记》曰：“外宗为君夫人，犹内宗也。外宗为姑姊妹之女舅之女及从母。又曰：井有人焉，井穽之假字，又曰：君子上达，言作君作师，上通天道。小人下达，言务工作，力田野，下通物性而已。又曰：往者不可谏，来者犹可追。往，往世也。谏，犹正也。来，来世也，言来世之治，犹可追乎？明不可追。庄子述此歌曰：往世不可追，来世不可待。皆惬心贵当。下学言务工作，下学而上达，亦谓因事而悟道也。曲园云：余因子高解往者不可谏，而悟来者犹可追之义。《周官·追师·注》：追，犹治也。犹可追，言犹可治也。夫子删《诗》《书》，定《礼》《乐》，赞《周易》，修《春秋》，为后世法，皆所以治来世也。公羊子曰：制春秋之义，以俟后圣，以君子之为，亦有乐乎此也。深得孔子之意，而皆自楚狂一言发之，楚狂之功大矣。予案曲园说追字之义是也，而其说犹可追之义则非。犹可追，言不可追也，乃反诘之辞。

（一九二）君子有勇而无义为乱，小人有勇而无义为盗

《论语·阳货》："子路曰：君子尚勇乎？子曰：君子义以为上，君子有勇而无义为乱，小人有勇而无义为盗。"古书语法，往往有互相备者，此言君子为乱则为盗亦在其中，小人为盗则为乱亦在其中是也。但此章则不然。盖古所谓作乱者，乃指干犯名分，杀逐在上者而夺其位，而盗之本义，为略取财物。古代等级森严，小人不易乘君子之位。君子虽不必皆富，然究与小人有别，略取财物，非其志之所存。即欲夺人之所有者，亦必代居其位而后可，其事即为乱而非盗矣。故作乱之事，小人殆不能为之，而君子亦无所谓为盗也。

《春秋》书盗杀者四：襄公十年，"盗杀郑公子騑、公子发、公孙辄"。《左传》曰："书曰盗，言无大夫焉。"昭公二十年，"盗杀卫侯之兄絷"，《左氏》于三十一年论之，谓"齐豹为卫司寇，守嗣大夫……若艰难其身，以险危大人……是以书之曰盗……以惩不义"。然据二十年纪事，则齐豹之司寇与鄄，皆已为挚所夺，当杀挚时，豹固微者也。哀公四年"盗杀蔡侯申"，《左传》云："公孙翩逐而射之，入于家人而卒。"《杜注》曰："翩，蔡大夫。"《公羊》曰："罪人。"《公羊》盖得其实。十三年，盗杀陈夏区夫，《公》《谷》《左》皆无传。而四年《谷梁》云："微杀大夫谓之盗。"范宁《集解》云："十三年冬，盗杀陈夏区夫是。"盖为夏区夫发。又定公八年，"盗窃宝玉大弓"。《公羊》曰："盗者孰谓？谓阳虎也。阳虎者，曷为者也？季氏之宰也。季氏之宰，则微者也。"此外急寿及子臧之死，《左氏》亦咸谓之盗。见桓公十六年，僖公二十四年。盖实使微者杀之。郑三卿及卫絷之死，其君皆为之出奔。又郑子产卒，子大叔为政，不忍猛而宽；郑国多盗，取人于萑蒲之泽，至兴徒兵以攻杀之，盗乃少正。见昭公二十年。吴之入郢也，楚子入睢济江，入于云中，盗政之，至以戈擊王，王奔郧。定公四年。其势力亦不可谓不大。古书记人民作乱之事甚鲜，或以为古者德化洽，生计饶，不至于乱也。又或以为古者设治密，兵力足，人民不易为乱，皆非也。古之史官主记贵族之事，民间之盗贼与贵族关系较少，故不之及耳。观郑所谓萑蒲及楚云中之盗，可知盗贼之徒党并不少，势力并不弱。《庄子·盗跖》述当时之富人谓其"内则疑劫请之贼，外则畏寇盗之害，内周楼疏，外不敢独行"，可知其无日不在戒备中也。而《左传》亦咸称为盗，盖当时言语如是也。

《论语·学而》："有子曰：其为人也孝弟，而好犯上者，鲜矣；不好犯上，

而好作乱者，未之有也。”盖犯上者，作乱之履霜，而作乱其坚冰也。其与杀越人于货者，所志迴不相侔审矣。《泰伯》篇：“子曰：勇而无礼，则乱。”又曰：“好勇疾贫，乱也。人而不仁，疾之已甚，乱也。”《阳货》篇曰：“好勇不好学，其蔽也乱。”其皆指君子言可知。《左传》文公二年，“狼瞫怒，其友曰：盍死之？瞫曰：吾未获死所。其友曰：吾与汝为难。瞫曰：周志有之：勇则害上，不登于明堂。死而不义，非勇也……子姑待之。”今《周书·大匡》篇曰：“勇如害上，如同而。则不登于明堂。”明堂非小人所登，其言亦为君子而发。狼瞫如听其友而为难，即有子之所谓犯上，更甚则为作乱矣。

古之人，盖贵贱莫不尚勇，故子贡问孔子：“君子亦有恶乎？”子曰：“恶勇而无礼者。”又曰：“赐也亦有恶乎？”子贡曰：“恶不孙以为勇者。”《论语·阳货》。孔子戒樊迟，一朝之忿，忘其身以及其亲。《论语·颜渊》。而孟子告公都子，数世俗所谓不孝者五，好勇斗狠，以危父母，居其一焉。《离娄下》。夫如是，安得不尚逊顺。《祭义》称：虞、夏、殷、周，未有遗年者。又称：孝弟之道，发诸朝廷，行乎道路，至乎州巷，放乎狩狩，备乎军旅，于众义死之，而弗敢犯也。而大学又以是为教。又曰：“天子有善，让德于天；诸侯有善，归诸天子；卿大夫有善，荐于诸侯；士庶人有善，本诸父母，存诸长老。”《坊记》言“善则称人，过则称己”；“善则称君，过则称己”；“善则称亲，过则称己”。岂好为是柔弱之道以靡其民气哉？当时之情势，固有不得不然者也。不然，其争夺相杀不可以一朝居也久矣。

（一九三）往者不悔，来者不豫

语曰：“人所追悔者既往，所希冀者未来，所悠忽者见在。”又曰：“勘破去来今，非佛无可做；不问去来今，随地皆成佛。”世皆以为名言。《礼记·儒行》曰：“往者不悔，来者不豫。”《注》曰：“虽有负者，后不悔也；其所未见，亦不豫备，平行自若也。”已具二谚之理矣。人之多悔多豫，皆由不能安于义命；不能安于义命，则患得患失之情生；患得患失之情一生，而往者不可胜悔，来者不可胜豫矣。其实往者已往矣，隳甑不可复完，悔之何益？而指穷于为，世事之变化无方，亦何可豫也，徒自苦焉而已。抑且患得患失，则神情眩惑，未有不措置乖方者，是以悔既往，豫未来，正所以失见在而又生将来之悔也。有所悔，必又有所豫，是使悔且豫者相引于无穷，而终不获一日之安也，不亦徒自苦乎？故曰："仁，人之安宅也；义，人之正路也；旷安宅而弗居，舍正路而弗由，哀哉！"

（一九四）释仁

道之高者必通，通者必合人我，忘利害。苟犹有人我利害之见存，未有能合天道者也。

孔门之言道，莫高于仁。孔子曰："道二，仁与不仁而已矣。"《孟子·离娄上》。又曰："苟志于仁矣，无恶也。"《论语·里仁》。又曰："君子而不仁者有矣夫，未有小人而仁者也。"《论语·宪问》。其言之决绝如此；然则所谓仁者，果何如哉？

子曰："民之于仁也，甚于水火。水火，吾见蹈而死者矣；未见蹈仁而死者也。"《论语·卫灵公》。孟子曰："不仁者可与言哉？安其危而利其菑，乐其所以亡者。不仁而可与言，则何亡国败家之有？"又曰："三代之得天下也以仁，其失天下也以不仁，国之所以废兴存亡者亦然。今恶死亡而乐不仁，是犹恶醉而强酒。"《离娄上》。其言仁之有利无害，决然如此。然孔子又曰："志士仁人，无求生以害仁；有杀身以成仁。"《论语·卫灵公》。则是为仁者不免于杀身也。然则非泯利害之见，不足以言仁也审矣。子曰："仁者必有勇。"《论语·宪问》。言其能临利害而不惑也。又曰："仁者不忧。"《论语·子罕》。言其本不欲利，故无不利之时；无不利之时，自无可忧也。然则圣人非能教人得世俗之所谓利也，能教其祛欲利之心耳。《论语·颜渊》："司马牛问君子，子曰：君子不忧不惧。曰：不忧不惧，斯谓之君子矣乎？子曰：内省不疚，夫何忧何惧。"苟不仁，则不免损人以利己，损人以利己，则内省疚而忧惧随之矣。斯言看似平易，而行之实艰。

墨子言兼爱，而孟子诋为无父，似言仁不能无等差矣。然"仲弓问仁，子曰：己所不欲，勿施于人"，《论语·颜渊》。恕之事也。孟子亦曰："强恕而行，求仁莫近焉。"《尽心上》。此岂尚有人我可分乎？《中庸》曰："仁者，人也，亲亲为大；义者，宜也，尊贤为大，亲亲之杀，尊贤之等，礼所生也。"所以不得不言亲亲，不得不言尊贤，且不得不有杀有等；乃各亲其亲，各子其子，以贤勇知，以功为己之世，事势不得不然，而岂道之本然哉？然则墨者夷之谓"爱无差等，施由亲始"，《孟子·滕文公上》。其说实不背于儒。儒墨之道，可通为一也。儒家辟墨千言万语，皆自小康之世言之，若大同之世，则荡荡平平，本无差等也。夫惟不分人我者，人莫能与之敌，何也？苟欲敌之，是自为敌也。故曰："仁不可为众也夫！国君好仁，天下无敌！"《孟子·离娄上》。

孔子曰："仁远乎哉？我欲仁，斯仁至矣！"《论语·八佾》。又曰："有能一日用其力于仁矣乎？我未见力不足者。"《里仁》。其言之之易如此。然忘人我，泯利害，则人所视为至难者也。何哉？人之本心，本无人我之分，利害之见。所以有之者，皆事势使然也。故曰："仁义礼智，非由外铄我也，我固有之也。"《孟子·告子上》。惟君子能全其仁于事势万难之际，亦惟君子能革易斯世，使事势无阻。凡人皆克全夫仁也，不知革易斯世，而欲望人人克全夫仁，则以贲育、乌获责孺子矣。此后世儒者之失，孔孟无此说也。

仁之道大如此，顾其言之，亦有时若甚浅近者。子曰："巧言令色，鲜矣仁。"《论语·学而、阳货》两见。又曰："刚毅木讷近仁。"《子路》。又曰："仁者其言也訒。"《颜渊》。然则但谨于辞色之间，遂足以为仁矣乎？非也。仁者必无人我之见存，无人我之见，尚何自炫以取媚于人之有？务自炫以取媚于人，则其人我之见深矣，是则与于不仁之甚者矣。远不仁，斯近仁矣。故曰："我未见好仁者，恶不仁者，好仁者，无以尚之。恶不仁者，其为仁矣，不使不仁者，加乎其身。"《里仁》。恶不仁不可遂云仁，然求仁之端也。抑以道仁与不仁之义言之，则又不可谓之不仁也。然则巧言令色之不仁，审矣。故《集注》谓"圣人辞不迫切。言鲜，则绝无可知"也，可不深自警哉！

（一九五）释因

因之道，诸子百家言之详矣。虽儒家，亦不能不以此为务也。因之道，有施之天者，"作大事必顺天时，为朝夕必放于日月，为高必因丘陵，为下必因川泽"是也。《礼记·礼器》。《孟子·离娄上篇》亦曰："为高必因丘陵，为下必因川泽。"有施之治民者，"因民之所利而利之，择可劳而劳之"是也。《论语·尧曰》。有施之敌者，"因重而抚之"，"亡者侮之，乱者取之"是也。《左氏》襄公十四年："晋中行献子曰：史佚有言曰：因重而抚之。仲虺有言曰：亡者侮之，乱者取之，推亡固存，国之道也。"又三十年："子皮曰：仲虺之志云：乱者取之，亡者侮之，推亡固存，国之利也。"又案《周书·武称》："距险伐夷，并小夺乱，□强攻弱，而袭不正，武之经也。伐乱、伐疾、伐疫，武之顺也。贤者辅之，乱者取之，作者劝之，怠者沮之，恐者惧者欲者趣之，武之用也。”与《左氏》所引史佚仲虺之言相出入，盖古兵家言。大抵人之力，至大而不可遂。故曰：“以欲从人则可，以人从欲鲜济。”《左氏》僖公二十年臧文仲之言。又昭公四年，子产对楚灵王曰：“求逞于人不可，与人同欲尽济。”韩子曰：“使匠石以千岁之寿，操钩，视规矩，举绳墨，而正大山；使贲育带千将而齐万民；虽尽力于巧，极盛于寿，大山不正，民不能齐。”《大体》。可谓言之深切著明矣。《孟子》曰：“恶于智者，为其凿也。若禹之行水也，则无恶于智矣。禹之行水也，行其所无事也；如智者亦行其所无事，则智亦大矣。”《离娄下》。行其所无事者，因之谓也。所因者有事焉，因之者未尝有事也。惟未尝有事，乃能有成，此因之精义也。

自然之德在于信，信则必可知也。故曰：“天之高也，星辰之远也，苟求其故，千岁之日至，可坐而致也。”惟其信也，故逆之必败，顺之则必有成，此随顺万物之义所由来也。《管子》曰：“有道之君，其处也若无知，其应物也若偶之。”《心术》。此君人者，治国之术也。庄子述慎到之说曰：“推而后行，曳而后往，至于若无知之物而已。”《天下》。此匹夫自处之道也。而其要，尽于庄周“无建己之患”五字。惟无建己，故无用知之患，而能动静不离于理也。此即孔子所谓“无可无不可”，《论语·微子》。其所以致之者，则“毋意毋必毋固毋我”也。《论语·子罕》。然则治人之道，与修己之道，无二致焉。故曰：“吾道一以贯之也。”《管子》亦曰：“君子之处也若无知，言至虚也。其应物也若偶之，言时适也。若影之象形，响之应声也。故物至则应，过则舍矣，舍矣者，言复所于虚也。”

惟能因也，故或见利而不为，以违于道者，似利而实非利也。《管子·白心篇》所言是也。《白心篇》曰：“建当立，有以靖为宗，以时为宝，以政为仪，和则能久。非吾仪，虽利不为；非吾当，虽利不行；非吾道，虽利不取；上之随天，其次随人。人不倡不和，天不始不随。”以政为仪，非吾仪，虽利不为，法家所以戒释法而任心治也。故儒、法二家之道，实亦相通。

（一九六）释大顺

儒家之言治，莫高于大顺。大顺之说，见于《礼运》。其说曰：“四体既正，肤革充盈，身之肥也。父子笃，兄弟睦，夫妇和，家之肥也。大臣法，小臣廉，官职相序，君臣相正，国之肥也。天子以德为车，以乐为御；诸侯以礼相与；大夫以法相序；士以信相考；百姓以睦相守；天下之肥也，是谓大顺。大顺者，所以养生送死事鬼神之常也。故事：大积焉而不苑，并行而不缪，细行而不失，深而通，茂而有间，连而不相及也，动而不相害也，此顺之至也。故明于顺，然后能守危也。故礼之不同也，不丰也，不杀也，所以持情而合危也。故圣王所以顺，山者不使居川，不使渚者居中原，而弗敝也。用水火金木饮食，必时。合男女，颁爵位，必当年德。用民必顺，故无水旱昆虫之灾，民无凶饥妖孽之疾。故天不爱其道，地不爱其宝，人不爱其情。故天降膏露，地出醴泉，山出器车，河出马图。凤皇麒麟，皆在郊棷；龟龙在宫沼；其余鸟兽之卵胎，皆可俯而窥也；则是无故。先王能修礼以达义，体信以达顺，故此顺之实也。"言治至此，可谓豪发无遗憾矣。论者或曰：西京儒者，不言祥瑞。言祥瑞者，西汉末叶，王莽之徒之为之也。是不然，董仲舒对策曰："阴阳调而风雨时，群臣和而万民殖，五谷熟而草木茂。天地之间，被润泽而大丰美；四海之内，闻盛德而皆徕臣；诸福之物，可致之祥，莫不毕至，而王道终矣。"非以瑞应为治之至者乎？不言者，当时之治，固不足以言瑞应。且宣帝之世，言凤皇降者，固连翩矣。安知当时儒者，无导谀贡媚之徒，特无传于后邪？且经典之言瑞应者，非独《礼运》也。《礼器》曰："因名山以升中于天，因吉土以飨帝于郊。升中于天，而凤皇降，龟龙假；飨帝于郊，而风雨节，寒暑时。是故圣人南面而立，而天下大治。"《乐记》曰："夫古者，天地顺而四时当，民有德而五谷昌，疾疢不作，而无妖祥，此之谓大当。"《大戴记·诰志》曰："圣人有国，则日月不食，星辰不孛，海不运，河不满溢，川泽不竭，山不崩解，陵不弛，川谷不处，深渊不涸；于是龙至不闭，凤降忘翼，鸷鸟忘攫，爪鸟忘距，蜂虿不螫婴儿，蟁虻不食天驹，洛出服，河出图。"《论语·子罕》："子曰：凤鸟不至，河不出图，吾已矣夫！"皆与《礼运》相出入。抑非独儒家也，《管子·小匡》曰："昔人之受命者，龙龟假，河出图，洛出书。"《庄子·马蹄》曰："至治之世，其行填填，其视颠颠。当是时也，山无蹊隧，泽无舟梁；万物群生，连属其乡；禽兽成群，草木遂长，是故禽兽可系羁而游，乌鹊之巢，可攀援而窥。"其言与《二戴记》《论语》，同出一本，亦显而易见也。是何邪？是古人之知识短浅，不知人事而欲徼福于不可知之数邪？非然也。《祭统》曰："福者，备也。备者，百顺之名也。无所不顺者谓之备。"然则大顺云者，亦人事无所不尽，天瑞无所不臻之谓耳。

瑞应之来，若由于天，而实由于人。何也？如其三年耕，则有一年之畜；九年耕，则有三年之畜；以三十年之通，虽有凶旱水溢，民无菜色。如此，虽有水旱，谓有水旱得乎？古昔情形，非有史官记录，特口相传述耳。十口相传，不能审谛。小康之治既作，大同之世云遥，乃有强者胁弱，众者暴寡，知者诈愚，勇者苦怯，疾病不养，老幼孤独，不得其所之事，追怀古昔，乃觉其苦乐之悬殊，而津津乐道之。然于古昔之事，知之不审谛也，则以为天瑞之骈臻云尔。且人虽至仁，安能感物，然古言瑞应，必极之于凤凰降龟龙假者，《荀子·王制》曰："养长时则六畜育，杀生时则草木殖，圣王之制也。草木荣华滋硕之时，则斧斤不入山林；鼋鼍鱼鳖鳝鳣孕别之时，罔罟毒药不入泽；污池渊沼川泽，谨其时禁，故鱼鳖优多，而百姓有余用也。斩伐养长，不失其时，故山林不童，而百姓有余用也。故禽兽草木之滋殖，亦人事为之也。"自后世言之，则曰"摘巢毁卵，则凤凰不翔；刳胎焚夭，则麒麟不至"。《公羊》宣公元年《解诂》。一若非人事所致，而德化所感云尔，亦不审谛之辞也。然则所谓瑞应者，其说固不审谛，其言则非无由矣。此诸家之所以共传之与？

儒家之无善治也，自其以大同之义，附诸小康之治始也。盖郅治之极，必依于仁。《礼运》曰："仁者顺之体也。"仁者，不分人我之谓也。亦既知有人我矣，则终不能尽相人偶之道，而克全夫仁。人虽至仁，安能及物。所谓尽物性者，亦不过养长生杀得其时，使足供人用而无乏耳。此惟不独亲其亲，不独子其子，货恶其弃于地也，不必藏于己；力恶其不出于身也，不必为己之世为能然。至于各亲其亲，各子其子，货力为己之世，则人我分而争夺起，人与人相处之道必不能尽。人与人相处之道不能尽，则人之所以处置夫物者，亦必不能尽其道矣。稍以陵夷，终至大坏，此山林之所以童，而川泽之所以竭也。而儒者乃以修礼达义，体信达顺，望诸世及以为礼，城郭沟池以为固之大人。《经解》曰："天子者，与天地参，故德配天地，兼利万物，与日月并明，明照四海，而不遗微小。"《中庸》曰："声名洋溢乎中国，施及蛮貊，舟车所至，人力所通，天之所覆，地之所载，日月所照，霜露所坠，凡有血气者，莫不尊亲。"皆《礼运》所谓"天子以德为车，以乐为御"；《礼器》所谓"圣人南面而立"也。董仲舒遂推言之曰："为人君者，正心以正朝廷，正朝廷以正百官，正百官以正万民，正万民以正四方；四方正，远近莫敢不壹于正，而亡有邪气奸其间。"以是致瑞应而为王道之终，其言之甚美，而不悟所操者之非其具也。此道家之言之所以为得实与？所谓大同之治者，古人盖皆知其有此一境，而莫能审其在于何时。乃皆以意附会道家主无君之治，故所附会者，较得其实。《礼运》记者，记礼之运，而始于大同。盖非不知此义者，其以大同之治，责望于世及之君，岂亦望其渐致小康，以为后图与？定哀多微辞，下士笑大道，弗可知已！

（一九七）释“三年无改于父之道”

经义有以互证而益明者，《论语·学而》：子曰：“父在观其志，父没观其行，三年无改于父之道，可谓孝矣。”似以从亲为孝者。然《礼记·坊记》说是语云：“君子弛其亲之过而敬其美。”则所谓三年无改者，谓其父之道之美者也。然则父在观其志者，观其能志于美也；父没观其行者，观其能敬其美也；非谓不论其为美与恶，而皆无改焉也。恶岂惟不可因循，盖有改之惟恐不速者矣，所谓弛其过也。古人言语，颇与后世不同，详略之异，亦其一端。如“三年无改于父之道”，自然指其美者言。此在古代，盖不待言而可明，故记者不更分别。然在后世，则此等处，必明言其为父之美。此自古今语法不同，彼此不足相非。然以后世之语法度古人，则必有觉其不可通，或致误解者。《集注》引尹氏曰：“如其道，虽终身无改可也；如其非道，何待三年？然则三年无改者，孝子之心，有所不忍故也。”游氏曰：“三年无改，亦谓在所当改，而可以未改者耳。”弥缝匡救，用心亦可谓深矣。而未知一参考《戴记》则可明。故曰：“吾尝终日不食，终夜不寝，以思，无益，不如学也。”孝子之心，有所不忍，其说最不可通。子曰：“好仁者，无以尚之；恶不仁者，其为仁矣，不使不仁者，加乎其身。”又曰：“道二：仁与不仁而已矣。”夫过举，则必其不仁者也。仁者居之，必不可一息安也。视其父之陷于不仁，必不可一息忍也。是可忍也，孰不可忍也。而忍无弛其亲之过乎？岂有弛其亲之过而反有所不忍者乎？后世人君，政事有不便于民者，新君即位，每以遗诏罢之，合于道矣。

（一九八）释“唯女子与小人为难养也”

《论语·阳货》子曰：唯女子与小人，为难养也，近之则不孙，远之则怨。”斯言也，读者惑焉。人有善恶，男女一也，安得举天下之女子，而悉侪诸小人？

曰：此所谓女子，乃指女子中之小人言，非谓凡女子也。小人犹言臣，女子犹言妾耳，古臣妾恒并称。《礼经·丧服》：为贵臣贵妾皆缌；《礼记·曲礼》“国君不名卿老世妇，大夫不名世臣侄娣，士不名家相长妾”；皆是。《檀弓》曰：“陈子车死于卫，其妻与家大夫谋以殉葬。定，而后陈子亢至。以告，曰：夫子疾，莫养于下，请以殉葬。子亢曰：以殉葬，非礼也。虽然，则彼疾，当养者，孰若妻与宰？得已，则吾欲已；不得已，则吾欲以二子者之为之也。”《周书·武称》曰：“美男破老，美女破舌。”《战国·秦策》引同。舌当作后，则又以妻与宰并称焉。《曲礼》：“列国之大夫，于其国曰寡君之老”，而“夫人自称于天子曰老妇”，老妇亦犹言老耳。人君外有三公，内有三母，夫人亦有师傅保，傅以老大夫为之。夫人之有臣，亦犹国君之有妾也。

《檀弓》：“文伯之丧，敬姜据其床而不哭，曰：昔者吾有斯子也，吾以将为贤人也，吾未尝以就公室。今及其死也，朋友诸臣未有出涕者，而内人皆行哭失声，斯子也，必多旷于礼矣夫！”《国语·鲁语》：“公父文伯卒，其母戒其妾曰：吾闻之：好内女死之，好外士死之。今吾子夭死，吾恶其以好内闻也。二三妇之辱共先者祀，请无瘠色，无洵涕，无掐膺，无忧容，有降服，无加服，从礼而静，是昭吾子也。”亦以臣妾并举。

（一九九）一贯与致一

有一贯之道，有致一之道。一贯之道，以知之者言也；致一之道，以行之者言也。一贯之道，孔子告子贡者是也。《论语·公冶长》：“子谓子贡曰：女与回也孰愈？对曰：赐也，何敢望回！回也，闻一以知十；赐也，闻一以知二。”《卫灵公》：“子曰：赐也，女以予为多学而识之者与？对曰：然、非与？曰：非也。予一以贯之。”盖子贡平日致力于研求众理，而得其会通，及其将届贯通之时，孔子乃呼而告之也。对曰：“然。非与？”乃设为问答之辞，古书多如此，非子贡之真未悟也。致一之道，《荀子·劝学》言之最精。其言曰：“百发失一，不足谓善射；千里跬步不至，不足谓善御；伦类不通，仁义不一，不足谓善学。学也者，固学一之也。一出焉，一入焉，涂巷之人也。其善者少，不善则多，桀、纣、盗跖也。全之尽之。然后学者也。君子知夫不全不粹之不足以为美也，故诵数以贯之，思索以通之，为其人以处之，除其害者以持养之。使目非是无欲见也，使耳非是无欲闻也，使口非是无欲言也，使心非是无欲虑也。及至其致好之也，目好之五色，耳好之五声，口好之五味，心利之有天下。是故权利不能倾也，群众不能移也，天下不能荡也。生乎由是，死乎由是，夫是之谓德操。”此孔子所谓“知之者，不如好之者；好之者，不如乐之者”也。《论语·雍也》。“使目非是无欲见，使耳非是无欲闻，使口非是无欲言，使心非是无欲虑”，盖所谓勉强而行之。及其“目好之五色，耳好之五声，心利之有天下”，则所谓及其成功者矣。子曰：“天地絪缊、万物化醇；男女构精，万物化生。”《易》曰：“三人行，则损一人；一人行，则得其友；言致一也。”《易·系辞》。其形容致一之笃如是，此其所以能力行而有诸己也。

孟子曰：“舜生于诸冯，迁于负夏，卒于鸣条，东夷之人也；文王生于岐周，卒于毕郢，西夷之人也；地之相去也，千有余里；世之相后也，千有余岁；得志行乎中国，若合符节，先圣后圣，其揆一也。”《离娄下》。此即本篇所谓“见而知之”“闻而知之”者，以知言之也。“滕文公为世子，将之楚，过宋而见孟子。孟子道性善，言必称尧舜。世子自楚反，复见孟子。孟子曰：世子疑吾言乎？夫道，一而已矣。成覸谓齐景公曰：彼丈夫也，我丈夫也，吾何畏彼哉？颜渊曰：舜何人也？予何人也？有为者亦若是。公明仪曰：文王我师也，周公岂欺我哉？”《滕文公上》。此则勉之以自古相传之道，必可力行而有之于身，可谓诏之以致一之功也。

既知一言可以贯万物矣。《管子》：“闻一言以贯万物，谓之知道。”而求一直截之语，悬以为鹄，以行之于待人接物之间，则孔子所以告曾子者是也。《论语·里仁》：“子曰：参乎，吾道一以贯之。曾子曰：唯。子出，门人问曰：何谓也？曾子曰：夫子之道，忠恕而已矣。”孔子所以告曾子者，似与告子贡者不同。然《卫灵公》：“子贡问曰：有一言而可以终身行之者乎？子曰：其恕乎？己所不欲，勿施于人。”《公冶长》：“子贡曰：我不欲人之加诸我也，吾亦欲无加诸人。子曰：赐也，非尔所及也。”其所以相诏相勉者，犹之告曾子之言曰“道一”而已也。

（二〇〇）中和

中庸曰：“致中和，天地位焉，万物育焉。”少尝读而疑之，以为人之力，安能位天地，育万物，毋乃言之夸乎？及读《繁露·循天之道》篇，然后知其义也。《中庸》者，言礼而本之天道者也。其言致中和而天地位，万物育，乃言天道，非言人事也。《繁露》之言曰："循天之道，以养其身，谓之道也。天有两和，以成二中，岁立其中，用之无穷。是北方之中，用合阴，而物始动于下；南方之中，上疑夺是字。是，正也。用合阳，而养始美于上。其动于下者，不得东方之和不能生，中春是也。其养于上者，不得西方之和不能成，中秋是也。""中者，天下之所终始也；而和者，天地之所生成也、此皆言天事也。其言人事，则曰："泰实则气不通，泰虚则气不足，热胜则气寒，寒胜则气□，泰劳则气不入，泰佚则气宛至，怒则气尚，喜则气散，忧则气狂，惧则气慑；凡此十者，气之害也。而皆生于不中和。故君子怒则反中而自说以和，喜则反中而收之以正，忧则反中而舒之以意，惧则反中而质之以精。"此皆自致于和之术。盖《中庸》主于治心，故但言喜、怒、哀、乐；《繁露》此篇，兼言养身，故并及实、虚、热、寒、劳、佚也。

悟道必由于积渐，一人如是，一群亦然。群所共喻之义，未有不本于日用行习，徐徐扩而充之者。中国之民，邃古即以农为业。农业与天时，相关最切，故其民信天最笃。一切人事，无不以之傅合天道，后来陈义虽高，然其初起之迹，固犹有不可掩者，《中庸》则其一也。《中庸》言："天之生物，必因其材而笃焉。故栽者培之，倾者覆之。"此即其原出农业之群之显证。其言"惟天下至诚，为能尽其性"，而又以至诚之德，归诸天地。美天之高明而能覆物，地之博厚而能载物，美其无息，称其不贰。义虽稍隐，仍可微窥。其称致曲之德曰："曲能有诚，诚则形，形则著，著则明，明则动，动则变，变则化。"此为人所当尽之道而其义仍在于法天。《易》言"在天成象，在地成形"；"悬象著明，莫大乎日月"，所谓"诚则形，形则著，著则明"也。"日月运行，一寒一暑"，所谓"明则动"也。"句者毕出，萌者尽达"，所谓动则变，变则化也。终之曰"不见而章，不动而变，无为而成"，则孔子所谓"天何言哉？四时行焉，百物生焉"也。一言蔽之，言道皆法天地，而天地之德，在其能生物而已。

故其言曰："喜怒哀乐之未发，谓之中；发而皆中节，谓之和。"此言人事也。又曰："中也者，天下之大本也；和也者，天下之达道也；致中和，天地位焉，万物育焉。"则举天道以诏人事也。《繁露》先言天道，后言人事；《中庸》先言人事，后举天道以明之，其言虽殊，其义一也。因《中庸》此处，未曾显言天道，后人遂谓天地位，万物育，皆由于人之能履中蹈和，则其义不可通，而若不免于夸诞矣。《礼运》曰：“故天秉阳，垂日星；地秉阴，窍于山川，和而后月生也。”《注》：“秉，犹持也。言天持阳气施生，照临天下也。窍，孔也。言地持阴气，出纳于山川，以舒五行于四时。比气和，乃后月生而上配日。”《祭义》曰：“日出于东，月生于西，阴阳长短，终始相巡，以致天下之和。”其言和皆主天事，固可与《中庸》互证也。《周官》大宗伯曰：“以天产作阴德，以中礼防之。以地产作阳德，以和乐防之。”《周官》六国时书，仍知中和之德，本于天地。足证此为古者人人共喻之义也。

物之循环无端者，原不能强指其一处而谓之中。然其用既相反而相成，则其彼此更代之际，自与他处有异。此其相际之处，即礼家之所谓中矣。《易·泰卦》九三：“广无平不陂，无往不复。”《象》曰：“无往不复，天地际也。”董子曰：“天地之道，虽有不和者，必归之于和，而所为有功。虽有不中者，必止之于中，而所为不失。是故阳之行，始于北方之中，而止于南方之中。阴之行，始于南方之中，而止于北方之中。阴阳之道不同，至于盛而皆止于中，其所始起，皆必于中。是故中者，天地之大极也。极所以有至与中二义。日月之所至而却也，长短之隆，不得过中，天地之制也。兼和与不和，中与不中而时用之，尽以为功。是故时无不时者，天地之道也。”阳之行始于北方之中，阴之行始于南方之中，此喜、怒、哀、乐未发时所当正之位也。阳之行止于南方之中，阴之行止于北方之中，此喜、怒、哀、乐既发后所当中之节也。未发时不能正其位，则既发后必不能中其节矣。此正本、谨始、慎独诸义所由来也。“发而皆中节”之“节”，即《乐记》“大礼与天地同节”之“节”。“谓之和”之“和”，即《乐记》“大乐与天地同和”之“和”。此礼乐之所以相须而成，而《中庸》之所以为礼家言也。

“长短之隆，不得过中”，此即《易》盈虚消息之义。《丰》之《彖辞》曰：“日中则昃，日盈则食，天地盈虚，与时消息，而况于人乎？况于鬼神乎？”《系辞传》曰：“日往则月来，月往则日来，日月相推而明生焉。寒往则暑来，暑往则寒来，寒暑相推而岁成焉。往者屈也，来者信也，屈伸相感，而利生焉。”《蛊》之《彖辞》曰：“终则有始，天行也。”《剥》之《彖辞》曰：“君子尚消息盈虚，天行也。”《复》之《彖辞》曰：“反复其道，七日来复，天行也。”皆以天道言之，亦足见古昔之哲学，无不以法天为之本也。

法天者既法其消息盈虚，故无久而不变之义。《革》之《彖辞》所谓“天地革而四时成，汤武革命，顺乎天而应乎人也”。物不可以不革，而此不可不革之道，则久而不革，此《易》所以兼变易、不易二义。《恒》之《彖辞》曰：“天地之道，恒久而不已也。”而又继之曰：“利有攸往，终则有始也。日月得天而能久照，四时变化而能久成。”以此，恒变而不已者，莫如四时。故“损益盈虚”，贵于“与时偕行”。《损·彖辞》。而“亢龙有悔”，在于“与时偕极”。《乾·彖辞》。

天有四时，地有五行，其事相成也。四时既以运行为义，五行何独不然。故曰：“五行之动，迭相竭也。”《礼运注》：“竭，犹负载也。言五行运转，更相为始也。”《疏》：“犹若春时木王，则水为终谢，迭往王者为负竭，夏火王则负竭于木也。”此五德终始之义所本。

《中庸》之道，既归本于法天；而其所法者，为天地生物之功用；则此二字之义，自当如郑目录，以庸为用，谓其记中和之为用。程伊川曰：“不偏之谓中，不易之谓庸。”义则精矣，非记者之意也。通篇皆极称中，无更言庸者，二字非平列可知。

人之心，恒陶铸于其群。故一时一地之人之议论，枝节虽异，根本必同，先秦诸子则是也。先秦诸子皆言法天，皆贵变易，皆主循环，即由中国之文明，植根于农业。农业与天时，相关最切之故。然诸家于循环变化之道，言之甚备；而于变化之分际，则未有详哉言之如儒家之中庸者，此礼家之所以有独至之处欤。《管子·形势》曰：“往者不至，来者不极。”此二语颇足与《中庸》相发明。《管子》固多儒家言也。

人之情，诸书所言亦不一。《礼运》以喜、怒、哀、惧、爱、恶、欲为七情。《大戴记·文王官人》以喜、怒、欲、惧、忧为五性。《周书·官人》作五气。《左氏》昭公二十五年，载子大叔述子产之言，以好、恶、喜、怒、哀、乐为六志。《管子·内业》言忧、乐、喜、怒、欲、利。惟《心术》亦言喜、怒、哀、乐，与《中庸》同。案《周书·度训》曰：“凡民生而有好有恶，小得其所好则喜，大得其所好则乐，小遭其所恶则忧，大遭其所恶则哀。”其言最为明白。盖人之性，惟有好恶二端，各以其甚否分为大小，犹天有阴阳，分为大少也。言五性，盖所以配五行；六志则子产明言其生于六气；《礼运》之言七情，盖所以配四时及三光，其下文云：“以四时为柄”，“以日星为纪”，“月以为量”也，虽因所配者不同而异其辞，要之以天道为本。

（二〇一）无为

世皆以无为訾道家，谓其无所事事，非也。诸子百家无不贵无为者。他家姑勿论，《论语》："子曰：无为而治者，其舜也与？夫何为哉，恭己正南面而已矣！"《卫灵公》。《中庸》亦曰："不见而章，不动而变，无为而成。"此非儒家之显言无为者乎？为与化同音，本一语。两间品物之成，无不由于变化者。《易》曰："乾道变化，各正性命。"《乾·彖辞》。又曰："水火相逮，雷风不相悖，山泽通气，然后能变化。"《说卦》。《乐记》曰："地气上齐，天气下降，阴阳相摩，天地相荡，鼓之以雷霆，奋之以风雨，动之以四时，暖之以日月，而百化兴焉。"又曰："和故百物皆化。"又曰："化不时则不生。"《左氏》昭公七年传："子产曰：人生始化曰魄。"此化字皆即为字也。《中庸》曰："动则变，变则化。"《管子·侈靡》曰："天地不可留，故变。化故从新。"物之施以人力，望其变化者，尤莫如五谷。《礼·杂记》：子贡观于蜡，孔子曰：赐也乐乎？对曰：一国之人皆若狂，赐未知其乐也。子曰："百日之蜡，一日之泽，非尔所知也。张而不弛，文武不能也。弛而不张，文武弗为也。一张一弛，文武之道也。""文武弗为"之"为"，即贾生谏"放民私铸，奸钱日多，五谷不为"之"为"。《汉书·食货志》，今本作五谷不为多。多字后人妄增。言弛而不张，虽文武，不能使物变化而有成也。人之生必资于物。品物繁庑，实为生民之福。祭之义在于求福，福之本义为备，而《凫鹥》之诗曰"公尸燕饮，福禄来为"；《祭统》曰："贤者之祭也，不求其为"，皆推本于物之变化而有成。最可见为字之本义。人之生必资于为如此，顾以无为为贵，何哉？变化之事多端，而其道则贞于一。必守此道而无失，而后其变化可遂岁月日时无易，则百谷用成其证。故曰："无为而物成，是天道也。"《哀公问》。《论语·阳货》："子曰：天何言哉，四时行焉，百物生焉，天何言哉！"即此义。又曰："天地之道，可一言而尽也。其为物不贰，则其生物不测。"《中庸》。然则无为者，正所以成其无不为也。天道如此，人事亦然。《管子》曰："过在自用，罪在变化，变化则为生，为生则乱矣。"此为之谓也。又曰："与时变而不化，应物而不移，日用之而不化。"则无为之谓也。《心术》。《礼运》曰："宗祝在庙，三公在朝，三老在学。王前巫而后史，卜筮鼓侑，皆在左右。王中，心无为也。以守至正。""发于其心，害于其事；发于其事，害于其政。"政之为，正自其心之为始也。此无为而治之真诠也，此无为之所以贵也。

（二〇二）竭力

《论语·学而》："子夏曰：事父母，能竭其力。"朱舜水先生曰："竭力二字，受用无穷。竭力以事君，必忠；竭力以事亲，必孝；竭力以读书修己，则必为贤为圣；人之所以不肖者，皆不能竭其力者也，或竭其力于无用之地耳。"予谓凡事对人多尽一分心，反己即少一分愧悔，亦不必论其所对者为何人也。要而言之，先人后己而已矣。息息以先人后己为心，自无不能竭其力者，亦断无竭力于无用之地之理；而行之者亦自觉心安理得，亲切有味，愉快无已也。此无他，以仁存心而已矣。孔子曰："道二：仁与不仁而已矣。"不亦简而易行乎？

（二〇三）释"指穷于为"

《庄子·养生主》："指穷于为薪，火传也；不知其尽也。"郭《注》："为薪，犹前薪也。"以为诂前，古无此训。郭《注》不应荒缪至此。殊有可疑。《释文》亦曰："广指穷于为薪，如字，绝句。为，犹前也。"然《释文》亦未必无窜乱也。《释文》引崔云："薪火，爝火也。"则崔实以为字断句。指者，向方之谓。为者，变化之谓。《荀子·儒效》云："宇中六指谓之极。"此为指字之确诂。《王霸》云："明一指。"言但明于一理也。《淮南·氾论》云："今世之为武者则非文也，为文者则非武也，文武更相非，而不知时世之用也。此知隅曲之一指，而不知八极之广大也。"《齐俗》："至是之是无非，至非之非无是，此真是非也。若夫是于此而非于彼，非于此而是于彼者，此之谓一是一非也。此一是非，隅曲也。夫一是非，宇宙也。"以隅曲与宇宙对言，可知隅曲二字方义。《说苑·善说》："视天地曾不若一指。"则以一指与天地对举也。此即《荀子》所谓明一指者。人之所为，必有其所欲得；犹之行路者，必有其所欲至；故指字引伸为归趋之称。《管子·枢言》曰："疾之疾之，万物之师也；为之为之，万物之时也；强之强之，万物之指也。疾之以趋事言，为之以治事言，强之以终事言也。"此即《庄子》"指穷于为"之指。指穷于为者，言人之所蕲至者，永无可至之时，皆随世事之纷纭，而失其初意耳。盖人之志所欲得者，虽可譬诸行路之所欲至，究与行路不同。行路者，遇平夷无阻之时，固可直趋其所欲至之地，如所谓空中鸟迹，即遇山川之险，亦仍可逾越之，而终至于其所欲至。至于作事，则其终始之时日既长，中间之变化又大，必无能如行路之曲折以达者。且如俄国之革命，岂不欲合全世界，而造成一劳力者专制之局哉？然国外之鼓动，未及成功，而国内之设施，先已不得不参用劳心者矣。又如孙中山之革命，亦欲国民革命与社会革命并行。然自国民军既入南京，国内外时势之艰难，遂不得不暂置社会革命于不问。盖苏俄及国民政府之所为，皆与其初意大有出入矣。夫岂不欲至其初所欲至哉，势固有所不可，然则苏俄及中国之国民政府，果将税驾何所乎，此甚难言。或竟如今日，应付目前之时势尚且不给，更无从顾及其初意，未可知也。时异势殊，久之，则初意不复可欲矣。抑岂独将初意搁置而已；行至中途，或自觉其初计之未安而自变革焉，未可知也。此所谓“指穷于为”也。喻之以薪，薪之焚，乃火之传，固非其尽之所为也。“不知其尽也”之“尽”，同烬。火之传，以喻人之作为广续不已，尽，以喻其既往也。火之传，与其既焚之烬无涉，犹之今日之我，乃随今日所直之时势而谋因应之方，与已往之我无涉也。故曰：“薪，火传也；不知其尽也。”崔以为字绝句是。以薪火为爝火亦非。薪字当绝。《天下篇》曰：“指不至，至不绝。”言人之趋向皆不得达，而人欲无穷，恒有引之使乡前者，即使所欲已得，亦更有所欲者以继其后也。《公孙龙子》曰：“物莫非指，而指非指。指也者，天下之所无也。物也者，天下之所有也。”《指物论》。言天下本无所谓方乡，只有实物。盖恒人之意，恒以空时间为实有；有空间而物乃充塞其中，有时间而物乃变化其中，殊不知人之觉有空时间，正因物之充塞变化故，明于物理者，则知其不然矣。《庄子·齐物论》曰：“以指喻指之非指，不若以非指喻指之非指也。以马喻马之非马，不若以非马喻马之非马也。天地一指也，万物一马也。”即《公孙龙子》指物之论。特一用共名称物，一偏举一马耳。以指喻指之非指，不若以非指喻指之非指者，强执一方乡，谓人曰：此非方乡，其人终不能明。引之博观宇宙，而指无物有之义明矣。以马喻马之非马，不若以非马喻马之非马者，强执一物而曰是非此物，闻者必不能明，与之博观万物之变化，知朽腐可化为神奇，神奇复化为朽腐，而彼出于是，是亦因彼之义明矣。《公孙龙子》未必古书，然为之者，于指字之义训固不误。子玄深通名理，且其注因于子期，不应昧昧若是，故疑其非元文也。

（二〇四）释大略

《逸周书·周祝》曰:“时之行也顺无逆，为天下者用大略。”此大略二字，当为大道之义。用大略，犹言遵大路而行也。遵大路者不极细径，故引伸为总摄大纲，不务苟碎之称,《管子》所谓“鸟飞准绳”也。见《宙合篇》。

《礼运》言郅治之极也，曰:“事大积焉而不苑，并行而不谬，细行而不失，深而通，茂而有间，连而不相及也，动而不相害也，此顺之至也。”可谓无一事之不得其当矣。无一事之不当，然后无一夫之不获。否则“一夫不耕，或受之饥；一女不织，或受之寒”。丘山之祸，未有不起于毛发之微者。“伊尹思天下之民，匹夫匹妇，有不与被尧舜之泽者，若己推而内之沟中”,《孟子·万章上》。其不遗微细如此。故事之不容但循大略，审矣。然《管子》美“鸟飞准绳”以为大人之义，何哉？盖古者设治甚密，米盐靡密之事，自有司其职者，故为治者但总摄大纲即得也。后世民治，扫地无余，切于民生日用之事，非废坠，即错乱。如此而欲总举大略，以求苟安，充其量亦不过与天下安而已矣，不能安天下也。王仲仁《治期篇》，谓治乱非人主所能为，乃深得其实矣。

（二〇五）释知之极

《庄子》曰:“吾生也有涯，而知也无涯，以有涯随无涯，殆已。”《养生主》。欲蔽聪塞明，委心任运，以全其生。《荀子》曰:“以可以知人之性，求可以知物之理，而无所疑止之，则没世穷年，不能遍也。其所以贯理焉，虽亿万已，不足以浃万物之变，与愚者若一。学，老身长子，而与愚者若一，犹不知错，夫是之谓妄人。故学也者，固学止之也。恶乎止之，曰:止诸至足。曷谓至足？曰:圣也，圣也者，尽伦者也；王也者，尽制者也；两尽者，足以为天下极矣。故学者以圣王为师。”《解蔽》。则欲强立一境焉以自画，皆非也。夫人之求知，心之欲也。强抑其心，使之不与物接，以是为养生，吾见其戕贼其身而已矣。若曰:有能“尽伦尽制”者，吾可以之为极焉。则未学，安知其为“尽伦尽制”乎？故曰:二子之说皆非也。

二子之弊，皆由误谓理在于外，睹夫事物之纷纭也，伦理之繁赜也，怵于终身求之，有不能尽，乃欲为是暴弃之计，自画之图；而不知所谓理者，皆在于吾心，而非在于外也。今有二人，同室而处，甲之所知者，乙弗知也；乙之所慕者，甲弗慕也；假有丙丁戊己，其相异也亦然。谓其所直之境有异可乎？故曰：理在吾心也。然人之心，又非自由也。处危弱之国，则思为守御之谋；直凶饥之岁，则欲作富民之计；孔子不言生老病死，释迦不言井田封建，所居之国异也，所直之时异也。然则人所求知，乃其所求之大小多少一视乎其所处之境，一视乎其人心力之强弱。若曰：外境有定，欲求尽知，则生民以来，未有其人。若怀是计，是为狂易，岂徒愚昧而已。庄、荀二子之论，自谓能为求知者立之极，而不知其陷于大愚也。

朱子《大学补传》曰："人心之灵，莫不有知；而天下之物，莫不有理。惟于理有未穷，故其知有不尽也。是以大学始教，必使学者即凡天下之物，莫不因其已知之理而益穷之，以求至乎其极。至于用力之久，而一旦豁然贯通焉；则众物之表里精粗无不到，而吾心之全体大用无不明矣。此谓物格，此谓知之至也。"其言深切著明，乃昧者必欲诘其豁然贯通，将在何日，此则因人而异，岂能刻期以计哉？人所求知，本非无限，就其所求者，而旦旦用力焉；久之，必自觉有此一境，此无论所求者为何事而皆可以共喻者。若其为学数十年，仍觉茫无把握，则非由于外境之繁，而实缘其心力之弱。遇此等人，自可教以陆子之法，先发其本心之明，大纲提挈来，然后细细理会去。虽大纲已提挈在手，而细细理会之功，仍不可辍；固不当如庄子之自弃，亦不宜如荀子之自画也。若用王阳明之法，以良知为主，随时磨练而即以是为行为之准则，则尤能将朱、陆二子之道，打成一橛。故学至朱、陆二子出，而沉潜高明者，皆可得所遵循；至王子出，而钝根利根皆出一途，澈上澈下更无二致矣；若庄、荀二子之论，则直是浅陋可笑。世每震于先秦诸子之名而不敢议，而不知诸子书中，精绝处固多，粗浅者亦不少，此是时代为之，不宜菲薄古人，然亦不宜轻信也。

（二〇六）司命与天命

吾读《逸周书·命训篇》，而知世风之日变也。《命训篇》曰："天生民而成大命，命司德正之以祸福，立明王以顺之，曰：大命有常，小命日成。成则敬，有常则广，广以敬命，则度至于极。夫司德司义而赐之福禄，福、禄在人，能无惩乎？

若惩而悔过，则度至于极。言见人得福禄，而己不然，因而自悔其过也。夫或司不义而降之祸，在人，在人上当夺祸字。能无惩乎？若惩而悔过，则度至于极。夫民生而丑，不明，无以明之，能无丑乎？若有丑而竞行不丑，则度至于极。夫民生而乐生，无以谷之，能无劝乎？若劝之以忠，则度至于极。夫民生而恶死，无以畏之，能无恐乎？若恐而承教，则度至于极。六极既通，六间具塞。”极者，尽其所受之谓。凡物皆受命于天，自天之生物言之曰大命，自一物言之曰小命。命各有其短长之数，时曰度，尽其度而无所慊。时曰至于极，极其度之道有六。反是者为六间，故曰“六极通则六间塞”也。

司德，盖即汉人所崇奉之司命也。《礼记·祭法注》:“司命主督察三命。”《疏》:“案《援神契》云：命有三科：有受命以保度，度，今本作庆，误。见下注。有遭命以谪暴，有随命以督行。受命谓年寿也，遭命谓行善而遇凶也，随命谓随其善恶而报之云。”《白虎通·寿命》所言，与此略同，且云:“若言怠弃三正，天用剿绝其命矣。又欲使民……无滔天；滔天则司命举过，言则用以弊之。”其敬畏之情可想，然其由来则甚古。《管子·法法》曰:“凡人君之德行威严，非独能尽贤于人也。曰人君也，故从而贵之，不敢论其德行之高卑，有故为其杀生急于司命也。”《庄子·至乐》曰:“庄子至楚，见髑髅因而问之，夜半，髑髅见梦。庄子曰:吾使司命复生子形，为子骨肉肌肤，反子父母妻子，闾里知识，子欲之乎？”知古谓人之死生，悉由司命也。知司命即司德者，古言天地之生物曰道，物有所受于天地曰德。《易·系辞传》曰:“天地之大德曰生。”《管子·心术》曰:“虚无无形谓之道，化育万物谓之德。”“德者，道之舍。物德以生。”《庄子·天下》亦曰:“物得以生之谓德。”《中庸》曰:“苟不至德，至道不凝焉。”《易·鼎》之《象辞》曰:“君子以正位凝命。”《庄子·则阳》曰:“非相助以德，相助以消也。”以德与消对言。而《易·升》之《象辞》曰:“地中生木升，君子以顺德，积小以高大。”知行道有得，为德字后起之义，其初但言有所得而已。故受气于天地亦曰德也。《抱朴子·对俗》引《玉钤经》曰:“上天司命之神，察人过恶。其行恶事，大者司命夺纪，小过夺算。”《微旨》曰:“《易内戒》及《赤松子经》及《河图记命符》皆云:天地有司过之神，随人所犯轻重，以夺其算。算减则人贫耗疾病，屡逢忧患；算尽则人死。诸应夺算者，有数百事，不可具论。又言身中有三尸，三尸之为物，虽无形，而实魂灵。鬼神之属也，欲使人早死。此尸当得作鬼，自放纵游行，飨人祭酬，是以每到庚申之日，辄上天白司命，道人所为过失。又月晦之夜，灶神亦上天白人罪状，大者夺纪，纪者，三百日也；小者夺算，算者，三日也。”司命即司过，自其察人过恶言之曰司过；自其主人寿命言之曰司命；随所指而异其文，其实一也。道家之言，虽荒诞，必有所本。习俗不能骤变，其为众所共信者，尤必传之自古，故知《周书》《管子》《庄子》及《抱朴子》所引诸书，所言是一事也。

《书·西伯戡黎》曰：“西伯既戡黎，祖伊恐，奔告于王，王曰：乌乎，我生不有命在天！祖伊反曰：乌乎，乃罪多参在上，乃能责命于天！”《左氏》文公十三年：“邾文公卜迁于绎，史曰：利于民而不利于君。邾子曰：苟利于民，孤之利也。左右曰：命可长也，君何弗为？邾子曰：命在养民，死之短长，时也。遂迁于绎。”观纣与邾文公之意，皆不以所行之善恶，与寿命之长短有关。此等见解，殆最古旧。邾文公虽春秋时人，然其见解，固不妨沿之自古。同一时代中人，见解新旧不同，此事之恒见者也。其后，则以为天鉴其善恶而损益之。《无逸》一篇，历举殷周哲王，享国长久；其耽乐者，则亦罔或克寿，言之最深切。《墨子·明鬼下》曰：“昔者郑穆公当昼日中，处乎庙，有神入门而左；鸟身，素服三绝，面状正方。郑穆公见之，乃恐惧奔。神曰：无惧，帝享女明德，使予锡女寿十年有九，使若国家蕃昌，子孙茂，毋失。郑穆公再拜稽首，曰：敢问神名？曰：予为句芒。”此言天锡人年寿最明白者。孙诒让云：“实当为秦穆公。”详见《间诂》。《墨子·节葬下》曰：“若苟贫，是粢盛酒醴不净洁也；若苟寡，是事上帝鬼神者寡也；若苟乱，是祭祀不时度也；今又禁止事上帝鬼神，为政若此，上帝鬼神始得从上抚之曰：我有是人也，与无是人也孰愈？曰：我有是人也，与无是人也，无择也。则上帝鬼神降之罪，厉之祸，罚而弃之，则岂不亦乃其所哉！”盖古视天之生杀祸福人，惟其所欲，是以可严威也。墨子背周道，用夏政，其所言，盖夏时人之见解也。其后则不然矣。《礼记·礼运》曰：“夫礼，必本于大一，分而为天地，转而为阴阳，变而为四时，列而为鬼神，其降曰命。”此其言生物之本也。所谓大一，果何物哉？《易》曰：“大哉乾元，万物资始，乃统天。”《乾·彖辞》。何君《公羊解诂》曰：“元者，气也。无形以起，有形以分，造起天地，天地之始也。”隐公元年。《易说》曰：“有大易，有大初，有大始，有大素。大易者，未见气也；大初者，气之始也；大始者，形之始也；大素者，质之始也。气形质具而未相离，谓之浑沌。”《周易正义·八论第一》引《乾凿度》。元气初分，轻清上为天，重浊下为地。《庄子·天地篇释文》引《易说》。又引《礼统》云:“天地者,元气之所生,万物之祖也。”《后汉书·班固传》引同。《论衡·谈天》:说易者曰:“元气未分,浑沌为一。”儒书又言“溟涬濛鸿,气未分之类也。及其既分离,清者为天,浊者为地”。然则天地之生,亦一气之鼓荡而已矣。彼自行乎其所不得不行,止乎其所不得不止,而于我何德焉?亦何赏罚之有?《庄子·至乐》曰:“庄子妻死。惠子吊之。庄子则方箕踞,鼓盆而歌。惠子曰:与人居,长子老身;死,不哭,亦足矣;又鼓盆而歌,不亦甚乎?庄子曰:不然。是其始死也,我独何能无概然?察其始而本无生;非徒无生也,而本无形;非徒无形也,而本无气。杂乎芒芴之间,变而有气,气变而有形,形变而有生,今又变而之死,是相与为。句。为,化也。春秋冬夏四时行也。人且偃然寝于巨室,而我嗷嗷然随而哭之,自以为不通乎命,故止也。”所谓命者如此。岂有善恶赏罚之可言哉?是以墨子非之也。孔子五十而知天命,《论语·为政》。亦知此义而已。曰:“君子有三畏,畏天命。”《论语·季氏》。以其祸福切于身,不得不慎也。曰:“不知命,无以为君子。”《论语·尧曰》。以不知命,则无以随顺外缘也。“子罕言利,与命与仁”,《论语·子罕》。以命之理微,非恒人所能解也。《庄子》曰:“达生之情者,不务生之所无以为;达命之情者,不务知之所无可奈何。”《达生》。孟子曰:“夭寿不贰,修身以俟之,所以立命也。”又曰:“莫非命也,顺受其正。”又曰:“君子行法以俟命而已矣。”皆见《尽心》。其所以自处者虽殊,其所抱之见解则一。故孟子亦曰:“莫之为而为者天也,莫之致而致者命也。”《万章上》。夫如是,则命者,乃自然之数,必至之符,自有其定则可求,故穷理尽性,可以至于命也。《易·系辞传》。又何赏罚劝惩之足道哉?

《吕览》曰:“生,性也;死,命也。”《知分》。《孝经说》曰:“性者,生之质;命者,人所禀受度也。”《中庸注》引。此度即《周书》“度至于极”之“度”也。《乐记注》亦曰:“性之言生也;命,生之长短也。”凡古之言命,无不指生之长短者;其后乃推之于穷通,子夏曰“死生有命,富贵在天”是也。《论语·颜渊》。此“天”字与“命”字,异文同义,特变文以避复耳,古书文例如此。《孟子》曰:“求之有道,得之有命,是求无益于得也,求在外者也。”《孟子·尽心上》。又曰:“口之于味也,目之于色也,耳之于声也,鼻之于臭也,四肢之于安逸也,性也,有命焉,君子不谓性也。”《尽心下》。亦皆以为无如何之事。“孔子进以礼,退以义,得之不得曰有命”,《孟子·万章上》。亦安于其无可如何而已,不曰行义可以徼福也。

《洪范》六极，与《周书》六极，名同而实异。《洪范》之六极："一曰凶短折，二曰疾，三曰忧，四曰贫，五曰恶，六曰弱。"皆殃咎也；而《周书》之六极，则为克尽天年之义。故《洪范》之六极，乃度未至而极之，而《周书》则塞六间以求极其度者也。故《周书》之六极，实兼《洪范》之五福言之。然《洪范》之五福六极，皆天所为也。五福："一曰寿，二曰富，三曰康宁，四曰攸好德，五曰考终命。"攸好德，盖谓生而美好，亦天所为也。其余四者，为天所为易明。《周书》则曰："夫天道三，人道三。天有命，有祸，有福。人有丑，有绋絻，有斧钺。以人之丑，当天之命；以绋絻当天之福；以斧钺当天之祸；六方三述，其极一也。"《命训解》。天道不可专任，而不得不济之以人事矣。至于后世，则其言命，又有异焉者。《礼记·祭法疏》引《援神契》曰："命有三科，有受命以保度，度，今本作庆，误也。依《白虎通义》《左氏膏肓》改正。《中庸注》引《孝经说》亦曰：命者，人所禀受度也。见前。有遭命以谪暴，有随命以督行。"受命，谓年寿也；遭命，谓行善而遇凶也；随命，谓随其善恶而报之。此为汉人常道之说，《白虎通义》《寿命》。《左氏膏肓》《公羊》襄公二十九年、《左氏》成公十七年《疏》引。皆主之，《论衡·命义》亦具引焉。《白虎通义》说随命曰："欲使民务仁立义，阙无滔天，滔天则司命举过，言则用以弊之。"此即《周书》命司德正之以祸福之说也；然有遭命则无随命矣。《论衡》之说。案遭命之说，亦非始于汉。《庄子·秋水》：孔子谓子路曰："我讳穷久矣，而不免，命也。求通久矣，而不得，时也。当尧、舜而天下无穷人，非知得也；当桀、纣而天下无通人，非知失也；时势适然。"即遭命之说也。其实并不特《庄子》，《论语·雍也》："伯牛有疾，子问之，自牖执其手，曰：亡之，命矣夫！斯人也，而有斯疾也。"《宪问》："公伯寮诉子路于季孙，子曰：道之将行也与？命也。道之将废也与？命也。公伯寮其如命何？"所谓命，皆遭命也。盖立说必随时势，福善祸淫，本非天道，实乃人事。政俗愈坏，则其言之不验者愈多。事实昭彰，非可讳饰，故立说者亦不得不随之而变也。夫威权惟莫知其然而然者为大，若纣与郑文公者，徒知命之短长由于天，而不知天之短长之之故也，此天之最可严威者也。然如是，则不足以资劝惩，乃立为赏善罚恶之说，而又无如其事之不效何？乃又欲即其或效或不效者以恐之。《周书》曰："正人莫如有极，道天莫如无极。道天有极则不威，不威则不昭；正人无极则不信，不信则不行。"《命训解》。即是说也。然人之所以严威自然者，正以其信。自然而不信，则亦同于人事矣。《白虎通义》

谓必滔天之过，司命乃举之。《抱朴子》则曰："天地为物之至大者，于理当有精神，有神则宜赏善而罚恶。但其体大而网疏，不必机发而响应耳。"《微旨篇》。皆所以释天之报施之或爽或不爽者也。夫如是，安能使人不生侥幸之心。况夫既有不效者，即其效者，人亦将以为偶合，而不以为天之有知乎！

人所受于天自然之度，必善保之，然后能至于其极，此理之不疑者也。《左氏》成公十三年，载刘康公之言曰："民受天地之中以生，所谓命也。是以有动作礼义威仪之则，以定命也。"此即《周书》所谓敬命也。《礼记·坊记》："君子礼以坊德，刑以坊淫，命以坊欲。"《注》曰："命，谓教令。"疑误。命以坊欲，亦定命敬命之义也。然既有遭命矣；败绩之军，死者蔽草；饥馑之岁，饿者满道；其间岂无命未合死之人，其如国命胜人命何？《论衡》之说。虽善自保何益？况人固有自放于醇酒妇人，以求速死者乎？庄子欲使司命生髑髅也，而髑髅深矉蹙额曰：吾安能弃南面王乐，而复为人间之劳乎？既已俗流失政败坏矣，亦安能使人自爱其生哉？

受命、遭命、随命，汉人谓之三命。案《周书》所谓天道三者，亦可谓之三命也，特名同而实异，亦如《周书》之六极，与《洪范》之六极耳。窃疑《周书》六极之名，本沿之自古，特易其说。汉人之于三命也亦然。《论衡》仍受命、遭命、随命之名，而易其说，即其一证也。亦见《命义篇》。盖欲喻诸人者，因旧名易，创新说难，抑人之心思，有所缘则易入，故立说必因夫旧也。君子有终身之忧，《礼记》以言忌日，《檀弓》《祭义》。《孟子》以待横逆，《离娄下》。果孰为本义哉？此《诗》之所以无达诂，《易》之所以无达占与？

（二〇七）天志与明鬼

事之将成者，非人力所能强毁也；其将坏者，亦非人力所能强支也；若所谓迷信之说是也。

墨子背周道，用夏政，当东周迷信渐破之世，而欲逆挽之为夏代之忠，其志则大矣，其事则不可行也。试观其所谓明鬼者，皆与执无鬼者辩难之辞，又谓诸侯正长贱人之所以不义，皆由惑于鬼神之有无，不明于鬼神之能赏罚致之，即可见其时不信鬼神者之众。于斯时也，而欲以只手挽狂澜，岂可得邪？夫迷信破，则人必自任其耳目。墨子乃谓众人之耳目不足信，而多举《诗》《书》之辞，以张其说。殊不知人不自任其耳目，则迷信之说，本不得破。人而自任其耳目矣，《诗》《书》之与鬼神，其为无征于吾之耳目一也，又安能执途之人而起其信邪？

迷信之所以渐破，其故有四：一由知天行之有常也。《左氏》僖公十六年："陨石于宋五，六鹢退飞过宋都。周内史叔兴聘于宋。宋襄公问焉，曰：是何祥也？吉凶焉在？退而告人曰：君失问，是阴阳之事，非吉凶所生也。吉凶由人。"昭公二十一年："秋七月。壬午朔，日有食之。公问于梓慎曰：是何物也？祸福何为？对曰：二至二分，日有食之，不为灾。日月之行也，分同道也，至相过也。"襄公九年："晋侯问于士弱曰：吾闻之：宋灾，于是乎知有天道，何故？对曰：商人阅其祸败之衅，必始于火，是以日知其有天道也。公曰：可必乎？对曰：在道。国乱无象，不可知也。"昭公元年："晋侯有疾。卜人曰：实沈台骀为祟。子产曰：抑此二者，不及君身。山川之神，则水旱疠疫之灾，于是乎禜之；日月星辰之神，则雪霜风雨之不时，于是乎禜之；若君身，则亦出入饮食哀乐之事也；山川星辰之神，又何为焉？"皆晓然于天与人之不相干。是以郑裨灶请用瓘斝玉瓒以禳火。子产弗与。既火，裨灶曰："不用吾言，郑又将火。"子产又弗与，曰："天道远，人道迩，非所及也，何以知之？"《左氏》昭公十七、十八年。《左氏》曰："遂不与，亦不复火。"《谷梁》曰："人有谓郑子产曰：某日有灾。子产曰：天者神，子恶知之，是人也。同日为四国灾也。"即此一事之传讹也。知者谓不与亦不复火，愚者则谓子产此语在火前，因以言者为神人也。然可见其传说之非无根，子产弗用瓘斝玉瓒，确有其事。"郑大水，龙斗于时门之外洧渊，国人请为禜焉。子产弗许。曰：吾无求于龙，龙亦无求于我。"《左氏》昭公十九年。盖深知其事之不相干，自不肯为无益之举也。一由以神为聪明正直，不可干以私也。神不聪明正直，不为人所信，既聪明正直矣，自不可干以私，此人心之所同然也。《左氏》庄公三十二年："有神降于莘。虢公使祝应、宗区、史嚚享焉。神赐之土田。史嚚曰：虢其亡乎！神聪明正直而壹者也。虢多凉德，其何土之能得？"昭公二十六年："齐有彗星，齐侯使禳之。晏子曰：无益也，只取诬焉。天道不慆，不贰其命，若之何禳之？"皆其事也。是以季氏旅于泰山，子曰："曾谓泰山，不如林放乎？"王孙贾问曰："与其媚于奥，宁媚于灶，何谓也？"子曰："不然。获罪于天，无所祷也。"《论语·八佾》。子疾病，子路请祷。子曰："丘之祷久矣。"《述而》。"齐侯疥，遂痁，期而不瘳。诸侯之宾问疾者多在。梁丘据与裔款言于公曰：君盍嚚于祝固、史诛以辞宾。晏子曰：祝有益也，诅亦有损。聊摄以东，姑尤以西，其为人也多矣，虽其善祝，岂能胜亿兆人之诅？"《左氏》昭公二十年。楚昭王有疾，卜曰：河为祟。王弗祭。王曰："三代命祀，祭不越望，江、汉、睢、漳，楚之望也。祸福之至，不是过也。不谷虽不德，河非所获罪也。"卒之岁，"有云如众赤鸟，夹日以飞，三日。楚子使问诸周大史。周大史曰：其当王身乎？若禜之，可移于令尹司马。王曰：除腹心之疾，而置诸股肱，何益？不谷不有大过，天其夭诸？有罪受罚，又焉移之？遂弗禜。"《左氏》哀公六年。此皆以人所谓义者度神，遂不肯干之以非义也。三则由于所谓迷信者，其事之不可信日甚也。《韩非子》曰："今巫祝之祝人曰：使若千秋万岁。千秋万岁之声聒耳，而一日之寿，无征于人，此人之所以简巫祝也。"《显学》。《史记·太史公自序》曰："阴阳四时八位十二度二十四节，各有教令，顺之者昌，逆之者不死则亡，未必然也。"此为凡迷信之说所以不见信于人之本。夫巫祝之无验，古今一也；而何以古人信之，而后世之人不信，此非必古之人愿而可欺也。古者风气诚朴，不知欺人，则巫祝无矫诬之事。巫祝无矫诬之事，则其人先已可信，而人皆直道而行，又足使为善者获福，而为恶者获祸。因人事之夹持，而"神福仁而祸淫"之说，亦若可信焉。士贞伯语。见《左氏》成公五年。后世风俗稍薄，人与人日相欺，而巫祝亦遂肆为矫诬。夫欺人者，未有能使人信之者也。"屈建问范会之德于赵武。赵武曰：其祝史祭祀，陈信不愧。"《左氏》昭公二十年。而季梁谓随侯，"今民馁而君逞欲，祝史矫举以祭"。《左氏》桓公六年。晏子亦曰："若有德之君，其言忠信于鬼神。其适遇淫君，其言僭嫚于鬼神。"《左氏》昭公二十年。由此观之，当时祝史之矫诬，盖习为故常矣。蹶由对楚子曰："国之守龟，其何事不卜。一臧一否，其谁能常之。城濮之兆，其报在邲。"《左氏》昭公五年。此卜筮者之自解说其无验也。"晋献公欲以骊姬为夫人，卜之不吉，筮之吉。公曰：从筮。卜人曰：筮短龟长，不如从长。"《左氏》僖公四年。此卜筮之自相违，又自相争也。《史记·滑稽列传》："西门豹为邺令，会长老，问民所疾苦，长老曰：苦为河伯取妇。豹问其故，对曰：邺三老廷掾，常岁赋敛百姓，收取其钱，得数百万，用其二三十万，为河伯取妇，与祝巫共分其余。"此则公然为虎狼于民间矣，安得不有西门豹出，投之于河乎？

春秋战国之世，风气如此，则迷信之事，安得而不破，是以有谓"智者役使鬼神，而愚者信之"者，管子是也。《轻重丁》。有"务民之义，敬鬼神而远之"者，孔子是也。见《论语·雍也》。又《先进》："季路问事鬼神，子曰：未能事人，焉能事鬼。敢问死，曰：未知生，焉知死。”《述而》：“子不语，怪力乱神。”《荀子·天论》：传曰：“万物之怪书不说。”置诸不论不议之列者，乃儒家之宗旨也。而仁人君子，主张天与民一体，以为民请命者尤多。《泰誓》曰：“天视自我民视，天听自我民听。”《孟子·万章上篇》引此非必用初书辞，实后来儒者之说也。自西汉今文师以前，引经皆经传不别，见《经传说记条》。季梁曰：“夫民，神之主也。是以圣王先成民而后致力于神。”《左氏》桓公六年。史嚚曰：“国将兴，听于民；将亡，听于神；神依人而行。”《左氏》庄公三十二年。宫之奇曰：“鬼神非人实亲，惟德是依。故《周书》曰：皇天无亲，惟德是辅。”又曰：“黍稷非馨，明德惟馨。”又曰：“民不易物，惟德系物。如是，则非德，民不和，神不享矣！”《左氏》僖公五年。荣季曰：“非神败令尹，令尹其不勤民，实自败也。”《左氏》僖公二十八年。虽墨子亦曰：“顺天意者兼相爱，交相利，必得赏；反天意者别相背，交相贼，必得罚。”“顺天意者义政，反天意者力政。”《墨子·天志》。又谓“吏治官府不洁廉，男女之为无别者”，“为淫暴寇乱盗贼”者，必为鬼神所罚也。然所谓“深溪、博林、幽涧、无人之所”，“有鬼神视之”。“鬼神之罚，不可恃富贵、众强、勇力、强武坚甲利兵”者，见《明鬼篇》。众之耳目，不可欺也。其志则大矣，其说将何以见信乎？

夫知天行之有常，则凡祭祀等事，所以事鬼神者，其实皆人事也，其理至易见也。故《荀子》论祭，谓“君子以为人道，百姓以为鬼事”也。《礼论》。曾子曰：“慎终追远，民德归厚矣。”《论语·学而》。曾子在孔门，最为醇谨，拘旧俗，而其言犹如此，况其意气之发舒者乎？《墨子》曰：“今洁为酒醴粢盛，以敬慎祭祀，若使鬼神诚有，是得其父母姒兄而饮食之也，岂非厚利哉？若使鬼神诚亡，是乃费其所为酒醴粢盛之财耳。自夫费之，非特注之污壑而弃之也。内者宗族，外者乡里，皆得如具饮食之，虽使鬼神诚亡，此犹可以合欢聚众，取亲于乡里。”《明鬼》。亦仍疑惑于有无之间，而屑屑计财之不妄费耳。己则不信，而何以使人共信？

当时非遂无迷信之人也，《大戴记·四代》曰：“鬼神过节妨于政。”《管子·权修》曰：“上恃龟筮，好用巫医，则鬼神骤祟。”《韩非·亡征》曰：“用时日，事鬼神，信卜巫而好祭祀者，可亡也。”《饰邪》曰：“龟筴鬼神，不足举胜；左右背乡，不足以专战；然而恃之，愚莫大焉。”《史记·孟子荀卿列传》谓：“荀卿嫉浊世之政，亡国乱君相属，不遂大道，而营于巫祝，信禨祥。”其所言皆春秋战国间事，然此等人，亦所谓聊复尔尔者。谓其诚笃信之，恐未必然也。如臧文仲非必愚者，而孔子讥其作虚器，纵逆祀，祀爰居。见《左氏》文公二年。作虚器，谓居蔡山节藻棁也。见《论语·公冶长》。凡宗教为众所尊信者，必多自革教义而同于俗。佛教戒肉食，其行于西藏者不然，其明证矣。其能得王公大人之信心者尤然。八思巴能使元世祖无灭宋，毋距海都，毋亡乃颜乎？能使之弃大都之宫室而还于穹庐乎？岂惟不能，盖有顺其志而曲为之说者矣。当时时日龟筑鬼神祭祀之说，所以王公大人所尊信者，以其顺于志而从其欲也。而墨子乃致使之躬监门之养而行大禹之事，彼纵信之能决然以行之乎？不能行，则得自宽恕，自宽恕则得自解说，而天鬼之说破矣。在春秋战国时，盖惟所谓蛮夷者，迷信较甚。狄之灭卫也，囚史华龙滑与礼孔以逐卫人，二人曰：我大史也，实掌其祭，不先，国不可得也。乃先之。《左氏》闵公二年。吴人囚景伯以还，及户牖，谓太宰曰：鲁将以十月上辛有事于上帝先王，季辛而毕。何世有职焉，自襄以来，未之改也。若不会，祝宗将曰：吴实然。大宰嚭言于王，乃归景伯。《左氏》哀公十三年。此根敦珠巴之所以能舍住出家也。彼其风俗固异于中国也，然如忽必烈者，非八思巴之所能左右也，而况于中国之大人乎。

《淮南·汜论》曰："天下之怪物，圣人之所独见；利害之反复，知者之所独明达也。同异嫌疑者，世俗之所眩惑也。夫见不可布于海内，闻不可明于百姓，是故因鬼神禨祥而为之立禁。世俗言曰：飨大高者，彘为上牲；葬死人者，裘不可以藏；相戏以刃者，大祖軵其肘；枕户橉而卧者，鬼神蹠其首。夫飨大高而彘为上牲者，非彘能贤于野兽麋鹿也，而神明独飨之，何也？以为彘者，家人所常畜而易得之物，故因其便以尊之。裘者，难得贵贾之物也，无益于死者，而足以养生，故因其资以詟之。夫以刃相戏，必为过失；过失相伤，其患必大，故因大祖以累其心。夫户牖者，风气之所从往来。而风气者，阴阳相捔者也，离者必病，故托鬼神以伸诫之也。凡此之属，皆不可胜著于书策竹帛，而藏于官府者也，故以禨祥明之。为愚者之不知其害，乃借鬼神之威，以声其教，所由来者远矣。而愚者以为禨祥，而很者以为非，唯有道者能通其志。""很者以为非"一语，最可玩味。夫淮南之说，乃世俗所谓神道设教者也。神道设教之本义，实非如此，乃后人误解也。其意亦若无恶于天下，见一节之利者，且竞称焉。然徒能束缚愚者，而使很者益得自恣，此则老子所谓"圣人不死，大盗不止"者也。谁曾见厉鬼之能报怨乎？然俗固有厉鬼能报怨之说。为此说者之意，岂不曰吾以儆夫狠者，使不敢陵虐愚者哉？然曷尝见狠者之遂戢，徒闻弱者知尽能索，以为死后犹可以图报，乃益轻自杀耳。故儆强暴扶愚弱者，惟有人事，未闻明鬼神禨祥，可以收治世之效者也，夫强暴者闻之，岂不或儆？然而明著之利害见于前，而虚无之祸福垂于后。在明智者，必顾明著之利害，而不惑于虚无之祸福矣。纵或有以累其心，然累很者一，累愚者必十，是以鬼神禨祥，徒足为强很者驱除难也。是以抑强扶弱，惟有人事。墨子岂不见古者尊天右鬼之世，人莫或别相背，交相贼，而慕欲复之乎？而不知是时天鬼之所以见信者，人群之直道未衰，有以夹持之。使所谓福仁祸淫者，若可信也；非天道也，非鬼道也，乃人事也。而岂有倡天志明鬼之说可以挽周末之文胜，而反之于忠乎？

凡事之为人所信者，未有可以人意左右之者也。可以人意左右之，是人役也。人役也，而人尊之乎？《墨子·迎敌祠、号令》两篇，巫舍必近公社，望气者舍必近太守。守独知巫卜望气之情，巫祝吏与望气者，必以善言告民。妄为不善言，惊恐吏民者，谨微察之，断罪勿赦。然则是守与巫祝望气者比，以欺吏民。而巫祝望气者又惟守之听也。守且将尊信巫祝望气者乎？抑岂有一城皆愚，而守独知者哉？

故曰：自然之为人所敬畏也，以其信也。刑赏之为人所敬畏、欲其亦如自然也，惟有使其信亦如自然而已矣。此人之所为，非天道也，非鬼道也。人事之所不及而欲借天鬼以愚民，民必不信之矣。何也？天鬼固不尔也。记曰："不诚无物。"《中庸》。吾亦曰：不诚无政。

（二〇八）戒杀

戒杀之义，儒家罕言。然非不言也，《大戴记·曾子大孝》："夫子曰：伐一木，杀一兽，不以其时，非孝也。"《小戴记·祭义》，曾子曰："树木以时伐焉，禽兽以时杀焉。"夫子曰："断一树，杀一兽，不以其时，非孝也。"又《曾子制言上》："杀六畜不当及亲，吾信之矣。"卢《注》：凡杀有时，礼也。此犹得曰为节用起见也。《保傅》曰："于禽兽，见其生，不食其死；《贾子》作"不忍其死"。闻其声，不尝其肉；故远庖厨，所以长恩，且明有仁也。"孟子亦引此义以告齐宣王。见《梁惠王上》。则其为出于恻隐之心，更无疑义矣。杀动物而食其肉，本为最不道之事，岂有大圣大贤，而见不及此之理？不言者，其时之时势，未足以语此也。

（二〇九）形法家

《汉书·艺文志》论形法之学，谓其“形人及六畜骨法之度数，器物之形容，以求其声气贵贱吉凶。犹律有长短，而各征其声；非有鬼神；数自然也。”董子《春秋繁露·同类相动篇》，说与之同。《同类相动篇》云：“今平地注水，去燥就湿；均薪施火，去湿就燥；百物去所与异而从所与同，故气同则会，声比则应，其验皦然也。试调琴瑟而错之，鼓其宫则他宫应之，鼓其商而他商应之，五音比而自鸣，非有神，其数然也。”知此，则可以制物而用之矣。故曰：“阳阴之气，因可以类相益损也。明于此者，欲致雨则动阴以起阴，欲止雨则动阳以起阳，故致雨非神也，而疑于神者，其理微妙也。”又白：“琴瑟报弹其宫，他宫自鸣而应之，此物之以类动者也。其动以声而无形，人不见其动之形，则谓之自鸣也。又相动无形，则谓之自然。其实非自然也，有使之然者矣。”《艺文志》驳形法家之论曰：“然形与气相首尾，亦有有其形而无其气，有其气而无其形，此精微之独异也。”盖形法家欲凡事求之于形，而作《艺文志》者不以为然也。夫谓物有有其气而无其形，是矣。谓徒有其气者，不可以定则求，则不然也。如董子之说，相动无形者，亦有其定则可求；则宇宙之间，惟是物类相感应而非如古人所谓有鬼神者以使之。自此而精求之，积古相传之迷信，真可破除。物理、化学等，且可以此发明矣。然卒不能然者何也？曰：此仍误于以形法之理，推之于无形之物大早，而未能就有形之物，精密试验，以植其基也。盖物之能相动者，非徒以其质，亦必以其量。平地注水，去燥就湿；均薪施火，去湿就燥，固也。然必湿至若干度，而后水之就之之形可见；燥至若干度，而后火之就之之形可见乎？抑地湿至若干度，则水之湿之速率如何；薪燥至若干度，则火之燥之之速率为如何；地燥若干度，水之湿之，加难若干度；薪湿若干度，火之燥之，加难若干度乎？凡此，皆可精密测验而知之。能如此，则物性之从违，不但可知其大概，并可知其确实，真可驾驭之以为用矣。有形之物既得，无形之物，自可本此法以施之，而物理、化学等，真可发明矣。不此之务，遽以此理推诸无形之物，无形之物，无可测验也；遂不得不但论其质，不论其量。董子遂推之以论美祥妖孽，曰：“帝王之将兴也，其美祥先见；其将亡也，妖孽亦先见，物故以类相召也。”然则德美至若干度，而可致若干大之美祥；德恶至若干度，则将至如何甚之妖孽乎？不能言也。则不得不笼统其辞，而仍入于玄虚之论矣。故中国物理、化学等学之不能发明，实由徒引其端，而未能更精求之之故，而其徒引其端，而不能精求之，则由其推诸无可实验之物太早，而未能就有形之物，实验之以植其基也。

抑形法家所言之数，可谓数字之本义。而董子所言之数，则失其本义者也。数字之本义，本谓一二三四等，古人之言数，亦皆如此。《庄子·天下篇》：“以法为分，以名为表，以参为验，以稽为决，其数一二三四是也。”《周书·周祝》：“左名左，右名右，视彼万物数为纪。”《管子·七法篇》曰：“不能治其民，而能强其兵者，未之有也。能治其民矣，而不明于为兵之数，犹之不可。”所谓数者：“刚柔也，轻重也，大小也，实虚也，远近也，多少也。”皆较计其量之辞，形法家之言亦如此。故曰：“律有长短，而各征其声。”不曰律有铜有玉有竹，而各征其声也。今谓百物去所与异而从所与同，则但计其质而不计其量矣。如是求之，则无由更进一步。故中国形下之学之不能发明，实由好推论高远者之太多，而能从事于实验者之太少也。

（二一〇）鬼谷先生

《史记·苏秦列传》云：“苏秦者，东周洛阳人也。东事师于齐，而习之于鬼谷先生，出游数岁，大困而归。”衡以文义，鬼谷自当在齐。《集解》引徐广曰：“颍川阳城有鬼谷，盖是其人所居，因为号。”盖以其时阳城有鬼谷，故引以释之。然曰“盖”，亦疑辞也。《索隐》曰：“扶风池阳、颍川阳城，并有鬼谷墟，盖是其人所居，因为号。”云池阳有鬼谷者，《甘茂列传》：苏代说秦王曰：“甘茂非常士也，其居于秦，累世重矣。自殽塞及至鬼谷，其地形险易，皆明知之。王不若重其势、厚其禄以迎之，使彼来，则置之鬼谷，终身勿出。”此鬼谷，《集解》亦引徐广曰：“在阳城。”自非。《索隐》曰：“在关内云阳。”按汉云阳县，在今陕西淳化县西北，池阳县在今陕西泾阳县西北，其地密迩。《索隐》此所云，与其《苏秦列传》所云者，其实是一，然皆不足以释苏秦所事之鬼谷先生也。

或曰：颍川距洛阳近，苏秦虽东师于齐，而习之则在颍川之鬼谷先生也。亦尝闻古人事师，有惮其远而别就近者习之之例乎？东师事于齐者，言其所事非一师，而独于鬼谷先生为习耳，若求师于乡里。张仪魏人，太史公曰："三晋多权变之士。"夫言从衡强秦者，大抵皆三晋之人也。仪何不求师于乡里，而亦与苏秦俱师事鬼谷先生乎？又"鬼谷"二字不必为地名。《索隐》云："《乐台》注《鬼谷子书》云：苏秦欲神秘其道，故假名鬼谷。"其说固近臆测，然不以鬼谷为地名，亦未尝非是也。《甘茂列传》殿本《考证》：张照曰："按《战国策》作槐谷，补注曰：《春秋后语注》。槐里之谷，今京兆始平之地，与此异。"案谓槐里之谷者似是。以后世地名释古书恒易误。《索隐》《集解》，亦有此失也。

（二一一）金粟生死

《商君书·垦令》曰："使商无得粜，农无得粜。农无得粜，则窳惰之农勉疾。商不得粜，则多岁不加乐；多岁不加乐，则饥岁无裕利；无裕利则商怯；商怯则欲农。窳惰之农勉疾，商欲农，则草必垦矣。"因欲贵酒肉之价，重其租，令十倍其朴。又欲重关市之赋，使农恶商，商有疑惰之心。农战亦欲去游士、商贾及技艺。似商工皆其所废矣。然《去强篇》曰："金生而粟死，粟死而金生。一作粟生而金死，金死而粟生。疑当作粟生而金死，粟死而金生；或金生而粟死，金死而粟生。本物贱，事者众，买者少，农困而奸劝；其兵弱，国必削至亡。金一两生于竟内，粟十二石死于竟外；粟十二石生于竟内，金一两死于竟外。国好生金于竟内，则金粟两死，仓府两虚，国弱；国好生粟于竟内，则金粟两生，仓府两实，国强。"《外内》云："欲农富其国者，竟内之食必贵，而不农之征必多，市利之租必重。则民不得无田，无田不得不易其食。食贵则田者利，田者利则事者众。食贵籴食不利，而又加重征，则民不得无去其商贾技巧而事地利矣。""故为国者，边利尽归于兵，市利尽归于农。边利归于兵者强；市利归于农者富。故出战而强，入休而富者，王也。"则商君非欲绳商，特欲使粜贵而利农耳。以粟易金于竟外，亦非所禁也。

（二一二）补损以知足

《论语·季氏》，子曰："丘也，闻有国有家者，不患寡而患不均，不患贫而患不安。盖均无贫，和无寡，安无倾。"曰丘闻，则是古有此语，而孔子引之也。《易》曰:“地中有山，谦，君子以裒多益寡，称物平施。”《周书·度训》曰:“天生民而制其度，度小大以正，权轻重以极，明本末以立中，立中以补损，补损以知足。”知古之言治，无不以均平为义者。夫天下之有待于治，以其不均也；若本均矣，何待于治；治而不均，又焉用治也？而世乃以保其不均为为治之道，是则杀越人于货者，据高位而肆攘夺而已矣。《老子》曰:“天之道，其犹张弓与？高者抑之，下者举之，有余者损之，不足者补之。天之道，损有余以补不足；人之道则不然，损不足以奉有余。”不道早老，岂可以久存哉。亦终必亡而已矣。

（二一三）礼运、礼器

《荀子·富国》篇曰:“足国之道，节用裕民，而善臧其余。节用以礼，裕民以政。”“礼者，贵贱有等，长幼有差，贫富轻重皆有称者也。”“由士以上，则必以礼乐节之；众庶百姓，则必以法数制之。量地而立国，计利而畜民，度人力而授事。使民必胜事，事必出利，利足以生民。皆使衣食百用，出入相掩，必时臧余，谓之称数。”“轻田野之税，平关市之征，省商贾之数，罕兴力役，无夺农时；如是，则国富矣。夫是之谓以政裕民。”然则政以生利言之，礼以用财言之也。《大学》曰:“生财有大道：生之者众，食之者寡；为之者疾，用之者舒；则财恒足矣。”《孟子·尽心》上曰:“易其田畴，薄其税敛，民可使富也。食之以时，用之以礼，财不可胜用也。”亦以生与食、为与用分言，知古人之言财利，恒如此也。《礼运》《礼器》，二篇相承。《礼运》言“山者不使居川，不使渚者居中原，而弗敝也。用水火金木饮食，必时。合男女，颁爵位，必当年德”，皆《荀子》所谓分民之事。《礼器》曰:“居山以鱼鳖为礼，居泽以鹿豕为礼，君子谓之不知礼。故必举其定国之数，以为礼之大经。礼之大伦，以地广狭。礼之薄厚，与年之上下。是故年虽大杀，众不匡惧。则上之制礼也节矣。”下文言礼之义，则曰时为大，顺次之，体次之，宜次之，称次之；言礼之数，则曰有以多为贵者，有以少为贵者，有以大为贵者，有以小为贵者，有以高为贵者，有以下为贵者，有以文为贵者，有以素为贵者，皆《荀子》所谓等差之事。辜较言之，亦可谓《礼运》言政，《礼器》言礼也。若合而言之，则《礼运》所言，亦得谓之为礼。古无该两事之共名，固多即以其别名之一为之也。

节用者，足国之大端也。生之者众，而食之者愈众；为之者疾，而用之者愈疾，国未有能赡者也。故曰："节以制度，不伤财，不害民。"《节卦彖辞》。又曰："凡民之为奸邪窃盗，历法妄行者，生于不足。不足生于无度量也。无度量，则小者偷惰，大者侈靡，而不知足。""故有奸邪窃盗历法妄行之狱，则饰度量也。"《大戴记·盛德》。夫人之欲恶多端，而资生为急。《礼运》曰："饮食男女，人之大欲存焉。死亡贫苦，人之大恶存焉。"不足，则饮食男女之欲不得遂，而死亡贫苦之祸不可避矣；则必为奸邪窃盗，历法妄行矣；是不可以力胜也。故古之言教化者，皆在既富之后。所谓礼者，非教以饰衣冠，美宫室，侈饮食，以饰耳目之观，纵口腹之欲，乃正谓节之使不得过耳。故七十者食肉，五十者衣帛，而隆三年之丧，礼也。生不歌，死无服，桐棺三寸而无椁，亦礼也。行厚葬，久服于死陵者葬陵、死泽者葬泽之日，而事雕几组縢刻镂于国家靡敝之年，则君子谓之不知礼矣。故曰："礼，国之干也。"《左氏》僖公十一年，周内史过之言。又曰："坏国丧家亡人，必先去其礼。"《礼运》。

礼之坏也，则自在上者之逞其淫欲始也。《乐记》曰"乐者为同，礼者为异"，又曰"乐者敦和，率神而从天。礼者别宜，居鬼而从地"。礼所以为别为异者，《管子·心术》曰："礼者，因人之情，缘义之理，而为之节文者也。故礼者，谓有理也。理也者，明分以喻义之意也。故礼出乎义，义出乎理，理因乎宜者也。"盖"天高地下，万物散殊"。《乐记》。物所自具之德不同，斯其当处之分自异。审其德而各协其宜，所谓义也。故曰：礼也者，义之实也。"协诸义而协，则礼虽先王未之有，可以义起也。"《礼运》。夫义之所以使物各殊其分，而制之以为礼者，原欲使之各协其宜，非欲厚于此而薄彼也。故曰："夫礼，贵者敬焉，老者孝焉，幼者慈焉，少者友焉，贱者惠焉。"《大戴记·曾子制言上》。此即孔子"老者安之，朋友信之，少者怀之"之义。《论语·雍也》。原欲使宇宙之间，无一物不得其所。然而强者胁弱，众者暴寡，知者诈愚，勇者苦怯，其所利者，则制为礼焉，以为是天理之宜也，而不知其大悖于理也。何者？礼乐不可以孤行，有乐以和之，而后礼之别异者，非厚此而薄彼。不然，则其所谓义者苦矣。故曰："礼之用，和为贵。"《论语·学而》有子之言。别宜其言，而胁弱、暴寡、诈愚、苦怯其实，恶在其为可行也。然而后世之所谓礼者，固多如此矣；曷怪老子以为"忠信之薄而乱之首"乎！

颜渊问仁，子曰："克己复礼为仁。一日克己复礼，天下归仁焉。"颜渊曰："请问其目？"子曰："非礼勿视，非礼勿听，非礼勿言，非礼勿动。"《论语·颜渊》。孔子所以贵礼如是其甚者，以其为义之实；人人践乎义之实，则物无不得其所矣，安得不谓之仁？然而其所谓礼者，果协于义则可矣；如其不然，而克己以复之，则是非强陵弱勿视，非众暴寡勿听，非知诈愚勿言，非勇苦怯勿动也，是大乱之道也。故曰："非礼之礼，非义之义，大人勿为。"《孟子·离娄》下。故曰："仁之实，事亲是也；义之实，从兄是也；智之实，知斯二者，弗去是也；礼之实，节文斯二者是也；乐之实，乐斯二者。"《孟子·离娄》上。知不足以知之，而以非义之义为义，而强为之节文，而强天下之人以从之，则必有愀然不乐者矣。何也？失其分不协其宜也。语曰：满堂而饮酒，一人向隅而悲泣，则一堂为之不乐。况饮酒者一人，而悲泣者满堂乎？后世之所谓礼者，多此类也。世顾以为天经地义而固守之，甚矣其可哀也！

甚矣夫，人之不知也，忘礼之大用，而屑屑于仪文之末也！鲁昭公如晋，自郊劳至于赠贿，无失礼。晋侯谓女叔齐曰："鲁侯不亦善于礼乎？"对曰："鲁侯焉知礼！"公曰："何为？自郊劳至于赠贿，礼无违者，何故不知？"对曰："是仪也，不可谓礼。礼，所以守其国，行其政令，无失其民者也。今政令在家，不能取也。有子家羁，弗能用也。奸大国之盟，陵虐小国，利人之难，不知其私。公室四分，民食于他，思莫在公，不图其终。为国君，难将及身，不恤其所。礼之本末，将在此乎在，而屑屑焉习仪以亟，言善于礼，不亦远乎？"《左氏》昭公五年。善哉言乎！子大叔见赵简子，简子问揖让周旋之礼焉。对曰："是仪也，非礼也。"简子曰："敢问何谓礼？"对曰："吉也闻诸先大夫子产曰：夫礼，天之经也，地之义也，民之行也。"又曰："礼，上下之纪，天地之经纬也，民之所以生也，是以先王尚之。"同上昭公二十五年。齐侯与晏子坐于路寝，公叹曰："美哉室，其谁有此乎？"晏子曰："敢问何谓也？"公曰："吾以为在德。"对曰："如君之言，其陈氏乎！陈氏虽无大德，而有施于民。豆区釜钟之数，其取之公也薄，其施之民也厚。公厚敛焉，陈氏厚施焉，民归之矣。《诗》曰：虽无德与女，式歌且舞。陈氏之施，民歌舞之矣。后世若少惰，陈氏而不亡，则国其国也已。"公曰："善哉！是可若何？"对曰："惟礼可以已之。在礼，家施不及国。民不迁，农不移，工贾不变，士不滥，官不滔，大夫不收公利。"公曰："善哉，我不能矣！吾今而后知礼之可以为国也。"对曰："礼之可以为国也久矣，与天地并。君令臣共，父慈子孝，兄爱弟敬，夫和妻柔，姑慈妇听，礼也。君令而不违，臣共而不贰，父慈而教，子孝而箴，兄爱而友，弟敬而顺，夫和而义，妻柔而正，姑慈而从，妇听而婉，礼之善物也。”公曰：“善哉！寡人今而后闻此礼之上也。”对曰：“先王所禀于天地，以为其民也，是以先王上之。”同上二十六年。然则礼之大用，在于经国安民，而不在于揖让周旋之末。春秋时人，犹多知之。然而相习于以揖让周旋为礼，而忘经国安民之略者，则人之度量相越之不可强也。《管子·形势》篇曰：“道之所言者一也，而用之者异。有闻道而好为家者，一家之人也。有闻道而好为乡者，一乡之人也。有闻道而好为国者，一国之人也。有闻道而好为天下者，天下之人也。有闻道而好定万物者，天地之配也。”闻道而好为国者亦寡矣，而况于天下乎，皆一家一乡之士而已矣！夫如是，故不揣其本而欲齐其末，不知率今之礼，凡物皆失其位而乖于分也；而曰是天之经也，地之义也，民之行也，诽之者戮，叛之者诛，然则戕贼人以为仁义，是以饮酒者寡，悲泣者众也。然而一乡一家之士莫之见，虽处一堂之上，若有藩篱之限，而曰饮酒之礼固如是也，岂不哀哉！

《礼运》曰：“圣人耐以天下为一家，以中国为一人者，非意之也；必知其情，辟于其义，明于其利，达于其患，然后能为之。何谓人情？喜、怒、哀、惧、爱、恶、欲七者，弗学而能。何谓人义？父慈，子孝，兄良，弟弟，夫义，妇听，长惠，幼顺，君仁，臣忠十者，谓之人义。讲信修睦，谓之人利。争夺相杀，谓之人患。故圣人之所以治人七情，修十义，讲信修睦，尚辞让，去争夺，舍礼何以治之？饮食男女，人之大欲存焉。死亡贫苦，人之大恶存焉。故欲、恶者，心之大端也。人藏其心，不可测度也；美恶皆在其心，不见其色也；欲一以穷之，舍礼何以哉？”此言治天下者，必以人得其欲而去所恶为归。然人藏其心，不可测度，人人而问其所欲，劳而不可遍，而亦卒不能得其诚；故莫如先明于众之所公好公恶也。此真知本之言也。然而其所谓人义者，果可以谓之义，而使人皆得所欲、去所恶而其情无拂郁不平，则难言之矣。大抵善处人我之间者，惟无人我之见者为能之。若既知有人我之别矣，而曰我当力求我所以自处，与所以待人之道，而使之各协其宜，其实未有不自利而戕贼人者。一人如是，人人应之，辗转相及，而争夺相杀之祸作矣。争夺相杀，非起于兵刃相接之日，早起于分别人我之初。分别人我，即争夺相杀之至微者也。虽曰至微，积之久则成著矣。涓涓弗绝，终成江河；豪毛弗拔，将寻斧柯，信乎！至治之极，非人不独亲其亲、不独子其子不足以当之。而《礼运》之所谓十义者，已落第二义也。《记》者记礼之运也，不亦慨乎其言之哉！

（二一四）殷因于夏周因于殷

董仲舒对策："孔子曰：殷因于夏礼，所损益可知也；周因于殷礼，所损益可知也；其或继周者，虽百世可知也。"此言百王之所用以此三者矣。夏因于虞而独不言所损益者，其道如一而尚同也。观夏因于虞句，则知上文，当以殷因于夏，周因于殷句绝。其或继周句法，固亦一律也。今读《论语》者，以"殷因于夏礼周因于殷礼"为句，失之，《后汉书·鲁恭传》故曰：'殷因于夏礼，周因于殷礼，所损益可知。"盖妄人于殷因于夏下，增一"礼"字。《礼记·礼器》曰："三代之礼一也，民共由之。或素或青，夏造殷因。"

（二一五）天生时而地生财

《礼运》曰："故天生时而地生财，人其父生而师教之，四者君以正用之；故君者，立于无过之地也。"言其不当有过举也。此可见吾国之文化，本于农业也。农业之所致谨者为天时，其所用者则为地利；因天之时，尽地之利，而使万物各得其宜，则人与人之相处，咸得其道矣。夫非人与人相处，咸得其宜，固无以使物尽其利；抑出其力于身，而使物尽其利，正人与人相偶之道也。故一言道，而人之所以对天地万物，以今语言之，则谓之对自然也。《礼运》曰："昔先王之制礼也，因其财物而致其义焉尔。"物以共人用，协于人之用，则为物得其宜，是为尽物性。及对人对己者，无不寓焉。其事殊，其道一也。故曰："惟天下至诚为能尽其性。能尽其性，则能尽人之性；能尽人之性，则能尽物之性；能尽物之性，则可以赞天地之化育；可以赞天地之化育，则可以与天地参矣。"《中庸》。《荀子·天论》曰："天有其时，地有其财，人有其治，夫是之谓能参。"所谓赞天地之化育者，《礼运》下文言之，曰："天降膏露，地出醴泉，山出器车，河出马图。凤皇麒麟，皆在郊棷；龟龙在宫沼；其余鸟兽之卵胎，皆可俯而窥也。"人知未开之世，庸以是为天锡之瑞。治化既蒸，则知为人事之所致矣。故曰："则是无故。犹言无他故。先王能修礼以达义，体信以达顺，故此，顺之实也。"

盖公产业农之小群，其于万事万物，固可据理措置。使无一不得其当。所谓大顺也。“山者不使居川，不使渚者居中原，而弗敝也。用水火金木饮食，必时。合男女，颁爵位，必当年德”，则其义也。事物皆得其当，则灾不足以为害，而天行之有益于人者，则无不得其利焉。如有凶荒之备，则不畏水旱之灾。耕获无失其时，则不至雨旸时若而南亩仍荒弃也。于是惟觉天地之有惠于己，而不知其戕贼人也，故古人尊天亲地之情甚深，而无暑雨祁寒之怨，非其时之天地，异于后世之天地也。人之所以与天地参者固殊焉。故今人但讥古人之迷信，殊非是。当是之时，所以定人之所当为者则曰礼。故曰：“天时有生也，地理有宜也，人官有能也，物曲有利也。”《礼器》。古人之重礼以此。而岂如后世小儒，规规于仪文之末哉？

《大戴记·武王践阼》曰：“牖之铭曰：随天之时，以地之财，敬祀皇天，敬以先时。”《虞戴德》曰：“顺天作刑，地生庶物；是故圣人之教于民也，率天如如，而也。祖地，能用民德。是以高举不过天，深虑不过地，质知而好仁，能用民力。此以三常之礼明而名不蹇。礼失则坏，名失则惽，是故上古不讳，正天名也。天子之官四通，正地事也。天子御珽，诸侯御荼，大夫服笏，正民德也。敛此三者而一举之，戴天履地，以顺民事。”又曰：“天事曰明，地事曰昌，人事曰比两以庆。违此三者，谓之愚民。愚民曰奸，奸必诛，是以天下平而国家治，民亦无贷。”又曰：“昭天之福，迎之以祥；作地之穑，制之以昌；兴民之德，守之以长。”《诰志》曰“天曰作明，日与惟天是戴；地曰作昌，日与维地是事；人曰作乐，日与惟民是嬉。”“天生物，地养物，物备兴而时用常节曰圣人。”又曰：“天作仁，地作富，人作治，乐治不倦，财富是节，是故圣人嗣则治。”《少间》曰：“天政曰正，地政曰生，人政曰辨。”又曰：“时天之气，用地之财，以生杀于民。”《左氏》载子大叔之言曰：“则天之明，因地之性。”昭公二十五年。《荀子·礼论》曰：“天地者，生之本；先祖者，类之本；君师者，治之本。”《周书·周祝》曰：“地出物而圣人是时，鸡鸣而人为时，观彼万物，且何为求。故天有时，人以为正；地出利，而民是争；人出谋，圣人是经。”《管子·形势解》曰：“明主上不逆天，下不圹地，故天予之时，地生之财。乱主上逆天道，下绝地理，故天不予时，地不生财。故曰：其功顺天者，天助之；其功逆天者，天违之。”《宙合》曰：“天不一时，地不一利，人不一事。”《吕览·任地》曰：“天下时，地生财，不与民谋，无失民时。”其说皆与《礼运》同。知此为古人言治之大义，故诸家皆有味乎其言之也。

孟子曰："齐人有言曰：虽有智慧，不如乘埶，虽有鎡基，不如待时。"以乘埶与待时并言，尤可见为政之道，本于力农也。《礼运》曰："在埶者去。"《注》："埶，埶位也。"案埶与蓺本一字。农业不能违时，尤不可失时，故曰："为之为之，万物之时也。"《管子·枢言》。《礼器》曰："是故天时雨泽，君子达亹亹焉。"《注》："达，犹皆也。亹亹，勉勉也。"此言乘时雨而致力于农功也。又曰："圣人能辅时，不能违时。知者善谋，不如当时。精时者日少而功多。是以圣王务具其备，而慎守其时。以备待时，以时兴事。"《管子·霸言》。由此推之，则有"先天而天弗违，后天而奉天时"之义焉；《易文言》。有"天与不取，反受其咎"之义焉。《汉书·萧何传》引《周书》。至于礼，时为大，深观人事之变，而随时更张，以协其宜。而礼之义，极于天而蟠于地矣。

（二一六）孟施舍似曾子，北宫黝似子夏

孟子曰："北宫黝之养勇也，不肤挠，不目逃，思以一豪挫于人，若挞之于市朝。不受于褐宽博，亦不受于万乘之君。视刺万乘之君，若刺褐夫，无严诸侯。恶声至，必反之。孟施舍之所养勇也，曰：视不胜，犹胜也。量敌而后进，虑胜而后会，是畏三军者也。舍岂能为必胜哉？能无惧而已矣。孟施舍似曾子，北宫黝似子夏。"《公孙丑上》。今案《大戴记》所载《曾子》诸篇，皆兢兢自守之言。然《制言》上篇曰："富以苟，不如贫以誉；生以辱，不如死以荣。辱可避，避之而已矣；及其不可避也，君子视死若归。"中篇曰："君子直言直行，不宛言而取富，不屈行而取位。仁之见逐，智之见杀，固不难。詘身而为不仁，宛言而为不智，则君子弗为也。"《大孝》曰："战阵无勇，非孝也。"亦见《小戴记·祭义》。《论语·泰伯》："曾子曰：可以托六尺之孤，可以寄百里之命，临大节而不可夺也，君子人与？君子人也。"又曰："士不可以不弘毅，任重而道远，仁以为己任，不亦重乎？死而后已，不亦远乎？"具见其凛然不可犯之概，不过既尝学问，不为抚剑疾视之小勇而已。子夏似北宫黝，度其劲毅之气，必尚有过于曾子者，然诸书皆不载其勇武之风，亦不载其尚勇之论，使无孟子此语，谁复知之？故知书阙有间，古人之言论风采，不传于后世者多矣。今人每每摭拾遗佚，辄曰某人如何？某事如何？多见其好专断也。

孟子言我四十不动心，而公孙丑曰："若是，则夫子过孟贲远矣。"然则孟贲四十，尚未能成其勇也。人之筋力，逾四十则稍衰矣，故曰："古之道，五十不为甸徒。"《礼记·祭义》。然则孟贲之以勇称，非以其筋力，亦以其能不动心也。秦舞阳年十三，杀人，人不敢忤视；而与荆轲入秦，至陛，色变振恐。彼岂有所畏于死哉？无养气之功也。荆轲之筋力亦何以尚于秦舞阳？而能镇定将事，至于图穷而匕首见，则其养之有素矣。古所谓刺客者，若曹沫、专诸、豫让、聂政、荆轲、高渐离之徒，皆以一身取君相于万众之中，虽有勇力，夫岂足恃？观北宫黝、孟施舍之言，然后知其所恃者，非敌之可胜，而为己之无惧。惟无惧，然后视刺万乘之君，若刺褐夫。虽不能必胜，而终有克捷之时。若其量敌而后进，虑胜而后会，则必怯懦而不敢发，《史记·廉颇蔺相如列传》赞语。而敌永无可胜之日矣。故百战而百败者，非敌之强，乃己之懦也。观北宫黝、孟施舍之言，荆轲、秦舞阳之事，而知古之勇士，亦自有其学养，而非徒恃天禀矣。

孟子又曰：昔者曾子谓子襄曰：子好勇乎？吾尝闻大勇于夫子矣。自反而不缩，虽褐宽博，吾不惴焉。自反而缩，虽千万人，吾往矣。此曾子养勇之术，而亦夫子之真传也。《檀弓》记曾子易箦之事，疾病之时，不肯丝毫苟且。又《论语·泰伯》载"曾子有疾，召门弟子曰：启予手，启予足。诗云：战战兢兢，如临深渊，如履薄冰，而今而后，吾知免夫，小子。"其一言一行，兢兢业业，不敢或失如此。此其所以为自反而缩之道也。《檀弓》又曰："子夏丧其子而丧其明，曾子吊之……曾子哭，子夏亦哭，曰：天乎！予之无罪也。曾子怒曰：商，女何无罪也。吾与女事夫子洙泗之间，退而老于西河之上，使西河之民，疑女于夫子，尔罪一也。丧尔亲，使民未有闻焉，尔罪二也。丧尔子，丧尔明，尔罪三也。而曰女何无罪与？子夏投其杖而拜曰：吾过矣！吾过矣！吾离群而索居，亦已久矣夫！"夫字当属此句，今俗误。此可见曾子与子夏，以集义之道，交相责难，即其以养勇之道，交相责难也。子夏之尚勇，可推想而得者，惟此而已矣。

子路有闻，未之能行，惟恐有闻。《论语·季子》。此勇之大者也。惟曾子亦然。《曾子·立事》曰："人言不善而不违，近于说其言；说其言，殆于以身近之也；殆于以身近之，殆于身之矣。人言善而色葸焉，近于不说其言；不说其言，殆于以身近之也；近当作远。殆于以身近之，殆于身之矣。"其言如是，其见善与不善，必当机立断，定其从违取舍可知也。此所谓“见善如不及，见不善如探汤也”。《论语·季氏》。故曰：“见义不为，无勇也。”《论语·为政》。抑此亦“君子见几而作，不俟终日之义也”。《易·系辞传》。

《史记·管晏列传》：“管仲曰：吾尝三战三走，鲍叔不以我为怯，知我有老母也。公子纠败，召忽死之，吾幽囚受辱，鲍叔不以我为无耻，知我不羞小节而耻功名不显于天下也。”此言似与“战阵无勇，非孝”之义相背者；然能勇者，必能有所忍。不忍一朝之忿，而以身殉之，正是孔子所谓“匹夫之谅”耳。《论语·宪问》。

（二一七）曾子大孝

言道者莫高于能通，立教者莫善于能摄。凡于一种德行，钻研有素、身体力行已久者，必能以此一德，遍摄诸德。悬一德以为教，而人之所以为人之道，靡不该焉，曾子之言孝则是也。《大戴记·曾子大孝》一篇，分孝为三等，曰“大孝尊亲，其次不辱，其下能养”，又曰“大孝不匮，中孝用劳，小孝用力”。于是直养而已，不足言孝。而居处、事君、涖官、朋友、战陈，下至伐一木，杀一兽，靡不该焉。此以事言之也。以理言，则括以“父母全而生之，子全而归之”两语。欲求其全，则“一举足而不敢忘父母，一出言而不敢忘父母”。欲求其全而归之，则非终其身不可。而“养可能也，敬为难；敬可能也，安为难；安可能也，久为难；久可能也，卒为难”之义立矣。《小戴记·内则》曾子曰：“孝子之身终。终身也者，非终父母之身，终其身也。是故父母之所爱亦爱之，父母之所敬亦敬之，至于犬马尽然，而况于人乎？”终其身，即全而归之之义。爱敬及于犬马，则推之至于至微，即一举足一出言而不敢忘父母之义也。言孝至此，可谓豪发无遗憾。孔门《孝经》之作，必托诸曾子，有以也。

然此篇“仁者，仁此者也；《小戴》此下有“礼者履此者也”六字。义者，宜此者也；忠者，忠此者也；《小戴》无此六字。信者，信此者也；礼者，体此者也；行者，行此者也；《小戴》无此十二字。强者，强此者也。乐自顺此生，刑自反此作”，“夫孝者，天下之大经也。《小戴》无此九字，而有“曾子曰”三字。夫孝，置之而塞于《小戴》作“乎”。天地。衡《小戴》作“溥”。《疏》云：“定本作傅。”之而衡于《小戴》作“横乎”。四海，施诸后世而无朝夕。推而放诸东海而准，推而放诸西海而准，推而放诸南海而准，推而放诸北海而准，《诗》云：自西自东，自南自北，无思不服。此之谓也”两节，疑是他篇简错。曾子言孝，虽所该者广，然特以之遍摄诸德而已。其言仍多就行为指点，不作此夸张语也。《大戴》此篇，亦见《小戴·祭义》。其前有《乐记》一段，可为此篇尝与他篇相错之证。此两节盖系脱简错入。“夫孝者天下之大经也夫孝”十一字，《小戴》记之“曾子曰夫孝”五字，疑系既简错后臆补，其原文所指何事，则不可知也。

（二一八）子张

《论语·子张》：“子游曰：吾友张也，为难能也，然而未仁。曾子曰：堂堂乎张也，难与并为仁矣。”于子张颇有贬辞。又《为政》：“子张学干禄，子曰：多问阙疑，慎言其余，则寡尤；多见阙殆，慎行其余，则寡悔；言寡尤，行寡悔，禄在其中矣。”似子张之为人，失于务外，而于言行之间，未能深致检点者；然《礼记·檀弓》：“子张病，召申祥而语之曰：君子曰终，小人曰死，吾今日其庶几乎？”其自守之密，与“曾子有疾，召门弟子曰：启予手，启予足，《诗》云：战战兢兢，如临深渊，如履薄冰，而今而后，吾知免夫”者，曾无以异。《论语·泰伯》。然则古人操守之功，正不得以论者偶有贬辞而致疑矣。

（二一九）忠欲

《管子·枢言》：“日益之而患少者惟忠，日损之而患多者惟欲。”以“忠”与“欲”为相对之辞。“忠”盖“专一”之谓也，儒家“夏尚忠”之“忠”字，当如此解。

（二二〇）辞色

《论语·学而》：“子曰：巧言令色，鲜矣仁。”夫徒以辞色说人，似亦非大恶；然而夫子恶之深者，人与人相处之道在诚，反于诚者为伪，人人以辞色说人，则相欺之本也；相欺也，作始也简，将毕也巨，将无所不至矣。《表记》：“子曰：君子不以辞尽人，故天下有道，则行有枝叶；天下无道，则辞有枝叶；是故君子于有丧者之侧，不能赙焉，则不问其所费；于有病者之侧，不能馈焉，则不问其所欲；有客不能馆，则不问其所舍；故君子之接如水，小人之接如醴，君子淡以成，小人甘以坏。”又曰：“君子不以口誉人，则民作忠；故君子问人之寒则衣之，问人之饥则食之，称人之美则爵之。”又曰：“口惠而实不至，怨菑及其身；是故君子与其有诺责也，宁有已怨。”所举君子之行，亦若平平无奇者，然试默察当世，有一人不与是相反者与？试反躬自省，其能免于是与？故曰：“知之非艰，行之惟艰。”《表记》又曰：“子曰：君子不以色亲人；情疏而貌亲，在小人则穿窬之盗也与？”读之令人悚然。夫举世皆以色亲人，则是举世皆穿窬之盗也。合穿窬之盗而成群，夫焉得不乱？

语曰：“逢人辄有求，故觉万事非。”夫有求于人者，非爵禄之谓也，亦非声色货利之谓也，只是求见好于人而已。试思堂堂七尺躯，彼丈夫也，我丈夫也，吾何畏彼哉？而何以每见人，辄有此一副求见好之意也？抑口惠而实不至，怨菑及其身，徒以辞色亲人，少有阅历者，皆知其不可久，而何以每一见人，此一副求见好之意，又不能自克也？无他，为习俗缠绕，不能自拔而已，故曰：“枨也欲，焉得刚？”《论语·公冶长》。《诗》曰：“天之方懠，无为夸毗。”《毛传》曰：“夸毗体柔人也。”《大雅·板》。张子横渠曰：“苟能除去了一副当世习便自然脱洒也。”《语录》。此之谓也。

《表记》又曰：“情欲信，辞欲巧。”情既信矣，则其辞之巧，乃所以为文也。文非无实，固无恶焉。《大学》曰：“与国人交，止于信。”信即有其实之谓也。亦即“情欲信”之“信”也。

《表记》又曰：“子曰：恭近礼，俭近仁，信近情；敬让以行此，虽有过，其不甚矣。”“恭近礼，信近情”，其理易明。谓“俭近仁”者，何也？岂仁者必恶衣菲食，敝车羸马与？非也。且世之饰其车马，美其服食者，非必以是为安也；其意不过欲上人耳。夫好上人，则与于不仁之甚者也。彼为矫饰之行者，意非欲以服用下人，乃正欲以矫饰上人耳，故君子弗取也。

（二二一）知力

《商君书·算地》曰：“圣人非能以世之所易，胜其所难也，必以其所难，胜其所易。故民愚则知可以胜之，世知则力可以胜之；臣愚则易力而难巧，世巧则易知而难力，故神农教耕而王天下，师其知也；汤武致强而征诸侯，服其力也，今世巧而民淫，方效汤武之时，而行神农之事，以随世禁，故千乘惑乱。此其所加务者过也。”斯言也，可谓审于世变矣。入愚陋之群，而以知胜之者，有之矣，遇知巧之国，而以知胜之者，未之有也。泰伯君荆蛮，箕子化朝鲜，庄蹻王滇，尉佗长越，汉族古代，所以所向无敌者，斯时之蛮夷方愚陋，不足与中国敌也，及其稍以开化，而不能同化，则事势一变矣。而中国犹以故意遇之，不能自强而以力胜，此魏晋以后，夷狄之祸，所由史不绝书欤？

（二二二）哀乐祸福

《大戴记·礼察》:“世主欲民之善同，而所以使民之善者异。或道之以德教，或驱之以法令，导之以德教者，德教行而民康乐；驱之以法令者，法令极而民哀戚。哀乐之感，祸福之应也。”案此篇以汤武与秦王相比较，盖录《贾子》书。否亦汉初儒者之言。盖实见当时人心怨怒，为秦之所以亡;故引殷、周、秦事，以明礼与法之得失也。君子戒违道以干誉，然众情不可逆，而众不可以理喻，是亦一道也。法家不知此义，操之已蹙，遂至身死而国亡，如商鞅与秦皇所为是也。君子非不知众情之不可苟从也，然其力既不可逆，则斟酌于轻重缓急之间者，亦自有其道。必如何，然后不至苟顺众情而违于道，又不至激而生变，必有非漫然者矣。世每轻视民力，以为不足畏，就一时一事观之，似亦无以为难。而不知民力之郁而必发，其道多端，壅于此者，或决于彼，固不可以一时一事论也。今有拂舆情而犯众怒者，时之未至，势之未极，似乎众皆疾视，而莫如之何；一旦时会至，众怨皆作，则枯木朽株，尽为难矣。匹夫行诸乡党之间且如此，况于治一国乎？故曰：“君子信而后劳其民；未信，则以为厉己也。”《论语·子张》。未信时之所为，岂必其诚为厉民，然民皆以为厉己，固非家置一喙所能解狙公赋芧。政术之然，不得指为违道以干誉也。此篇言哀乐之感，即为祸福之应，真能洞烛隐微，非身历祸患者不能道也。

（二二三）贼人者必自贼

社会学家言：凡食人之族必食犬，盖其初皆以田猎为食者也。猎人之养生也至难，必十六英方里之地，乃足以养一人，故其口实甚彀，而至于人相食，然亦田猎之事，有以养成其残贼之心也。故曰：贼人者必自贼。

吾尝谓观于牧畜，而可知《春秋》三世之义。犬，乱世之畜也。助其主而贼人，其主乃以所余者食之。牛、马，升平世之畜也。用其力以事耕耘，引重致远，而非以伐贼他物矣。猫，太平世之畜也。人与猫自相爱，非必欲其捕鼠，则非利其力也。猫之亲媚人，亦出自其性，非以人之食之也。主或他适，猫亦不随，则其亲媚人亦自有限，非如犬之以身为殉也。犬忠于主而戕贼他物，则恶德矣。终见贼于人，亦可谓贼人者必自贼也。

《管子·山权数》曰："若岁凶旱水泆，民失本，则修宫室台榭，以前无狗，后无彘者为庸。"足见古者畜狗与畜彘同其普遍。然有狗屠而无彘屠，则食狗殆尤甚于食彘也。犬助人以戕他物，终乃为人所伐，亦可谓贼人者必自贼也。

（二二四）参天两地

《易·系辞传》曰：参天两地而倚数。《疏》曰：古之奇耦，亦以三两言，且以两是耦数之始，三是奇数之初，不以一目奇者。张氏云：以三中含两，有一以包两之义。明天有包地之德，阳有包阴之道，故天举其多，地言其少也。说不以一目奇，殊为牵强。《周书·武顺》曰：人有中曰参，无中曰两，两争曰弱，参和曰强。男生而成三，女生而成两，五以成室，室成以生民，民生以度。谢氏曰：有中无中，谓男女形体。朱右曾集训校释引。其说是也。合三两而为五，即男女之合。故曰五以成室，室成以生民。《说文》亖，阴阳在天地间交午也。古文作ㄨ，ㄨ象交午，上下两画，则天地也。《系辞传》又曰：天数五，地数五，五位相得而各有合，天数二十有五，地数三十，凡天地之数，五十有五，此所以成变化而行鬼神也。万物本乎天，天本乎祖，两间之物为天地所生，犹之人为父母所生也。精气为物，游魂为变，游魂即鬼神，特无形可见耳。其为天地所生，与凡有形可见之物同，此犹人之室成而生民，故其数必皆以五也。天数二十有五，地数三十者，男女构精，妇人妊子，天地气合，万物资生于坤也。午，《说文》曰：啎也，与五古实一字。《说文》又说其形曰：此与矢同意。王氏筠曰：午盖古文杵字。见《说文句读》。按其说是也。杵动而臼承之，亦有男女交接之象矣。

（二二五）圣人之大宝曰位

问曰：《系辞传》曰："天地之大德曰生，圣人之大宝曰位，何以守位曰仁，《释文》曰"人，王肃、卞伯玉、桓玄明、僧绍作仁"，则本作人也。何以聚人曰财，理财正辞、禁民为非曰义。"一若理财聚人，皆为在上者保其禄位计者，何也？曰：位之始，非以为一人一家富贵计也。《管子》曰："天下不患无臣，患无君以使之；天下不患无财，患无人以分之。故知时者可立以为长，无私者可置以为政。审于时而察于用，而能备官者，可奉以为君也。"《牧民》。盖能力作者易得；能规画全局、定各人之职事者难求。是以苟得其人，必使之当指挥统率之任。指挥统率者之有其位而不可失，犹之胼手胝足者之当各安其职而不可荒也。圣人之所以能尽其职，以利其群者，实惟其所处之位是赖。使圣人而失其位，而为胼手胝足之事，亦无以逾于农夫耳，或且不逮也。故曰"圣人之大宝曰位"也。《管子》又曰："圣人之所以为圣人者，善分民也。圣人不能分民，则犹百姓也。于己不足，安得名圣。"《乘马》。可以参稽而明其义矣。

《礼记·礼运》曰："故天生时而地生财，人其父生而师教之，四者君以正用之，正同政。故君者，立于无过之地者也。故君者所明也，非明人者也；君者所养也，非养人者也；君者所事也，非事人者也。故君明人则有过，养人则不足，事人则失位。""天生时而地生财"，即《易》所谓"天地之大德曰生"也。正用四者，惟不失其位是赖。故君之不可失其位，非以为己也，以为群也，此君之本职然也。然自并耕而食、饔飧而治之风既渺，而君之利其位而忘其职者众矣。然此乃末流之失，非其本义然也。《管子》又曰："天不一时，地不一利，人不一事，是以著业不得不多，人之名位不得不殊。"《宙合》。名位之殊，本无贵贱，故孟子谓"天子一位，公一位，侯一位，伯一位，子男同一位，凡五等。"《万章》下。天子亦与臣下同列也。

（二二六）心学之原

《礼记·礼运》："故宗祝在庙，三公在朝，三老在学。王前巫而后史，卜筮瞽侑，皆在左右。王中，心无为也，以守至正。"此言帝王治心之学之最早者也。窃谓心学之原，与宗教殊有关系。《祭统》曰："齐之为言齐也。齐不齐以致齐者也。是故君子非有大事也，非有恭敬也，则不齐。不齐，则于物无防也，嗜欲无止也。及其将齐也，防其邪物，讫其嗜欲，耳不听乐。故《记》曰：齐者不乐。言不敢散其志也。心不苟虑，必依于道；手足不苟动，必依于礼。是故君子之齐也，专致其精明之德也。故散齐七日以定之，致齐三日以齐之。定之之谓齐。齐者，精明之至也，然后可以交于神明也。”夫心学之精微，原不尽系于形体。然齐庄于外者，必能精明于内。至于心不苟虑，手足不苟动，而其精明有不待致而致者矣。《祭义》述齐之效曰：“齐三日，乃见其所为齐者。”专精如是，又何求而不得哉？推所求于思其居处，思其笑语，思其志意，思其所乐，思其所嗜之外，而鬼神来告之矣。

（二二七）杨朱之政治学说

先秦诸子之学，无不志存救世者，独杨朱则不然。其自私自利，至于拔一毛利天下而不为；而孟子谓“杨朱墨翟之言盈天下”，又谓“逃墨必归于杨，逃杨必归于儒”，其势力之雄厚，至于如此，深可怪也。杨朱事迹，散见周秦诸子者颇多，皆不及其学说，惟《列子》有《杨朱》篇，述其说颇详。胡适之谓当时时势，自可产生此种学说而信之；梁任公谓周秦之际，决无此等颓废思想而疑之。予谓二说皆非也。杨朱之学，实出道家。道家有养生之论，其本旨，实与儒家修齐治平一以贯之之理相通；然推其极，遂至流于狭义之为我与颓废。所谓作始也简，将毕也巨，此学问所以当谨末流之失也。然杨朱之意，本在救世，所谓“为我”，亦为一种治术，而非自私自利之谓，则无疑也。

道家养生之论，老子已言之，如曰“贵以身为天下，若可寄天下；爱以身为天下，若可托天下”是也。“若”同“乃”。此语诸子之言养生者多引之。《庄子》之《缮性》《让王》，《吕览》之《贵生》《不二》，《淮南》之《精神》《道应》《诠言》诸篇，发挥此义，最为透彻。《让王》篇曰：“尧以天下让许由，许由不受；又让于子州支父，子州支父曰：以我为天子，犹之可也。虽然，我适有幽忧之病，方且治之，未暇治天下也。夫天下至重也，而不以害其生，又况他物乎？唯无以天下为者，可以托天下也。”“天下至重而不以害其生”，则与杨子之“拔一毛利天下不为”近矣，而顾曰“可托天下”，何也？盖道家之意，以为人生于世，各有其所当由之道，即各有其所当处之位。人人能止乎其位，则无利于人，亦无害于人，而天下可以大治。若其不然，一出乎其所当处之位，则必侵及他人之位；人人互相侵，则天下必乱，固不问其侵之之为善意恶意也。此亦道家所以齐是非之一理。惟如此，故谓仁义非人性，伯夷盗跖，失性则均也。道家之言治，所以贵反性命之情者以此。人人反其性命之情，则能各安其位矣。故道家之言养生，其意原欲以治天下。《不二》篇曰："楚王问为国于詹子，詹子对曰：何闻为身，不闻为国。詹子岂以国可无为哉？以为为国之本，在于为身；身为而家为，家为而国为，国为而天下为。故曰以身为家，以家为国，以国为天下。此四者异位同本。故圣人之事，广之则极宇宙，穷日月，约之则无出乎身者也。"可谓言之深切著明矣。天下、国、家与身，异位同本，理颇难明，《淮南·精神训》论之最好，其说曰："知其无所用，贪者能辞之；不知其无所用，廉者不能让也。夫人主之所以残亡其国家，损弃其社稷，身死于人手，为天下笑，未尝非为非欲也。夫仇由贪大钟之赂而亡其国，虞君利垂棘之璧而禽其身，献公艳骊姬之美而乱四世，桓公甘易牙之和而不以时葬，胡王淫女乐之娱而亡上地。使此五君者，适情辞余，以己为度，不随物而动，岂有此大患哉！"此从消极方面言之也。若从积极方面言之，则其说见于《诠言训》。《诠言训》曰："原天命，治心术，理好憎，适情性，则治道通矣。原天命则不惑祸福，治心术则不妄喜怒，理好憎则不贪无用，适情性则欲不过节。不惑祸福，则动静循理；不妄喜怒，则赏罚不阿；不贪无用，则不以欲用害性；欲不过节，则养性知足。凡此四者，弗求于外，弗假于人，反己而得矣。""适情辞余，以己为度"，乃养生论之真谛；"原天命，治心术，理好憎，适情性"，即所谓反其性命之情也。惟反其性命之情者，乃可以养生；亦惟反其性命之情者，乃能为天下。故曰："惟无以天下为者，可以托天下也。"世之不明此理者，每谓天下之治，有待人为；殊不知如是，则吾已出乎其位。出位即致乱之原，虽一时或见其利，而将来终受其弊。故桀纣之乱在目前，而尧舜之乱在千世之后。何则？古之人好争，好争则乱，于是以礼让为教。夫以礼让治当时之乱则可矣，然讲礼让太过，其民必流于弱。故凡出乎其位之事，虽得利于一时，未有不蒙祸于将来者。佛说世人所为，"如以少水，而沃冰山，暂得融解，还增其厚"，理正由此。然则孰若人人各安其位，不思利人，亦不思利己之为当哉！故《列子》载杨朱之言曰："善治外者，物未必治；善治内者，物未必乱。以若之治外，其法可以暂行于一国，而未合于人心；以我之治内，可推之于天下。"又曰："古之人，损一豪利天下，不与也；悉天下奉一身，不取也。人人不损一豪，人人不利天下，天下治矣。”夫人人不损一豪，则无尧舜；人人不利天下，则无桀纣。无桀纣，则无当时之乱；无尧舜，则无将来之弊矣，故曰天下治也。杨子为我之说如此，在哲学上，亦有甚深之根据，或以自私自利目之，则浅之乎测杨子矣。《淮南·氾论训》曰：“全性保真，不以物累形，杨子之所立也。”可见杨子为我之义，出于道家之养生论。

然则杨朱之说，即万物各当其位之说，原与儒家相通。然所谓位者，至难言也。以人人论，则甲所处之位，非乙所处之位；以一人论，则今所处之位，非昔所处之位。以位之万有不同，所谓当其位者，亦初无一定形迹。“禹稷颜子，易地则皆然”，“穷则独善其身，达则兼善天下”，皆是理也。然则处乎君师之位者，即以一夫不获为予辜，亦不为出其位；遭值大乱之时，又怀救世之志者，即如孔子之周流列国，亦不为出其位。若但执七尺之躯为我，以利此七尺之躯为为我，而执此为当处之位，则谬矣。一种学说，推行既广，必不能无误解其宗旨之人，此杨氏之末流所以流于无君，而孟子所以辟之也。然则如《杨朱》篇所载之颓废思想，乃杨学之末流，固非杨子之咎，而亦不得谓杨氏之徒无此失也。《列子》固系伪书，其所谓《杨朱》篇者，亦或不可信。然《庄子·盗跖》篇设为跖告孔子之辞曰：“今吾告子以人之情：目欲视色，耳欲听声，口欲察味，志欲盈人。上寿百岁，中寿八十，下寿六十，除病瘦、瘐之误。瘐即瘉。瘉，病也。死丧、忧患，其中开口而笑，一月之中，不过四五日而已矣。天与地无穷，人死者有时；操有时之具，而托于无穷之间，忽然无异骐骥之驰过隙也。不能说其志意，养其寿命者，皆非通道者也。丘之所言，皆吾之所弃也。亟去走归，无复言之。子之道，狂狂汲汲，诈巧虚伪事也，非所以全真也，奚足论哉！”与《列子·杨朱》篇所谓“徒失当年至乐，不能自肆于一时，重囚累梏，何以异哉”，“生则尧舜，死则腐骨；生则桀纣，死则腐骨。腐骨一矣，孰知其异？且趣当生，奚遑死后”者，又何以异？跖之言曰“不能说其意志，养其寿命者，皆非通道”，曰“子之道非所以全真”，皆足见其所持，为道家养生论之流失也。《列子》此篇，盖有真有伪，其真者盖剽自先秦古籍，而伪者则张湛之徒所推衍也。

（二二八）名他人之学

《史记·信陵君列传》：“诸侯之客进兵法，公子皆名之，故世俗称《魏公子兵法》。”案《项羽本纪》，谓羽于兵法不肯竟学，而《汉书·艺文志》兵形势家有《项王》一篇，疑亦他人之兵法，而项王名之者。项羽百战百胜，固由其天才之高，亦必不得略无法度。汉高祖征英布，望布军置陈如项籍而犹恶之，则籍兵法之精可见。窃疑羽少时未肯竟学，逮起兵后，又未尝不得进兵法者之教也。此古所谓学于其臣者欤？

后人著述，多务求名，古人则不然，乃有不自名而求人名之者。赵宾好小数书，后为《易》，持论巧慧，《易》家不能难，皆曰非古法也，云受孟喜，喜为名之，即其一事。或务自著其名，甚者窃人之所有；或不自名而求人名之，其事若相反而实相符，凡以显其学而已。然不自名而求人名之者，徒欲显其学；务自著其名，甚或窃人之所有者，实欲显其身，其公私贪廉，究未可同日语也。或曰：身持其学，以哗世取宠，显其学，非即所以显其身欤？此以言乎赵宾之伦则可矣，古之求人名其学者，安必其皆如是。

古或以神农、黄帝、伊尹、太公名其学，论者率訾为作伪以欺人，实亦未必然也。且如魏公子，孰不知其非讲兵法或著书之人？然兵法之家，犹愿得公子以名其学者，非曰此兵法为魏公子所发明，亦非曰此言兵法之书为魏公子所著，特以魏公子号多士，又尝有破秦之功，兵法而曾御于其门，则必经多家之品平，且尝试之而有效，易为人所信从耳。此如今人著书之求人鉴定，本亦非谓书即其人所作也。

孟子谓公孙丑曰：“子诚齐人也，知管仲、晏子而已矣。”今《管子》书极杂，《晏子》书亦兼儒、墨二家，非管、晏之学如是，盖亦所谓名之者也。名之者固无妨于杂，《吕览》《淮南》是也。以《吕览》《淮南》隶杂家，而《管》《晏》则否，此向、歆论学之未审，而班氏误仍之耳。不然，世岂有欲欺人而多存矛盾之论，授人以入室之戈，如今《管》《晏》之书者哉？

（二二九）古学制

古之学，有在于国者，亦有在于乡者。在国者有大、有小，皆曰学。在乡者或曰校，或曰庠，或曰序，皆不以学名也。《孟子·滕文公》上曰：“设为庠、序、学、校以教之。庠者，养也；校者，教也；序者，射也。夏曰校，殷曰序，周曰庠；学则三代共之，皆所以明人伦也。”言三代之学，皆无异称也。《荀子·大略》，以

"立大学"与"设庠序"对举。《汉书》董仲舒《对策》，亦曰："古之王者，立大学以教于国，设庠序以化于邑。"凡汉人言语，犹大抵如此。

国中之学，缘起即在王宫之中。蔡邕之《明堂论》，言之最审。邕之言曰："明堂者，天子太庙，所以崇礼其祖，以配上帝者也。取其宗祀之貌，则曰清庙；取其正室之貌，则曰太庙；取其尊崇，则曰太室；取其向明，则曰明堂；取其四门之学，则曰太学；取其四面周水圆如璧，则曰辟雍；异名而同事，其实一也。《易传·太初》篇曰：太子旦入东学，昼入南学，暮入西学。案此据《续汉书·祭祀志》引。《玉海》百十一引作夕入西学，暮入北学。此文疑有夺误。在中央曰太学，天子之所自学也。《礼记·保傅》篇曰：帝入东学，上亲而贵仁；入西学，上贤而贵德；入南学，上齿而贵信；入北学，上贵而尊爵；入太学，承师而问道。与《易传》同。案《保傅》今见《大戴记》及《贾子》。魏文侯《孝经传》曰：太学者，中学，明堂之位也。《礼记》古大明堂之礼曰：膳夫于是相礼。日中出南闱，见九侯，及问于相；日侧出西闱，视五国之事；日闇出北闱，视帝节犹。案亦夺出东闱。《尔雅》曰：宫中之门谓之闱。王居明堂之礼，又别阴阳向，南门称门，西门称闱。故《周官》有门、闱之学。师氏教以三德，守王门；保氏教以六艺，守王闱；然则师氏居东门、南门，保氏居西门、北门也。知掌教国子，与《易传》《保傅》、王居明堂之礼，参相发明，为四学焉。"观此，便知大小学皆与王宫是一。盖吾国古者，亦尝湖居，如欧洲之瑞士然。故称人所居之处曰州，与洲殊文，实一语也。洲岛同音，后来又造岛字。以四面环水言之则曰辟，《说文》："璧，瑞玉圜也。"说者皆谓贻玉之名，以称周环之水。窃疑辟字本有周环之义，故有还辟之称，后乃貤以名圜玉也。以中央积高言之则曰雍。《史记·封禅书》："或曰：自古以雍州积高，神明之隩，故立畤郊上帝，诸神祠皆聚云。"案雍依《说文》为借字，其本字当作邕。说解曰："四方有水，自邕成池也。"斯时自卫之力尚微，非日方中及初昃犹明朗时，不敢出湖外，故其开门必向南西。汉时，公玉带上明堂图，水环宫垣，上有楼，从西南入，亦见《封禅书》。盖有所受之，非意为之也。少壮执戈，子弟职司守卫，其居实在门侧，故小学亦设于其地焉。《尔雅》："门侧之堂谓之塾。"《周官》："师氏之职凡国之贵游子弟学焉。"《注》曰："游，无官司者。"盖古使年长者任政，年少者充兵。四十而后仕，则未及四十，皆无官司，当执戈任守卫之职也。然子弟之居于此，则初不待其能执干戈之年，盖自出就外傅时即然矣，故小学亦设于其地。若正室，则古人言数，习于用三，三三而九，故井田以方里之地画为九区，而明堂亦作九室。王者盖自居中央；一切政事，须在室中处理者，古人理事，居室中者较后世为少。如狱讼，惟男女之阴讼，听之胜国之社，余则皆在众著耳目之地，如棘木之下矣。《豳风》之诗曰：“穹窒熏处，塞向墐户，嗟我妇子，曰为改岁，入此室处。”非风雨寒暑而居室，古人亦较后世为少也。则环其四周，更作八室；王时省方至此，窃疑《虞书》“辟四门，明四目，达四聪”之语，实当以此释之，乃谓人君出所居之外而听政耳。亦即《礼记·保傅》、古大明堂之礼所说，听政视学，实无别也。此但就四正室言之，若兼及四隅，则为大乙行九宫之说矣。而太子以随王练习政务，亦时至焉。此当与群臣接，群臣皆其父之臣，不敢慢也；惟至中宫，则视膳问安，所接不过内竖，无待加礼；故曰“天子设四学，当入学而太子齿”也。《礼记·祭义》。一切政事，萃于王宫之中，盖惟极朴陋之世为然，其后则稍益分出。然遗意犹存，故小学仍在公宫南之左；大学虽在郊，犹作池以环之，称为辟雍，诸侯则减其半以示詘于天子，而称之为泮宫也。《礼记·王制》曰：“天子命之教，然后为学。小学在公宫南之左，大学在郊。”此虽说诸侯，然古天子诸侯之国，相去实不甚远，亦未必有异也。下文云“天子曰辟雍，诸侯曰泮宫”，言其异名而不言其异地可证。此辟雍乃人力所成，故诸侯得杀其制，以示詘于天子。半璧曰璜，段氏《说文解字注》，谓黉字缘之而作，其说是也。此与璧先有周环之义而后取以名玉者不同。以辟字自有周环之义，黉字别无他义也。礼贵反本修古，不忘其初，故初出于自然之事，后亦多以人力放为之。《灵台》之诗，兼言灵囿、灵沼，其为游观之地无疑，然再言“于乐辟雍”，则以苑囿与宫殿，后虽分，初亦合，故犹袭其名也。苑囿得袭辟雍之名，而学校无惑矣。斯时东南西北四学，盖仍备设之，惟中央为天子之居，出郊后则不复设，故曰“天子设四学”。康成以周设四代之学说之，则误矣。康成之误，盖由据《明堂位》推论而起。《明堂位》曰：“米廪，有虞氏之庠也。序，夏后氏之序也。瞽宗，殷学也。泮宫，周学也。”此盖鲁为东方文教之地，偶有虞、夏、殷三代之遗，而又自立当代之学耳，非有意兼立前代之学也。抑《明堂位》之言，不免夸侈，据以论鲁事，且不可信，况又推以论周事乎？《王制》曰：“有虞氏养国老于上庠，养庶老于下庠；夏后氏养国老于东序，养庶老于西序；殷人养国老于右学，养庶老于左学；周人养国老于东胶，养庶老于虞庠。”观上下、东西、左右之名，即可知其皆在一学之内。下文又云“虞庠在国之西郊”，一似与东胶异处者，盖后来沾识之语，不足信也。

乡学，详别之，又有在乡与在里之异。孟子曰“庠者养也”，乃行乡饮酒礼之地；又曰“序者射也”，乃行乡射礼之地；此皆在乡。又曰“校者教也”，此则真教学之地，在里。《公羊》宣公十五年《解诂》曰：“在田曰庐，在邑曰里。一里八十户。八家共一巷，中里为校室。选其耆老有高德者，名曰父老；其有辩护伉健者为里正。十月事讫，父老教于校室。八岁者学小学，十五者学大学。”此说校制最审。《汉书·食货志》，说古井田之制，与《解诂》大同，而所引证之书不同，盖今古学之异也。《汉志》之言曰：“于里有序而乡有庠，序以明教，庠则行礼而视化焉。”“冬，民既入”，“余子亦在于序室。八岁入小学，学六甲五方书计之事，始知室家长幼之节；十五入大学，学先圣礼乐，而知朝廷君臣之礼。”曰序室与《解诂》言校室不同者，古人言语粗略，于庠序校等名，随意用之，不求其审。若求其审，则序射、校教，自系一语，《汉志》实不如《解诂》之确也。《礼记·学记》曰：“古之教者，家有塾。”郑《注》曰：“古之仕焉而已者，归教于闾里。朝夕坐于门。门侧之堂谓之塾。”此又是一说。案《解诂》又云：“吏民春夏出田，秋冬入保城郭。田作之时，春，父老及里正，旦开门坐塾上，晏出后时者不得出，暮不持樵者不得入。”《汉志》略同，见下。此乃田时劝农之事，非农隙教学之事；所坐者亦闾侧之塾，不得云家；有门侧之塾，有巷首之塾。门侧之塾，《学记》所谓“家有塾”者也，此惟士大夫家有之。巷首之塾，《学记疏》曰：“周礼二十五家为闾，同共一巷。巷首有门，门边有塾。谓民在家之时，朝夕出入，恒就教于塾。”此说强申郑《注》非是。其说闾字，必牵合《周官》，亦失之凿。然谓巷首有门，门边有塾，说自不误。此门即名为闾。《战国·齐策》：王孙贾之母谓贾曰“汝朝出而晚来，则吾倚门而望汝，暮出而不还，则吾倚闾而望汝”，即此。秦有闾左之戍；《后汉书·齐王縯传》曰：“使天下乡亭，皆画伯升象于塾，旦起射之。”则秦汉时其制犹存也。则此说亦非是。《书·洛诰疏》曰：“伏生《书传》称礼：致仕之臣，教于州里，大夫为父师，士为少师，朝夕坐于门塾，而教出入之子弟。”此与《学记》郑《注》符合，然恐为疏家所乱，非《书传》元文。故知何君之说最确也。《解诂》又言：校室之教，“其有秀者，移于乡学；乡学之秀者，移于庠；庠之秀者，移于国学，学于小学；诸侯岁贡小学之秀者于天子，学于大学；其有秀者，名曰进士；行同而能偶，别之以射，然后爵之。”《汉志》则云：“其有秀异者移乡，学于庠序；庠序之异者移国，学于少学；诸侯岁贡少学之异者于天子，学于大学，命曰造士；行同能偶，则别之以射，然后爵命焉。”如《解诂》之说，则乡学与庠，又分二级，疑出传写之误，当依《汉志》，移乡即学于庠序。此兼言庠序，明乡有庠亦有序，前云“于里有序而乡有庠”不审也。《学记》于“古之教者家有塾”之后，继之以“党有庠，术有序，国有学”，庠序亦是一级。言“党有庠，术有序”，盖所谓各举一边，实则术亦有庠，党亦有序也。此所言者。实为古人登进次第。里之秀者移乡，即《周官》州长、党正，考民之德行道艺，以赞乡大夫废兴。庠之秀者移国，则《王制》乡论秀士升之司徒。诸侯岁贡小学之秀者，则《王制》司徒论选士之秀者而升诸学。其有秀者，名曰进士，行同能偶，别之以射，然后爵之，则《王制》大乐正论造士之秀者以告于王，而升诸司马，司马论进士之贤者以告于王；亦即《射义》之诸侯贡士，天子试之于射宫。今文，士自出于乡至此，皆在学校中回翔，古文则举无其事，但云乡大夫献贤能之书于王而已。盖今文为儒家適传，重教化，《周官》则六国时阴谋之书，故但言选政也。然其言古人登用，凡分三级，则二说皆同。盖由事实如此，故立言者不得有异。三级者：自家出于乡，一也；自乡入于国，二也；自国达于王，三也。大学王之所居，故升诸学即达于王也。《王制》言养老之礼曰：“五十养于乡，六十养于国，七十养于学。”亦依此分三级。

乡人出于家入于庠序，出于庠序乃入于国；而贵族之入小学者，出于家即入于国，则其家塾之等级，与庠序相当也。《礼记·内则》曰：“子能食食，教以右手。能言，男唯、女俞。男鞶革，女鞶丝。六年，教之数与方名。七年，男女不同席，不共食。八年，出入门户及即席、饮食，必后长者，始教之让。九年，教之数、日。十年，出就外傅，居宿于外，学书记。衣不帛，襦袴。礼帅初，朝夕学幼仪，请肄简、谅。十有三年，学乐，诵诗，舞勺。成童，舞象，学射御。二十而冠，始学礼，可以衣裘帛，舞大夏。惇行孝弟，博学不教，内而不出。三十而有室，始理男事。博学无方，孙友视志。”此所言者，盖贵族受教为学始末。自九年以前，皆日用浅近、易知易行之事。与《汉志》所云六甲五方书计之事、室家长幼之节相当。贵族平民，当无所异。十年以后之教，盖受之塾中，必非平民之仅入冬学者所克比拟。《汉志》云“十五入大学，学先圣礼乐，而知朝廷君臣之礼”，盖误以贵族所受，貤及平民，失于分别也。然平民所受教育之善，实有不让贵族者。孟子言井田之法曰：“谨庠序之教，申之以孝弟之义，颁白者不负戴于道路矣。”《梁惠王》上。乍观之，似系以空言垂教。然《汉志》述井田之法曰：“春将出民，里胥平旦坐于右塾，邻长坐于左塾，毕出然后归，夕亦如之。入者必持薪樵，轻重相分，班白者不提挈。”《王制》云：“道路，男子由右，妇人由左，车从中央。父之齿随行，兄之齿雁行，朋友不相逾。轻任并，重任分，班白者不提挈。”《祭义》云：“行，肩而不并，不错则随，见老者则车徒辟。斑白者不以其任行乎道路。”所言皆同物。《汉书·地理志》云：“濒洙、泗之水，其民涉渡，幼者扶老而代其任。俗既薄，长老不自安，与幼少相让，故曰：鲁道衰，洙、泗之间，龂龂如也。”亦可见其曾实行。则孟子所云者，固系实践之条规。孟子之告毕战曰：“死徙无出乡，乡田同井。出入相友，守望相助，疾病相扶持，则百姓亲睦。”《滕文公》上。“轻重相分，班白者不提挈”，正“出入相友”之事，然则“守望相助，疾病相扶持”，亦必有其当践之条规，特书阙有间，不可尽知耳。即日用之间而教之以仁让，夫岂贵族之学礼乐，徒用心于周旋升降者所能逮？孔子曰：“先进于礼乐，野人也；后进于礼乐，君子也。如用之，则吾从先进。”《论语·先进》。有以也哉！此以践履言也。至于行礼视化，使民得诸观感者，则莫如乡饮、乡射之切。读《礼记》之《乡饮酒义》《射义》可见。此庠序之教也。然《文王世子》言行一物而三善皆得者，惟世子之齿于学；《乐记》言散军而郊射，而贯革之射息，亦何异于乡饮、乡射？《祭义》曰：“乡里有齿，而老穷不遗，强不犯弱，众不暴寡，此由大学来者也。”盖有其由。此孟子所以言庠、序、学、校，皆所以明人伦也。

然则大学之为用，亦无以异于庠序乎？此又不然。盖在后世，宗教与学术恒分，而在古昔则恒合。吾国古代之大学，固宗教之府也。俞理初有《君子小人学道是弦歌义》，言古乐之外无所谓学。文见《癸巳存稿》。略曰：“虞命教胄子，止属典乐。周成均之教，大司成、小司成、乐胥皆主乐，《周官》大司乐、乐师、大胥、小胥皆主学。子路曰：何必读书然后为学？古者背文为诵，冬读书，为春诵夏弦地，亦读乐书。《周语》：召穆公云：瞍赋，矇诵，瞽、史教诲。《檀弓》云：大功废业，大功诵。通检三代以上书，乐之外，无所谓学。《内则》学义，亦止如此；汉人所造《王制》《学记》，亦止如此。”案《左氏》昭公九年曰“辰在子卯，谓之疾日，君彻燕乐，学人舍业”，亦俞说之一证。其说甚创而确，然初未抉其原。《王制》《文王世子》，说大学之教，皆分为诗、书、礼、乐四科。礼、乐所以事神，诗者乐之歌辞，书则教中典籍耳。《王制》言“天子将出征，受成于学”；“出征执有罪，反释奠于学”。明明师武臣力之事，何乃行诸弦歌雅颂之乡，即可知古之所谓学者，决非后世之所谓学；而其所释奠者，亦决非后世所谓先圣先师。《学记》曰：

"君之所不臣于其臣者二：当其为尸，则弗臣也；当其为师，则弗臣也。大学之礼，虽诏于天子，无北面，所以尊师也。"《乐记》曰："食三老、五更于大学，天子袒而割牲，执酱而馈，执爵而酳，冕而总干。"亦以其人为教中尊宿，故尊之如此耳。迷信深重之世，教徒实居率将之地，故其人多能用智；而好深思者，亦能骛心于玄远。先秦诸子之学，可谓"各引一端，崇其所善"。《汉书·艺文志》语。然惟涉及实际则尔，其骛心玄远，及于宇宙之高深，心性之微眇者，则诸家皆无异辞。果其闭门造车，岂皆出而合辙？知必所本者同。所本者何自来？舍大学固莫属也。《墨子·经上》《下》、《经说上》《下》、《大小取》六篇，为古哲学科学所萃。墨子之学，出于史角；史角者，鲁惠公请郊庙之礼于周天子，天子使往，《吕览·当染》。固大学中人也。各引一端之说，虽能各极高深，然厚于此者必薄于彼，势不能无所偏蔽。非有君人南面之学，无以用之。《学记》曰："师也者，所以学为君也。"又曰："能为师，然后能为长；能为长，然后能为君也。"又曰："师无当于五官，五官弗得不治。"又曰："君子曰：大德不官，大道不器。"其为君人南面之学可知。《庄子·天下》曰："天下之治方术者多矣，皆以其有为不可加矣。古之所谓道术者，果恶乎在？曰：无乎不在。"又曰："古之人其备乎？配神明，醇天地，育万物，和天下，泽及百姓，明于本数，系于末度，六通四辟，小大精粗，其运无乎不在。天下大乱，贤圣不明，道德不一，天下多得一，察焉以自好。譬如耳、目、鼻、口，皆有所明，不能相通。犹百家众技也，皆有所长，时有所用，虽然，不该不遍，一曲之士也。"惟无所不苞者，乃能无所偏蔽。哲学之与科学，夫固各有所长也。此等高义，盖非尽人所能领受。然古代大学之教泽，仍有所被甚广者。盖迷信深重之世，事神之道必虔，故礼乐之具必设，其后迷信稍澹，则易为陶淑身心之具矣。梁任公尝游美洲，每星期，必入其教堂，观其礼拜，听其音乐，谓可以宁静六日纷扰之身心也。子夏曰"仕而优则学，学而优则仕"，《论语·子张》。此志也。古去草昧之世近，人皆刚狠好斗，非礼乐无以驯扰之。《周官》大司徒，"以五礼防万民之伪而教之中，以六乐防万民之情而教之和"，虽六国阴谋之书，犹知此义也。欲以礼乐教人者，身渐渍于礼乐，必不可以不深，故设教以此为尤亟。《论语·宪问》："子路问成人。子曰：若臧武仲之知，公绰之不欲，卞庄子之勇，冉求之艺，文之以礼乐，亦可以为成人矣。"四子实高世之材，过人之行，必文之以礼乐而后可以为成人，可见礼乐之重。《学而》："子曰：弟子：入则孝，出则弟，谨而信，泛爱众，而亲仁。行有余力，则以学文。”“则以学文”之文，即“文之以礼乐”之文。自弟子至于成人，壹是皆以礼乐为重，亦古学校设教之遗意也。

门人与弟子，是一是二，昔人议论纷如。予谓门人者，居于门侧之塾者也。盖年较小，如互乡、阙党之童子是也。弟子则年较长，可以升堂，尤亲者则入室。汉人教授尚如是，观《讲学者不亲授》一条可明。

（二三〇）古代学术传授

《管子·宙合》曰：“天地苴万物，故曰万物之橐。宙合之意，上通于天之上，下泉于地之下，外出于四海之外，合络天地，以为一里。散之至于无间，不可名而山，是大之无外，小之无内，故曰有橐天地，其义不传。”案此篇为经传合居一简者。篇首诸语为经，其下乃逐节释之。此释天地万物之橐、宙合有橐天地二语。谓其义不传也，此“传”字，即《公羊》“主人习其读而问其传”之“传”，谓师徒相传授，其义不传，犹《公羊》言无闻焉尔。《墨子·辞过》：“圣人有传天地也，则曰上下四时也；则曰阴阳人情也；则曰男女禽兽也；则曰牝牡雄雌也；真天下之情，虽有先王，不能更也。”此则其义之有传者也。可见古代学术，自有其传授。

（二三一）宦

《汉书·艺文志》言：九流之学，皆出王官之一守。此非汉世去古近，刘向、歆父子又博极群书不能道。近世胡适之力驳之，乃于古事全无所知之瞽说也，而亦有人附和之，异矣。

古书言历代学制，颇为详备，必不能皆属子虚，然从未闻有一人焉，学于学校，而出其所学以致用者，何也？此语习焉不察，则不以为异，一经揭出，未有不瞿然而惊者也。然无足异也。何也？古代之实学，固得之于宦，而非得之于学也。

理事不违，人之求之，则不能无所先后。《学记》曰：“凡学，官先事，士先志。”先志者先求明其理，先事则先求习于事者也。《曲礼》曰：“宦学事师，非礼不亲。”以宦与学对举。《疏》引熊氏曰：“宦谓学仕官之事。”即官先事之谓也。九流皆从事于宦者也。章太炎曰："官人守要，而九流究宣其义，及其发舒，王官所弗能与。"其说最近于实。冰寒于水，非水固无以成冰也。

《论语·先进》:"子路使子羔为费宰。子曰:贼夫人之子。子路曰:有民人焉，有社稷焉，何必读书，然后为学？"此重宦轻学之见。"子曰:是故恶夫佞者"，则谓学自有其用，而疾夫当世之佞者，徒能随事应付，而绝无远大之规，犹贾生言移风易俗，非俗吏之所能为，俗吏之所务，在于刀笔筐箧也。《阳货》:"子之武城，闻弦歌之声。夫子莞尔而笑，曰：割鸡焉用牛刀？子游对曰：昔者偃也闻诸夫子曰：君子学道则爱人，小人学道则易使也。子曰：二三子！偃之言是也。前言戏之耳。"此倪夫子所谓为政不可不学之道邪？此固非凡俗所知。《左氏》襄公三十年，子皮欲使尹何为邑。子产曰：少，未知可否。子皮曰：使夫往而学焉，夫亦愈知治矣。亦子路之见也。昭公十八年言原伯鲁不说学，当亦如此。其所谓学，固与宦对举之学，非该宦言之之学也。

子夏曰:"仕而优则学，学而优则仕。"《论语·子张》。所谓仕，即宦也。理事不违，学之虽可分先后，固不容畸有重轻。然当时之所谓宦者，未必皆能学仕官之事也。宦之义为养。《檀弓》曰:"陈子车死于卫。其妻与其家大夫谋以殉葬。定而后陈子亢至。以告曰：夫子疾，莫养于下，请以殉葬。子亢曰：以殉葬，非礼也。虽然，则彼疾。当养者孰若妻与宰？得已，则吾欲已;不得已，则吾欲以二子者之为之也。于是弗果用。"此所谓养，即宦也。《史记·吕不韦列传》:诸客求宦为嫪毐舍人者千余人。正以司奉养之事,故必居于其舍耳。《汉书·惠帝纪》：帝之立，赐中郎、郎中满六岁爵三级，四岁二级，宦官尚食比郎中，爵五大夫、吏六百石以上及宦皇帝而知名者有罪当盗械者，皆颂系。此宦官及宦皇帝者,即太子家之舍人也。应劭以阉寺释宦官非。《后汉书·宦官传》曰:"中兴之初，宦者悉用阉人。"则先汉固多士人矣。后世宦于士大夫家者曰门生，即古之舍人也。宦而徒以奉养人为事，而不能习于官事，此其所以寖为人所轻欤？

《汉书·马宫传》云:"本姓马矢，宫仕、学，称马氏。"《楼护传》云:"长者咸爱重之。共谓曰：以君卿之才，何不宦、学乎？"以仕、宦与学对举，犹是古义。

（二三二）富教

先富后教之义，孟子阐之最明。《梁惠王》上篇曰：“明君制民之产，必使仰足以事父母，俯足以畜妻子；乐岁终身饱，凶年免于死亡；然后驱而之善，故民之从之也轻。今也制民之产，仰不足以事父母，俯不足以畜妻子；乐岁终身苦，凶年不免于死亡；此惟救死而恐不赡，奚暇治礼义哉？”言民不富则不可教也。《滕文公》上篇曰：“后稷教民稼穑，树艺五谷；五谷熟而民人育。人之有道也，饱食暖衣，逸居而无教，则近于禽兽。圣人有忧之，使契为司徒，教以人伦。”言教必继富之后也。《王制》曰：“食节事时，民咸安其居，乐事劝功，尊君亲上，然后兴学。”亦同斯旨。《论语·先进》：“冉有曰：方六七十，如五六十，求也为之，比及三年，可使足民。如其礼乐，以俟君子。”言富之之时，尚未暇施教也。《尚书大传》曰：“耰钼已藏，祈乐已入，《注》：“祈乐，当为新谷。”岁事已毕，余子皆入学。距冬至四十五日，始出学，传农事。”是虽设学，亦如今之冬学也。《周书·籴匡》篇曰：成年，“余子务艺”，年俭，“余子务穑”。《墨子·七患》篇曰：“凶饥存乎国，士不入学。”是虽设学，遇饥年即罢，而致力于救荒也。

（二三三）六艺

六艺传自儒家，而《七略》别之九流之外，吾昔笃信南海康氏之说，以为此乃刘歆为之；歆欲尊周公以夺孔子之席，乃为此，以见儒家所得，亦不过先王之道之一端，则其所崇奉之《周官经》，其可信据，自在孔门所传六艺之上矣。由今思之，殊不其然。《七略》之别六艺于九流，盖亦有所本。所本惟何？曰：《诗》《书》《礼》《乐》，本大学设教之旧科，邃古大学与明堂同物，《易》与《春秋》，虽非大学之所以教，其原亦出于明堂；儒家出于司徒，司徒者主教之官，大学亦属焉，故其设教，仍沿其为官守时之旧也。

古有国学，有乡学。国学初与明堂同物，别见《学制》条。《王制》曰：“乐正崇四术，立四教，顺先王《诗》《书》《礼》《乐》以造士，春秋教以《礼》《乐》，冬夏教以《诗》《书》。”《诗》《书》《礼》《乐》，追原其朔，盖与神教关系甚深。《礼》者，祀神之仪；《乐》所以娱神；《诗》即其歌辞；《书》则教中典册也。古所以尊师重道，执酱而馈，执爵而酳，袒而割牲，北面请益而弗臣，盖亦以其为教中尊宿之故。其后人事日重，信神之念日澹，所谓《诗》《书》《礼》《乐》，已不尽与神权有关，然四科之设，相沿如故，此则乐正之所以造士也。惟儒家亦然。《论语》："子所雅言，《诗》《书》执《礼》。"《述而》。言《礼》以该《乐》。又曰"兴于《诗》，立于《礼》，成于《乐》"，《泰伯》。专就品性言，不主知识，故不及《书》。子谓伯鱼曰："学《诗》乎？""学《礼》乎？"《季氏》。则不举《书》而又以《礼》该《乐》。虽皆偏举之辞，要可互相钩考，而知其设科一循大学之旧也。

《易》与《春秋》，大学盖不以是设教，然其为明堂中物，则亦信而有征。《礼记·礼运》所言，盖多王居明堂之礼，而曰："王前巫而后史，卜筮瞽侑，皆在左右。"《春秋》者史职，《易》者，巫术之一也。孔子取是二书，盖所以明天道与人事，非凡及门者所得闻。子贡曰："夫子之文章，可得而闻也，夫子之言性与天道，不可得而闻也。"《论语·公冶长》。文章者，《诗》《书》《礼》《乐》之事；性与天道，则《易》道也。孔子之作《春秋》也，"笔则笔，削则削，子夏之徒不能赞一辞"。《史记·孔子世家》。子夏之徒且不能赞，况其下焉者乎？《孔子世家》曰："孔子以《诗》《书》《礼》《乐》教，弟子盖三千焉，身通六艺者七十有二人。"此七十有二人者，盖于《诗》《书》《礼》《乐》之外，又兼通《易》与《春秋》者也。《孔子世家》曰："孔子晚而喜《易》，读《易》，韦编三绝，曰：假我数年，若是，我于《易》则彬彬矣。"与《论语·述而》"加我数年，五十以学《易》，可以无大过矣"合。疑五十而知天命，正在此时。孔子好《易》，尚在晚年。弟子之不能人人皆通，更无论矣。

六艺之名，昉见《礼记·经解》。《经解》曰："孔子曰：入其国，其教可知也。其为人也，温柔敦厚，《诗》教也；疏通知远，《书》教也；广博易良，《乐》教也；絜静精微，《易》教也；恭俭庄敬，《礼》教也；属辞比事，《春秋》教也。故《诗》之失愚，《书》之失诬，《乐》之失奢，《易》之失贼，《礼》之失烦，《春秋》之失乱。"《淮南子·泰族》："《易》之失也卦，《书》之失也敷，《乐》之失也淫，《诗》之失也辟，《礼》之失也责，《春秋》之失也刺。"曰其教，则其原出于学可知也。《繁露·玉杯》曰："君子知在位者之不能以恶服人也，是故简六艺以赡养之。《诗》《书》序其志，《礼》《乐》纯其美，《易》《春秋》明其知。"云以赡养在位者，则其出于大学，又可知也。《繁露》又曰："六学皆大，而各有所长。《诗》道志，故长于质；《礼》制节，故长于文；《乐》咏德，故长于风；《书》著功，故长于事;《易》本天地，故长于数;《春秋》正是非，故长于治人。”《史记·滑稽列传》及《自序》,辞意略同。《滑稽列传》曰:“孔子曰:六艺于治一也。《礼》以节人,《乐》以发和,《书》以道事,《诗》以达意,《易》以神化,《春秋》以道义。”《自序》曰:“《易》著天地阴阳四时五行，故长于变;《礼》经纪人伦，故长于行;《书》记先王之事，故长于政;《诗》记山川溪谷禽兽草木牝牡雌雄，故长于风;《乐》乐所以立，故长于和;《春秋》辨是非，故长于治人。是故《礼》以节人,《乐》以发和,《书》以道事,《诗》以达意,《易》以道化,《春秋》以道义。拨乱世，反之正，莫近于《春秋》。”此孔门六艺之大义也。贾生《六术》及《道德说》,推原六德，本诸道、德、性、神、明、命，尤可见大学以此设教之原。古代神教，固亦自有其哲学也。

《易》本隐以之显,《春秋》推见至隐，二者相为表里，故古人时亦偏举。《荀子·劝学》曰:“学恶乎始?恶乎终?曰:其数则始乎诵经，终乎读《礼》。其义则始乎为士，终乎为圣人。真积力久则入，学至乎没而后止也。故《书》者，政事之纪也;《诗》者，中声之所止也;《礼》者，法之大分，群类之纲纪也。故学至乎《礼》而止矣，夫是之谓道德之极。《礼》之敬文也,《乐》之中和也,《诗》《书》之博也,《春秋》之微也,在天地之间者毕矣。”古人诵读,皆主《诗》《乐》。详见《癸巳存稿·君子小人学道是弦歌义》。始乎诵经，终乎读《礼》，乃以经该《诗》《乐》，与《礼》并言，犹言兴于《诗》，立于《礼》也。下文先以《诗》《书》并言，亦以《诗》该《乐》。终又举《春秋》而云在天地之间者毕，可见《春秋》为最高之道。不言《易》者，举《春秋》而《易》该焉，犹《史记·自序》，六经并举，侧重《春秋》，非有所偏废也。《孟子》一书，极尊崇《春秋》，而不及《易》，义亦如此。《荀子·儒效》“《诗》言是其志也,《书》言是其事也,《礼》言是其行也,《乐》言是其和也,《春秋》言是其微也”，与《贾子书·道德说》“《书》者此之著者也,《诗》者此之志者也,《易》者此之占者也,《春秋》者此之纪者也,《礼》者此之体者也,《乐》者此之乐者也”，辞意略同，而独漏《易》，可见其系举一以见二，非有所偏废也。《汉书·艺文志》:“六艺之文:《乐》以和神，仁之表也;《诗》以正言，义之用也;《礼》以明体，明者著见，故无训也;《书》以广听，知之术也;《春秋》以断事，信之符也。五者，盖五常之道，相须而备，而《易》为之原。故曰《易》不可见，则乾坤或几乎息矣，言与天地为终始也。至于五学，世有变改，犹五行之更用事焉。”以五经分配五行，虽不免附会，然其独重《易》，亦可与偏举《春秋》者参观也。

《庄子·徐无鬼》:“女商曰:吾所以说吾君者，横说之则以《诗》《书》《礼》《乐》,从说之则以《金版六弢》。”《金版六弢》,未知何书,要必汉代金匮石室之伦,自古相传之秘籍也。《太史公自序》:“余闻之先人曰:伏羲至纯厚,作《易》八卦;尧舜之盛,《尚书》载之，礼乐作焉;汤武之隆，诗人歌之;《春秋》采善贬恶，推三代之德，褒周室，非独刺讥而已也。”上本之伏羲、尧、舜、三代，可见六艺皆古籍，而孔子取之。近代好为怪论者，竟谓六经皆孔子所自作，其武断不根,不待深辩矣。《论衡·须颂》:“问说《书》者，钦明文思以下，谁所言也？曰：篇家也。篇家谁也？孔子也。”此亦与《史记》谓孔子序《书传》之意同，非谓本无其物，而孔子创为之也。不可以辞害意。

《庄子·天下》曰:“以仁为恩，以义为理，以礼为行，以乐为和，薰然慈仁，谓之君子。”又曰:“古之人其备乎？配神明，醇天地，育万物，和天下，泽及百姓。明于本数，系于末度，六通四辟，小大精粗，其运无乎不在。其明而在度数者，旧法世传之史，尚多有之；其在于《诗》《书》《礼》《乐》者，邹鲁之士、搢绅先生，多能明之。《诗》以道志,《书》以道事,《礼》以道行,《乐》以道和,《易》以道阴阳,《春秋》以道名分。其数散于天下而设于中国者，百家之学，时或称而道之。”以仁为恩指《诗》，以义为理指《书》，所谓薰然慈仁之君子，即学于大学之士也。此以言乎盛世。至于官失其守，则其学为儒家所传，所谓邹鲁之士、搢绅先生者也。上下相衔，“诗以道志”二十七字，决为后人记识之语溷入本文者。《管子·戒篇》:“博学而不自反，必有邪。孝弟者，仁之祖也。忠信者，交之庆也。内不考孝弟，外不正忠信。泽其四经，而诵学者，是亡其身者也。”尹《注》:“四经，谓《诗》《书》《礼》《乐》。”其说是也。古所诵惟《诗》《乐》，谓之经，后引伸之，则凡可诵习者皆称经。《学记》:“一年视离经辨志。”经盖指《诗》《乐》，志盖指《书》，分言之也，《管子》称四经，合言之也。可见《诗》《书》《礼》《乐》，为大学之旧科矣。旧法世传之史，盖失其义，徒能陈其数者。百家之学，皆王官之一守，所谓散于天下，设于中国，时或称而道之者也。亦足为《诗》《书》《礼》《乐》出于大学之一旁证也。《商君书·农战》:“《诗》、《书》、《礼》、《乐》、善、修、仁、廉、辩、慧，国有十者，上无使守战。”亦以《诗》《书》《礼》《乐》并举。

《诗》《书》《礼》《乐》《易》《春秋》,自人之学习言之,谓之六艺;自其书言之,谓之六经。《经解》及《庄子·天运》所言是也。《天运》曰:“孔子谓老聃曰:

丘治《诗》《书》《礼》《乐》《易》《春秋》六经。老子曰：夫六经，先王之陈迹也，岂其所以迹哉？”亦可见六经确为先王之故物，而孔子述之也。《庄子·天道》：“孔子西藏书于周室，翻十二经以说。”十二经不可考，《释文》引说者云：“六经加六纬。”“一说《易》上下经并十翼。”又一云“《春秋》十二公经”。皆未有以见其必然也。

六艺有二：一《周官》之礼、乐、射、御、书、数，一孔门之《诗》《书》《礼》《乐》《易》《春秋》也。信今文者，诋《周官》为伪书，信古文者，又以今文家所称为后起之义；予谓皆非也。《周官》虽六国阴谋之书，所述制度，亦必有所本，不能凭空造作也。《吕览·博志》：“养由基、尹儒，皆文艺之人也。”文艺，一作六艺。文艺二字，古书罕见，作六艺者盖是。由基善射，尹儒学御，称为六艺之人，此即《周官》之制不诬之证。予谓《诗》《书》《礼》《乐》《易》《春秋》，大学之六艺也；礼、乐、射、御、书、数，小学及乡校之六艺也。何以言之？曰：《周官》大司徒“以乡三物教万民而宾兴之。三曰六艺，礼、乐、射、御、书、数”，此乡校之教也。“保氏养国子以道，乃教之六艺：一曰五礼，二曰六乐，三曰五射，四曰五驭，五曰六书，六曰九数”，此小学之教也。《论语》：“子曰：吾何执？执御乎？执射乎？吾执御矣。”《子罕》。谦，不以成德自居，而自齿于乡人也。六艺虽有二义，然孔门弟子，身通六艺，自系指大学之六艺而言。不然，当时乡人所能，孔门能通之者，必不止七十二人也。

《管子·山权数》：管子曰：有五官技。“桓公曰：何谓五官技？管子曰：《诗》者，所以记物也；时者，所以记岁也；《春秋》者，所以记成败也；行者，道民之利害也；《易》者，所以守凶吉成败也；卜者，卜凶吉利害也。民之能此者，皆一马之田，一金之衣，此使君不迷妄之数也。六家者，即见其时，使豫，先蚤闻之日受之。故君无失时，无失策；万物兴丰无失利；远占得失，以为末教。《诗》记人无失辞，行殚道无失义，《易》守祸福凶吉不相乱，此谓君棅。”上云五官，下云六家，盖卜、易同官也。此与《诗》《书》《礼》《乐》《易》《春秋》，大同小异。盖东周以后，官失其守，民间顾有能通其技者，管子欲利田宅美衣食以蓄之也。此亦王官之学，散在民间之一证。

《新学伪经考》曰：史迁述六艺之序，曰《诗》《书》《礼》《乐》《易》《春秋》，西汉以前之说皆然，盖孔子手定之序。刘歆以《易》为首，《书》次之，《诗》又次之，后人无识，咸以为法。此其颠倒六经之序也。以此为刘歆大罪之一。《史记经说足证伪经考》《汉书艺文志辨伪下》。案《汉志》之次，盖以经之先后。《易》本伏羲，故居首;《书》始唐尧，故次之;以为颠倒六经之序，殊近深文。谓《诗》《书》《礼》《乐》《易》《春秋》之序，为孔子手定，亦无明据。予谓《诗》《书》《礼》《乐》，乃大学设教之旧科，人人当学，故居前;《易》《春秋》义较深，闻之者罕，故居后。次序虽无甚关系，然推原其朔，自以从西汉前旧次为得也。

（二三四）原易

宋人以图书言《易》，清之治汉学者力排之，其实此乃汉人旧说也。《汉书·五行志》载刘歆之言曰："虙牺氏继天而王，受《河图》，则而画之，八卦是也。禹治洪水，得《洛书》，法而陈之，《洪范》是也。"八卦五行，原出图书，说始于此。张衡《东京赋》："龙图授羲，龟书畀姒。"《三国·魏志注》载辛毗等劝进表："河洛之书，著于《洪范》。"皆出刘歆之后。《论衡·正说》曰："说《易》者皆谓伏羲作八卦，文王演为六十四。夫圣王起，河出图，洛出书;伏羲王，《河图》从河水中出，《易》卦是也；禹之时，得《洛书》，书从洛水中出，《洪范》九章是也。故伏羲以卦治天下；禹按《洪范》，以治洪水。古者烈山氏之王得河图，夏后因之曰《连山》。烈山氏之王得河图，殷人因之曰《归藏》。伏羲氏之王得河图，周人曰《周易》。疑夺"因之"二字。其经卦皆六十四。文王、周公因《彖》十八章究六爻。世之传说《易》者，言伏羲作八卦，不实其本，则谓伏羲真作八卦也。伏羲得八卦，非作之;文王得成六十四，非演之也。演作之言，生于俗传。苟信一文，使夫真是几灭不存。既不知《易》之为河图，又不知存于俗何家《易》也。"伏羲画卦，文王重卦，西汉以前无异说。见下。仲任此言，盖因《周官》大卜三易，"其经卦皆八，其别皆六十有四"之文，以驳今学家之说也。"河出图，洛出书，圣人则之"，见《易大传》。"子曰：凤鸟不至，河不出图，吾已矣夫！见《论语》《子罕》。"山出器车，河出马图"，见《礼记·礼运》。皆仅以为瑞应，未尝谓与八卦有关。刘歆凿言画卦系则《河图》，陈范系法五行，业已穿凿无据，然犹仅云则之法之而已。《论衡·自然》曰："或曰：太平之应，河出图，洛出书，不画不就，不为不成。天地出之，有为之验也。张良游泗水之上，遇黄石公授太公书，盖天佐汉诛秦，故命令神石，为鬼书授人，复为有为之效也。曰：此皆自然也。夫天安得以笔墨而为图书乎？天道自然，故图书自成。晋唐叔虞、鲁成季友生，文在其手，故叔曰虞，季曰友。宋仲子生，有文在其手，曰为鲁夫人。三者在母之时，文字成矣，而谓天为文字，在母之时，天使神持锥笔墨刻其身乎？自然之化，固疑难知。外若有为，内实自然。是以太史公纪黄石事，疑而不能实也。”则竟谓八卦五行，具于图书，而伏羲等特从而誊录之矣。自谓得理之衷，而不知其荒怪更甚也。

《易大传》曰：“古者包牺氏之王天下也，仰则观象于天，俯则观法于地；观鸟兽之文，与地之宜；近取诸身，远取诸物；于是始作八卦，以通神明之德，以类万物之情。”《含文嘉》曰：“伏牺德合上下，天应以鸟兽文章，地应以《河图》《洛书》。伏牺则而象之，乃作八卦。”《周易正义·八论》引。说本于此。则而象之，即“观象于天，观法于地”之意，亦即“河出图，洛出书，圣人则之”之意，乃取其义，非袭其文也。《易》之卦画，盖由来甚旧，其原当出于邃古之世。一以象男阴，一以象女阴。其后推而广之，则凡物有阳刚之性者，皆表之以一；有阴柔之性者，皆表之以一。此已略有抽象及分类之意。然画形只有两种，无以尽物性之纷纭，乃又推而广之，以一与一相妃，重之而至于三，古以三为多数。则☰可以表纯阳，☷可以表纯阴；☵可以表内刚外柔，☲可以表内柔外刚；☱、☴、☶、☳等，亦各有所象；向之于物，只可分为两类者，今乃可分为八类，则于物情益悉矣。《说卦·乾》为天为父，《坤》为地为母云云，盖即此时之遗说，所谓“以类万物之情”也。曰“以通神明之德”者，“物得以生谓之德”。《庄子·天下》。人受气于天，受形于地，所谓德也。万物皆一气所成，积阳为天，积阴为地，元与为人之冲气非异物，《礼运》曰：“体魄则降，知气在上。”《祭义》曰：“骨肉毙于下阴为野土，其气发扬于上为昭明。”昭明之气即知气，天之属也。骨肉则体魄，地之属也。合此二气以成万物，则所谓“万物负阴而抱阳，冲气以为和”也。故万物之情得，而神明之德，亦可通矣。此等说，自今日观之，诚亦了无足异，然在当日，必博观万汇，遗其形而求其理，而后能得之，故《易大传》盛称之也。古代有所创造，率以归诸其时之帝王。八卦诚不必伏牺所画，要必出于伏牺之世，如《周易》之出于周室者然。此于古代哲学，大有关系。以为仰观俯观近取远取所得，于理甚通；以为录自《河图》，则了无意义矣。古学家之好怪如此，后人顾或以纯正称之，不亦翩反矣乎？《隋书·经籍志》论图谶曰：“起王莽好符命，光武以图谶兴，遂盛行于世。汉时，又诏东平王苍正五经章句，皆命从谶。俗儒趋时，益为其学，篇卷第目，转加增广。

言五经者，皆凭谶为说。唯孔安国、毛公、王璜、贾逵之徒独非之，相承以为袄妄，乱中庸之典。故因汉鲁恭王、河间献王所得古文，参而考之，以成其义，谓之古学。当世之儒，又非毁之，竟不得行。魏代，王肃推引古学，以难其义。王弼、杜预从而明之，自是古学稍立。至宋大明中，始禁图谶”云云，一似谶专与今学为缘者，殊不知谶所由起之王莽，即附会古学之始祖也。专好引谶之郑玄，名为兼用今古，实则偏重古学者也。今学似语怪，古学似不然者，如《诗传》称圣人皆无父，感天而生；而《毛传》释《生民》诗独言从祀高禖，不取履大人迹之说是。此好古学者所借口也。殊不知此等乃古说而《诗》家传之，与谶书之造作妖言者大异。古学家不知此说，正见其学无传授耳。

西汉人说《易》者：《史记·周本纪》曰：“西伯盖即位五十年。其囚羑里，盖益《易》之八卦为六十四卦。”《自序》：“昔西伯拘羑里，演《周易》。”《报任安书》：“文王拘而演《周易》。”《孔子世家》曰：‘‘孔子晚而喜《易》，序《彖》《系》《象》《说卦》《文言》。”《日者列传》曰：“伏羲作八卦，周文王演三百八十四爻。”《汉书·艺文志》曰：“《易》曰：宓牺氏仰观象于天，俯观法于地，观鸟兽之文，与地之宜，近取诸身，远取诸物，于是始作八卦，以通神明之德，以类万物之情。至于殷、周之际，纣在上位，逆天暴物，文王以诸侯顺命而行道，天人之占，可得而效，于是重《易》六爻，作上下篇。案此亦今文《易》说也。《易大传》曰：“于稽其类，其衰世之意邪？”又曰：“《易》之兴也，其于中古乎？作《易》者，其有忧患乎？”又曰：“《易》之兴也，其当殷之末世，周之盛德邪？当文王与纣之事邪？”皆与此说合。故知西汉人谓伏羲画卦，文王重卦，皆系相传旧说也。孔氏为之《彖》《象》《系辞》《文言》《序卦》之属十篇。此语讹误。见下。故曰：《易》道深矣，人更三圣，世历三古。”《扬雄传》载雄《解难》之辞曰：“宓牺氏之作《易》也，绵络天地，经以八卦。文王附六爻。孔子错其象而彖其辞。”《论衡·谢短》曰：“先问《易》家：《易》本何所起？造作之者为谁？彼将应曰：伏羲作八卦，文王演为六十四，孔子作《彖》《象》《系辞》，三圣重业，《易》乃具足。”皆与《正说》所引说《易》者之言，如出一口。又《正义·八论》引《乾凿度》曰：“垂皇策者牺，卦道演德者文，成命者孔。”《通卦验》曰：“苍牙通灵昌之成，孔演命，明道经。”说亦并同。其时古文说未出也，然则伏羲画卦，文王重卦，孔子系辞，殆西汉以前之公言也。此说揆以理，证以事，有不可通者。《易》为筮书，其缘起当甚古，不应至文王时始行重卦。《乾凿度》曰“垂皇策者牺”，则伏牺固以《易》筮矣，岂专筮八卦邪？古学家以三《易》分属三代，或归诸神农、黄帝，固无确据，然《礼运》载孔子之言曰："我欲观殷道，是故之宋，而不足征也，吾得《坤乾》焉。"《坤乾》谓指八卦，自不如谓指六十四卦之首《坤》者为得。《公羊疏》一引《春秋说》曰："孔子欲作《春秋》，卜得《阳豫》之卦。宋氏曰：夏、殷之卦名也。"纬多用今文说，亦今文家谓文王之前已有重卦之一证。卜筮二字，对文则别，散文则通。龟书不称卦，此非指龟卜也。则文王重卦之说，有可疑也。《彖》《象》《说卦》，皆不类春秋时物，今即措勿论，《卦》《爻辞》亦断难指为孔子作。一则文义相去太远，一则前此筮者，不应竟无繇辞也。则孔子系辞之说，亦有可疑者也。

案《淮南·要略》云："八卦可以识吉凶，知祸福矣，然而伏羲为之六十四变，周室增以六爻。"文王重卦，先汉诸儒，既无异辞，《淮南》亦出汉初，不应独立异说。今案《孔子世家》云："序《书传》。"又曰："序《彖》《系》《象》《说卦》《文言》。"序者，次序之谓，原不谓其辞为孔子所自作。然则《彖》《系》《象》《说卦》《文言》，盖皆《周易》之旧，孔子特序而存之尔。《周本纪》益八卦为六十四卦，与《日者列传》演三百八十四爻之语，盖辞异而意同，乃主爻辞言，非谓前此只有八卦，至此乃有六十四卦，三百八十四爻也。《易》之爻辞，诚未必文王作，然古人于一代文物，既皆以归诸其时之帝王，则以《周易》之爻辞为文王作，亦犹之道家言之称黄帝，兵家言之称太公耳，其无足怪。文王重卦之疑既释，孔子系辞之难，亦可随之而解。何者？谓《彖》《系》《象》《说卦》《文言》，皆孔子所作，则不可通；谓为固有之物，而孔子从而序之，则本无可疑也。故今学家相传之说，实极平正也。

《易正义·八论》云："《彖》《象》等十翼之辞，以为孔子所作，先儒更无异论。但数十翼亦有多家。既文王《易经》本分为上下二篇，则区域各别，《彖》《象》《释卦》，亦当随经而分，故一家数十翼，云：《上彖》一、《下彖》二、《上象》三、《下象》四、《上系》五、《下系》六、《文言》七、《说卦》八、《序卦》九、《杂卦》十。郑学之徒，并同此说。故今亦依之。"案数十翼，云有多家，可见郑学之徒，所说未为定论，惜乎疏家之未遍举也。今之《系辞》，据《释文》，王肃本实有传字。案《太史公自序》，引一致百虑，同归殊途之语，称《易大传》；又今《系辞》中屡称系辞及辞，皆指卦爻等辞言；则王肃本是也。传为孔门弟子所作，皆记孔子之言，不得为孔子所序。先汉旧说，既以《彖》《系》《象》《说卦》《文言》，并归孔子，则此即所谓十翼。《系》苞卦爻辞言，与《彖》《象》俱分上下，合《说卦》《文言》，其数正十也。《汉志》云："孔子为之《彖》《象》《系辞》《文言》《序卦》之属十篇。"序疑说字之讹。《儒林传》云：费直《易》"无章句，徒以《彖》《象》《系辞》十篇《文言》解说上下经"。十篇二字，疑当在文言下，而夺说卦二字也。《序卦》《杂卦》亦传之属，不当云孔子作。《杂卦》取备列卦名，以便记诵；《序卦》以见卦之次第。《汉志》：施、孟、梁丘三家经十二篇。窃疑如予十翼之说而加此两篇也。二篇亦传，而总称经十二篇者，古经传本不严别，但论其为谁作，则传不当附之孔子耳。

《论衡·谢短》《正说》皆云宣帝时，河内女子得《易》，而《易》益一篇，说不足信，见《大誓后得》条。《隋志》以《说卦》当之，益缪矣。《汉志》明言秦燔书，《易》为卜筮之事，传者不绝，岂有失其一篇之理？即如古文家言，亦不过云或脱去无咎悔亡而已。《法言·问神》："或曰：《易》损其一也，虽惷知阙焉，至《书》之不备过半矣，而习者不知，惜乎《书序》之不如《易》也。曰：彼数也，可数焉故也。如《书序》，虽孔子，亦末如之何矣。"此乃设辞，言《书序》之不如《易》，非谓《易》真有阙也。

三《易》之说：《易·八论》曰："杜子春云：《连山》伏牺，《归藏》黄帝。郑玄《易赞》及《易论》云：夏曰《连山》，殷曰《归藏》，周曰《周易》。"而其注《周官》，但引杜子春之说。答赵商云："非无明文，改之无据，故著子春说而已；近师皆以为夏、殷、周。"见《周官疏》。窃疑《论衡·正说》之文，第二烈山氏，当作黄帝氏号，即康成所谓近师之说。推其本，以《连山》属神农，《归藏》属黄帝；语其末，则以《连山》属夏，《归藏》属殷也。《周易》本于伏牺，明见《易大传》，子春以《连山》属伏牺，似非是；此说以神农号烈山氏，而以连山归之，似较近理。康成释《连山》曰："似山出纳气变也。"释《归藏》曰："万物莫不归而藏于其中。"《大卜注》。《八论》曰："郑释云：连山者，象山之出云，连连不绝。"《三国·魏志·高贵乡公纪》："博士淳于俊曰：似山出内气，连天地也。"俊亦为郑学者也。皆以义言之。案《易纬》云："因代以题周。"见《八论》。则以《连山》属神农，似较郑义为得。然黄帝无《归藏》之称，后人称黄帝为归藏氏，正以汉人以《归藏易》属诸黄帝耳。则郑说亦未尝不可用也。要皆无明据耳。

郑氏谓《连山》首《艮》，未知何据。其谓殷《易》首《坤》，盖据《礼运》"吾得《坤乾》"言之。《礼运注》云："其书存者有《归藏》。"则郑时确有其书，然《汉志》

不载。《正说》云："不知存于俗何家《易》。"则当时俗所谓《易》者，不止一家。筮术通行民间，理固宜然也。然则《连山》当时或亦有书，首《艮》之言，亦目验而知之欤？《汉志》不载者，民间卜筮之书，中秘固不能尽备欤？抑在蓍龟家《蓍书》二十八卷中欤？《汉志》无《归藏》，而《隋志》有之，其通行民间之《易》，复登中秘者欤？抑后人所伪造欤？皆不可知矣。

今学家说经，诚亦不能无误，然多本之传说。传说虽误，自有其径路可寻，依其径而求之，而真象可见矣。古学家之说，则多出于臆度。臆度之说，往往偏据一端；就此一端观之，似亦甚为有理，而一经博考，往往缪以千里，此考据之所以终不能作为事实也。况乎汉代古学家之臆度，尚未足以语于考据邪？予昔撰《中国文字变迁考》，考见仓颉为黄帝史官之说，全出东汉人附会，绝不足信，即其一事。以神农号烈山氏，而以《连山易》属之；因殷《易》首《坤》，乃释《归藏》之义为万物莫不归藏于其中；又因道家重阴，又多自托于黄帝，乃以《归藏》属之，以与《连山》之属神农相耦；皆若是而已矣。即郑亦自言其无据矣。东汉以后，异说纷纷，具见于《易·八论》。王辅嗣等以为伏牺重卦，盖即《论衡》之说。郑玄等以为神农重卦，盖因神农承伏牺后，故以重卦归之。孙盛以为夏禹重卦，盖以三《易》分属三代，而禹为三代首出之君也。旧说以为文王重卦，故以《卦辞》《爻辞》并归之。马融、陆绩，分别《卦辞》文王，《爻辞》周公，亦即《论衡》"文王、周公因《彖》十八章究六爻"之说。盖以三《易》之说，出于《周官》，而《周官》古学家以为周公之书故也。凡诸异说，一一可以推厥由来，知其所由来，而其出于附会可见矣。

（二三五）易大义

《易正义·八论》引《乾凿度》曰："易一名而含三义：所谓易也，变易也，不易也。"此《易》之大义也。道家自称为君人南面之学，而讥诸家皆仅效一节之用，其言曰："无成势，无常形，故能究万物之情。"又曰："圣人不朽，时变是守。"其实此乃变易一义耳。《汉书·艺文志》，以《诗》《书》《礼》《乐》《春秋》为五常之道，相须而备，而《易》为之原，与天地相终始。五学世有变改，犹五行之更用事，则儒家亦自有君臣矣。今人亦张变易之说，力攻昔人言天经地义之诬。其实天下事自其变者而观之，则不舍昼夜；自其不变者而观之，则亘古如兹。执必变之事以为不变之道固非，然因此遂谓不变之道为无有则亦缪不然。试问所谓变易者，为变乎？为不变乎？故知崇一端之论者皆偏，变易必兼不易言之，义始该备也。

易者简易，谓莫之为而为，莫之致而致也。浅演之世，恒谓天地万物，皆有一神焉以主之，是为有为之法。有为之法，不能无息，正犹机之不能恒动。莫之为而为，莫之致而致，则不然矣。所谓通精无门，藏神无穴，不烦不扰，澹泊不失也。此有神与无神之别也。

康成依《易纬》作《易赞》及《易论》。及释《周易》，则不用纬说，而云："易道周普，无所不遍。"盖其释三《易》，不以《连山》《归藏》为代名，故云然。然如所说，则周字之义，已具于变易中矣。何待更为辞费？故知旧说不可易也。

（二三六）论今文易

关于《易经》，余个人尚有一意见。余以为中国古代学问无论何家，其根源盖无不相同，至少亦极接近，世无凭空创造之学说，必有其渊源可寻，古代学术盖皆以《易经》等书为根据，故胡渭并不驳易图之误，只能证其为道家所出耳。方东树所著《汉学商兑》反对汉学颇有偏见，但自谓河图洛书，只能证明非出儒家，不能谓其与不合，其言甚是，故吾意儒道不能分也。根据此理，可知古时各家学说，盖完全相通，汉之今文《易》今虽全佚，依此道亦可辑出其一部分，余曾思得一着手处，即《淮南子》有《原道训》一篇，据《汉书注》，此为淮南子易九师所著成，颇似汉之今文《易》，因其与《易纬》多相同也。《易纬》诚系假书，惟必有所本，造《易纬》时古文尚未出世，故除荒诞处不足信外，殆全与今文《易》相合，《易纬》既似今文《易》，而《原道训》似《易纬》，是即《原道训》为今文《易》矣。若假定《原道训》为今文《易》之经说，自此出发，合此者辑出之，则今文《易》或有重现之望，亦未可知。

（二三七）左氏不传春秋上

《史记·十二诸侯年表》云："孔子明王道，干七十余君，莫能用，故西观周室，论史记旧闻，兴于鲁而次《春秋》，上记隐，下至哀之获麟，约其辞文，去其烦重，以制义法，王道备，人事浃。七十子之徒口受其传指，为有所刺讥褒讳挹损之文辞不可以书见也。鲁君子左丘明惧弟子人人异端，各安其意，失其真，故因孔子史记具论其语，成《左氏春秋》。铎椒为楚威王傅，为王不能尽观《春秋》，采取成败，卒四十章，为《铎氏微》。赵孝成王时，其相虞卿上采《春秋》，下观近世，亦著八篇，为《虞氏春秋》。吕不韦者，秦庄襄王相，亦上观尚古，删拾《春秋》，集六国时事，以为《八览》《六论》《十二纪》，为《吕氏春秋》。及如荀卿、孟子、公孙固、韩非之徒，各往往捃摭《春秋》之文以著书，不可胜纪。汉相张苍历谱五德，上大夫董仲舒推《春秋》义，颇著文焉。太史公曰：儒者断其义，驰说者骋其辞，不务综其终始；历人取其年月，数家隆于神运，谱牒独记世谥，其辞略，欲一观诸要难。于是谱十二诸侯，自共和讫孔子，表见《春秋》《国语》学者所讥盛衰大指著于篇，为成学治古文者要删焉。”此语出于武帝之世，今古学之争未兴以前，实堪考见《春秋》信史。汉博士谓左氏不传《春秋》；而治古学者，如刘歆、陈元之徒，执之甚固。近人信今文说者，谓史公《自序》云“左丘失明，厥有《国语》”，其《报任安书》亦云；下文又曰“左丘明无目”，则宋祁所见越本、王念孙所见景祐本及《文选》，皆无明字；《读书杂志》。而《论语》巧言令色足恭一章，《集解》录孔安国《注》，则此章亦出《古论》；《新学伪经考》。因谓有左丘而无左丘明，有《国语》而无《春秋左氏传》。予昔亦持此说，由今思之，古学家伪造《春秋左氏传》，必不至误所托者之姓名。称名不具，古所时有；《十二诸侯年表》之文，亦无伪窜确据；则谓“有左丘而无左丘明”者殆非，然谓“有《国语》而无《春秋左氏传》”，则殆是也。

同一时代之人，所著之书，体例必大略相似。知史事之可贵，如实叙述，以诒后人，殆先秦之人所未知；其时著书，引用史事，大抵杂以已见者耳。诸子书引史事，明著《春秋》之名者有三：周、燕、宋、齐之《春秋》，见于《墨子》；《桃左春秋》，见于《韩非》；又《韩非》《管子》，皆引《春秋》之记云云，皆以明义，非以记事。此外不明言为《春秋》，而按其文，可知为出于《春秋》者甚多，其体例大抵相同。铎椒、虞卿、公孙固之书已亡，吕不韦、荀卿、孟子、韩非之书具在，可覆按也；《史记·虞卿列传》：“不得意，乃著书，上采《春秋》，下观近世，曰《节义》《称号》《揣摩》《政谋》，凡八篇。以刺讥国家得失，世传之曰《虞氏春秋》。”似亦《吕氏春秋》类也。皆所谓断其义，骋其辞，不务综其终始者也。若有如今之《左氏》者，则固已综其终始，具其年月世谥矣。史公安得一笔抹杀，自专要删之功。孔子生其时，见地安得独异。然今《春秋》体例，实与孟、荀、管、韩、墨翟、吕不韦之书大异，何哉？曰：借史事以明义有两法：一则明著其说，一则著其事而隐其说。由前之说，孟、荀、管、韩、墨翟、吕不韦之书以之；由后之说，孔子之《春秋》以之。《春秋》虽改旧史之文，其体例实一仍《不修春秋》之旧，子女子所谓以《春秋》为《春秋》也。孔子之修《春秋》，所以独隐其说者，盖以其兴于鲁，所刺讥褒讳挹损者，皆其邦之大夫，主人得以习其读而问其传，故不得不微其辞也。铎椒为楚威王傅，采取成败，以备王之鉴观，盖亦多引本国事，故其书以“微”称，然则铎氏之志，其犹孔氏之志欤？惜其书之不可见也。《汉书·艺文志》有《铎氏微》三篇。又有《左氏微》二篇，《张氏微》十篇，《虞氏微传》二篇，盖皆妄人所为。

古史记多称语，史公此文称丘明所著曰《左氏春秋》，而其《自序》及《报任安书》称为《国语》。此文前称诸家所著书多曰《春秋》，而后以《春秋》《国语》并举，则《左氏春秋》一名《国语》，犹《吕氏春秋》一名《吕览》也。《国语》者，记君卿大夫之事，异乎东野人之言，所谓“国闻”也。“为成学治古文者要删焉”，《集解》：“徐广曰：一云治国闻者也。”案“国闻”二字罕见，非伪窜者所能造，恐“古文”二字系传讹，“国闻”二字则原文也。传必与经相附丽，独《左氏》不然，且孔子之修《春秋》，其文虽沿自史官，其义法则实为一家所独具，非口受其传指不能知；弟子果安意失真，即具论其语何益。今案弟子之传《春秋》，盖独传其义。传其义者，固非全不论事，然所重不在此，特取足以说明其义而止矣。如是辗转传述，义虽仍在而事则易以失真，故因孔子史记而具论之。所虑其失真者，在史事而不在孔子所修《春秋》之义法也。其所论者，虽为孔氏之史记，其书则全与《春秋》无涉，故曰“左氏不传《春秋》”也。

或曰：“古语字有二解：称史记固曰语，称人之言语亦曰语，如《论语》《家语》是也。《礼记·文王世子》：“语曰：乐正司业，父师司成，一有元良，万国以贞。”此语必不能谓为记事之语，亦《论语》《家语》之类也。安知史公所谓具论其语者，为史记之语而非言语之语乎？《左氏春秋》或与《国语》为两书，《国语》所记之事，虽多与《春秋》相同，其书实与《春秋》无涉；至《左氏春秋》，则实与孔子之书相附丽，《春秋》有一条者，《左氏》亦必有一条，所谓因孔子史记也。史记二字即指《春秋》言。具论其语，或所论者，竟为孔子之言语，故可正弟子之安意而失真。如是，则《左氏春秋》实可称为《春秋》之传，然其书已亡，刘歆等乃又据《国语》造作也。”此说亦似有理，然有不可通者。谓语为孔子之语，则所谓刺讥褒讳挹损之文，既已笔之于书矣，孔子所微，其辞弟子所不敢显然著之于传者，丘明独敢奋然为之，何其勇也？若谓语即史记，丘明具论之，一一与孔子所修《春秋》相附，如《韩非》之《储说》者，然则其书当附丽于《春秋》，不当自为一书称《左氏春秋》或《国语》矣，故此说亦不中情也。

（二三八）左氏不传春秋中

《东塾读书记》云：汉博士谓左氏不传《春秋》；晋王接谓《左氏》自是一家书，不主为经发。近时刘申受云：《左氏春秋》犹《晏子春秋》《吕氏春秋》也；冒曰《左氏春秋传》，则东汉以后之以讹传讹者矣。澧案：《汉书·翟方进传》云：方进虽受《谷梁》，然好《左氏传》。此西汉人明谓之《左氏传》矣。或出自班孟坚之笔，冒曰《左氏传》与？然翟方进受《谷梁》而好《左氏》，《谷梁》是传，则《左氏》非传而何哉？《左传》记事者多，解经者少，汉博士以为解经乃可谓之传，故云左氏不传《春秋》。然伏生《尚书大传》，不尽解经也，左氏依经而述其事，何不可谓之传？且左氏作《国语》，自周穆王以来，分国而述其事；其作此书，则依《春秋》编年，以鲁为主，以隐公为始，明是《春秋》之传；如《晏子春秋》《吕氏春秋》，则虽以讹传讹，能谓之《春秋晏氏传》《春秋吕氏传》乎？”《东塾读书记》卷十。愚案：谓《左氏》记事与经相附，是也，然记事与经相附，不可遂为之传也。传自当以解经为主，而所谓解经，非必句梳字栉，但泛言义理者皆是，且尤为可贵。伏生《书传》，正是其例。《左氏》记事，以鲁为主，盖其书与《不修春秋》，同出于鲁人，亦或本与《国语》为一书，刘歆析为编年，而改其语气也。以隐公为始，似与《春秋》相附矣，然则何不以获麟为终乎？又安知鲁之有史，或其史之记年，非始于隐公乎？《翟方进传》语，不徒其词出于后人，即其事之可信与否，亦难质言也。

陈氏亦信《左氏》有后人附益之说，而引《公羊》之子沈子、子司马子为况，则又非也。《公羊》之子沈子、子司马子，皆传《春秋》之学者，在孔门为后学，在汉世为先师，一脉相承，确有传授，与无所受而以意为说者，安得强同？陈氏又以《左氏》一书，言日月例者惟二条，断其为依放《公》《谷》；书法不通者，如公子遂、叔孙侨如之舍族，强说为尊夫人，断其为后人所附益，则甚确。然此皆引传文以解经者之所为，《汉书·楚元王传》。见下。并不得以插注其处者为刘氏段相况也。杜氏《集解序》云："古今言《左氏春秋》者，引《公羊》《谷梁》，适足自乱。"《孔疏》叙云："前汉传《左氏》者，有张苍、贾谊、尹咸、刘歆，后汉有郑众、贾逵、服虔、许惠卿之等，各为诂训，然杂取《公羊》《谷梁》，以释《左氏》。"案张苍、贾谊、尹咸等，传《左氏》书否，殊不可知；即谓知之，亦所谓传训诂之流耳。引传文以解经者，必始于刘歆；东汉治《左氏》者，皆袭其法，至杜氏乃破之也。观此知以记事重《左氏》者，乃后起之说，其初自谓非解经即不足为传，故有此矫揉造作也。

俞理初《癸巳类稿》云："《汉书·艺文志》云《春秋古经》十二篇，《左氏传》三十卷，此官书，就所得经传各本也；其经十一卷，则两家立学官书，与《左氏》无涉。《儒林传》云贾谊为《左氏传训故》，又云平帝时立《左氏春秋》。《楚元王传》：初，《左氏传》多古字古言，学者传训故而已；及歆治《左氏》，引传文以解经，转相发明，由是章句义理备焉。是今传附经三十卷本，非西汉官本，乃刘歆引传解经本也。《后汉书》云：贾逵父徽受业于歆，逵传父业。《南齐书·陆澄传》云：澄谓王俭曰：太元取服虔而兼取贾逵经者，服传无经，虽在注中，而传又有无经者故也。今留服去贾，则经有所阙。是贾氏得刘本，亦传附经也。"《癸巳类稿》卷二。愚案此亦《左氏》本与《春秋》各别，牵引出于刘歆之一证。

又《癸巳存稿》云："《后汉书·郑兴传》云：晚善《左氏春秋》，从刘歆讲正大义，刘歆美其才，使撰条例章句训诂。子众从父受《左氏春秋》，作《春秋难记》原注：谓设难而通之。《条例》，又受诏作《春秋删》十九篇。《贾逵传》云：父徽，从刘歆受《左氏春秋》，有《左氏条例》二十一篇。逵悉传父业。建初时，条奏云：永平中，逵言《左氏》与图谶合者，先帝不遗刍荛，省纳臣言，写其传诂，藏之秘书；则永平中上疏，上《左氏传》《国语解诂》五十一篇：《左氏传解诂》三十，《国语解诂》二十一也。《郑兴传》云：贾逵自传其父业，故有郑、贾之学。《陈元传》云：父钦，习《左氏春秋》，事黎阳贾护，与刘歆同时，而别自名家。元少传父业，为之训诂。是郑、贾、陈三家不同。《蜀志·尹默传》云：专精《左氏春秋》，自刘歆条例，郑众、贾逵父子、陈元、服虔注说，咸略诵述，不复案本。是郑、贾条例，但各著简札，实俱为刘歆条例也。《后汉书·儒林传》云：

颖容著《春秋左氏条例》五万余言。杜预《左传集解序》云：颖子严者，亦复名家。是条例有刘、颖不同。训诂刘、陈、服不同，贾逵为刘学，今杂见服虔《左传注》，多与贾异，职是故也。条例自为卷数，训诂则贾为三十篇，附经传下，杜承用之，服则不然也。”《癸巳存稿》卷一。愚案条例虽原于刘歆，然撰述实由郑兴，至贾徽乃勒成二十一卷。刘歆最初所撰者，未必不羼入《左氏》本文也。

（二三九）左氏不传春秋下

左氏不传《春秋》，汉博士之言，既无可疑矣。乃《序疏》引陈沈文阿之说，谓“《严氏春秋》引《观周篇》，云孔子将修《春秋》，与左邱明乘如周，观书于周史，归而修《春秋》之经，邱明为之传，共为表里”。《癸巳类稿》谓《观周》为《孔子家语》篇名，引于汉人，信为周时孔氏之书在《艺文志》者，非今人所传王肃本。殊不知所谓《严氏春秋》者，其可信与否已殊不可知，而此说之是否果出《严氏春秋》，亦复无可究诘也。古代简策繁重，一国之史，史官所藏，能有几何，已难质言，况于遍藏各国之史乎？《史记·六国表》曰：《诗》《书》所以复见者，多藏人家，人当作民，此乃唐人避讳字，后人改之未尽者。而《史记》独藏周室，以故灭。此“周室”二字，该诸侯之国言，乃古人言语，以偏概全之例，非谓各国之史，皆藏于周室也。百二十国之书，岂衰周所能容，况《史记·孔子世家》，记孔子行事略备，修《春秋》之前，岂尝有如周之事乎？

《汉书·艺文志》云：“左邱明，鲁太史。”此乃因其著书而臆测之，犹古言仓颉造字，又言三王无文，遂妄言仓颉为黄帝史官也。详见予所撰《中国文字变迁考》。理初乃信其自有世官，不能居孔氏之门，然则独能旷其职守，与孔子乘以如周乎？况古者官人以世，左邱明果为鲁太史，何以其行事绝无可考？父子祖孙之事，亦曾不一见乎？

俞氏又引《太平御览·学部》载《桓谭新论》云：“《左氏传》于经，犹衣之表里，相持而成。经而无传，使圣人闭门思之，十年不能得也。”《癸巳类稿》卷二。相为表里之言，与《严氏春秋》同，皆不似东汉人语。何者？如前条所言，则东汉人殊不以《左氏》之记事为贵，而转欲依附《公》《谷》，造立条例，以自托于经也。

（二四〇）左国异同

《左氏》《国语》二书，大体相似，而又多违异。黄池之会，哀公十三年。《左氏》云先晋，而《吴语》云先吴，与《公羊》同。《疏》云：“经据鲁史策书，传采鲁之简牍。鲁之所书，必是依实。《国语》之书，当国所记，或可曲笔直己，辞有抑扬，故与《左传》异者多矣。郑玄云：不可以《国语》乱周公所定法。傅玄云：《国语》非丘明所作，凡有共说一事，而二文不同，必《国语》虚而《左传》实，其言相反，不可强合也。”《左氏》成公十六年《疏》：“先贤或以为《国语》非丘明所作，为其或有与传不同故也。”疏家回护之辞，不足深论；果如所言，《公羊》亦据《吴语》乎？姚姬传谓《左氏》于三晋之祖，多讳其恶而溢称其美，又善于论兵谋，其书于魏氏事，造饰尤多，谓其源流诚与吴起有关。近人章太炎，据《韩非·外储说右上》吴起卫左氏中人也，谓《左氏春秋》以地名，犹《齐》《鲁》《韩诗》之比。见所著《春秋左传读》。钱宾四云：“《说苑》魏文侯问元年于吴子，此吴起传《春秋》之证；魏襄王冢之《师春》，即采《左氏》，可见《左氏》书与魏之关系；又左丘失明，或自子夏误传。”见所著《先秦诸子系年考辨·吴起传左氏春秋考》。其推论可谓精矣。然则黄池之会，《国语》所记，或反较得实，《左氏》乃晋人讳饰之辞也；犹汉高祖平城之围，所以得脱者，世莫得而言也。

溢美之谈，讳饰之辞，各国皆有之；然著《左氏》《国语》等书者，则亦如其辞而录之耳，非必有意代为造作也。姚姬传云：“吴起始事魏，卒仕楚，故传言晋、楚事尤详。”刘向《别录》：“左丘明传曾申，申传吴起，起传其子期，期传楚人铎椒。”而《史记·十二诸侯年表》，谓“铎椒为楚威王傅，为王不能尽观《春秋》，采取成败，卒四十章，为《铎氏微》”；则《左氏》之曾传于楚，亦若可信。然其书多右晋而左楚，且田氏与晋、楚何与？而公子完之奔齐，《左氏》侈陈懿氏之卜，周史之筮，庄公二十二年。殊不减卜偃盈数大名之论。辛廖《屯》固《比》入之占，闵公元年。则知《左氏》多载晋、楚之事，称美三晋之先，亦其所据者则然耳，非必著书者有意为之也。

（二四一）读楚辞

《惜往日》：“乘骐骥以驰骋兮，无辔衔而自载。乘泛柎以下流兮，无舟楫而自备。背法度而心治兮，辟与此其无异。”案《楚辞》上称帝喾，下道齐桓，中述汤、武，所言皆北方事。《天问》说宇宙开辟，亦与诸子书同。此言释法度而心治，且作法家语矣。足见先秦学术，实无南北之分也。

《九辩》云：“慕诗人之遗风兮，愿托志乎素餐。”不知后人所改邪，抑宋玉辞本如此？

（二四二）读山海经偶记

《山海经》一书，说多荒怪，不待言矣。然其所举人物，实多有其人；其所载事迹，亦间与经传相合；何也？盖此书多载神话，而其所谓神话者，实多以事实为据，非由虚构也。涉猎偶及，辄书所见，惜乎未暇精治也。一九三七年三月十九日灯下。

《大荒西经》云：“大荒之中，有山名曰日月。山，天枢也。吴姖郝氏《笺疏》云：《藏经》本作姬。案此与下“山名曰嘘”，《藏经》本山作上，恐均系臆改。天门，日月所入。有神，人面无臂，两足反属于头。山名曰嘘。《笺疏》云：“山当为上，字之讹。《藏经》本作上。”案作上则当属上句读，不合古书语法。山字当误，然作上恐未是也。颛顼生老童，老童生重及黎。帝令重献上天，令黎邛下地。下地是生噎。处于西极，以行日月星辰之行次。”郝氏《笺疏》云：“下地是生噎，语难晓。《海内经》云：后土生噎鸣，此经似与相涉，而文有阙夺，遂不复可读。”案噎似嘘之讹，即无臂之神之名也。经又云：“有人名曰吴回。奇左，是无右臂。”又云：“大荒之中，有山，名曰大荒之山，日月所入。有人焉，三面，是颛顼之子，三面一臂。郭《注》：“无左臂也。”三面之人不死。是谓大荒之野。”案《说文・了部》：“了，尥也。从子，无臂，象形。”“孑，无右臂也。从了乚，象形。”“孓，无左臂也。从了亅，象形。”人岂有无臂及奇左右者？此三文盖专为神所作也。《国语・楚语》：“昭王问于观射父曰：《周书》所谓重黎实使天地不通者，何也？若无然，民将能登天乎？对曰：非此之谓也。古者民神不杂。及少昊之衰也，九黎乱德，民神杂糅，不可方物。颛顼受之。乃命南正重司天以属神，命火正黎司地以属民；使复旧常，无相侵渎，是谓绝地天通。其后三苗复九黎之德，尧复育重黎之后不忘旧者，使复典之，以至于夏、商。故重黎氏世叙天地，而别其分主者也。其在周，程伯休父其后也。当宣王时，失其官守而为司马氏。宠神其祖，以取威于民，曰：重寔上天，黎寔下地。遭世之乱，而莫之能御也。不然，夫天地成而不变，何比之有？”“重寔上天，黎寔下地”，即《山海经》所谓“令重献上天，令黎邛下地”也。韦《注》云：“言重能举上天，黎能抑下地，令相远，故不复通也。”郭《注》云：“献、邛，义未详。”疑亦举、抑之意。

《大荒东经》云：“东海之外大壑，少昊之国。少昊孺帝颛顼于此。”颇与《楚语》少昊之衰颛顼受之之说相会。《大荒南经》云：“有季禺之国，颛顼之子，食黍。”又云：“有国曰颛顼，生伯服，食黍。”《大荒西经》云：“有国名曰淑士，颛顼之子。”《大荒北经》云：“有叔歜国，颛顼之子，黍食。”又云：“西北海外，流沙之东，有国曰中辐。”《笺疏》云“《藏经》本作轮”，亦恐误，或臆改。此皆雅记无征。然《海内经》云：“黄帝妻雷祖，生昌意。昌意降处若水，生韩流。韩流擢首、谨耳、人面、豕喙、麟身、渠股、豚止。取淖子曰阿女，生帝颛顼。”则与系世颇相会矣。郭《注》引《竹书》云：“昌意降居若水，产帝乾荒。乾荒即韩流也，生帝颛顼。”又引《世本》云：“颛顼母，浊山氏之子，名昌仆。”郝氏《笺疏》云：“《大戴礼·帝系篇》云：昌意取于蜀山氏之子，谓之昌仆氏，产颛顼。郭引《世本》作浊山氏，浊蜀古字通，浊又通淖，是淖子即蜀山子也。”又云：“《竹书》帝乾荒，盖即帝颛顼也。此经又有韩流生颛顼，与《竹书》及《大戴礼》《史记》皆不合，当在阙疑。郭氏欲以此经附合《竹书》，恐非也。”愚案《竹书》虽出附会，亦多有根据。韩流、乾荒，盖因形近而讹。《大戴》颛顼世系，实夺一代也。

《海外北经》云：“务隅之山，帝颛顼葬于阳，九嫔葬于阴。”《海内东经》云：“汉水出鲋鱼之山，帝颛顼葬于阳，九嫔葬于阴。”《大荒北经》云：“东北海之外，大荒之中，河水之间，附禺之山，帝颛顼与九嫔葬焉。”《笺疏》云：“《北堂书钞》九十二卷引，汉水作濮水。水在东郡濮阳，正颛顼所葬。”亦《山经》不诬之证。

《海外南经》云：“狄山，帝尧葬于阳，帝喾葬于阴，爰有熊罴文虎蜼豹离朱视肉吁咽。文王皆葬其所。”文王之上，盖有夺文。郭《注》云：“帝王冢墓，皆有定处，而《山海经》往往复见之者，盖以圣人久于其位，仁化广及，恩洽鸟兽，至于殂亡，四海若丧考妣，无思不哀，故绝域殊俗之人，闻天子崩，各自立坐而祭醊哭泣，起土为冢，是以所在有焉。亦犹汉氏诸远郡国，皆有天子庙，此其遗象也。”案古所谓天子者，岂能令诸侯之国皆为作原庙乎？况古岂有虚为冢之事也？盖神话之为物也，不尽虚诬，而又非确凿。回纥之亡也，其人自述：谓由唐以金莲公主，女其葛励的斤；因以诡谋，坏其福山之石，以致灾异屡见，民弗安居。见《元史·亦都护传》，《传》本虞集《高昌王世动碑》。其言荒矣。然金莲公主，固非无其人；福山亦非无其地，古代缪悠之传说，亦若是则已矣。前王不忘，其事迹则非所审谛也。随其播迁之所至，而皆指其所见之地以实之，则无墟非其所都，无台非其所游，无邱陵非其冢墓之所在矣。

《檀弓》言“舜葬于苍梧之野”，《史记·五帝本纪》则云：“崩于苍梧之野，葬于江南九疑，是为零陵。”《山海经·海内南经》云：“苍梧之山，帝舜葬于阳，帝丹朱葬于阴。”《海内东经》云：“湘水，出舜葬东南陬，西环之，入洞庭下。”《大荒南经》云：“南海之中，有泛天之山，赤水穷焉。赤水之东，有苍梧之野，舜与叔均之所葬也。”《海内经》云：“南方苍梧之丘，苍梧之渊。其中有九嶷，舜之所葬，在长沙零陵界中。”案《孟子》言“舜生于诸冯，迁于负夏，卒于鸣条，东夷之人也”，《离娄》下。安得葬长沙零陵界？《吕览·安死》云：“舜葬于纪市。”《御览》引《尸子》云：“舜西教乎七戎，道死，葬于南己。”据郝《疏》转引。已即纪，则苍梧、九疑，盖后来附会之说也。《海外南经》云：“狄山，帝尧葬于阳，帝喾葬于阴。”《大荒南经》云：“帝尧、帝喾、帝舜葬于岳山。”喾、尧、舜葬处相近，颇合事情。郝《疏》云：“《墨子》云：尧北教乎八狄，道死，葬蛩山之阴。此经狄山，盖狄中之山。”说亦近理，《山经》固众说并存也。《海外东经》又云：“髮丘在东海，两山夹丘，上有树木。一曰嗟丘，一曰百果所在，在尧葬东。”舜东夷之人，东夷南蛮，实系一族，故舜事流传于南方者甚多。《中山经》云：“洞庭之山，帝之二女居之。是尝游于江渊。澧、沅之风，交潇湘之渊，是在九江之间。出入必以飘风暴雨。”郭《注》云：“天帝之二女，而处江为神，即《列仙传》江妃二女也。《离骚·九歌》所谓湘夫人称帝子者是也。而《河图玉版》曰：湘夫人者，帝尧女也。秦始皇浮江，至湘山，逢大风，而问博士，湘君何神？博士曰：闻之：尧二女，舜妃也，死而葬此。《列女传》曰：二女死于江湘之间，俗谓为湘君。郑司农亦以舜妃为湘君。说者皆以舜陟方而死，二妃从之，俱溺死于湘江，遂号为湘夫人。按《九歌》，湘君、湘夫人自是二神。江湘之有夫人，犹河洛之有虙妃也，安得谓之尧女？且既谓之尧女，安得复总云湘君哉？《礼记》曰：舜葬苍梧，二妃不从，明二妃生不从征，死不从葬。原其致缪之由，由乎俱以帝女为名，名实相乱，莫矫其失；习非胜是，终古不悟，可悲矣！”案《中山经》又云：“姑媱之山，帝女死焉。其名曰女尸。化为䔄草。”

又云："宣山。其上有桑焉，大五十尺，其枝四衢，其叶大尺余，赤理、黄华、青柎，名曰帝女之桑。"郝氏《笺疏》云："《文选·别赋》：惜瑶草之徒芳。李善《注》引宋玉《高唐赋》曰：我帝之季女，名曰瑶姬，未行而亡，封于巫山之台，精魂为草，实为灵芝。今《高唐赋》无之。又注《高唐赋》引《襄阳耆旧传》云：赤帝女曰瑶姬。《水经》江水东过巫县南《注》云：巫山帝女居焉。"合此诸文观之，而舜葬苍梧之说所由来，概可见矣。舜之葬处，自当以《吕览》《尸子》《墨子》《大荒南经》之说为确。其地当名曰已，亦曰南纪；以山言之，则曰岳山，曰狄山，曰蛩山，距鸣条不远也。

《山海经》中，屡见帝俊之名，郭《注》以为即帝舜，恐未然也。案《大荒东经》云："有中容之国。帝俊生中容。"又云："有司幽之国。帝俊生晏龙，晏龙生司幽。"又云："有白民之国。帝俊生帝鸿，帝鸿生白民。"又云："有黑齿之国。帝俊生黑齿。"又云："有五采之鸟，相向弃沙。惟帝俊下友。帝下两坛，采鸟是司。"《大荒南经》云："大荒之中，有不庭之山，荣水穷焉。有人三身。帝俊妻娥皇，生此三身之国。姚姓，黍食，使四鸟。"又云："有襄山，又有重阴之山。有人食兽，曰季厘。帝俊生季厘，故曰季厘之国。有缗渊。少昊生倍伐，倍伐降处缗渊。有水四方，名曰俊坛。"又云："东南海之外，甘水之间，有羲和之国。有女子，名曰羲和。方日浴于甘渊。羲和者，帝俊之妻，生十日。"《大荒西经》云："有西周之国，姬姓，食谷。有人方耕，名曰叔均。帝俊生后稷。后稷降以百谷。稷之弟曰台玺，生叔均。叔均是代其父及稷播百谷，始作耕。"《大荒北经》云："卫丘今本与上"皆出于山"句错，作"皆出卫于山丘"，依郝校订正。方员三百里。丘南，帝俊竹林在焉，大可为舟。"《海内经》云："帝俊生禺号，禺号生淫梁，淫梁生番禺，是始为舟。番禺生奚仲，奚仲生吉光，吉光是始以木为车。少皞生般，般是始为弓矢。帝俊赐羿彤弓素矰，以扶下国，羿是始去恤下地之百艰。帝俊生晏龙，晏龙是始为琴瑟。帝俊有子八人，是始为歌舞。帝俊生三身，三身生义均。义均，是始为巧倕，是始作下民百巧。后稷是播百谷。稷之孙曰叔均，是始作牛耕。"郭《注》云："俊亦舜字，假借音也。"未知何据。案帝舜之名，《山海经》亦屡见。且《大荒南经》云："有渊四方，四隅皆达。北属黑水，南属大荒。北旁名曰少和之渊，南旁名曰从渊，舜之所浴也。"文承"帝俊妻娥皇"云云。《山经》叙次，固多错乱，然谓帝俊与帝舜一人，求诸经文，实无左证。郝氏以《初学记》九卷引《帝王世纪》云

"帝喾生而神异，自言其名曰夋"；又经言"帝俊生后稷"，疑为帝喾。又以《左氏》文公十八年，高阳氏才子八人，内有中容；而经于"帝俊竹林"之下，又言"竹南有赤泽水，名曰封渊；有三桑无枝。丘西有沈渊，颛顼所浴"；疑为颛顼。又以经言"帝俊生帝鸿"，贾逵《左氏注》以帝鸿为黄帝，因拟之少典。又以《大荒东经》言"黄帝生禺䝞"，禺猇即禺号，而拟之黄帝。亦以三身姚姓，而拟之帝舜。卒乃谓经所言帝俊非一人。古以多人之事，附诸一人，诚所不免；然《山经》虽荒，他古书未必遂无讹误，举他书所载事迹，谓《山经》所言者即其人，似亦未安。要之帝俊必隆古之盛王，惜其事他无可考也。

（二四三）谚为俗语

《大学》：故谚有之。《章句》曰：谚，俗语也。《说文》曰：谚，传言也。或以朱注为非，其实不然。《诗·终风》：寤言不寐，愿言则嚏。郑《笺》曰：言我愿思也。嚏读为不敢嚏咳之嚏。我其忧悼而不能寐，汝思我心，如是我则嚏也。今俗人嚏云人道我，此古之遗语也。《正义》曰：称俗人云者，以俗之所传，有验于事，可以取之。《左传》每引谚曰：诗称人亦有言，是古有用俗之验。盖传言多出于俗人，俗语传言之训，亦可并行而不悖也。

（二四四）洪范庶民惟星解

《洪范》曰："王省惟岁，卿士惟月，师尹惟日，庶民惟星。"说此者但以为王与卿士、师尹各有职守，民情有好恶而已，而不知其中隐藏一段古代之宗教哲学也。

《论衡·命义》篇曰："列宿吉凶，国有祸福；众星推移，人有盛衰。人之有吉凶，犹岁之有丰耗。子夏曰死生有命，富贵在天，不曰死生在天，富贵有命者，何则？死生者无象在天，以性为主，禀得坚强之性，则气渥厚而体坚强，坚强则寿命长，寿命长则不夭死；禀性软弱者，气少泊而性羸窳，羸窳则寿命短，短则早死。故言有命，命则性也。至于富贵，所禀犹性。所禀之气，得众星之精。众星在天，天有其象。得富贵象则富贵，得贫贱象则贫贱，故曰在天。在天如何？天有百官，有众星。天施气而众星布精。天所施气，众星之气在其中矣。人禀气而生，含气而长，得贵则贵，得贱则贱；贵或秩有高下，富或秩有多少，皆星位尊卑小大之所授也。天有王良、造父，人亦有之，禀受其气，故巧于御。”《抱朴子·辩问》篇曰：“仙经以为诸得仙者，皆其受命偶直神仙之气，自然所禀，故胞胎之中，已含信道之性；及其有识，则心好其事，必遭明师而得其法；不然，则不信不求，求亦不得也。《玉钤》云：主命原曰，人之吉凶修短，于结胎受气之日，皆上得列宿之精，其直圣宿则圣，直贤宿则贤，直文宿则文，直武宿则武，直贵宿则贵，直富宿则富，直贱宿则贱，直贫宿则贫，直寿宿则寿，直仙宿则仙。又有神仙圣人之宿，有治世圣人之宿，有兼二圣之宿；有贵而不富之宿，有富而不贵之宿，有兼富贵之宿；有先富后贫之宿，有先贵后贱之宿，有兼贫贱之宿；有富贵不终之宿，有忠孝之宿，有凶恶之宿：如此不可具载。其较略如此。”案谓星与人有关系，各国古多有之，中国亦然。《汉书·天文志》云：“星者，金之散气，其本曰人。”《史记·天官书》同。今殿本误作本曰火。此古天官家言也。星之行各有次舍，是之谓辰。《小弁》之诗曰：“天之生我，我辰安在？”郑《笺》曰：“此言我生所直之辰，安所在乎？谓六物之吉凶。”《疏》曰：“昭七年《左传》：晋侯谓伯瑕曰：何谓六物？对曰：岁、时、日、月、星、辰是谓也。服虔以为岁，星之神也，左行于地，十二岁而一周；时，四时也；日，十日也；月，十二月也；星，二十八宿也；辰，十二辰也；是为六物也。”此世人以所生年、月、日、时，推盛衰祸福之原也。俗犹有所谓“数星宿”者，推得某星为己所禀，盛衰祸福，由是可知，尤与古人谓人禀列宿之精相合。盖古谓“凡有形于地者，必有象于天”，《论衡》语。星之数甚多，实与万民相似，故以为人之本也。

——以上论古以人秉星精而生

然则人君之生宜秉日，人臣宜秉月。古人谓“月臣道，日君道”《诗·十月之交》毛《传》。由此。《左氏》成公十六年：“吕锜梦射月，中之。占之曰：姬姓，日也。异姓，月也。”夫余之俗，多为殷遗，而《魏书·高句丽传》，言其先出于夫余，先祖朱蒙。朱蒙母河伯女，为夫余王闭于室中，为日所照，引身避之，日影又逐。既而有孕，生一卵，大如五升。夫余王弃之与犬，犬不食；弃之与豕，豕又不食；弃之于路，牛马避之；后弃之野，众鸟以毛茹之。夫余王割剖之，不能破，遂还其母。其母以物裹之，置于暖处，有一男，破壳而出。及其长也，字之曰朱蒙。

夫余人谋杀之。朱蒙东南走，中道遇一大水，欲济无梁。夫余人追之甚急。朱蒙告水曰：我是日子，河伯外孙，今日逃走，追兵垂及，如何得济？于是鱼鳖并浮，为之成桥，朱蒙得渡，鱼鳖乃解，追骑不得渡。案此传说，由来甚久。《三国·魏志·乌丸鲜卑东夷传注》引《魏略》曰："旧志又言，昔北方有高离之国者，其王者侍婢有身，王欲杀之，婢云：有气如鸡子来下我，故有身。后生子，王捐之于溷中，猪以喙嘘之，徙至马闲，马以气嘘之，不死。王疑，以为天子也，乃令其母收畜之，名曰东明。东明善射，王恐夺其国也，欲杀之。东明走，南至施掩水，以弓击水，鱼鳖浮为桥，东明得渡，鱼鳖乃解散，追兵不得渡。东明因都王夫余之地。"高离即高句丽。夫余实出高句丽，非高句丽出于夫余也。《魏略》所引旧志及《魏书》之言，其本是一，显而易见。一云有气如鸡子来下，一云日光逐照者，传说移译，不能无讹，其言正可互相参证。

《汤誓》曰："时日曷丧？予及女皆亡。"《尚书大传》曰："桀云：天之有日，犹吾之有民。日有亡哉？日亡，吾亦亡矣。"此即《白虎通义·五行》篇"君有众民法天有众星"之说，然则三代之君，悉有自托于日之事。郊之祭也，大报天而主日，《礼记·郊特牲》。不闻其主五帝坐星也。窃疑古之王者自称天子，乃自谓感日之精而生；感大微五帝之精，乃汉人附会之说，非其朔也。《礼记·大传》郑《注》："王者之先祖，皆感大微五帝之精以生。"案《史记·天官书》："南宫掖门内六星，诸侯。其内五星，五帝坐。"《索隐》："《诗含神雾》云五精星坐，其东苍帝坐，神名灵威仰，精为青龙之类是也。"《公羊》宣公三年《解诂》："上帝，五帝。在大微之中，迭生子孙，更王天下。"《疏》引《感精符》云："苍帝之始，二十八世。灭苍者翼也，彼《注》云：尧翼之星，精在南方，其色赤。灭翼者斗《注》云：舜斗之星，精在中央，其色黄。灭斗者参《注》云：禹参之星，精在西方，其色白。灭参者虚《注》云：汤虚之星，精在北方，其色黑。灭虚者房《注》云：文王房星之精在东方，其色青。"案房星之精，星之二字误倒。此皆谶纬既盛后之说。《诗·邶风·柏舟笺疏》引《孝经谶》曰"兄日姊月"，乃王者感五帝之精既行后之说，非古义也。

《生民》之诗曰"履帝武敏歆"；《閟宫》之诗曰"赫赫姜嫄，其德不回，上帝是依"；《玄鸟》之诗曰"天命玄鸟，降而生商"；《长发》之诗曰"有娀方将，帝立子生商"；此经文明言感生者。所感之帝，果何人哉？《左氏》昭公元年，子产言："当武王邑姜方娠大叔，梦帝谓己：余命而子曰虞，将与之唐，属诸参，而蕃育其子孙。”此言帝而不言感。《国语·周语》：内史过曰：“昔昭王娶于房，曰房后，实有爽德，协于丹朱，丹朱凭身以仪之，生穆王焉。”此言感矣，而非天也。《左氏》宣公三年：“初，郑文公有贱妾曰燕始，梦天使与己兰，曰：余为伯儵。余，而祖也，以是为而子。”《史记·赵世家》：“赵简子疾，五日不知人，大夫皆惧。医扁鹊视之，出，董安于问。扁鹊曰：血脉治也，而何怪？在昔秦缪公尝如此，七日而寤。寤之日，告公孙支与子舆曰：我之帝所，甚乐。吾所以久者，适有学也。帝告我：晋国将大乱，五世不安；其后将霸，未老而死；霸者之子且令而国男女无别。公孙支书而藏之，秦谶于是出矣。献公之乱，文公之霸，而襄公败秦师于殽而归纵淫，此子之所闻。今主君之疾与之同，不出三日，疾必间，间必有言也。居二日半，简子寤，语大夫曰：我之帝所，甚乐，与百神游于钧天，广乐九奏万舞，不类三代之乐，其声动人心。有一熊欲来援我，帝命我射之，中熊，熊死。又有一罴来，我又射之，中罴，罴死。帝甚喜，赐我二笥，皆有副。吾见儿在帝侧。帝属我一翟犬，曰：及而子之壮也，以赐之。帝告我：晋国且世衰，七世而亡；嬴姓将大败周人于范魁之西，而亦不能有也。今余思虞舜之勋，适余将以其胄女孟姚配而七世之孙。董安于受言而书藏之，以扁鹊言告简子，简子赐扁鹊田四万亩。以上《扁鹊列传》略同。他日，简子出，有人当道，辟之不去。从者怒，将刃之。当道者曰：吾欲有谒于主君。从者以闻。简子召之，曰：嘻，吾有所见子晰也。当道者曰：屏左右，愿有谒。简子屏人。当道者曰：主君之疾，臣在帝侧。简子曰：然，有之。子之见我，我何为？当道者曰：帝令主君射熊与罴，皆死。简子曰：是，且何也？当道者曰：晋国且有大难，主君首之。帝令主君灭二卿，夫熊与罴，皆其祖也。简子曰：帝赐我二笥，皆有副，何也？当道者曰：主君之子，将克二国于翟，皆子姓也。简子曰：吾见儿在帝侧，帝属我一翟犬，曰及而子之长以赐之。夫儿何谓？以赐翟犬？当道者曰：儿，主君之子也；翟犬者，代之先也。主君之子，且必有代。及主君之后嗣，且有革政而胡服，并二国于翟。简子问其姓，而延之以官。当道者曰：臣野人，致帝命耳。遂不见。简子书藏之府。异日，姑布子卿见简子，简子遍召诸子相之。子卿曰：无为将军者。简子曰：赵氏其灭乎？子卿曰：吾尝见一子于路，殆君之子也。简子召子毋恤。毋恤至，则子卿起，曰：此真将军矣。简子曰：此其母贱，翟婢也，奚道贵哉？子卿曰：天所授，虽贱必贵。自是之后，简子尽召诸子与语，毋恤最贤。简子乃告诸子曰：吾藏宝符于常山上，先得者赏。诸子驰之常山上求，无所得。毋恤还，曰：已得符矣。简子曰：奏之。毋恤曰：从常山上临代，代可取也。简子于是知毋恤果贤，乃废太子伯鲁，而以毋恤为太子。”此事与《左氏》、《国语》，殊可参稽。观此，知有国有家者，其先皆列于帝侧，其降生皆由天命；且不必其为人，熊也，罴也，犬也，兰也，无所不可，殆图腾之遗迹欤？然则狄为犬种，羌为羊种，貉为豸种，闽、蛮为虫种，亦不必其为贱视诬诋之辞矣。《赵世家》又云：“中衍人面鸟啄，降佐殷帝大戊。”又霍太山神朱书，言伉王赤黑，龙面而鸟啄。此皆神，非人也。古记述古帝王形状，多与人殊，以此。《诗》“惟岳降神，生甫及申”，初义亦当如此。《礼记·孔子闲居》以神气为风霆，恐非其朔也。亦有为人鬼之类者，如丹朱是也。此皆不足以言天子。为天子者，必当为天之所感。《韩非子·外储说左上》云：“赵主父令工施钩梯而缘潘吾，刻疏人迹其上，广三尺，长五尺，而勒之曰：主父尝游于此。秦昭王令工施钩梯而上华山，以松柏之心为博箭，长八尺，棊长八寸，而勒之曰：昭王尝与天神博于此矣。”案《史记·殷本纪》：“帝武乙无道，为偶人，谓之天神，与之博，令人为行。天神不胜，乃僇辱之。”合三事观之，知姜嫄之所感，必天神也。秦与殷之先，皆云吞陨卵而生，与徐偃王、句丽、夫余传说相类。徐偃王事，见《后汉书·东夷传注》引《博物志》。《魏略》引旧志，谓有气如鸡子下降，而《魏书》言日光逐照，则鸟卵殆太阳之精，古固云日中有鸟也。凡此，皆为亲受气于天者，故曰天子。然天一而已，不闻其有五也。不宁惟是。《左氏》僖公十年：“晋侯改葬共大子。秋，狐突适下国，遇大子。大子使登仆，而告之曰：夷吾无礼，余得请于帝矣。将以晋畀秦，秦将祀余。对曰：臣闻之，神不歆非类，民不祀非族，君祀无乃殄乎？且民何罪，失刑乏祀？君其图之。君曰：诺。吾将复请。七日，新城西偏，将有巫者而见我焉。许之，遂不见。及期而往，告之曰：帝许我罚有罪矣，敝于韩。”成公十年：“晋侯梦大厉，被发及地，搏膺而踊曰：杀余孙，不义，余得请于帝矣。”是凡有国有家者，其先祖皆列于帝庭，时得请于帝以行诛赏也。《诗·下武》曰：“三后在天。”《书·盘庚》曰：“高后丕乃崇降罪疾。”“先后丕降与女罪疾。”又曰：“乃祖先父，丕乃告我高后曰：作丕刑于朕孙。”《召诰》曰：“天既遐终大邦殷之命，兹殷多先哲王在天。”皆此义。《金縢》册祝曰：“若尔三王，是有丕子之责于天，以旦代某之身。”是有国有家者之先，不徒身列帝庭，且或有负子之责也。秦、楚盟誓，昭告昊天上帝、秦三公、楚三王，《左氏》成公十一年。岂徒然哉？然亦一上帝而已，不闻其有五也。不宁惟是。《皇矣》之诗曰“皇矣上帝，临下有赫，监观四方，求民之莫”;《正月》之诗曰“有皇上帝，伊谁云憎”，亦但云上帝而已，不云有五帝也。故知感生之说，自古有之，而其属诸大微五帝，则五德终始之说既昌，乃因人生上秉列星之精而附会之，而非其朔也。

《礼器》曰:“因名山以升中于天，因吉土以飨帝于郊。升中于天而凤皇降，龟龙假；飨帝于郊而风雨节，寒暑时。”此为天、帝分言，明见经典者。昊天上帝及五帝之祀，见于《周官》;《周官》之制，多与《管子》相合；其阙者后人以《考工记》补之，亦齐地之书。知《周官》为齐学，正五德终始之说道源之地也。然秦襄公时已祠五帝，是时齐学必未能行于秦，则谓五帝之名，肇自五德终始之说既立之后者自非。然言五帝是一事，谓感生乃禀五帝之精又是一事，二者固不可相混也。惟秦时五帝，仅以方色为称，至谶纬之说既出，乃有灵威仰、赤熛怒、含枢纽、白招拒、汁光纪等名。《正月》之诗曰:“燎之方扬，宁或灭之？”郑《笺》曰:“火田为燎。燎之方盛之时，炎炽熛怒，宁有能灭息之者？言无有也。”可见熛怒为汉时语，灵威仰等名，必汉人所造作矣。

——以上论感生初义当为感日之精感大微五帝之精乃后起之说

古者天与人甚通，人受命于天，为数见不鲜之事，可为天使者尤多。《赵世家》又云:知伯率韩、魏攻赵，赵襄子奔保晋阳。“原过从，后。至于王泽，见三人，自带以上可见，自带以下不可见。与原过竹二节，莫通，曰：为我以是遗赵毋恤。原过既至，以告襄子。襄子齐三日，亲自剖竹，有朱书曰：赵毋恤，余霍太山山阳侯天使也。三月丙戌，余将使女反灭知氏，女亦立我百邑，余将赐女林胡之地。至于后世，且有伉王，赤黑，龙面而鸟咮，鬓麋髭髯，大膺大胸，修下而凭，左衽界乘，奄有河宗，至于休溷诸貉，南伐晋别，北灭黑姑。襄子再拜，受三神之令。”《墨子·明鬼下篇》曰:“昔者郑穆公，孙诒让《间诂》曰：当作秦穆公。当昼日中，处乎庙。有神入门而左，鸟身，素服三绝，面状正方。郑穆公见之，乃恐惧奔。神曰：无惧。帝享女明德，使予锡女寿十年有九，使若国家蕃昌，子孙茂无失。郑穆公再拜稽首曰：敢问神名。曰：予为句芒。”此神之身降临焉者也。梦谓伯儵者，人之先也。见于襄子者，野人也。《管子·轻重丁》曰:“龙斗于马谓之阳，牛山之阴。管子入复于桓公曰：天使使者临君之郊，请使大夫初饬宋本作饰。顾千里云:“初疑袀之误。”。左右玄服。天之使者乎？

天下闻之曰：神哉齐桓公，天使使者临其郊！不待举兵而朝者八诸侯。”则动物亦可为之。《国语·周语》内史过对周惠王曰：“昔夏之兴也，融降于崇山；其亡也，回禄信于聆隧。商之兴也，梼杌次于丕山；其亡也，夷羊在牧。周之兴也，鸑鷟鸣于岐山；其衰也，杜伯射王于鄗。是皆明神之志者也。”韦《注》曰：“融，祝融也。回禄，火神。”是句芒、阳侯之类也。又曰：“梼杌，鲧也。”是伯儵之类也。又曰：“夷羊，神兽。鸑鷟，凤之别名也。”是龙之类也。玄鸟其鸑鷟之俦邪？大人其句芒、阳侯之类邪？不宁惟是。由管子之言推之，则《左氏》昭公十九年龙斗于郑时门之外洧渊，亦可云天使也，是以“国人请为禜焉”。自杜伯射王言之，则晋侯所梦大厉，亦可谓之天使也。《史记·秦始皇本纪》：三十六年，“秋，使者从关东夜过华阴平舒道，有人持璧遮使者曰：为吾遗滈池君。因言曰：今年祖龙死。使者问其故，因忽不见，置其璧去。使者奉璧具以闻。始皇默然，良久曰：山鬼固不过知一岁事也。退言曰：祖龙者，人之先也。”此亦霍山神之类，始皇恶其不祥，乃谓为山鬼耳。《左氏》成公五年：赵婴梦天使谓己：“祭余，余福女。”使问诸士贞伯。士贞伯曰：“不识也。”则奉使之神，或见于故记，可访诸博物君子矣。邑姜梦帝谓己；《皇矣》之诗，屡言帝谓；或亦此类，不必其身自命之也。然亲承帝命，如秦穆公、赵简子者亦有之。万章曰：“天与之者，谆谆然命之乎？”古盖自有此说，非作《孟子》者漫为是设问之辞也。

——以上推论古所谓天使

（二四五）作洪范之年

《书序》：“武王胜殷，杀受，立武庚，以箕子归，作《洪范》。”《正义》：“《书传》云：武王释箕子之囚；箕子不忍周之释，走之朝鲜；武王闻之，因以朝鲜封之。箕子既受周之封，不得无臣礼，故于十三祀来朝。武王因其朝，而问《洪范》。”案此《序》云：胜殷，以箕子归，明既释其囚，即以归之。疑作“即以之归”。不令其走去而后来朝也。又朝鲜去周路将万里；闻其所在，然后封之；受封乃朝，必历年矣；不得仍在十三祀也。《宋世家》云：既作《洪范》，武王乃封箕子于朝鲜，得其实也。案周初朝鲜不在秦汉时朝鲜之地，予别有考。《史记》谓文王受命七年而崩；后二年，即受命之九年，武王观兵于孟津；又二年而克纣；受命十一年。

又二年而崩；受命十三年。《书》所谓惟十有三祀者，在克纣之后二年。即朝鲜相去万里，闻而封之，既封而箕子来朝，亦无不及之理；况乎朝鲜之相去，本不甚远邪？《正义》所云，盖从《汉志》之说，谓文王受命九年而崩，再期而伐纣，还归，二年而后克之，则克殷即在十三年。而又谓朝鲜去周万里，则宜乎其闻其走而封之，既封而后来朝之不相及矣。然《汉志》《书传》，本两家之说，不能据此以驳彼也。《史记·宋世家》云："武王既克殷，访问箕子。"下即录《洪范》之文。既具，乃曰："于是武王乃封箕子于朝鲜，而不臣也。其后箕子朝周"云云。盖但述其事，而未尝次其先后，《正义》据以驳《大传》，凿矣。

（二四六）礼记表记

《礼记·表记》："子曰：无欲而好仁者，无畏而恶不仁者，天下一人而已矣。是故君子议道自己，而置法以民。"此言众不可不以赏罚使也，与法家之意同。又曰："仁有三，与仁同功而异情。与仁同功，其仁未可知也；与人同过，然后其仁可知也；仁者安仁，知者利仁，畏罪者强仁。"与仁同功，谓观其行迹，异情，则诛其心也。《春秋》诛意不诛事，故与仁同功者，圣人不以仁与之，宁取夫与仁同过者也。以赏罚使民，不过一时之计而已。语其极，则必人人皆能志仁而后可。此又儒家之意与道家相通者也。

《表记》又曰："子曰：仁之难成久矣，惟君子能之。是故君子不以其所能者病人，不以人之所不能者愧人；是故圣人之制行也，不制以己，使民有所劝勉愧耻以行其言。"此言"置法以民"之又一义，然亦小康以下之教也。若大同之世，则荡荡平平，无奇节懿行之可言矣。《老子》曰："六亲不和，有孝慈；国家昏乱，有忠臣。"

（二四七）人生始化曰魄、既生魄、阳曰魂解

问曰：《礼记·祭义》曰："宰我曰：吾闻鬼神之名，不知其所谓。子曰：气也者，神之盛也；魄也者，鬼之盛也。众生必死，死必归土。骨肉黯于下，阴为野土。其气发扬于上为昭明，焄蒿凄怆，此百物之精也，神之著也。"案《礼运》曰："体魄则降，知气在上。"知、晳一字，《说文解字》曰："晳，昭晳，明也。"

《易·系辞传》曰："乾以易知。"又曰："通乎昼夜之道而知。"明知气即此所谓昭明之气。延陵季子适齐，于其反也，其长子死，葬于嬴博之间。既封，左袒，右还其封，且号者三，曰："骨肉归复于土，命也，若魂气，则无不之也，无不之也。"而遂行。《檀弓》。古不墓祭，而葬曰虞，弗忍一日离也。明形魄为无知也。乃孔子又曰："合鬼与神，教之至也。因物之精，制为之极，明命鬼神，以为黔首则。二端既立，报以二礼：建设朝事，燔燎羶芗，见以萧光，以报气也。荐黍稷，羞肝肺首心，见间以侠甒，加以郁鬯，以报魄也。"《祭义》。《礼运》曰："君与夫人交献，以嘉魂魄。"《郊特牲》曰："魂气归于天，形魄归于地，故祭，求诸阴阳之义也。"《左氏》襄公二十九年："裨谌曰：天又除之，夺伯有魄。"昭公七年："子产适晋，赵景子问焉，曰：伯有犹能为鬼乎？子产曰：能。人生始化曰魄，既生魄，阳曰魂。用物精多，则魂魄强，是以有精爽，至于神明。匹夫匹妇强死，其魂魄犹能凭依于人以为淫厉。况良霄，我先君穆公之胄，子良之孙，子耳之子，敝邑之卿，从政三世矣；郑虽无腆，抑谚曰蕞尔国，而三世执其政柄，其用物也弘矣，其取精也多矣，其族又大，所凭厚矣，而强死，能为鬼，不亦宜乎？"又二十五年，乐祁曰："心之精爽，是谓魂魄，魂魄去之，何以能久？"郑氏注《祭义》曰："气谓嘘吸出入者也，耳目之聪明为魄。"杜氏注《左氏》曰："魄，形也。阳，神气也。"《疏》曰："人禀五常以生，感阴阳以灵。有身体之质，名之曰形。有嘘吸之动，谓之为气。形气合而为用，知力以此而强，故得成为人也。人之生也，始变化为形，形之灵者，名之曰魄也。既生魄矣，魄内自有阳气，气之神者，名之曰魂也。魂魄神灵之名，本从形气而有，形气既殊，魂魄亦异，附形之灵为魄，附气之神为魂也。附形之灵者，谓初生之时，耳目心识，手足运动，啼呼为声，此则魄之灵也。附气之神者，谓精神性识，渐有所知，此则附气之神也。是魄在于前，而魂在于后，故云既生魄，阳曰魂。魂魄虽俱是性灵，但魄识少而魂识多。《孝经说》曰：魄，白也。魂，芸也。白，明白也。芸，芸动也。形有体质，取明白为名；气惟嘘吸，取芸动为义。"一似魄亦有知者何？

应问者曰：以形魄为有知，非古义也。古之人以人禀天地之气而生，而其有知则由于天气。《乐记》曰："地气上齐，天气下降，阴阳相摩，天地相荡；鼓之以雷霆，奋之以风雨，动之以四时，暖之以日月，而百化兴焉。"《管子》曰："凡人之生也，天出其精，地出其形，合此以为人。"《内业》。《淮南王书》曰：

“天气为魂，地气为魄。”《主术》。此皆明言人合天地之气以生者。其言有知专属天气者，《吕览》曰：“所谓死者，无有所以知，复其未生也。”《贵生》。人之死也，形魄不犹在乎？《论衡》曰：“人之梦，占者谓之魂行。”《纪妖》。夫梦与死，固古人所以信形神之二之两大端也。《礼运》曰：“人者，其天地之德，阴阳之交，鬼神之会，五行之秀气也。”神属阳，天之德，鬼属阴，地之德也，鬼又何知之有？

《礼记·孔子闲居》曰：“天有四时，春秋冬夏，风雨霜露，无非教也。地载神气，神气风霆，风霆流形，庶物露生，无非教也。”又引《诗》曰：“嵩高惟岳，峻极于天；惟岳降神，生甫及申。”明岳所降之神，即风雨霜露之类。故《郊特牲》曰：“天子大社，必受霜露风雨，以达天地之气也。”此即《管子》所谓天出其精者。《庄子》曰：“察其始而本无生；非徒无生也，而本无形；非徒无形也，而本无气。杂乎芒芴之闲，变而有气，气变而有形，形变而有生，今又变而之死，是相与为春秋冬夏四时行也。”《至乐》。此即孔子所谓发扬于上为昭明，百物之精，神之著者，《易》姚氏《注》曰：“阳称精。”虞氏曰：“乾为精。”《春秋繁露》曰：“气之清者为精。”皆可见其专指天气。所以称之为精者，《礼器》曰：“德产之致也精微。”郑《注》：“致，密也。”此即今之緻字，《荀子·非相》：“文而致实。”《诗·假乐笺》曰：“成王立朝之威仪，致密无所失。”义皆同。《尔雅·释言》：“睲，密也。”郭《注》曰：“谓緻密。”字作緻。《公羊》庄公十年：“觕者曰侵，精者曰伐。”《解诂》：“觕，粗也。精，犹精密也。”《老子》曰：“窈兮冥兮，其中有精，其精甚真。”此真字与阗同训。《淮南王书》曰：“二阴一阳成气二，二阳一阴成气三。”高《注》曰：“阴粗觕，故得气少；阳精微，故得气多。”《天文》。《韩非·难四》：“事以微巧成，以疏拙败。”疏与微为对词。盖因风雨霜露，而设想阳气之极微，因其极微，乃设想其致密也。物最小之分子，古人设想其为糁粒形，称之曰气。气之大小亦无定。《说文·皮部》：“皰，面生气也。”“皯，面黑气也。”皆形质兼具者。《气部》：“气，云气也。”则有形而无质矣。《庄子·秋水》曰“至精无形”，无形者亦不可不谓之气也。《吕览·至忠》曰“恶闻忠言，此自伐之精者也”，言其为祸隐伏而不可见，亦无形之义也。其为物既极微，故能生动飞扬，无乎不在。《吕览》曰：“何以说天道之圜也？精气一上一下，圜周复杂，无所稽留，故曰天道圜。”《闻道》。又《大乐》曰：“太一出两仪，两仪出阴阳。阴阳变化，一上一下，合而成章。浑浑沌沌，离则复合，合则复离，是谓天常。”义同。又曰：“精气之集也，必有入也：集于羽鸟，与为飞扬；集于走兽，与为流行；集于珠玉，与为精朗；集于树木，与为茂长；集于圣人，与为夐明。精气之来也，因轻而扬之，因走而行之，因美而良之，因长而养之，因智而明之。流水不腐，户枢不蝼，动也，形气亦然。形不动则精不流，精不流则气郁。气郁，处头则为肿、为风，处耳则为挶、为聋，处目则为䁾、为盲，处鼻则为鼽、为窒，处腹则为张、为疛，处足则为痿、为蹷。”《尽数》。精气之变动不居如此，故《易·系辞传》称其德曰“惟神也，故不疾而速，不行而至”；曰“神无方而易无体”；曰“利用出入，民咸用之谓之神”。又曰“知变化之道者，其知神之所为乎”，又曰“阴阳不测之谓神”。

《定之方中》之诗曰：“星言夙驾。”《韩诗》曰：“星，精也。”《史记·天官书》：“天精而见景星。”《集解》引孟康曰：“精，明也。”《索隐》引韦昭曰：“精，谓清朗。”《汉书》作暒，亦作甠。郭璞注《三苍》曰：“暒，雨止无云也。”此即今之晴字，从日从星。《说文·夕部》：“殅，雨而夜除星见也。”与甠皆暒之或体，盖从星省声，非从生也。然则古言晴者，或曰星，或曰精，此可见星精一字。古谓星主人民，实由其谓天之精气生人也，参看《庶民惟星解》。暒者星之分别文，晴者精之后起字。知精有光明之义，即所谓知气也。故《管子》曰：“知气和则生物从。”《幼官》。孔子曰：“清明在躬，志气如神，耆欲将至，有开必先。”《孔子闲居》。此知气之在人者，以其变动不居也，故其为用亦有微妙不可测者焉。《管子》曰：“善气迎人，亲于弟兄。恶气迎人，害于戎兵。不言之声，疾于雷鼓。心气之形，明于日月，察于父母。”《内业》。《吕览》曰：“攻者砥砺五兵，侈衣美食，发且有日矣，所被攻者不乐，非或闻之也，神者先告也。身在乎秦，所亲爱在于齐，死，而志气不安，精或往来也。”《精通》。不徒人也，《左氏》庄公十四年：“初，内蛇与外蛇斗于郑南门中，内蛇死，六年而厉公入。公闻之，问于申缟曰：犹有妖乎？对曰：人之所忌，其气焰以取之，妖犹人兴也。犹同由。人无衅焉，妖不自作。”则人与物之间，亦有感应之理矣。《易》曰：“寂然不动，感而遂通天下之故，非天下之至神，其孰能与于此？”《系辞传》。谓此也。《乐记》曰：“易、直、子、谅之心生则乐，乐则安，安则久，久则天，天则神。”《管子》曰：“赏不足以劝善，刑不足以惩过。气意得而天下服，心意定而天下听。抟气如神，万物备存。能抟乎？能一乎？能无卜筮而知吉凶乎？能止乎？能已乎？能勿求诸人而得诸己乎？思之思之，又重思之。思之而不通，鬼神得通之。非鬼神之力也，精气之极也。"《内业》。《吕览》曰："无以害其天则知精，知精则知神。"《论人》。《孟子》曰："圣而不可知之之谓神。"《告子》下。《荀子》曰："尽善浃洽之谓神。"《儒效》。则修为之效也，凡以神之变化无方也。

《中庸》曰："鬼神之为德，其盛矣乎？视之而不见，听之而不闻，体物而不可遗。《注》："体犹生也，可犹所也，不有所遗，言万物无不以鬼神之气生也。"使天下之人，齐明盛服，以承祭祀，洋洋乎，如在其上，如在其左右。"此虽言鬼，实但指神。鬼神并称，乃浃句圆文之例耳。《左氏》襄公二十年：宁惠子谓悼子曰："犹有鬼神，吾有馁而已，不来食矣。"同此。《郊特牲》曰："直祭祝于主，索祭祝于祊。不知神之所在。于彼乎？于此乎？或诸远人乎？"即如在其上、如在其左右之义也。《左氏》宣公四年：子文曰："鬼犹求食。若敖氏之鬼，不其馁而？"此虽言鬼，意实指神。乃对文则别、散文则通之例。定公五年："吴师居麇。子期将焚之。子西曰：父兄亲暴骨焉，不能收，又焚之，不可。子期曰：国亡矣，死者若有知也，可以歆旧祀，岂惮焚之？"明享禋祀者，乃魂神而非体魄也。《荀子》曰："葬埋，敬藏其形也；祭祀，敬事其神也。"《礼论》。亦以二者分言。

《易》曰："同声相应，同气相求。水流湿，火就燥；云从龙，风从虎，圣人作而万物睹。本乎天者亲上，本乎地者亲下，则各从其类也。"《文言》。案《大戴记·曾子天圆》曰："天之所生上首，地之所生下首。"即《易》所谓本乎天者亲上，本乎地者亲下也。上首谓动物，下首谓植物也。《荀子》曰："水火有气而无生，草木有生而无知，禽兽有知而无义。"《王制》。亦知专属天气之证。

——以上论古以魂神为有知形魄为无知

子产言人生始化曰魄，既生魄，阳曰魂，一似魂魄之生分先后者，于理殊不可通，刘炫即疑之，见《疏》。是何也？曰：魂不能离魄而存，理极易见，然自邃古以来，习以形神为二久矣，不能骤更，乃谓魂必藉魄以为养，形荣而后神全焉，故曰：用物精多则魂魄强，是以有精爽，至于神明。此魂魄二字，但当言魄；曰魂魄者，亦浃句圆文之例也。下文"其魂魄犹能凭依于人以为淫厉"，则当但言魂。《管子》曰："凡物之精，此则为生。下生五谷，上为列星。流于天地之间，谓之鬼神。藏于胸中，谓之圣人。"《内业》。此言精气之集于人也。又曰："定心在中，耳目聪明，四枝坚固，可以为精舍。"又曰："敬除其舍，精将自来。精想思之，宁念治之，严容畏敬，精将至定。"又曰："凡食之道，大充伤而形不臧，大摄骨枯而血沍。充摄之间，此谓和成，精之所舍，而知之所生。”同上。案《内业》多医家言，可与《吕览·尽数》参看。又曰：“怠倦者不及，无广者疑神。”广同旷，疑同凝。此言人治其身心，以全神气之道也。神之全系于形之荣如此，用物精多则魂魄强，理固然矣。人之死也，魂神还于太虚，而失其所以为人，犹之骨肉归复于土。然形魄既强，则有暂时凝集不散者，是则能凭依于人以为淫厉。故子产曰：“鬼有所归，乃不为厉。”《疏》引郑《箴膏肓》曰：“厉者，阴阳之气相乘不和之名，《尚书五行传》六厉是也。人死，体魄则降，知气在上。有尚德者，附和气而兴利。孟夏之月，令雩祀百辟、卿士有益于民者，由此也。为厉者因害气而施灾，故谓之厉鬼。《月令》：民多厉疾，《五行传》有御六厉之礼；《礼》：天子立七祀有大厉，诸侯立五祀有国厉；欲以安鬼神，弭其害也。”所以使之有所归也。然魂魄虽强，亦久而必散。《乐记》曰：“幽则有鬼神。”《注》曰：“《五帝德》说黄帝德曰死而民畏其神百年，《春秋传》曰若敖氏之鬼；然则圣人之精气谓之神，贤知之精气谓之鬼。”案此亦对文则别，散文则通之例耳，郑妄生分别，实非是。《五帝德》说黄帝德，又曰亡而民用其教百年。曰亡，则其神已无存矣，《管子》所谓“源泉有竭，鬼神有歇”也。《轻重丁》。神歇则徒为鬼矣。《祭法》述天子、诸侯、大夫、适士、官师、庶士、庶人之制，或去墠为鬼，或去坛为鬼，或去王考为鬼，或死曰鬼。曰鬼，明其神不复存焉；其或迟或速，则用物有弘纤，取精有多少也。虽有久暂之殊，语其极盖无不散者，故《祭法》又曰大凡物生于天地之间者皆曰命，其物死曰折，人死曰鬼也。

《左疏》以神灵分属魂魄，说本《曾子天圆》。《天圆》曰：“阳之精气曰神，阴之精气曰灵。”此亦随意分别言之，不谓灵有所知。《诗》《灵台》毛《传》曰：“神之精明者称灵。”则又以灵属阳气矣。《礼记·聘义》：“气如白虹，天也。精神见于山川，地也。”《注》曰：“精神，亦谓精气也。虹，天气也。山川，地所以通气也。”此即《礼运》所谓“地秉阴，窍于山川”者。彼《注》云：“窍，孔也。言地持阴气，出内于山川。”则地亦以精气言之矣。古书用字，意义多歧，非如今日科学家之谨严，不容过于拘泥也。

《续汉书·五行志》引《五行传》曰：“皇之不极，是谓不建，时则有下人伐上之痾。”《注》曰：“郑玄曰：夏侯胜说：伐宜为代。书亦或作代。阴阳之神曰精气，情性之神曰魂魄。君行不由常，侜张无度，则是魂魄伤也。皇极气失之病也。天于不中之人，恒耆其毒，增以为病，将以开贤代之也。《春秋》所谓夺伯有魄者是也。不名病者，病不著于身体也。"《注》又曰："注《五行志》称郑玄曰：皆出注《大传》。" 此除引《左氏》外，说当略本夏侯。既曰魂魄伤，又曰病不著于身体，明魂魄伤之魄字，亦并举以圆文；夺伯有魄之魄，则实当言魂；所谓气失之病也。

——以上论古谓魂神藉形魄而强

《洪范》五行之次："一曰水，二曰火，三曰木，四曰金，五曰土。"《周书·小开武》篇亦曰："五行：一黑位水，二赤位火，三苍位木，四白位金，五黄位土。"二说符会，必非偶然。《左氏》昭公二十五年："用其五行。" 杜《注》云："金、木、水、火、土。"《疏》云："《洪范》以生数为次。《大禹谟》说六府云水、火、金、木、土、谷，五行之次与《洪范》异者，以相刻为次也。此《注》言金、木、水、火、土者，随便而言之，不以义为次也。" 案伪《大禹谟》之文，实本于《礼运》之水、火、金、木、饮食，似亦随便言之。今人言语，犹恒曰金、木、水、火、土，其次亦无义也。《洪范》《周书》，明著其次，自不得援以为例。《洪范疏》曰："万物之本，有生于无，著生于微，及其成形，亦以微著为渐；五行先后，亦以微著为次。五行之体，水最微为一，火渐著为二，木形实为三，金体固为四，土质大为五。"《月令疏》云：水体最微；火比于水，严厉著见；木比火象有体质；金比木其体坚刚；土载四行，又广大。水、火次前，金、木次后，自无间然；木、金、土之次，说亦可通；水有质，顾居前；火无质，顾居后；何也？读《管子·水地》之篇，则知其故矣。《水地》曰："水具材也。案此即《左氏》襄公二十七年子罕曰"天生五材，民并用之"之"材"，言火、木、金、土，其初皆为水也。无不满，无不居也。集于天地，而藏于万物，产于金石，集于诸生，故曰水神。集于草木，根得其度，华得其数，实得其量。鸟兽得之，形体肥大，羽毛丰茂，文理明著。万物莫不尽其几，反其常者，水之内度适也。"几者物之微，犹今言最小分子。《庄子·至乐》曰"种有几。得水则为㡭。得水土之际，则为蛙蠙之衣。生于陵屯，则为陵舄。陵舄得郁栖，则为乌足。乌足之根为蛴螬，其叶为胡蝶。胡蝶胥也，化而为虫，生于灶下，其状若脱，其名为鸲掇。鸲掇千日为鸟，其名为乾余骨。乾余骨之沫为斯弥。斯弥为食醯。颐辂生乎食醯。黄軦生乎九猷。瞀芮生乎腐蠸。羊奚比乎不箰。久竹生青宁。青宁生程。程生马。马生人。人又反入于几。

万物皆出于几，皆入于几。”此文虽难曲释，大意尚有可知，盖谓物以最小分子始，亦以最小分子终。终则复始，无待于言。自“得水则为”至“马生人”，盖《管子》所谓“尽其几”者；其“反入于几”，则《管子》所谓“反其常也”。常同尚、同上。物之出于几，其情状果何如乎？《水地》篇曰：“人，水也。男女精气合而水流形，三月如咀。咀者何？曰五味。五味者何？曰五藏。酸主脾，咸主肺，辛主肾，苦主肝，甘主心。五藏已具，而后生肉。脾生膈，肺生骨，肾生脑，肝生革，心生肉。五肉已具，而后发为九窍。脾发为鼻，肝发为目，肾发为耳，肺发为口，心发为下窍。五月而成，十月而生。生而目视、耳听、心虑。”气者生物之本，《大戴记·文王官人》曰：“气初生物。”《周书·官人》同。《乐记》：“气衰则生物不遂。”《管子·枢言》：“有气则生，无气则死，生者以其气。”气合而水流形，故五行之次，以水为首也。《公羊》隐公元年《疏》引《春秋说》云：“元者端也，气泉。”《注》云：“元为气之始，如水之有泉。”此即《庄子·大宗师》所谓“气母”。《易·乾卦·彖辞》曰：“云行雨施，品物流形。”《姤》之《彖辞》曰：“天地相遇，品物咸章。”《论衡·雷虚》篇曰：“说雨者以为天施气，气渥为雨。”皆以气为生物之本，而其初变则为水也。沮者沮洳之义。气无味，凝而为水若沮洳，则有味矣。五味者何曰五藏，盖谓具五味之水，成五藏之形，又继此而生五肉，此皆子产所谓始化曰魄；发为九窍，则其所谓阳曰魂也。《左氏》昭公元年，医和曰：“天有六气，降生五味，发为五色，征为五声。”二十五年，子大叔述子产之言曰：“则天之明，因地之性，生其六气，用其五行。气为五味，发为五色，章为五声。”《大戴记·文王官人》曰：“气初生物，物生有声。”义亦如此。昭公九年，屠蒯曰：“味以行气，气以实志，志以定言。”《大戴记·四代》篇：子曰：“食为味，味为气，气为志。”此则形魄既成之后，取物以为养也。形者重浊之质，当以重浊养之；气者轻清之质，当以轻清养之；故曰“凡饮，养阳气也；凡食，养阴气也”。轻清之至，则其所以养之者，亦且无形，故曰“至敬不飨味而贵气臭”。有虞氏之祭尚用气，殷人尚声，周人尚臭也。《郊特牲》。《管子》曰：“精存自生，其外安荣，内藏以为泉原。浩然和平，以为气渊。渊之不涸，四体乃固。泉之不竭，九窍遂通。”《内业》。此即所谓“味以行气，气以实志”者，皆魂必藉魄以为养之义也。

《吕览·大乐》曰：“万物所出，造于太一，化于阴阳。萌芽始震，凝滰以形。”毕校曰：“《御览》作萌芽始厥，凝寒以刑。《注》：厥，动也。字书无滰字。”

案澌者水之寒，古人随义异文，字书固不能尽载。萌芽始动，而凝以形，盖亦精气合而水流形之意。《洪范》庶征：曰雨，曰旸，曰燠，曰寒，曰风。《疏》云："昭元年《左传》云：天有六气，阴、阳、风、雨、晦、明也。"以彼六气，校此五气：雨、旸、风，文与彼同；彼言晦、明，此言寒、燠，则晦是寒也，明是燠也，惟彼阴于此无所当耳。《五行传》说五事致此五气云："貌之不恭，是谓不肃，厥罚恒雨，惟金沴木"；"言之不从，是谓不乂，厥罚恒旸，惟木沴金"；"视之不明，是谓不哲，厥罚恒燠，惟木沴火"；"听之不聪，是谓不谋，厥罚恒寒，惟火沴水"；"思之不睿，是谓不圣，厥罚恒风，惟木、金、水、火沴土"。如彼《五行传》言，是雨属木，旸属金，燠属火，寒属水，风属土。郑云："雨，木气也，春始施生，故木气为雨。旸，金气也，秋物成而坚，故金气为旸。燠，火气也。寒，水气也。风，土气也。凡气非风不行，犹金、木、水、火非土不处，故土气为风。六气有阴；五事休咎，皆不致阴。"《五行传》又曰："皇之不极，厥罚常阴，是阴气不由五事，别自属皇极也。"《左氏》"降生五味"，杜《注》谓"皆由阴、阳、风、雨而生"，《疏》曰："是阴、阳、风、雨、晦、明，合杂共生五味。若先儒以为雨为木味，风为土味，晦为水味，明为火味，阳为金味，而阴气属天，不为五味之主，此杜所不用也。"案阴气属天，不主五味，即其不由五事、别属皇极之义。《管子》曰："准也者，五量之宗也；素也者，五色之质也；淡也者，五味之中也。"《水地》。淡之为味，盖在流形之始，未逮如沮之时。然已非气矣。《吕览》特造澌字，明其为水之寒，而非气之寒也。

——以上论古以气为生物之本气始凝为水五行所以首水

《礼运》曰："是故夫政，必本于天，殽以降命，命降于社之谓殽地。"郑《注》曰"殽天之气，以下教令"，以殽为效法之义，恐非。"殽以降命"以下数语，盖言天事而非人事。殽，杂也。凡物之生，皆由天命，天命一也，而所生之物万殊，故曰殽。《易》曰："乾道变化，各正性命。"《乾彖辞》。《乐记》曰："方以类聚，物以群分，则性命不同矣。"《大戴记·本命》曰："分于道谓之命，形于一谓之性，化于阴阳，象形而发谓之生。"皆殽以降命之义。《吕览》曰："何以说地道之方也？万物殊类殊形，皆有分职，不能相为，故曰地道方。"《圜道》。《大戴记·礼三本》曰："天地者生之本也；先祖者，类之本也。"《荀子·礼论》同。《郊特牲》曰："万物本乎天，人本乎祖。"万物本乎天，以其生皆由天命也；类各本乎其祖，则以命降地而觳也。凡象形而发之物，无能相为者，独神物不然。《论衡》曰："天地之间，恍惚无形，寒暑、风雨之气乃为神。今龙有形，有形则行，行则食，食则物之性也。天地之性，有形体之类，能行食之物，不得为神。"《龙虚》。其说则是矣，而不知古之所谓龙者，非如是也。《管子·水地》篇曰："龙生于水，被五色而游，故神。欲小则化如蚕蠋，欲大则藏于天下，欲尚则陵于云气，欲下则入于深泉；变化无日，上下无时，谓之神。"又曰："水之精粗浊蹇，能存而不能亡者，生人与玉；伏闇能存而亡者，蓍龟与龙；或世见或不见者，蟡与庆忌。"然则物固有仍能变化者，岂以其得天气独多故邪？《大戴记·易本命》曰："食气者，神明而寿；不食者，不死而神。"其谓是邪？古言龙，有以为神明能变化者，《管子》此篇是也；有以为有形体、能饮食者，《大戴记·曾子天圆》《易本命》之说是也。二说互异，各不相妨。《论衡》又曰："神者，恍惚无形，出入无门，上下无垠，故谓之神。今雷公有形，雷声有器，安得为神？"《雷虚》。此亦可以辟汉人所画之雷，而不可以辟古人之所谓雷者也。《淮南·天文》云："天地之袭精为阴阳，阴阳之专精为四时，四时之散精为万物。"万物成于四时之散精，此其类之所以杂也。

——以上论古谓形魄不能变化惟神物不然

《易观》之《象辞》曰："圣人以神道设教，而天下服矣。"世或以是为愚民之术，此大缪也。道者，物之所由生，故曰"分于道谓之命"。《管子·四时》曰："道生天地。"《系辞传》曰："一阴一阳之谓道，继之者善也，成之者性也。"天地絪缊，男女构精，此所谓"一阴一阳之谓道"；自水之流形，至于九窍之发，皆"继之者善"之事；十月而生，则所谓"成之者性"也。追原生物之功而至于天地，崇高玄远，其为用本可敬畏；而逝者如斯，不舍昼夜，一受其成形，不亡以待尽，其为用，又有足使人感喟者焉。《祭义》曰："因物之精，制为之极，明命鬼神，以为黔首则，百众以畏，万民以服。圣人以是为未足也，筑为宫室，设为宗祧，以别亲疏远迩，教民反古复始，不忘其所由生也。众之服自此，故听且速也。"此正神道设教之义。《檀弓》曰："鲁人有周丰也者，哀公执挚请见之，而曰：不可。公曰：我其已夫！使人问焉，曰：有虞氏未施信于民而民信之，夏后氏未施敬于民而民敬之，何施而得斯于民也？对曰：墟墓之间，未施哀于民而民哀，社稷宗庙之中，未施敬于民而民敬，殷人作誓而民始畔，周人作会而民始疑。

苟无礼义忠信诚悫之心以莅之，虽固结之，民其不解乎？”此神道设教之效也。《礼器》曰：“天道至教，圣人至德。庙堂之上，罍尊在阼，牺尊在西；庙堂之下，悬鼓在西，应鼓在东。君在阼，夫人在房；大明生于东，月生于西。此阴阳之分，夫妇之位也。君西酌牺象，夫人东酌罍尊，礼交动乎上，乐交应乎下，和之至也。”致中和，天地位焉，万物育焉，本天道以教和，亦神道设教之意也，而岂有愚民之意哉？

——以上论神道设教之义

（二四八）龙

乾卦之取象于龙，何也？曰：读《管子》水地之篇，则可以知其故矣。《水地》曰：地者，万物之本原，诸生之根菀也。美恶贤不肖愚俊之所生也。水者，地之血气，如筋脉之通流者也。故曰：水具材也，水集于玉，而九德出焉，凝蹇而为人，而九窍五虑出焉，此乃其精也。精粗浊蹇，能存而不能忘者也。伏暗能存而能亡者，蓍龟与龙是也。龟出于水，发之于火，于是为万物先，为祸福正。龙生于水，被五色而游，故神。欲小则化为蚕蠋，欲大则藏于天下，欲上则凌于云气，欲下则入于深泉，变化无日，上下无时，谓之神。龟与龙，伏暗而能存能亡者也。或世见或不世见者，生蟡与庆忌。故涸泽数百岁，谷之不徙，水之不绝者生庆忌。庆忌者，其状若人，其长四寸，衣黄衣，冠黄冠，戴黄盖，乘小马，为疾驰，以其名呼之，可使千里外一日反报，此涸泽之精也。涸川之精者生于蟡，蟡者，一头而两身，其形若蛇，其长八尺，以其名呼之，可以取鱼鳖，此涸川水之精也。是以水之精粗浊蹇，能存而不能亡者，生人与玉；伏闇能存而亡者，蓍龟与龙；或世见或不见者，蟡与庆忌：是则管子将水所生物，分为三类也。今人多为考龙如何物，然则蟡与庆忌，亦可考其如何物乎？

《淮南子·地形》曰：正土之气也，御乎埃天，埃天五百岁生缺，缺五百岁生黄埃，黄埃五百岁生黄澒，黄澒五百岁生黄金，黄金千岁生黄龙，黄龙入藏生黄泉，黄泉之埃，上为黄云，阴阳相薄为雷，激扬为电，上者就下，流水就通，而合于黄海。偏土之气，御乎清天，清天八百岁生青曾，青曾八百岁生青澒，青澒八百岁生青金，青金八百岁生青龙，青龙入藏生青泉，青泉之埃，上为青云，阴阳相薄为雷，激扬为电，上者就下，流水就通，而合于青海。壮土之气，御于赤天，赤天七百岁生赤丹，赤丹七百岁生赤澒，赤澒七百岁生赤金，赤金千岁生赤龙，赤龙入藏生赤泉，赤泉之埃，上为赤云，阴阳相薄为雷，激扬为电，上者就下，流水就通，而合于赤海。弱土之气，御于白天，白天九百岁生白矾，白矾九百岁生白澒，白澒九百岁生白金，白金千岁生白龙，白龙入藏生白泉，白泉之埃，上为白云，阴阳相薄为雷，激扬为电，上者就下，流水就通，而合于白海。牝土之气，御于玄天，玄天六百岁生玄砥，玄砥六百岁生玄澒，玄澒六百岁生玄金，玄金千岁生玄龙，玄龙入藏生玄泉，玄泉之埃，上为玄云，阴阳相薄为雷，激扬为电，上者就下，流水就通，而合于玄海。说虽荒怪，然其大意，乃谓地气上升；与天相接，久而生金，由金生龙，由龙生泉，再上升而为云，云下降而为雨，雨汇流而成海，与《管子》以水地为万物之本，亦觉消息相通也。

《易·系辞》曰：龙蛇之蛰，以存身也。古所谓龙者，果为何物，虽不可知，然必为蛇类，古书恒以龙蛇并言。《管子·枢言》曰：一龙一蛇，一日五化之谓周，似以变化时为龙，不变化时为蛇。是谓龙能蛰也。文言曰：云从龙，是亦谓龙能乘风云而上天也。《论衡·龙虚篇》曰：盛夏之时，雷电击折树木，发坏室屋，俗谓天取龙，谓龙藏于树木之中，匿于室屋之间也。雷电击折树木，发坏室屋，则龙见于外，龙见，雷取以升天，世无愚智贤不肖，皆以为然。又曰：世俗之言，亦有缘也。短书言龙无尺木，无以升天。又曰升天，又曰尺木，谓龙从木中升天也。案藏于树木之中，匿于室屋之间，是即所谓蛰也。因雷电而升天，是即《易》所谓云从龙也。然则自先秦至汉，人心之所谓龙，迄未尝变也，且验仲任龙虚之篇，彼时世俗之言，与今人亦无大异，知传说之难改。然则古之所谓龙者，其亦即后世愚夫愚妇之所谓龙欤？此乃雷雨之时所见，本无所谓龙，然古人迷惑，见一小物谓为能变者甚多，雷雨之时，见名之曰龙，及乎晴霁，乃指类于蛇，小如蚕蝎之物以当之，事所可有，安可究诘，必欲索之于今之动物学中，则惑矣。世俗多谓狐能变幻，虽古昔亦然。谓今之所谓狐者，不足以当古短书之狐，而必别求其物以实之，其亦可乎？

（二四九）帝

吴清卿《字说》，谓“帝皇之帝，与根柢之柢，原即一字。初但作▽作▼，后乃作帝”。其说凭字形推测，未知信否。然上帝之帝，古确有根柢之义。《周书·周祝》:“危言不干德曰正,正及神人曰极,世之能极曰帝。”《淮南·诠言》:“四海之内，莫不系统，故曰帝也。”是也。又《周官·地官》泉府《释文》，抵音帝，亦可见柢帝之同音。

（二五〇）磌然

《公羊》僖公十六年，“闻其磌然，视之则石，察之则五”。《释文》:“磌然，之人反；又大年反；声响也。一音芳君反。本或作砰，八耕反。”《谷梁注》引《公羊》之辞,《疏》曰:“磌字,《说文》《玉篇》《字林》等无其字，学士多读为砰。据《公羊》古本,并为磌字。张揖读为磌,是石声之类,不知出何书也。”《校勘记》引《经义杂记》曰:“今《玉篇》有磌字，云音响也，盖孙强等增加。《广雅》四《释诂》：砰，普耕反，声也，而无磌字。杨云张揖读为磌，是古本《广雅》有磌矣。《五经文字》:磌，之人反，又大年反，声响也，见《春秋传》。”案八耕反与芳君反，同声异韵，乃学士以当时状声之辞读《公羊》，非其本字也。《公羊》本字，自当作磌，杨《疏》谓古本皆如此，又《广雅》本有磌字，可见。此磌然,即《孟子》“填然鼓之”之“填然”;《梁惠王》上。因其为石声，故易土旁为石旁耳。《杨疏》“张揖读为磌”,疑当作读为填。填然,盖状重物相击，实而不浮之声。古真字本训充实，不作诚伪之诚解，故阗字从真得声。今读真为之人反，阗为大年反，古无是别也。《老子》曰：“窈兮冥兮，其中有精，其精甚真。”即充实之义。若依今人用法，则当作阗。《庄子》之真人亦然，故谓其“入水不濡，入火不爇”也。见《大宗师》篇。又《天下》篇“关尹老聃乎？古之博大真人哉”，亦此意。观上文言“坚则毁矣，锐则挫矣”可知。《玉藻》“色容颠颠”，“盛气颠实扬休”，又以颠为之。

（二五一）稽古同天

俞理初曰:“《诗·玄鸟正义》引《尚书纬》云:曰若稽古帝尧，稽，同也;古，天也。《三国志》《书正义》均诋郑氏信纬,以人系天,于义无取;且云:古之为天，经无此训；不悟《诗》云古帝命武、汤，正是经训古为天。”《癸巳类稿·光被四表格于上下古文说》。愚案《周书·周祝》:“天为古,地为久,察彼万物名于始。”此古书明言天为古者。《管子·任法》曰:“法不一,则有国者不祥;国更立法以典民,则祥。故曰:法者,不可恒也,存亡治乱之所从出,圣君所以为天下大仪也,君臣上下贵贱皆发焉。故曰:法,古之法也。”《韩非子·定法》曰:“韩者,晋之别国也。晋之故法未息,而韩之新法又生;先君之令未收,而后君之令又下。”所谓法不一者也。故国必不免于是,故贵更之,故曰不可恒。恒而曰古之法,则其所谓古者,非谓年代久远,亦训天耳。《祭义》曰:“以事天地、山川、社稷、先古。”先古即天古,乃复语。盖天地之道,悠久无疆,故天可训之以古。而天,颠也,本有最上之义,时之尚者则古矣。故言古者亦可言天也。《尹告》曰:“惟尹躬天见于西邑夏。”《礼记·缁衣》引。郑《注》读天为先,可证。

(二五二)猎较

《孟子·万章》下篇:“鲁人猎较,孔子亦猎较,猎较犹可,而况受其赐乎?”《注》云:“猎较者,田猎相较,夺禽兽,得之以祭,时俗所尚,以为吉祥。孔子不违而从之,所以小同于世也。”田猎纵不能教让,岂有相夺之礼?相夺乃大乱之道,孔子焉得从之?赵《注》似近臆说。予谓猎较,即汉人所谓校猎。《汉书注》云:“校猎者,大为阑校以遮禽兽而猎取也。”《成帝纪》元延二年。有尽物之意,非天子不合围,诸侯不掩群之义;故充类至义之尽,谓之盗也。

(二五三)上国

《左氏》昭公二十七年:“吴子欲因楚丧而伐之。使公子掩余、公子烛庸帅师围潜,使延州来季子聘于上国。吴公子光曰:此时也,弗可失也。告鱄设诸曰:上国有言曰:不索何获?我王嗣也,吾欲求之。”《疏》曰:“贾逵云:上国,中国也。服虔云:上国,谓上古之国,贤士所言也。此犹如上文聘于上国,则贾言是也。”案以成公七年“通吴于上国”之文言之,亦贾说是也。然昔人引古语者甚多,引同时列国之言者甚少。蛮夷引中国之言,亦不少概见。盖载籍所传者,多非其人之言,实执笔者以其意为之辞耳。聘于上国之文,服虔岂不之见?必以上古之国释之者,夫固别有见地也。窃疑《左氏》记事,虽有依据,其文则多经传者润饰。创通《左氏》者，多西汉末叶人，如刘歆、郑兴辈，于古书未必能真解。或见上国有言之文，误解上国为中国，因遂施之季札之聘，巫臣之通耳。要之《左氏》记事，大致可资参证，然其释经处必出妄说，其文字亦多非故书之旧，则不可不知也。

（二五四）女称君亦称君子

冯云伯《十三经诂答问》云："问《硕人》无使君劳，《毛传》：大夫未退，君听朝于路寝，夫人听内事于正寝，大夫退然后罢。是君劳似兼夫人言之，何也？曰：此君字当专指夫人言。《列女传》：君者，谓女君也。引此，是《鲁诗》说。鹑奔我以为君，《毛传》：君，国小君，盖夫人自称曰小君也。"愚案《硕人》毛《传》，意或亦专指夫人；兼言君者，连类及之耳。古书固多如此也。又案俞理初《癸巳类稿》云：《丧服传》云：君子子者，贵人之子也。此君子当属母，即《诗·都人士》云彼君子女谓之尹吉者，以求之者必为適妻故也。卷三。然则君与君子，皆男女之通称矣。君者，群也。能理一群之事者，斯谓之君，固无分于男女。抑古者男有男事，女有女事，如今原始部族，往往战守之事属之男，弓矢戈矛之类，亦为男子所有，凡为战守而结合之团体惟男子主之，女子不与焉。至于种植烹饪，缉绩裁缝，治理居处，抚育孩幼，则皆女子主之，男子不与，其物亦皆女子所有，故家属于女子也。此所谓男子治外，女子治内，而非如小康之世，所谓深宫固门，阍寺守之，男不入，女不出者也。小康之世之妇人，所治者悉为家事，而家为男子之所有，则亦无产之奴隶而已矣。

（二五五）札

《周官》大司徒："大荒大札，则令邦国移民，通财，舍禁，弛力，薄征，缓刑。"《注》："大荒，大凶年也；大札，大疫病也。"司市："国凶荒札丧，则市无征而作布。"司关："国凶札，则无关门之征。"《注》："郑司农云：凶，谓凶年饥荒也；札，谓疾疫死亡也；越人谓死为札。《春秋》传曰：札瘥夭昏。"《疏》曰："上注札为疫病，此司农以札为死，则札因病而死，义得两兼，是以引越人谓死为札也。云《春秋传》者，昭十九年《左氏》云：郑驷偃卒，其父兄立子瑕。子产曰：寡君之二三臣，札瘥夭昏。《注》云：大死曰札，小疫曰瘥，短折曰夭，未名曰昏。又《洪范》云：六极，一曰凶短折。《注》曰：未齓曰凶，未冠曰短，未昏曰折，并无正文，望《经》为说耳。引《春秋》者，证札为大疫也。”案司徒职所谓大荒，即司市所谓凶荒，司关所谓凶；其所谓大札，即司市所谓札丧，司关所谓札；辞有单复，义无同异。《司徒注》但云疫病，乃辞不具，非谓未致死亡；《疏》谓义得两兼，误也。札、折，疑即一语。《礼记·祭法》：“大凡生于天地之间者皆曰命，其万物死皆曰折，人死曰鬼。”《注》：“折，弃败之言也。”盖指秋时草木黄落言之，秋冬万物皆死，总称为折，不复分别其名。万物死其数甚多，因引申为人死甚多之称；死亡甚多者，固惟疫病足以致之也。

（二五六）易抱龟南面

《祭义》：“昔者圣人建阴阳天地之情，立以为易。易抱龟南面，天子卷冕北面，虽有明知之心，必进断其志焉；示不敢专，以尊天也。”《注》：“易，官名。《周礼》曰大卜，大卜主三兆三易三梦之占。”案《周官·春官》占人：“掌占龟，以八簭占八颂。”《左氏》僖公十五年，秦伯伐晋，卜徒父筮之，其卦遇《蛊》。则古者卜筮之职，盖不甚分。《少牢馈食礼》：“史朝服，左执筮，右抽上韇，兼与筮执之，东面受命于主人。”《疏》云：“《杂记》：大夫士筮，亦云史练冠长衣。”今案《左氏》庄公二十二年：“周史有以《周易》见陈侯。”襄公九年：“穆姜薨于东宫，始往而筮之，遇《艮》之八；史曰：是谓《艮》之《随》，《随》其出也，君必速出。”是史亦知筮也。《荀子·王制》：“相阴阳，占祲兆，钻龟陈卦，主攘择五卜，知其吉凶妖祥，傴巫跛击之事也。”《注》：“五卜，《洪范》所谓曰雨、曰霁、曰蒙、曰驿、曰克。击读为觋，男巫也。”其说当，则巫觋亦通于卜筮矣。盖其术并非甚难也。

（二五七）三兆三易

《周官·春官》：大卜，掌三兆三易之法。《注》引杜子春云：“玉兆，帝颛顼之兆；瓦兆，帝尧之兆；原兆，有周之兆。”又云：“《连山》宓牺，《归藏》黄帝。”《疏》引“赵商问：杜子春何由知之？郑答云：此数者非，无明文，改之无据，故着子春说而已，近师皆以为夏、殷、周。郑既为此说，故《易赞》云：夏曰《连山》，殷曰《归藏》。又注《礼运》云：其书存者有《归藏》。如是，玉兆为夏，瓦兆为殷可知，是皆从近师之说也。”案《史记·自序》云：“齐、楚、秦、赵为日者各有俗，所用欲循观其大旨，作《日者列传》。”又云：“三王不同龟，四夷各异卜，然各以决吉凶，略阙其要，作《龟策列传》。”则古者卜筮之法盖甚多，今不可见者，以二传皆非原文也。以为夏、殷、周与黄帝、颛顼、帝尧，皇甫谧又以为夏人因炎帝曰《连山》，殷人因黄帝曰《归藏》，见《疏》引。同一无据而已。孔子之宋而得《坤乾》，经有明文；然以《坤乾》即《归藏》，亦无确据。

《士冠礼疏》云：“案《洪范》云：七稽疑，择建立卜筮人，三人占，从二人之言；又案《尚书·金縢》云：乃卜三龟，一习吉。则天子诸侯卜时，三龟并用，于玉、瓦、原，三人各占一兆也。筮时，《连山》《归藏》《周易》，亦三易并用；夏、殷以不变者为占，《周易》以变者为占，亦三人各占一易。卜筮皆三占从二。三者，三吉为大吉，一凶为小吉，三凶为大凶，一吉为小凶。案《士丧礼》筮宅：卒筮，执卦以示命筮者，命筮者受视，反之东面，旅占。《注》云：旅，众也；反与其属共占之，谓掌《连山》《归藏》《周易》者。又卜葬日云：占者三人在其南。《注》云：占者三人，掌玉兆、瓦兆、原兆者也。少牢大夫礼亦云三人占。郑既云反与其属共占之，则郑意大夫卜筮，同用一龟一易，三人共占之矣。其用一龟一易，则三代颗用，不专一代。故《春秋纬演孔图》云：孔子修《春秋》，九月而成。卜之，得《阳豫》之卦。宋均注云：《阳豫》，夏、殷之卦名，故今《周易》无文，是孔子用异代之筮，则大夫卜筮，皆不常据一代者也。”今案三占从二，自当以三人共用一龟一易为说；若各异其术，则所据不同，何以相正。《曲礼》曰“卜筮不过三”，又曰“卜筮不相袭”，《表记》亦曰：“卜筮不相袭也。”所以不过三者，惧其多则惑，不相袭者亦然。晋献公欲以骊姬为夫人，卜筮并用。《左氏》僖公四年。文公欲纳襄王，既卜之，又筮之，同上二十五年。皆非正法也。《周官·春官》簭人云：“凡国之大事，先簭而后卜。”《周官》，战国时书，盖亦末世惑乱之俗，非周代之正法。至《洪范》卜筮并用者，则又以其时代较早，信教之念甚深，未可援以为解也。

（二五八）史记日者龟策列传

《史记·日者》《龟策》二传，今皆已亡，无由知其所言如何。今本《日者传》载司马季主事，姑勿论其为讽谕之作，与数术无涉，即谓有涉，季主亦卜徒，正宜入《龟策传》。至《龟策传》则仅载褚先生所得于大卜官者，皆记事，非记人，刘知几讥其全为志体，当与八书等列。《史通》。后世所谓史例，诚非可以议古人，然《史记》各类传，亦多列前人行事，则知原文若存，必不但记卜筮之法。《自序》云："齐、楚、秦、赵为日者各有俗，所用欲循观其大旨，作《日者列传》。三王不同龟，四夷各异卜，然各以决吉凶，略窥其要，作《龟策列传》。"则《日者传》当记齐、楚、秦、赵四国，《龟策传》则上本三代，旁及四夷，各载其法俗与其人之行事也。然则二传何以立别乎？曰：《龟策传》当专记卜筮，《日者传》则兼苞诸数术之家，特以日者为名耳。案古有卜筮日之俗，《礼记·曲礼》曰："卜筮者，先圣王之所以使民信时日。"似时日即该于卜筮之中，不得别为一技矣。然《表记》曰："子言之：昔三代明王，皆事天地之神明，无非卜筮之用，不敢以其私亵事上帝，是故不犯曰月，不违卜筮。"又曰："子曰：君子敬则用祭器，是以不废日月，不违龟筮，以敬事其君长。"又曰："子曰：齐戒以事鬼神，择日月以见君，恐民之不敬也。"皆以时日与卜筮并言。《墨子·贵义》曰："子墨子北之齐，遇日者。日者曰：帝以今日杀黑龙于北方，而先生之色黑，不可以北。"此时日自有吉凶，非为龟策者所能知也。褚先生曰："臣为郎时，与太卜待诏为郎者同署，言曰：孝武帝时，聚会占家问之，某日可取妇乎？五行家曰可，堪舆家曰不可，建除家曰不吉，丛辰家曰大凶，历家曰小凶，天人家曰小吉，太乙家曰大吉。"可见凡诸数术之家，无不知有时日。盖龟筮之义，一以占其事之可行与否，一以占其事当行于何时。占人最重卜，而筮次之，决事之可行与否，大抵以此二者为主，故其后言决嫌疑定犹豫者，遂皆称之曰龟筮；其实所用者，不必定此二术，特古人言语多以偏概全耳。决其事之可行与不者，既简称之曰龟筮矣，决其当行于何时者，乃总称之曰时日，以与龟筮相对，其实定时日者，亦未必不用龟筮也。故以龟策、日者对立为二名，及举诸数术之家所最重者，特立为一篇，余则并为一篇，其事皆当沿之自古也。古人著书，每举文繁事重者列为专篇，余则合并为一。如李悝《法经》，《盗》《贼》《网》《捕》各列专篇，余则总为《杂篇》；又如仲景著书，

《伤寒》列为专篇，余则总称杂病皆是。

《孟尝君列传》曰："田婴有子四十余人，其贱妾有子名文。文以五月五日生，婴告其母曰：勿举也。其母窃举生之。及长，其母因兄弟而见其子文于田婴，田婴怒其母曰：吾令若去此子，而敢生之，何也？文顿首，因曰：君所以不举五月子者，何故？婴曰：五月子者，长与户齐，将不利其父母。"此俗以生年月日定吉凶祸福之本。《论衡·偶会》曰"世曰：男女早死者，夫贼妻，妻害夫"，亦此俗也。此皆时日之自有吉凶者也。知之当有一技。《论衡》又曰："世谓宅有吉凶，徙有岁月。"此则趋避由人，可决之以卜筮者矣。《小弁》之诗曰："天之生我，我辰安在？"《笺》曰："此言我生所值之辰，安所在乎？谓六物之吉凶。"《疏》曰："岁、时、日、月、星、辰也。"然则不惟卜筮日之俗，由来甚古，即以生年月日定吉凶，亦三代前既有之矣。

（二五九）神嗜饮食

古人最嗜饮食，故遂以己之心度于神。《左氏》一书，所载当时士大夫务民之义之论，可谓多矣。然随侯曰："吾牲牷肥腯，粢盛丰备，何则不信？"桓公六年。虞公曰："吾享祀丰洁，神必据我。"僖公五年。犹可见习俗之相沿焉。赵婴之放于齐也，"梦天使谓己：祭余，余福女。使问诸士贞伯，贞伯曰：不识也。既而告其人曰：神福仁而祸淫，淫而无罚，福也。祭其得亡乎？祭之之明日而亡。"成公五年。是虽持福仁祸淫之论者，亦未尝谓祭不可以获福也。《墨子》言《天志》，言《明鬼》，亦持福仁祸淫之论者也。然《天志下》云："楚王食于楚四竟之内，故爱楚之人；越王食于越，故爱越之人；今天兼天下而食焉，我以此知其兼爱天下之人也。"亦不觉露出祭可获福之旧见解矣。《明鬼下》曰："昔者宋文君鲍之时，有臣曰祐观辜，固尝从事于厉。袾子杖揖出，与言曰：观辜，是何珪璧之不满度量，酒醴粢盛之不净洁也，牺牲之不全肥，春秋冬夏选失时，岂女为之与？意鲍为之与？观辜曰：鲍幼弱，在荷繦之中，鲍何与识焉，官臣观辜特为之。袾子举揖而槀之，殪之坛上。"则更明目张胆，以饮食罪过生人矣。墨子此说，自言出于宋之《春秋》，可见当时流俗，持此等见解者之多也。

观于祐观辜之事，则知《史记·鲁世家》谓成王少时病，周公揃其爪，沉之河，以祝于神，曰“王少未有识，奸神命者乃旦也”，不足怪矣。《金縢》册祝之辞，曰“尔之许我，我其以璧与珪，归俟尔命；不许我，我乃屏璧与珪”，俨然有要挟之意。亦以人固蕲神佑，神亦恃人以饮食之也。不孝有三，无后为大，即由于此。而微子以殷民攘窃神祇之牺牷牲用为大罪，更不足怪矣。

《楚茨》一诗，皆言古人祭祀之事，而曰：“神嗜饮食，卜尔百福。”又曰：“神嗜饮食，使君寿考。”此真古人之见解与？《左氏》诸书所载务民之义之论，乃当时先知先觉者之见解，而非其时人人之见解也。

（二六〇）神仙家

天下事无可全诬人者。《史记·封禅书》言：“秦文公获若石，于陈仓北阪城祠之。其神或岁不至，或岁数来，来也常以夜，光辉若流星，从东南来集于祠城，则若雄鸡，其声殷云，野鸡夜雊。”而刘向言：“陈宝祠，自秦文公至今，七百余岁矣。汉兴，世世常来，光色赤黄，长四五丈，直祠而息，音声砰隐，野鸡皆雊。每见雍，太祝祠以太牢，遣候者乘一乘传驰诣行在所，以为福祥。高祖时五来，文帝二十六来，武帝七十五来，宣帝二十五来，初元元年以来，亦二十来。”《汉书·郊祀志》。此自然之象，众目共睹，非可虚诬。然则汉武帝以正月上辛用事甘泉圜丘，使童男女七十人俱歌，昏祠至明，夜常有神光如流星止集于祠坛，天子自竹宫而望拜，百官侍祠者数百人，皆肃然动心焉。《汉书·礼乐志》。此亦非可虚诬。故知迷信之事，睹其事而不知其理者多矣，谓其绝无依据，则必不然。知此则可与论神仙家之原起焉。

《左氏》昭公二十年载齐景公问晏子之辞曰：“古而无死，其乐何如？”古无为不死之说者，景公为神仙家所惑，盖又在威、昭、燕昭之前矣。《汉书·天文志》，望气之术，有察海旁蜃气者；又云：“云气各象其山川人民所聚积。”盖后亦知倒景之理，然其初则不之知，诚以为空虚之中有人焉。诚以为人可乘云气而遨游。《楚辞》中所表见者，皆此思想也。夫如是故方士必起于燕齐之间，而三神山必在海中也。

乙帙　秦汉

（二六一）太上皇

秦始皇称皇帝，追尊庄襄王为太上皇，汉高祖亦尊其父曰太上皇，后世遂为故事。案薄昭予淮南厉王书曰："大王不察古今之所以安国便事，而欲以亲戚之意望于太上，不可得也。"如淳曰："太上，天子也。"然则"太上"二字，实无更尊于天子之意。《史记·高祖本纪集解》引蔡邕曰："不言帝，非天子也。"《三国志·王肃传》："山阳公薨，肃上疏曰：汉总帝皇之号，号曰皇帝。有别称帝，无别称皇，则皇是其差轻者也。故当高祖之时，土无二王，其父见在而使称皇，明非二王之嫌也。况今以赠终，可使称皇以配其谥。"则天子之父称号与天子之别，在独称皇，不在太上二字。秦始皇尊其父曰皇，不曰皇帝者，亦以帝乃尽并六国后之称，庄襄王固无实也。秦去谥法，不可追尊之为庄襄皇，一皇字又不成辞，乃以"太上"二字配之耳。古最高者，率曰太上，如《礼记》言"太上贵德"，《左氏》言"太上有立德"，司马迁言"太上不辱先"是也。师古曰："太上，极尊之称也。天子之父，故号曰皇；不预治国，故不言帝。"其说是也。又曰"皇，君也"，则非是。古君为一国之主，王为众所归往之称。皇则本无其语，乃帝称既作之后，欲名更蚤于五帝之君，而无其辞；乃以自字配王，取始王天下之义，而造此字耳。见《三皇五帝》条。

（二六二）秦焚书上

《史记·秦始皇本纪》载李斯焚书之议曰："若有欲学法令，以吏为师。"《集解》引徐广曰："一无法令二字。"案《李斯传》无之，则无之者，是也。"法令"二字，盖注语，溷入正文。其为史公原文，抑后人羼入，未敢定；然要无背于李斯本意。论者或谓秦实未尝废学，所谓吏者，即博士也，则又误矣。秦惟恶人以古非今，故欲燔《诗》《书》；若仍许博士传授，则其燔之，为无谓矣。斯之奏，明言“士则学习法律辟禁”,《斯传》言始皇可其议,收去《诗》《书》百家之语，以愚百姓。使天下无以古非今,明法度,定律令,皆以始皇起。”其许民传习者，不得出于法令以外可知。

《始皇本纪》载斯议，但言“《诗》《书》百家语”，而《斯传》曰:“臣请诸有文学《诗》《书》百家语者，蠲除去之。”文学盖与《诗》《书》百家语同为经籍之通称。古者文字用少，凡民盖多不通知。其略知之者，亦仅以供眼前记事达意之用。书之较古，或涵义较深者，即非其所能读，能从事于此者，则谓之文学之士，其学即谓之文学，其书因亦被文学之称，孔门四科中文学，即是物也。后世各种学问，皆用文字，故文学不能成为一种学问之名。古代学问，用文字者少，不用文字者多，则即其用文字者而名之曰文学，亦势使然也。《易·系辞传》曰:“上古结绳而治，后世圣人易之以书契，百官以治，万民以察。”《九家易注》曰:“百官以书治职，万民以契明其事。”案此释书契二字最确；狱吏仅知当世之法律禁辟，则以书治职之类也。项羽曰:“书足以记名姓而已。”此犹今略识文字之人，仅能记账、作书函、写券契，则以契明事之类也；文字通常之用，不过如此。用以载道、记大事、前人以之垂后，后人以之识古，本非人人所能，今日犹然，况古昔乎？《论语》:“子曰：行有余力，则以学文。”所学者即以供通常之用，非游夏所通之文学也。然则所谓文学士者，即通知古今，而不仅囿于当世法律辟禁之人矣。《纪》又载始皇之语曰:“吾前收天下书不中用者，尽去之。悉召文学方术士甚众，欲以兴太平。方士欲练以求奇药。”“欲以致太平”上，盖有夺文，此五字指文学言。焚其书而用其人者，特采取其谋议，用舍之权在我，若听其私相传授，则学者多，而非上之所建立者众，主势降乎上，党与成乎下矣，此始皇、李斯之所深恶也，而恶得听之？故若有欲学法令之“法令”二字，是否史公原文不可知，而其无背于当日焚书之意，则可断也。

焚书之议，不外乎欲齐一众论。夫欲齐一众论者，不独始皇、李斯也，董仲舒对策曰:“春秋大一统者，天地之常经，古今之通谊也。今师异道，人异论，百家殊方，指意不同，是以上亡以持一统；法制数变，下不知所守。臣愚以为诸不在六艺之科，孔子之术者，皆绝其道，勿使并进。邪辟之说灭息，然后统纪可一，而法度可明，民知所从矣。”与李斯议何异？特斯欲一之以当世之法律辟禁，而仲舒则欲一之以孔子之道耳。孔子之道，非吏之所知，欲以此一天下，自不得不用通知古今之博士。始皇令民以吏为师，而汉武独为五经博士置弟子，其所以教民者异，其使之必出于一则同矣。

庄子曰："藏舟于山，夜半，有力者负之而走。"甚矣，世变之不可达也。世事日新，而人之所知，恒域于古，其所斟酌损益，以为可措之当世者，皆其鉴于已往而云然者也，而世事则已潜移矣。人之所为，终不能与时势尽合以此。李斯论当时之弊，谓"语皆道古以害今，饰虚言以乱实"；又谓"五帝不相复，三代不相袭，各以治，非其相反，时变异也"。而谓淳于越曰："越言乃三代之事，何足法也。"善矣。抑此法家之公言，非斯一人之私言也：虽儒家亦恶处士横议。而曰三王之道若循环，终而复始，则亦恶夫道古以害今，饰虚言以乱实者矣。然而斯之所为，则欲复古政教不分、官师合一之旧者也。虽董仲舒亦曷尝不愿之哉？未能致耳。亦何以异于淳于越乎？却行而笑人之北，岂不悲哉？

李斯之负谤久矣，仲舒昔人称之，今亦以其抑黜百家为罪状，其实立言各以其时，不必相非也。后人生于专制已久，思想已统一之世，但患在上者之威权过大，在下者之锢蔽过深，不察时势之异，乃皆奋笔以诋李斯、仲舒，其实思想锢蔽固有弊，思想太披猖亦有弊。今也遇人于路，刺而杀之，则司败将执而致诸辟，虽途之人，亦莫之哀也，是以莫敢刺人而杀之也。若斯世之风气，十里五里而不同，有杀人于国门之外者，或訾其暴，或誉其勇，司败执而戮之，则或聚徒而篡之，而是邦也，不可以一朝居矣。此墨翟所以有尚同之论也，非独儒法也，一异道与异论，固晚周、秦、汉之世，人人之所同欲也。

（二六三）秦焚书下

李斯议焚书之奏曰："所不去者，医药、卜筮、种树之书。"《斯传》同。则当时所不焚者，以此为限。此不及政治，不得藉以是古非今者也。乃《论衡·书解》谓"秦确无道，不燔诸子，诸子尺书，文篇俱在"。赵岐《孟子题辞》亦谓"秦焚书，其书号为诸子，故篇籍得不泯绝"。王肃《家语后序》又云："李斯焚书，《家语》与诸子同列，故不见灭。"

近人因谓秦之焚书，限于六艺，六艺为古文，诸子书皆今文，故有秦废弃古文之说。案此说非也，果如所言，"百家语"三字何指？仲任虽有特见，而于史事甚疏，往往摭拾野言，信为实在，观其论群经传授，语多诬妄可知。其所谓秦人燔书，不及诸子者，盖亦流俗相传之说，而仲任误采之。流俗所谓诸子，即医药、卜筮、种树之书，而非《汉志·诸子略》之所著也。邠卿、子雍误皆与仲任同，亦见汉人论事之疏矣。

卫宏《古文奇字序》云:“秦改古文,以为篆隶,国人多诽谤。秦患天下不从，而召诸生，至者皆拜为郎，凡七百人。又密令冬月种瓜于骊山硎谷之中温处，瓜实，乃使人上书曰：瓜冬有实。有诏天下博士诸生说之，人人各异，则皆使往视之,而为伏机。诸生方相论难,因发机从上填之以土,皆终命也。”《书疏序》。《汉书·儒林传注》引略同，而作诏定《古文官书序》。《隋志·小学类》:《古文官书》一卷，后汉议郎卫敬仲撰，盖其书一名《古文奇字》也。其说之不经，真堪发笑，乃引之以序诏定之书。刘歆之《让太常博士》曰：“信口说而背传记，是末师而非往古。”坑儒之事，明见《太史公书》，敬仲熟视无睹，乃引此齐东野人之言，其信末世之口说，而背往古之《史记》，抑何其更甚于博士也？卫宏为古学名家，其言如此，亦何怪王充之本不专精，赵岐之稍为固陋、语见阮元《十三经注疏校勘记》。王肃之有意作伪者乎？

（二六四）华夏

汉族之称，起于刘邦有天下之后。近人或谓王朝之号，不宜为民族之名。吾族正名,当云华夏。案《书》曰:“蛮夷猾夏。”《尧典》,今本分为《舜典》。《左氏》曰：“戎狄豺狼，诸夏亲昵。”闵元年。又曰：“裔不谋夏，夷不乱华。”定十年。又载戎子驹支对晋人之言曰：“我诸戎饮食衣服，不与华同。”襄十四年。《论语》曰：“夷狄之有君，不如诸夏之亡也。”《八佾》。《说文》亦曰：“夏，中国之人也。”则华夏确系吾族旧名。然二字音近义同，窃疑仍是一语，二字连用，则所谓复语也。“裔不谋夏，夷不乱华”二语，意同辞异，古书往往有之，可看俞氏樾《古书疑义举例》。以《列子》黄帝梦游华胥附会为汉族故壤，未免失之虚诬。夏为禹有天下之号，夏水亦即汉水下流。禹兴西羌，《史记·六国表》。汉中或其旧国，则以此为吾族称号，亦与借资刘汉相同。且炎刘不祀，已越千年。汉字用为民族之名，久已不关朝号。如唐时称汉、蕃，清时称满、汉;民国肇建，则有汉、满、蒙、回、藏五族共和之说是也。此等岂容追改。夏族二字，旧无此辞，而华族嫌与贵族混。

（二六五）淮南王

汉人之重复仇，观淮南王事可以知之。审食其之于厉王母，特未能争于吕后耳，非有意杀之也；而厉王处心积虑，必致之死。王安躬行仁义，通达道术，必非利天下者。史言王入朝，武安侯迎之，为言上无太子而王喜；此乃武安奸诈，欲以此自结，而非王有利天下之心也。后王欲举事，诸使道从长安来，言上无男，汉不治，即喜；言汉廷治，上有男，即怒，以为妄言，亦以如此则易为变，非利天下也。抑此二者或传言之妄，而史从而书之，不然，王岂轻躁浅露若是？要之王无利天下之心，则可决矣。吴王濞宗室最长，蓄反谋数十年，岂能北面朝安者？安果有利天下之心，濞之举兵，何为欲应之乎？《史记》云安时时怨、望厉王死，欲畔逆；《汉书》云江淮间多轻薄，以厉王迁死感激安。此盖安谋反之由，他皆不足信也。安之谋反也，女陵为中诇长安；太子屏其妃弗爱，王后亦与计谋；其败也，豪桀诛者数千人；其名臣则有伍被、左吴、赵贤、朱骄如等，君臣上下，同力一心。王闻伍被言反之难，曰："男子之所死者，一言耳。"其决如此。雷被告太子而不发，庄芷《汉书》作严正。告之而又不发，太子念事不成，则自杀以为后图，其审慎强毅又如此，皆复仇之大义，有以感激其心也。其所以能君臣上下，同力一心者，抑又王之意气慷慨，孝思出于至诚，有以感激之也。不特此也，衡山之谋叛，史言其与淮南不相能，恐为所并；又言淮南西发兵，则欲定江淮间有之。且衡山畏淮南兼并，何难发一使，以淮南反谋告汉朝，而招致宾客，求壮士，作辆车鏃矢，自陷于罪戾乎？史又言元朔六年，衡山王过淮南，淮南王乃昆弟语，除前隙，约束反具。夫二国之隙已十年，岂有能除之一旦，遽共约束为反谋者？衡山之志，盖亦淮南之志也。淮南、衡山之志如此，而败其谋者，乃以辟阳侯孙，亦以怀复仇之念故也。甚矣汉人之重复仇也！

淮南王曰："吴何知反？汉将一日过成皋者四十余人。今我令楼缓要成皋之口，周被下颍川兵塞轘辕、伊阙之道，陈定发南阳兵守武关，河南太守独有洛阳耳，何足忧？"善哉谋乎！吴王蚤岁冠军，白头举事，然有桓将军、田禄伯、周丘弗能用，兵徒屯聚而西，无他奇道，盖仍年少椎锋，徒知积金钱，招亡命耳，非有大略也。王又曰："天下劳苦有间矣，诸侯颇有失行，皆自疑。我举兵西乡，必有应者；无应，即还略衡山。”被又教以南收衡山以击庐江，有寻阳之船，守下雉之城，结九江之浦，绝豫章之口，强弩临江而守，以禁南郡之下，东收江都、会稽，南通劲越，屈强江淮间，其策画之周又如此。以上均见《汉书·伍被传》。使其举兵，其轻剽或不逮吴王，必不如吴王之可以一战覆也。汉亦危矣哉！然安终于无成者，则群臣近幸素能使众者皆前系诏狱实为之。否则公孙弘说下之如发蒙，大将军卫青亦仅和柔自守，伍被誉大将军之言，乃汉廷狱辞，非其实也。汉之为汉，未可知也。

《汉书·梅福传》：福上书曰：“孝武皇帝好忠谏，说至言，出爵不待廉茂，庆赐不须显功；是以天下布衣，各厉志竭精，以赴阙庭自衒鬻者，不可胜数。汉家得贤，于此为盛。使孝武皇帝听用其计，升平可致。于是积尸暴骨，快心胡越，故淮南王安缘间而起。所以计虑不成而谋议泄者，以豪贤聚于本朝，故其大臣势陵不敢和从也。”云武帝时有可缘之间，是矣。云豪贤聚于汉朝，有以折淮南之谋，则福饰辞以悟时主耳，非其实也。不然，淮南之谋，岂久而始泄哉？且伍被之徒为王谋者，可谓至矣，何势陵不敢和从之有？

（二六六）项羽将才

世皆以项羽之善战，为旷古所希，其实非也。羽固善战，亦不过历代善战者之一耳，谓其有以大过于人，固不然也。羽之战功，为世所艳称者有三：一巨鹿之战，一彭城陷后，释齐还攻汉军，一垓下之溃围南出也。垓下溃围，乃一战将之事，优为之者甚多，事极易见。巨鹿之战固剽锐，然此战在二世二年十二月，章邯至三年七月乃降，其间相距尚半年，羽初未能一战即使邯溃不成军也。邯之降楚，其真相不可知。《项羽本纪》言：邯军棘原，羽军漳南，相持未战，秦军数却，二世使人让邯，邯恐，使长史欣请事，至咸阳，留司马门三日，赵高不见，有不信之心。欣恐，还走其军，不敢出故道。高果使人追之，不及。欣至军，报曰：赵高用事于中，下无可为者。今战，能胜，高必疾妒吾功，不能胜，不免于死，愿将军熟计之。此说固不必实。高果疑邯，于欣必加礼敬矣。然贾生过秦，言邯以三军要市于外，巨鹿之战以前，邯军看似常胜，然迄不能定东方，阅时久则耗损多，陈余遗邯书，谓其所亡失以十万数，说必不虚；加以巨鹿之战，一败涂地，秦法严，迄不易将，安知其无要市之事？要市者其孰能信之？楚、汉间事，多出传言，颇类平话，诚不可信。然所传情节可笑者，未必其事遂不实。如《史记》述沛公至鸿门见项王之事，其恢诡何以异于《三国演义》？然谓是时，沛公与项王不相猜疑，得乎？要之，赵高之不信，章邯之要市，皆为理所可有，亦即为势所必至。然则邯之降楚，乃秦之自溃，而非楚能竟定关东也。兵锋剽锐，北不逮南，以南方论，楚又不逮吴越，观春秋时事可知。楚自顷襄王以降，秦兵日肆蚕食，楚迄不能抗，然犹借东地以立国者久之。其时吴越之地，文明程度太低，故不能终与秦抗。至于项氏用江东之众，则以文明程度较高之人之训练节制，用文明程度较低之人之轻悍敢死，忠朴从令矣，其孰能御之？项梁起东阿，西北至定陶，再破秦军，以及羽巨鹿之战，彭城之役，垓下之溃围，皆是物也。亦安知项燕之破李信，所用者无江东之众哉？此岂羽之力乎？羽以汉二年四月，破汉军于彭城，汉王即退屯荥阳。明年四月，羽乃急攻。汉王使纪信诈降而遁去，其间凡历一年，楚固未尝急攻，然汉亦尝败楚于荥阳南京、索间，楚以故不能过荥阳而西，则初亦未尝不思深入，不获，乃改而急攻也。《高祖本纪》云：汉王之出荥阳，入关收兵，欲复东。袁生说汉王出武关，项羽必引兵南走，王深壁，令荥阳、成皋间且得休，使韩信等辑河北赵地，连燕、齐，君王乃复走荥阳，如此，则楚所备者多，力分；汉得休，复与之战，破楚必矣。汉王从其计，出军宛、叶间，与黥布行收兵，项羽闻汉王在宛，果引兵南，汉坚壁不与战。是时彭越渡睢水，与项声、薛公战下邳、彭城，大破楚军，项羽乃引兵东击彭越，汉王亦引兵北军成皋。当汉王之去荥阳，为楚计者，当急破其城，否则亦留兵围之，而疾行入据洛阳，则关中震动，汉即据之，亦无以定齐、燕，汉王南据宛、叶，复何能为？吴王濞之反也，桓将军说之曰：吴多步兵，步兵利险，汉多车骑，车骑利平地，愿大王所过城邑不下，直弃去，疾西据洛阳武库，食敖仓粟，阻山河之险，以令诸侯，虽毋入关，天下固已定矣。其说是也。洛阳固可卫秦中以制东方，东方强国据之，亦可距塞秦使不得出。周之东迁，晋、郑焉依，秦犹不能肆志于洛，况于径以一强国据洛阳之地乎？然则云汉王听袁生之说而南行，而项羽从之，殆非实录。实则荥阳、成皋间，为汉兵力所萃，项羽度不能破，又不敢轶之而西，乃变计思避实击虚，南窥武关，而汉王乃亦南行以御之耳。以彭城之役，汉高丧败之烈，而聚兵荥阳、成皋之间，项羽竟为所塞而不能越，可谓之善战乎？

（二六七）汉都关中

世皆以背关怀楚，为项羽之所以亡，此乃为汉人成说所误，在今日，知其非者渐多矣，然犹以汉都关中，为高祖之远见长策，亦非也。《史记·刘敬列传》载：敬说高祖之辞曰："秦地被山带河，四塞以为固，卒然有急，百万之众可具也。"其说似善矣。然后高祖使敬往匈奴结和亲之约，敬从匈奴来，因言匈奴河南白羊、楼烦王，去长安近者七百里，轻骑一日一夜可以至秦中。秦中新破，少民，地肥饶，可益实。夫诸侯初起时，非齐诸田、楚昭、屈、景莫能兴，今陛下都关中，实少人，北近胡寇，东有六国之族，宗强，一日有变，陛下亦未得高枕而卧也。臣愿陛下徙齐诸田、楚昭、屈、景、燕、赵、韩、魏后，及豪杰名家居关中，无事可以备胡，诸侯有变，亦足率以东伐，此强本弱末之术也。上曰：善。乃使敬徙所言关中十余万口。然则曩所谓卒然有急，百万之众可具者，将安从而具之乎？汉初诸政皆与秦异，独其从刘敬说徙六国后，及豪杰名家，则与秦徙天下豪富于咸阳同。然则秦中人少，殆非因其新破？抑秦本地广人希，故得招来三晋之人任耕，而使秦人任战，则其患寡，殆自战国以来，至汉初而未有改也。何以守位曰人，何以聚人曰财，秦果何所恃而能兼并六国哉？则自东周以来，六国地日广，人日多，益富且强，而其荒淫亦益甚，而秦居瘠土，其政事较整饬，《荀子·强国篇》所言，可以复按，夫固人事，而非地与民之资之独异于其余诸国也。天下大势，实在东方，此秦始皇灭六国后，所以频岁东游，即二世初立时亦然。楚怀王以空名称义帝，而项羽为霸王，正犹周天子以空名称王，政由五霸，夫安得不居彭城？汉王所以背戏下约与项王争者，亦曰不能郁郁久居巴蜀、汉中耳，而安得如史家所言，关中本最善之地，为诸将所共歆羡，故在出兵之初，怀王已指是立约；而楚之不居关中，亦徒以秦宫室残破，其本意未尝不歆羡之，至以此怨怀王不肯令与沛公俱西入关而北救赵，后天下约哉？汉所以都关中者，其在东方，本无根柢，非如项氏之世为楚将，项氏尚为齐、赵之叛所苦，而况汉王？于楚尚尔，楚之外，更何地可以即安？独关中则据之已数年，治理之方粗具，故遂因而用之，所谓非择而取之，不得已也。西都之策，发自刘敬，而成于张良，良之言曰：关中之地，诸侯安定，河渭漕挽天下，西给京师。诸侯有变，顺流而下，足以委输。使其本居东方富庶之地，何待漕挽以自给？如其东方皆叛，徒恃河渭之顺流，亦何益哉？汉王既灭项氏，仍岁劳于东方，有叛者必自讨之，亦犹秦皇之志也。高祖之灭项氏无足称，两雄相争，固必有一胜一负，独其灭项氏之后，频岁驰驱东方，并起诸雄，皆为所翦灭，使封建复归于郡县，虽世运为之，而其乘机亦可谓敏矣。此无他，知天下之大势在东方，驰驱于东方，犹战于敌境，安居关中，则待人之来攻矣。东方所以为大势所系，以其富庶也。东方定，高祖亦无禄矣。使其更在位数年，亦安知其不为东迁之计哉？

（二六八）楚释汉击齐

楚汉相争，汉卒成而楚卒败，其道或多端，然汉尝一入彭城，后虽败退，终据荥阳、成皋，楚迄不能下，而汉之后路安定，且可使韩信下齐、赵，彭越扰梁地，以犄楚后，要其大焉者也。然谓汉王夙有覆楚之计则非也。《项羽本纪》言：羽闻汉王皆已并关中，且东；齐、赵叛之，大怒。乃以故吴令郑昌为韩王以距汉，汉使张良徇韩，乃遗项王书曰：汉王失职，欲得关中，如约即止，不敢东。又以齐、梁反，书遗羽曰：齐欲与赵并灭楚。楚以此故无西意而北击齐。论者皆以此为楚之失策，为汉所欺，其实非也。汉之降申阳，使韩太尉信降郑昌，在其二年十月。十一月，立信为韩王。汉王还归，都栎阳。至三月，乃复出兵，降魏王豹，虏殷王卬，劫五诸侯兵东伐楚。其间相距凡三阅月，盖闻项羽不能定齐地而然？然则张良谓汉王欲得关中即止，殆非虚语。《高祖本纪》云：汉王之国，项王使卒三万人从，楚与诸侯之慕从者数万人，从杜南入蚀中，去辄烧绝栈道，以备诸侯盗兵袭之，亦示项羽无东意。当是时，项羽安知汉王之欲东？使其知之，相王时何不置诸东方，地近易制御，乃置之巴蜀、汉中，成鞭长莫及之势哉？汉王所以敢并三秦者，亦以关中距东方远，项羽不易再至。韩信故襄王孽孙，王诸韩，距楚为有辞也。且汉王果欲东，安有烧栈道自绝其路之理？《淮阴侯列传》载其说汉王之辞，谓秦民怨三秦王，痛入骨髓，无不欲得大王王秦，今大王举而东，三秦可传檄而定。此附会之辞，非实录。汉王以其元年四月就国，五月即出袭雍。章邯盖出不意，故败走。然犹据废丘。司马欣、董翳至八月乃降。章邯则明年六月，汉王自彭城败归，引水灌废丘，乃自杀。然则谓三秦可传檄而定者安在也？情势如此，汉王岂能以一身孤居秦民之上？其烧栈道盖所以防楚诸侯人附从者之逃亡？抑或以诈三秦王而还袭之也。汉王之入彭城，收其货宝美人，日置酒高会，此岂入咸阳，封府库，还军霸上者之所为？而为之者，所谓思东归之士，所愿固不过如此，既至其地，则不可抑止矣。此等兵，可以千里而袭人乎？汉王亦岂不知之？而犹冒险为之，而亦足以害楚，况乎齐、赵之怨深而地近者哉？安得不释汉而先以齐为事也？

（二六九）楚将龙且

郦食其说齐王，言项羽非项氏莫得用事；陈平亦言：项王不信人，其所任爱，非诸项，即妻之昆弟；此项羽之所以败也。《史记·项羽本纪》言：项王闻淮阴侯已举河北，破齐、赵，且欲击楚，乃使龙且往击之。淮阴侯与战，骑将灌婴击之，大破楚军，杀龙且。《汉书·高帝纪》略同。《项籍传》则云：羽使从兄子项它为大将，龙且为裨将救齐。《史记·曹相国世家》云：从韩信击龙且军于上假密，大破之，斩龙且，虏其将军周兰。《汉书·曹参传》作亚将周兰。《史记·灌婴列传》亦以周兰为亚将，《汉书》同。师古曰：亚将，次将也。然则龙且乃末将耳。诸文所以多言龙且者，盖以其为名将，当时人争指目之，而不数项它及周兰也。龙且乃破淮南之人，其劲悍可知。陈平又称为骨鲠之臣，使项王专任之，韩信或不易得志于齐邪？

（二七〇）以贾人为将

《史记·高祖本纪》：赵高已杀二世，使人来，欲约分王关中。沛公以为诈，乃用张良计，使郦生、陆贾往说秦将，啖以利，因袭攻武关，破之。《留侯世家》言沛公欲以兵二万人击秦峣下军，良说曰：秦兵尚强，未可轻，臣闻其将屠者子，贾竖易动以利，愿沛公且留壁，使人先行，为五万人具食，益张旗帜诸山上为疑兵，令郦食其持重宝啖秦将。秦将果叛，欲连和俱西袭咸阳。《高祖本纪》又言其击陈豨，闻豨将皆故贾人也，上曰：吾知所以与之矣。乃多以金啖豨将，豨将多降者。夫秦、汉时之轻贾人亦甚矣，安得以之为将？以之为将，人心安能服之？盖当时习以贾人为好利之徒，人有好利者则称之曰贾竖云耳，非真贾人也。

（二七一）汉世食客之多

《后汉书·吴汉传》：家贫，给事县为亭长。王莽末，以宾客犯法亡命。一亭长而犹有宾客，可见汉时寄食者之多。

所谓宾客者，不能自食，常从人寄食之谓也。韩信数从其下乡南昌亭长寄食。数月。亭长妻患之，乃晨炊蓐食。食时，信往，不为具食。信亦知其意，怒，竟绝去。使亭长妻而不晨炊蓐食，信不怒而绝去，南昌亭长，亦一吴汉也。楼护有故人吕公，无子归护。护身与吕公、妻与吕妪同食。及护家居，妻子颇厌吕公。护闻之，流涕，责其妻子曰："吕公以故旧穷老，托身于我，义所当奉。"遂养吕公终身。使楼护而听其妻子，则亦一南昌亭长也。灌夫食客日数十百人。郑太知天下将乱，阴交结豪杰，有田四百顷，而食常不足。戴良曾祖父遵，食客常三四百人。知寄食于人之事，汉世甚多。

（二七二）儿宽阿世

《史记·封禅书》言：齐桓公欲封禅，管仲以为不可，而不可穷以辞，乃设之以事。其事固不必实，然可见古之言封禅者，皆以为非真天下太平，则不可妄举其事也。秦汉之世，儒者已不能诤其君以封禅之不可，然议礼恒不能决，可见其于事仍不肯苟焉而已。秦始皇以儒生议各乖异，难施用而绌之，此始皇之侈也。乃司马相如遗书颂功德，言符瑞足以封泰山，汉武以问儿宽，而宽对曰：使群臣得人自尽，终莫能成。惟天子建中和之极，兼总条贯，金声而玉振之，以顺成天庆，垂万世之基。上然之，乃自制仪，采儒术以文焉。然则封禅之议，启之者相如，成之者宽也。相如逢君之恶，宽则长君之恶者也。抑宽之言，何其与始皇专己欲速之心，若合符节也？得不谓之曲学阿世邪？

（二七三）游侠郭解

郭解之得也，穷治所犯，为解所杀，皆在赦前。轵有儒生，侍使者坐。客誉郭解，生曰：郭解专以奸犯公法，何谓贤？解客闻，杀此生，断其舌。吏以此责解，解实不知杀者。杀者亦竟绝，莫知为谁。吏奏解无罪。公孙弘议曰：

解布衣，为任侠行权，以睚眦杀人。解虽弗知，此罪甚于解知杀之。当大逆无道。遂族郭解。弘之议，乃谓弗知罪甚于知，则其果知与否，可以勿问，非谓解真不知也。史言解少时阴贼，概不快意，身所杀甚众。年长，更折节为俭，以德报怨。然其阴贼着于心，卒发于睚眦如故云。则其多所贼杀，时人固皆知之，特莫能举发之耳。穷治所犯，所杀皆在赦前；杀轵儒生者，解实不知；杀者亦竟绝，未必非吏为之道地也。武夫虽犷悍，然能磊磊落落，则虽报怨过当，犹有可取。以直报怨，固非所望于此曹也。贼而曰阴，风斯下矣。然非阴险有心计者，固不能为豪杰魁首。彼杀轵儒生者，岂中心说而诚服解哉？亦以是纳交于解，而要誉于其徒党耳。自与季路、仇牧，而心计之工，虽商贾有所不若，清夜自思，不亦有靦面目乎？此所谓游侠者，所以终为盗跖之居民间者邪？史公曰："朋党宗强比周，设财役贫；豪暴侵陵孤弱，恣欲自快；游侠亦丑之。余悲世俗不察其意，而猥以朱家、郭解等，令与暴豪之徒同类而共笑之也。"以吾观之，则朱家、郭解，亦暴豪之工于术者耳。语曰：不知来，视诸往。余则曰：不知古，鉴诸今。岂不见今之所谓朱家、郭解者？其立心与暴徒，何以别乎？古以儒、墨并称，亦以儒侠并称，明墨子之徒，原即世所谓游侠。然闾巷之侠，儒、墨皆排摈不载；则侠之于墨，犹乡原之于儒也。

客或讥原涉曰：子本吏二千石之世，结发自修，以行丧、推财、礼让为名。正复仇取仇，犹不失仁义；何故遂自放纵，为轻侠之徒乎？当时轻侠之徒，有所贼杀，非为仇雠可知。此其所以为盗跖之居民间者邪？观客之所言，而世人之视游侠者可知矣。史言涉性略似郭解，外温仁谦让，而内隐好杀。人之视己，如见其肺肝然。岂有诚于心而不形于外，真可以欺世者哉？

剧孟过袁盎，盎喜待之。安陵富人有谓盎曰："吾闻剧孟博徒，将军何自通之？"盎曰："剧孟虽博徒；然母死，客送丧车千余乘，此亦有过人者。且缓急人所有。夫一旦叩门，不以亲为解；不以在亡为辞，天下所望者，独季心、剧孟。今公阳从数骑，一旦有缓急，宁足恃乎？"徙豪富茂陵也，郭解家贫不中訾，吏恐不敢不徙，诸公送者出千余万。彼有缓急，岂待叩人之门户哉？郑庄行千里不赍粮，敛客之财以养客，徒取诸彼以与此，虽鄙夫岂有爱焉？此足方季次、原宪乎？

子曰："吾未见刚者。"或对曰："申枨。"子曰："枨也欲，焉得刚？"故曰：志士不忘在沟壑，勇士不忘丧其元。今汉之所谓游侠者，欲奸公法，则相与探丸为弹：得赤丸者斫武吏，得黑者斫文吏，白者主治丧。死而不忘埋葬，可谓勇乎？然而千金之子，坐不垂堂，此为郭解报仇者之所以多与？公孙弘则可谓知治矣。

（二七四）巧吏

汉宣帝号留意吏治，然所奖进者，王成、黄霸，皆作伪之徒也。《晋书·良吏传》：王宏，“泰始初，为汲郡太守，抚百姓如家，耕桑树艺，屋宇阡陌，莫不躬自教示，曲尽事宜”。武帝下诏，称其“督劝开荒，五千余顷，而熟田常课，顷亩不减。比年普饥，人不足食，而宏郡界，独无匮乏”，则合王成、黄霸为一人矣。然俄迁卫尉、河南尹、大司农，无复能名，而暮年且以谬妄获讥于世。今迹其所为，“桎梏罪人，以泥墨涂面，置深坑中，饿不与食”；代刘毅为司隶校尉，“检察士庶，使车服异制，庶人不得衣紫绛及绮绣锦缋。帝常遣左右微行，观察风俗，宏缘此复遣吏科检妇人袒服，至褰发于路”，此亦黄霸之所为耳。且使黄霸之事，而使张敞记之，其可发笑，必尤甚于今之《汉书》也。然而此等人之获浮名者，至今犹不乏矣。

（二七五）汉吏治之弊

章帝元和二年诏曰：“俗吏矫饰外貌，似是而非，揆之人事则悦耳，论之阴阳则伤化。安静之吏，悃愊无华，日计不足，月计有余。如襄城令刘方，吏人同声谓之不烦，虽未有他异，斯亦殆近之矣。夫以苛为察，以刻为明，以轻为德，以重为威，四者或兴，则下有怨心。”案贡禹言汉世吏治之弊曰：习于计簿能欺上府者为右职，勇猛操切苛暴者居大位。《汉书》本传。左雄曰：谓杀害不辜为威风，聚敛整辨为贤能，以理己安民为劣弱，以奉法循理为不化。《后汉书》本传。李固论吏治之弊曰：伏闻诏书务求宽博，疾恶严暴。而今长吏多杀伐致声名者，必加迁赏；其存宽和、无党援者，辄见斥逐。《后汉书》本传。皆即章帝诏之所云也。盖欲考绩而不知其方，“观政于亭传，责成于期月”，亦左雄语。则求进者不得不苟饰外表急图见功矣。当时所谓循吏若黄霸等，其所行亦未尝非涂饰表面，特其所以涂饰之者异耳。然此等人卒少，而以杀戮立威者多，则又秦世吏治之余敝也。

秦世吏治何以严酷邪？盖吏之所行者有二：一民间固有之纲纪，后以国家之力维持之，虽已不如人民自治时之善，然其利害与人民之利害犹不甚相违，人民亦自能维持之，不待官以强力行之守之也，故其施政可宽。一则在上者有求人，其利害与人民适相反，如是则非以强力行之守之不可矣，如縻烂其民以战之，刻剥其民以自奉皆是也。战争愈烈，奢侈愈甚，则此等事愈多。吏治严急，殆六国之通弊，秦特其尤甚者耳。

蒋琬为广都长，先主因游观奄至，见琬众事不理，时又沉醉，大怒，将加罪戮。诸葛亮请曰："蒋琬，社稷之器，非百里之才也。其为政以安民为本，不以修饰为先，愿主公重加察之。"《三国·蜀志》本传。骆统上疏孙权曰："方今长吏亲民之职，惟以辨具为能，取过目前之急，少复以恩惠为治，副称殿下天覆之仁，勤恤之德者。官民政俗，日以凋弊，渐以陵迟，势不可久。"《三国·吴志》本传。事荒废而见称，辨具而见斥者，辨具者徒修饰，荒废者乃实仁惠也。所以荒废得为仁惠者，以所谓辨具者不过以国之所求民所不利者，强力而推行之耳，此茧丝保障之异也。

马贵与言：自孝文策晁错之后，贤良方正，皆承亲策；至孝昭年幼未即政，无亲策之事，乃诏有司，问以民所疾苦，所议者盐铁均输榷酤，皆当时大事，令建议之臣，与之反复诘难，讲究罢行之宜。又谓汉武帝之于董仲舒也，意有未尽，则再策之，三策之；晋武帝之于挚虞、阮种也亦然。《文献通考·选举考》。今案淮南王安受诏作《离骚传》；河间献王亦对诏策所问三十余事；安帝永初二年诏谓："间令公卿郡国举贤良方正，而所对皆循尚浮言，无卓尔异闻。其百僚及郡国吏人，有道术明习灾异阴阳之度璇玑之数者，各使指变以闻。二千石长吏明以诏书，博衍幽隐，朕将亲览，待以不次，冀获嘉谋，以承天诫。"顺帝阳嘉三年，河南三辅大旱，五谷灾伤，亦以周举才学优深，特加策问。《后汉书·周举传》。可见策问之始，实非疑其人之冒滥而思有以考试之，乃诚以其人为贤能而咨询之也。然章帝建初五年诏引建武诏书曰："尧试臣以职，不直以言语笔札。"则时之重言语笔札也久矣。人人面问，事烦而难行，故终必又偏重笔札。《汉书·尹翁归传》：田延年召翁归辞问，甚奇其对，除补卒史。师古注："为文辞而问之。"此亦策之类也。然则即守相之试其下，亦有不能尽用语言者矣。葛洪言格言不吐庸人之口，高文不堕顽夫之笔。此自今日文辞冒滥之世观之，或疑其不实，然亦由衡鉴者之无识。言为心声，诚不可掩。苟司衡文之责者，诚为学识超群之士，亦未尝不可衡其文而知其人也。特以观其人之志识趣向则有余，欲知应变之才，则终须试之以事耳。

（二七六）官南方者之食

古称不宝远物，斯言似易而实难；盖见纷华靡丽而不说者，惟味道之腴者能然，固非所语于人人也。儒家之贵恭俭至矣，然其称孝，曰“以天下养”。《孟子·万章》上。所谓以天下养者，则三牲鱼腊，极四海九州之美味而已，非宝远物而何？

西域、南海，皆异物之所自来也，而贸迁往来，水便于陆，故南琛之至尤早。《史记·货殖列传》言番禺为珠玑、犀、玳瑁、果、布之凑，此语必非指汉时，可见陆梁之地未开，蛮夷贾船，已有来至交、广者矣。赵佗以翠鸟、紫贝、生翠、孔雀遗汉朝，越繇王闽侯亦以荃、葛、珠玑、犀角、羽翠遗江都王建，其宝爱之情可想。职是故，宦于南方者，遂多贪墨之徒。湘成侯益昌，坐为九真太守盗使人出卖犀、奴婢，臧百万以上，不道，诛；《汉书·景武昭宣元成功臣表》。张恢为交阯太守，坐臧千金，征还伏法，《后汉书·钟离意传》。皆是物矣。《后汉书·循吏传》：孟尝，“迁合浦太守。郡不产谷实，而海出珠宝，与交阯比境，常通商贩，贸籴粮食。先时宰守并多贪秽，诡人采求，不知纪极，珠遂渐徙于交阯郡界。于是行旅不至，人物无资，贫者死饿于道”。《贾琮传》云：“旧交阯土多珍产，明玑、翠羽、犀、象、玳瑁、异香、美木之属，莫不自出。前后刺史率多无清行，上承权贵，下积私赂，财计盈给，辄复求见迁代，故吏民怨叛。中平元年，交阯屯兵反，执刺史及合浦太守，自称柱天将军。灵帝特敕三府精选能吏，有司举琮为交阯刺史。琮到部，讯其反状，咸言赋敛过重，百姓莫不空单，京师遥远，告冤无所，民不聊生自活，故聚为盗贼。”其闇无天日，可见一斑。珠崖、儋耳二郡，率数岁一反，《后汉书·南蛮传》。盖有由也。《马援传》云：“初，援在交阯，常饵薏苡实，用能轻身省欲，以胜瘴气。南方薏苡实大，援欲以为种，军还，载之一车，时人以为南土珍怪，权贵皆望之。援时方有宠，故莫以闻。及卒后，有上书谮之者，以为前所载还，皆明珠文犀。”《吴祐传》：“父恢为南海太守，祐年十二，随从到官。恢欲杀青简以写经书，祐谏曰：今大人逾越五岭，远在海滨，其俗诚陋，然旧多珍怪，上为国家所疑，下为权戚所望。此书若成，则载之兼两。昔马援以薏苡兴谤，王阳以衣囊徼名，嫌疑之间，诚先贤所慎也。恢乃止。”观此二事，可见权贵之涎于南产。《三国·吴志·孙权传》建安二十五年《注》引《江表传》云:“是岁，魏文帝遣使求雀头香、大贝、明珠、象牙、犀角、玳瑁、孔雀、翡翠、斗鸭、长鸣鸡。群臣奏曰：荆、扬二州，贡有常典，魏所求珍玩之物，非礼也，宜勿与。权曰：彼在谅闇之中，而所求若此，宁可与言礼哉？皆具以与之。”盖其求之之切如此。晋武帝幸王济宅，供馔悉贮琉璃器中。《晋书·王济传》。时石崇与王恺、羊琇之徒，以奢靡相尚。武帝每助恺，尝以珊瑚树赐之，高三尺许，枝柯扶疏，世所罕比。恺以示崇，崇便以铁如意击之，应手而碎。恺既惋惜，又以为嫉己之宝，声色方厉。崇曰：不足多恨，今还卿。乃命左右悉取珊瑚树，有高三四尺者六七株，条干绝俗，光采耀目，如恺比者甚众。《晋书·石崇传》。琉璃、珊瑚，非来自西域，则必出于南海。合魏文帝之事观之，知当时勋戚之家，能致南琛者，亦必不少也。

交、广而外，益州亦为异物所自来。张骞在大夏，见邛竹杖，蜀布，问曰：安得此？大夏国人曰：吾贾人往市之身毒。其后武帝使骞发间使以求大厦，其北方闭氐、莋，南方闭嶲、昆明，终莫得通，然闻其西可千余里，有乘象国，名曰滇越，而蜀贾间出物者或至焉。《汉书·张骞传》。此自今缅甸通云南之道，邛竹杖、蜀布，盖即由是而入身毒。哀牢至荒陋，而《传》述其物产，乃有光珠、琥珀、水精、瑠璃、轲虫、蚌珠、孔雀、翡翠、犀、象，又有梧桐木华，绩以为布，皆海外之珍也。葛亮南征，军资所出，国以富饶，其所取资，盖不仅蛮中土物矣。《后汉书·朱晖传》载张林上言，欲因交阯、益州上计吏往来市珍宝，收采其利．武帝时所谓均输者也。其视之，如宋人之视香药宝货矣。

（二七七）资格用人之始

资格用人，始于北魏崔亮，乃为应付武夫起见，人皆知之矣；然其事，实不始于此。《后汉书·董卓传》言李傕、郭汜、樊稠皆开府，与三公合为六府，皆参选举。《注》引《献帝起居注》曰：“傕等各欲用其所举，若一违之，便忿愤恚怒。主者患之，乃以次第用其所举，先从傕起，汜次之，稠次之;三公所举，终不见用。”此虽与崔亮“以停解日月为断”异．然其用意则一也。

（二七八）汉不守秦制

《汉书·百官公卿表》云："大率十里一亭，亭有长。十亭一乡，乡有三老、有秩、啬夫、游徼……县大率方百里，其民稠则减，稀则旷，乡、亭亦如之，皆秦制也。列侯所食县曰国，皇太后、皇后、公主所食曰邑，有蛮夷曰道。凡县、道、国、邑千五百八十七，乡六千六百二十二，亭二万九千六百三十五。"案县方百里，为方十里者十，当有十乡，乡有十亭，则千五百八十七县，当得万五千八百七十乡，十五万八千七百亭。表所载乡亭之数，去此甚远，岂皆以民稀故乎？案《续汉志》注引应劭《汉官》云：三边始发，武皇帝所开，县户数百而或为令。荆扬江南七郡，唯有临湘、南昌、吴三令耳。及南阳穰中，土沃民稠，四五万户而为长。盖汉之不能守秦制久矣，官以治事，事生于有人，随人户多少而置官，于理最得，而汉之不能守旧制如此知。

（二七九）汉世选举之弊

《汉书·何武传》云："武为郡吏时，事太守何寿。寿知武有宰相器，以其同姓故，厚之。后寿为大司农，其兄子为庐江长史。时武为扬州刺史。奏事在邸，寿兄子适在长安，寿为具，召武弟显及故人杨覆众等；酒酣，见其兄子，曰：此子扬州长史，材能驽下，未尝省见。显等甚惭，退以谓武。武曰：刺史古之方伯，上所委任，一州表率也，职在进善退恶。吏治行有茂异，民有隐逸，乃当召见，不可有所私问。显、覆众强之，不得已，召见，赐卮酒。岁中，庐江太守举之。"师古曰："终得武之力助也。"夫终得武之力助，则不可谓之大公也。《后汉书·第五伦传》："或问伦曰：公有私乎？对曰：昔人有与吾千里马者，吾虽不受，然三公有所选举，心不能忘，而亦终不用也。"伦之峻峭，盖无可疑。既不受其马，而犹不能忘者，则其时习以选举为报，已成习俗也。亦可见积弊之深矣。

（二八〇）汉末名士

东汉之末，士之矫俱极矣。何武为京兆尹，举方正，所举者召见，盘辟雅拜，有司以为诡众虚伪，武坐左迁。《汉书·何武传》。而赵壹举郡上计，到京师，司徒袁逢受计，计吏数百人，皆拜伏庭中，壹独长揖而已。既出，往造河南尹羊陟，不得见。壹以公卿中非陟无足以托名者，乃日往到门，陟自强许通，尚卧未起，壹径入上堂，遂前临之，举声哭。西还，道经弘农，过候太守皇甫规。门者不即通，壹遂遁去。《后汉书·文苑传》。其诡众虚伪，视何武所举者何如？使有纪纲，必蒙大戮。郡守且当坐选举不实之罪，而逢等方共奖借之，为之延誉，其时所谓名士，尚可问哉！

《后汉书·符融传》云："汉中晋文经、梁国黄子艾，并恃其才智，炫曜上京，卧托养疾，无所通接。洛中士大夫好事者，承其声名，坐门问疾，犹不得见。三公所辟召者，辄以询访之，随所臧否，以为与夺。融察其非真，乃到太学，并见李膺，二子行业无闻，以豪桀自置，遂使公卿问疾，王臣坐门。融恐其小道破义，空誉违实，特宜察焉。膺然之。二人自是足名论渐衰，宾徒稍省，旬日之间，惭叹逃去。"夫赵壹逃去，而皇甫规追书以谢，已异矣；乃至三公辟召，访诸晋、黄，岂不甚哉！徐干言："桓灵之世，自公卿大夫，州牧郡守，王事不恤，宾客为务，冠盖填门，儒服塞道，饥不暇餐，倦不获已，殷殷沄沄，俾夜作昼；下及小司，列城墨绶，莫不相商以得人，自矜以下士。星言夙驾，送往迎来，亭传常满，吏卒传问，炬火夜行，阍寺不闭，把臂捩腕，扣天矢誓，推托恩好，不较轻重；文书委于官曹，系囚积于囹圄，而不皇省也。详察其为也，非欲忧国恤民，谋道讲德也，徒营己治私，求势逐利而已。"《中论·谴交》。盖既结党连群，则或能有所轻重，于是或倚之求进取，或则惧其谤毁，故其势至于如此也。卒之求食者多，禄位有限，求度者十一未能得，身没他邦，长幼不归，父母怀茕独之思，室人抱《东山》之哀，亲戚隔绝，闺门分离，无罪无辜，亡命是效。亦《遣交》篇语。亦何为哉！此九品中正之制，所以不得不继之而起也。

黄允以隽才知名，司徒袁隗欲为从女求姻，见允而叹曰：得婿如是，足矣。允闻而黜遣其妻夏侯氏。妇谓姑曰：今当见弃，方与黄氏长辞，乞一会亲属，以展离诀之情。于是大集宾客三百余人，妇中坐攘袂，数允隐匿秽恶十五事，言毕，登车而去。允以此废于世。郭太传》。李充家贫，兄弟六人，同食递衣，妻窃谓充曰：今贫居如此，难以久安，妾有私财，愿思分异。充伪酬之曰：如欲别居，当酝酒具会，请呼乡里内外，共议其事。妇从充，置酒燕客，充于坐中前跪白母曰：此妇无状，而教充离间母兄，罪合遣斥。便呵叱其妇，逐令出门，妇衔涕而去。《独行传》。此两事可以参观。夫不听其妇可也，伪酬之而显逐之，又何为乎？《记》曰：不可怒子放妇出而不表礼焉。充后为博士，所行如此，岂无隐慝哉？其妇不起而数之，何也？人固有强弱乎？夫好名之士之得名，非必人人皆心服之也，固有劫于势，不得发口言者。使其人而其时而未合败，虽数其罪百五十事，犹无伤也。何者？众人固戢戢如羊，虽心知善恶，口不能言也。然则若黄允者，沽名之才，则有之矣，劫众之术，犹未工也，能不为李充所笑乎？

李充后遭母丧，行服墓次，人有盗其墓树者，充手自杀之。此大辟之罪也，而太守鲁平请署功曹。延平中，诏公卿、中二千石各举隐士大儒，务取高行，以劝后进，特征充为博士。时鲁平亦为博士，每与集会，常叹服焉。迁侍中。大将军邓骘贵戚倾时，无所下借，以充高节，每卑敬之。知当时之所谓高节者，如此而已。岂特以薄屋为高，藿食为清邪？仲长统语，见本传。

鲁平之请充署功曹也，充不就，平怒，乃援充以捐沟中，因谪署县都亭长，似过矣。不特此也，公孙述之于谯玄、李业，皆以死胁之，于王皓、王嘉，则系其妻子；业、皓、嘉竟以是死，皎并累及家属，亦见《独行传》。似尤过矣。然桥玄贤者，召姜岐为吏不就，敕吏逼之，曰：岐若不至，趣嫁其母。则亦有激而然也。观迫之者之激，而知为之者之伪也。

蜀汉先主薄许靖不用，法正说曰：天下有获虚誉而无其实者，许靖是也。然人不可户说，靖之浮称，播流四海，若其不礼，人以主公为贱贤也；宜加敬重，以眩远近。先主乃厚待靖。《三国志·法正传》。此虚名之士所以获处也。大抵欲养望者，不宜身任事，当多以虚誉奖进人；必审其人实不能自立，乃从而贬议之，亦所谓推亡固存之道也。如是，则党与多，而仇怨我者，皆焉能为有无之人也，则名誉可以长保，而权利可以获处矣。权豪秽恶，当与之疏，以免讥议。至其人怀忿，实欲相仇，则又宜下之，所谓勿以虚名受实祸也。苟其虚誉隆洽，私党众多，人自莫我訾议，我固不难设辞以自解也。故陈寔、郭泰、徐穉、申屠蟠，皆术之最工者也。若黄允、晋文经、黄子艾者则下矣。允何以败？以耆利冒进太甚也。文经、子艾何以败？以矫激太甚，据非所据也。大抵好立名者当远利；于声势货财，必能勿亟取，然后名高而不危。故虽矫伪之士，亦不能令废自克之功也。

孔融之称盛宪也，曰："天下谭士，依以扬声。"又曰："今之少年，喜谤前辈，或能讥平孝章，孝章要为有天下大名，九牧之民，所共称叹。"《三国·吴志·孙韶传注》引《会稽典录》。亦何惭于许靖哉？然终已不免，则所遇者之异也。少年喜谤前辈，何也？曰：不谤人，不足以立名。故立虚誉者多危，欲图保之，亦非易也。

名高易招嫉忌，故多危。荀爽就谒李膺，因为其御，既还，喜曰：今日乃得御李君矣。郭泰行陈梁间，遇雨，巾一角垫，时人乃故折巾一角，以为林宗巾。膺以声名自高，士有被其容接者，名为登龙门。泰名显，士争归之，载刺常盈车。其为众所归附，指目同而祸福异者，膺持风裁，而泰不为危言覈论也。故真能免患者必乡原。袁阆不修异操，致名当时；见《王龚传》。法真逃名而名随，避名而名追；见《逸民传》。皆术之最工者也。

史叔宾少有盛名，后以论议阿枉败。《郭太传》。所谓论议阿枉者，扶翼所不当扶翼之人，未知推亡固存之道者也。然此等人必犹顾念私交，未肯落阱下石，故其人实未必大恶。若乃见私党之将败，从而攻之，以冀自免，或且徼利焉，则又叔宾之徒所不忍为矣。或曰：凡人说话不可太切实；平时说话太落边际，至缓急时，更欲改变则难矣。故处世之道，莫如模棱两可，貌似慷慨激昂，而实不着边际，以狂狷之行，饰乡原之心，此处世之术之最工者也。叔宾之不克自拔于阿枉，亦其平时议论，太落边际故与？

何以诬人？曰：莫如闇昧不明之事。非必谓帷薄之不修也。门以内事，世之所重，而其真伪，则非门以外人所得悉也。以是立名，以是造谤，术至工矣。许武举为孝廉，以二弟晏、普未显，欲令成名，乃割财产以为三分，武自取肥田广宅、奴婢强者，二弟所得，并悉劣少。乡人皆称弟克让而鄙武贪婪，晏等以此并得选举。武乃会宗亲，泣曰：吾为兄不肖，盗声窃位，二弟年长，未豫荣禄，所以求得分财，自取大讥；今理产所增，三倍于前，悉以推二弟，一无所留。于是郡中翕然，远近称之。《循吏·许荆传》。高凤名声著闻，太守连召请，恐不得免；自言本巫家，不应为吏，又诈与寡嫂讼田，遂不仕。《逸民传》。骆秀被门庭之谤，众论狐疑，赖有谢渊，乃得证明。《三国·吴志·陆逊传注》引《会稽典录》。则其事也。许靖与从弟劭俱知名，而私情不协。劭为郡功曹，排摈靖不得齿叙，以马磨自给。《三国志·许靖传》。靖岂默然受谤之士？所以难于自明者，盖亦以谤之者为门内人也。张劭之丧，至圹将窆，柩不肯进，范式执引，于是乃前。《后汉书·独行传》。有是理乎？会葬千人，纵为所蔽，执绋者岂不知其情，犹莫能发其覆也，况于门以内事哉！

陈蕃年十五，闲处一室，庭宇芜秽，父友候之，谓曰：孺子何不洒扫以待宾客？蕃曰：大丈夫处世，当扫除天下，安事一室乎！为豫章太守，性方峻，不接宾客，士民亦畏其高。征为尚书令，送者不出郭门。蕃丧妻，乡人毕至，惟许子将不往，曰：仲举性峻，峻则少通，故不造也。《陈蕃传》并《注》。此犹白日出而鬼魅匿形也。《易》曰：诬善之人其辞游，失其守者其辞屈。结党造作声誉之人，必畏严气正性之士。

谢甄、边让，并善谈论，共候林宗，未尝不连日达夜。符融每见李膺，幅巾奋袖，谈辞如云。《郭太传》。此《易》所谓躁人之辞多也。仇览与融同郡，入太学，又与融比宇；融宾客盈室，览常自守，不与融言。融谓曰：今京师英雄四集，志士交结之秋，虽务经学，守之何固？览正色曰：天子修设太学，岂但使人游谈其中！高揖而去，不复与言。后融以告郭林宗，林宗与融赍刺就房谒之，遂请留宿。林宗嗟叹，下床为拜。《循吏传》。览其陈仲举之俦乎？符融虽为所拒，犹能屈己下之，林宗亦为下拜，此又二人之所以能获盛名也。何者？严气正性之人，容或持正论不阿，造次之间，为所败也；先为之下，则敌寡矣。故盛名之下，必无骨鲠之士。

《三国·魏志·杜畿传注》引《杜氏新书》曰："杜恕少与冯翊李丰俱为父任，总角相善。及各成人，丰砥砺名行以要世誉，而恕诞节直意，与丰殊趣。丰竟驰名一时，京师之士多为之游说。而当路者或以丰名过其实，而恕被褐怀玉也。由是为丰所不善。恕亦任其自然，不力行以合时。丰以显仕朝廷，恕犹居家自若。"明知其名过其实，而仍畀之膴仕者，毛羽既丰矣，为之游说者既众矣，孰肯逆舆情为国家正选拔哉？即为游说者，宁不知其非实，然拔茅茹以其汇征，所谓以同利为朋也。《潜夫论·实贡篇》曰："志道者少与，逐俗者多俦，是以朋党用私，背实趋华。其贡士者，不复依其质干，准其才行，但虚造声誉，妄生羽毛。"《后汉书·王符传》。声誉可以虚造，况其人本能矫情伪饰者乎？

《实贡篇》又曰："略计所举，岁且二百。览察其状，则德侔颜、冉；详核厥能，则鲜及中人。夫士者贵其用也，不必求备。故四友虽美，能不相兼；三仁齐致，事不一节。今使贡士必核其实，其有小疵，勿强衣饰，出处默语，各因其方，则萧、曹、周、韩之伦，何足不致，吴、邓、梁、窦之属，企踵可待。"诸葛恪与陆逊书曰："君子不求备于一人，自孔氏门徒，大数三千，其见异者七十二人，然犹各有所短，师辟由喭，赐不受命，岂况下此而无所阙？加以当今取士，宜宽于往古，何者？时务从横，而善人单少，国家职司，常苦不充。苟令性不邪恶，志在陈力，便可奖就，骋其所任。若于小小宜适，私行不足，皆宜阔略，不足缕责。"《三国·吴志·诸葛恪传》。观此，知当时选举之弊，全在才不核其所长，德则务于求备。才不核其所长，故无能者得以滥竽；德则务于求备，则真率者寡得自全，此选政之所以大坏，风俗之所以日偷也。恪又曰："自汉末以来，中国士大夫如许子将辈，所以更相谤讪，或至于祸，原其本起，非为大仇，惟坐克己不能尽如礼，而责人专以正义。夫己不如礼，则人不服；责人以正义，则人不堪。内不服其行，外不堪其责，则不得不相怨。相怨一生，则小人得容其间。得容其间，则三至之言，浸润之谮，纷错交至，虽使至明至亲者处之，犹难以自定，况已为隙，且未能明者乎？是故张、陈至于血刃，萧、朱不终其好，本由于此而已。夫不舍小过，纤微相责，久乃至于家户为怨，一国无复全行之士也。"然则当时以行取人，而行之所以难全，又正因造谤者多故也。杜恕、李丰，总角之交，后更不善，其去张、陈、萧、朱亦无几矣，危哉！即许劭，亦幸其终处广陵、豫章，而未尝与许靖同客蜀也。法正入蜀，为州邑俱侨客者所谤无行，志意不得，及为蜀郡太守，擅杀毁伤己者数人。太史公曰："怨毒之于人甚矣哉！"《史记·伍子胥列传》。其本皆以求名而已。凡求名者，未有不实为利者也。故曰："放于利而行，多怨。"

《后汉书·荀彧传》："父绲，畏惮宦官，为彧取中常侍唐衡女。彧以少有才名，故得免于讥议。"《三国志·彧传注》引《典略》曰："衡欲以女妻汝南傅公明，公明不娶，转以与彧。父绲慕衡势，为彧娶之，或为论者所讥。"裴氏辩之曰："案《汉纪》云唐衡以桓帝延熹七年死，计彧于时年始二岁，则彧婚之日，衡没久矣，慕势之言为不然也。"魏文帝非苟作者，而其言舛误如此，悠悠之说，尚可信哉？《后汉书·郭太传》曰：太名闻天下，"后之好事，或附益增张，故多华辞不经，又类卜相之书。今录其章章效于事者，著之篇末。"观其所录，亦无以征其必信也。夫史之不可信久矣，亦曷尝不多载虚誉？观其多载虚誉，又知名闻天下之徒，事之丑恶不传者众也。

《太传》所录，太之所拔擢者，非贱人，则恶人也。人伦之鉴，未必全无，然亦以太声势既盛，故所拔擢，易于成名也。丁谓出于役伍，张秉生于庶民，吴粲、殷礼起乎微贱，顾邵皆拔而友之，为立声誉，事亦由此。《三国·吴志·顾雍传》。太史公曰："闾巷之人，欲砥行立名者，非附青云之士，恶能施于后世哉？"《史记·伯夷列传》。岂独施于后世为然，此植党要名之事，所以不绝于世与！

顾亭林訾魏武帝崇奖跅弛之士，于是权诈迭进，奸逆萌生。谓经术之治，节义之防，光武、明、章数世为之而未足；毁方败常之俗，孟德一人变之而有余。《日知录·两汉风俗》。亭林欲敬教善俗，其心良苦。然所论史事，则全非其真。汉武帝元封五年，诏曰："盖有非常之功，必待非常之人，故马或奔踶而致千里，士或有负俗之累而立功名。夫泛驾之马，跅弛之士，亦在御之而已。其令州郡察吏民有茂材异等，可为将相及使绝国者。"《汉书》《本纪》。魏武建安十五年春、十九年十二月、二十二年八月令，意与此全同，所求者皆非常之才也。古之用人，必由乡举，乡里之评，率本行实，此固《周官》六德六行之旧，然徒能得束身自好之士，不能得才足济变之人也，且亦不能无矫饰。故扬雄自序云不修廉隅以徼名当世；虞延不拘小节，则无乡曲之誉；杜笃不修小节，亦不为乡人所礼。《史记·淮阴侯列传》云："始为布衣时，贫无行，不得推择为吏。"所谓无行，亦不过不能修饰，以要世誉，非必有恶行为乡里所患苦也。太史公《报任安书》，亦自言长无乡曲之誉。若太史公者，岂犹不足任使与？郡国廉孝，岁以百计，若汉武帝、魏太祖所求非常之才，不知天下能得一二人否？安能变及风俗？亭林言："董昭太和之疏，已谓当今年少，不复以学问为本，专更以交游为业；国士不以孝弟清修为首，乃以趋势求利为先；至正始之际，而一二浮诞之徒，骋其知识，蔑周、孔之书，习老、庄之教，风俗又为之一变。"昭之所言，乃汉末奔竞之俗，党祸起时，太学中久如此矣，于魏武之令乎何与？而习老、庄而蔑周、孔，亦与奔竞之俗何涉哉？

（二八一）附庸

《汉书·高惠高后文功臣表》："陆量侯须无，诏以为列诸侯，自置吏令长，受令长沙王。"案此以其地远，为天子号令所不及故也。古之附庸亦必有如此情形者。

（二八二）计相主计

《史记·张丞相列传》："好书律历。秦时为御史，主柱下方书。燕王臧荼反，高祖往击之，苍以代相从攻臧荼有功，以六年中封为北平侯，食邑千二百户。迁为计相，一月，更以列侯为主计四岁。是时萧何为相国，而张苍乃自秦时为柱下史，明习天下图书计籍。苍又善用算律历，故令苍以列侯居相府，领主郡国上计者。"《汉书》同。略有删字，乃钞胥所节，不足为异同也。凡《史》《汉》辞句异同皆如此。《高祖功臣年表》云"为计相四岁"，《汉书·高惠高后文功臣表》同，不云更为主计，则苍居相府时，仍居计相之职也。计相即御史，《汉书·宣帝纪》：黄龙元年，诏御史察计簿，其证。《表注》引如淳曰："计相，官名，但知计会。"《传注》引如淳释主计曰："以其所主，因以为官号，与计相同。时所卒立，非久施也。"师古曰："去计相之名，更号主计。"皆以为特设之官，非也。

（二八三）入财者得补郎

《史记·平准书》："所忠言：世家子弟富人，或斗鸡走狗马，弋猎博戏，乱齐民。乃征诸犯令，相自变量千人，命曰株送徒。入财者得补郎，郎选衰矣。"《汉书·食货志》同。如淳曰："诸坐博戏事决为徒者，能入钱得补郎也。"师古曰："言被牵引者为其根株所送，当充徒役，而能入财者，即当补郎。"皆以入财者得补郎，即指株送徒言之。然或别为句，与上文不相蒙也。

（二八四）汉时珠玉之价

昔人说经，每以当时之事为况。此无以见经义之必然，特颇可考作注者之时之情形耳。如《周官》司市思次介次，郑《注》云：思次若今市亭也，介次市亭之属别小者也。司农则云：思，辞也；次，市中候楼也。赵注孟子之滕馆于上宫，曰：上宫，楼也；孟子舍止宾客所馆之楼上也。作《周官》时市中是否有候楼，孟子时楼上是否可舍止，皆有可疑。然汉时市中有候楼，楼上可舍止，则于此可见矣。肆长职云：各掌其肆之政令，陈其货贿，名相近者相远也，实相近者相尔也；而平正之。郑司农云：谓若珠玉之属，俱名为珠，俱名为玉；而贾或百万，或数万，恐农夫愚民见欺，故别异，令相远。价值百万或数万之物，安得为农夫愚民所求，拟不于伦，真堪发噱。然汉时珠玉之价，则于此可见也。又案《史记·平准书》颜异言：今王侯朝贺以苍璧，直数千，而其皮荐反四十万，本末不相称。则汉世之璧，固有直仅数千者。

（二八五）汉人不重黄金

《后汉书·西羌传》：汉阳人杜琦，及弟季贡，同郡王信等，与羌通谋，聚众人上邽城。诏购募得琦首者，封列侯，赐钱百万。羌、胡斩琦者，赐金百斤，银二百斤。汉世黄金一斤值钱万，则金百斤恰与钱百万相当，羌、胡无封侯之赏，故赢银二百斤也。夫使汉人果重黄金，诏书何难亦以金百斤为购。案汉世赐外夷，罕用钱者。《汉书·韩安国传》：安国言汉遣刘敬，奉金千斤，以结和亲。《匈奴传》：昭帝时属国千长义渠王骑士射杀犁汙王，赐黄金二百斤。建平四年，乌珠留单于上书，愿朝五年，汉初弗许，以扬雄谏，召还使者，更报单于书许之，赐缯帛五十匹，黄金十斤。王莽拜右犁汙王咸为孝单于，赐黄金千斤，杂缯千匹。《莽传》同。咸子助为顺单于，赐黄金五百斤。《乌孙传》：楚主与汉使谋，击伤狂王，汉遣中郎将张遵持医药治狂王，赐金二十斤。小昆弥乌就屠死，子拊离代立，为弟日贰所杀，汉遣使者立拊离子安日为小昆弥，日贰亡，阻康居。汉徙己校屯姑墨，欲候便讨焉。安日使姑墨匿等三人诈亡从日贰，刺杀之，都护廉褒赐姑墨匿等金人二十斤。《后汉书·南匈奴传》：南单于比遣子入侍，赐黄金锦绣，缯布万匹，絮万斤。单于岁尽，辄遣奉奏送侍子入朝，元正朝贺，拜祠陵庙毕，汉乃遣单于使，令谒者将送，赐采缯千匹，锦四端，金十斤。建武二十七年，北单于使诣武威求和亲，汉遗以杂缯五百匹，又赐献马左骨都侯、右谷蠡王杂缯各四百匹。《倭传》：汉赐卑弥呼白绢五十匹，金八两。《西南夷传》：哀牢王类牢反，邪龙县昆明夷卤承等应募，率种人与诸郡兵破斩之，赐卤承帛万匹。除前汉时呼韩邪来朝，赐黄金二十斤，钱二十万；《后书·鲜卑传》言：鲜卑大人，皆来归附，并诣辽东受赏赐，青、徐二州，给钱岁二亿七千万为常外，无以钱赐外夷者。盖呼韩邪身入汉地，有所贸易，可以用钱；《鲜卑传》所云，则以钱供经费，非以之赐蛮夷也。《袁安传》：安奏封事，言汉故事，供给南单于费直岁亿九十余万，西域岁七千四百八十万，亦以是计经费，非径以之畀蛮夷。盖钱在胡地无所用，即与汉人互市有用，以为赐亦虑重赍。而在汉地，则金又无所用之也。知此，则知黄金本非平民所好矣。

或言《汉书·赵充国传》：天子告诸羌人，犯法者能相捕斩，除其罪。斩大豪有罪者一人，赐钱四十万，中豪十五万，下豪二万，大男三千，女子及老小千钱。又以其所捕妻子财物尽与之。明赐羌人亦以钱，而购杜琦以金银，足见其以金为贵重也。然羌人在塞内久，或在塞上，可以用钱。后汉则兼募羌、胡，胡者，西域胡人，其地固行金银之钱，故以金银为购耳。此又见在汉地者之不重金银也。

（二八六）汉聘皇后金

《汉书·王莽传》：有司奏故事，聘皇后黄金二万斤，为钱二万万。而《后汉书·杜乔传》，谓桓帝将纳梁冀妹，冀欲令以厚礼迎之，乔据执旧典，不听。注云：于是悉依惠帝故事，聘黄金一万斤。则汉初皇后聘金止万斤，后乃增至二万也。莽以杜陵女史氏为皇后，聘黄金三万斤。莽之作事，固恒较前人为侈。

《后汉书·献穆曹皇后纪》：建安十八年，操进三女宪、节、华为夫人，聘以束帛玄𫄸五万匹。《三国魏志·武帝纪》注引《献帝起居注》云：使赍璧帛玄𫄸绢五万匹之邺纳聘。则未尝用金。盖后汉时金已少于前汉，献帝当丧乱之时，多金尤不易致故也。

（二八七）汉武以酷法行币

历代泉币之值，与其物不相称者，莫如汉武帝之皮币。纸币又当别论。观颜异讥其王侯朝贺以苍璧值数千，而其皮荐反四十万可知。职是故，不得不以酷法行之。《汉书·王子侯表》：建成侯拾，元鼎二年，坐使行人奉璧皮荐贺元年十月不会免是也。不独皮币，他泉币亦然。《高惠高后文功臣表》：曲成侯皇柔，元鼎二年，坐为汝南太守，知民不用赤侧钱为赋，为鬼薪；郸侯仲居，元鼎二年，坐为大常收赤侧钱不收，完为城旦；《百官公卿表》：元鼎三年，郸侯周仲居为大常，坐不收赤侧钱收行钱论。师古曰：赤侧当收而不收，乃收见行之钱也。慎阳侯买，元狩五年，坐铸白金弃市是也。《酷吏义纵传》曰：是时赵禹、张汤为九卿矣，然其治尚宽，辅法而行，纵以鹰击毛鸷为治。后会更五铢钱白金起，民为奸，京师尤甚，乃以纵为右内史，王温舒为中尉。武帝之于行钱，则可谓尽其法矣，其如终不可行何？故曰：下令于流水之原。

（二八八）皮币

《聘礼》：庭实，皮则摄之，毛在内。郑《注》：皮，虎豹之皮。凡君于臣，臣于君，麋鹿皮可也。《礼》又云：劳者礼辞，宾揖先入，劳者从之，乘皮设。《注》曰：皮，麋鹿皮也。《礼》又云：凡庭实随入，左先，皮马相间可也。《注》云：间犹代也。土物有宜，君子不以所无为礼。畜兽同类，可以相代。《疏》：《郊特牲》云：虎豹之皮，示服猛也。文无所属，则天子诸侯皆得用之，此聘使为君行之，故知皮是虎豹之皮也。《齐语》云：桓公知诸侯归己，令诸侯轻其币，用麋鹿皮，非其正也。臣聘君，降于享天子，法用麋鹿皮。当国有马，而无虎豹皮，则用马。或有虎豹皮，并有马，则以皮为主而用皮也。案聘使用币，详见《管子书》；《疏》徒引《国语》，殊未尽。《管子·大匡》曰：诸侯之礼，令齐以豹皮往，小侯以鹿皮报；齐以马往，小侯以犬报。《小匡》曰：桓公知诸侯之归己也，故使轻其币而重其礼。故使天下诸侯以疲马犬羊为币，齐以良马报。诸侯以缕帛布鹿皮四分以为币，齐以文锦虎豹皮报。《霸形》曰：君何不发虎豹之皮文锦以使诸侯，令诸侯以缦帛鹿皮报。《揆度》曰：令诸侯之子将委质者，皆以双武之皮，卿大夫豹饰，列大夫豹幨。然则皮以虎为贵，豹次之，鹿为下；畜以马为贵，犬、羊为贱。又《郊特牲》曰：罗氏致鹿与女。《乐记》曰：大辂者，天子之车也。龙旗九旒，天子之旌也。青黑缘者，天子之宝龟也。从之以牛羊之群，则所以赠诸侯也。则鹿亦可以生者为赠；而犬、羊之外，并可用牛。

（二八九）商贾以币变易积货逐利

钱所以易物也，挟钱则百物可得，故人争求之。然遇变乱时，物不可必得，则复贱钱而贵物，以钱实无用也。每逢世乱或币制变易时，物价必贵；人第知为物之贵，而不知实钱之贱也。《汉书·食货志》言：汉铸荚钱，而不轨逐利之民，畜积余赢，以稽市物，痛腾跃，米至石万钱，马至匹百金。“稽市物”，即今所谓屯积也。汉武时，商贾以币之变，多积货逐利，亦由于此。

“痛腾跃”三字殊不辞。晋灼曰：痛，甚也。言计市物贱，豫益畜之，物贵而出卖，故使物甚腾跃也。师古曰：今书本痛字或作踊者，误耳。踊腾一也，不当重累言之。然则腾跃独不重累乎？《史记·平准书》此数语作物踊腾，粜米至石万钱，马一匹则百金。《集解》曰：晋灼曰：踊，甚也，言计市物贱而豫益稸之也，物贵而出卖，故使物甚腾也。《汉书》粜字作跃。《索隐》曰：如淳曰：踊腾，犹低昂也。低昂者，乍贵乍贱也。《汉书》粜字作跃者，谓物踊贵而价起，有如物之腾跃而起也。案《集解》引晋灼语无跃字，而如淳径释踊腾，则《汉书》引晋灼语有跃字者，其为原文与否，殊未可知。痛，甚也。训诂既不精确，“痛腾跃”三字之不辞，亦岂师古所不知？则今之《汉书》注，难保非后人改易也。窃疑《汉书》原文当作：物踊腾，粜至石万钱，马至匹百金。今本夺物字，衍米字，又妄改粜为跃；即《史记》亦衍米字也。《索隐》云：粜者出卖之名。意谓该米及马言。然谷物之外，古人罕称出卖为粜，其说亦非也。

（二九〇）居边而富

《汉书·货殖传》言：塞之斥也，唯桥姚以致马千匹，牛倍之，羊万，粟以万钟计。《后汉书·马援传》：援亡命北地遇赦，因留牧畜，宾客多归附者，遂役属数百家，转游陇、汉间，因处田牧，至有牛、马、羊数千头，谷万斛。此固由其人材力殊绝，亦以边地遗利多，资本少，法禁宽故也。乌氏倮献遗戎王，戎王十倍其价予畜，此岂以力致之邪？卓氏求致临邛，程郑山东迁虏，皆以财雄于蜀，亦其类也。《汉书·叙传》言：始皇之末，班壹避地楼烦，致马牛羊数千群。值汉初定，与民无禁，当孝惠、高后时，以财雄边，出入弋猎，旌旗鼓吹。然则卓氏射猎之乐，拟于人君，亦以蜀与民无禁故与？周汉之间，故贱商也，然子贡结驷连骑，以聘享诸侯，所至国君，无不分庭与之抗礼。秦始皇令乌氏倮比封君，以时与列臣朝请。客巴寡妇，为筑女怀清台。孔氏连骑游诸侯，因通商贾之利，有游闲公子之名，亦得谓之贱商与？或曰：此特以商为业耳，其人固士君子之流也。然刁闲之奴，有连车骑交守相者，亦得谓其人固士君子之流邪？大同之治云遥，小康之世武力把持之局亦去，人之地位实由财力为之。

虽奴虏，苟饶于财，吾未见人不愿与交接者也。巴寡妇能以财自卫，则亦可以财陵轹人。班壹富而民慕之，北方多以壹为字者。则民惟知豪富之慕矣，此政教之所由废与！

廉范世在边，广田地，积财粟，悉以振宗族朋友。史称其以气侠立名，振危急，赴险阨，有足壮者，然依倚窦宪，以此为世所讥，盖习于雄豪，未知礼义也。

（二九一）牢盆

《史记·平准书》：孔仅、东郭咸阳言愿募民自给费，因官器作煮盐，官与牢盆。苏林曰：牢，价直也，今世人言顾手牢。《史记·索隐》引下多盆字。衍。如淳曰：牢，廪食也，古者名廪为牢；盆，煮盐盆也。《索隐》引乐彦云：牢乃盆名。案牢者养牲之室，盖引申为凡室之称。咸阳之法，盖犹宋赵开之“隔酿”，官给房屋器具，令民就其所煮盐，外此则皆为私煮矣。

《盐铁论·复古篇》：大夫言·：往者豪强大家，得管山海之利，采铁石鼓铸，煮盐，一家聚众或至千余人，大抵尽放流人民也。远去乡里，弃坟墓，依倚大家，聚深山穷泽之中，成奸伪之业，遂朋党之权，其轻为非亦大矣。《刺权篇》言：鼓金煮盐，其势必深居幽谷，人民所罕至。奸猾交通山海之际，恐生大奸。大农盐铁丞孔仅等上请愿募民自给费，因县官器煮盐，予用，以杜浮伪之路。此亦令就官场之一因。用即庸，当时庸有官给庸资之事。然顾手牢之语，恐未必可以释《史记》也；乐彦说更非。

（二九二）畴官

《汉书·高帝纪》：二年五月，萧何发关中老弱未传者悉诣军。《注》引如淳曰：律：年二十三，传之畴官，各从其父畴学之。高不满六尺二寸以下为罢癃。案《国语·齐语》述管子作内政寄军令曰：五家为轨，故五人为伍，轨长帅之。十轨为里，故五十人为小戎，里有司帅之。四里为连，故二百人为卒，连长帅之。十连为乡，故二千人为旅，乡良人帅之。五乡一帅，故万人为一军，五乡之帅帅之。内教既成，令勿使迁徙。伍之人，祭祀同福，死丧相恤，祸灾共之。

人与人相畴，家与家相畴。世同居，少同游。故夜战声相闻，足以不乖；昼战目相见，足以相识，其欢欣足以相死。居同乐，行同和，死同哀。是故守则同固，战则同强。然则所谓畴官者，即轨长、里有司、连长、乡良人、军帅也。《国语》又曰：政既成，罢士无伍，罢女无家。无伍，即莫与相畴之谓也。不满六尺二寸，乃体格不及，律免其从军者。

如淳此注，专以军制言。其注《律历志》“畴人子孙分散”，则云：家业世世相传为畴。则各从其父畴学之者，初不限于军事，而畴之义亦遂不限于并世。盖畴之义本为匹为类，然古者士之子恒为士，工之子恒为工，商之子恒为商，农之子恒为农：业既世而不迁，则子孙所与为匹类者，自与父祖无异，故畴又引申为世业之称也。

（二九三）盗摩钱质取镕

《史记·平准书》：奸或盗摩钱里取镕。《汉书·食货志》作盗摩钱质而取镕。如淳曰：钱一面有文，一面幕，幕为质。民盗摩漫面而取其镕，以更铸作钱也。臣瓒曰：许慎云：镕，铜屑也。摩钱漫面，以取其屑，更以铸钱，《西京黄图叙》曰民摩钱取屑是也。然则质即里，亦即幕也。漫幕一语，以其无文，故谓之幕。幕可摩取，此后世之钱，所以两面有文也。镕冶器法，非其义。《史记》原文亦当作镕，传写误。《集解》引徐广曰音容，非也。

《平准书》又云：有司请铸五铢钱，周郭其下，令不可摩取镕。《汉书》作周郭其质，令不可得摩取镕。镕字亦《史记》误，质字疑当依《史记》作下，谓钱之四边也。

（二九四）处乱之道

《后汉书·淳于恭传》：“初遭贼寇，百姓莫事农桑，恭常独力田耕，乡人止之。曰：时方淆乱，死生未分，何空自苦为？恭曰：纵我不得，他人何伤？垦耨不辍。”此不分人我，故无利害之见；无利害之见，则偿利矣。《刘般传》：“转侧兵革中，西行上陇，遂流至武威，般虽尚少，而笃志修行，讲论不怠；母及诸舅以为身寄绝域，死生未必，不宜苦精若此，数以晓般，般犹不改其业。”此则性之所好，以此为乐，正可忘尤，焉知其苦？知此者，可以处乱离矣。

（二九五）商者不农

《后汉书 · 文苑传》：黄香，“迁魏郡太守。郡旧有内外园田，常与人分种，收谷岁数千斛。香曰：《田令》商者不农；《王制》仕者不耕，伐冰食禄之人，不与百姓争利。乃悉以赋人，课令耕种。”案汉武帝时公卿上算缗之法，曰贾人有市籍者，及其家属，皆无得名田。哀帝时师丹之法，贾人亦不得名田为吏。则禁止兼并之法，汉世自有存者，特不能行耳。

（二九六）汉世振贷

时愈近古，则振济之出于官者愈多，以官家之财产较多也。汉时之振贷即然。《汉书·元帝纪》：初元元年，诏以三辅、太常、郡国公田及苑可省者振业贫民，赀不满千钱者赋贷种、食。师古注曰：“赋，给与之也。贷，假也。”给与者不须还；假则须偿遗者也，然时亦豁免之，如永光四年诏所贷贫民勿收责是也。昭帝元凤三年，诏三年以前所振贷，非丞相御史所请，边郡受牛者勿收责，则豁免又有等差。又有与逋租赋并免者，如武帝元封元年诏，谓民田租逋赋贷已除；成帝建始三年诏诸逋租赋所振贷勿收是也。其贷与舍，皆以财产多寡为差。初元元年赋贷，以赀不满千钱为率；鸿嘉四年，诏被灾害什四以上，民赀不满三万，勿出租赋，逋贷未人皆勿收是也。河平四年，遣光禄大夫博士嘉等十一人行举濒河之郡水所毁伤、困乏不能自存者财振贷。师古曰：“财与裁同，谓量其等差而振贷之。”所谓量其等差者，盖不徒计所毁伤，亦并计其赀产矣。永光元年，诏无田者皆假之，贷种、食如贫民。所谓贫民，亦当按赀产定之也。

所振贷者多实物，故神爵元年诏谓所振贷物勿收也。文帝二年，开藉田，诏贷种食未入、入未备者皆赦之。始元二年，诏往年灾害多，今年蚕麦伤，所振贷种、食勿收责。地节三年，三月，诏云：前下诏，假公田，贷种、食；十月，诏流民遗归者，假公田，贷种、食。种、食盖所贷之两大端。《后汉书·章帝纪》：永平十八年，牛疫，京师及三州大旱，诏勿收兖、豫、徐州田租刍稿，其以见谷振给贫人。谓既勿收，又有以振给之，非谓当时之振给，不以谷而以财货也。武帝徙贫民于关以西，及充朔方以南新秦中，七十余万口，衣食皆仰给县官。数岁，贷与产业，使者分部护，冠盖相望，费以亿计。《汉书·食货志》。所赋贷者必甚广，然非常典。

章帝建初元年，诏三州郡国："方春东作，恐人稍受廪，往来烦剧，或妨耕农；其各实核，尤贫者计所贷并与之。"此亦赋与贷有别之证。贷盖皆并与，赋则稍受者也。和帝永元五年诏："去秋麦入少，恐民食不足，其上尤贫不能自给者户口人数。往者郡国上贫民，以衣履釜鬵为赀，而豪右得其饶利。诏书实核，欲有以益之，而长吏不能躬亲，反更征召会聚，令失农作。若复有犯者，二千石先坐。"征召会聚，弊更甚于往来稍受。计赀而及于衣履釜鬵，其弊亦与后世之推排、通检等矣。

顺帝永和六年，诏假民有赀者户钱一千。此盖特异之事。假民以钱者，两《汉书》仅此一见。所假转以有赀为限，失振贷之意矣。岂计其能偿邪？《金史·世宗纪》：大定二十一年，三月，上初闻蔚、平、滦等州民乏食，命有司发粟粜之，贫不能粜或贷之。有司以贷贫民恐不能偿，止贷有户籍者。上至长春宫闻之，更遣人阅实振贷。以监察御史石抹元礼、郑达卿不纠举，各笞四十，前所遣官皆论罪。闰月，渔阳令夹谷移里罕、司候判官刘居渐以被命振贷，止给富户，各削三官。通州刺史郭邦杰总其事，夺俸三月。盖无赀者本有振贷之法，著为常典，故此不之及也。

假贷本意，必非所以取息也，然其后则有因以为利者。武帝时，令民得畜边县，官假马母，三岁而归，及息十一；后又著令，令封君以下至三百石吏以上，差出牡马天下亭，亭有畜字马，岁课息十一，《汉书·食货志》。是矣。畜牧简易，苟使官吏无他诛求，虽取其息，或犹未为大害，若以农业之耕耘收获，手胼足胝，而其贷之也，亦振救之意少而取息之意多，则其弊之所及，有不忍言者矣。

汉世富人，亦有能助官假贷者。《武帝纪》：元狩三年，遣谒者劝有水灾郡种麦，举吏民能假贷贫民者以名闻。《食货志》云：募豪富人相假贷。盖特奏名以歆动之也。《宣帝纪》：本始四年，丞相以下至都官令丞上书入谷，输长安仓，助贷贫民者，得毋用传。此犹后世之义振。《后汉书·桓帝纪》：永寿元年，司隶、冀州饥，人相食。敕州郡振给贫弱。若王侯吏民有积谷者，一切贷得十分之三，以助禀贷；其百姓吏民以见钱雇直，王侯须新租乃偿。此则官贷之于豪富，以济贫民，颇有后世公债之意矣。延熹四年，减公卿以下奉，贷王侯半租。五年，假公卿以下奉，又换王侯租以助军粮，出濯龙中藏钱还之。事亦相类。

（二九七）汉士大夫散财振施

让爵、让产、散财、振施之事，以汉世为最多。让爵、让产，事仅在一家之中，无足深论，今略论其散财、振施之事。

《后汉书·朱晖传》：同县张堪素有名称。尝于太学见晖，甚重之，接以友道，乃把晖臂曰：欲以妻子托朱生。晖以堪先达，举手未敢对。自后不复相见。堪卒，晖闻其妻子贫困，乃自往候视，厚振赡之。晖又与同郡陈揖交善。揖早卒，有遗腹子友，晖尝哀之。及司徒桓虞为南阳太守，召晖子骈为吏，晖辞骈而荐友。《三国·蜀志·张裔传》：少与犍为杨恭友善。恭早死，遗孤未数岁，裔迎留，与分屋而居，事恭母如母。恭之子息长大，为之娶妇，买田宅产业，使立门户。《张嶷传》：得疾困笃，家素贫匮。广汉太守蜀郡何祗，名为通厚。嶷夙与疏阔，乃自舆诣祗，托以治疾。祗倾财医疗，数年除愈。《吴志·陆瑁传》：少好学笃义。陈国陈融、陈留濮阳逸、沛郡蒋纂、广陵袁迪等，皆单贫有志，就瑁游处。瑁割少分甘，与同丰约。及同郡徐原，爰居会稽，素不相识，临死遗书，托以孤弱，瑁为起立坟墓，收导其子。此皆施诸知故者也。《后汉书·伏湛传》：更始立，以为平原太守。时仓卒兵起，天下惊扰，而湛独晏然，教授不废。谓妻子曰：一谷不登，国君彻膳。今民皆饥，奈何独饱？乃共食粗粝，悉分俸禄，以振乡里，来客者百余家。《党锢传》：张俭，献帝初，百姓饥荒，而俭资计差温，乃倾竭财产，与邑里共之，赖其存者以百数。《三国·魏志·常林传》：避地上党，耕种山阿。当时旱蝗，林独丰收，尽呼比邻，升斗分之。《吴志·陈武传》：仁厚好施，乡里远方客多依托之。《骆统传》：时饥荒，乡里及远方客多有困乏，统为之饮食衰少。姊问其故。统曰：士大夫糟糠不足，我何心独饱？姊曰：诚如是，何不告我？乃以私粟与统，又以告母，母亦贤之，遂使分施。此则及于众庶矣。而同遭丧乱者，其情为尤切。《三国·魏志·管宁传注》引《傅子》，言每所居，姻亲、知旧、邻里有困穷者，家储虽不盈儋石，必分以赡救之。《王朗传》：虽流移穷困，朝不谋夕，而收恤亲旧，分多割少，行义甚著。《杨俊传》：以兵乱方起，而河内处四达之衢，必为战场，乃扶持老弱，诣京密山间，同行者百余家。俊振济贫乏，通共有无。宗族、知故，为人所略作奴仆者凡六家，俊皆倾财赎之。转避地并州。本郡王象，少孤特，为人仆隶，年十七八，见使牧羊，而私读书，因被箠楚。俊嘉其才质，即赎象着家，聘娶立屋，然后与别。《赵俨传》：避乱荆州，与杜袭、繁钦通财同计，合为一家。《蜀志·许靖传》：奔扬州。许贡、王朗与有旧故，往保焉。靖收恤亲里，经纪振赡，出于仁厚。孙策东渡江，皆走交州，以避其难。靖身坐岸边，先载附从，疏亲悉发，乃从后去。袁徽寄寓交州，与荀彧书，言许文休自流宕以来，与群士相随，每有患急，常先人后己，与九族中外，同其饥寒。其纪纲同类，仁恕恻怛，皆有效事，不能复一二陈之。《吴志·全琮传》：父柔，尝使琮赍米数千斛到吴，有所市易。琮至，皆散用，空船而还。柔大怒。琮顿首曰：愚以所市非急，而士大夫方有倒悬之患，故便振赡，不及启报。是时中州士人避乱而南，依琮居者以百数，琮倾家给济，与共有无。凡此，皆在流离转徙之中，益敦睦姻任恤之行者也。《后汉书·独行传》：刘翊，“黄巾贼起，郡县饥荒。翊救给乏绝，资其食者数百人。乡族贫者，死亡则为具殡葬，嫠独则助营妻娶。献帝迁都西京，翊举上计掾。是时寇贼兴起，道路隔绝，使驿稀有达者。翊夜行昼伏，乃到长安。诏书嘉其忠勤，特拜议郎，迁陈留太守。翊散所握珍玩，惟余车马，自载东归。出关数百里，见士大夫病亡道次，翊以马易棺，脱衣敛之。又逢知故困馁于路，不忍委去，因杀所驾牛，以救其乏。众人止之，翊曰：视没不救，非志士也。遂俱饿死”。此固不必逆知其死，然其易至于不济，则亦至易见矣。而曾不为身豪发计留，不亦造次颠沛必于是乎？《刘虞传》：虞为幽州牧，青、徐士庶避黄巾之难归之者百余万口，皆收视温恤，为立产业，流民皆忘其迁徙。此非居高位有大权者不能。若平民，则如鱼之相煦以沫耳。然流离转徙之中，藉是而获济者多矣。

杨恽受父财五百万，及身封侯，皆以分宗族。后母无子，财亦数百万，死皆与恽，恽尽复分后母昆弟。再受訾千余万，皆以分施。郇越，附《王贡两龚鲍传》。散其先人訾千余万，以分施九族、州里。马援亡命北地，因留牧畜，宾客多归附者，遂役属数百家。转游陇、汉间，因处田牧，至有牛马羊数千头，谷数万斛。既而叹曰：凡殖货财产，贵其能施振也，否则守钱虏耳。乃尽散以班昆弟、故旧。樊梵，宏孙。悉推财物二千万与孤兄子。荀恁，资财千万，父越卒，悉散与九族。见周燮等传首。种暠，父为定陶令，有财三千万，父卒，悉以振恤宗族及邑里之贫者。折像，有赀财二亿，家僮八百人，周施亲疏。至终，家无余赀。《方术传》。此等能施，似以其富。然如范迁，有宅数亩，田不过一顷，而推与兄子，四子无立锥之地，见《郭丹传》。则仁义之附，亦匪以其富矣。要不可谓非一时风气所鼓荡也。

此其故何哉？曰：去封建之世近，士之好名，甚于其好利，故能施者较多，而其事亦易传于后耳。王符尝讥当时之人，“疏骨肉而亲便辟，薄知友而厚犬马。宁见贯朽千万，而不忍贷人一钱；情知积粟腐仓，而不忍贷人一斗。骨肉怨望于家，细人谤讟于道”。《潜夫论·贵忠》。与史所言之风气适相反，何哉？王朗“尝讥世俗有好施之名，而不恤穷贱”，《三国志》本传《注》引《魏略》。一人之所为，固可自其两面观之也。要之封建之世养士之习未尽亡耳。然则受之者当何如？曰：以所识穷乏得我之情为之，是嗟来之食也。然其谢也可食，虽曾子亦言之矣。要之当以免死为限耳。蔡茂素与窦融善，避难归之，每所饷给，计口取足，是其道也。

散施盖亦有为免祸之计者。《晋书·氾腾传》言其叹曰：“生于乱世，贵而能贫，乃可以免。”散家财五十万，以施宗族。吴明彻，侯景寇京师，天下大乱。明彻有粟麦三千余斛，而邻里饥馁。乃白诸兄曰：“当今草窃，人不图久，奈何有此而不与乡家共之？”于是计口平分，同其丰俭。皆其事也。此亦不必乱世。《后汉书·周党传》言其家产千金，少孤，为宗人所养，而遇之不以理，及长，又不还其财；党诣乡、县讼，主乃归之，既而散与宗族，悉免遣奴婢。盖讼虽胜，其地仍不可居也。

（二九八）并耕而食，饔飧而治

观于后世，有可以知古者。许行曰：“贤者与民并耕而食，饔飧而治。”论者或以为诞而不可信，然乌桓大人以下，各自畜牧治产，不相徭役，《三国志·乌丸传注》引《魏书》，《后汉书》袭之。即并耕而食，饔飧而治也。不特此也，田畴之隐徐无山也，百姓归之五千余家。“畴谓其父老曰：诸君不以畴不肖，远来相就。众成都邑，而莫相统一，恐非久安之道，愿择贤长者以为之主。皆曰：善。同佥推畴。畴乃为约束，相杀伤、犯盗、诤讼之法，法重者至死，其次抵罪，二十余条。又制为婚姻嫁娶之礼，兴举学校讲授之业，班行其众，众者便之。”《三国魏志》本传。可谓能为君矣。然《先贤行状》载太祖表论畴功曰：“耕而后食。”《先贤行状》又言：“王烈避地辽东，躬秉农器，编于四民，而东域之人，奉之若君。”

此亦所谓“并耕而食，饔飧而治”者也。太祖表又言“人民化从，咸共资奉”，则后或不复躬耕。此“劳心者治人，劳力者治于人，治于人者食人，治人者食于人”之渐。

（二九九）古者官为民造屋之事甚多

古者官为民造屋之事甚多。晁错之论移民也，曰：“古之徙远方以实旷虚也；相其阴阳之和，尝其水泉之味，审其土地之宜，观其草木之饶；然后营邑立城，制里割宅，通田作之道，正阡陌之界；先为筑室，家有一堂二内，门户之闭，置器物焉。民至有所居，作有用。”一堂二内，即今三开间之屋，中为堂，左右为室者也。《汉书·平帝纪》：元始二年，罢安定呼池苑，以为安民县。起官寺，市里。募徙贫民，县次给食。至徙所，赐田宅，什器，假与犁、牛、种、食，又起五里于长安城中。宅二百区，以居贫民。民疾疫者，舍空邸第，为置医药。安民县之所营者新邑，长安中之所起者，则所以改良旧都市者也。又有不由官营，官特唱率人民为之者。《后汉书·钟离意传》《注》引《东观汉记》曰：意在堂邑，为政爱利。初到县市无屋。意出俸钱，率人作屋。人赍茅竹，或持林木，争赴趋作，浃日而成。所营虽陋，其程功则可谓速矣。房屋之适于居住与否，实视所处之地，及其占地充足与否，不在其材料之贵重也。此犹行古之道也。魏晋而后，政事日以苟简，并此等事而亦罕闻矣。

古人之所以易于营建也有故。古者建屋之地曰廛。记言市廛而不税，谓徒收其地租；许行之滕也，踵其君门，乞受一廛；可见地之皆在官。《汉书·高帝纪》：十二年，赐列侯第，《注》引孟康曰：“有甲乙次第，故云第。”可见室屋之在官者亦不少。

（三〇〇）王莽六筦

王莽设六筦之令。《后汉书·隗嚣传注》云：谓酤酒、卖盐、铁器、铸钱、名山大泽，此谓六也。案《汉书·食货志》，莽下诏曰：“夫盐，食肴之将；酒，百药之长，嘉会之好；铁，田农之本；名山大泽，饶衍之藏；五均赊贷，百姓所取平，卬以给澹；钱布铜冶，通行有无，备民用也。此六者，非编户齐民所能家作，必邛于市。虽贵数倍，不得不买。豪民富贾，即要贫弱。先圣知其然也，故斡之。”则《后书·注》夺五均赊贷。钱布铜冶，他本钱皆讹铁；惟闽本作钱，据《后书·注》，则闽本是也。

（三〇一）甘棠

古今人不必不相及也，所处之境相类，则其所行者自亦相类矣。诗言：曾孙来止，以其妇子，馌彼南亩，田峻之喜。与金昭肃皇后所为极相类。《三国志·杜畿传》注引《魏略》言：孟康为弘农太守，时出案行，皆豫敕督邮平水，不得令属官遣人探候，修设曲敬，又不欲烦损吏民，常豫敕吏卒，行各持镰，所在自刈马草，不止亭传，露宿树下，又所从常不过十余人，郡带道路，其诸过宾客，自非公法，无所出给，若知旧造之，自出于家，此虽甘棠之美不逮也。

（三〇二）斛制

凡量皆口大而下小，惟斛不然。以量之多少，系乎其表面之平与不平。而表面平否，几微之差，极难辨别。口小，则因表面之不平以致羡不足者小也。此制定于宣和时，足见赵宋国势虽弱，厘定制度，自有其度越前人之处。然《齐书·陆澄传》言：“竟陵王子良得古器，小口方腹而底平，可将七八升，以问澄。澄曰：此名服匿，单于以与苏武。子良后详视器底有字，仿佛可识，如澄所言。”南北朝人说古物多不确，陆澄之言，未必可信。然小口之器，世固有之，则由此可见。惟其器不甚通行，齐时几已绝迹，故子良称为古器也。岂以其不可出入，不为豪强驵贾所利，故稍微以至于绝欤。

（三〇三）汉世亭传之制

交通犹人身之血脉；血脉当无所不通，交通之道亦当无所不达。近世交通利器虽多，然欲其遍于山陬海澨，则必非旦夕之功，端赖有旧式之道路及交通之具，与之互相衔接。吾国今日方事重修驿运，非徒曰缘江缘海交通便利之地多受封锁，而姑以是救急云耳；即使海疆安谧，江河百川互相灌溉，而欲深入乎山陬海澨，旧式之通路及交通工具仍不可以不修。必如是，乃能与用新式器具之大道相衔接，而成完密之交通网，如血脉之无所不通也。此篇详考汉代亭传之制，知国小而为治纤悉之世，交通制度之完备，绝非政事疏阔之世所能想象。然则，《周官》等书所述之制，必非尽诬矣。人力所修之事虽废坠，必可以人力恢复之，读之可使从事于驿运者自壮；而其所言馆驿废坠之由，及其与边陲关系之重，尤足资今日之藉鉴而发人深省也。

古代人民往来少，而其为治纤悉，故凡行旅之所资，如宿息、井树等，无不由公家为之措置。两汉去古近，其遗制犹有存焉者。汉高祖至高阳传舍，使人召郦生。及出成皋，东渡河，独与滕公俱，从张耳军修武。至，宿传舍，晨自称汉使，驰入赵壁，夺其军。《史记·淮阴侯列传》。王郎兵起，光武趣驾南辕，晨夜不敢入城邑，舍食道旁。至饶阳，官属皆乏食，光武乃自称邯郸使者，入传舍。及至信都，亦入传舍，与任光定谋。更始之败，刘恭步从至高陵，入传舍。当造次颠沛之际，行旅惟传舍是依如此，承平时更不必论矣。霍光至平阳传舍，遣使迎霍仲孺。何武为刺史，行部必先即学宫见诸生，然后入传舍，出记问垦田顷亩、五谷美恶，已乃见二千石。韩延寿守左冯翊，行县至高陵，有昆弟讼田者，延寿即移病人卧传舍，闭阁思过。《后汉书·陈宴传》："大守高伦被征为尚书，郡中士大夫送至轮氏传舍。"《史弼传》："出为平原相，时诏书下举钩党，惟弼独无所举，从事坐传责问。"《方术传》："任文公，州辟从事，哀帝时有言越巂大守欲反，刺史大惧，遣文公等五从事检行郡界，潜伺虚实，共止传舍。时暴风卒至，文公遽起，白诸从事促去。"《党锢传》："建宁二年，大诛党人，诏下急捕范滂等，督邮吴道至县，抱诏书，闭传舍，伏床而泣。"可见官吏行止，无不惟传舍是依，即其家属亦然。《桓荣传》："荣曾孙鸾子晔，尤修志介。姑为司空杨赐夫人，鸾卒，姑归宁赴哀，将至，止于传舍，整饰从者而后入，晔心非之"是也。又有意图构乱，诈称官吏，止于传舍者。周丘以汉节驰入下邳，至传舍，召斩令。《史记·吴王濞列传》。桑弘羊客诈称御史，止传。《汉书·魏相传》。公孙勇与客胡倩等谋反，倩诈称光禄大夫，从车骑数十，言使督盗贼，止陈留传舍，太守谒见，欲收取之。《汉书·酷吏田广明传》。鲍永，太守赵兴署为功曹。时有矫称侍中止传舍者，兴欲谒之，永疑其诈，谏，不听而出。兴遂驾往，永拔刀截马当胸，乃止。后数日，莽诏书果下，捕矫称者，永由是知名。皆其事。光武遣陈副、邓隆征刘扬，扬闭门不内，乃复遣耿纯持节行赦令于幽、冀，所过并使劳慰王侯。密敕纯曰：“刘扬若见，因而收之。”纯从吏士百余骑，与副、隆会元氏。俱至真定，止传舍，因扬至，闭阁诛之。亦其类也。传舍与驿相依附，驿路所不经，即不能有传舍，若乡亭则更为普遍矣。《汉书·百官公卿表》言：“汉承秦制，十里一亭，十亭一乡。”《续汉书·百官志注》引《汉官仪》则云：“十里一亭，五里一邮，邮间相去二里半。邮亦有亭。”《汉书·循吏传》言黄霸使邮亭乡官皆畜鸡豚，以澹鳏寡贫穷，又言吏出不敢舍邮亭是也。《续志注》又引《风俗通》云：“亭，留也。盖行旅宿舍之所馆。”然则，十里之间，凡得宿息之所四矣。《志》引蔡质《汉仪》曰：“洛阳二十四街，街一亭；十二城门，门一亭。”此皆在都邑之中。《史记·司马相如列传》：“相如往临邛，舍都亭。”《汉书·酷吏传》：“严延年母从东海来，欲从延年腊，到洛阳，适见报囚，母大惊，便止都亭，不肯入府。”此则在近郭之地。若十里一亭之亭及邮亭，则皆在郊外，故亦谓之乡亭。鲍宣迁豫州牧，丞相司直郭钦奏其行部乘传，去法驾，驾一马，舍宿乡亭，为众所非。召信臣躬劝耕农，出入阡陌，止舍离乡亭。《汉书·循吏传》。后汉刘宽，历典三郡，每行县，止息亭传，辄引学官祭酒及处士诸生执经对讲；见父老，慰以农里之言；少年，勉以孝弟之训。此与何武所为绝相似。足见乡亭与传舍，同为行旅所依。《后汉书·赵咨传》：“拜东海相，之官，道经荥阳，令敦煌曹暠，咨之故孝廉也，迎路谒候。咨不为留，暠送至亭次，望尘不及。”《第五伦传》：“拜会稽太守，坐法征，老小攀车叩马，啼呼相随，日裁行数里，不得前，伦乃伪止亭舍，阴乘船去。”《三国志·刘繇传注》引《续汉书》云：“繇伯父宠，除东平陵令，视事数年，以母病弃官，百姓士民攀舆拒轮，充塞道路，车不得行，乃止亭轻服潜遁。”此二事亦绝相类。《后汉书·杨震传》：“有诏遣归本郡，行至城西夕阳亭，饮酖而卒。”《张皓传》：“子纲，汉安元年，选遣八使，徇行风俗。余人受命之部，纲独埋其车轮于洛阳都亭，曰：‘豺狼当道，安问狐狸？’遂劾奏大将军冀、河南尹不疑无君之心十五事。”《黄琼传》：“永建中，公交车征，至纶氏，称疾不进。诏下县以礼慰遣，遂不得已。李固以书逆遗之曰：‘闻已度伊、洛，近在万岁亭，岂即事有渐，将顺王命乎？’”《循吏卫飒传注》引《东观记》：“茨充初举孝廉，之京师，同侣马死，充到前亭，辄舍车持马还相迎。”此皆以亭为止顿之所。《独行传》：“王忳除郿令，到官，至斄亭。亭长曰：‘亭有鬼，数杀过客，不可宿也。’忳不听，入亭止宿。夜中，有女子诉曰：‘妾夫为涪令，之官，过宿此亭，亭长无状，枉杀妾家十余口，埋在楼下，悉盗取财货。’忳问亭长姓名。女子曰：‘即今门下游徼者也。’明旦，召游徼诘问，具服罪。”此事诚涉荒怪，然或忳知其事而借此发之，亭长杀人越货，事必不诬。《独行传》又言张武父业，为郡门下掾，送太守妻子还乡里，至河内亭，盗夜劫之，业与贼战死。可见当时乡亭自有此等杀人越货之事也。传又言范冉与王奂亲善，奂为考城令，境接外黄，冉，外黄人。屡遗书请冉，冉不至。及奂迁汉阳太守，将行，冉乃与弟协步赍麦酒，于道侧设坛以待之。冉见奂车徒络绎，遂不自闻，但与弟辩论于路。奂识其声，即下车与相揖对。奂曰：“行路仓卒，非陈契阔之所，可共前亭宿息，以叙分隔。”皆可见往来者以亭为宿息之所也。《续书·郡国志注》引《东观记》：“永兴元年，亭万二千四百四十三，邮之数倍之，当二万四千八百八十六，合之凡三万七千三百二十九。”固不必其皆轮奂，亦岂能尽为丘墟？则当时行李之便安为何如也！不特此也，史言黄霸使邮亭乡官畜鸡豚，师古曰：“乡官者，乡所治处也。”此未必然，盖凡乡间官舍皆属之。《史记·卢绾列传》言陈豨告归过赵，宾客随之者千余乘，邯郸官舍皆满。千余乘必非传舍所能容，故凡官舍均为其所占居矣。然则亭传之外，又有官舍可以借居也。行李之便安又何如乎！古代为治之纤悉如此，无怪后世之论者有所激而欲以封建代郡县也。

汉世亭传之制美备如此，然后来卒以废坠者，何也？则以民间之往来者日多，而公家之所守犹是三代以前之成规，未能随时扩充，与行旅之殷繁相副也。又当时之亭传，似徒供士大夫之用，而平民之能蒙其惠者甚鲜。《汉书·两龚传》云：“昭帝时，涿郡韩福以德行征，至京师，赐策书束帛遣归。诏行道舍传舍，县次具酒肉食从者及马。王莽依故事白遣龚胜、邴汉。”《后汉书·章帝纪》：“建初元年，诏三州兖、豫、徐。郡国流人欲归本者，其实禀令足还到，听过止官亭，无雇舍宿。”舍传舍而有烦特诏，止官亭而须雇舍宿，当时亭传不供平民之用可知。《后汉书·赵孝传》：“父普，王莽时为田禾将军，任孝为郎。每告归，常白衣步儋。尝从长安还，欲止陲亭，亭长先时闻孝当还，以有长者客，扫洒待之。孝既至，不自名，长不肯内，因问曰：‘闻田禾将军子当从长安来，何时至乎？’孝曰：‘寻到矣。’于是遂去。”《三国志·刘繇传注》引《续汉书》，言刘宠弊车羸马，号为窭陋。往来京师，尝下道脱骖过，人莫知焉。宠尝欲止亭，亭吏止之曰：“整顿传舍，以待刘公，不可得止。”宠因过去。《后汉书·循吏宠传》所载略同。《后汉书·逸民传》：“桓帝以安车聘韩康，康辞安车，自乘柴车，冒晨先使者发。至亭，亭长以韩征君当过，方发人牛修道桥。及见康，柴车幅巾，以为田叟也，使夺其牛，康即释驾与之。”此三事绝相类，原不能保其无附会；然当时必多有此等事，然后有此等附会之语。此征君之舍传舍，流民之止官亭，所以有烦特诏欤？事非众人之所需，而特以虚文应故事，其不能持久而日即于陵夷，夫固无足怪矣。

汉宣帝元康二年，诏曰：“吏务平法。或擅兴徭役，饰厨传，称过使客，越职逾法，以取名誉，譬犹践薄冰以待白日，岂不殆哉？”则知馆驿之病民，由来旧矣。《后汉书·陈宠传》：“安帝数遣黄门常侍及中使伯荣往来甘陵。宠子忠上疏言：‘长吏发人修道，缮理亭传，多设储跱，征役无度，老弱相随，动有万计，’”则其厉民尤甚矣。《三国志·杜畿传注》引《魏略》，言孟康出为弘农，时出案行，皆豫敕督邮、平水，不得令属官遣人探候，修设曲敬。又不欲烦损吏民，尝豫敕吏卒，行各持镰，所在自刈马草。不止亭传，露宿树下。又所从常不过十余人。郡带道路，其诸过宾客，自非公法，无所出给。若知旧造之，自出于家。能如是者，有几人哉？

《续汉书·百官志注》引永元十年大匠应顺上言：“郡计吏观国之光，而舍逆旅，崎岖私馆。”《后汉书·张霸传》：“子楷，门徒常百人，宾客慕之，自父党宿儒，皆造门焉。车马填街，徒从无所止。黄门及贵戚之家，皆起舍巷次，以候过客往来之利。”《杨震传》：“侯览弟参为益州刺史，累有臧罪，暴虐一州。震子秉劾奏参，槛车征诣廷尉。参皇恐，道自杀。”《注》引谢承书曰：“京兆尹袁逢，于长安客舍中得参重车三百余乘，金银珍玩不可胜纪。”《后汉书·宦者传》与此略同。《独行传》：“陆续诣洛阳诏狱就考。续母远至京师，作馈食，付门卒进之。续对食悲泣，不能自胜。使者怪而问其故。续曰：‘母来不得相见，故泣耳。’问何以知母所作乎？续曰：‘母截肉未尝不方，断葱以寸为度，是以知之。’使者问诸谒舍，续母果来。”皆当时京师逆旅众多之证。《续汉书·五行志》言：“灵帝数游戏西园中，令后宫采女为客舍主人，身为商贾服。行至舍，采女下酒食，因共饮食，以为戏乐。”亦习俗之移人也。《后汉书·黄宪传》：“荀淑至慎阳，遇宪于逆旅，时年十四，竦然异之。”《党锢传》：“夏馥剪须变形，入林虑山中，为冶家佣，亲突烟炭，形貌毁瘁。后馥弟静，乘车马，载缣帛，追之于涅阳市中。遇馥不识，闻其声，乃觉而拜之。馥避不与语。静追随至客舍共宿。”此又僻左之处亦有逆旅之证也。逆旅之盛如此，晋初之人，犹欲废之而设官橹，见《晋书·潘岳传》。岂可得哉？

风气淳朴之世，无逆旅之地，行人往往就人家借宿。此等风气，近世犹有之，古代更不必论矣。《后汉书·儒林传》："周防父扬，少孤微，常修逆旅以共过客，而不受其报。"犹此风气之遗也。《三国志·王修传》："年二十，游学南阳，止张奉舍。奉举家得疾病，无相视者，修亲隐恤之，病愈乃去。"此亦就人家止宿者，虽不必其不报，然其人当亦非以舍客为业者也。自逆旅盛而此等风气日微矣。

乡亭为行旅所依止，亦氓庶所聚集，故凡欲示众之事，皆于是乎著之。王景守庐江，训民蚕织，为作法制，着于乡亭。王涣为洛阳令，病卒，民思其德，为立祠安阳亭，皆见《后汉书·循吏传》。以此也。窦武死，宦者枭其首于洛阳都亭，亦以此。

内地逆旅盛而亭传微；边徼之地，则犹不如是。盖其地人民寡少，行旅亦希，道出其间者，非亭传无所依止，则非善治亭传，不能保其交通之不绝也。《汉书·武帝本纪》："元光五年，发巴、蜀治南夷道。"《史记·汉兴以来将相名臣年表》："元光六年，南夷始置邮亭。"可见邮亭与道路相依之切。赵充国策西羌曰："计度临羌东至浩亹，其间邮亭多坏败者，欲以闲时下所伐材，加以缮治。"永光羌乱，诏书言其燔烧置亭；见《汉书·冯奉世传》。和帝永元四年，溇中、沣中蛮之叛，《后汉书·南蛮传》亦言其燔烧邮亭；可见亭传所系之重。《三国志·陈群传》："青龙中，群上疏曰：'昔刘备自成都至白水，多作传舍，兴费人役，太祖知其疲民也。今中国劳力，亦吴、蜀之所愿，此安危之机也。'"案《先主传》："建安二十四年，先主自汉中还治成都，拔魏延为都督，镇汉中。"《注》引《典略》曰："备于是起馆舍，筑亭障，从成都至白水关四百余区。"群之所言，即是事也。先主岂不知其疲民？盖有所不得已也。《张嶷传》："汉嘉郡有旧道，经旄牛中至成都，既平且近。自旄牛绝道，已百余年，更由安上，既险且远。嶷开通旧道，千里肃清，复古亭驿。"可见控驭边方，必以亭驿为首务矣。

《汉书·高帝纪注》引应劭曰："旧时亭有两卒：一为亭父，掌开闭扫除；一为求盗，掌逐捕盗贼。"《史记集解》引同。而《续·志注》引《风俗通》曰："亭吏旧名负弩，后为长，或谓亭父。"《史记索隐》引应劭亦曰："旧亭卒名弩父，陈、楚谓之亭父，或云亭部，淮南谓之求盗也。"二说乖违，未知孰是，要之其初必重御暴，则可知也。汉世亦间有能举其职者。《后汉书·酷吏周纡传》："皇后弟黄门郎窦笃从宫中归，夜至止奸亭，亭长霍延遮止笃。笃苍头与争，延遂拔剑拟笃，而肆詈恣口。”不畏强御，足与止李广之霸陵尉并传矣。

（三〇四）除关

《史记·魏其武安侯列传》：“魏其、武安俱好儒术，推毂赵绾为御史大夫，王臧为郎中令。迎鲁申公，欲设明堂，令列侯就国，除关。”《索隐》曰：“谓除关门之税也。”

案《索隐》之言非也。汉世关门，不闻有税，惟以稽察出入耳。《汉书·武帝纪》：太初四年，使弘农都尉治武关，税出入者，以给关吏卒食。自此以前，未闻有税出入者之事也。

文帝十二年，除关毋用传。至景帝四年乃复置诸关，用传出入。文帝之举，当时颂为仁政。晁错对策，美其通关去塞。路温舒亦称其通关梁，一远近。魏其、武安之举盖亦欲如是。孟子称关讥而不征，而汉人乃以不讥为仁政。一统之规模固非分立时所能想见也。

（三〇五）桥梁边版

《汉书·文帝纪》：二年五月，“诏曰：古之治天下，朝有进善之旌，诽谤之木。”服虔曰：“尧作之桥梁交午柱头也。”应劭曰：“桥梁边版，所以书政治之愆失也，至秦去之，今乃复施也。”师古曰：“应说是也。”师古盖目击其制，故以应说为是。此盖所以为障，防堕落，交午柱头，意亦如此，本非所以书政治愆失也，后乃因而书之耳。

（三〇六）飞行术

飞行，人之所愿也。虽不能遂，然不能禁人不试之。《汉书·王莽传》：莽募有奇技术可攻匈奴者，“或言能飞，一日千里，可窥匈奴。莽辄试之。取大鸟翮为两翼，头与身皆着毛，通引环纽，飞数百步堕。”大鸟翮非仓卒可得，能飞数百步堕，亦不易。可见其人必习之有素。

《隋书·刑法志》：北齐文宣帝“尝幸金凤台，受佛戒，多召死囚，编蘧篨为翅，命之飞下，谓之放生，坠皆致死，帝视以为欢笑。”文宣虽残虐，当时亦必有获免者，故以放生为名，而于受佛戒时行之。《北史》云：元世哲从弟黄头，文宣使与诸囚自金凤台各乘纸鸱以飞，独能飞至紫陌，仍付御史狱，乃饿杀之。即飞行者不死之证。

自金凤台至紫陌，盖不翅数百步矣，足见人非必不可飞，此其所以有试为之者欤。“一日千里”，盖传者夸侈之辞，其人自诡，或亦曰数百千步耳。此原不能如今日之空军，掷炸弹以击敌，然当时亦无今之高射炮等，能攻空中之人，以此窥敌，固有余矣。知一日千里之为语增，则其人初非诞谩也。

（三〇七）汉人多从母姓

《廿二史札记》言“汉皇子未封者，多以母姓为称”，举卫太子、史皇孙为例。实则其以母姓为称，与其封不封无涉。馆陶公主以为窦太后女，号窦太主。见《汉书·东方朔传》。岂其身无封号邪？元帝称许太子，见《外戚·孝宣王皇后传》。淮南太子亦称蓼太子，见《伍被传》。盖时俗语言如此。景帝子王者十三人，其母五人，《史记》谓之《五宗世家》。《索隐》说，《后汉书·窦融传注》同。此犹黄帝二十五子，得姓者十四人，显系子从母姓余习。《汉书·外戚侯表》，有扶柳侯吕平，以皇太后姊长姁子侯。师古曰：“平既吕氏所生，不当姓吕。盖史家惟记母族。”《史表》作吕平，吕盖误字。赵氏所举，有滕公曾孙颇，尚平阳公主，主随外家姓，号孙公主。故滕公子孙，更为孙氏。此非从母姓，乃改氏以示其为皇室之所自出耳，氏固可随意改易也。

献帝，灵帝母自养之，号曰董侯。此以祖母姓为姓也。然少帝养于史道人家，号曰史侯。则献帝亦非以祖母姓为姓，而以所养之家之姓为号尔。汉人视姓无甚不可改易，以姓所以本其所自生，是时已无可知，氏则本可随意自立也。必欲求其姓者，则有如京房推律定姓之法，转非依父祖以来之称号所可得也。

《景十三王传》言：胶东康王寄，于上最亲。师古曰：“寄母王夫人，即王皇后之妹，于上为从母，故寄于诸兄弟之中又更亲也。此下有常山王云天子为最亲，其义亦同。”《五宗世家》之名，已足显母弟亲于异母，此更推广之而及于从母。知礼家虽以父母何算讥野人，而言情亦卒莫能外矣，此尚文之所以不如反质也。

《三国·蜀志·简雍传注》：或曰："雍本姓耿，幽州人语谓耿为简，遂随音变之。"《吴志·是仪传》："本姓氏，初为县吏，后仕郡，郡相孔融嘲仪，言氏字民无上，可改为是，乃遂改焉。"是姓亦可随音易字。以其本非姓，无关系也。徐众议之。见《是仪传注》。《魏志·管宁传注》引《傅子》，言宁以衰乱之时多妄变氏族者，著《氏姓论》以原本世系。其说未知如何，度亦不过如《潜夫志》之所论耳。

（三〇八）汉世昏姻多出自愿

《左氏》昭公元年："郑徐吾犯之妹美，公孙楚聘之矣，公孙黑又使强委禽焉。犯请于二子，请使女择焉。"此固一时免患之计，然亦可见古昏姻固许男女自择。《公羊》之非鄫季姬，乃谓其不待父母之命，媒妁之言，而径使鄫子来请己，有背男不亲求女不亲许之义耳，僖十四年。非谓嫁娶可全由父母主之也。汉世犹知此义。《后汉书·宋弘传》："帝光武姊湖阳公主新寡，帝与共论朝臣，微观其意。主曰：宋公威容德器，群臣莫及。帝曰：方且图之。后弘被引见，帝令主坐屏风后，因谓弘曰：谚言贵易交，富易妻，人情乎？弘曰：臣闻贫贱之知不可忘，糟糠之妻不下堂。帝顾谓主曰：事不谐矣。"是虽以帝王之尊，至于昏姻，亦曲从本人之意也。《三国·魏志·陈思王传注》引《魏略》言：太祖欲以爱女妻丁仪，以问五官将。五官将曰：女人观貌，而正礼目不便，诚恐爱女未必悦也。以为不如与伏波子楙。太祖从之。此虽未尝问诸本人，然亦可谓曲体本人之意矣。

（三〇九）汉时嫁娶之年

古之欲蕃育其民者，大抵冀嫁娶之早。汉惠帝六年令：女子年十五以上至三十不嫁，五算《汉书》本纪。是也。王吉言世俗嫁娶太早，未知为人父母之道而有子，是以教化不明，而民多夭，《汉书·王吉传》。其言固是一理。然知为父母之道与否，由于教化之废兴；民之夭寿，系乎生计之舒蹙，不尽由于嫁娶之迟早也。汉时嫁娶之年可考者：班昭十四而适曹氏，见其所作《女诫》；

陆绩女郁生，十三而适张白，见《三国・吴志・绩传注》；皆较惠帝之令为早。盖时俗固尚早婚，惟贫人不及者，乃有待于法令之迫促耳。然则欲蕃育人民，而徒立法以迫之，亦非计之善者也。

刘攽曰："予谓女子五算，亦不顿谪之，自十五至三十为五等，每等加一算也。"此说颇近凭臆。攽盖疑自十五至三十，罪谪之不当相同耳。予谓自十五至三十，为生育之年，故不嫁者罪谪之。三十以上，生育之力稍减，故不嫁者又不罪也。

（三一〇）汉时男女交际之废

《记》曰："阳侯杀缪侯而窃其夫人，故大飨废夫人之礼。"然则男女交际，古本自由，至后世乃稍因争色而致废坠也。汉高祖十二年，还过沛，置酒沛宫，沛父老诸母故人日乐饮极欢，道旧故为笑乐。光武建武十七年，幸章陵，修园庙，祠旧宅，观田庐，置酒作乐，赏赐。时宗室诸母因酣悦，相与语曰："文叔少时谨信，与人不款曲，唯直柔耳，今乃能如此！"安帝延光三年，祀孔子及七十二弟子于阙里，自鲁相、令、丞、尉及孔氏亲属、妇女、诸生悉会。此古大聚会时男女皆与之证。《三国・魏志・王粲传注》引《典略》，言太子尝请诸文学，酒酣坐欢，命夫人甄氏出拜；又引《吴质别传》，言帝尝召质及曹休欢会，命郭后出见质等，帝曰："卿仰谛视之。"其至亲如此。《卫臻传》言夏侯惇为陈留太守，举臻计吏，命妇出宴；《吴志・孙策传注》引《吴录》：策母谓策：王晟与汝父，有升堂见妻之分。然则司马德操造庞德公，径入其室，呼其妻子作黍，《蜀志・庞统传注》引《襄阳记》。亦不足怪矣。《蜀志・刘琰传》："琰妻胡氏入贺太后，太后特令留胡氏，经月乃出。胡氏有美色，琰疑其与后主有私，呼卒五百挞胡，至于以履搏面，而后弃遣。胡具以告言琰，琰坐下狱。有司议曰：卒非挝妻之人，面非受履之地。琰竟弃市。自是大臣妻母朝庆遂绝。"此亦阳侯杀缪侯而窃其夫人之类也。

（三一一）妻死不娶

《汉书・王吉传》：子骏，妻死不复娶，或问之，骏曰："德非曾参，子非华元，亦何敢娶？”《三国·吴志·孙权传》黄武四年《注》引《吴书》言：陈化妻早亡，以古事为鉴，乃不复娶。权闻而贵之，以其年壮，敕宗正妻以宗室女，化固辞以疾。似乎惩羹而吹齑矣。然世固有后妻疾前妻之子而杀之如庞参者，见《后汉书》本传。则王骏、陈化之所为，亦有所不得已邪？孔子曰人之性，本不独亲其亲，不独子其子也。而必使之各亲其亲，各子其子焉，亲于此，则不亲于彼矣；子于此，则不子于彼矣。相生也，而相杀之机伏焉矣，安得不戈矛起于骨肉之间，肝脑涂于萧墙之内邪？《诸葛瑾传注》引《吴书》，言瑾妻死不改娶，有所爱妾，生子不举。盖亦虑变起庭闱。然生子不举，则是先犯杀人之罪矣。拘儒以为所谓家庭者，是以为人相生养之地也，而不知人之死于其中者不知凡几也。“人皆曰予知，驱而纳诸罟擭陷阱之中而莫之知辟也”，《礼记·中庸》。哀哉！

（三一二）出妻改嫁上

汉人于出妻及改嫁，视之初不甚重。然屡易妻亦究非美事。故光武帝降赤眉，称其酋帅有三善：攻破城邑，周遍天下，本故妻妇，无所改易，其一。《后汉书·刘盆子传》。而冯衍亦自伤有去两妇之名也。本传《注》引衍与宣孟书。光武欲以湖阳公主妻宋弘，谓曰：“谚言贵易交，富易妻，人情乎？”弘曰：“臣闻贫贱之知不可忘，糟糠之妻不下堂。”《后汉书·宋弘传》。此或以汉世尚主非易，为此托辞。参看《汉尚主之法》条。然其言，则固先贫贱后富贵不去之义矣。鲍永事后母至孝，妻尝于母前叱狗，即去之。李充家贫，兄弟六人，同食递衣。妻窃谓充曰：“今贫居如此，难以久安，妾有私财，愿思分异。”充伪酬之曰：“如欲别居，当酝酒具会，请呼乡里内外，共议其事。”妇从充，置酒燕客，充于坐中前跪白母曰此妇无状，而教充离间母兄，罪合遣斥。”便呵叱其妇，逐令出门，妇衔涕而去。《后汉书·李充传》。皆矫激以立名，非人情之正也。子曰：“听讼吾犹人也，必也使无讼乎！无情者不得尽其辞，大畏民志，此谓知本。”《礼记·大学》。苟使听讼者而皆能大畏民志如充者，固在所必诛，而如永者亦清议所必斥矣。

《后汉书·应奉传注》引《汝南记》曰：“华仲妻奉曾祖父顺，字华仲。本是汝南邓元义前妻也。元义父伯考为尚书仆射，元义还乡里，妻留事姑，甚谨，姑憎之，幽闭空室，节其食饮，羸露日困，妻终无怨言。后伯考怪而问之，时义子朗年数岁，言母不病，但苦饥耳。伯考流涕曰：何意亲姑，反为此祸？因遣归家。更嫁为华仲妻。仲为将作大匠，妻乘朝车出，元义于路旁观之，谓人曰：此我故妇，非有他过，家夫人遇之实酷，本自相贵。其子朗时为郎，母与书皆不答，与衣裳辄烧之。母不以介意，意欲见之，乃至亲家李氏堂上，令人以他词请朗。朗至，见母，再拜涕泣，因起出。母追谓之曰：我几死，自为汝家所弃，我何罪过，乃如此邪？因此遂绝也。”朗之不答其母，盖不欲彰其王母之过。犹《春秋》不以父命辞王父命之义。然《春秋》之义，乃为有国家者，统绪不可以二，统二则事权不一，而祸将延于下民尔，非以人情论也。以人情论，母固亲于王母，虽以此绝其王母可矣。元义怜其故妇，而白其母之过于路人，若违内大恶讳之义者。然是非者天下之公。孟子曰：“名之曰幽厉，虽孝子慈孙，百世不能改也。”《离娄》上。夫欲改之者，孝子慈孙之心；不能改者，天下之公义也。元义之母既尽人知之矣，虽欲讳之，又可得乎？抑岂可因为母讳而诬其妻乎？缄口不言，固无不可，然情之至而不能已于言，亦君子之所不诛也，不得绳以为亲隐之义。

《三国·魏志·刘晔传》：“父普，母修，产涣及晔。涣九岁，晔七岁，而母病困。临终，戒涣、晔以普之侍人有谄害之性，身死之后，惧必乱家；汝长大能除之，则吾无恨矣。晔年十三，谓兄涣曰：亡母之言，可以行矣。涣曰：那可尔！晔即入室杀侍者，径出拜墓。”汉人重复仇，云“惧必乱家”，饰辞；此必晔之母有深怒积怨于侍者耳。王母固不可杀，然以晔之所为揆之，邓朗绝其王母，亦无讥焉。

（三一三）出妻改嫁下

汉人不讳改嫁，故虽皇帝后宫，亦恒出之。《汉书·文帝纪》：十二年二月，出孝惠皇帝后宫美人，令得嫁；帝崩，遗诏归夫人以下至少使。景帝崩，亦出宫人归其家，复终身。《成帝纪》：永始四年，出杜陵诸未尝御者归家。《哀帝纪》：绥和二年，掖庭宫人年三十以下出嫁之。平帝之崩也，诏曰：“皇帝仁惠，无不顾哀，每疾一发，气辄上逆，害于言语，故不及有遗诏。其出媵妾皆归家得嫁，如孝文时故事。”《汉书·平帝纪》。景帝称文帝之德曰：“除宫刑，出美人，重绝人之世也。”《汉书·景帝纪》。晁错对策，亦以后宫出嫁为美谈，诚厌于人心也。秦始皇之死也，二世曰：“先帝后宫非有子者，出焉不宜，皆令从死。”《史记·秦始皇本纪》。此秦人之暴政，何足法，而霍光厚葬武帝，且皆以后宫女置于园陵，见《贡禹传》。所谓不学无术，宦官宫妾之孝也。

魏文帝之为人不足取，然能自为终制，革汉人厚葬之习则贤。疾笃，即遣后宫淑媛、昭仪已下归其家，尤汉帝之所不及矣。有学问者，毕竟不徒然也。

张敞条奏昌邑王曰：“臣敞前书言昌邑哀王歌舞者张修等十人无子，又非姬，但良人，无官名，王薨当罢归；太傅豹等擅留，以为哀王园中人，所不当得为，请罢归。故王闻之曰：中人守园，疾者当勿治，相杀伤者当勿法，欲令亟死，太守奈何而欲罢之？”《汉书·武五子传》。不知诚贺言邪？抑敞故诬之而实欲保全之也？使其诚然，则其心乃侔于秦二世，其见废也宜矣。而霍光之所为，亦昌邑太傅之所为也。文、景再世之仁政，而光一举坏之，不学无术者之不可以为国如此。

汉人不讳改嫁，故亦不讳取再嫁之女。谷永劝成帝益纳宜子妇人，毋避尝字，是也。《汉书·谷永传》。王章攻王凤，引羌胡杀首子为言，见《元后传》。乃欲文致凤罪耳，非当时之通义也。魏文帝甄皇后，本袁绍中子熙妻；孙权徐夫人，初适同郡陆尚，皆其证。后汉桓帝邓皇后，母宣，初适邓香，生后，改嫁梁纪，后随母居，亦冒姓梁氏，则再醮妇之女也。

《吴志》孙壹降魏，魏以故主芳贵人邢氏妻之，此后宫之改适者也。弘农王之见杀也，谓妻唐姬曰：“卿王者妃，势不复为吏民妻，自爱。”则谓尊卑之不敌耳，非谓不可改嫁。故其归乡里，其父犹欲嫁之，姬誓不许。及李傕破长安，遣兵钞关东，略得姬，傕欲妻之，固不听，亦以傕之不足偶也。抑古之贞妇，不于寻常之时而每于存亡之际，此固意气感激，亦以存亡所系，平时固无所用之也。曹爽从弟文叔早死，妻夏侯文宁女，名令女，居止常依爽。及爽被诛，曹氏尽死。令女叔父上书与曹氏绝婚，强迎令女归。文宁使讽之，令女以刀断鼻，血流满床席。或谓之曰：“人生世间，如轻尘栖弱草耳，何至辛苦乃尔！且夫家夷灭已尽，守此欲谁为哉？”令女曰：“闻仁者不以盛衰改节，义者不以存亡易心，曹氏前盛之时，尚欲保终，况今衰亡，何忍弃之！”《爽传注》引皇甫谧《列女传》。彼其视衰亡时之不可弃背，尤甚于盛时也。语曰：“疾风知劲草，世乱识忠臣。”草木无知，不能以疾风而自奋。人则不然，愈危亡，愈激厉于忠义。此忠臣义士之所以史不绝书，而伦纪之所以维持于不敝也。古今中外，忠臣孝子，义夫节妇，其所守者不同，其为不肯相背负则一也。唐姬之誓死，其亦以此乎？陆绩女郁生，适同郡张白，侍庙三月，妇礼未卒，白遭罹家祸，迁死异郡，郁生抗声昭节，义形于色，冠盖交横，誓而不许。见《吴志·陆绩传注》引《姚信集》信表文。

汉季婚配，颇重门第。魏氏三世立贱，栈潜抗疏以谏，孙盛著为讥评，无论矣。文德郭皇后外亲刘斐与他国为婚，后闻之，敕曰："诸亲戚嫁娶，自当与乡里门户匹敌者，不得因势，强与他方人婚也。"《三国·魏志·后妃传》。盖乡里难得高门，外方差易，故刘斐于是求之耳，而后犹以为戒，则知昏嫁视门户甚重。弘农王属付唐姬，盖亦以此也。

《蜀志·后主张皇后传注》引《汉晋春秋》曰："魏以蜀宫人赐诸将之无妻者，李昭仪曰：我不能二三屈辱。乃自杀。"此盖以国亡感慨，然亦以录赐等于强配，非其所愿故也。古者昏嫁，本由官主，故《周官》有媒氏之官，《管子》有合独之政。见《入国》篇。降逮汉世，遗意犹存。淮南异国中民家有女者，以待游士而妻之，见《汉书·地理志》。此即《吴越春秋》谓句践以寡妇淫佚过犯，皆输山上，士有忧思者，令游山上，以喜其意，实仍官为婚配之制耳。合男女之法，秦汉而后，平时已不复存，然至变动时犹行之。《汉书·王莽传》：民犯铸钱，伍人相坐，没入为官奴婢，传诣钟官，以十万数；到者易其夫妇，愁苦死者什六七。地皇二年。所谓易其夫妇者，非谓其夫妇本相保而故易之，亦其既已离散，而更为之择配耳。三国之世，录夺妇女以配战士之事乃极多。《魏志·明帝纪》青龙三年《注》引《魏略》，言是时录夺士女前已嫁为吏民妻者，还以配士，既听以生口自赎，又简选其有姿色者内之掖庭。太子舍人张茂上书谏，言："诏书听得以生口年纪、颜色与妻相当者自代，故富者则倾家尽产，贫者举假贷贳，贵买生口以赎其妻；县官以配士为名而实内之掖庭，其丑恶者乃出与士。得妇者未必有权心，而失妻者必有忧色。"其弊至于如此。然《杜畿传》言畿在河东十六年，文帝即王位，征为尚书，《注》引《魏略》言："初畿在郡，被书录寡妇。是时他郡或有已自相配嫁，依书皆录夺，啼哭道路。畿但取寡者，故所送少；及赵俨代畿而所送多。文帝问畿，畿对曰：臣前所录皆亡者妻，今俨送生人妇也。帝及左右顾而失色。"则明帝所行虽弊，而其事实不始于明帝。《文德郭皇后传》言："后姊子孟武还乡里，求小妻，后止之。遂敕诸家曰：今世妇女少，当配将士，不得因缘取以为妾也。宜各自慎，毋为罚首。”《吴志·孙皓传》元兴元年《注》引《江表传》言：“皓初立，发优诏，恤士民，开仓廪，振贫乏，科出宫女以配无妻，禽兽扰于苑者皆放之。当时翕然称为明主。”《陆凯传》言：凯上疏曰：“伏闻织络及诸徒坐，乃有千数，愿陛下料出赋嫁，给与无妻者。”又疏言：“先帝爱民过于婴孩，民无妻者以妾妻之。”而韩综谋叛，且尽以亲戚姑姊嫁将吏，所幸婢妾赐亲近，以市恩。《韩当传注》引《吴书》。则录士女以配将士，实为当时通行之政。其行之虽弊，固犹自古者合独之政来也。然其行之则不能无弊矣。《张温传注》引《文士传》言：“温姊妹三人皆有节行，为温事，已嫁者皆见录夺。其仲妹先适顾承，官以许嫁丁氏，成婚有日，遂饮药而死。”盖婚姻必出自愿，官为许嫁，不能合于本人之意审矣。李昭仪之自杀，或亦以此欤？《后汉书·独行刘翊传》云：“黄巾贼起，郡县饥荒，翊救给乏绝，死亡则为具殡葬，嫠独则助营妻娶。”可见古人虽当乱离之世，未尝不行合独之政。特不当由官一切行之，不顾本人之愿不耳。《魏志·钟繇传》：子毓，曹爽既诛，“入为侍史中丞、侍中廷尉。听君父已没，臣子得为理谤，及士为侯，其妻不复配嫁，毓所创也。”配嫁固非仁政，为侯则其妻可免，亦以尊卑之不敌也。殿本《考证》云：“《太平御览》作不复改嫁。此后人不知古事而妄改之。天子媵妾犹可嫁，况侯之妻邪？邓香为名族，其妻不讳改嫁。孙权步夫人生二女，长曰鲁班，字大虎，前配周瑜子循，后配全琮。少曰鲁育，字小虎，前配朱据，后配刘纂。二女在当时为帝女，亦不讳改嫁，下此者更不可胜数。如李密祖父为朱提太守，父早亡。母何氏亦更适人。见《蜀志·杨戏传注》引《华阳国志》。

贞妇二字，昉见《礼记·丧服四制》，盖汉人语也。其见于法令者，《汉书·宣帝纪》神爵四年，赐颍川贞妇顺女帛。《平帝纪》元始元年，复贞妇乡一人。

《史记·张耳陈余列传》：“张耳尝亡命游外黄，外黄富人女甚美，嫁庸奴，亡其夫，去抵父客。《汉书》作“庸奴其夫，亡邸父客”。父客素知张耳，乃谓女曰：必欲求贤夫，从张耳。女听，乃卒为请决，嫁之张耳。”是则欲离婚者，亦必须有居间之人。

汉世宫人出嫁，略无限制，惟不得适诸国。见《后汉书·孝明八王传》。

《后汉书·方术传》：谢夷吾举孝廉，为寿张令。《注》引《谢承书》曰：“县人女子张雨，早丧父母，年五十，不肯嫁，留养孤弟二人，教其学问，各得通经。雨皆为聘娶，皆成善士。夷吾荐于州府，使各选举，表复雨门户。”张雨之所以不嫁，亦以遭家不造也。

合男女之政，汉世虽不行，然儒者仍知其义，扬雄《校猎赋》“侪男女使莫违”，《长杨赋》“婚姻以时，男女莫违”，是也。

（三一四）汉世妾称

妻之外，女子共居处者，古称妾媵，后世则但称妾；以古有媵，后世则无之也。然妾谓女子执事之得接于君者，则必有执事之女子然后称，否则其不合，亦与媵等矣。故汉人称妻以外共居处之女子，名目颇多，无曰妾者。

《史记·齐悼惠王世家》：“高祖长庶男也。其母外妇也，曰曹氏。”外妇，谓不处家中也。然不称外妇者非必皆处家庭之中，如《汉书·枚乘传》言：“乘在梁时，娶皋母为小妻。乘之东归也，皋母不肯随乘。”明其亦不处家中也。小妻之称，汉时最为通行。《孔光传》言：淳于长坐大逆诛，长小妻乃始等六人皆以长事未发觉时弃去，或更嫁；《后汉书·赵孝王良传》：玄孙乾，赵相奏其居父丧，私娉小妻；《窦融传》：女弟为大司空王邑小妻；《梁节王畅传》：畅上疏谢，言臣畅小妻三十七人，其无子者愿还本家，是也。亦曰傍妻。《汉书·元后传》言其父禁多取傍妻，是也。亦曰下妻。《王莽传》：始建国二年十一月，立国将军建奏“今月癸酉，不知何一男子遮臣建车前，自称汉氏刘子舆，成帝下妻子也”；《后汉书·光武帝纪》：建武七年五月，“诏吏人遭饥乱及为青徐贼所略为奴婢下妻，欲去留者，恣听之，敢拘制不还，以卖人法从事”；十三年十二月，“诏益州民自八年以来被略为奴婢者，皆一切免为庶民；或依托为人下妻，欲去者，恣听之；敢拘留者，比青徐二州以略人法从事”，是也。《方术传》：樊英，“颍川陈寔少从英学，尝有疾，妻遣婢拜问，英下床答拜。寔怪而问之，英曰：妻，齐也，共奉祭祀，礼无不答。”则妻之称实不可妄用。然字之义多端，妻固有齐义，亦有共居处之义，汉人于妻，盖专取其后一义尔。《礼记》“聘则为妻，奔则为妾”，然《后汉书·赵孝王传》，于其取小妻亦称聘，此聘字亦仅为娶义尔。

《后汉书·明帝纪》：中元二年四月，诏：“边人遭乱为内郡人妻，在（中元元年四月）已卯赦前，一切遣还边，恣其所乐。”此与建武七年及十三年之诏同，不曰下妻而径曰妻，盖所依托之人，亦有本无妻者；或闾阎之间，妻妾之位，不能尽依礼法分别也。《酷吏传》：黄昌，“迁蜀郡太守。初昌为州书佐，其妇归宁，遇贼被获，遂流转入蜀为人妻；其子犯事，乃诣昌自讼。昌疑母不类蜀人，因问所由，对曰：妾本会稽余姚戴次公女，州书佐黄昌妻也。妾尝归家，为贼所略，遂至于此。昌惊，呼前谓曰：何以识黄昌邪？对曰：昌左足心有黑子，尝自言当为二千石。昌乃出足示之，因相持悲泣，还为夫妇。”更嫁既生子长大，与故夫不相识，而犹得还者，以其本被略，非所欲，以法律人情论，均不得视同嫁娶也。

许皇后姊为淳于长小妻，窦融女弟亦为王邑小妻，见融本传。则汉人不甚以小妻为讳。

（三一五）取女闭之

《后汉书·周举传》：举对策言：“竖宦之人，虚以形势，威侮良家，取女闭之，至有白首殁无配偶，逆于天心。”《宦者传》言四侯之横，亦云“多取良人美女以为姬妾，皆珍饰华侈，拟则宫人”。盖当时贵戚专横，取女闭之者甚多。取女闭之，原不过以供执事，由之仆役之逾侈，本未必尽为淫欲也。

（三一六）適庶之别

汉人虽不禁娶妾，然適庶之别颇严。《汉书·外戚恩泽侯表》：孔乡侯傅晏，“元寿二年，坐乱妻妾位免，徙合浦”是也。《三国·魏志·钟会传注》引《魏氏春秋》言：“会母见宠于繇，繇为之出其夫人。卞太后以为言，文帝诏繇复之。繇恚愤，将引鸩，弗获，餐椒致噤，帝乃止。”虽幸免于罚，然亦危矣。孙权谢夫人，权母吴，为权聘以为妃，爱幸有宠。后权纳姑孙徐氏，欲令谢下之，而谢不肯。《三国·吴志·妃嫔传》。则虽人主，亦不能得之于其妃匹也。

適子庶子，地位亦颇不同。《后汉书·王符传》言：“安定俗鄙庶孽，而符无外家，为乡人所贱。自和、安之后，世务游宦，当涂者更相荐引，而符独耿介不同于俗，以此遂不得升进。”《公孙瓒传》：“家世二千石，以母贱，为郡小吏。”《三国志·瓒传注》引《典略》载瓒表袁绍罪状，有云：“《春秋》之义，子以母贵。绍母亲为婢使，绍实微贱，不可以为人后，以义不宜，乃据丰隆之重任，忝辱王爵，损辱袁宗。”是正適之与庶孽，进取之途，大有殊异也。以财产论亦然。《汉书·景十三王传》言：常山宪王舜，有不爱姬生长男棁，雅不以为子数，不分与财物。太子代立，又不收恤棁。《卫青传》言：青少时归其父，父使牧羊。民母之子皆奴畜之，不以为兄弟数。则贵族与民间皆然矣。

（三一七）禁以异姓为后

《三国·蜀志·卫继传》：“父为县功曹。继为儿时，与兄弟随父游戏庭寺中，县长蜀郡成都张君无子，数命功曹呼其子省弄，甚怜爱之。张因言宴之间，语功曹欲乞继，功曹即许之，遂养为子。”时法禁以异姓为后，故复为卫氏。案《刘封传》：“封本罗侯寇氏之子，长沙刘氏之甥也。先主至荆州，以未有继嗣，养封为子。”《吴志·朱然传》云：“然，治姊子也，本姓施氏。初治未有子，然年十三，乃启策乞以为嗣。”刘备、朱治，皆一国之君，而不讳乞人为嗣，则当时风俗，于亲生子及养子，实不甚歧视。《魏志·曹爽传注》引皇甫谧《列女传》言：爽诛，其从弟文叔妻夏侯令女，不肯与曹氏绝婚，至于以刀断鼻。司马宣王闻而嘉之，听使乞子字养，为曹氏后。乞子字养必得许可者，以曹氏当诛戮之余也。朱治乞子为后必请于孙策者，亦以其有爵禄也。民间乞子为后与否，本不与公家事，安可得而尽禁邪？父母之恩，不在生而在养。朱然为治行丧竟，乞复本姓，孙权不许。盖以鞠育之恩，不可负也。然然乞复本姓，必犹在行丧之后。《汉书·韩安国传》：“语曰：虽有亲父，安知不为虎？虽有亲兄，安知不为狼？”此所生不必有恩之证。

父母之恩，固不在生而在养，父之于子也亦然。今之人尽有依倚既久，亲其所养，转过于所生者。同居则恩生焉，隔绝则意自睽，人之性则然也。故不独亲其亲，不独子其子，人之性本然也。各亲其亲，各子其子，非人性之本然，社会之组织，实为之也。

汉世非立异姓之议，盖颇盛。故孟达与刘封书，讥其弃父母而为人后非礼。朱然乞复本姓不许，五凤中其子绩卒表还施氏也。又蜀马忠，少养外家，姓狐名笃，后乃复姓改名。王平本养外家何氏，后复姓王。观汉人随母姓者之多，此盖所以救其弊。

灌夫父张孟，为灌婴舍人，得幸，因进之，至二千石，故蒙灌氏姓为灌孟。

张燕，本姓褚，黄巾起，聚合少年为群盗。张牛角亦起与燕合，燕推牛角为帅。牛角且死，令众奉燕，燕因改姓张。此固或凭借其权势，有所利而为之，亦未尝无感恩之念也。

《汉书·宣帝纪》：元康三年，“封（张）贺所子弟子侍中中郎将彭祖为阳都侯”。师古曰：“所子者，言养弟子以为子。”《三国·魏志·后妃传》：“明帝爱女淑襄，取（甄）后亡从孙黄与合葬，追封黄列侯，以夫人郭氏从弟德为之后，承甄氏姓。”此尚不足以言所子，然袭封亦无禁忌。魏明帝始诏诸侯入奉大统，不得尊其所生。见《纪》太和三年。其于宗法甚重，然其所为如此，可见当时俗，于异姓为后，并不禁忌也。《三国·魏志》：文聘薨，子岱先亡，养子休嗣。

《后汉书·皇后纪》：“桓帝邓皇后，和熹皇后从兄子邓香之女也。母宣，初适香，生后，改嫁梁纪。后少孤，随母为居，因冒姓梁氏。梁冀诛，立为后，帝恶梁氏，改姓为薄。永兴四年，有司奏后本郎中邓香之女，不宜改易他姓，乃复为邓氏。”当时虽恶梁氏而欲改之，然初不亟亟于复本姓也，此亦汉人不甚重视本宗之证。

（三一八）探筹

《后汉书·胡广传》：顺帝欲立皇后，而贵人有宠者四人，莫知所建议，欲探筹以神定选。广与尚书郭虔、史敞上疏谏，乃止。探筹立后，后世必以为怪谈，然彼固曰以视神意。古之立君者，年钧以德，德钧则卜。《左氏》昭公二十六年，王子朝告诸侯之辞。楚共王无冢適，有宠子五人，无適立焉。乃大有事于群望，而祈曰：“请神择于五人者，使主社稷。”乃遍以璧见于群望曰：当璧而拜者，神所立也。谁敢违之？《左氏》昭公十三年。此等事后世亦必以为至愚，行之亦不足以服人，然在尔时，固曰听于神，非以为听于物也；神之意，可见于龟也，而何不可见于筹？可见于当璧而拜也，而何不可见于探筹而得？此等处皆汉俗近古使然，不足异也。

（三一九）汉尚主之法

自昔男权昌盛以来，女子之臣伏于男子久矣。然女子苟别有凭藉，则男子亦有反为所制者，历代公主之骄横，即其一端也。汉世尚主之法，王吉、荀爽、荀悦皆非之。吉之言曰："汉家列侯尚公主，诸侯则国人承翁主，使男事女，夫诎于妇，逆阴阳之位，故多女乱。"《汉书·王吉传》。爽之言曰："汉承秦法，设尚主之仪，以妻制夫，以卑临尊，违乾坤之道，失阳唱之义。"悦亦言"以阴乘阳违天，以妇陵夫违人"。《后汉书·荀爽荀悦传》。此固不免拘墟之见，然此特帝王家事，于国计民生所关实小，而诸儒亟以为言者，盖当时之公主，实有骄纵不可制驭者在也。赵瓯北《廿二史札记》，以馆陶公主宠董偃，鄂邑公主通丁外人，讥当时淫逸之甚。卷三。其实此并在寡居之后。若班始尚清河孝王女阴城公主，贵骄淫乱，与嬖人居帷中，而召始入，使伏床下者，方之蔑矣。始以积怒，拔刃杀主。始，班超孙，事见《超传》。又光武女郦邑公主，适新阳侯世子阴丰，亦为所害。后汉一代之中，公主被杀之祸再见，岂偶然哉！光武欲以湖阳公主妻宋弘，弘拒之曰："贫贱之知不可忘，糟糠之妻不下堂。"《后汉书·宋弘传》。其论固正矣，安知非逆知尚主之难，乃为是以拒之邪？杨旋兄乔为尚书，容仪伟丽，数上言政事。桓帝爱其才貌，诏妻以公主，乔固辞，不听，遂闭口不食，七日而死。见《后汉书·杨琁传》。欲尚主而至以死拒，知其中必有大不得已之故矣。

阴丰，《明帝纪》云自杀，永平二年。《后纪》云诛死，《阴识传》亦云被诛。盖被诛而后自杀也。《阴识传》云："父母当坐，皆自杀，国除。帝以舅氏故，不极其刑。"云不极其刑者，班始要斩，同产皆弃市。《顺帝纪》永建五年及《班超传》。丰获自杀，同产不坐，盖即所谓"不极其刑"也。汉赵王友以诸吕女为后，弗爱，爱他姬。诸吕女怒，去，谗之太后。太后召赵王幽之，以饿死。《汉书·高五王传》。夏侯尚有爱妾嬖幸，宠夺適室；適室，曹氏女也，文帝遣人绞杀之。《三国·魏志·夏侯尚传》。与大族为耦者，其生命岌岌乎不可保矣。

公主骄纵，特其□□之咎，王吉、荀爽、荀悦等皆以制度为言者，盖汉承秦法，公主亦立家；尚公主及承翁主者，皆不啻赘婿，故爽、悦并引尧女厘降、帝乙归妹、王姬嫁齐为言也。此女系之世，女权所以必张于男系之世。

（三二〇）王莽妃匹无二

三夫人，九嫔，二十七世妇，八十一御妻，首见《礼记·昏义》；《昏义》者，

《士昏礼》之传，安得忽言天子之礼。《三国·魏志·王朗传》：朗上疏言："《周礼》六宫内官百二十人，而诸经常说，咸以十二为限。"知此为古周礼说，莽造之，以为其和嫔美御之张本者也。《蜀志·董允传》："后主常欲采择以充后宫，允以为古者天子后妃之数不过十二，今嫔嫱已具，不宜增益，终执不听。"知尔时《周礼》之说，犹未盛行。然张竦为陈崇草奏，称莽功德，云妃匹无二，则莽非溺于色者。其立和嫔美御之制，亦徒欲夸盛大而越前人而已。其信方士为淫乐，盖亦非以纵淫，而信其可以致神仙也。大抵溺于旧说，而不察情实，为莽一生受病之根。

又案：言天子娶十二，已非经说之朔。盖汉人以为天子不当与诸侯同而增之；原其朔，则亦一取九女而已。古天子、诸侯，本无大别也。汉儒经说，亦有仍主九女之制者，如杜钦、谷永皆是。

（三二一）北邙

明帝制上陵之礼，鱼豢非之，以为甚违古不墓祭之义。蔡邕虽以为不可省，然其初亦以为古不墓祭，谓为可损也。《后汉书·公孙瓒传》言："瓒举上计吏，太守刘君坐事，槛车征，官法不听吏下亲近，瓒乃改容服，诈称侍卒，身执徒养，御车到洛阳。太守当徙日南，瓒具豚酒于北芒上，祭辞先人，酹觞祝曰：昔为人子，今为人臣，当诣日南；日南多瘴气，恐或不还，便当长辞坟茔。慷慨悲泣，再拜而去，观者莫不叹息。"《三国志》同。瓒辽西令支人，安得有坟墓在北邙？盖时人墓祭者多，瓒乃亦于此祭其先耳；则又甚于墓祭者矣。

汉之有北邙也，犹晋之有九原也。盖所谓择不食之地而葬焉者也。《易》曰："古之葬者，厚衣之以薪，葬之中野，不封不树。"盖古之葬其亲者，如是而已。后世乃葬之于山，一以求高燥，一亦以其为不食之地，难见毁坏。凡以求其永久而已。然《三国·吴志·孙皓传》宝鼎元年《注》引《汉晋春秋》云："初望气者云荆州有王气破扬州而建业宫不利，故皓徙武昌，遣使者发民掘荆州界大臣名家冢与山冈连者以厌之。"则虽葬于山，亦有不得保其棺者矣，可为谋永久者戒也。

《诸葛恪传》曰："建业南有长陵，名曰石子冈，葬者依焉。"此犹洛阳之有北邙也，故至汉世，葬者尚多于山择不食之地。

（三二二）医疗贵人有四难

《后汉书·方术传》郭玉，“和帝时为太医丞，多有效应；帝奇之，仍试令嬖臣美手腕者与女子杂处帷中，使玉各诊一手，问所疾苦。玉曰：左阳右阴，脉有男女，状若异人，臣疑其故。帝叹息称善。”此故不难知也。又曰：“玉仁爱不矜，虽贫贱厮养，必尽其心力，而医疗贵人，时或不愈；帝乃令贵人羸服变处，一缄即差。召玉诘问其状，对曰：医之为言意也，腠理至微，随气用巧，针石之间，豪芒即乖。神存于心手之际，可得解而不可得言也。夫贵者处尊高以临臣，臣怀怖慑以承之，其为疗也，有四难焉：自用意而不任臣，一难也；将身不谨，二难也；骨节不强，不能使药，三难也；好逸恶劳，四难也。针有分寸，时有破漏，重以恐惧之心，加以裁慎之志，臣意且犹不尽，何有于病哉？此其所为不愈也。帝善其对。”此对则不尽实，要之贵人身弱，贫贱者身强，其真原因也。

（三二三）执金吾

执金吾，应劭曰：“吾者，御也。掌执金革，以御非常。”师古曰：“金吾，鸟名也，主辟不祥。天子出行，职主先导，以御非常，故执此鸟之象，因以名官。”案应说是也。《古今注》曰：“金吾，亦棒也；以铜为之，黄金涂两末。御史大夫、司隶校尉亦得执焉。御史、校尉、郡守、都尉、县长之类，皆以木为吾。”盖有金吾，有木吾，金吾或象鸟以为饰，非取义于鸟也。

（三二四）汉初赏军功之厚

《汉书·高帝纪》：六年，“上已封大功臣三十余人，其余争功，未得行封。上居南宫，从复道上见诸将往往耦语，以问张良。良曰：陛下与此属共取天下，今已为天子，而所封皆故人所爱，所诛皆平生仇怨。今军吏计功，以天下为不足用遍封，而恐以过失及诛，故相聚谋反耳。”此事见《史记·留侯世家》，盖所谓留侯语者，不必实。然当时必有此等情势，乃能附会为此言，则仍可考汉初情事也。封赏即厚，何至举天下不足遍，读者不能无惑。案五年诏，军吏卒七大夫以上，皆令食邑，十二年诏曰："其有功者上致之王，次为列侯，下乃食邑。"即此所谓七大夫以上也。则汉初之食邑者多矣，此其所以云计天下不足遍欤?

秦汉之际，封有三等：一、当时之所谓王，汉初封地大者几侔于战国时之七国，此沿自楚汉之际，实亦远袭战国而来；项籍之分封，固颇复七国时之旧规模也。二、当时所谓列侯者，大率以县为国，此如战国时穰侯、文信侯之类。在古为大国之封，在战国时则为□□矣。又次则七大夫食邑之类，所谓封君也。张良难郦食其封六国之后曰："天下游士离亲戚、弃坟墓、去故旧从陛下游者，徒欲日夜望咫尺之地。"《史记·留侯世家》。所望者亦此七大夫食邑之类而已，非敢望列侯之封也。

五年诏又曰："七大夫、公乘以上，皆高爵也。诸侯子及从军归者甚多高爵，吾数诏吏先与田宅，及所当求于吏者亟与。爵或人君，上所尊礼，久立吏前，曾不为决，甚亡谓也。异日秦民爵公大夫以上，令丞与亢礼；今吾于爵非轻也，吏独安取此！且法以有功劳行田宅，今小吏未尝从军者多满，而有功者顾不得，背公立私，守尉长吏教训甚不善，其令诸吏善遇高爵，称吾意。"师古曰："爵高有国邑者，则自君其人，故云或人君也。"《续汉书·百官志》云：列侯"功大者食县，小者食乡亭，得臣其所食吏民"。据此诏观之，则有人君之尊者，正不止于列侯矣。法既以有功劳行田宅矣，而五年五月诏曰："诸侯子在关中者复之十二岁，其归者半之。"《史记》作"其归者复之六岁，食之一岁"。十一年六月，"令士卒从入蜀汉关中者，皆复终身。"十二年诏："入蜀汉定三秦者，皆世世复。"汉初之于从军者，可谓甚厚矣。此等疑皆颇袭秦故，可见秦人厉战之道也，然平民之儋负则因此而加重矣。十二年诏曰："吾于天下贤士功臣，可谓亡负矣。其有不义背天子擅起兵者，与天下共伐诛之。"此可见当时浮动者之众。以沙中者为谋反，虽不必实，然亦可见当时自有此等情势也。

（三二五）汉世犹用铜兵

《日知录》言："古者以铜为兵。战国至秦，攻争纷乱，铜不充用，以铁足之；是故铜兵转少，铁兵转多。渐染迁流，遂成风俗。铁工比肩，铜工稍绝。二汉之世，愈见其微。"其说是矣。然汉世铜之在官者，犹逮较后世为多。贾谊说汉文收铜勿令布。设使铜布民间，亦如后世，此策岂可行，而谊亦安得作是想乎？即此一端观之，而铜在官之多可见矣。张良为铁椎以击秦皇；而淮南王自袖金椎以椎辟阳侯，金椎者，铜椎也；然则民间得铜不易，贵人固多有之。民间之兵，或以铁为之，贵人之兵，则犹多以铜为之也。贾山《至言》言秦为驰道，隐以金椎。此则形容之语，筑道者未必能用铜椎也。故服虔以铁椎释之。

古代兵器，多由官收藏，至战时然后给之，汉世犹有此意，各地多有武库。《汉书·成帝纪》：建始元年，"立故河间王弟上郡库令良为王"。《注》引如淳曰："《汉官》：北边郡库，官之兵器所藏，故置令。"《食货志》言武帝时边兵不足，益以武库工官兵器。所谓边兵，当即藏于此等库中也。田千秋子为洛阳武库令，见《魏相传》。《后汉书·方术·杨由传》：广柔县蛮夷反，郡发库兵击之。则后汉时犹是如此矣。《三国·魏志·徐邈传》：邈为凉州刺史，以渐收敛民间私仗，藏之府库。作乱者多盗库兵。成帝阳朔三年颍川铁官徒申屠圣等，鸿嘉三年广汉男子郑躬等，永始三年山阳铁官徒苏令等，平帝元始三年阳陵任横等作乱，皆盗库兵。见《本纪》。永始三年樊并作乱，亦取库兵。见《天文志》及《五行志》，郑躬事亦见《五行志》。戾太子之叛，出武库兵，燕刺王诈言武帝时受诏领库兵，见《武五子传》。《后汉书·梁统传》：统言陇西北地西河之贼，越州度郡，万里交结，攻取库兵，劫略吏人。《后汉书·羌传》言永初元年宪叛："时羌归附既久，无复器甲，或持竹竿木枝以代戈矛，或负板案以为楯，或执铜镜以象兵。"则揭竿斩木，非贾生过甚之辞。知秦汉之世，民间兵器尚不多，故秦皇欲销天下之兵，公孙弘欲禁民挟弓弩，见《吾丘寿王传》。而王莽亦禁民挟弩铠也。《莽传》始建国二年。然民间亦非遂无军械，吕母散家财买兵弩，亦见《莽傅》。《后汉书·刘盆子传》云：买刀剑。光武起兵时市兵弩。见《后汉书·本纪》。此等民间兵器，当皆以铁为之；在官者或犹兼以铜，燕刺王旦赋敛铜铁作甲兵其证。见《汉书·武五子传》。

汉世外夷，不甚能用铁，观西域之铸铁器及他兵器，由汉亡卒之教可知也。见《西域传》。故律：胡市吏民不得持兵器及铁出关，《汲黯传注》引应劭说。然《后汉书·鲜卑传》蔡邕言"关塞不严，禁网多漏，精金良铁，皆为贼有"，则亦具文而已矣。

《三国·魏志·牵招传》："年十余岁，诣同县乐隐受学。后隐为车骑将军何苗长史，招随卒业。直京都乱，苗、隐见害，招俱与隐门生史路等触蹈锋刃，共殡敛隐尸，送丧还归。道遇寇钞，路等悉皆散走。贼欲斫棺取钉，招垂泪请赦。贼义之，乃释而去。"贼欲斫棺取钉，盖亦欲以为兵也。可见民间铜铁之乏。

内地禁民藏兵器，边垂则又欲令民藏兵器。《后汉书·陆康传》:“除高成令。县在边垂，旧制，令户一人具弓弩以备不虞，不得行来。”是其事。

（三二六）汉武用将

贾生谓匈奴之众，不过汉一大县；中行说、桑弘羊谓匈奴之众，不当汉之一郡。其辞非诬，予既著之《匈奴人口》条矣。王恢之策匈奴也，曰：“臣闻全代之时，北有强胡之敌，内连中国之兵，然尚得养老长幼，种树以时，仓廪常实，匈奴不轻侵也。今以陛下之威，海内为一，天下同任”，是为“万倍之资，遣百分之一以攻匈奴，譬犹以强弩射且溃之痈也”,《汉书·韩安国传》。非虚词也。然武帝用兵匈奴，至于海内疲弊，而匈奴卒不可灭者，其故何也？是则其用人行政，必有不能不负其责者矣。

汉武之大攻匈奴，莫如元狩四年之役。是役也，出塞者官及私马凡十四万匹，入塞不满三万匹，汉自是遂以马少，不复能大出击匈奴矣。果战争之死亡至于如此乎？李陵以步卒五千出塞，及其败也，士尚余三千人，脱至塞者四百余人。而贰师之再攻大宛，出敦煌者六万人，牛十万，马三万匹；军还，入玉门者万余人，马千余匹而已。史称“后行非乏食，战死不甚多，而将吏贪，不爱士卒，侵牟之，以此物故者众”。《汉书·李广利传》。然则元狩四年之役，马亡失之多，可推而知矣。以贰师之事比例之，其士卒之亡失又可知，史莫之传也。史称霍去病“少而侍中，贵，不省士。其从军，天子为遣太官赍数十乘，既还，重车余弃粱肉，而士有饥者。其在塞外，卒乏粮，或不能自振，而骠骑尚穿域蹋鞠。事多此类”。《史记·卫将军骠骑列传》。此士马丧亡之所以多也。李广之将兵也；“乏绝之处，见水，士卒不尽饮，广不近水；士卒不尽食，广不尝食。”《史记·李将军列传》。使如广者将，士卒有丧亡至此者乎？史又言：“诸宿将所将士马兵，不如骠骑；骠骑所将常选，然亦敢深入；常与壮骑先其大军，军亦有天幸，未尝困绝也。”《史记·卫将军骠骑列传》。夫其所以未尝困绝者，以其所将常选，而每出皆为大举，匈奴避其锋不敢婴耳。使亦如李广等居一郡，恐蚤为虏所生得矣。史又云:“天子尝欲教之孙吴兵法，对曰:顾方略何如耳，不至学古兵法。”同上。此其所以敢深入，既不如李广之远斥候，亦不如程不识之正部曲行伍营陈也;其不困绝，诚天幸而已。使此等人将，几于弃其师矣，贰师之殁匈奴是也。

太史公曰："予睹李将军悛悛如鄙人，口不能道辞。及死之日，天下知与不知，皆为尽哀。彼其忠实心诚信于士大夫也？谚曰：桃李不言，下自成蹊。此言虽小，可以谕大也。"《史记·李将军列传》。又言："骠骑将军为人少言不泄。"《史记·卫将军骠骑列传》。夫其少言，非其沉毅，乃其本不能言。其不泄也，非其重厚，乃其本无所知，不知有何事可泄也。此非予之厚诬古人，所谓贵不省士者，固多如此，予见亦多矣。荀子论为将之道曰："可杀而不可使处不完，可杀而不可使击不胜，可杀而不可使欺百姓。"故曰："受命于主而行三军，三军既定，则主不能喜，敌不能怒。"《议兵》。故将非以从令为贵也。而史谓大将军（卫青）"以和柔自媚于上"，此所谓容悦于其君者也。此等人而可使将乎？李广之杀霸陵尉，暴矣；然武夫之暴也。元朔六年，卫青之出定襄也，"苏建尽亡其军，独以身得亡去，自归大将军。大将军问其罪正闳、长史安、议郎周霸等：建当云何？霸曰：自大将军出，未尝斩裨将。今建弃军，可斩以明将军之威。闳、安曰：不然。兵法：小敌之坚，大敌之禽也。今建以数千当单于数万，力战一日余，士尽，不敢有二心，自归；自归而斩之，是示后无反意也。不当斩。大将军曰：青幸得以肺腑待罪行间，不患无威，而霸说我以明威，甚失臣意。且使臣职虽当斩将，以臣之尊宠而不敢自擅专诛于境外，而具归天子，天子自裁之，于是以见为人臣不敢专权，不亦可乎？军吏皆曰：善。遂囚建诣行在所。"《史记·卫将军骠骑列传》。夫青之不杀苏建是也。其所以不杀苏建者，则非也。果如所言，信赏必罚何？且既不敢专擅矣，何以擅徙李广部也？元狩四年之出也，《李将军列传》云："广数自请行，天子以为老，弗许；良久乃许之，以为前将军。既出塞，青捕虏，知单于所居，乃自以精兵走之，而令广并于右将军军，出东道。广自请。大将军青亦阴受上诫，以为李广老，数奇，毋令当单于，恐不得所欲。"故弗之许。夫既以为李广老，数奇，何为以为前将军？则天子以为老弗许之语，不足信也。青时以公孙敖新失侯，欲使与俱当单于耳。《卫将军骠骑列传》云："元狩四年春，上令大将军青、骠骑将军去病将各五万骑，步兵转者踵军数十万，而敢力战深入之士皆属骠骑。骠骑始为出定襄，当单于。捕虏言单于东，乃更令骠骑出代郡，令大将军出定襄。"然则上本不令大将军当单于，而乌得有毋令李广当单于之诫？上本不令青当单于，而青知单于所居，乃徙李广也而自以精兵走之，是违上命而要功也，可无诛乎？而天子不之责。李敢怨青之恨其父，击伤之，骠骑又射杀敢，而上又为之讳，此岂似能将将者邪？

《李将军列传》言陵之降，“李氏名败，而陇西之士居门下者皆用为耻焉”；其《报任安书》亦云“李陵生降，隤其家声”。以李广之含冤负屈，而陵犹愿心为汉武效力。及其败也，汉不哀其无救，而又收族其家，可谓此之谓寇仇矣，而其门下与友人犹以为愧。知汉承封建余习，士之效忠于其君者，无一而非愚忠也。有此士气，岂唯一匈奴可平？虽平十匈奴、大宛，中国之损失犹未至如元狩、太初两役之甚也。而武帝专任椒房之亲以败之。夏侯胜之议武帝也，曰：“虽有攘四夷广土斥境之功，亡德泽于民。”《汉书·夏侯胜传》。恶知夫武帝之失，不在其思拓境土，而别有所在乎？

《诗》曰：“琐琐姻娅，则无膴仕。”《小雅·节南山》。吾尝见民国初年以来，武人之所任者，非其嬖幸，则其乱党，然后叹汉世之任卫青、霍去病、公孙敖、李广利，前后如出一辙；而卫青和柔自媚，则又以姻戚而兼嬖幸者也。《史记·佞幸·李延年传》言：李延年之后，“内宠嬖臣大抵外戚之家，然不足数也。卫青、霍去病亦以外戚贵幸，然颇用材能自进”。则当时之视卫、霍，本以为佞幸之流。夫用法贵于无私。汉武之析狄山，责功效矣。然李陵欲自当一队，则臆其恶属贰师；路博德羞为陵后距，则疑陵教其上书；司马迁盛言李陵之功，则又疑其欲沮贰师，为陵游说；皆所谓逆诈臆不信者也。惟公生明，岂有逆诈臆不信而能先觉者乎？然既有私其姻戚矣，焉能无逆信哉？

李陵虽生降，然其非畏死偷生，而欲得其当以报汉，此人人之所可信者也。然卒不获收其效者，则收族其家，为世大僇，君臣之义已绝矣。子思曰：“毋为戎首，不亦善乎？又何反服之礼之有？”《礼记·檀弓》。李陵之于汉，厚于子胥之于楚矣，此盖民族不同为之，非汉君之能得此于陵也。卒之为匈奴深谋者卫律也，李延年之所荐也，举大军以降匈奴者贰师也，亲李夫人之兄也，姻娅之效何如哉？

《史记·淮南衡山列传》：淮南王谓伍被曰：“山东即有兵，汉必使大将军将而制山东，公以为大将军何如人也？”被曰：“被所善者黄义，从大将军击匈奴，还，告被曰：大将军遇士大夫有礼，于士卒有恩，众皆乐为之用；骑上下山若蜚，材干绝人。被以为材能如此，数将习兵，未易当也。及谒者曹梁使长安来，言大将军号令明，当敌勇敢，常为士卒先。休舍，穿井未通，须士卒尽得水，乃敢饮；军罢，卒尽已渡河，乃渡。皇太后所赐金帛，尽以赐军吏，虽古名将弗过也。”此被自首之词，多引汉美，以求苟免；抑被烈士，未必出此，或汉人改易之，以为信然，则谬矣。《汲郑列传》曰：“淮南王谋反，惮黯，曰：好直谏，守节死义，难惑以非，至如说丞相弘，如发蒙振落耳。”此亦汉人附会之辞。公孙丞相之高节，决非策士所能动也。

《汉书·卫霍传赞》曰：“苏建尝说责大将军至尊重，而天下之贤士大夫无称焉；愿将军观古名将所招选者，勉之哉！青谢曰：自魏其、武安之厚宾客，天子尝切齿。彼亲待士大夫，招贤黜不肖者，人主之柄也。人臣奉法遵职而已，何与招士？骠骑亦方此意，为将如此。”此与伍被言大将军遇士大夫有礼者，适相反矣。

（三二七）塞路

《汉书·高惠高后文功臣表》：河陵顷郭侯亭“以塞路入汉”。师古曰：“塞路者，主遮塞要路，以备敌寇也。”案遮塞要路，必有所据以为守。《武帝纪》太初三年《注》：“师古曰：汉制：每塞要处别筑为城，置人镇守谓之候城，此即障也。”盖即主塞路之将所守。《表》又云：东武贞侯郭蒙“入汉为城将”。师古曰：“城将，将筑城之兵也。”南安严侯宣虎“以重将破臧荼”。师古曰：“重将者，主将领辎重也。”则当时之兵，各有所主，故临时筑城，不以为难也。《表》又云：厌次侯爰类“以慎将元年从起留”。师古曰：“以谨慎为将也。”案此说恐非是。慎将，盖亦别有职守，今不可考矣。

要路必有塞，而塞不必其当要路。《匈奴传》言王恢为马邑之权，匈奴绝和亲，攻当路塞，则塞之当路者也。

（三二八）山泽堡坞

古之为“盗”者，率多保据山泽。贾山言秦“群盗满山”；严安言秦穷山通谷，豪士并起；其见于史者：桓楚亡在泽中；高祖隐芒砀山泽间；彭越常渔巨野泽中为“盗”；黥布论输骊山，率其曹耦亡之江中为“群盗”；陈余不得封王，亦与其麾下数百人之河上泽中渔猎，皆是。汉高帝五年五月诏曰：“民前或相聚保山泽，不书名数。今天下已定，令各归其县，复故爵田宅。”案《后汉书·刘玄传》言："王莽末，南方饥馑，人庶群入野泽，掘凫茈而食之，更相侵夺。新市人王匡、王凤为平理诤讼，遂推为渠帅，众数百人。于是诸亡命马武、王常、成丹等往从之；共攻离乡聚，藏于绿林中。数月间至七八千人。"则其初原不过相聚求食，其后人多势众，乃乘机为"盗"。若聚众不多，或无渠帅，则亦始终为隐民矣。此武陵所以有桃花之源也。然观汉高帝之诏，则其入山泽，不过为暂时之计。此乱世隐居山泽者虽多，而至治平即复出。山泽之地，终不得开辟，盖当时人力犹未足以语于此也。

《汉书·武帝纪》：天汉二年，"泰山、琅邪群盗徐教等阻山攻城，道路不通。遣直指使者暴胜之等衣绣衣杖斧，分部逐捕。刺史郡守以下皆伏诛。"《王尊传》："南山群盗傰宗等数百人为吏民害，拜故弘农太守傅刚为校尉，将迹射士千人逐捕，岁余不能禽。"《萧望之传》："鄠名贼梁子政阻山为害，久不伏辜。"又言："哀帝时，南郡江中多盗贼。"《儒林传》：东门云为荆州刺史，"坐为江贼拜辱命，下狱诛"。则为群"盗"者，犹是以山泽为依阻之所。然至前后汉间，则人民颇有能结营垒自固者：《后汉书·刘盆子传》言赤眉入长安城，"三辅郡县营长遣使贡献，兵士辄剽夺之。又数虏暴吏民百姓保壁，由是皆复固守"。《郭伋传》言："更始新立，三辅连被兵寇，百姓震骇，强宗右姓各拥众保营，莫肯先附。"《樊宏传》言："宏与宗家亲属作营堑自守，老弱归之者千余家。"《冯鲂传》言："王莽末，四方溃畔，鲂乃聚宾客，招豪桀，作营堑，以待所归。"《第五伦传》言："王莽末，盗贼起，宗族闾里争往附之。伦乃依险固，筑营壁，有贼，辄奋厉其众，引强持满以拒之。铜马、赤眉之属前后数十辈，皆不能下。"《酷吏·李章传》言："光武即位，拜阳平令。时赵魏豪右往往屯聚，清河大姓赵纲遂于县界起坞壁，缮甲兵，为在所害。"《儒林传·孙堪》："王莽末，兵革并起，宗族老弱在营保间，堪常力战陷敌，无所回避。数被创刃，宗族赖之，郡中咸服其义勇。"《文苑传》夏恭："王莽末，盗贼纵横，攻没郡县。恭以恩信为众所附，拥兵固守，独安全。"此等结营垒自保之事，前此似罕所见。岂莽末乱势盛，故民之图自保者亦力邪？

《三国·魏志·许褚传》："汉末，聚少年及宗族数千家，共坚壁以御寇。"当时北方"山贼"亦多，然此等保据自固者尚不少也。

至保据山泽为"盗贼"者，莽末亦自非无之。如《后汉书·侯霸传》言："王莽初，迁随宰。县界旷远，滨带江湖，而亡命者多为寇盗。霸到，即案诛豪滑，分捕山贼，县中清静。"《郭伋传》言："颍川盗贼群起，征拜颍川太守。召见辞谒，帝劳之曰：君虽精于追捕，而山道险阨，自斗当一士耳，深宜慎之。伋到郡，招怀山贼，阳夏赵宏、襄城召吴等数百人，皆束手诣伋降，悉遣归附农。”是也。

《史记·田儋列传》：“田横与其徒属五百余人入海，居岛中。高帝闻之，以为田横兄弟本定齐，齐人贤者多附焉；今在海中，不收，后恐为乱；乃使使赦田横罪而召之。”此所谓“为乱”者，盖虑其招引郡县，再图割据，非虑其为“海盗”也。《后汉书·刘盆子传》言：“吕母入海中，招合亡命，还攻破海曲。”此为据海岛为“盗”之始。其后遂稍多。安帝永初中，有“海贼”张伯路等；详见《法雄传》。顺帝阳嘉元年，又有“海贼”曾旌。法雄之讨伯路也，“赦诏到，贼犹以军甲未解，不敢归降。御史中丞王宗召刺史太守共议，皆以为当遂击之。雄曰：贼若乘船浮海，深入远岛，攻之未易也。及有赦令，可且罢兵，以慰诱其心，势必解散，然后图之，可不战而定也。宗善其言。即罢兵，贼闻大喜，乃遗所略人。而东莱郡兵独未解甲，贼复惊恐，遁走辽东，止海岛上。五年春，乏食，复抄东莱间。雄率郡兵击破之。贼逃还辽东，辽东人李久等共斩平之。于是州界清静”。

（三二九）山越

山越为患，起于灵帝建宁中。《后汉书·本纪》：建宁二年九月，丹阳山越贼围太守陈夤，夤击破之。至后汉之末，而其势大盛。孙吴诸将，无不尝有事于山越者。《三国·吴志·孙权传》：黄武五年，置东安郡，以全琮为太守，平讨山越。据琮本传，则前此已尝为奋威校尉，授兵数千人，以讨山越矣。权徐夫人兄矫，以讨平山越，拜偏将军。孙贲，袁术尝表领豫州刺史，转丹阳都尉，行征虏将军，讨平山越。顾雍孙承，为吴郡西部都尉，与诸葛恪等共平山越。黄盖，诸山越不宾，有寇难之县，辄用为守长，又迁丹阳都尉，抑强扶弱，山越怀附。韩当，领乐安长，山越畏服。蒋钦，尝为讨越中郎将。陈武庶子表，嘉禾三年，诸葛恪领丹阳太守，讨平山越，以表领新安都尉，与恪参势。董袭，尝拜威越校尉。凌统父操，守永平长，平治山越。朱治，丹阳故鄣人也，年向老，思恋土风，自表屯故鄣，镇抚山越。吾粲与吕岱讨平山越。均见《吴志》本传。徐陵子平，诸葛恪为丹阳太守，以平威重思虑，可与效力，请平为丞，见《虞翻传注》引《会稽典录》。以上皆明言其为山越者。其不明言为山越，而实与山越同者，则不可胜举。如《周泰传》云：

"策入会稽，署别部司马，授兵。权爱其为人，请以自给。策讨六县山贼，权住宣城，使士自卫，不能千人，意尚忽略，不治围落，而山贼数千人卒至。权始得上马，而贼锋刃已交于左右，或斫中马鞍，众莫能自定。惟泰奋击，投身卫权，胆气倍人，左右由泰并能就战。贼既解散，身被十二创，良久乃苏。"《周鲂传》云："贼帅董嗣负阻劫钞，豫章、临川并受其害。吾粲、唐咨尝以三千兵攻守，连月不能拔。鲂表乞罢兵，得以便宜从事。鲂遣间谍，授以方策，诱狙杀嗣。嗣弟怖惧，诣武昌降于陆逊，乞出平地，自改为善，由是数郡无复忧惕。"《钟离牧传》云："建安、鄱阳、新都三郡山民作乱，出牧为监军使者，讨平之。贼帅黄乱、常俱等出其部伍，以充兵役。"《陆凯传》云：弟胤，"为交州刺史、安南校尉。贼帅百余人，民五万余家，深幽不羁，莫不稽颡，交域清泰。就加安南将军，复讨苍梧建陵贼，破之，前后出兵八千余人，以充军用"。此等虽或言贼，或言民，实与言越者无别。以其皆与越杂处，而越已为其所化也。见后。张温、陆逊、贺齐、诸葛恪，特其尤佼佼者耳。山越所据，亘会稽、吴郡、丹阳、豫章、庐陵、新都、鄱阳，几尽江东西境。《孙权传》："策薨，以事授权。是时惟有会稽、吴郡、丹阳、豫章、庐陵，然深险之地犹未尽从。权乃分部诸将，镇抚山越，讨不从命。"《诸葛恪传》："恪求官丹阳，众议以丹阳地势险阻，与吴郡、会稽、新都、鄱阳四郡邻接，周旋数千里，山谷万重"云云。案江南本皆越地，越皆山居，故其蟠结之区，实尚不止此。特僻远之地，不必其皆为患；即为患亦无关大局，不如此诸郡者处吴腹心之地，故史不甚及之耳。是时南北交争，无不思藉以为用。孙策之逐袁胤也，袁术深怨之，乃阴遣间使，赍印绶与丹阳宗帅陵阳祖郎，使激动山越，图共攻策。见《孙辅传注》引《江表传》。太史慈之遁芜湖也，亡入山中，称丹阳太守。已而进驻泾县，立屯府，大为山越所附。是孙策未定江东时，与之争衡者，莫不引山越为助也。策之将东渡也，周瑜将兵迎之。及入曲阿，走刘繇，策众已数万。乃谓瑜曰："吾以此众取吴会、平山越已足。卿还镇丹阳。"孙权代策，即分部诸将，镇抚山越，讨不从命。是孙氏未定江东时，视山越为劲敌；及其既定江东，仍兢兢以山越为重也。不特此也，孙权访世务于陆逊，逊建议："山寇旧恶，依阻深地。夫腹心未平，难以图远。"而权之遣张温使蜀也，亦曰："若山越都除，便欲大构于丕。"其欲亲征公孙渊也，陆瑁疏谏，谓"使天诛稽于朔野，山虏乘间而起，恐非万安之长虑"。则当江东久定之后，仍隐然若一敌国矣。以上所引，皆见《吴志》各本传。无怪曹公以印绶授丹阳贼帅，使扇动山越，为作内应也。见《陆逊传》。而吴人亦即思藉是以谲敌。《周鲂传》云:“为鄱阳太守,被命密求山中旧族名帅为北敌所闻知者,令谲挑曹休。”鲂虽谓民帅不足仗任，事或漏泄，遣亲人赍笺七条以诱休；然其三曰：“今此郡民，虽外名降首，而故在山草，看伺空隙，欲复为乱，为乱之日，鲂命讫矣。”当时山越之强，可以想见。宜乎张温、陆逊、诸葛恪之徒，咸欲取其众以强兵也。《逊传》云：部伍东三郡，强者为兵，羸者补户，得精卒数万人。《恪传》：自诡三年可得甲士四万，其后岁期人数，皆如本规。《温传》孙权下令罪状温曰：“闻曹丕出自淮、泗，故豫敕温有急便出，而温悉内诸将，布于深山，被命不至。”然骆统表理温曰：“计其送兵，以比许晏，数之多少，温不减之，用之强羸，温不下之，至于迟速，温不后之，故得及秋冬之月，赴有警之期。”则温所出兵，已不为少矣。夫老弱妇女，数必倍蓰于壮丁。逊得精卒数万，恪得甲士四万，则总计人数，当各得二三十万。然《陈武传》言武庶子表，领新安都尉，与恪参势，在官三年，广开降纳，得兵万余人，则此等参佐之徒所得之众，又在主将所得之外。《逊传》言逊建议：“克敌宁乱，非众不济。”主大部伍，取其精锐，而《周瑜传注》引《江表传》，载黄盖欺曹公之辞曰：“用江东六郡山越之人，以当中国百万之众。”则吴之用山越为兵，由来旧矣，可见所谓山越者，不徒其人果劲，即其数亦非寡弱也。

夫越之由来亦旧矣。乃终两汉之世，寂寂无闻，至于汉魏之间，忽为州郡所患苦、割据者所倚恃如此，何哉？曰：此非越之骤盛，乃皆乱世，民依阻山谷，与越相杂耳。其所居者虽越地，其人固多华夏也。何以言之？案《后汉书·循吏·卫飒传》曰：“迁桂阳太守。先是含洭、浈阳、曲江三县，越之故地，武帝平之，内属桂阳。民居深山，滨溪谷，习其风土，不出田租。去郡远者，或且千里。吏事往来，辄发民乘船，名曰传役。每一吏出，徭及数家，百姓苦之。飒乃凿山通道，五百余里，列亭传，置邮驿，于是役省劳息，奸吏杜绝。流民稍还，渐成聚邑，使输租赋，同之平民。”云“习其风土”，则其本非越人审矣。诸葛恪之求官丹阳也，众议以丹阳地势险阻，“逋亡宿恶，咸共逃窜”。骆统之理张温也，亦曰:“宿恶之民，放逸山险，则为劲寇，将置平土，则为健兵。”夫曰“逋亡”，曰“宿恶”，固皆中国人也。《贺齐传》曰:“守剡长。县吏斯从，轻侠为奸，齐欲治之，主簿谏曰：从，县大族，山越所附，今日治之，明日寇至。齐闻大怒，便立斩从。从族党遂相纠合，众千余人，举兵攻县。齐率吏民，开城门突击，大破之，威震山越。”又曰：“王朗奔东治，侯官长商升为朗起兵。策遣永宁长韩晏领南部都尉，将兵讨升，以齐为永宁长。晏为升所败，齐又代晏领都尉事。升畏齐威名，遣使乞盟。齐因告喻，为陈祸福，升遂送上印绶，出舍求降。贼帅张雅、詹强等不愿升降，反共杀升。贼盛兵少，未足以讨，齐住军息兵。雅与女婿何雄争势两乖，齐令越人因事交构，遂致疑隙，阻兵相图。齐乃进讨，一战大破雅，强党震惧，率众出降。”夫能附中国之大族以为乱，且能交构于两帅之间，其名为越而实非越，尤可概见。周鲂被命，密求山中旧族名帅以谲曹休，则并有旧族入居山中者。盖山深林密之地，政教及之甚难。然各地方皆有穷困之民，能劳苦力作者，此辈往往能深入险阻，与异族杂处。初必主强客弱，久则踵至者渐多，土虽瘠薄，然所占必较广；山居既习俭朴，又交易之间，多能朘夷人以自利，则致富易而生齿日繁。又以文化程度较高，夷人或从而师长之。久之，遂不觉主客之易位。又久之，则变夷而为华矣。此三国时山越之盛，所以徒患其阻兵，而不闻以其服左衽而言侏离为患；一徙置平地，遂无异于齐民也。使其服左衽而言侏离，则与华夏相去甚远，固不能为中国益，亦不能为中国患矣。然则三国时之山越，所以能使吴之君臣旰食者，正以其渐即于华，名为越而实非越故。前此史志所以不之及者，以此辈本皆安分良民，蛰居深山穷谷之中，与郡县及齐民，干系皆少，无事可纪也。此时所以忽为郡县患者，则以政纲颓弛，逋逃宿恶，乘间恣行故耳。亦以世乱，阻山险自保者多，故其众骤盛而势骤张也。然溯其元始，固皆勤苦能事生产之民，荒徼之逐渐开辟，异族之渐即华风，皆此辈之力也。

古书简略，古人许多经论，往往埋没不见，是在善读书者深思之。诸葛恪之求官丹阳以出山民也，众议咸以为难。以为“丹阳地势险阻，与吴郡、会稽、新都、鄱阳四郡邻接，周旋数千里，山谷万重，其幽邃民人，未尝入城邑，对长吏，皆仗兵野逸，白首于林莽。逋亡宿恶，咸共逃窜。山出铜铁，自铸甲兵。俗好武习战，高尚气力，其升山赴险，抵突丛棘，若鱼之走渊，猨狖之腾木也。时观间隙，出为寇盗。每致兵征伐，寻其窟藏。其战则蜂至，败则鸟窜，自前世以来，不能羁也”。即恪父瑾闻之，亦以事终不逮，叹曰：“恪不大兴吾家，将大赤吾族也！”而恪盛陈其必捷。其后山民相携而出，岁期人数，皆如本规。恪为丹阳太守，讨山越，事在孙权嘉禾三年八月；其平山越事毕，北屯庐江，在六年十月。见《权传》。问其方略，则曰“移书四郡属城长吏，令各保其疆界，明立部伍，其从化平民，悉令屯居。乃分纳诸将，罗兵幽阻，但缮藩篱，不与交锋，候其谷稼将熟，辄纵兵芟刈，使无遗种”而已。读之，亦似平平无奇者。然以分据之兵，卫屯聚之民，当好武习战必死之寇，至于三年，而能使将不骄惰，兵不挫衄，民不被掠；且山民当饥穷之时，必不惜出其所有，以易谷食，而恪能使“平民屯居，略无所入”；其令行禁止，岂易事哉？恪之治山越，德意或不如清世之傅鼐，其威略则有过之矣。

《后汉书·抗徐传》附《度尚传》。曰：“试守宣城长，悉移深林远薮椎髻鸟语之人，置于县下。由是境内无复盗贼。”此所谓“盗贼”，即山越之流也。古人入夷狄者，大率椎髻，不足为异。云“鸟语”则必不然。果皆鸟语，安能徙置县下。徐所徙，盖亦华人之入越地者耳。《后汉书》措辞，徒讲藻采，不顾事实，难免子玄妄饰之讥矣。

《史记·秦始皇本纪》：三十三年，“发诸尝逋亡人、赘婿、贾人略取陆梁地。”《正义》曰：“岭南之人多处山陆，其性强梁，故曰陆梁。”案《尔雅·释地》：“高平曰陆。”而《春秋》时晋有高梁之虚，楚沈诸梁字子高，则梁亦有高义。疑“陆梁”是复语，《正义》分疏未当也。华阳之地称梁州，盖亦以其高而名之。《太康地记》曰：“梁州，言西方金刚之气强梁，故名。”《尔雅·释地释文》引。亦近望文生义。蜀以所处僻远，不习战斗，故其风气最弱。读司马相如《喻巴蜀檄》可知，何强梁之有？乱离之世，民率保据山险，初不必百越之地而后然。特越地山谷深阻，为患尤深，而平之亦较难耳。《魏志·吕虔传》：“领泰山太守。郡接山海，世乱，闻民人多藏窜。袁绍所置中郎将郭祖、公孙犊等数十辈，保山为寇，百姓苦之。虔将家兵到郡，开恩信，祖等党属皆降服，诸山中亡匿者尽出安土业。简其强者补战士，泰山由是遂有精兵，冠名州郡。”此所谓亡匿山中者，亦南方山越之类也。又《杜袭传》：“领丞相长史，随太祖到汉中讨张鲁。太祖还，拜袭驸马都尉，留督汉中军事。绥怀开道，百姓自乐出徙洛、邺者，八万余口。”云乐出，则其初亦必亡匿山谷矣。

山越当三国时大致平定，然未尝遂无遗落也。《晋书·杜预传》：平吴还镇，“攻破山夷”。山夷即山越也。《陶侃传》：屯夏口。“时天下饥荒，山夷多断江劫掠。侃令诸将诈作商船以诱之。劫果至，生获数人，是西阳王素左右。侃即遣兵逼素，令出向贼，侃整陈于钓台为后继。素缚送帐下二十人，侃斩之。自是水陆肃清，流亡者归之盈路，侃竭资振给焉。又立夷市于郡东，大收其利。”夫至藩王左右杂处其中，且能诣郡与华人交市，其非深林远薮、椎结鸟语之徒明矣。永嘉丧乱以来，北方人民，亦多亡匿山谷者，以其与胡人杂处也，亦称为山胡；迄南北朝，未能大定，亦山越之类也。

《隋书·苏孝慈传》：“桂林山越相聚为乱，诏孝慈为行军总管击平之。”《北史》同。《唐书·裴休传》：“父肃，贞元时为浙东观察使。剧贼栗隍，诱山越为乱，陷州县。肃引州兵破禽之，自记《平贼》一篇上之，德宗嘉美。”《旧唐书·王播传》：弟起，起子龟，咸通十四年，“转越州刺史、浙东团练观察使。属徐泗之乱，江淮盗起。山越乱，攻郡，为贼所害”。又《卢钧传》：“为广州刺史、岭南节度使。山越服其德义，令不严而人化。”此等山越，未必魏晋屯聚之遗，特史袭旧名名之耳。然其与华人相杂，则前后如出一辙。《旧书》言卢钧之刺广州也，先是土人与蛮僚杂居，昏娶相通，吏或挠之，相诱为乱。钧至，立法，俾华夷异处，昏娶不通；蛮人不得立田宅。由是徼外肃清，而不相犯焉。三国时之山越，乃华人入居越地，此则越人出居华境，其事殊，然其互相依倚，致成寇患则一也。一时之禁令，岂能遏两族之交关，久而渐弛，可以推想，凡此等，皆足考民族同化之迹也。

（三三〇）闽越民复出

《史记·东越列传》：东越平后，“天子曰：东越狭，多阻；闽越悍，数反复；诏军吏皆将其民徙处江淮间，东越地遂虚。”案此所谓虚者，亦谓虚其城邑耳；若谓悉其人而徙之，更无一人之遗，自为事理所无。《宋书·州郡志》云：“建安太守，本闽越，秦立为闽中郡。汉武帝世，闽越反，灭之，徙其民于江淮间，虚其地。后有遁逃山谷者颇出，立为冶县。”其说当有所据，足补前史之阙。

（三三一）秦汉法律之学

秦汉之世，法学亦有专门传授。李斯请欲学法令，以吏为师；后汉樊准上疏：请复召郡国书佐，使读律令；魏明帝时，卫觊奏：“九章之律，自古所传，断定刑罪，其意微妙。百里长吏，皆宜知律。请置律博士，转相教授。”事遂施行；此官学也。郭躬父弘习小杜律，躬少传父业，讲授徒众常数百人，此私学也。路温舒求为狱小吏，因学律令；严延年父为丞相掾，延年少学法律丞相府；此学之于官者也。于定国少学法于父；王霸世好文法；郭躬少传父业，子晊亦明法律；弟子镇少修家业，镇子祯亦以能法律至廷尉；镇弟子禧少明习家业；陈宠曾祖父咸，成哀间以律令为尚书，宠明习家业，宠子忠亦明习法律；钟皓世善刑律；此传之于家者也。文翁选郡县小吏开敏有材者张叔等十余人，遣诣京师，受业博士，或学律令；元后父禁，少学法律于长安；则留学异地者也。黄霸少学律令；梁统性刚毅而好法律；不知其为师承，然其决非无所师承可知。张皓征拜廷尉，虽非法家，而留心刑狱，数与尚书辨正疑狱，多以详当见从；王涣少好侠，尚气力，数通剽轻少年，晚而改节，敦儒学，习《尚书》，读律令，略举大义；此又仕而后学，晚而好学者矣。当时国家于文吏，亦颇重用。史言"郭氏自弘后数世皆传法律，子孙至公者一人，廷尉七人，侯者三人，刺史、二千石、侍中、中郎将者二十余人，侍御史、正、监、平者甚众"，《后汉书·郭躬传》。几于官有世功，族有世业矣。又言"吴雄季高以明法律，断狱平，起自孤宦，致位司徒"，同上。此则以孤寒特擢者也。然其时儒学日见隆重，故法家之地盘，卒渐为儒家所夺。

以儒家篡法家之统者，莫如以《春秋》折狱。应劭删定律令为《汉仪》，其奏之之辞曰："故胶东相董仲舒老病致仕；朝廷每有政议，数遣廷尉张汤亲至陋巷，问其得失。于是作《春秋决狱》二百三十二事，动以经对，言之详矣。"此为儒家之羼入法学之大宗。《汉书·艺文志·春秋》家有"《公羊董仲舒治狱》十六篇"，当即是书。劭自言："撰具《律本章句》《尚书旧事》《廷尉板令》《决事比例》《司徒都目》《五曹诏书》及《春秋断狱》，凡二百五十篇。蠲去复重，为之节文。"则仲舒之议，业已与律、令及比并编。后来魏晋修律，搀入其中者，必不少矣。公孙弘"少时为薛狱吏，年四十余，乃学《春秋》杂说"，史称其"习文法吏事，而又缘饰以儒术"。吕步舒持斧钺治淮南狱，以《春秋》谊颛断于外，不请，既还奏事。上皆是之。《汉书·五行志》。张汤决大狱，欲传古义，乃请博士弟子治《尚书》《春秋》补廷尉史，亭疑法。《史记·酷吏列传》。《汉书·儿宽传》："宽以射策为掌故，功次，补廷尉文学卒史。时张汤为廷尉，廷尉府尽用文史法律之吏，而宽以儒生在其间，见谓不习事，不署曹，除为从史，之北地，视畜数年。还至府，上畜簿，会廷尉时有疑奏，已再见却矣，掾史莫知所为，宽为言其意。掾史因使宽为奏，奏成，读之，皆服，以白廷尉汤。汤大惊，召宽与语，乃奇其材，以为掾。上宽所作奏，即时得可。异日，汤见上。问曰：前奏非俗吏所及，谁为之者？汤言儿宽。上曰：吾固闻之久矣。汤由是乡学，以宽为奏谳掾，以古法义决疑狱，甚重之。”何敞“迁汝南太守。立春日，尝召督邮还府，分遣儒术大吏案行属县，显孝悌有义行者。及举冤狱，以《春秋》义断之”。《后汉书》本传。“诸官司有所患疾，欲增重科防，以检御臣下，泽每曰：宜依礼、律。”《三国·吴志·阚泽传》。皆儒术羼入法学之证。当时之为学者，亦多如此。路温舒又受《春秋》，通大义；于定国迎师学《春秋》，身执经北面备弟子礼；丙吉本起狱法小吏，后学《诗》《礼》，皆通大义；王霸父为郡决曹掾，霸亦少为狱吏，尝慷慨不乐吏职，其父奇之，遣西学长安；郭禧兼好儒学；陈宠虽传法律，而兼通经书；陈球少涉儒学，善律令；张翼高祖父浩兼治律、《春秋》；皆其事。梁统欲改正王嘉所改旧律，三公廷尉以为不宜，统请口对尚书，言“愿陛下采择贤臣孔光、师丹等议”；则儒生之议为法家所重，旧矣。《后汉书·儒林传》：何休“以《春秋》驳汉事六百余条，妙得《公羊》本意；服虔又以《左传》驳何休之所驳汉事六十条”。则当时儒家之内，又有分门，亦可谓盛矣。

（三三二）汉文帝除宫刑

汉景帝元年诏曰：“孝文皇帝临天下……除宫刑，出美人，重绝人之世也。”《史记》作肉刑，辞异意同。上文已有去肉刑语，王先谦《汉书补注》：“《史记》作除肉刑，与上复出，自是传写误改。且下云重绝人世，知非谓肉刑也。”案此恐后人以为言除肉刑不切而改之，古人于此等处，不甚计较。除宫刑与除肉刑既系一事，即上言肉，下言宫，亦不能谓其不犯复也。晁错对策，亦美文帝“除去阴刑”，则文帝确有除宫刑之事。崔浩《汉律序》云“文帝除肉刑而宫不易”，《史记·孝文本纪索隐》引。误矣。其所以致误者，《汉书·孝文本纪》云：“除肉刑法，语在《刑法志》。”而《刑法志》载张苍等议，但云“当黥者髡钳为城旦舂，当劓者笞三百，当斩左止者笞五百，当斩右止、及杀人先自告、及吏坐受赇枉法、守县官财物而即盗之、已论命复有笞罪者，皆弃市”，而不及宫。孟康遂释文帝令中“今法有肉刑三”之语曰：“黥、劓二，刖左右趾合一，凡三也。”其实令云“断支体”当指斩止，“刻肌肤”当指黥、劓，云“终身不息”则指宫也。《三国志·钟繇传》：繇上疏云：“若今蔽狱之时，讯问三槐、九棘、群吏、万民，使如孝景之令，其当弃市，欲斩右趾者许之。其黥、劓、左趾、宫刑者，自如孝文，易以髡、笞。”则孝文亦以髡、笞易宫刑，而《汉志》不之及，其疏漏殊可异也。

宫刑既废而复用，盖所以代死刑。景帝中四年秋，“死罪欲腐者许之”，其始也。《后汉书·明帝纪》永平八年：“诏三公募郡国中都官死罪系囚，减罪一等，勿笞，诣度辽将军营，屯朔方、五原之边县。其大逆无道殊死者，一切募下蚕室。”《章帝纪》元和元年：“诏郡国中都官系囚减死一等，勿笞，诣边县；其犯殊死，一切募下蚕室；其女子宫。”章和元年：“诏郡国中都官系囚减死罪一等，诣金城戍；犯殊死者，一切募下蚕室；其女子宫。”《和帝纪》永元八年：“诏郡国中都官系囚减死一等，诣敦煌戍；其犯大逆，募下蚕室；其女子宫。”盖犯凡死罪者减一等，而全其肢体。大逆无道殊死者，不可与之同科，故又加以宫割耳。《明帝纪》永平十六年：“诏令郡国中都官死罪系囚减死罪一等，勿笞，诣军营，屯朔方、敦煌；妻子自随，父母同产欲求从者，恣听之；女子嫁为人妻，勿与俱。谋反大逆无道，不用此书。”王朗驳钟繇之议：“以为繇欲轻减大辟之条，以增益刖刑之数，此即起偃为竖，化尸为人矣。然臣之愚，犹有未合微异之意。夫五刑之属，著在科律，自有减死一等之法，不死即为减。施行已久，不待远假斧凿于彼肉刑，然后有罪次也。”而不知科律之或任减死，或又假于斧凿者，固自有其等差也。繇传言“太祖下令，使平议死刑可宫割者”，则仍系欲以之代死刑。

《汉书·外戚传》：孝宣许皇后父广汉，从武帝上甘泉，误取他郎鞍以被其马。发觉，吏劾从行而盗，当死。有诏募下蚕室。孟康曰：“死罪囚欲就宫者听之。”则以宫恕死，由来已久。《传》又云：孝武钩弋赵捷伃，“其父坐法宫刑为中黄门”；太史公亦下腐刑。此等皆非大逆无道殊死之属；盖初行时，但以宥凡死者，至后汉时乃分等差也。

（三三三）法令烦苛之弊

法令之烦，莫甚于汉时。盖以六篇之法不足于用，而令甲及比等纷然并起也。烦苛之弊，众皆知其为酷吏因缘上下其手，所欲活则傅生议，所欲陷则予死比。然又有出于此之外者。《后汉书·杜林传》：建武十四年群臣上言宜增科禁，诏下公卿，林奏曰：“夫人情挫辱，则义节之风损；法防繁多，则苟免之行兴。

大汉初兴，详览失得，故破矩为圆，断雕为朴，蠲除苛政，更立疏网。海内欢欣，人怀宽德。及至其后，渐以滋章。吹毛索疵，诋欺无限。果桃菜茹之馈，集以成臧；小事无妨于义，以为大戮。故国无廉士，家无完行。至于法不能禁，令不能止。上下相遁，为敝弥深。臣愚以为宜如旧制，不合翻移。”帝从之。则当时政俗之弊，固由为吏者之苛，亦由法令如牛毛，有以为其所藉手。汉人议论，多疾武帝以后法令滋章，亦有以也。

当时州郡造设苛禁，亦为烦扰之一端。《汉书·宣帝纪》五凤二年诏言：“今郡国二千石或擅为苛禁，禁民嫁娶不得具酒食相贺召。”《后汉书·质帝纪》本初元年：“诏顷者州郡轻慢宪防，竞逞残暴，造设科条，陷入无罪。”亦烦扰之一端也。

（三三四）古代法律不强求统一

记称“君子行礼，不求变俗”。盖各地方之人，各有其生活；生活不同，风俗自不同；风俗不同，则其所谓犯罪者自异，固不宜强使一律也。南粤请内属，汉为除其故黥劓刑，用汉法。《汉书》本传。《后汉书·马援传》言：“援条奏越律与汉律驳者十余事，与越人申明旧制以约束之，自后駱越奉行马将军故事。”是汉旧本不以汉律强行之越，即马援亦为特别以治之也。此犹曰异族也。《三国志·何夔传》：“迁长广太守。是时太祖始制新科下州郡，又收租税绵绢。夔以郡初立，近以师旅之后，不可卒绳以法，乃上言曰：自丧乱已来，民人失所，今虽小安，然服教日浅。所下新科，皆以明罚勑法，齐一大化也。所领六县，疆域初定，加以饥馑，若一切齐以科禁，恐或有不从教者。有不从教者不得不诛，则非观民设教随时之意也。先王辨九服之赋以殊远近，制三典之刑以平治乱，愚以为此郡宜依远域新邦之典，其民间小事，使长吏临时随宜，上不背正法，下以顺百姓之心。比及三年，民安其业，然后齐之以法，则无所不至矣。太祖从其言。”盖不顾其俗之适宜与否，而一切断之，原非适宜于义礼之事，特以后世之所谓法者，已失弼教之意，而徒能责之以强从。上责民以强从，则民也将及唇而责上之所施之不一。于是不复顾其适宜与否，而徒求形式之齐。此本非□□□□之事，刑法所以寖不为人所服以此也。废法而揆之于义，固非今所能行，然今之所谓法者，实为不厌人心之物，则所不可以不知也。

（三三五）卖首级

俗有所谓宰白鸭者，谓贫困之人，得富人若干钱，则自卖生命，代承死罪是也。《后汉书·刘瑜传》：瑜上书陈事，言民愁郁结，起入贼党，官辄兴兵，诛讨其罪。贫困之民，或有卖其首级，以要酬赏。则汉世已有之矣。亦可哀矣。

（三三六）西域

中国所谓西域者，本仅指今天山南路之地言之。故曰：南北有大山，北为今天山。南为今新疆省沙漠以南之山脉。入甘肃，即祁连山。中央有河，今塔里木河。东则接汉，阸以玉门在今甘肃敦煌县西百五十里。阳关。今敦煌县西百三十里，玉门之南。西则限以葱岭也。自武帝服乌孙，破大宛，后汉时，甘英部将之迹，且西抵条支，则西域二字之范围，遂愈扩愈广矣。拓跋魏时，分西域为四域：自葱岭以东，流沙以西为一域，即今天山南路，汉最初所谓西域也；葱岭以西，海曲以东为一域，则今波斯、阿富汗之地，所谓伊兰高原也；者舌以南，月氏以北为一域，则今咸海以东，阿母河以北，北抵今西伯利亚西南境；两海之间，水泽以南为一域，则今咸海、里海间地也。元时之花剌子模，地皆在今葱岭以西。《元史》亦以西域国称之。又历代所谓犁轩、拂菻、大秦者，即欧洲之罗马。前史亦并列西域传中，则虽谓中国古代所谓西域，包今欧罗巴全洲言之。亦无不可矣。罗马盛时，几于统一欧洲。盖西域二字，其西方并无界限也。

其通西域之道，汉时本分为二。自玉门阳关，涉鄯善，傍南山北，波河西行，玉莎车，为南道。南道西逾葱岭，则出大月氏、安息。自车师前王庭，随北山，波河西行，至疏勒，为北道。北道西逾葱岭，则出大宛、康居、奄蔡。后魏时，更为四道：自玉门度流沙，西行二千里，至鄯善为一道。北行者，二千二百里至车师，为一道。从莎车西行，百里至葱岭，葱岭西千三百里至伽倍，为一道。自莎车西南，五百里至葱岭，葱岭西南千三百里至波路，为一道。实则第一、第二两道，仍即汉所谓南北道。第三、第四两道，则汉所谓南道逾葱岭，西出大月氏、安息者耳。嗣后历代与西域诸国之交通，其大体亦恒不外此也。

（三三七）昆仑考

昆仑有二,《史记·大宛列传》:“汉使穷河源，河源出于阗。其山多玉石，采来。天子案古图书,名河所出山曰昆仑云。”此今于阗河上源之山,一也。《禹贡》:“织皮:昆仑、析支、渠搜，西戎即叙。”《释文》引马云:“昆仑，在临羌西。”《汉志》金城郡临羌有昆仑山祠，敦煌郡广至有昆仑障。《太平御览·地部》引崔鸿《十六国春秋》:“酒泉太守马岌上言：酒泉南山，即昆仑之体也。”地望并合。《周书·王会解》:“正西昆仑，请令以丹青白旄纰罽为献。”旄，牦牛尾。纰,《说文》:“氐人瀱也。”瀱，“西胡毳布也”。牦牛正出甘肃、青海，物产亦符。析支，马云:“在河关西。”《水经·河水注》:“司马彪曰:西羌者，自析支以西,滨于河首,左右居也。河水屈而东北流,经析支之地,是为河曲矣。”《后汉书·西羌传》亦曰:“河关之西南，滨于赐支，至乎河首，绵地千里。”《禹贡》叙述之次,盖自西而东。渠搜虽无可考,《凉土异物志》:“渠搜国,在大宛北界。”《隋书·西域传》:“䥶汗国，都葱岭之西五百余里，古渠搜国也。”地里并不合。度必更在析支之东，故《汉志》朔方郡有渠搜县，盖其种落迁徙所居邪？蒋氏廷锡说。见《尚书地理今释》。析支在河曲，而昆仑更在其西，则必在今黄河上源矣，二也。《书疏》引郑玄云:“衣皮之民，居此昆仑、析支、渠搜三山之野者，皆西戎也。”又申之曰:“郑以昆仑为山，谓别有昆仑之山，非河所出者也。”《山海经·海内西经》:“海内昆仑之墟在西北，河水出东北隅。”郭《注》亦曰:“言海内者，明海外复有昆仑山。”一似此两昆仑者必不可合矣。然予谓以于阗河源之山为昆仑，实汉人之误，非其实也。水性就下，天山南路，地势实低于黄河上源，且其地多沙漠，巨川下流，悉成湖泊;每得潜行南出，更为大河之源。汉使于西域形势，盖本无所知，徒闻大河来自西方，西行骤观巨川，遂以为河源在是。汉武不知其诳，遽案古图书，而以河所出之昆仑名之。盖汉使谬以非河为河，汉武遂误以非河所出之山为河所出之山矣。太史公曰:“《禹本纪》言河出昆仑。昆仑，其高二千五百余里，日月所相避隐为光明也。其上有醴泉、瑶池。今自张骞使大夏之后也，穷河源，恶睹《本纪》所谓昆仑者乎？故言九州山川,《尚书》近之矣。至《禹本纪》《山海经》所有怪物,余不敢言之也。”《禹本纪》等荒怪之说，自不足信。然其所托，实今河源所出之昆仑。史公据于阗河源之山以斥之，其斥之则是，其所以斥之者则非也。《太史公书》，止于麟止。此篇多元狩后本，实非史公作也。《尔雅》“河出昆仑墟”，虽不言昆仑所在，然又云：“西方之美者，有昆仑墟之球琳琅玕焉。”《淮南·地形训》作西北方。《禹贡》昆仑之戎，实隶雍州；而雍州之贡，有球琳琅玕。可知《尔雅》河所出之昆仑，即其产球琳琅玕之昆仑，亦即《禹贡》之昆仑矣。《淮南·地形训》：“河水出昆仑东北陬，贯渤海，入禹所导积石山。”《海内西经》则云：“西南又入渤海，又出海外，入禹所导积石山。”《说文》：“河水出敦煌塞外昆仑山，发源注海。”所谓海、渤海者，盖指今札陵、鄂陵等泊，所据仍系旧说。《水经》谓“河水入渤海，又出海外，南至积石山下，又南入葱岭，出于阗国，又东注蒲昌海”，则误合旧说与汉人之说为一矣。以山言之则如彼，以河言之则如此。然则河源所在，古人本不误，而汉之君臣自误之也。

（三三八）匈奴古名

匈奴在古代，盖与汉族杂居大河流域，其名称：或曰獫狁，亦作玁狁。或曰獯鬻，獯亦作熏作荤，鬻亦作粥。或曰匈奴，皆一音之异译。《史记索隐》：“应劭《风俗通》曰：殷时曰獯粥，改曰匈奴。又曰匈奴，荤粥其别名。”《诗·采薇》毛传：“俨狁，北狄也。”《笺》云：“北狄，匈奴也。”《吕览·审为篇》高注：“狄人，獫允，今之匈奴。”案伊尹四方令径作匈奴。又案《史记》：“唐虞以上，有山戎、獫狁、荤粥。”荤粥两字，盖系自注，史公非不知其为一音之转也。又称昆夷、畎夷、串夷，则胡字之音转耳。昆，又作混，作绲。畎，亦作犬。又作昆戎，犬戎。《诗·皇矣》：“串夷载路。”郑《笺》：“串夷，即混夷。”《正义》：“书传作畎夷，盖犬混声相近，后世而作字异耳。或作犬夷，犬即畎字之省也。”案《诗·采薇》序疏引《尚书大传》注：“犬夷，昆夷也。”《史记·匈奴列传》：“周西伯昌伐畎夷氏。”又“自陇以西，有绵诸、绲戎。”《索隐》《正义》皆引“韦昭曰：《春秋》以为犬戎”，足征此诸字皆一音异译。《索隐》又引《山海经》云：“黄帝生苗，苗生龙，龙生融，融生吾，吾生并明，并明生白，白生犬，犬有二牡，是为犬戎。”又云：“有人面兽身，名犬夷。”则附会字义矣。狄、貉、蛮、闽等字，其初或以为种族所自生。故《说文》有犬种、豸、虫种之说。然其后则只为称号，不含此等意义。至于犬戎之犬，则确系音译，诸家之说可征也。昆夷、獫狁系一种人，犹汉时既称匈奴，亦称胡也。

《孟子》:“文王事昆夷”,“大王事獯粥”,乃变文言之耳。《诗序》:“文王之时,西有昆夷之患,北有猃狁之难”,竟以为两族人,误矣。《出车》之诗曰:“赫赫南仲,猃狁于襄。”又曰:“赫赫南仲,薄伐西戎。”又曰:“赫赫南仲,猃狁于夷。”猃狁在西北,可称戎,亦可称狄,《诗》取协韵也。《笺》云:“时亦伐西戎。独言平猃狁者,猃狁大,故以为始,以为终”,已不免拘滞。序析猃狁、昆戎而二之,益凿矣。

(三三九)匈奴不讳名而无姓字

《史记·匈奴列传》:“其俗有名不讳而无姓字。”《汉书》无“姓”字。《集解》:“骃案《汉书》曰:单于姓挛鞮氏。”意以《史记》谓匈奴无姓为非。此乃误会。疑《汉书》亦本有“姓”字,而为浅人所删也。挛鞮氏盖庶姓,非正姓。《史记》下文又云:“诸大臣皆世官,呼衍氏,兰氏,其后有须卜氏,此三姓其贵种也。”此“姓”字为庶姓;“有名不讳而无姓字”之姓,自为正姓;辞同义异,古人不以为嫌,不拘拘于立别,或自下注脚也。无姓,自谓无姬、姜、姚、姒之伦,非谓无晋重、鲁申之类也。

古人著书,有所本者,大抵直录其辞,不加更定,《史记·陈涉世家》,谓其子孙至今血食,而《汉书·涉传》,沿袭其文,是其一例。《史通·因袭篇》讥之,实由未知古书文例也。今《史》《汉》辞句同异,非传写讹误,即妄人改易,而为钞胥所删节者尤多,《汉书》虚字,恒较《史记》为少以此。以自唐以前,《汉书》传习较广,誊写亦烦也。其元文,恐当与《史记》无异。后人顾据今本,以谈马、班文字异同,亦可笑矣。

(三四〇)匈奴官制

匈奴官制,《史记》曰:“置左右贤王,左右谷蠡王,左右大将,左右大都尉,左右大当户,左右骨都侯。匈奴谓贤曰屠耆,故常以太子为左屠耆王。自如左右贤王以下至当户,大者万骑,小者数千,凡二十四长,立号曰万骑。诸大臣皆世官。呼衍氏,兰氏,其后有须卜氏,此三姓其贵种也。诸左方王将居东方,直上谷,以往者东接秽貉、朝鲜;右方王将居西方,直上郡,以西接月氏、氐、羌;而单于之庭直代、云中:各有分地,逐水草移徙。而左右贤王、左右谷蠡王最为大国。左右骨都侯辅政。诸二十四长亦各自置千长、百长、什长、裨小王、相封、都尉、当户、且渠之属。”《匈奴列传》。《后汉书》曰：“其大臣贵者左贤王，次左谷蠡王，次右贤王，次右谷蠡王，谓之四角；次左右日逐王，次左右温禺鞮王，次左右渐将王，是为六角；皆单于子弟次第当为单于者也。异姓大臣左右骨都侯，次左右尸逐骨都侯，其余日逐、且渠、当户诸官号，各以权力优劣、部众多少为高下次第焉。单于姓虚连题。异姓有呼衍氏、须卜氏、丘林氏、兰氏，四姓为国中名族，常与单于婚姻。呼衍氏为左，兰氏、须卜氏为右，主断狱听讼，当决轻重，口白单于，无文书簿领焉。”《南匈奴列传》。《晋书》曰：“其国号有左贤王、右贤王、左奕蠡王、右奕蠡王、左于陆王、右于陆王、左渐尚王、右渐尚王、左朔方王、右朔方王、左独鹿王、右独鹿王、左显禄王、右显禄王、左安乐王、右安乐王，凡十六等，皆用单于亲子弟也。其左贤王最贵，唯太子得居之。其四姓有呼延氏、卜氏、兰氏、乔氏。而呼延氏最贵，则有左日逐、右日逐，世为辅相；卜氏则有左沮渠、右沮渠；兰氏则有左当户、右当户；乔氏则有左都侯、右都侯。又有车阳、沮渠、余地诸杂号，犹中国百官也。”《四夷列传》。

三书看似互异，实仍大致相同。《史记》云“自左右贤王至当户，大者万骑，小者数千”；又云“各有分地，而左右贤王、左右谷蠡王最为大国”；此匈奴同姓封建之制也。云“左右骨都侯辅政”，明其不在封建之列。然又云“凡二十四长，立号曰万骑”；又云“二十四长皆各自置千长、百长、什长、相邦”；王静庵《观堂集林》，有《匈奴相邦印跋》，谓即《史记》之相封，乃汉人避高祖讳改，其说是也。匈奴官名，有与中国同者，亦有与中国异者。予初谓其可与汉制相比附者，则汉人代以中国官名；其不能相比附者，则译其音，然匈奴与中国同文之说如确，则其官名，或本有与中国同者，相邦是其一证。然则王与侯，或亦匈奴本有此封爵也。同姓皆封王，而异姓封侯，亦可见匈奴之制，厚于同姓。盖野蛮部落皆然。明其皆有众与土者。则封建之世，诸部皆有土有民，《晋书》云：“北狄以部落为类，其入居塞者，凡十九种，皆有部落，不相杂错。”特王室所树为藩屏者耳。《晋书·刘元海载记》：僭位后宗室以亲疏为等，悉封郡县王；异姓以勋谋为差，皆封郡县公侯。”盖犹沿旧制。《刘曜载记》：“置左右贤王已下，皆以胡、羯、鲜卑、氐、羌豪桀为之。”则意存抚纳矣。《史记》云“左右骨都侯辅政”；《后汉书》云“呼衍氏为左，兰氏、须卜氏为右，主断狱听讼，当决轻重”；二者即是一事演之，国政与刑，常相附丽也。《晋书》云左日逐、右日逐世为辅相,亦即此职。异姓贵者呼衍氏、兰氏最早，须卜氏次之，丘林氏又次之。卜氏盖即须卜氏，乔氏盖即丘林氏。四者虽并称贵种，然辅政即听讼之职，似只《史记》所谓骨都侯即《晋书》所谓日逐者有之。匈奴之制，盖以同姓居外，异姓居内，亦可谓以同姓主兵，异姓主政也。四角六角，次第当为单于，盖呼韩邪以后之制。乌珠留单于时，左贤王数死，以其号不祥，更曰护于，然其后当次立者，仍称左贤王，则系一时之制，或彼中虽称护于，中国人仍以旧名书之也?

太子号称贤王，则匈奴之法，似系择贤而立者。然观左大将之让位于狐鹿姑，及呼韩邪颛渠阏氏与大阏氏之相让，则匈奴之法，亦系立嫡立长，立贤盖其初制也。

（三四一）匈奴人口

贾生谓匈奴之众，不过汉一大县，论者多以为疏。然《史记·匈奴列传》载中行说之言，谓匈奴人众，不能当汉之一郡。《盐铁论·论功篇》载大夫之言，亦谓匈奴不当汉家之巨郡。三说符会，则贾生之言，非夸诞也。南部之克北部也，领户三万四千，口二十三万七千三百，胜兵五万一百七十。则匈奴户余六口；而胜兵之数，居其口数四之一强。与《新书·匈奴篇》五口而出介卒一人之说合。盖一夫上父母，下妻子，老弱妇女，皆不能操兵，故其比例如此也。《后汉书》载屈兰储卑胡都须等五十八部之降也，口二十万，胜兵八千人，则仅当口数二十五之一。左部胡之叛，逢侯还入朔方塞也，胜兵四千人，弱小万余口，则又当十之六。盖丧乱之际，壮丁或以争斗而多死亡，老弱或以不能自建而多转死，见虏略，不能以常例绳也。然则欲知匈奴口数，取其丁壮之数，以五乘之，即得矣。《史记·匈奴列传》曰“士力能弯弓，尽为甲骑”，此即《后汉书》所谓胜兵者。又曰“自左右贤王以下至当户，大者万余骑，小者数千。凡二十四长，立号曰万骑”，则匈奴丁壮，尚不足二十四万。又曰“冒顿控弦之士三十余万”，盖其自号之虚辞，或并其所服从之北夷计之也。今即以匈奴丁壮之数为二十四万，以五乘之，不过百二十万；更谓其所谓口者，妇女不与焉，其数当与男子相等，亦不过二百四十万耳。汉郡户口，汝南最盛，户余四十六万，口几二百六十万。汉世口钱重，口数不得无隐匿，其实或尚不止此。谓匈奴人众，不能当汉之一郡，信矣。

《新书》曰："窃料匈奴控弦大率六万骑。五口而出介卒一人，五六三十，此即户口三十万耳。"《匈奴》。此其不过一大县之说所由来，为数未免太少。或但计单于所属，未及左右方王将邪？匈奴兵数，见于《史》《汉》者，冒顿之围高帝于白登最盛，《史记》云四十万骑，《汉书》云三十余万骑，《匈奴列传》。《史记·刘敬传》云："当是时，冒顿为单于，兵强，控弦三十万。"《汉书》作四十万，此与《匈奴列传》上文，皆举匈奴全国兵数。冒顿即欲大举，岂能扫境内而至平城邪？果如是，断非匿其壮士肥牛马，遂能误汉使使以为可击矣。《韩王信传》云："匈奴使左右贤王将万余骑与王黄等屯广武以南。"此其偏师之数，单于自将大举，度亦不过万余人至数万人耳。盖其自号之虚数。其后单于自将，众率在十万左右；分兵侵掠，则自万骑至三万骑；且鞮侯以前类然。孝文十四年，老上单于入朝那萧关十四万骑。后六年，军臣入上郡、云中各三万骑。聂翁壹诱军臣，军臣以十万骑入武州塞。后六年，以二万骑人，杀辽西太守。伊稚斜既立，以数万骑入杀代郡太守恭。明年，又入代郡、定襄、上郡，各三万骑。元朔五年，以万骑入代郡。越二年，以万人入上谷。其明年，入右北平、定襄各数万骑。浞野侯之没，匈奴以八万骑围之。天汉四年，贰师等之出，单于以十万骑待余吾水南。征和三年，贰师等再出，匈奴使大将与李陵将三万余骑追汉军，至浚稽山；又使大将偃渠与左右呼知王将二万余骑，要汉兵于天山。使右大都尉与卫律将五千骑，要击汉兵于夫羊句山狭。贰师深入要功，度郅居水，左贤王、左大将将二万骑与汉军战，军还，单于又自将五万骑遮击之。壶衍鞮、虚闾权渠之世，其众似少衰，分兵多不逾万，少裁数千。壶衍鞮立四岁，发左右部二万骑为四队，并入边为寇，是队五千人也。明年，复遣九千骑屯受降城，其右贤王、犁汙王又以四千骑分三队入日勒、屋兰、番和，则队千余人耳。明年，以三千骑入五原，又以数万骑南旁塞猎，行攻塞外亭障，略取吏民去。所谓数万骑，不知可信否。时汉得匈奴降者，言乌桓当发先单于冢，匈奴怨之，方发二万骑击乌桓，则传闻不审之辞。是时乌桓尚弱，匈奴击之，不必用二万骑也。本始二年，单于自将击乌孙，不过万骑。虚闾权渠立，欲与汉和，左大且渠害之，请与呼卢訾各将万骑南旁塞猎，时又发两屯各万骑以备汉，虽稍盛，亦无复前此数万之众。时匈奴已稍西徙，然遣左右大将屯田右地，欲以侵迫乌孙西域，不过各万余骑；其遣左右奥鞬与左大将击汉之田车师者，则各六千骑耳；后又遣兵击丁令，亦不过万骑。惟元康四年虚闾权渠旁塞猎，史称其将十余万骑，盖亦虚辞，不足信。然诸单于之相争也，呼韩邪发左地兵四五万人，以击握衍朐鞮。屠耆以数万人袭呼韩邪；呼韩邪既败，又使左奥鞬王、乌藉都尉各将二万骑屯东方以备之。其后乌藉、呼揭、车犁各自立，乌藉、车犁皆败走，与呼揭合，兵四万人。乌藉、呼揭皆去单于号，并力尊辅车犁。屠耆以四万骑西击之。又使左大将、都尉将四万骑分屯东方，以备呼韩邪。呼韩邪、屠耆之战，屠耆兵六万，呼韩邪兵可四万。是拥众相争者，尚自二三万至七八万，而史云呼韩邪复都单于庭，众裁数万人者，以乌厉屈父子既降汉，闰振又自立，分崩离析，众不尽统于单于也。《汉书·宣帝纪》五凤三年诏曰："匈奴虚闾权渠单于请求和亲，病死。右贤王屠耆堂代立。骨肉大臣立虚闾权渠单于子为呼韩邪单于，击杀屠耆堂，诸王并自立，分为五单于，更相攻击，死者以万数，畜产大耗什八九，人民饥饿，相燔烧以求食，因大乖乱。单于阏氏子孙昆弟及呼遬累单于、名王、右伊秩訾、且渠、当户以下，将众五万余人来降。"匈奴是时，死亡及降中国者盖甚众。呼韩邪之败，伊利目收其余兵，及屠耆余兵，裁数千人，微矣。迨郅支并之，兵五万余。则郅支之众，本余四万，合诸纷争者之众，亦数十万矣。其分部人数可考者：浑邪王杀休屠王，并其众降汉，凡四万余人，号十万；《建元以来侯者年表》,《漯阴侯》：以匈奴浑邪王将众十万降侯。《卫将军骠骑传》云："降者数万，号称十万。"日逐王先贤掸之降汉，众数万骑；《汉书·宣帝纪》云："人众万余。"乌厉屈父子降汉，众亦数万人；惟闰振所主，裁五六百骑，则丧乱之际，非其常也。《呼韩邪》归汉后，左伊秩訾以谗惧诛，将其众千余人降汉。又《汉书·西域传》："元帝时置戊己校尉，屯田车师前王庭。是时匈奴东蒲类王兹力支将人众千七百余人降都护。"亦承丧乱之后，或故小部也。秦汉时用兵，习为虚号，以自张大，匈奴或亦染此习。又汉家文告，亦有虚辞，张敌军，正所以夸功伐，视威武也。匈奴号称十万骑者，众当数万；号数万者当万骑；号万骑者当数千。《史记》所书，或即其自号之虚辞，或系实数，不一律。《史记》云："自左右贤王以下至当户，大者万余骑，小者数千。"盖其以数万骑或万骑入寇者，乃其诸王将举部以行；而单于自将，常在十万；则其六万之众所立之虚号也。马邑之役，王恢言三万众不能与单于敌，盖其三万亦虚号。不然，以恢之勇，未必不能以一敌二也。《汉书·苏武传》：卫律谓武："律归匈奴，幸蒙大恩，赐号称王，拥众数万。"以五口出介卒一人率之，律所统亦当近万骑也。吾故疑《新书》之言，为就单于直属之众计之也。使所疑而确，则二十四长之外，又有单于自统之众六万骑，其数适得三十万，与《史记》冒顿控弦之士三十万之说合。以五乘之，匈奴口数，当得百五十万；谓妇女在其外，则当得三百万；亦尚不敌汉之一郡也。而况乎谓匈奴口数，不计妇女，无征而又远于事情也？故知贾生、中行说、桑弘羊之言，非夸诞也。古书记事之辞，多有不尽可信者。《史记·李牧传》谓牧破杀匈奴十余万骑。夫至冒顿而匈奴最强大，控弦之士，不过三十万，安得当牧之时见杀者乃如是其众邪？此亦当时文告之虚辞也。

《史记》、两《汉书》述匈奴之众，曰骑若干与众若干者异。骑即《后汉书》所谓胜兵，《史记》所谓力能弯弓之士，众则合老弱妇女言之也。南单于比之降也，敛所主南边八部，众四五万人。事在建武二十三年，自此下距章和二年屯屠何之求并北庭，凡四十二年，匈奴之众当大盛，而其年屯屠何上言：愿发国中及诸部故胡新降精兵，遣左谷蠡王师子等将万骑出朔方，左贤王安国等将万骑出居延，臣将余兵万人屯五原、朔方塞。则是时南单于之兵，合诸部及新降，不过三万。明年汉兵之出朔方，南单于以三万骑偕，盖倾国以行矣。以五口出介卒一人率之，是时匈奴口数，当得十五万。其来降时，兵当劣近万人。而史云北单于遣万骑击之，见其众不敢进者，以其敛众严备，非谓众寡不相侔也。北单于裁遣万人者，盖亦以比倾所有之众，兵不过万余，不料其遽能尽敛之而厚集其力也，则已为以众击寡矣。比之既降也，遣弟左贤王莫击北单于弟奥鞬左贤王，获之，又破北单于，并得其众，合万余人；北部奥鞬骨都侯与右骨都侯又率众三万余人来归。虽奥鞬左贤王及南部五骨都侯旋叛而北，众亦合三万余人，然未几，五骨都侯子复将其众三千人归南部。永平二年，护于丘又率众千余人南降。建初元年，皋林温禺犊王还居涿邪山，南单于遣轻骑与缘边郡及乌桓兵出塞击之，又降三四千人。八年，北部三木楼訾大人稽留斯等又率三万八千人款五原塞。元和二年，南单于令师子将轻骑出塞，掩击北虏，复斩获千人。是时北部危乱，斩杀降虏，度尚有不尽见于史者，然优留单于之死，章和元年。屈兰储卑胡都须等五十八部来降，口尚二十万。而史犹云“时北虏大乱，加以饥蝗，降者前后而至”，则南北分张之际，北部之众，实远盛于南。据此以推，则自呼韩邪降汉之后，休养生息，至于建武之时，其众之盛，必当不减冒顿。莽世之叛，史言其历告左右部都尉、诸边王，入塞寇盗，大辈万余，中辈数千，少者数百。盖以其居近塞，而汉是时缘边无备，不必大众然后可以为寇，故千百骑亦相率而来，而非其众之不逮盛时也。以是时中国之凋敝，安能御之？内徙幽并边人，固其宜矣。然则匈奴之分裂，诚后汉之天幸也。

北部之分崩，其众归中国者多，归南部者顾少。是时南部兵数，都三万骑；以五口出介卒一人率之，口数当十五万。而永元二年，史言南部克获纳降，党众最盛，口数不过二十三万余，胜兵五万余耳。然则北部之众，为所得者，不足十万也。永元六年，师子立为单于，新降胡惊动，叛者十五部二十余万人。则此数年之中，又续有降获。然较诸稽留斯之款塞，屈兰储卑胡之来降，则已微矣。不怀其同种，而甘自托于上邦，又以知贾生五饵之谋，不徒处士之大言，少年之锐气也。

（三四二）匈奴风俗

匈奴风俗，与中国相类者极多，此亦其出于夏桀之一旁证也。《史记》谓匈奴之俗，岁正月诸长少会单于庭，祠；五月大会龙城，祭其先、天地、鬼神；秋大会蹛林，课校人畜计。《后汉书》称其俗："岁有三龙祠，尝以正月、五月、九月戊日祭天神。" 合二书观之，则此三会，皆祭天地鬼神。《史记》又曰："单于朝出营，拜日之始生，夕拜月。" 此即朝日夕月之礼，皆极与中国类。犹得曰天地日月先祖鬼神，为凡民族所同尊，不必受之中国也。从古北族无称其君曰天子者，皆曰汗。汗，大也。盖译其音则曰汗，译其意则曰大人。而匈奴独称其君曰撑犁孤涂单于。撑犁，天也；孤涂，子也；单于，广大之貌也；言其象天单于然也。老上遗汉书，自称"天地所生日月所置匈奴大单于"；狐鹿姑遗汉书，亦曰"胡者天之骄子也"，谓非中国之法得乎？韩昌、张猛之送呼韩邪出塞也，见单于民众益盛，塞下禽兽尽，单于足以自卫，不畏郅支；闻其大臣多劝单于北归者，恐北去后难约束，即与为盟约，曰："自今以来，汉与匈奴，合为一家，世世毋得相诈相攻。有窃盗者，相报，行其诛，偿其物；有寇，发兵相助。汉与匈奴敢先背约者，受天不祥，令其世世子孙尽如盟。" 俨然见古者束牲载书之辞焉。董仲舒谓如匈奴者，非可说以仁义也，独可说以厚利，结之于天耳。故与之厚利以没其意，与盟于天以坚其约，非偶然也。夫盟誓，亦中国之古俗也。不特此也，日上戊己，祭天神以戊日；其围高帝于平城也，其骑，西方尽白，东方尽駹，北方尽骊，南方尽骍；此五行干支之说，决不能谓为偶合。夫五行，固出于夏者也。尤足见淳维胄裔之说，不尽虚诬矣。

贰师之降也，“卫律害其宠。会母阏氏病，律饬胡巫言：先单于怒曰：胡故时祠兵，常言得贰师以社，今何故不用？遂屠贰师以祠。”《汉书·匈奴列传》。案以人为牺，中国亦有此俗。《左氏》僖公三十三年，“孟明曰：君之惠，不以累臣衅鼓。”则古固有以俘衅鼓者。岂匈奴之祠兵而许以人为牺，亦其类邪？又匈奴之法，汉使不去节，不黥面，不得入穹庐，则以黥为戮，亦与中国同。

古谓地道尊右，故以右为尚；又天子之立，左圣、乡仁、右义、背藏，《礼记·乡饮酒义》。而匈奴，其坐长左而北向，适与中国相反。然此等风俗，中国本不能画一，君子行礼，不求变俗，固未尝不修其国之故而慎行之也，不得以小异而疑其大同也。

匈奴之俗，持以与中国尚文之世校，诚若不相容；而返诸尚质之世，则有若合符节者。其送死，有棺椁、金银、衣裳，而无封树丧服，此古者不封不树、丧期无数之俗也。有名不讳而无字；幼名、冠字、五十以伯仲、死识，本乃周道也；《史记》曰："冒顿死，子稽粥立，号曰老上单于。”徐广曰："一云稽粥第二单于，自后皆以第别之。”《匈奴列传》。老上其号，稽粥其名，直斥之曰稽粥，即所谓有名不讳者。而自稽粥之后，皆以第计，则即嬴政所谓朕为始皇帝，后世以数计者，得毋中国未有谥之世，亦有此法邪。

《左氏》成公十六年，晋郤至谓楚有六闲，陈不违晦其一，《注》曰："晦，月终，阴之尽，故兵家以为忌。”又昭公二十三年，“戊辰晦，战于鸡父”。《注》曰："七月二十九日。违兵忌晦战，击楚所不意。”《史记》谓匈奴常随月盛壮以攻战，月亏则退兵，亦中国古法也。又曰“利则进，不利则退，不羞遁走”，此则与中国异。然勇者不得独进，怯者不得独退，乃行陈既严后事，其初争战类似田猎时，则亦人人自为趋利而已。孙卿讥齐人隆技击，若飞鸟然，倾侧反复无日，表海大风，盖犹未能免此也，而何讥于匈奴？

《记》曰："虞夏之质，殷周之文，至矣。虞夏之文，不胜其质；殷周之质，不胜其文。”《表记》。哀公问于周丰曰："有虞氏未施信于民，而民信之；夏后氏未施敬于民，而民敬之；何施而得斯于民也？”《檀弓》下。夏人尚忠，其风气之诚朴，可以想见。《史记》称匈奴“狱久者不过十日，一国之囚不过数人”；中行说称匈奴“急则人习骑射，宽则人乐无事，其约束轻，易行也。君臣简易，一国之政犹一身也”，孰与夫宫室冠带之国，上下相蒙，法令滋章，盗贼多有哉？“虞、夏之道，寡怨于民；殷、周之道，不胜其敝”，《表记》。盖自古患之矣。

此岂淳维之后皆能率乃先古以填抚其民哉？其奉生者薄，则其社会之组织简，而俗随之以淳也。维内和辑，乃能强圉于外。匈奴以不当汉一大县之众，而能与中国抗衡，非偶然矣。

（三四三）匈奴文字

《罗马史》谓匈奴西徙后，有文字，有诗词歌咏；当时罗马有通匈奴文者，匈奴亦有通拉丁文者；惜后世无传焉。见《元史译文证补》。夫匈奴之文字，果何所受之哉？当时西域诸国，或书革旁行为书记，匈奴殆通西域后师受之，亦如回纥文字，受诸大食邪？非也。匈奴之服西域，事在孝文三四年间，前此，久与汉书疏相往还矣。汉遗单于书以尺一寸牍，中行说令单于遗汉书以尺二寸牍，及印封皆令广大长，是其作书之具，实与中国同。从来北狄书疏，辞意类中国者，莫匈奴若，初未问其出于译人之润饰也。中行说教单于左右疏记，以计识其人众畜牧。必先有文字，疏记乃有可施；《史记》谓其“无文书，以言语为约束”，固非谓其无文字也。创制文字，实为大业，纵乏史记，十口不得无传，中国之称仓颉是也。谓其受诸西域，则元之八思巴；即因而用之，亦元之塔塔统阿也；不得无问于中国。然则《汉书》于安息，明著其“书革旁行为书记”，于匈奴，独不及其文字，何哉？《西域传》曰：“自且末以往，有异乃记。”记其与中国异，而略其与中国同者，当时史法则然，《匈奴传》亦循此例焉尔。

日逐王之求内附，使汉人郭衡奉地图来，则匈奴并有地图矣。此必汉人之降匈奴者为之，然亦必匈奴文字，与中国同，乃可以其图来上；可见匈奴于中国文字，用之颇广，较之中行说教以疏记之时，不可同日语矣。或曰：安知非求附时使郭衡辈为之邪？曰：不然。《汉书·元帝纪》：建昭四年正月，以诛郅支单于告祠郊庙，赦天下。群臣上寿置酒，以其图书示后宫贵人。《注》引服虔曰：“讨郅支之图书也。”又引或说曰：“单于土地山川之形书也。”师古曰：“或说非。”以日逐王之事观之，则或说是矣。讨郅支之图书，何足为异，何必以示后宫贵人？且图山川形势来上者，大抵皆有关兵谋。陈汤之诛郅支，由于矫诏，及其上闻，事已大定矣，安用图地形来上？以事理揆之，亦知服说之非，或说为是也。或曰：郅支丧败之余，安能携图书而去，此必康居物，西域胡所为也。是又不然。匈奴虽随畜转移，亦未尝无辎重。马邑之权，王恢主击匈奴辎重，以单于兵多，弗敢击，获罪；元朔二年，天子褒车骑将军曰："车辎畜产，毕收为卤。"元狩二年褒票骑将军曰："辎重人众，慑慴者弗取。"四年，大将军、票骑将军兵大出，赵信为单于谋，悉远北其辎重，以精兵待幕北；见《史记·卫将军票骑列传》。《匈奴列传》："贰师之出，匈奴悉远其累重于余吾水北，而单于以十万骑待水南。皆匈奴军行有辎重之证。《周官》大史，大迁国，抱法而前；而终古、向挚、屠黍之流知国之将亡，则奉图籍而出奔；见《吕览·先识》。其事皆可互证。所以三代虽亡，治法犹存，官人百吏，持之以取禄秩也。《荀子·荣辱》。西域胡书，岂后宫贵人所能识？此正匈奴用中国文字之铁证，而亦其治法有类中国之铁证矣。

《说文》控字下曰："匈奴引弓曰控弦。"《一切经音义》引作"匈奴谓引弓曰控弦"，是也，今本盖夺谓字。又一引匈奴作突厥。汉时无突厥，必误也。然则匈奴言语，亦有与中国同者矣。

《观堂集林》有《匈奴相邦印跋》，曰："匈奴相邦玉印，藏皖中黄氏。形制文字，均类先秦，当是战国、秦、汉之物。考六国执政均称相邦，秦有相邦吕不韦，见戈文。魏有相邦建信侯。见剑文。今观此印，知匈奴亦然。史作相国，盖避汉高帝讳改。《史记·大将军票骑列传》，屡言获匈奴相国、都尉；而《匈奴列传》记匈奴官制，但著左右贤王以下二十四长而不举其目，又言二十四长，亦各自置千长、百长、十长、裨小王、相封、都尉、当户、且渠之属。相封即相邦，易邦为封，亦避高帝讳耳。"此印若真，亦匈奴与中国同文之一证也。

（三四四）匈奴龙庭

匈奴逐水草移徙，无城郭常处。然壶衍鞮之衰也，由左贤王、右谷蠡王之不会龙城；而醢落尸逐鞮之将叛，史亦谓其庭会稀阔；则正月、五月、九月之会所系至巨。舜、禹之立，以朝觐讼狱之归，而《史记·殷本纪》言殷之盛衰以诸侯来朝与否为征，知朝觐之礼，固不待有宫室城郭之世而后重矣。匈奴之大，盖自冒顿以来，史但言其庭直代、云中而未尝详言所在；朔方之建，匈奴遂弃漠南，新庭所在，史亦未言其地，诚憾事也。

今案冒顿之庭当在今大同以北之大青山中。何以知之？蒙恬之斥逐匈奴也，匈奴单于曰头曼。头曼不胜秦，北徙。史不言其所居。然侯应议罢边塞事曰："北边塞至辽东，外有阴山，东西千余里，草木茂盛，多禽兽，本冒顿单于依阻其中，治作弓矢，来出为寇，是其苑囿也。”《汉书·匈奴列传》。冒顿弑父，龙庭未闻徙地，则头曼弃河南后，必即居阴山中矣。本居河南，平夷无险，至是盖依山为阻。秦之乱，适戍边者皆去，匈奴得宽；后稍度河南，与中国界于故塞。时，北方游牧之族，在匈奴之东者为东胡，西为月氏，北为丁令。冒顿单于皆击破之。又南并楼烦、白羊王。白羊王，在河南。《汉书》云：“诸左王将居东方，直上谷，以东接濊貉、朝鲜；右王将居西方，直上郡，以西接氐、羌；而单于庭直代、云中。”《匈奴列传》。匈奴盖至是始尽有漠南北之地。冒顿子老上单于又击服西域，置僮仆都尉，居焉耆、危须间。赋税诸国，取富给焉。孝文三年，右贤王入居河南为寇。其明年，单于遗汉书曰：“今以少吏之败约，故罚右贤王，使至西方求月氏击之。以天之福，吏卒良，马力强，以灭夷月氏，尽斩杀降下定之。楼兰、乌孙、呼揭及其旁二十六国，皆已为匈奴。”则匈奴之服西域，在孝文三四年间。而匈奴之国势，遂臻于极盛。

汉初对匈奴，亦尝用兵。已而被围于平城，今山西大同县。不利，乃用刘敬策，妻以宗室女，与和亲。盖以海内初平，不能用兵，欲以是徐臣之也。高后、文、景之世，守和亲之策不变。然匈奴和亲不能坚，时入边杀掠。汉但发兵防之而已。是时当匈奴冒顿、老上、军臣之世，为匈奴全盛之时。武帝即位，用王恢策，设马邑之权，以诱军臣单于。军臣觉之而去。匈奴自是绝和亲，攻当路塞，数入盗边。然尚乐关市，耆汉财物，汉亦通关市不绝以中之。元光元年，汉始发兵出击。自后元朔二年、五年、六年、元狩三年，仍岁大举。而元朔二年之役，卫青取河南，置朔方郡；在今鄂尔多斯右翼后旗，黄河西岸。汉既筑朔方，遂缮蒙恬所为塞，因河为固。元狩二年，浑邪王杀休屠王降汉；汉通西域之道自此开，羌、胡之交关自此绝。匈奴受创尤巨。于是伊稚斜单于，军臣之弟，继军臣立。用汉降人赵信计，本胡小王，降汉，封为翕侯。败没，又降胡。益北绝幕。欲诱疲汉兵，徼极而取之。元狩四年，汉发十万骑，私负从马凡十四万匹，粮重不与焉。使卫青、霍去病中分兵。青出定襄，今山西右玉县。至寘颜山赵信城。去病出代，封狼居胥，禅于姑衍，临瀚海而还。自是匈奴远遁，而漠南无王庭。汉渡河自朔方以西至令居，今甘肃平番县。往往通渠，置田官，吏卒五六万人，稍蚕食，地接匈奴以北矣。

伊稚斜单于后，再传而至儿单于。儿单于之立，当武帝元封六年。自儿单于以后，益徙而西北。左方兵直云中，右方兵直酒泉、敦煌。龙庭所在，史亦不详。而以兵事核之，则距余吾水至近。天汉四年，贰师之出，且鞮侯单于悉远其累重于余吾水北，而自以兵十万待水南。征和二年，闻汉兵大出，左贤王驱其人民，渡余吾水六七里，居兜衔山。壶衍鞮单于时，汉生得瓯脱王。匈奴恐以为导袭之，即北桥余吾，令可渡。《山海经》："北鲜之山，鲜水出焉。北流注于余吾。""北鲜"二字，疑鲜卑之倒误。余吾，仙娥，一音之转。颇疑今色楞格河，古时本名鲜水；即鲜卑水，或译名但取上一音，或夺卑字。而拜哈勒湖，则名余吾；后乃貤其所注之湖之名，以名其水也。本始二年，五原之兵，出塞八百余里，而至丹余吾水。丹余吾，当系余吾众源之一，或其支流。以道里计之，亦当在今色楞格河流域也。古山水多以种族名，而北族如匈奴、纤犁等古皆近塞，后乃播迁而出塞外。北徼山水与内地戎狄同名，理所可有。《公羊》成公元年："王师败绩于贸戎。"《左氏》作茅戎，而云"败绩于徐吾氏"。徐吾即余吾也。杜《注》云："茅戎之别也。"说盖不误。戎狄迁徙，习为故常，自春秋至前汉，阅时久矣，古之贸戎播迁而至漠北，亦理所可有。然则余吾水，或贸戎之别荐居之所耶？遐哉尚矣，弗可得而考矣！儿单于四传而至壶衍鞮单于。宣帝本始二年，匈奴欲掠乌孙，乌孙公主来求救。汉发五将军十余万众，出塞各二千余里以击之。匈奴闻之，驱畜产远遁。是以五将少所得，而校尉常惠护乌孙兵，入自西方，获三万九千余级；马、牛、驴、骡、橐驼五万余匹，羊六十余万头。《乌孙传》云"乌孙皆自取所虏获"，则此数未必确实。然匈奴之所损，必甚多也。匈奴民众死伤，及遁逃死亡者，不可胜数。其冬，单于自将攻乌孙，颇有所得。欲还，会大雨雪，人畜冻死，还者不及什一。于是丁令攻其北，乌桓入其东，乌孙击其西，凡三国所杀数万级；马数万匹，牛羊甚众。匈奴大虚弱，诸国羁属者皆瓦解，滋欲乡和亲，然尚未肯屈服于汉也。其后匈奴内乱，五单于争立。呼韩邪尽并诸单于，又为新立之郅支单于所败。乃于甘露元年，款五原塞降汉。三年，入朝。郅支北击乌揭，降之，发其兵，西破坚昆，北降丁令。并三国之众，留都坚昆。《三国志注》引《魏略》：匈奴单于庭，在安习水上，当系指此时言之。安习水，今额尔齐斯河也。后杀汉使谷吉，自以负汉；又闻呼韩邪日强，恐袭之，欲远去。会康居数为乌孙所困，使迎郅支居东边，欲并力取乌孙以立之。郅支大悦，引而西。康居王甚尊敬之，妻以女。郅支数借兵击破乌孙。乌孙西边空虚不居者且千里。郅支骤胜而骄，杀康居王女，又役康居之民为筑城。元帝建昭三年，西域副都护陈汤矫制，发诸国及车师、戊己校尉屯田兵攻杀之。传首京师。北方积年之大敌，至是称戡定焉。

匈奴之弱，实由失漠南。侯应《罢边塞议》谓“边长老言，匈奴失阴山之后，过之未尝不哭也”。据《汉书·匈奴传》：元封六年冬，匈奴大雨雪，畜多饥寒死；诛贰师后，连雨雪数月，畜产死，人民疫病，谷稼不熟；本始二年，单于自将击乌孙，欲还，会天大雨雪，一日深丈余，人民畜产冻死，还者不能什一；虚闾权渠单于之立，匈奴饥，人民畜产死十六七。盖三十七年之间，大变之见于中国史者四矣，度尚有较小，为中国史所不载者也。

（三四五）头曼北徙及复度河南之年

《史记·匈奴列传》云：“秦灭六国，始皇帝使蒙恬将十万之众北击胡，悉收河南地。因河为塞，筑四十四县，城临河，徙适戍以充之。而通直道，自九原至云阳，因边山险堑溪谷，可缮者治之。起临洮至辽东万余里。又度河据阳山北假中。当是之时，东胡强而月氏盛。匈奴单于曰头曼，头曼不胜秦，北徙。十余年而蒙恬死，诸侯畔秦，中国扰乱，诸秦所徙适戍边者皆复去；于是匈奴得宽，复稍度河南与中国界于故塞。”蒙恬击匈奴，据《始皇本纪》，事在三十二、三十三年，上距秦灭六国已六年，下距蒙恬之死仅四年耳，安得云十余年？然则《匈奴列传》盖辜较言之，误以头曼北徙，自秦灭六国时起计；抑或头曼北徙，实在蒙恬出击之先，史但承蒙恬事叙之，而未详其年岁，二者必居一于是矣。《高祖纪》：塞王欣、翟王翳降后，缮治河上塞。废丘降、章邯自杀后，又兴关内卒乘塞。是时楚汉相持方急，汉方发关中老弱未传者悉诣军；又关中大饥，米斛万钱，人相食，令民就食蜀汉；非万不得已，必不肯分兵守边。疑匈奴之复度河南，与中国界于故塞，当在是时也。

（三四六）头曼城

《汉书·地理志》：五原郡稒阳县，北出石门障得光禄城，又西北得支就城，又西北得头曼城。王先谦《汉书补注》云：“盖即冒顿父所筑。”案卫律为壶衍鞮单于谋，穿井筑城，治楼以藏谷，与秦人守之。汉兵至，无奈我何。或曰：

胡人不能守城，是遗汉粮也。卫律于是止。《匈奴传》。安得当头曼时已能筑城而居乎？即筑之，将谁与守？此盖胡语偶同，或后人筑城，知其地为头曼故居，因以名之，必非头曼所筑也。

贰师之出塞也，追北至范夫人城。应劭曰："本汉将筑此城。将亡，其妻率余众完保之，因以为名。"张晏曰："范氏能胡诅者。"范氏事迹，当有可考，特应劭、张晏均未详言之耳。然则谓为汉人所筑，必非臆度之辞。汉人筑城于胡中，以其能守城也，故能完其余众。郅支之筑城，已在徙西域后矣，犹不能守，而为陈汤所破，况头曼时乎？

（三四七）优留单于非真单于

《后汉书·南匈奴传》：元和二年，"时北虏衰耗，党众离畔，南部攻其前，丁零寇其后，鲜卑击其左，西域侵其右，不复自立，乃远引而去。章和元年，鲜卑入左地，击北匈奴，大破之，斩优留单于。二年，七月，南单于上言：孝章皇帝圣思远虑，遂欲见成就，故令乌桓、鲜卑讨北虏，斩单于首级，破坏其国。今所新降虚渠等诣臣自言：去岁三月中发虏庭，北单于创刈南兵，又畏丁令、鲜卑，遁逃远去，依安侯河西。今年正月，骨都侯等复共立单于异母兄右贤王为单于，其人以兄弟争立，并各离散。"《鲁恭传》：和帝初立，议遣窦宪与耿秉击匈奴，恭上疏谏，言"今匈奴为鲜卑所杀，远臧于史侯河西，去塞数千里"。史侯河当即安侯河。安、史字音不同，未知孰误。观南单于之言，北单于遁逃之年，即鲜卑杀优留之岁，极似此遁逃之北单于，为继优留之后者。然建武二十五年，史已言南单于遣兵击破北单于，北单于震怖，却地千里。其后二十七年，北单于遣使诣武威求和亲。明帝末，北虏寇钞边郡，河西城门昼闭。元和元年，武威太守孟云上言北单于复愿与吏人合市，诏书听云遣译使迎呼慰纳之。北单于乃遣大且渠伊莫訾王等驱牛马万余头来，与汉贾客交易。是北庭久在河西塞外，而最近武威。鲁恭所谓去塞数千里者，盖指河西诸郡边塞言之。鲜卑转徙而据匈奴之地，事在永元三年耿夔大破之之后，安得当章和元年已能入其左地，杀其单于乎？然则是年所入，仍是匈奴未西徙时之左地；南单于谓北单于遁逃远去，自指建武二十五年以后、元和二年以前之事言之，非指章和元年之事。《后汉书》盖于南单于之言，有所删节，而未求其文义之安；

"去岁三月中发虏庭"，与"北单于创刈"云云，元文实不相接而误连之，遂若右贤王继优留而立，其实不然也。《宋均传》：章和二年，鲜卑击破北匈奴，而南单于乘此请兵北伐，因欲还归旧庭。均族子意上疏曰："臣察鲜卑侵伐匈奴，正是利其钞掠；及归功圣朝，实由贪得重赏。今若听南虏遗都北庭，则不得不禁制鲜卑。鲜卑外失暴掠之愿，内无功劳之赏，豺狼贪婪，必为边患。"然则优留或实非单于，鲜卑妄言之以冒功，未可知也。又《陈禅传》：禅以永宁二年，"左转为玄菟候城障尉。既行，会北匈奴入辽东，追拜禅辽东太守。胡惮其威强，退还数百里。禅不加兵，但使吏卒往晓慰之。单于随使还郡。禅于学行礼，为说道义，以感化之。单于怀服，遗以胡中珍宝而去"。是时辽东塞外，安得有单于？盖北虏旧部与西方隔绝，将众者遂以此自号耳。优留单于，或亦其类也。《袁安传》：北单于为耿夔所破，遁走乌孙，窦宪上立降者左鹿蠡王阿佟。安言"乌桓、鲜卑新杀北单于，今立其弟，则二虏怀怨"。然则优留单于，乃阿佟之兄也。又案南单于仅云北单于创刈南兵，又畏丁令、鲜卑，不云西域攻之。匈奴未西徙时，虽衰乱，西域诸国，似未必能攻其右。且西域果攻其右，匈奴复安得西徙乎？《后汉书》记元和二年事，恐亦不免杂采旧文而不谛也。

（三四八）五饵

贾生五饵之说，谓车服以坏其目，饮食以坏其口，音声以坏其耳，宫室以坏其腹，荣宠之以坏其心。不过以中国侈靡之俗，诱惑蛮夷无知之人耳。乃曰：关市屠沽者，卖饭食者，美臛炙膹者，物各一二百人，则胡人着于长城之下矣。是王将强北之，必攻其王矣。以匈奴之饥，饭羹、啖膹炙、嗺潳、多饮酒，其亡竭可立而待也。赐大而愈饥，多财而愈困，远期五岁、近期三年之内，匈奴亡矣。《新书·匈奴》。夫率其子弟，攻其父母，民之亲我欢若父母，其好我芬若椒兰，反顾其上则若灼黥仇雠，此孟子、孙卿之所想望，充类至义之尽之言，虽三代征伐未能竟其义、如其文者也。乃贾生欲以晏安为鸩毒，不用兵刃而亡人之国，何其侈哉！岂非处士之大言，少年之锐气乎？然《史记》所载，以匈奴降王、相、归义、属国之属侯者，惠、景间十人，安陵侯子军，垣侯赐，遒侯隆强，容成侯唯徐卢，易侯仆黥，范阳侯代，翕侯邯郸，弓高侯韩颓当、韩王信孽子，襄城侯韩婴、信太子之子，亚谷侯它父、故燕王卢绾子，传云绾孙。建元以来二十有四。翕侯赵信，持装侯乐，亲阳侯月氏，若阳侯猛，涉安侯于单，昌武侯赵安稽，襄成侯无龙，潦侯煖訾，宜冠侯高不识，煇渠侯仆多，下麾侯呼毒尼，漯阴侯挥邪，煇渠侯扁訾，河綦侯乌犁，常乐侯稠雕，壮侯复陆支，众利侯伊即轩，湘成侯敞屠洛，散侯董荼吾，臧马侯延年，瞭侯次公，昆侯渠复累，骐侯驹几，梁期侯任破胡。又秺侯金日磾，都城侯金安上，见《补表》。其见于《汉书·景武昭宣元成功臣表》者又四人。开陵侯成娩，归德侯先贤掸，信成侯王定，义阳侯厉温敦。以兵败复降匈奴者，仅一赵信；谋反入匈奴诛者，亲阳、若阳二侯；属国降胡亡入匈奴者，元帝初元元年上郡万余人耳。见《纪》。不特此也，汉武即位，通关市以饶给匈奴，而匈奴自单于以下皆亲汉，往来长城下，以此几堕马邑之权，然犹乐关市，嗜汉财物。浑邪王之降也，贾人与市长安中，坐当死者五百余人，汲黯讥武帝虚府库赏赐，发良民侍养，若奉骄子。《黯传》。夫武帝之厚抚降人，出于侈靡，欲夸视中国富厚者，容或有之；抑惮匈奴之强，而所以奉之者转厚，亦在所不免；然谓其绝无以此为饵之意，亦未必然也。然则贾生之策，汉虽不尽行，亦未尝全不见用矣。

老子曰："化而欲作，吾将填之以无名之朴。"通观五千言，以侈靡为致乱之原，而责上之人躬履俭素，以填静其民者甚至。夫民日接于纷华靡丽，而曰上之人躬履俭素，遂能使其下薄太牢之享而甘茹其粟，其说似近于迂。然而野蛮之族，与文明之族接，习于侈靡，终致丧亡者，有不自其上之人始者乎？盖文明民族之所优，野蛮民族之所乏者，有利用厚生之事焉，有纷华靡丽之事焉。利用厚生之事，有益于民生，无害于风俗，苟能采人之所长，以补己之所短，未见其于野蛮民族为有害；不徒无害，且使其民日臻于乐利，益进于文明，寖至与上国方驾焉。惟侈靡之事，则诚所谓赐大而愈饥，多财而愈困者，惑而溺之，未有不以败亡随其后者也。夫使上之人诚能躬履俭素，日计其国人而训之；而又能操刑法以齐其下，饮食衣服，不轨于正者必诛；如是，则其民之慕效文明之族者，必利用厚生之事，而非纷华靡丽之为；民日进于富厚文明，受交邻之益而不受其害，夫孰能挟晏安为鸩毒，而以是为饵？然而野蛮之族与文明之族遇，为凡民之表率者，无不惟纷华靡丽之悦，而下之人遂靡然从风，率一国之人，惰于作业，而贪于饮食，冒于货贿，不徒兵力不敌中国如匈奴者，终至灭亡也；即其乘中国衰乱，为封豕长蛇，荐食上国者，亦终以此自毙。其事至浅也，其理至明也，而往古来今，前车覆而后车继，不待人之驱，而自入于罟擭陷阱，岂不哀哉！匈奴之攻战，斩首虏，赐一卮酒，酒之贵重可知。然秫蘖有待于汉之赠遗，此亦饮食可以坏其口之一证。以是为赐，上之人不翅明示汉物之可贵矣。

然而勿谓秦无人也。中行说之说老上单于也，曰："匈奴人众不能当汉之一郡，然所以强者，以衣食异，无仰于汉也。今单于变俗好汉物，汉物不过什二，则匈奴尽归于汉矣。"何其所言与贾生如出一口也？其为单于画曰："其得汉缯絮，以驰草棘中，衣袴皆裂敝，以示不如旃裘之完善也。得汉食物，皆去之，以示不如湩酪之便美也。"何其计之深而虑之远也？而惜乎单于之不能用也。然而杨恽之折中书谒者令曰："冒顿单于得汉美食好物，谓之殠恶。"《汉书·恽傅》。则冒顿固尝行之矣。此其所以能尽服从北夷，而南与中国为敌国与？

（三四九）萧望之对待匈奴之议论

呼韩邪之来朝也，诏有司议其仪，咸曰：宜如诸侯王，位次诸侯王下。萧望之独以为单于非正朔所加，故称敌国，宜待以不臣之礼，位在诸侯王上。宣帝从之。诏曰："教化所不施，不及以政。"此从《望之传》。《本纪》作"礼所不施"。而望之之言曰："使匈奴后嗣卒有鸟窜鼠伏，阙于朝享，不为叛臣。"大哉言乎！彼之称臣服从者，屈于力也，不则商贾利赏赐也；力所不及，利所不存，遂欲抗颜与我为敌国。乡以得其臣为荣者，至此遂以失其臣为辱，则何如望之之议，谓"外夷稽首称藩，中国让而不臣"之为谦尊而光，卑而不可输哉？夫谦尊而光，而侈然自大者之为可笑而亡谓也，其理至易喻也。然惟汉世能行之。无他，当是时中国盛强，足于中不待炫耀于外也。宣帝赐单于印玺与天子同，见《汉书·食货志》。何损于汉天子之豪末哉？

匈奴之乱也，议者多欲因其坏乱举兵灭之；望之独引《春秋》不伐丧之义，谓宜遣使者吊问，辅其微弱，救其灾患，四夷闻之，咸贵中国之仁义。如遂蒙恩得复其位，必称臣服从，此德之盛也。斯议也，论者必以为迂，然因外夷之坏乱而举兵灭之，唐太宗之于突厥、薛延陁，则尝行之矣，曾何补于默啜之寇盗，更何益于中叶后回纥之骄横哉？观东西汉之世，两呼韩邪之后戢戢乡化，而唐世恒以六胡州旰食，而知尚德不观兵之效矣。特难为浅虑者道耳。

（三五〇）全代制匈奴策

苏子瞻之策西夏曰：灵武之所以不可取者，非数郡之能抗吾中国；吾中国自困而不能举也。其所以自困而不能举者，以不生不息之财，养不耕不战之兵，块然如巨人之病腿，非不枵然大矣，而手足不能以自举。欲去是疾也，则莫若捐秦以委之；使秦人断然如战国之世，不待中国之援，而中国亦未始有秦者。有战国之全利，而无战国之患，则夏人举矣。《对制科策》。王恢之策匈奴曰："臣闻全代之时，北有强胡之敌，内连中国之兵，然尚得养老长幼，种树以时，仓廪常实，匈奴不轻侵也。"《汉书·韩安国传》。恢数为边吏，习胡事，又去战国之世近，其言必非无据；然则非敌国外患之足虑，有敌国外患而我无以待之之足虑。

（三五一）分地

读史者多谓耕稼之民，始重土地；游牧之民，则可以时时迁徙；误也。游牧之民之迁徙，亦出于不得已耳，故亦极重分地。《史记·匈奴列传》曰："逐水草迁徙，毋城郭常处耕田之业，然亦各有分地。"又曰："诸左方王将居东方，直上谷，以往者东接秽貉、朝鲜，右方王将居西方，直上郡，以西接月氏、氐、羌，而单于之庭直代、云中：各有分地，逐水草移徙。"其证也。彼其所谓迁徙者，固皆在分地之内耳。分地之制，惟辽世最严。故当其盛时，北方最为安定。以凡部族皆能保其分地，莫相侵犯，则变动无从起耳。《辽史·营卫志》引旧志曰："契丹之初，草居野次，靡有定所，至涅里，始制部族，各有分地。"非谓前此遂无定居，乃其所居之地，无法令以保郭之，不能视为分地耳。

（三五二）秦始皇筑长城

秦始皇帝筑长城，誉之者以为立万古夷夏之防，毁之者以为不足御侵略，皆不察情实之谈也。《史记·匈奴列传》曰："士力能弯弓，尽为甲骑。"又曰："自左右贤王以下至当户，大者万余骑，小者数千。凡二十四长，立号曰万骑。"则匈奴壮丁，尚不足二十四万。《史记》又云：冒顿"控弦之士三十万"，盖其自号之虚词也。《新书·匈奴篇》曰："窃料匈奴控弦，大率六万骑，五口而出介卒一人，五六三十，此即户口三十万耳。"此则其数太少。或贾生所计，非匈奴全国之众。南部之并北部也，领户三万四千，口二十三万七千三百，胜兵五万一百十七人。所谓胜兵，即力能弯弓之士也。然则匈奴壮丁，居其民数五之一弱。与贾生五口而出介卒一人之说合。今即以匈奴兵数为二十四万，以五乘之，其口数亦不过百二十万耳。贾生谓匈奴之众，不当汉千石大县；中行说谓匈奴人众，不能当汉之一郡，非虚词也。冒顿尽服从北夷时，口数如此，头曼以前当何如？《史记》曰："自陇以西，有绵诸、绲戎，翟貘之戎。岐梁山、泾、漆以北，有义渠、大荔、乌氏、朐衍之戎。而晋北有林胡、楼烦之戎，燕北有东胡、山戎，各分散居溪谷，自有君长；往往而聚者，百有余戎，然莫能相一。"头曼以前之匈奴，则亦如此而已。此等小部落，大兴师征之，则遁逃伏匿，不可得而诛也；师还则寇钞又起；留卒戍守，则劳费不资；故惟有筑长城以防之。长城非起始皇，战国时，秦、赵、燕三国，即皆有之。皆所以防此等小部落之寇钞者也。齐之南亦有长城，齐之南为淮夷，亦小部落，能为寇钞者也。若所邻者为习于战陈之国，则有云梯隧道之攻，虽小而坚如偪阳，犹惧不守，况延袤至千百里乎？然则长城之筑，所以省戍役，防寇钞，休兵而息民也。本不以御大敌。若战国秦时之匈奴，亦如冒顿，控弦数十万，入塞者辄千万骑，所以御之者，自别有策矣。谓足立万古夷夏之防，几全不察汉后匈奴、鲜卑、突厥之事，瞽孰甚焉。责其劳民而不足立夷夏之防，其论异，其不察史事同也。

（三五三）秦营南方上

《秦始皇本纪》："三十三年，发诸尝逋亡人、赘婿、贾人，略取陆梁地，为桂林、象郡、南海，以适遣戍。""三十四年，谪治狱吏不直者，筑长城及南越地。"《六国表》略同。其所戍及所筑，皆即所略取之地，非中国与陆梁间之通道也，而《集解》引徐广曰"五十万人守五岭"，疏矣。

徐广之言，盖本于《淮南子》。《淮南子·人间训》曰：秦皇"利越之犀角、象齿、翡翠、珠玑，乃使尉屠睢发卒五十万，为五军：一军塞镡城之领，一军守九嶷之塞，一军处番禺之都，一军守南野之界，一军结余干之水，三年不解甲弛弩，使监禄无以转饷。又以卒凿渠而通粮道，以与越人战。杀西呕君译吁宋，而越人皆入丛薄中，与禽兽处，莫肯为秦虏。相置桀骏以为将，而夜攻秦人，大破之。杀尉屠睢，伏尸流血数十万，乃发谪戍以备之”。案此事亦见淮南王《谏伐闽越书》，《汉书·严助传》。而无发卒五十万之语。《汉书·严安传》载安上书，则谓秦使尉屠睢将楼船之士，南攻百越，既败，乃使尉佗将卒以戍越，《史记·淮南王传》伍被谏王之辞，又谓秦“使尉佗逾五岭攻百越，尉佗知中国劳极，止王不来”。今案尉佗本传，佗在秦时仅为龙川令，及任嚣病且死，召佗，被佗书，行南海尉事，佗乃因以自王，安有将兵征戍之事？更安得当秦始皇时，即止王不来乎？发卒与谪发大异；且略地遣戍，同在一年，即谪筑亦在其明年，安有所谓三年不解甲弛弩者？古载籍少，史记又非民间所有，称说行事，率多传闻不审之辞。淮南谏书，自言闻诸长老，明非信史。严安、伍被之辞，盖亦其类。徐广不察，率尔援据；且缪以淮南所言发卒之数为《史记》所云谪戍之数，亦疏矣。

淮南王谏伐闽越之辞曰：“不习南方地形者，多以越为人众兵强，能难边城。淮南全国之时，多为边吏，臣窃闻之，与中国异。限以高山，人迹所绝，车道不通，天地所以隔外内也，其入中国，必下领水，领水之山峭峻，漂石破舟，不可以大船载食粮下也。越人欲为变，必先田余干界中，积食粮，乃入伐材治船。边城守候诚谨，越人有入伐材者，辄收捕，焚其积聚，虽百越，奈边城何？”此虽言闽越，南越亦无以异，即有丧败，安用发大兵为备乎？兵有利钝，战无百胜，当时用兵南越，天时地利，皆非所宜，偏师丧败，事所可有，然以大体言之，则三郡之开，辟地万里，越人固未尝敢以一矢相加遗，安用局促守五岭乎？使一败而至于据岭以守，则三郡之不属秦久矣，何以陈胜既起，任嚣犹能挈南海以授赵佗；而佗既行尉事，南海犹多秦吏，而待佗稍以法诛之邪？见佗本传。《陈余传》载武臣等说诸县豪桀之辞，谓秦南有五岭之戍。盖汉通南越，岭道有五，故为此辞者云尔，非必武臣当时，语本如此。《佗传》言佗檄横浦、阳山、湟溪绝道聚兵以守，则似秦与南越往来，惟有三道耳。

汉武帝之通夜郎也，拜唐蒙为中郎将，将千人，食重万余人。《史记·西南夷传》。王莽之击益州也，发天水、陇西骑士，广汉、巴、蜀、犍为吏民十万人，转输者合二十万。犹以军粮前后不相及，致士卒饥疫，三岁余死者数万，见《汉书·西南夷传》。知当时南方，道路艰阻，运饷者恒倍蓰于士卒。始皇若发五十万人以攻越，疲于道路者，不将逾百万乎？又淮南谏书，言“自汉初定已来，七十二年，吴越人相攻击者不可胜数”；而《史记·东越列传》：闽越围东瓯，东瓯告急天子，天子问太尉田蚡，蚡对亦曰“越人相攻击固其常”;《汉书·高帝纪》十一年诏亦曰“粤人之俗，好相攻击”；知当时越人，尚分散为众小部落，此其所以有百越之称也，安用发大兵攻之？彼亦岂能聚大兵来攻，而待发大兵以守乎？

秦所遣谪戍之数，虽不可考，然必不能甚多，故任嚣告赵佗，谓“颇有中国人相辅”;《佗传》。而陆贾说佗，亦谓“王众不过数十万，皆蛮夷”也。《史记·贾传》。《汉书·两粤传》载佗《报文帝书》，言“西有西瓯，其众半羸，南面称王；东有闽粤，其众数千人，亦称王；西北有长沙，其半蛮夷，亦称王”。羸当作赢，《史记》作其西甄骆裸国，师古曰：“羸，谓劣弱也。”竟未一考《史记》，疏矣。“其众数千人”，《史记》作“千人众”。东瓯之降也，其众四万余，《史记·汉兴以来将相名臣年表》：建元三年，“东瓯王广武侯望率其属四万余人来降，处庐江郡。”闽越强于东瓯，众不得较东瓯为少。知佗于西瓯、闽粤、长沙，皆以中国之众，与“蛮夷”分别言之。陆生所谓众数十万者，必不苞中国人矣。汉高帝之王尉佗也，诏曰：“前时秦徙中县之民南方三郡，使与百粤杂处。会天下诛秦，南海尉佗居南方，长治之，甚有文理，中县人以故不耗减。”《汉书·高帝本纪》十一年。则佗自王后，中国人在南方者，初无所损。而陆生不之及者，其数微，不足计也。知秦时所谪，其数必不能多矣。

《史记》所谓筑越地者，盖谓筑城郭宫室也。中县民初至，必不能处深山林丛，势不能不筑宫室以居，城郭以守。然则秦人之徙中县民，其意虽欲使与越杂处以化之，实仍自为聚落，故其数不耗减易知也。长沙开辟最久，盖犹不免焉，而闽越无论矣，故尉佗于此，并以中国人与“蛮夷”分言之也。

汉人引秦事以讥切当世者甚多，而皆莫如晁错之审。错之论守备边塞也，曰：“臣闻秦时，北攻胡貉，筑塞河上；南攻扬粤，置戍卒焉。夫胡貉之地，积阴之处也，木皮三寸，冰厚六尺，食肉而饮酪，其人密理，鸟兽毳毛，其性能寒。扬粤之地，少阴多阳，其人疏理，鸟兽希毛，其性能暑。秦之戍卒不能其水土，戍者死于边，输者偾于道。秦民见行，如往弃市，因以谪发之，名曰谪戍，先发吏有谪及赘婿、贾人，后以尝有市籍者，又后以大父母、父母尝有市籍者，后入闾，取其左。”此即《史记》所谓发诸尝逋亡人、赘婿、贾人，适治狱吏不直者也。然错之言曰：“臣闻古之徙远方以实广虚也，相其阴阳之和，尝其水泉之味，审其土地之宜，观其草木之饶；然后营邑立城，制里割宅，通田作之道，正阡陌之界。先为筑室，家有一堂二内，门户之闭，置器物焉，民至有所居，作有所用，此民所以轻去故乡而劝之新邑也。”秦之徙民，其虑之虽不能如是之备，然其适筑越地，盖犹存此意焉。错又言：人情非有匹敌，则不能久安其处，故亡夫若妻者，欲县官买予之。今案伍被言：尉佗止王南越，使人上书，求女无夫家者三万人，以为士卒衣补，秦始皇帝可其万五千人。被言不谛，说已见前。然传闻之辞，虽不尽实，亦不能全属子虚。果若所言，则秦之徙民，得古之遗意者多矣，其迫而徙之虽虐，而既徙之后，固未尝不深虑之而力卫之也。此其所以三郡之地，能永为中国之土欤？

当时居越中者，中国人虽少，而越人之数，则初非寡弱。尉佗报文帝书，自称带甲百万有余。今案《汉书·地理志》，汉所开九郡，除珠崖、儋耳外，其余七郡，口数余百三十万；而珠崖、儋耳，户亦二万三千余，见于《贾捐之传》。然则百万虽虚辞，而淮南王谓越甲卒不下数十万；吴王濞遗诸侯书，谓“寡人素事南越三十余年，其王君不辞分其卒以随寡人，可得三十余万”，《史记》本传。则非夸饰之语矣。唐蒙谓“夜郎所有精兵，可得十余万”。案《汉志》，犍为郡口四十八万九千，牂柯郡口十五万三千，则其辞亦不虚。《史记·西南夷列传》谓“滇小邑”，又谓滇王“其众数万人”；又《建元以来侯者年表》：湘成侯监居翁，“以南越桂林监，闻汉兵破番禺，谕瓯骆兵四十余万降侯”，知南方文化程度虽低，生齿数实不弱，盖由气暖而地腴使然。秦所徙中县民，区区介居其间，而能化之以渐，使即华风，而未尝自同于剪发文身之俗，亦可谓难矣。抑秦之所以使之者，固自有其道，而后人过秦之论，有不尽可信者欤？

（三五四）秦营南方下

《史记·南越尉佗列传》：“秦时已并天下，略定扬越，置桂林、南海、象郡，以谪徙民，与越杂处十三岁。”《集解》引徐广曰：“秦并天下，至二世元年十三年。并天下八岁，乃平越地，至二世元年六年耳。”案此所谓略定扬越者，乃指秦灭楚后，平江南之地言之，即秦所置会稽郡地，而非桂林、南海、象郡之地也。《楚世家》及《六国表》，皆谓秦始皇二十三年，王翦击破楚军，杀项燕；二十四年，虏其王负刍，而《秦始皇本纪》则云：二十三年，王翦虏荆王，秦王游至郢陈。荆将项燕立昌平君为荆王，反秦于淮南。二十四年，王翦、蒙武攻荆，破荆军，昌平君死，项燕遂自杀。二十五年，王翦遂定荆江南地，降越君，置会稽郡。其记负刍之虏，早于《表》及《世家》一年；而立昌平君及定江南地事，则《表》及《世家》无之。今案《表》既记负刍于始皇二十四年见虏，而于二十五年又云秦灭楚，盖指昌平君之亡；而《王翦传》亦谓翦杀项燕后岁余，乃虏荆王，与《表》及《世家》合；则《秦本纪》之记事，实误移上一年，如此，则王翦定江南地，降越君，当在二十六年，正秦并天下之岁；至二世元年，正十三年也。会稽与桂林、南海、象郡之置，虽相距八年，然二者同为扬越之地，事实相因，故史原其始而言之耳。

项燕之死，《项羽本纪》亦与《六国表》及《世家》同，而《始皇本纪》独相违异，未知孰是。案军中奏报，往往不实。窃疑《表》及《世家》均沿战后奏报之辞。当时谓燕已死，而不知其实生。《始皇本纪》独记立昌平君事，乃遂删此语也。至《项羽本纪》则因燕与翦战败而死，与为翦所戮无异，乃遂粗言之，古人固多如此。然昌平君之反，则固当确有其事。《表》及《世家》，皆谓考烈王二十二年，"徙都寿春，命曰郢"。此即《本纪》"秦王游至郢陈"之郢，《世家》云："王翦、蒙武遂破楚国，虏楚王负刍，灭楚，名为郡。"楚国亦指寿春言之，盖即其地以立郡治。《本纪》记江南之定，在昌平君死后一年；《王翦传》亦云："竟平荆地为郡县，因南征百越之君。"则知平荆地与征百越，自属两事。盖虏负刍之时，秦人虽破寿春，兵力实尚仅及淮北也，然则昌平君所据，必为淮南无疑，徐广曰："淮一作江。"作江者恐非矣。

《尉佗传》云："自尉佗初王后，五世，九十三岁，而国亡焉。"初王，谓佗自立为南越武王，别于汉十一年遣陆贾立佗为南越王言之也。其时在高帝五年，距二世元年，又七年矣。

（三五五）赵佗年寿

《史记·南越尉佗列传》："至建元四年卒。佗孙胡为南越王。"《汉书》无卒字。案无之者是也。《集解》引徐广曰："皇甫谧曰：越王赵佗以建元四年卒，尔时汉兴七十年，佗盖百岁矣。"此谧之穿凿。篇末言"自尉佗初王，后五世九十三岁而国亡焉"，则佗之子亦尝为王。佗卒子继之年不可知，其子卒而胡继，则在建元四年。以事理推之，未始不可补“佗卒子继立”五字。然《史记》不之补者，古人之慎也。皇甫谧不考始末，遽以佗卒在建元四年，谬矣。凡谧之言，固多如此。《史记》盖本无卒字，如谧者臆补之也。

《礼记·曲礼》：“大夫七十而致事；若不得谢，则必赐之几杖，行役，以妇人适四方乘安车，自称曰老夫。”文帝元年，佗报谢之书，业已自称老夫；纵谓其时仅余六十，至建元四年亦四十四岁矣。况佗书谓老夫处粤四十九年，佗报书未必溯未居官时事，然则佗当令龙川乃至粤，其时年必逾弱冠，则报谢年必逾七十也。又四十四年，则当百十余岁，长寿者固非无有，然逾百岁者究罕。佗果至百十余岁，安得汉人绝无齿及者，故知佗必不卒于建元四年也。

（三五六）头兰

《史记·西南夷列传》：“南越反，上使驰义侯因犍为发南夷兵。且兰君恐远行，旁国虏其老弱，乃与其众反，杀使者及犍为太守。汉乃发巴蜀罪人尝击南越者八校尉击破之。会越已破，汉八校尉不下，即引兵还，行诛头兰。头兰，常隔滇道者也。”头兰，《索隐》云：“即且兰也。”案《汉书》作且兰，而无“头兰常隔滇道者也”句，此钞《汉书》者，以头兰即且兰而误节也。若头兰即且兰，则杀使者及犍为太守之罪大，隔滇道之罪小，此时诛之，必不以数其小罪矣。破且兰者，巴蜀罪人也。破头兰者，八校尉也。《汉书》“尝击南粤者”作“当击南粤者”，“击破之”作“击之”，似以两军为一，亦误。盖又因既误头兰、且兰为一而臆改也。故知展转传钞，其误多矣。

（三五七）夜郎侯见杀

《后汉书·西南夷夜郎传》云：“初有女子浣于遁水，有三节大竹流入足间，闻其中有号声，剖竹视之，得一男儿，归而养之。及长，有才武，自立为夜郎侯，以竹为姓。武帝元鼎六年，平南夷，为牂柯郡，夜郎侯迎降。天子赐其王印绶，后遂杀之。夷獠咸以竹王非血气所生，甚重之，求为立后。牂柯太守吴霸以闻，天子乃封其三子为侯。死，配食其父。今夜郎县有竹王三郎神是也。”案《史记》言“西南夷君长以百数，独夜郎、滇受王印”，似不至遽杀之。《汉书》言成帝河平中，夜郎王兴与钩町王禹、漏卧侯俞相攻击，汉遣使和解，不听。乃以陈立为牂柯太守。立因行县，召斩兴。《后汉书》所谓后遂杀之，疑指此。当时仍封其三子为侯，则其胤嗣初未尝绝。然《后汉书》言公孙述时，牂柯大姓龙、傅、尹、董氏与郡功曹谢暹保境为汉，而不及夜郎侯，则封爵虽存，亦已无足重轻矣。

（三五八）仓海君

《史记·留侯世家》："良尝学礼淮阳，东见仓海君。"《集解》引如淳曰："秦郡县无仓海。或曰东夷君长。"案或说是也。《越世家》言：无强之亡也，"诸族子争立，或为王，或为君，滨于江南海上，服朝于楚。后七世，至闽君摇，佐诸侯平秦。汉高帝复以摇为越王，以奉越后"。《东越列传》曰："闽越王无诸及越东海王摇，其先，皆越王句践之后也。秦已并天下，皆废为君长，以其地为闽中郡。及诸侯畔秦，无诸、摇率越归鄱阳令吴芮，从诸侯灭秦。当是之时，项籍主命，弗王，以故不附楚。汉击项籍，无诸、摇率越人佐汉。汉五年，复立无诸为闽越王，王闽中故地。孝惠三年，举高帝时越功，曰闽君摇功多，其民便附，乃立摇为东海王。"曰"或为王，或为君"；曰"皆废为君长"；曰"弗王，以故不附"；曰"复以摇为越王"；"复立无诸为闽越王"；则王之与君，尊卑迥判。盖能号令他部落者为王，独自臣其部落者为君。今之土司，皆有其所莅之民，皆君也；其桀黠者，尝觊兼主他部落，则欲为王者也。《记》曰："天无二日，民无二王。"此言号令不可不出于一。然号令所加，亦其部落之酋长耳；若其部民，则固一听命于其君，而王者之政令，初不之及。故各部落各有酋长，初无害于王者之治，惟不当与王者争发号施令之权耳，此秦之立闽中郡，所以必废无诸、摇为君长也，无诸、摇盖皆《越世家》所谓"或为王"者，故汉之王之，《史记》皆言复也。《魏略·西戎传》，谓氐"今虽都统于郡国，然故自有王侯在其墟落间"。《三国·魏志·乌丸鲜卑东夷传注》引。此王侯为虚名，其为君则实矣，何害于治？卫贬号曰君，而最后亡，由此也。然则始皇时，淮阳以东，得有东夷君长，亦固其所。晋灼以仓海君为海神，说近怪迂，犹知君非凡人之称；师古谓当时贤者之号，则误矣。贤者虽有才德，非有土、子民，则不称君。师古盖误谓下文"得力士"云云，与上相属，以为必贤者而后能知奇士，故谓良既见之，因而求得力士，而不知《史》《汉》此文，初不与上相属也。良之见仓海君，未知其所为。然必非徒求一力士。或欲用其徒众以报秦，如吴芮之用越人邪？

谓仓海君为东夷君长，是也，而姚察谓即武帝时所置仓海郡，则又非。“东见仓海君”，与下“得力士”云云，不必相属，而与上“学礼淮阳”，则必相属。所谓东者，自淮阳而东也。若武帝时之苍海郡，则因薉君之降而置者也。《汉书·武帝纪》元朔元年。《平准书》言“彭吴贾灭朝鲜，置仓海之郡”；《汉书·食货志》作“彭吴穿濊貉、朝鲜，置沧海郡”。宣帝诏丞相御史，亦言武帝“东定薉貉，朝鲜”，《汉书·夏侯胜传》。皆与朝鲜并举，安得在淮阳之东邪？

闽越王郢之诛也，诏曰：“郢等首恶，独无诸孙繇君丑不与谋焉。”“乃使中郎将立丑为越繇王。余善已杀郢，威行于国，国民多属，窃自立为王，繇王不能矫其众持正。天子闻之，为余善不足复兴师，曰：余善数与郢谋乱，而后首诛郢，师得不劳。因立余善为东越王，与繇王并处。”《史记·东越列传》。丑未王时已称君，可见其自有部属；而余善所谓国民多属者，则繇为王后所当矫正之众也，不归繇而归余善，则繇虽王，实仍君而已矣。

《史记·吴王濞传》：“发使遗诸侯书曰：寡人素事南越三十余年。其王君皆不辞分其卒以随寡人，又可得三十余万。”“其王君”，《汉书》作“其王诸君”，盖是。《史记》疑夺。王一也，而所属之君则多矣。

《汉书·高帝纪》：五年，诏曰：“故衡山王吴芮与子二人、兄子一人，从百粤之兵，以佐诸侯诛暴秦，有大功，诸侯立以为王。项羽侵夺之地，谓之番君。其以长沙、豫章、象郡、桂林、南海立番君芮为长沙王。”又曰：“故粤王亡诸世奉粤祀。秦侵夺其地，使其社稷不得血食。诸侯伐秦，亡诸身帅闽中兵以佐灭秦。项羽废而弗立。今以为闽粤王，王闽中地，勿使失职。”称亡诸为故粤王，可知《史记》所谓“废为君长”者，即夺其王位之谓；而项羽夺吴芮地，而仍谓之番君，亦即所谓废为君长者也。

（三五九）倭人国

《后汉书·鲜卑传》：言檀石槐“种众日多，田畜射猎不足给食。檀石槐乃自徇行，见乌集秦水，广从数百里，水停不流；其中有鱼，不能得之。闻倭人善网捕，于是东击倭人国，得千余家，徙置秦水上，令捕鱼以助粮食”。案乌集即今言窝集；乌集秦水，谓乌集中有水名秦也；其为何水不可知。然鲜卑东界，仅接夫余、秽貉，安得越海而伐日本，则此所谓倭者必非日本也。盖倭乃种族之称，日本虽倭人，倭人不仅于日本。此倭人国，必倭族分支早近于东北窝集者也。

《东夷传》言：马韩“其南界近倭，亦有文身者”；弁辰“其国近倭，故颇有文身者”。文身即倭人，此亦倭人不限于日本地方之一证。东北诸族乌桓、鲜卑及濊貉等，实皆自南而北，予别有考。如东北亦有倭人，则深足证予倭为嵎夷之说之确矣。《后汉书》之语，实本《魏书》，见《三国·魏志·鲜卑传注》引。乌集秦水作乌侯秦水，倭人国作汗国。又云：“至于今，乌侯秦水上有汗人数百户。”乌侯似即乌洛侯之异译，其地在那河西南，见《旧唐书·室韦传》。那河即今嫩江。

（三六〇）鲜卑

鲜卑出于东胡，读史者无异词。近人或曰：“通古斯 Tungus 者，东胡之音转也。不译为东胡，而译为通古斯，则何不称孔子曰可夫沙士也？”窃有疑焉。《后汉书》曰：“乌桓者，本东胡也。汉初，匈奴冒顿灭其国，余类保乌桓山，因以为号焉。”“鲜卑者，亦东胡之支也。别依鲜卑山，故因号焉。”《三国志注》引《魏书》略同，盖《后汉书》所本也。然则东胡之亡，众分为二。乌桓、鲜卑大小当略相等。顾鲜卑部落，自汉以后，绵延不绝，而乌桓自魏武柳城一捷，遂不复见于史，仅《唐书》所载，有一极小部落曰乌丸，亦作古丸，在乌罗浑之北。《辽史·太祖纪》，诏撒剌讨乌丸。穆宗时，乌丸叛，盖即此乌丸也。然其微已甚矣。乌桓当汉时，遍布五郡塞外，岂有柳城一捷，所余仅此之理？《通考》云：西晋王浚为幽州牧，有乌桓单于审登；前燕慕容儁时，有乌桓单于薛云；后燕慕容盛时，有乌桓渠帅莫贺咄科勃。亦其微已甚，不足数也。何耶？案拓跋氏之先实来自西伯利亚。别有一条考之。《魏书》谓其国有大鲜卑山。希腊、罗马古史，谓里海以西，黑海之北，古有辛卑尔族居之。故今黑海北境，有辛卑尔古城；黑海峡口，初名辛卑峡；而俄人称乌拉岭一带曰西悉毕尔。《元史译文证补·西域古地考·康居奄蔡》。辛卑尔即鲜卑也。此岂东胡灭后余众所居邪？抑鲜卑山自欧、亚之界，绵亘满、蒙之间也？乌桓、鲜卑二山，以地里核之，当即今苏克苏鲁、索岳尔济等山。案《史记·匈奴列传索隐》引服虔曰：“东胡，在匈奴东，故曰东胡。”《后汉书·乌桓传》:“氏姓无常,以大人健者名字为姓。”《索隐》又引《续汉书》曰:“桓以之名,乌号为姓。”此八字或有讹误,然大意可见。然则东胡者,吾国人貤匈奴之名以名之,而加一方位以为别,犹称西域诸国曰西胡尔,非译名也。乌桓盖彼族大人健者之名姓,乃分部之专号,非全族之通称。彼族本名,舍鲜卑莫属矣。此族古代,盖自欧、亚之界,蔓延于匈奴之北及其东。实在丁令之北。其所居之地,皆以种人之名名之。故里、黑海,乌拉岭,西伯利亚及满、蒙之间,其名不谋而合也。《史记》以东胡、山戎分言。《索隐》引服虔曰:“山戎,盖今鲜卑。”又曰:“东胡,乌丸之先,后为鲜卑。”又引胡广曰:“鲜卑,东胡别种。”则乌桓、鲜卑虽大同,似有小别。

近人或又云:鲜卑,即《禹贡》之析支。说颇可通。然惟据音译推度,未能详列证据。予昔尝为之补证,曰:“析支者,河曲之地,羌人居之,所谓河曲羌也。《后汉书·西羌传注》引应劭。羌与鲜卑习俗固有极相类者。羌俗氏姓无常,或以父名母姓为种号,则母有姓父无姓可知。乌桓亦氏姓无常,以大人健者名氏为姓。又怒则杀其父兄,而终不害其母,以母有族类,父兄无相仇报故也。一也。羌俗父死则妻后母,兄亡则纳厘嫂。乌桓亦妻后母,报寡嫂。二也。羌以战死为吉利,病终为不祥。乌桓俗亦贵兵死。三也。此皆鲜卑与河曲羌同族之证也。”由今思之,此等习俗,蛮族类然,用为证据,未免专辄。且如匈奴父死妻其后母,兄弟死,皆取其妻妻之,复可云与羌及鲜卑同祖邪?然此说虽不足用,而鲜卑出于析支,其说仍有可立者。《禹贡》析支与渠搜并举,则二族地必相近。《汉志》朔方郡有渠搜县,蒋廷锡谓后世种落迁被,说颇近之。《管子·轻重戊》篇:“桓公问于管子曰:代国之出何有?管子对曰:代之出,狐白之皮。公其贵买之。代人必去其本,而居山林之中。离枝闻之,必侵其北。”离枝即析支,是析支在代北也。《大匡》篇:“桓公乃北伐令支,斩孤竹,遇山戎。”《小匡》篇:“北伐山戎,制泠支,斩孤竹。”又曰:“北至于孤竹、山戎、濊貉,拘秦夏。”令支,泠支,亦即析支。《汉志》:辽西郡,令支,有孤竹城。地在今河北迁安县。是析支在今河北境矣。濊貉者,即《诗·韩奕》之追貊。陈氏奂说,见所撰《诗毛氏传疏》。未知信否。予谓追未必即濊,然追貊之貊,必即濊貉之貉也。《诗》曰:“王锡韩侯,其追其貊。”郑以韩在韩城,追貊为雍州北面之国。又曰:“其后追也,貉也,为玁狁所逼,稍稍东迁。”说颇可信。予别有考。渠搜者,《禹贡》析支之邻国,而汉时迹在朔方;濊貉者,周时地在离枝之东,而其后居今东三省境；然则自夏至周，青海至于辽东，种落殆有一大迁徙。离枝、渠搜，何事自今青海迁至雍、冀之北不可知。若濊貉之走辽东西，鲜卑之处今蒙古东境，则殆为匈奴所逼也。又燕将秦开，袭破东胡，燕因置上谷、渔阳、右北平、辽西、辽东五郡。此五郡者，其初亦必离枝、濊貉诸族所杂居矣。《后汉书·乌桓传》："若亡畔，为大人所捕者，邑落不得受之，皆走逐于雍狂之地，沙漠之中。其土多蝮蛇，在丁令西南，乌孙东北焉。"丁令所居，北去匈奴庭安习水七千里，南去车师五千里，见《史记索隐》引《魏略》。安习水，今额尔齐斯河；乌孙则今伊犁地也。乌桓区区，流放罪人，安得如是之远？得毋居西方时，故以是为流放罪人之地，东迁后犹沿其法邪？然则吐谷浑附阴山逾陇而入青海，非拓新疆，乃归故国矣。此说虽似穿凿，然析支、渠搜、濊貉同有迁徙之迹，则亦殊非偶然也。又肃慎古代，亦不在今吉林境。予别有考。

（三六一）西夜、子合

《后汉书·西域传》云："《汉书》中误云西夜、子合是一国，今各自有王。"案《前书·西域传》云："西夜国王号子合王，治呼犍谷。"《后书》"西夜国一名漂沙"，"子合国居呼犍谷"。《前书》西夜国户三百五十，口四千，胜兵千人。《后书》则户二千五百，口万余，胜兵三千人。而子合国户口胜兵之数与《前书》西夜同。然则《后书》之子合是《前书》之西夜；而《后书》之西夜，则新立之国，此所谓稍分者也。

（三六二）徐福

黄公度《日本国志·国统志注》云："《梁书》言日本自称为吴泰伯后，相传亦称为徐福后，彼国纪载，本以此为荣。其后学者渐染宋学，喜言国体。宽文中，作《日本通鉴》，源光国驳议曰：谓泰伯后，是以我为附庸国也。遂削之。赖襄作《政纪》，并秦人徐福来，亦屏而不书。余谓泰伯之后本无所据，殆以日本断发文身，俗类句吴，故有此谲传欤？至徐福之事，见于《三国志》《后汉书·倭国传》，意必建武通使时，其使臣所自言。《史记》称燕、齐遣使求仙，所谓白银宫阙，员峤方壶，盖即今日本地。君房方士习闻其说，故有男女渡海之请，其志固不在小。今纪伊国有徐福祠，熊野山有徐福墓，其明征也。日本传国重器三：曰剑，曰镜，曰玺，皆秦制也。君曰尊，臣曰命，曰大夫，曰将军，又周秦语也。自称神国，立教首重敬神；国之大事，莫先于祭；有罪则诵禊词以自洗濯，又方士之术也。崇神立国，始有规模，计徐福东渡，已及百年矣。当时主政者，非其子孙殆其徒党欤？至日本称神武开基，盖当周末，然考神武至崇神，中更九代，无事足纪，或者神武亦追王之辞乎？”予谓徐福之事，果系彼使臣自言，史家安得不明记之？重器为秦制，称谓为周秦间语，不必方士所传。敬神之俗，野人皆同，更不必出于方士。谓日本之地早为中国所知，方士习闻其说，因有渡海之请，说颇近之。

然徐福之漂流，必未能至日本。《三国·吴志》：孙权黄龙二年，“遣将军卫温、诸葛直将甲士万人浮海求夷洲及亶洲。亶洲在海中，长老传言秦始皇帝遣方士徐福，将童男童女数千人入海，求蓬莱神山及仙药，止此洲不还，世相承，有数万家。其上人民，时有至会稽货布；会稽东县人海行，亦有遭风流移至亶洲者。所在绝远，卒不可得至，但得夷洲数千人还。”传说至能使国家为发大兵，必非绝无根据。度必略有道里乡方，及沿途所经岛屿，故能循之求得夷洲；而还时亦但云亶洲所在绝远，不可得至，而不云无其地也。而其将数千人还，尤有足资寻索者，何则？谓为夸功示信，或以餍时主好奇之心，偕数人若数十人已足，不必至数千人也。然则此数千人殆本华人，而温等乃拔之以还欤？此说如确，则亶洲之有华人，亦必非虚语矣。然其是否徐福，了无征验，而其地尤不能为日本。日本之通中国，盖自汉武灭朝鲜以来，距是岁三百三十八年矣。日本情形，中国必知之已稔，其地果有徐福所将童男女之后，中国岂得不知？且日本通使南朝，实始晋末；泰始初尚朝贡北方，三国时未能通南方可知。即谓不然，偶或一至则可，又安能时至会稽货布邪？

汉之未通西域也，而邛竹杖、蜀布，业已先至其地；即以海道论，《史记·货殖列传》谓南海为珠玑、犀、玳瑁、果、布之凑，即后世西、南洋物也，则秦汉未并南越时，中国与西、南洋久相往来矣。是知民间之交通，必先于政府。谓日本通使南朝之前，南方人民与日绝无往还，非其实也。然必不能如北方之多。盖是时航海，皆依傍海岸而行，观《三国志》所述自带方入倭之路可知。是时南方至日者，非冒险之估客，则执迷之方士耳，徒侣必不能多。北方则不然。其时族制未颓，奴客尤众，移徙之际，往往相将；而自后汉末年，每每大乱，至于五胡云扰，人民之流离转徙者实多，往往相率而行，自成一部，此细读后汉至南北朝之史可知。田畴能训练其民，为故主报仇，为中国攘斥夷狄；管宁、邴原辈，所将皆流亡之徒，犹能立纲陈纪，足食之后，继以教化，职是之故。章太炎亟称此时之士材力绝人，非唐宋后所有，则欲知人而不论其世矣。知此，则知东史所纪华人入日者，皆称为某某部，俨然古者之族有世业，以氏名官，必非虚诬。又是时华人入日者，类多自托华胄：如弓月君，或谓秦始皇五世孙，或谓十三世孙；阿知使主，或谓汉灵帝三世孙，或谓四世孙；《姓氏录》所记，又有吴王夫差、汉高祖、光武、齐王肥、盖宽饶之裔，亦与是时风气相合。此等语必非日人所能造作，日人本亦无庸造作也。文化悬殊，则此方中庸之材，入彼即能开物成务，此自古以来，遐方开辟，所以必用中原之士，而亦我华人之大有造于彼者矣。

（三六三）交阯嫁娶之俗

《后汉书·循吏传》任延："为九真太守。骆越之民无嫁娶礼法，各因淫好，无适对匹，不识父子之性，夫妇之道。延乃移书属县，各使男年二十至五十，女年十五至四十，皆以年齿相配。其贫无礼聘，令长吏以下各省奉禄，以振助之。同时相娶者二千余人。其产子者，始知种姓。咸曰：使我有是子者，任君也。多名子为任。初，平帝时，汉中锡光为交阯太守，教导民夷，渐以礼义，化声侔于延。领南华风，始于二守焉。"《三国·吴志·薛综传》载综上疏言："汉武帝诛吕嘉，开九郡，设交阯刺史以镇监之。山川长远，习俗不齐；言语同异，重译乃通；民如禽兽，长幼无别；椎结徒跣，贯头左衽；长吏之设，虽有若无。自斯以来，颇徙中国罪人杂居其间，稍使学书，粗知言语，使驿往来，观见礼化。及后锡光为交阯，任延为九真太守，乃教其耕犁，使之冠履；为设媒官，始知聘娶；建立学校，导之经义。由此已降，四百余年，颇有似类。自臣昔客始至之时，珠崖除州县嫁娶，皆须八月引户，人民集会之时，男女自相可适，乃为夫妻，父母不能止。交阯糜泠、九真都庞二县，皆兄死弟妻其嫂，世以此为俗，长吏恣听，不能禁制。"云男女自相可适，乃为夫妻，则非无适对匹，安得产子不知种姓？种姓依母，本不依父也。云除州县外嫁娶皆如此，则延之教，仅行于州县之间。盖中国人之徙居其地者，初同其俗，后乃因教导而获改也。贫无礼聘，须长吏以下省奉振助，则非不知嫁娶礼法，乃贫无以行礼，不得不自同于蛮俗耳。故知往史传言，多失其实。

（三六四）高离

《后汉书·东夷列传》夫余云："初，北夷索离国王出行，其侍儿于后妊身。王还，欲杀之。侍儿曰：前见天上有气，大如鸡子，来降我，因以有身。王囚之，后遂生男。王令置于豕牢，豕以口气嘘之，不死。复徙于马兰，马亦如之。王以为神，乃听母收养，名曰东明。东明长而善射，王忌其猛，复欲杀之。东明奔走，南至掩淲水，以弓击水，鱼鳖皆聚浮水上，东明乘之得度，因至夫余而王之焉。"此文本于《魏略》，见《三国志·乌桓鲜卑东夷传注》引，索离作高离，《梁书》作橐离。掩淲水作施掩水。《后汉书注》云："索或作橐。"《通典》作槖。案此与《魏书》所述高句丽始祖朱蒙缘起，明系一事。《魏书》谓高句丽出于夫余，乃因夫余受封中国较高句丽为早云然，其实高句丽缘起，不必后于夫余也。《永乐大王碑记》："乙未岁，王以稗丽不贡，整旅往讨。"稗丽疑即《魏略》之高离；《后汉书》索离，实高离之误。《注》云"索或作橐"，则又槖之误也。《永乐大王碑》述邹牟缘起，亦与此略同，邹牟即朱蒙也。所临水作掩刊，则《志注》引《魏略》误，当从《后汉书》。

（三六五）卑弥呼

魏时通中国之倭女王卑弥呼，昔人谓即神功皇后，今人则谓不然。此说也，日人颇乐闻之，因日人甚讳其曾臣事中国也。然无论卑弥呼为神功皇后与否，汉魏时自达于中朝者，必日本之共主，而非其小侯，则无足疑，亦不能讳也。

日本之通中国始于汉。《汉书·地理志》云："乐浪海中有倭人，分为百余国，以岁时来献。"《后汉书·东夷传》云："倭在韩东南大海中，依山岛为居。凡百余国。自武帝灭朝鲜，使驿当作译。通于汉者三十许国。"《三国·魏志·东夷传》云："倭人在带方东南大海之中，依山岛为国邑。旧百余国，汉时有朝见者，今使译所通三十国。"带方即乐浪，公孙康所分。可见自汉至魏，倭人之隶属不变。此其仅通于郡县者也。《魏志》云：从郡至倭，循海岸水行，历韩国，乍南乍东，到其北岸狗邪韩国，七千余里，始度一海，千余里至对马国。又南，渡一海千余里，名曰瀚海，至一大国。又渡一海，千余里至末卢国。东南陆行五百里，到伊都国。东南至奴国百里。东行至不弥国百里。南至投马国，水行二十日。南至邪马台国，女王之所都，水行十日，陆行一月。自女王国以北，其户数道里可得略载，其余旁国，远绝，不可得详。次有斯马国，次有已百支国，次有伊邪国，次有都支国，次有弥奴国，次有好古都国，次有不呼国，次有姐奴国，次有对苏国，次有苏奴国，次有呼邑国，次有华奴苏奴国，次有鬼国，次有为吾国，次有鬼奴国，次有邪马国，次有躬臣国，次有巴利国，次有支维国，次有乌奴国，次有奴国。此女王境界所尽。其南有狗奴国，男子为王，不属女王。所述国名，适得三十，当即使译所通。其初朝见之国，盖尚不逮此数。故《国志·魏书》以今字别之。《汉志》云“分为百余国，以岁时来献”，一似百余国皆来献；《后汉书》云“自武帝灭朝鲜，使驿通于汉者三十许国”，一似三十许国一时俱通者；其措词，皆不如《国志》之审矣。三十国使译所通，故《魏志》能举其名，其余则自汉至魏，皆但能知其共有若干国而已，不能道其详也。

倭人之自达中国，始于后汉。《后汉书》云：“建武中元二年，倭奴国奉贡朝贺，使人自称大夫，倭国之极南界也。光武赐以印绶。安帝永初元年，倭国王帅升等献生口百六十人，愿请见。桓、灵间，倭国大乱，更相攻伐，历年无主，有一女子，名曰卑弥呼，年长不嫁，事鬼神道，能以妖惑众，于是共立为王。”《三国志》云：“其国本亦以另子为王，住七八十年，倭国乱，相攻伐历年，乃共立一女子为王，名曰卑弥呼。”建武中元二年，下距桓帝建和元年九十年，灵帝建宁元年一百十一年，与所谓住七八十年，更相攻伐历年者，数略相合。然则《国志》所谓本亦以男子为王，住七八十年者，乃即自其奉贡之年计之，而非谓倭之有王，始于是时也。此所谓王者，岂即倭奴国之君与？《国志》述诸国之名，当自北而南，而《后汉书》云倭奴为倭国之极南界；又以弥奴、姐奴、苏奴、华奴苏奴、鬼奴、乌奴例之，奴国之名，亦甚似倭奴国之夺。然建武时倭国南界，与女王南界，是否相符，殊难质言；而《后汉书》于帅升称为倭国王，于倭奴则无王称，又似本无王号者，故倭奴是否日本共主，究难断定也。至帅升则不然矣。日本木宫泰彦作《中日交通史》，引其国博士内藤氏之说云：“北宋本《通典》有倭面土国王师升；日本古本《后汉书》有倭面土国王师升、倭面国王师升；异称《日本传》引《通典》，有倭面土地王师升；盖本作倭面土国王，后省称倭面国王，又省为倭国王，或误为倭面土地王。倭面土当读为ヤマト，即大和国。”其说颇允。《后汉书》称大倭王居邪马台国，邪马台似亦ヤマト译音。《国志》云：“自女王国以北，特置一大率，检察诸国，诸国畏惮之，常治伊都国。”伊都与倭奴，似亦同音异译。窃疑邪马台，倭奴，乃诸国中之强者，而邪马台之势尤张，故早有王称。大乱之后，更晋为大倭王，而伊都则为大率治所也。四夷之或通于中朝，或仅达郡县，实因缘事势，非出偶然。盖通中朝者，路逮而费多，僻陋之邦，或力不能胜，或亦本无此愿，而中朝于外国之使，送迎亦颇劳费，非好大喜功之主，未有务于招致者。古附庸之不达于天子，盖亦以此也。邪马台倭奴之能自达，岂偶然哉？《三国志》又言：“王遣使诣京都、带方郡，诸韩国及郡使倭国，皆临津搜露，传送文书赐遗之物诣女王，不得差错。”则倭人之通中华，实颇利其赏赐，安有藩属小国，敢冒大倭王之名而自通者乎？

《三国志》又云：“卑弥呼以死，更立男王，国中不服，更相诛杀，当时杀千余人。复立卑弥呼宗女壹与，年十三为王，国中遂定。”案《汉书·地理志》言：“齐地，始桓公兄襄公淫乱，姑姊妹不嫁。于是令国中民家长女不得嫁，名曰巫儿，为家主祠。嫁者不利其家，民至今以为俗。”以此俗之成，归诸齐君，其不足信，自不待论。卑弥呼年长不嫁，能事鬼神，正巫儿之俗也。亦足证倭人即峭夷，嵎夷本在山东之说矣。见《嵎夷》条。《国志》又谓卑弥呼“有男弟共治国”，此又今社会学家所谓舅权也。足见日本之有女主，乃其社会使然，而非偶然之事矣。如是，则日本女主，必不止卑弥呼、壹与二人。木宫泰彦云《记纪》有神功皇后征新罗事，酷类小说，原不能视为信史。然公历四稘后半，日人兵陵新罗，则事确有之。案《广开土王陵碑》云：“辛卯，倭渡海，破百残、新罗，己亥，百残违誓，与倭通。新罗使白倭人满国境。庚子，遣救新罗，倭退。甲辰，倭入带方界。”百残即百济。辛卯为晋武帝太元十六年，己亥为安帝隆安三年，庚子四年，甲辰为元兴三年，上距魏明帝景初二年卑弥呼遣使之岁，百五十余年矣。以卑弥呼为神功皇后，年岁相距，诚未免太遥。然日本，高丽，皆本无史籍，其古史皆依傍我国之史为之，年代安足征信？碑文年月，虽若可信，然日本是时与新罗有兵争，不能谓其兵争之仅在是时也。故卑弥呼究为神功皇后与否，诚只能置诸存疑之列，然谓其非倭人之大长，则必不可矣。

木宫泰彦释带方郡至邪马台之路云：“狗邪韩国即迦罗。对马国即对马。一大国，宜据《北史·倭国传》改一支，即壹岐。末卢国即肥前之松浦。伊都国即筑前之怡土。奴国即筑前之傩。不弥国即筑前之宇弥，投马国即筑后之三潴。”黄公度《日本国志·邻交志注》云:“日本天明四年，筑前那珂郡人掘地，得一石室，上覆巨石，下以小石为柱。中有金印一，蛇纽方寸，文曰汉委奴国王。予尝于博览会中亲见之。日本学者皆曰:那河郡古为怡土县。《日本仲哀纪》所谓伊都县主，即《魏志》所谓伊都国也。上古国造百三十余国，在九州者分十九国，在四海者分为十国。《汉书·地理志》：倭人分为百余国。《三国志》：倭人旧邑百余国，汉时有朝见者，今使译所通三十国。二书所谓百余国，与《国造本纪》相符，所谓三十国，盖指九州四海之地，地在日本西南海滨，距朝鲜最近。此委奴国意必古伊都县主，或国造之所为，并非王室之所遣。其曰委奴，译音无定字云。余因考《魏志》云：到伊都国，世有王，皆统属女王国，郡使往来常所驻。《后汉书》云：委奴国，倭国之极南界也。又云：其大倭王居邪马台国。邪马台即大和之译音，崇神时盖已都于大和矣。谓委奴国非其王室，此语不诬。”予案日史所言，恐正依傍中史，以此证中史之不误，恐不足信。黄氏之说，与余说颇相合，正足证并卑弥呼而指为小侯非王室者，只是日人褊浅之见也。